prépabac

Toutes les matières générales

Première et terminale
BAC PRO 3 ANS
Tertiaires et Industriels

FRANÇAIS
Caroline Birouste
Véronique Saunier

HISTOIRE-GÉOGRAPHIE, ÉDUCATION CIVIQUE
Marc Boulanger

MATHÉMATIQUES
Julien Montigon

ANGLAIS
Jemma Chauveau

ESPAGNOL
Marion Bruchet

SCIENCES-PHYSIQUES ET CHIMIQUES
Aimeric Imbert

PRÉVENTION, SANTÉ, ENVIRONNEMENT
Sylvie Crosnier
Mary Cruçon
Annie Naulleau

FOUCHER

ISBN 978-2-216-12049-9 (Nouvelle édition)
ISBN 978-2-216-11518-0 (1re édition)

AVANT-PROPOS

Ce Prépabac, « **Toutes les matières générales** » du **nouveau programme Bac Pro trois ans**, est conçu pour vous accompagner dans votre préparation au bac.

Pour chaque matière, **chaque thème du programme** fait l'objet d'un chapitre.

Chaque chapitre est composé d'un **cours** qui synthétise, de manière efficace, tout ce qu'il faut savoir sur le thème concerné. Selon les matières, il est enrichi de documents, de schémas, de cartes...

Dans les marges du cours, vous trouverez également, sous forme d'encadrés bleus, les commentaires et conseils des auteurs. Enseignants du **nouveau programme de Bac Pro 3 ans**, ils se sont efforcés de faire ainsi ressortir les informations, conseils et mise en garde qui leur paraissaient les plus utiles dans le cadre d'une préparation au bac.

Un sujet de type Bac Pro et son corrigé cloturent chaque partie.

Il nous reste à vous souhaiter de très bonnes révisions et un bac sans souci !

SOMMAIRE

FRANÇAIS

Classe de première

1 Du côté de l'imaginaire 10
2 Les philosophes des Lumières et le combat contre l'injustice 21
3 L'homme face aux avancées scientifiques et techniques : enthousiasme et interrogations 30

Classe de terminale

4 Identité et diversité 41
5 L'homme et son rapport au monde au XXe siècle 49
6 La parole en spectacle 60

Sujet corrigé de type bac pro 72

HISTOIRE-GÉOGRAPHIE, ÉDUCATION CIVIQUE

Classe de seconde

Histoire : Les Européens et le monde (XVIe-XVIIIe siècles)

1 Humanisme et Renaissance 78
2 Voyages et découvertes, XVIe-XVIIIe siècles 81
3 Le premier empire colonial français, XVIe-XVIIIe siècles 83
4 Les Lumières, la Révolution française et l'Europe : les droits de l'homme 85

Géographie : Société et développement durable

5 Nourrir les hommes 87
6 L'enjeu énergétique 89
7 Le développement inégal 91
8 Les sociétés face aux risques 93

Éducation civique

9 Vivre en citoyen 95

Classe de première

Histoire : État et société en France de 1830 à nos jours

10 Être ouvrier en France (1830-1975) 97
11 Les femmes dans la société française depuis la Belle Époque 99
12 La République et le fait religieux depuis 1880 101
13 De l'État français à la IVe République (1940-1946) 103
14 La Ve République, une République d'un nouveau type ? 105

Géographie : Des territoires dans la mondialisation

15 Acteurs, flux, réseaux de la mondialisation 108
16 Mondialisation et diversité culturelle 111
17 Pôles et aires de puissance 113
18 Les dynamiques des périphéries 116

Éducation civique

19 Le citoyen et la République 119

Classe de terminale

Histoire : Le monde au XXe siècle et au début du XXIe siècle

20 Les États-Unis et le monde (1917-1989) 121
21 L'idée d'Europe au XXe siècle 124
22 La décolonisation et la construction de nouveaux États : Inde, Algérie 127
23 Le monde depuis les années 1990 129

Géographie : La France dans l'Union européenne

24 La France dans l'Union européenne et le monde 131
25 L'aménagement des territoires français : acteurs et enjeux 133
26 Les transformations de l'espace productif et décisionnel 135
27 Les mobilités de la population 137
28 L'Union européenne et ses territoires 139

Éducation civique

29 Le citoyen et le monde 141

Sujet corrigé de type bac pro 143

MATHÉMATIQUES

Tronc commun à toutes les spécialités

1 Séries statistiques à une variable – Séries statistiques à deux variables 148
2 Probabilités 159
3 Suites numériques 170
4 Fonctions et dérivation 175

Enseignement spécifique

5 Fonctions exponentielles – Fonction logarithme décimal – **Groupement C** 187
6 Fonction logarithme népérien – Fonctions exponentielles – **Groupements A et B** 192
7 Géométrie dans le plan et dans l'espace – **Groupement B** 196
8 Calcul vectoriel – **Groupements A et B** 200
9 Trigonométrie – **Groupements A et B** 204
10 Deux évaluations pour le baccalauréat professionnel 210

ANGLAIS

1 Les chiffres et les dates 218
2 Le nom 222
3 Le comparatif et le superlatif 226
4 Le présent simple et le présent en *-ing* 230
5 Le passé 235
6 Le passif 240
7 Les modaux et l'impératif 243
8 Les questions, le discours rapporté et la proposition relative 247
9 Le futur et le conditionnel 253

Sujet corrigé de type bac pro 257

Liste des principaux verbes irréguliers 259
Corrigés des exercices 261

ESPAGNOL

1 Autour des chiffres 276
2 Le nom 280
3 Les interrogatifs 285
4 Le comparatif et le superlatif 288
5 Ser et Estar 291
6 Présent simple et présent progressif 295
7 Les temps du passé 299
8 Le subjonctif et la concordance des temps 304
9 Le futur et le conditionnel 310
10 Style direct et indirect 313
11 Obligation personnelle et impersonnelle 316
12 La négation, les quantifieurs, la fréquence 319
13 Exprimer ses goûts, ses opinions 323
14 Quelques particularités de la langue 327
15 Conseils pour l'épreuve orale 338

Sujet corrigé de type bac pro 341

Tableaux récapitulatifs de conjugaison 344
Corrigés des exercices 355

SCIENCES PHYSIQUES ET CHIMIQUES

TRONC COMMUN

Les transports (T)

1 T3 Comment protéger un véhicule contre la corrosion ? 366
2 T4 Pourquoi éteindre ses phares quand le moteur est arrêté ? 369
3 T5 Comment peut-on se déplacer dans un fluide ? 373

Confort dans la maison et l'entreprise (CME)

4 CME4 Comment chauffer ou se chauffer ? 377
5 CME5 Peut-on concilier confort et développement durable ? 382

Hygiène et santé (HS)

6 HS4 Comment peut-on adapter sa vision ? 389

Son et lumière (SL)

7 SL1 Comment dévier la lumière ? 395
8 SL2 Comment un son se propage-t-il ? 400
9 SL3 Comment transmettre un son à la vitesse de la lumière ? 402

MODULES SPÉCIFIQUES

Les transports (T)

10 T6 Qu'est ce qu'une voiture puissante ? 404
11 T7 Comment avoir une bonne tenue de route ? 407
12 T8 Comment faire varier la vitesse d'un véhicule électrique ? 409

Confort dans la maison et l'entreprise (CME)

13 CME6 Comment fonctionnent certains dispositifs de chauffage ? 412
14 CME7 Comment l'énergie électrique est-elle distribuée à l'entreprise ? 418

Hygiène et santé (HS)

15 HS5 Quels sont les principaux constituants du lait ? 424
16 HS6 Quels sont le rôle et les effets d'un détergeant ? 430

Son et lumière (SL)

17 SL5 Pourquoi les objets sont-ils colorés? 434
18 SL6 Comment reproduire un signal sonore ? 438
19 SL7 Comment une image est-elle captée par un système d'imagerie numérique 443

Sujet corrigé de type bac pro 445

PRÉVENTION, SANTÉ, ENVIRONNEMENT

Classe de seconde

Module 1 Santé et équilibre de vie

1 Les rythmes biologiques et le sommeil 450
2 Se bouger pour la santé 452
3 La protection sociale 454

Module 2 Alimentation et santé

4 L'alimentation, un plaisir partagé dans le monde 457
5 Les comportements alimentaires et les maladies nutritionnelles 459
6 Les circuits de distribution dans le secteur alimentaire 461
7 L'étiquetage des produits alimentaires 463

Module 3 Prévention des comportements à risques et des conduites addictives

8 La prise de risque et l'alcoolisation 465
9 Les conduites addictives 467

Module 4 Sexualité et prévention

10 La contraception 469
11 Une sexualité sans risque d'IST 471

Module 5 Environnement écologique et protection du consommateur

12 La gestion d'un compte bancaire 473
13 Un crédit à la consommation 476
14 La protection et la défense du consommateur 478
15 Les assurances 481

Classe de première

Module 6 Gestion des ressources naturelles et développement durable

16 La gestion de l'eau 483
17 La maîtrise de l'énergie 485

Module 7 Prévention des risques

18 Les risques majeurs 488
19 Le bruit 490

Module 8 Prévention des risques dans le secteur professionnel

20 Les risques professionnels dans l'activité de travail 493
21 Le risque mécanique 496
22 Le risque électrique 499
23 Le risque biologique 501
24 Les risques liés à l'ambiance thermique 504

25 Les risques liés à l'ambiance lumineuse 506
26 Les situations d'urgence en cas d'accident 508

Classe de terminale

Module 9 Cadre réglementaire de la prévention dans l'entreprise

27 Le cadre juridique de la prévention 510
28 Les acteurs et les organismes de la prévention 512
29 Les accidents du travail et les maladies professionnelles 514
30 Les démarches et le coût des accidents du travail et des maladies professionnelles 516

Module 10 Effets physiopathologiques des risques et prévention

31 Le risque chimique 519
32 Le dos et les manutentions 522
33 Les troubles musculo-squelettiques 524

Module 11 Approche par le travail

34 La démarche ergonomique 526
35 La charge mentale 527

Module 12 Approche par l'accident

36 L'analyse d'un accident du travail 530

Sujet corrigé de type bac pro 533

FRANÇAIS

Classe de première

1. Du côté de l'imaginaire 10
2. Les philosophes des Lumières et le combat contre l'injustice ... 21
3. L'homme face aux avancées scientifiques et techniques : enthousiasme et interrogations 30

Classe de terminale

4. Identité et diversité 41
5. L'homme et son rapport au monde au XXe siècle 49
6. La parole en spectacle 60

Sujet corrigé de type bac pro 72

FRANÇAIS

1 Du côté de l'imaginaire

En littérature, les auteurs écrivent des textes qui naissent de leur imagination. Ils créent, au moyen du langage, des « images », des « visions », qui composent des mondes irréels. Ces textes imaginaires semblent entraîner le lecteur loin de la réalité. Mais souvent, ils reflètent et transfigurent le monde réel pour le mettre en question.

1 Récits imaginaires et transfiguration du réel

A La fable

1. Définition

■ Le mot **fable** vient du mot latin *fabula* « récit, propos », dont l'origine est un verbe signifiant « parler, dire ». L'étymologie du mot rappelle donc l'origine orale de ce genre. Faire une fable au sens originaire, c'est « prendre la parole ».

■ Au Moyen Âge, le mot prend le sens de « récit imaginaire, histoire », mais aussi celui de « allégation mensongère ». D'où le double sens des mots de cette **famille** (mots qui ont le même radical ou étymon) selon que l'on désigne le genre littéraire ou que l'on emploie le mot dans la conversation courante. Par exemple :
Fabuler : créer des fables littéraires/raconter des choses incroyables, des mensonges.
Affabulation : trame d'un récit, narration/invention, mensonge.

2. Origines et développement du genre

■ **Origine gréco-latine** : au VIe siècle av. J.-C. **Ésope**, un esclave **grec** affranchi, a composé de courtes fables en prose transmises oralement puis rassemblées en recueil. Au Ier siècle ap. J.-C, elles sont reprises et développées, en vers cette fois, par l'auteur latin **Phèdre**.

■ **Origine orientale** : dans les premiers siècles ap. J.-C., **Pilpay**, un auteur **indien**, compose les *Cinq Livres*, un recueil de fables diffusé en occident et traduit en français au XVIIe siècle.

■ **XVIIe siècle en France** : **La Fontaine** (1621-1695) s'inspire de ces sources pour créer ses propres fables. Il rédige plus de 240 fables, publiées entre 1668 et 1693 en trois recueils. La fable devient un genre à part entière.

3. Structure et visées

■ Chez La Fontaine, la fable se présente sous la forme d'un **récit en vers libres** aux **rimes variées**, intégrant des **dialogues**, mettant en scène **des animaux ou des hommes**. Ce récit est le plus souvent précédé ou suivi d'une **morale** ou **moralité.** Mais la morale est parfois implicite.

■ L'objectif du fabuliste est de transmettre une **leçon** d'ordre philosophique, morale ou politique à travers un récit ingénieux et agréable. Sa **visée éducative** se révèle par l'emploi du **registre didactique**. Mais la leçon passe par le biais de l'imaginaire et suit la **doctrine** des écrivains classiques *« docere, movere, delectare »*, soit *« enseigner, émouvoir, plaire »*.

Mémo versification
Rimes : retour en fin de vers d'au moins deux sons identiques.
Vers libres : alternance irrégulière de vers de mesure différente (ou mètre).
Alexandrin : vers dont le mètre est de 12 syllabes.
Décasyllabe : vers de 10 syllabes.
Octosyllabe : vers de 8 syllabes.
Heptasyllabe : vers de 7 syllabes.
La Fontaine fait souvent alterner alexandrins et octosyllabes.

■ La fable est aussi un texte à **visée argumentative**. Par la **personnification** des animaux, elle cherche à **dénoncer les défauts et les vices humains**, à les tourner en ridicule et en montrer les dangers. Les bêtes des bois, des champs, les lieux naturels sont transfigurés et deviennent **allégoriques** de la Cour, du pouvoir tyrannique, de la vanité, de l'hypocrisie… Dans la Fable 1 du Livre V, La Fontaine présente son ouvrage comme *« Une ample comédie à cent actes divers,/ Et dont la scène est l'univers./ Hommes, dieux, animaux, tout y fait quelque rôle »*.

Personnification *n.f.* : Figure de style consistant à attribuer à un objet, une idée ou un animal des caractéristiques humaines.
Allégorie n.f. : Figure de style consistant à exprimer une abstraction par une forme concrète :
La colombe est la figure allégorique de la paix.

En **moraliste**, grâce au **registre satirique**, il peint à travers certaines fables de véritables **tableaux satiriques** de la société de l'époque ainsi que de **l'âme humaine**.

B Le conte

1. Définition

■ Le conte est un récit bref de tradition orale, présent dans la plupart des cultures et encore vivant aujourd'hui.

■ C'est une **fiction** qui s'éloigne volontairement du réel. L'éloignement est à la fois :
- **social** : ses personnages sont souvent **des rois et des reines** ;
- **spatial** : il se déroule dans un **« pays lointain »** non identifiable ;
- **temporel** : **l'époque est lointaine et imprécise**, comme le souligne la formule initiale « Il était une fois… ».

■ Le conte fait intervenir le **merveilleux** sous forme de **personnages spécifiques** (fées, elfes, sorcières, ogres, lutins…) ou par l'intermédiaire de **pouvoirs** (se métamorphoser, se rendre invisible…) ou encore par des **objets magiques** (bottes de sept lieues, épée…).

2. Origines et développement du genre

■ En parallèle des contes populaires de tradition orale, le conte devient un **genre écrit** à partir du **Moyen Âge**. Il entre dans des récits plus longs sous la forme de courtes anecdotes racontées par des personnages réunis dans un lieu clos et cherchant à se divertir. On les trouve sous cette forme dans le *Décaméron* de l'italien Boccace en 1355, et à sa suite en France dans *L'Heptaméron* de Marguerite de Navarre en 1559.

■ Le **conte de fées** connaît le succès en France **fin XVIIe**. Les auteurs s'inspirent des récits populaires ou inventent leurs propres histoires. Charles Perrault (1628-1703) publie ses *Contes* en 1697.

■ Au **XVIIIe siècle** les femmes se distinguent aussi, comme Mme de Beaumont avec *La Belle et la Bête* (1757). À partir de cette époque, le conte de fée disparaît en France et cède la place au **conte philosophique**, comme *Candide* de Voltaire (1759).

■ Au **XIXe siècle** naît le **conte fantastique**, comme *Le Horla* de Maupassant (1887).

■ Les recueils de contes étrangers ont influencé les auteurs français :
- ***Les Mille et une nuit***, **d'origine persane**, traduit en français dès le XVIIe siècle, qui inspire une riche production de contes orientaux au XVIIIe siècle ;
- ***Contes*** (1812), recueil des **frères Grimm**, écrivains allemands qui remettent à la mode les sources populaires et folkloriques, auxquelles ils ont puisé leurs histoires ;
- ***Contes*** (1835) d'**Andersen**, écrivain danois.

3. Structure et visées

■ La structure des contes est souvent identique :
- pour ce qui est des **personnages** : un héros doit réaliser une **mission** ou **quête**, que des personnages **opposants** vont essayer de l'empêcher de remplir. Il est aidé dans son parcours par des personnages **adjuvants** ;
- pour ce qui est de la **trame narrative** : la **situation initiale** du récit est perturbée par un **élément déclencheur** de **péripéties** qui entraînent le héros jusqu'à la **résolution** du déséquilibre. La **situation finale** voit triompher le héros.

■ La visée essentielle du conte est de **distraire**. Mais certains contes, tout comme les fables, se terminent par une **moralité**. D'une manière générale, le conte, en mettant en scène un héros souvent fragile qui doit lutter avec courage contre l'adversité et surmonter les difficultés, a aussi une **visée éducative**. La construction imaginaire du récit suggère au lecteur des solutions pour affronter sa propre vie.

Les registres de la fable et du conte
- **Registre satirique : il s'attaque à une personne, un groupe, aux mœurs, aux institutions, à la nature humaine. Il procède par la moquerie et le lexique dépréciatif. Il signale l'engagement du locuteur.**
- **Registre didactique : il vise à transmettre un enseignement, pratique ou théorique. On le trouve dans la morale des contes ou des fables.**
- **Registre merveilleux : il recourt au surnaturel, à la magie et s'oppose au réalisme.
Il repose sur une acceptation par le lecteur du surnaturel.**

C Les récits imaginaires d'aujourd'hui

■ Une grande partie des récits de littérature contemporaine puise son inspiration dans l'imaginaire. Ils adoptent encore la forme des genres narratifs traditionnels (le roman, la nouvelle, le conte), mais aussi des formes iconographiques modernes comme la bande dessinée et le film.

■ Cet imaginaire narratif fait toujours appel aux registres merveilleux ou fantastique. Mais les formes de ces récits n'obéissent plus à des codes littéraires stricts. Certains auteurs inventent des formes narratives, comme Régis Jauffret dans le recueil *Microfictions* (2007), où chaque récit ne dépasse pas une page et demie. D'autres auteurs retravaillent ou détournent les genres traditionnels comme la fable ou le conte en écrivant des **pastiches** ou des **parodies** pour en faire des imitations amusantes.

Les réécritures
- **Pastiche : *n. m.* Imitation d'un texte.**
- **Parodie : *n. f.* Imitation dans une intention comique ou satirique d'une œuvre sérieuse.**

«Parodies contemporaines de la fable» La cigale et la fourmi de Ésope (VII-V av. J.-C.) reprise par La Fontaine (1668), composées à partir de jeux d'écriture :

La cimaise et la fraction

La cimaise ayant chaponné tout l'éternueur
se tuba fort dépurative quand la bixacée fut verdie :
pas un sexué pétrographique morio de mouffette
ou de verrat.
Elle alla crocher frange
Chez la fraction sa volcanique
La processionnant de lui primer
Quelque gramen pour succomber
Jusqu'à la salanque nucléaire.
«Je vous peinerai, lui discorda-t-elle,
avant l'apanage, folâtrerie d'Annamite!
interlocutoire et priodonte.»
La fraction n'est pas prévisible :
c'est là son moléculaire défi.
«Que ferriez-vous au tendon cher?
discorda-t-elle à cette énarthrose.
– Nuncupation et joyau à tout vendeur,
Je chaponnais, ne vous déploie.
– Vous chaponniez? J'en suis fort alarmante.
Eh bien! débagoulez maintenant.»

Raymond Queneau, *Oulipo, La littérature potentielle*, 1973.
ADPF Publication

La plupart des mots sont remplacés par des mots qui les suivent dans le dictionnaire.

La cigale et la fourmi

C'était verl'hi. Il avait génei et le vent flaitsouf. La tetipe legaci taitlotgre. Elle n'avait rien géman depuis deux jours. «Je vais aller voir ma nesivoi», se dit-elle. Elle frappa à la tepor de la nettesonmai. «Jourbon, medaMa la mifour", dit-elle. «Jourbon», répondit la mifour. «Pourriez-vous, damande la legaci, me terprê du grain?» La mifour n'était pas seteupré. Elle fit la cemagri. «Que faisiez-vous donc, l'été nierder, pendant que j'étais au vailtra?» damande-t-elle d'un air chantmé. « Je taischan de jolies sonschan dans le gelafeuil des bresar », dit la legaci. « Vous tiezchan? » fit la mifour. «Eh bien nanttemain, sezdan»! Elle rentra dans sa nettesonmai et laissa la pauvre legaci horsde. C'est très tetris !

Yak Rivais, *Les Contes du miroir*, 1988.
L'école des Loisirs

Fable écrite en verlan (interversion des syllabes d'un mot).

D Éléments de synthèse et de réflexion

La fable, le conte, les récits imaginaires sont-ils réservés aux jeunes lecteurs?

■ Les fables ont longtemps été assimilées à **l'exercice de récitation** des classes primaires. Même chose pour les contes, que l'on a longtemps réservés à l'éveil des plus jeunes. Cela tient à leur dimension didactique : l'imaginaire du récit est au **service de l'enseignement**, porté par une moralité explicite ou implicite.

■ La Fontaine et Perrault, en leur temps déjà, le signalaient en présentant leurs œuvres :
- dans sa dédicace du livre I des *Fables, À Monseigneur le Dauphin*, (le fils de Louis XIV qui avait 7 ans en 1668), il prévient : *«L'apparence en est puérile, je le confesse; mais ces puérilités servent d'enveloppe à des vérités importantes»*;
- Perrault, dans la Préface de ses *Contes en vers* (1694), parle des *«instructions cachées»* glissées à l'intention des enfants, de ces *«semences qu'on jette qui ne produisent d'abord que des mouvements de joie et de tristesse, mais dont il ne manque guère d'éclore de bonnes inclinations.»*

■ Pourtant, la fonction satirique des fables, les sujets abordés, les références culturelles des contes ainsi que certaines morales (celle du *Petit Chaperon Rouge* évoquant la sexualité), rappellent que ces textes étaient surtout destinés au départ à un **public adulte**.

■ Depuis plusieurs années, des psychologues et des psychanalystes comme Bruno Bettelheim, Marthe Robert, ou aujourd'hui Anne Clancier, voient dans les récits imaginaires comme les contes, un **outil thérapeutique** susceptible d'aider les jeunes et les adultes à décoder les fantasmes, comprendre les conflits et apprendre à surmonter les étapes de la vie.
Si les récits imaginaires semblent s'éloigner du réel et le transfigurer, c'est pour mieux interroger le rapport au monde de l'auteur et du lecteur.

2 L'imaginaire surréaliste

A Le surréalisme : définition

Dans son *Manifeste* (1924), le principal fondateur du mouvement, André Breton, en donne une définition : « SURRÉALISME, n, m. Automatisme psychique pur par lequel on se propose d'exprimer, soit verbalement, soit par écrit, soit de toute autre manière, le fonctionnement réel de la pensée. Dictée de la pensée, en l'absence de tout contrôle exercé par la raison, en dehors de toute préoccupation esthétique ou morale.
ENCYL. Philos. Le surréalisme repose sur la croyance à la réalité supérieure de certaines formes d'associations négligées jusqu'à lui, à la toute-puissance du rêve, au jeu désintéressé de la pensée. Il tend à ruiner définitivement tous les autres mécanismes psychiques et à se substituer à eux dans la résolution des principaux problèmes de la vie. »

Mouvement littéraire et artistique qui se développe après la Première Guerre mondiale jusqu'au milieu des années soixante. Les surréalistes critiquent une certaine prédominance de la raison dans la création artistique. Ils se proposent de libérer la « **vie de l'esprit** » afin de capter par de nouvelles techniques créatives, la part de « **merveilleux** » présente dans le réel.

B Origines et développement du mouvement

Le mouvement naît d'une **attitude de révolte et de dégoût** de la jeunesse européenne qui a été propulsée dans les horreurs et l'absurdité de la Première Guerre mondiale. Une jeunesse qui rejette l'optimisme de la « Belle Époque » (1896-1914) et vit le désarroi des « Années folles » (1920-1929).

■ Il puise ses sources dans le mouvement **Dada** créé par le roumain **Tristan Tzara** (1896-1963) en Suisse et qui gagne Paris en 1919. Ses adeptes multiplient les formes d'expression modernes et marginales. Ils ont le goût de la **provocation**, du **scandale** et initient le **bouleversement des formes traditionnelles**.

■ Le poète **André Breton** (1896-1966) se dégage du dadaïsme pour fonder le **surréalisme** en publiant le ***Manifeste du surréalisme*** en 1924. Mais le terme a été inventé par le poète **Apollinaire** pour une pièce qu'il avait intitulée « drame surréaliste », en 1917.

■ Le mouvement rassemble notamment :
- des **écrivains, poètes** tels que **Aragon, Éluard, Desnos**, sensibles à l'héritage de Baudelaire (1821-1867) et ses « correspondances » entre monde visible et invisible, à Rimbaud (1854-1891) qui incite le poète à se faire « voyant *par un long, immense et raisonné* dérèglement *de* tous les sens » (Lettre à Paul Demeny, 1871), ou encore à celui du fantastique ;
- des **peintres et sculpteurs** comme **Max Ernst, Man Ray, Dali, Picabia, Magritte**, **De Chirico**, qui héritent de l'imaginaire onirique des peintres fantastiques et symbolistes. Ils préfèrent la représentation imaginaire de **l'inconscient** à la peinture du réel.

■ Lors de la Seconde Guerre mondiale, Breton s'exile aux États-Unis. Certains meurent en déportation comme Robert Desnos. Aragon et Éluard sont devenus des poètes célèbres grâce à leur action dans la **Résistance**. Ils s'éloignent du mouvement après la guerre.

■ Le surréalisme est **officiellement dissous en 1969**, trois ans après la mort de Breton, mais il a eu depuis un **rayonnement international**.

C Esthétique et visées

1. Esthétique surréaliste

■ **L'imagination** est le moteur même de la création. Elle donne un sens à toute rencontre, à toute expérience. Le surréaliste **traque le merveilleux** qu'il sait présent dans le **quotidien**, pour qui sait regarder **au-delà du réel**. Il s'intéresse à toutes les attitudes bousculant l'ordinaire : **amour fou**, **hasard**, **rêve**, **occultisme**.

■ La découverte des théories de **Freud** (1856-1939) sur l'inconscient et l'analyse du langage imagé des **rêves** comme technique de décryptage inspire les surréalistes.

■ L'artiste veut créer une **représentation mentale pure** en privilégiant **l'impulsion instinctive** plutôt que la construction raisonnée. L'objectif n'est plus d'imiter le réel, ou de donner un discours cohérent, mais de créer des **images insolites** en rapprochant des mots ou des réalités sans rapport logique rationnel apparent.

■ Le langage surréaliste développe des techniques mettant en jeu le **hasard** : **écriture automatique** pratiquée sous **hypnose**, **cadavres exquis**, ou encore la **recomposition** : **poème-objet**, **collage**, **photomontage**. En littérature, les formes traditionnelles narratives sont rejetées pour la **poésie**, plus instinctive et rédigée en **prose**, **versets** (courtes strophes composées de phrases) et **vers libres**. Les **registres** sont volontairement variés.

2. Visées du surréalisme

■ À travers l'esthétique surréaliste se dégage une philosophie qui tend à libérer l'homme du poids de la morale bourgeoise de l'époque et des contraintes sociales, pour qu'il laisse libre cours à son **désir**.

■ Les surréalistes veulent **réconcilier** en l'homme ces facultés qui semblent antagonistes : raison et imagination ; réflexion et rêve.

■ La fonction de l'artiste n'est pas individuelle mais **collective**. Son but est de donner un témoignage à travers ses œuvres d'une vie psychique que le lecteur ou le spectateur pourront reconnaître et partager. Ces idées de mission collective trouvent leur sens pour de nombreux artistes surréalistes de cette première moitié du XXe siècle dans **l'engagement social et politique**, que ce soit pour dénoncer la guerre coloniale du Maroc (1925), s'engager contre le fascisme et contre le franquisme en Espagne (1937), ou pour rejoindre la Résistance. La plupart se sont rapprochés du Parti communiste, dont la lutte pour une société plus égalitaire et solidaire est proche de leurs convictions.

MÉMO : les registres dans les textes surréalistes

- **Le registre épique : glorifie des actions individuelles ou collectives en utilisant un vocabulaire grandiloquent et héroïque.**
- **Le registre humoristique : surprend et fait sourire sur des sujets parfois graves.**
- **Le registre lyrique : traduit les émotions et les sentiments de l'auteur et cherche à toucher l'affectivité du lecteur.**
- **Le registre pathétique : traduit l'expression de la souffrance. Il provoque la compassion et l'attendrissement**
- **Le registre polémique : use de l'ironie, de l'opposition, de l'interpellation, pour exprimer une révolte, une colère.**

D Éléments de synthèse et de réflexion

Comment l'imaginaire joue-t-il avec les moyens du langage ?

■ Dans la création surréaliste, la langue est un matériau, au même titre que la peinture ou les objets. Le mot entre donc **dans l'univers pictural**. Dans le tableau de Magritte *L'usage de la parole* (1928), il est à la fois objet pictural et déclencheur d'images mentales poétiques qui viennent interférer avec celles du tableau.

André Breton, *Poème-objet*, 1941.
New York, Museum of Modern Art.

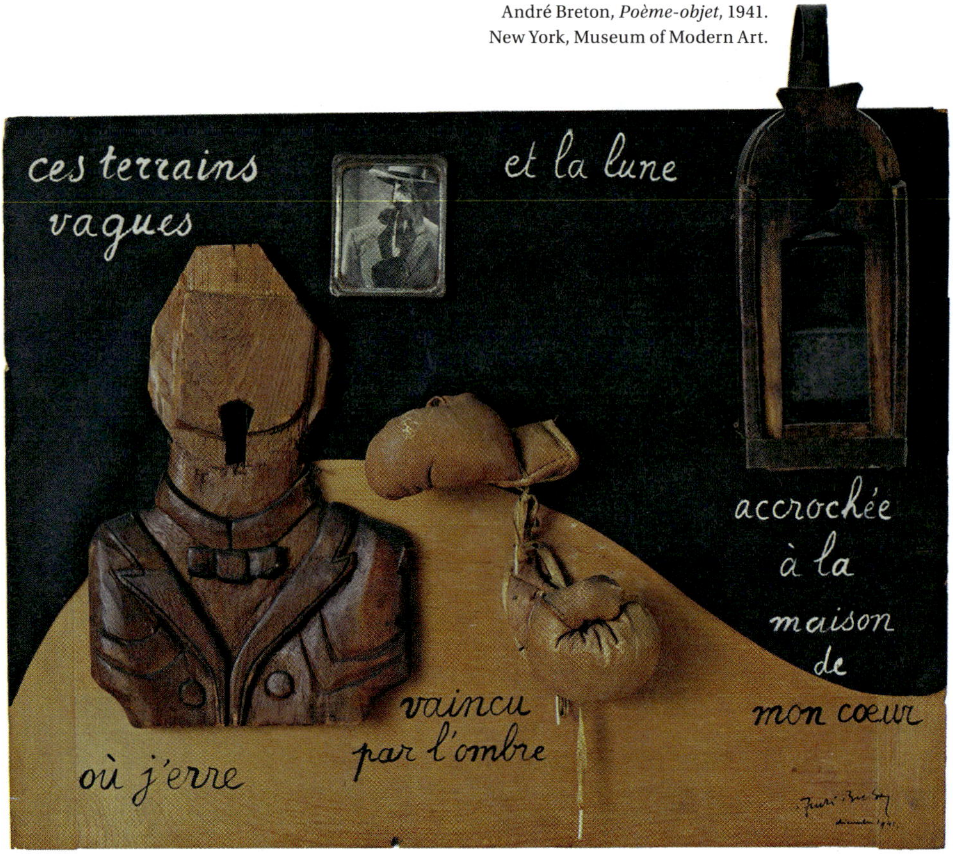

■ Le mot peut aussi entrer dans la création de **poème-objet** : un tableau associant texte et objets qui forment une sorte de rébus poétique. Pour évoquer par exemple un résumé symbolique d'événements qui ont marqué le poète.

René Magritte,
L'Usage de la parole, 1928.
Anvers, collection privée.

■ Les surréalistes ont inventé de nombreux jeux d'écriture :
- le jeu du **cadavre exquis** est le plus célèbre des jeux surréalistes. Il s'agit de composer des poèmes ou des dessins à plusieurs. Chacun inscrit un mot ou un motif sur un papier plié, à l'insu des autres participants. Les œuvres obtenues présentent alors des rapprochements insolites, comme la phrase : « le cadavre / exquis / boira / le vin / nouveau », à laquelle le jeu doit son nom.
- **l'écriture automatique** consiste à écrire le plus vite possible afin que les associations de mots se fassent sans le contrôle de la raison. Les auteurs la pratiquaient aussi sous hypnose.

Dans l'escalier je la rencontrai. « Je mauve », me dit-elle et tandis que moi-même je cristal à pleine ciel-je à son regard qui fleuve sur moi. Or, il serrure et, maîtresse ! Tu pipchin qu'à jolivase je me chaise si les chemins tombeaux.

Robert Desnos, « Langage cuit » in *Corps et bien*, 1930, © Éditions Gallimard.

Les images des poèmes surréalistes

- **La comparaison : elle rapproche par un mot outil deux éléments distincts, le comparé et le comparant, qui ont un rapport de ressemblance.** *« Tu m'as trouvé comme un caillou que l'on ramasse sur la plage»* (Aragon).
- **La métaphore : elle rapproche aussi deux éléments ayant un rapport de ressemblance mais sans mot outil. Le comparé est souvent sous-entendu.** *Le cœur noir de mes yeux* (Éluard).
- **L'image poétique surréaliste : elle rapproche deux éléments qui n'ont a priori pas de ressemblance. Leur association insolite vise à surprendre le lecteur.** *L'aube se passe autour du cou / Un collier de fenêtres* (Éluard).

3 Le registre fantastique

A Définition

■ L'étymologie du mot rappelle son lien avec le registre merveilleux avec lequel il partage le rapport au surnaturel et à l'imaginaire. *Fantastique* vient du grec *phantastikos* qui signifie « relatif à l'imaginaire ». Mais dans le merveilleux, le surnaturel est accepté par les personnages et le lecteur qui feint d'y croire.

■ Le registre fantastique place le personnage dans le **monde réel**, face à **des événements inexplicables rationnellement**. **Différentes hypothèses** se posent pour évaluer s'ils sont réels, imaginaires ou surnaturels. En définitive c'est le **doute** qui l'emporte. **L'hésitation** dans laquelle est placé le lecteur crée un sentiment de **peur**.

■ À partir d'un **cadre spatio-temporel réaliste**, le **suspense** se met progressivement en place de manière à créer une **atmosphère de mystère** qui conduit le lecteur dans des lieux propices à la manifestation de **l'extraordinaire** : demeures abandonnées, cimetières, forêts sombres. Les événements se déroulent souvent la **nuit**.

■ Confronté à des **manifestations de folie**, de **possession diabolique**, ou à des **êtres inquiétants**, le personnage éprouve toutes les émotions liées à une peur croissante (de l'inquiétude à la terreur) et les **manifestations physiques** qui en découlent.

■ Les **thèmes** fantastiques se situent à la frontière de la vie de l'au-delà : hallucinations, rêve, folie, double, revenant, spectre, vampire, animation d'objets, pacte avec le diable.

■ Le fantastique s'exprime dans la littérature mais aussi dans toutes les formes de l'art.

B Origines et développement – Vers l'histoire des arts

■ **Du Moyen Âge à la fin du XVIIIe siècle**, les histoires de sorcières, de diable et autres enchantements existent mais elles appartiennent au registre merveilleux. Grâce à lui, le surnaturel a fait sa place dans les récits imaginaires.

■ Le fantastique s'inspire de **deux grandes figures mythiques** de la littérature européenne :
- la statue de pierre qui s'anime dans la pièce *Dom Juan* de Molière (1665), pour venir punir le personnage de son libertinage ;
- le mythe du docteur *Faust*, qui signe un pacte avec le diable en échange de la jeunesse et des plaisirs éternels, personnage que l'on retrouve dans le récit éponyme de l'écrivain allemand Goethe (1790).

■ Mais le registre se développe **surtout au XIXe siècle**, sous l'influence de E.T.A. Hoffmann (1776-1822), écrivain et compositeur romantique allemand et ses *Contes nocturnes* (1817), puis de Edgar Allan Poe (1809-1849) écrivain romantique américain et ses *Histoires extraordinaires* (1856) traduites par Baudelaire.

■ En France, **à partir de 1830**, le fantastique influence tous les artistes romantiques :
- **musique** : Hector Berlioz *Symphonie fantastique* (1830) ; Jacques Offenbach crée l'opéra fantastique *Les Contes d'Hoffmann* (1851).
- **littérature** : Balzac *La Peau de chagrin* (1831), Nodier *La Fée aux miettes* (1832), Gautier *La Morte amoureuse* (1836), Mérimée *La Vénus d'Ille* (1837), Villiers de L'Isle-Adam *Contes cruels* (1883) ;
- **peinture** : l'œuvre de Gustave-Moreau (1826-1898) est influencée par le fantastique.

■ À la fin du XIXe siècle, Maupassant est intéressé par le développement de la **psychiatrie** et l'intérêt porté aux maladies mentales et à l'hypnotisme. Dans ses textes, le surnaturel prend la forme d'êtres invisibles ou insaisissables comme le *Horla* (1887), qui sont l'occasion d'interroger la **fragilité de l'identité**.

■ Dans les **arts visuels**, le registre fantastique traverse par exemple les œuvres de peintres européens comme celle des anglais Füssli (1741-1825) et Blake (1757-1827), de l'espagnol Goya (1746-1828), du peintre norvégien Edvard Munch (1863-1944).

■ **Au XXe siècle**, le registre continue de se développer sous forme de récits brefs (*Contes glacés*, Jacques Sternberg, 1974). Il parcourt aussi l'œuvre romanesque de contemporains comme Stephen King dont il est le registre central, ou est seulement un élément d'inspiration, comme pour l'auteur Le Clézio. Il est très vivant encore dans la littérature de jeunesse et au cinéma, où il décline par exemple la figure du vampire inspirée du roman de l'irlandais Bram Stocker : *Dracula* (1897).

C Les caractéristiques du texte fantastique

1. Les procédés

■ Le narrateur du texte fantastique est toujours un **narrateur interne** car le registre suppose le témoignage d'une conscience individuelle qui s'interroge et réagit devant les événements. L'énoncé est à la 1re personne. **L'identification** du lecteur est ainsi favorisée. Le narrateur peut être :
- un **narrateur témoin** mais extérieur aux événements. Il constate et analyse les réactions des personnages qui y sont confrontés ;
- un **narrateur personnage** qui subit directement les événements surnaturels.

■ Lorsqu'il est confronté à l'extraordinaire, le narrateur exprime son trouble par un emploi conséquent du **champ lexical de la peur** et de ses **manifestations physiques**.

■ Les types des phrases sont variés. Les **phrases interrogatives** expriment le **questionnement** et les **hypothèses** du narrateur, les **phrases exclamatives** traduisent ses **émotions**.

■ Se trouvant en situation d'incertitude face aux manifestations du surnaturel qu'il ne sait comment interpréter, le narrateur emploie de nombreux **modalisateurs** qui expriment le **doute**.

Les types de phrases

- **Phrase déclarative : elle transmet une information.** *Je viens de faire des épreuves surprenantes.*
- **Phrase interrogative : elle pose une question.** *Ai-je perdu la raison ?*
- **Phrase injonctive : elle exprime un ordre, une interdiction, un conseil. Son verbe est à l'impératif.** *« Mettez-vous derrière elle », dit le médecin.*
- **Phrase exclamative : elle traduit les sentiments ou les émotions de celui qui s'exprime.** *On y voyait comme en plein jour et je ne me voyais pas dans ma glace !*

Exemples extraits de *Le Horla* de Maupassant.

Les modalisateurs du doute

- **Adverbes :** *peut-être, sans doute, vraisemblablement, pourtant…*
- **Verbes exprimant le doute :** *je crus, il semblait, il avait l'air, il parut…*
- **Mode conditionnel :** *on aurait dit un fantôme…*
- **Des périphrases, expressions qui permettent de ne pas nommer directement :** *une espèce de, une sorte de, quelque chose…*

2. Formes et structure des récits

■ Les récits fantastiques privilégient les **formes narratives brèves**, comme la nouvelle et le conte. Théophile Gautier, pour ses récits comme *La Cafetière* (1831) ou *Le Pied de Momie* (1840), parle de « contes fantastiques ». Les récits de Poe sont titrés *Histoires extraordinaires*. D'autres sont rassemblés sous le terme générique « nouvelles ». La troisième version du conte *Le Horla* de Maupassant (1887) prend même la forme d'un journal intime, alors que la première version (1885) était une lettre et la deuxième (1886) un récit. Mais c'est le plus souvent sous le terme générique de « conte » qu'ils sont désignés.

Nouvelles ou contes ?

La nouvelle et le conte partagent la brièveté, le resserrement de l'action autour d'un nombre restreint de personnages, qui conviennent bien à la mise en place du suspense et de la peur du registre fantastique. Mais la nouvelle est davantage réservée aux récits dont l'action reste dans un cadre familier, autour de personnages et d'actions vraisemblables. Le conte est associé dans l'imaginaire collectif aux récits merveilleux et permet mieux d'introduire le lecteur dans l'univers surnaturel. D'où l'emploi plus fréquent du terme « conte » pour les récits fantastiques.

■ La structure des récits fantastiques suit le plus souvent celle du **conte**. L'expérience surnaturelle vécue par le narrateur est parfois racontée dans un récit à structure enchâssée : en général, le narrateur raconte à un auditoire, au cours d'une soirée (**récit cadre**), la mésaventure qu'il a vécue dans le passé, ou qu'on lui a racontée (**récit enchâssé ou encadré**).

D Visées

Le registre fantastique traduit l'inquiétude face à la question de **la vie après la mort.**

■ Il interroge sur les profondeurs, la méconnaissance, les troubles du **psychisme humain**.

■ La littérature fantastique se développe au même moment que la **science moderne**. Elle en exprime les limites et les inquiétudes qui naissent devant les **pouvoirs considérables** qu'elle acquiert.

Johann Heinrich Füssli,
Le Cauchemar, 1790.
Francfort, musée Goethe.

E Éléments de synthèse et de réflexion

Le lecteur de fictions fuit-il la réalité ?

■ Le terme « fiction » désigne en littérature une création de l'imagination. Le terme « imagination » désigne la faculté d'inventer des images, des représentations de l'esprit. La définition de ces deux termes souligne *a priori* l'**opposition** qu'il y a entre fiction et réalité.

■ Qu'elles soient réalistes ou construisent des mondes imaginaires originaux, les fictions sont toujours des **recompositions textuelles différentes du réel**. En s'y plongeant, le lecteur quitte le présent pour voyager vers d'autres territoires.

■ Il peut souhaiter s'évader pour **échapper** à sa réalité quotidienne. Il peut aussi se projeter grâce au livre dans un autre lieu, découvrir d'autres pays où il ne se rendra jamais. Sa motivation n'est pas forcément la fuite, elle peut être le **rêve**.

■ Mais si elles sont distinctes de la réalité, les fictions **la reflètent** ou **l'interrogent** souvent : la fable par sa visée satirique, le conte fantastique par son illustration des mystères du psychisme humain, le conte merveilleux par sa mise en scène des obstacles et des conflits que l'homme peut rencontrer.

■ Tout comme les récits des XVIIe, XVIIIe et XIXe siècles, certaines fictions contemporaines sont ancrées dans la réalité, mais en **révèlent** un aspect méconnu ou difficile à percevoir. Les éléments fictionnels concernent les personnages et la situation, mais le décor dans lequel ils se situent cherche à refléter une réalité, comme *No et moi*, de Delphine de Vigan (2009), qui raconte l'amitié entre une adolescente d'un milieu aisé et une jeune femme sans domicile fixe.

■ Lire des fictions, ce n'est plus alors fuir la réalité, mais mieux la comprendre et la penser. La fiction peut ainsi permettre au lecteur de **mieux voir cette réalité**.

■ Compte tenu de la dimension humaine et psychologique présente dans les récits, lire des fictions c'est aussi **grandir**, construire sa personnalité et son projet de vie dans le réel.

2 Les philosophes des Lumières et le combat contre l'injustice

Le terme « Lumières » s'est imposé a posteriori pour désigner les idées fondamentales du XVIIIe siècle. Selon l'expression empruntée au philosophe Descartes, il définit métaphoriquement la volonté de comprendre le monde à la « seule lumière naturelle » de la raison, s'opposant aux ténèbres et à l'obscurantisme des siècles précédents.

1 Dénoncer l'injustice au XVIIIe siècle

A Contexte historique et philosophique des Lumières

1. Au plan social, philosophique et littéraire

■ À la figure de **l'honnête homme** mondain, poli et cultivé du XVIIe siècle, succède la figure du **philosophe** qui désigne, à partir de 1749, tout homme qui partage l'idéal des Lumières. Il développe les mêmes qualités, mais ajoute des idées propres au siècle :
- foi en **l'homme** et ses capacités créatrices, et dans les progrès de l'esprit humain ;
- foi en la **raison** comme moteur du progrès, en **l'esprit critique** comme outil d'analyse ;
- culte de la **science** ;
- **engagement** dans la vie sociale.

■ Une littérature engagée se développe. Grâce aux **académies**, aux **salons** et aux **cafés** qui sont en plein essor, elle devient le support privilégié du **grand débat d'idées** qui caractérise cette époque. L'écrivain philosophe veut être **utile à la société** qu'il veut plus libre et plus juste. Il s'attaque à toutes les **formes d'inégalités** et de **privilèges** liés à la naissance.

■ La société française est divisée en **trois ordres** correspondant aux trois fonctions sociales : le **clergé** regroupe « ceux qui prient », les **nobles** sont « ceux qui combattent », le **tiers état** rassemble « ceux qui travaillent ». Le clergé et la noblesse sont des **ordres privilégiés** qui ne paient pas l'impôt royal. Les philosophes traduisent et poussent les aspirations de la **bourgeoisie**, nouvelle classe enrichie par le développement du commerce, à davantage d'égalité et de liberté.

■ L'homme des Lumières tire sa connaissance du monde à partir de lui-même plutôt qu'à travers un principe divin, dont Diderot se moque dans *Jacques le Fataliste* (1796). Il cultive sa **sensibilité**, sa réflexion sur **l'expérience,** réalise son **introspection**. La quête individuelle et collective du **bonheur** l'intéresse. Les *Confessions* de Jean-Jacques Rousseau annoncent le genre de l'autobiographie qui se développe au XIXe siècle.

2. Au plan politique et judiciaire

■ La France est une **monarchie absolue de droit divin** qui voit se succéder la fin du règne de Louis XIV (1661-1715), celui de Louis XV (1723-1774), puis de Louis XVI jusqu'à la période révolutionnaire (1774-1792). Les philosophes critiquent la monarchie absolue et réfléchis-

Séparation des pouvoirs : *GN f.* Principe politique selon lequel le pouvoir politique n'est pas exercé par un seul mais divisé entre le pouvoir législatif (qui fait les lois), le *pouvoir exécutif* (qui les met en œuvre et les fait appliquer), et le *pouvoir judiciaire* (qui les interprète et les fait respecter).

sent à un mode de gouvernement plus juste. Voltaire incite le monarque, comme son ami Frédéric II de Prusse, à se comporter en **despote éclairé**, c'est-à-dire à diriger son royaume en suivant les principes de la raison. Montesquieu, dans *L'Esprit des lois* (1748), prône la **séparation des pouvoirs** pour un gouvernement plus juste. Jean-Jacques Rousseau dans *Du contrat social* (1762) exige d'un gouvernement le maintien de la paix et de la liberté. Il invente la «théorie du citoyen» et pose les fondements de la **démocratie**. Tous luttent contre les abus de la **guerre**, de la **torture** et de **l'esclavage**.

■ Les philosophes défendent les **libertés individuelles** menacées par l'absolutisme et par une justice désorganisée qui recourt à la torture ou **question**. Ils s'élèvent contre les **arrestations**, les **erreurs judiciaires**, les **condamnations arbitraires** fréquentes dirigées contre **les protestants, les juifs, les athées**. Voltaire les dénonce dans ses contes philosophiques comme *Candide* (1759). Il obtient la réhabilitation de certains condamnés, dont le protestant **Jean Calas**, injustement accusé du meurtre de son fils et exécuté en 1762.

3. Au plan scientifique

■ La science tient une place privilégiée pour l'esprit des Lumières qui se veut **scientifique et rationnel**. Les **sciences de la vie** progressent notamment avec les recherches de **Buffon** (1707-1788) et son *Histoire naturelle*, et avec les découvertes du physicien et mathématicien anglais **Newton** (1643-1727) sur la «**théorie de la gravitation**». Leurs résultats sont diffusés par les encyclopédistes. Les méthodes d'analyse privilégient **l'étude minutieuse** des phénomènes et **l'expérimentation**. En plaçant l'homme au cœur de sa pensée, la philosophie des Lumières favorise également la naissance des **sciences humaines**.

■ L'entreprise de l'***Encyclopédie*** résume et symbolise la démarche des philosophes. Au sens étymologique, une «encyclopédie» est un enseignement regroupant toutes les connaissances. Elle est initiée par **Diderot** (1713-1784) et **d'Alembert** (1717-1783), dans le dessein de rassembler et diffuser les connaissances acquises par l'humanité. C'est un dictionnaire, mais les articles offrent aussi une critique raisonnée des savoirs dans l'esprit des Lumières. Sa publication s'étend de 1751 à 1772. De nombreux écrivains y participent comme Rousseau, Montesquieu, Voltaire.

4. Au plan religieux

- **Esprit critique :** *GN m.* Faculté d'examiner attentivement les choses, de manière objective, avant de porter un jugement ou de faire un choix.
- **Fanatisme :** *n. m.* Attachement excessif à une doctrine, une religion, une cause, pouvant aller jusqu'à la violence et l'intolérance.
- **Préjugé :** *n. m.* Opinion préconçue, adoptée sans examen, sans réflexion.
- **Superstition :** *n. f.* Croyance religieuse considérée comme non fondée.
- **Tolérance :** *n. f.* Attitude qui consiste à accepter les opinions d'autrui (religieuses, politiques...), même si on ne les partage pas.

■ La **religion catholique** domine en France. Depuis 1685, et la **révocation**, par Louis XIV, de **l'Édit de Nantes** qui reconnaissait leur liberté de culte, les protestants sont pourchassés et persécutés tout comme les juifs ou les athées.

■ Les ténèbres auxquelles doivent s'opposer les Lumières sont surtout les abus de la religion. Leur conception du monde est **anthropocentriste**, passant d'une conception verticale du monde (Dieu donne à l'Homme sa connaissance du monde), à une perspective horizontale (l'Homme en étudiant et en expliquant le monde en devient le maître). Les philosophes ne sont pas forcément irréligieux, mais ils adoptent une **attitude sceptique** face à toutes les croyances religieuses. Ils dénoncent le **fanatisme**, la **superstition**, les **préjugés** et défendent la **tolérance**, comme Voltaire dans son *Traité sur la tolérance* (1863).

5. Philosophie des Lumières et arts – Vers l'histoire des arts

■ Les Lumières ont influencé l'art de leur temps, sans pour autant inspirer d'esthétique particulière. Elles ont par contre généré une **architecture** et un **urbanisme** spécifiques. La ville des Lumières est construite dans le souci du bien public : claire, aérée, hygiénique et fonctionnelle. L'architecte Claude Nicolas Ledoux (1736-1806) crée à partir de 1775 une ville idéalement fonctionnelle et utilitaire : la saline de Chaux dans le Jura.

■ La sensibilité des Lumières est **morale** : en peinture, avec les tableaux de Jean-Baptiste Greuze (1725-1805) par exemple, on recherche **le beau et le bon éternels**. Ce peintre réalise des variations autour de thèmes moraux, comme *La Malédiction paternelle* et ses deux tableaux : *Le fils ingrat* (1777) et *Le fils puni* (1778).

■ Au fur et à mesure, l'art rejette la fantaisie, la légèreté, considérées comme aristocratiques et mondaines, pour se tourner vers **le sérieux, l'authentique et le naturel**. Il remet à l'honneur le goût qu'avaient les classiques du XVIIe siècle pour **l'Antiquité**, à la manière du peintre Jacques-Louis David (1748-1825) dans *Le serment des Horaces* (1784).

B Éléments de synthèse et de réflexion

En quoi les écrits des philosophes des Lumières permettent-ils l'élaboration d'un jugement argumenté ?

■ Les philosophes des Lumières sont des **auteurs engagés** dans leur siècle. Leurs écrits témoignent d'une réflexion raisonnée sur la société dans laquelle ils vivent, tant au niveau philosophique qu'aux niveaux politique, religieux, social et scientifique.

■ Leurs textes exposent leurs **idées personnelles**, mais se font aussi **l'écho des idées d'autrui**, dans un esprit de **confrontation**, de mise à l'épreuve, de discussions chers à ce siècle des salons, des cafés et des académies.

■ Ils s'intéressent au développement de la **conscience critique individuelle**, mais aussi aux questions **utiles pour le bien collectif** : égalité des droits, liberté, lutte contre les inégalités sociales...

■ Les écrits, par exemple l'*Encyclopédie*, s'ouvrent aux **découvertes scientifiques européennes**, ainsi qu'aux **autres cultures**. Les écrivains de cette époque voyagent davantage. Ils multiplient les échanges et les rencontres qui enrichissent leur réflexion.

2 L'héritage de la philosophie des Lumières

L'engagement des écrivains du XVIIIe siècle était périlleux car ils défendaient des valeurs s'opposant à la monarchie absolue. Leurs textes tombaient souvent sous la **censure**, le contrôle exercé par le pouvoir religieux ou politique qui examinait les œuvres avant d'en autoriser ou interdire la diffusion. En 1728 et 1757, deux déclarations royales signalent que les auteurs, éditeurs et imprimeurs d'ouvrages attaquant la religion et l'autorité seront punis de mort. Nombre d'œuvres, dont l'Encyclopédie, ont été travaillées et publiées dans la **clandestinité**. Voltaire et Diderot ont fait des séjours en prison. Rousseau a dû s'exiler.

Leur arme de combat ? **Leur plume** et son redoutable talent argumentatif.

A L'argumentation et ses formes littéraires au XVIIIe siècle

1. L'argumentation : définition et origine

L'argumentation comprend l'ensemble des **moyens verbaux** employés dans un **discours oral ou écrit** par un **locuteur**, pour **remporter** ou **renforcer l'adhésion** d'un auditoire, quel qu'il soit, à une **thèse** ou à une **vision des choses.**

■ Argumenter c'est chercher à :
- **convaincre** : faire appel à la raison, aux capacités d'analyse et de réflexion de son interlocuteur pour remporter son adhésion. Le locuteur s'aide **d'arguments** pour étayer sa **thèse**. Ces arguments sont organisés selon un **plan** structuré et progressif afin de construire un **raisonnement** qui suit une **stratégie argumentative** prédéfinie par le locuteur. Ils sont illustrés par des **exemples** tirés de son expérience et de ses connaissances. L'articulation logique du texte est organisée grâce à des **connecteurs**;
- **persuader** : faire appel aux **sentiments** ou aux **émotions** du destinataire pour le faire changer d'avis. Le locuteur joue sur des **valeurs communes** (vérité, sincérité, courage, honneur...). Il cherche à toucher la **sensibilité** de l'interlocuteur pour le **séduire**, pour **manipuler** son opinion;
- **délibérer :** examiner les **différents aspects d'une question** avant de prendre une **décision**. Le locuteur **confronte** son avis avec celui d'autres interlocuteurs, ou avec ses propres objections pour peser son opinion, considérer les positions possibles.

■ L'argumentation appartient à la **rhétorique** ou **art de l'éloquence**, né au **Ve siècle av. J.-C. en Sicile**, alors grecque. Son origine n'est pas littéraire mais **juridique**. En cette période de troubles politiques, comme il n'existait pas d'avocats, mais qu'il fallait donner des techniques langagières à ceux qui venaient défendre leur cause, des écrivains de l'Antiquité ont inventé cet art de persuader par le discours qui s'est développé ensuite parallèlement en littérature et en philosophie. D'où l'emploi d'un vocabulaire commun entre ces disciplines.

■ Dès l'Antiquité, la rhétorique est enseignée dans les **écoles** comme instrument d'**éducation** et de **formation du citoyen**. Tous ses principes constituent encore aujourd'hui la base de l'enseignement de ces disciplines fondées sur l'art du langage.

2. L'argumentation directe et ses formes

Du côté de la justice...
Lors d'un procès, *plaider* est l'exercice de l'avocat qui défend une personne. Mais en justice, on parle plutôt de *plaidoirie* pour désigner le discours prononcé par l'avocat.
Le *réquisitoire* désigne le discours prononcé par le procureur pour requérir l'application de la loi contre l'accusé.

Le pour et le contre...
Être *pour* une thèse, c'est la *défendre* ou la *soutenir*.
Être *contre* une thèse, c'est la *réfuter*.
Être *d'accord avec certains des arguments* de la thèse adverse (celle que l'on réfute), c'est lui *concéder* des arguments, lui faire des *concessions*.

Dans ces exposés écrits ou oraux, l'argumentation est clairement posée comme objectif premier. Elle est apparente, ouverte. L'auteur prend la parole à la **première personne (je)**.

■ **Le plaidoyer et le réquisitoire** : ce sont des formes qui se retrouvent dans tous les genres argumentatifs, littéraires mais aussi non littéraires comme la presse, les discours politiques et les procès. Ils ont leur origine dans le domaine judiciaire :
- **le plaidoyer :** discours oral ou écrit **en faveur** d'une personne ou d'une idée;
- **le réquisitoire :** discours écrit ou oral **contre** une personne ou une institution.

■ **L'essai ou le traité** : Il propose **la réflexion et le point de vue** d'un auteur sur un sujet donné. Il a pour objectif l'enseignement, le partage des connaissances. Son registre est **didactique**. Mais il intègre aussi l'examen des thèses adverses, auxquelles il fait des **concessions** ou qu'il **réfute**. Le registre employé est alors le registre **polémique**. L'exemple en est le *Traité sur la tolérance* de Voltaire (1863).

■ **Le dialogue d'idées ou dialogue philosophique** : il permet de confronter des idées entre deux ou plusieurs personnes. Il prend aussi le nom d'**entretien**. Les registres employés sont : le **didactique**, le **polémique** et le **satirique**. C'est un échange de points de vue entre des personnes réelles ou bien des personnages fictifs. Dans le roman *Jacques le fataliste* de **Diderot** (1778), de nombreux passages prennent la forme du dialogue philosophique lorsque, à l'occasion d'un voyage à cheval, un maître et son valet échangent sur le sens du destin, sur la vertu ou sur l'amour.

■ **La correspondance :** au XVIIIe siècle, la **lettre** devient un genre d'écrit et passe du domaine privé au domaine public. Elle devient alors **lettre ouverte**. Les registres employés sont le registre **lyrique**, le **polémique**, le **satirique**. **Voltaire** utilise ce genre pour affirmer clairement ses positions politiques dans ses *Lettres philosophiques* (1734).

■ **Les dictionnaires** de cette période ne sont pas simplement informatifs ou explicatifs. Les articles de l'*Encyclopédie* ou le *Dictionnaire philosophique* (1764) de Voltaire par exemple, expriment haut et fort les engagements de leurs auteurs.

3. L'argumentation indirecte et ses formes

Dans ces textes, l'argumentation n'est pas la visée première. Elle repose donc sur **l'implicite** et implique une certaine **complicité** entre l'auteur et le lecteur, qui doit comprendre seul, les enjeux de l'argumentation. Elle cherche plutôt à persuader qu'à convaincre. Grâce au détour de la **fiction**, elle permet souvent aux auteurs de **déjouer la censure**.

■ Au XVIIIe siècle, l'argumentation indirecte prend surtout la forme du **conte philosophique**. De même structure que le conte traditionnel, il fait intervenir du merveilleux, souvent **oriental**. Les nombreuses péripéties, les intrigues amoureuses, sont destinées à distraire le lecteur. Mais il cherche aussi à **éveiller la réflexion critique** du lecteur sur les thèmes philosophiques de l'époque : fanatisme, pouvoir absolu, bonheur, Providence... Le personnage évolue d'aventure en aventure pour arriver à sa maturité au terme du récit. C'est donc un **récit d'apprentissage**. Il mêle plusieurs registres : didactique, comique, satirique. Mais aussi le registre lié à l'émotivité : le **pathétique**. Voltaire en a écrit de nombreux, dont le sous-titre renseigne sur le thème dominant : *Zadig ou la destinée* (1747), *Candide ou l'optimisme* (1759).

■ Le conte philosophique et la fable sont des **apologues** (du grec *apologos*, « récit »), soit de courts récits en prose ou en vers dont on tire un **enseignement moral**, que cette leçon soit explicite ou implicite.

■ **La parabole** : ce sont de **courts récits allégoriques** qui renferment une morale ou une comparaison symbolique utilisées dans les textes religieux comme les *Évangiles*. Elle est liée au sacré. Le registre en est didactique.

■ **L'utopie** : c'est un récit qui se déroule dans un **monde idéal, heureux et imaginaire**. Ce monde lointain, clos sur lui-même et autonome, a développé sa propre organisation et ses propres valeurs. L'utopie reflète le monde réel, mais en réinvente les règles pour mieux en **souligner les dysfonctionnements**. Les registres sont surtout didactique et satirique. L'auteur anglais Thomas More fonde le genre en 1516 avec *Utopia*. Au XVIIIe siècle, l'Eldorado visité par *Candide* (1761), l'île où vivent les personnages de la pièce *L'Île des esclaves* de Marivaux (1725) et l'Arcadie de *Paul et Virginie* de Bernardin de Saint-Pierre (1787), sont des utopies.

B Construire le texte argumentatif

1. Construire la cohérence du texte

■ Elle se réalise par trois **modes de raisonnement** différents :
- le **raisonnement déductif** qui expose d'abord la thèse de l'auteur puis la justifie par différents arguments ;
- le **raisonnement inductif** qui au contraire part des arguments et termine par la thèse ;
- le **raisonnement par analogie** qui veut prouver la validité de la thèse en la comparant à une autre thèse, reconnue et acceptée par tous.

■ La cohérence du texte s'organise grâce à des **connecteurs logiques** de 3 types :
- des **connecteurs d'opposition** : *mais, cependant, pourtant, alors que, malgré, néanmoins, en revanche, or...* Ils permettent d'opposer des idées, des faits. Ils introduisent une thèse réfutée, ou bien des arguments appelés **contre-arguments** qui s'opposent à ceux de la thèse soutenue.
- des **connecteurs de cause** : *car, parce que, puisque, comme, étant donné que, du fait que, vu que...* Ils servent à expliquer, à justifier une thèse ou un argument. Ils exposent l'origine d'un fait.
- des **connecteurs de conséquence** : *donc, par conséquent, c'est pourquoi, ainsi, si bien que...* Ils expriment le résultat, la suite logique d'une idée ou d'un fait. Ils concluent un raisonnement.

2. Construire la cohérence de la phrase

■ Trois constructions de la phrase sont possibles :
- **la phrase simple** : elle est constituée d'une seule proposition alors appelée **proposition indépendante** ;
- **la phrase complexe** : elle comprend **plusieurs propositions**.
Lorsqu'elles sont **indépendantes**, elles sont **juxtaposées** (reliées par un signe de ponctuation) ou **coordonnées** (reliées par l'une des conjonctions de coordination : *mais, ou, et, donc, or, ni, car*).
Lorsqu'elles sont **subordonnées**, la proposition **subordonnée** est reliée à la proposition **principale** par une conjonction de subordination (*quand, lorsque, parce que, comme...*).

■ Il y a plusieurs types de subordonnées. La **proposition subordonnée relative** est une subordonnée qui a pour fonction de **compléter un nom**, que l'on nomme **antécédent**. Elle est introduite par un **pronom relatif** : *qui, que quoi, dont, où, quel* et ses composés (*lequel, desquels, auxquels...*) :
Madame la baronne, qui pesait environ trois cent cinquante livres, s'attirait par là une très grande considération... (*Candide*, Voltaire)

3. Agir sur l'interlocuteur par des effets de style

■ L'**apostrophe** : elle permet **d'interpeller** l'auditoire pour attirer son attention. Elle se place en début de phrase, isolée par une virgule. Elle peut être suivie par une subordonnée relative :
Vous, qui m'écoutez... Ô femmes !

■ La **question oratoire** : c'est une fausse question qui n'attend pas de réponse. Elle implique l'auditoire en suscitant sa réflexion. Elle prend la forme d'une phrase interrogative :
Femmes, quand cesserez-vous d'être aveugles ? Quels sont les avantages que vous avez recueillis dans la révolution ? [Olympe de Gouges, *Déclaration des droits de la femme et de la citoyenne* (1791)].

■ L'auteur recourt aux **phrases exclamatives** pour prendre à témoin ou faire partager une émotion à l'auditoire.

■ L'**ironie** : c'est un discours qui consiste à dire le contraire de ce que l'on pense. Elle instaure un décalage entre ce qui est exprimé explicitement et ce qui est implicitement sous-entendu.

Rien n'était si beau, si leste, si brillant, si bien ordonné que les deux armées. Les trompettes, les fifres, les hautbois, les tambours, les canons, formaient une harmonie telle qu'il n'y en eut jamais en enfer. (*Candide*, Voltaire)

■ Certaines figures de style sont particulièrement employées :
- l'**oxymore** : il unit deux termes contradictoires – *Un bel autodafé*
- l'**hyperbole** : elle exagère un fait – *Le plus beau des châteaux*
- l'**antithèse** : elle oppose deux éléments dans une construction symétrique – *Je suis le meilleur homme, et voilà déjà trois hommes que je tue.*
- l'**antiphrase** : c'est la figure privilégiée de l'ironie. Elle consiste à sous-entendre le contraire de ce qui est affirmé – *le meilleur des mondes* (quand tout va mal)

L'auteur peut aussi agir sur l'interlocuteur en employant différents lexiques :

Le lexique du droit Normes qui règlent les rapports humains	**Le lexique de la morale** Comportements et attitudes que tout homme doit mettre en œuvre pour respecter les règles dictées par le droit	**Le lexique de l'engagement** Attitude qui permet de faire évoluer les règles du droit ainsi que la conscience morale des hommes
norme : *n. f.* état habituel, le plus courant d'une chose – en droit : règle de droit. **règle :** *n. f.* ligne directrice de conduite imposée ou adoptée. **loi :** *n. f.* commandement imposé par l'autorité souveraine d'un État. **code :** *n. m.* ensemble de règles, de commandements, recueil de lois (Code civil, code pénal). **égalité :** *n. f.* équivalence de traitement des êtres humains devant la loi, les droits.	**conscience :** *n. f.* capacité d'un être à porter un jugement de valeur morale sur ses actes. **juste/injuste :** *adj.* qui est conforme ou non conforme à la justice, à l'équité, au droit. **tolérable/intolérable :** *adj.* que l'on peut, ou ne peut pas, accepter, supporter. **arbitraire :** *adj.* qui relève d'un libre choix, et non de l'observation des règles. **équité :** *n. f.* capacité à régler sa conduite sur le sentiment naturel du juste et de l'injuste.	**cause :** *n. f.* question que l'on veut défendre, soutenir. **lutte :** *n. f.* action vigoureuse d'une ou plusieurs personnes pour résister à une opposition ou atteindre un objectif. **combat :** *n. f.* lutte contre les obstacles, les difficultés.

À partir du dictionnaire *Le Petit Robert.*

C Éléments de synthèse et de réflexion

Quelles armes littéraires les philosophes des Lumières ont-ils léguées aux générations suivantes pour dénoncer l'injustice ?

■ L'engagement des philosophes des Lumières a en effet permis de remettre en question et de **faire évoluer le droit et la morale** des concitoyens puisque le siècle se termine avec la Révolution française de 1789. Le texte de loi qui symbolise leurs idées est la *Déclaration des Droits de l'Homme et du Citoyen*, qui est encore au fondement de notre démocratie aujourd'hui.

■ Les philosophes ont légué aux écrivains des genres et des techniques pour composer des discours argumentés : essais, entretiens, apologues, lettres...

■ Ils ont donné plus d'importance à une **attitude engagée, polémique et satirique de l'écrivain** envers sa société, qui permet d'utiliser l'écriture comme champ d'analyse et de mise en question de ses points forts et de ses dysfonctionnements.

■ Ces écrivains ont développé et transmis aux générations suivantes une **sensibilité aux grandes causes** en rapport avec les droits de l'homme.

D Évolution de l'héritage des Lumières aux XIXe, XXe et XXIe siècles

De nombreux écrivains ont suivi la trace des philosophes des Lumières et mis leur plume au service de leurs concitoyens.

1. Au XIXe siècle

■ **Victor Hugo**, poète, romancier et dramaturge (1802-1885), ne peut dissocier son activité d'écrivain et son engagement politique. Il est député et prononce de nombreux **discours** à l'Assemblée nationale sur la **misère**, la **peine de mort**, le **travail des enfants**. Ses prises de position le conduisent à l'exil pendant tout le Second Empire. Ses œuvres littéraires sont imprégnées de ses luttes sociales : le roman *Les Misérables* (1862) entremêle des chapitres développant les aventures de personnages fictifs et des chapitres qui sont autant d'**essais** sur ces questions qui le préoccupent. Le roman *Le Dernier jour d'un condamné* (1829) est un **plaidoyer** pour l'abolition de la peine de mort.

■ Avec **Émile Zola** (1840-1902), l'argumentation est plus indirecte, mais prend encore la forme narrative du roman. Dans *L'Assommoir* (1877) ou *Germinal* (1885), il défend également **la cause du peuple** et critique la misère. C'est aussi dans les **journaux** (la presse se développe à cette période) que les écrivains vont mener leurs combats. Ainsi le 13 janvier 1898 paraît dans le journal *L'Aurore* la **lettre** de Zola intitulée «**J'accuse**» au président Félix Faure. Elle dénonce l'antisémitisme de l'armée et accuse l'État-Major d'avoir fait condamner sans preuve à perpétuité le capitaine Alfred Dreyfus pour trahison.

2. Au XXe siècle

■ Parallèlement à des textes où ils exposent ouvertement leurs idées, comme essais, discours, lettres et articles de presse, de nombreux auteurs ont aussi employé l'argumentation indirecte du roman pour défendre et exposer leurs idées. Dans *La Peste* (1947), Albert **Camus** (1913-1960) ne dénonce qu'implicitement la guerre, alors que l'auteur lutte ouvertement contre la guerre d'Algérie. L'engagement est aussi une mission significative pour Jean-Paul **Sartre** (1905-1980) ou encore André **Malraux** (1901-1976).

■ Certains auteurs utilisent l'argumentation indirecte, mais à travers le genre du **théâtre**. C'est le cas de **Ionesco** (1909-1994) dans sa pièce *Rhinocéros* (1959), qui dénonce les **régimes totalitaires** du siècle.

■ D'autres auteurs expriment leur engagement à travers la poésie, comme **Aimé Césaire** (1913-2008) qui fut aussi un homme politique français. Originaire de Martinique, il est anticolonialiste et œuvre pour la reconnaissance de la «**négritude**», un concept créé contre le système colonial français et qui réhabilite la culture africaine.

3. De nos jours

Des écrivains s'engagent aussi pour défendre des causes liées aux inégalités sociales, aux droits de l'homme, tout comme le faisaient les philosophes des Lumières. Mais les causes se sont étendues géographiquement et de nouveaux combats se dessinent sous la plume des écrivains et des philosophes, comme ceux liés aux bouleversements climatiques, à la pollution ou au développement des nouvelles technologies.

E Éléments de synthèse et de réflexion

Une action juste l'est-elle pour tout le monde ?

■ Le terme « juste » n'a pas le même sens selon qu'il renvoie au **cadre réglementaire et législatif**, à la justice, ou à la **conscience morale** individuelle.

■ Au plan de la conscience personnelle, réaliser une action « juste », c'est se conformer à une loi morale individuelle qui évalue les faits ou les actes en fonction de **catégories morales** : le juste, le bon, le bien... et par opposition l'injuste, le mal... Cette conscience morale se forme progressivement chez un individu grâce à l'éducation et l'expérience. Si quelqu'un agit conformément à sa conscience du « juste », il aura le sentiment d'agir avec justice pour tout le monde. Mais, par définition, cette conscience comporte des aspects personnels. Ces catégories morales n'ont pas forcément les mêmes caractéristiques selon les individus.

■ Au plan réglementaire et législatif, une action « juste » est une action qui est **conforme aux lois**, soit à l'ensemble des règles établies par l'autorité d'un État afin de garantir et préserver la vie en commun dans une société. Dans ce sens, une action juste est censée l'être pour tous. Mais un individu peut être amené à contester une action légalement juste, parce qu'il a le sentiment qu'elle ne va pas dans le sens de ses intérêts personnels.

■ Pour autant, l'individu ne peut pas considérer comme juste une action qui ne fait que **satisfaire ses propres intérêts**, ou ceux de son strict entourage. L'idée de « juste » ne peut pas se résumer à l'égoïsme des désirs et intérêts personnels.

■ En revanche, une action juste au sens légal n'est pas toujours **moralement juste**. Ceux qui ont été appelés les « Justes » après la Seconde Guerre mondiale agissaient comme Résistants, donc contre les lois et le gouvernement en place. Au XVIIIe siècle, les philosophes luttaient aussi contre les lois établies. Une action juste est donc plus en ce sens la manifestation d'une volonté individuelle ou collective, face à un cadre de droit qui, même s'il est légal, heurte une exigence morale de justice, d'égalité de fait et de droit entre les individus (lutte contre l'esclavagisme, le racisme, les discriminations...).

■ Agir de façon juste est donc introduire une **régulation constante entre le bon et le légal** afin d'exiger une évolution des lois vers plus d'égalité afin que le « juste » profite à tous. L'évolution de l'histoire politique traduit ces tentatives successives de régulation.

■ Le combat social, moral et politique initié par les Lumières cherche à construire un cadre de vie commun de plus en plus respectueux du juste, du bon, de l'équitable, dans lequel l'individu doit aussi accepter que les actions ou les décisions **« justes » pour le collectif** sont celles qui garantissent plus de sécurité, d'égalité, de respect des droits de tous, même si elles ne sont **pas forcément ressenties comme « justes » au plan individuel**.

3 L'homme face aux avancées scientifiques et techniques : enthousiasme et interrogations

Après le XVIIIe siècle et l'intérêt nouveau pour les sciences et les techniques illustré par la publication de *L'Encyclopédie*, les discours produits sur ces sujets ont continué à se développer, accompagnant leurs progrès. Qu'ils appartiennent à l'information ou à la littérature, ils révèlent les espoirs et les questionnements que ces progrès suscitent.

1 Les discours sur les sciences et les techniques aux XIXe, XXe et XXIe siècles

A Les différents supports d'une documentation scientifique et technique

1. La nature des supports

■ Avec le développement de **l'alphabétisation** et la reconnaissance juridique du **statut d'auteur** au XVIIIe siècle, les supports écrits de l'information se développent. Le souci de **référencer**, **classer** et **diffuser** le savoir apparaît, générant un véritable **marché du livre**.

■ Depuis le Moyen Âge, le **papier** est fabriqué à partir de chiffons de lin récoltés dans les campagnes. Au XVIIIe siècle, la demande croissante en supports écrits entraîne l'invention du papier fabriqué à partir de la **cellulose du bois**, la quantité de chiffons n'étant plus suffisante. Sa fabrication devient industrielle. Parallèlement, **l'imprimerie** se modernise et les premières machines industrielles apparaissent : presse à cylindre puis linotype dès le XIXe siècle.

Lexique des sciences et techniques

- **Science :** *n. f.* Du verbe latin scire « savoir » – ensemble des connaissances sur la nature, la société et la pensée, exactes et vérifiables, exprimées par des lois.
- **Technique :** *n. f.* Ensemble des outils, des procédés et des méthodes d'un art, d'un métier.
- **Technologie :** *n. f.* Du nom grec tekhnê « art » – études des techniques utilisées dans l'industrie.
- **Savant :** *n. m.* Celui ou celle qui a de la science, de la connaissance.
- **Découverte :** *n. f.* Identification d'une substance, d'un fait, d'un phénomène jusque-là inconnu.
- **Invention :** *n. f.* Du verbe latin invenire « trouver » – Action d'inventer ou de créer une nouveauté.
- **Innovation :** *n. f.* Nouveauté introduite dans une science.

■ Grâce à l'invention de la **photographie** (Nièpce en 1826 puis Daguerre en 1839), du **cinématographe** (surtout avec les frères Lumières en 1895 – cinéma parlant en 1900), puis de la **télévision** (1926) et du **magnétophone** (1935), l'image et le son se joignent au discours écrit pour informer sur les sciences et techniques.

■ L'arrivée des **bandes magnétiques**, des **microfilms** et des premiers **ordinateurs** entre les années 1900 et 1950 permet de stocker un nombre de plus en plus grand d'informations.

■ Dans la deuxième moitié du XXe siècle, l'invention des **systèmes optiques** puis **électroniques** et la création du réseau informatique **internet** muliplient considérablement la demande et par conséquent les discours sur les sciences et les techniques.

■ De nos jours, avec le développement du **monde virtuel**, de nouveaux supports d'accès à l'information ouvrent des perspectives innovantes dans le domaine de l'architecture (visite de monuments ou de maquettes en 3D) ou encore de la médecine (préparer des opérations, réadapter des patients à une réinsertion dans le réel).

2. Les publics concernés

■ Après les progrès de l'alphabétisation menée au XVIIIe siècle, l'accès à la connaissance concerne un public plus grand. Mais le discours scientifique et technique est encore destiné à un **cercle fermé de savants** regroupés au sein d'académies, de sociétés savantes, de salons, de bibliothèques et laboratoires privés de riches initiés.

■ C'est à partir du XIXe siècle que l'accès au savoir se développe réellement, soutenu par 3 facteurs :
- l'école obligatoire et l'alphabétisation massive ;
- la création de bibliothèques accessibles à tous ;
- le développement de laboratoires attachés à l'enseignement supérieur.

■ **Deux types de publics** s'intéressent alors à ces discours : les scientifiques, qui se documentent sur les recherches et les progrès de leur discipline, mais aussi n'importe quel individu motivé par des raisons scolaires, professionnelles ou par goût personnel.

La *vulgarisation scientifique* destinée à l'éducation populaire, hors des institutions d'enseignement, apparaît au XIXe siècle. Selon son origine étymologique (vulgus en latin désigne « la foule »), elle s'adresse à un large public. Elle vise l'accès par des non-spécialistes aux connaissances scientifiques et techniques. *Albert Jacquard et Hubert Reeves* sont deux vulgarisateurs scientifiques contemporains très connus.

B Discours informatifs et explicatifs

La documentation sur les sciences et les techniques vise soit à **informer** soit à **communiquer un savoir**. Elle vise aussi à **expliquer** ou à **répondre à une question**. Elle emploie dans cet objectif les **discours informatifs et explicatifs**.

1. Procédés d'écriture et d'organisation des discours informatifs et explicatifs

■ Ils visent à l'**objectivité** : la 1re personne du singulier prédomine dans l'énonciation, qui est caractérisée par l'absence des marques de jugement.

■ Le temps dominant est le **présent de vérité générale**.

■ Ils emploient un **lexique spécialisé** concernant le sujet traité et adapté au public visé (jeunes, adultes, initiés...).

■ Leur **mise en page** est **organisée** par des moyens typographiques variés : titrages, polices de caractères, gras, italiques...

■ Ils sont souvent accompagnés de **supports plus visuels** destinés à clarifier les explications : schémas, tableaux, graphiques, images, dessins et aujourd'hui diaporamas.

■ La **cohérence du texte** est organisée par :
- des **connecteurs logiques** de **cause** et de **conséquence** ;
- des **connecteurs temporels** indiquant l'enchaînement chronologique des faits : *d'abord, puis, ensuite, enfin, alors...* ;
- des **connecteurs d'énumération** : *d'abord, ensuite, enfin, premièrement, d'une part, d'autre part...* ;
- des **propositions subordonnées circonstancielles** de **cause** (introduites par *parce que, comme, puisque...*), de **conséquence** (introduites par *si bien que, de sorte que, à tel point que...*).

■ Ils emploient des **procédés pour définir** :
- signes de **ponctuation** (virgule, tirets, parenthèses ou deux points) : *Lors d'une éruption volcanique, de la roche en fusion est projetée par le cratère : la lave*;
- des **verbes** introduisant un terme technique (nommer, appeler, s'appeler, désigner par...) : *Les volcans aux éruptions calmes émettant des coulées de lave fluide sont appelés « volcans rouges »*;
- des **expansions du nom** (termes qui caractérisent le nom) et des **subordonnées relatives** pour donner des précisions sur les noms : *Les éruptions explosives qui projettent des cendres émanent des « volcans gris »*;
- des **encadrés**, des **notes**, des **index** ou des **lexiques** permettant de définir les termes techniques;
- des termes introduisant des **reformulations**, fréquentes dans les discours de vulgarisation : *c'est-à-dire, en d'autres termes, en somme, notamment, bref...* ;
- des termes introduisant **le contraste, l'opposition, la différence** : *à l'inverse, par opposition, à l'opposé, contrairement à...*

Ponctuation, information et explication :
La ponctuation joue un rôle important dans ces discours. Les signes les plus fréquemment employés sont :
- **les deux points : pour introduire une définition, apporter une précision**
- **les parenthèses : pour nuancer, préciser, justifier**
- **les tirets : pour structurer une liste**
- **les virgules : pour séparer les éléments d'une énumération.**

2. Visées

■ La documentation informative vise à exposer des faits, des données en les **définissant**, en les **classant** et en les **synthétisant**. Elle cherche **à étendre la connaissance** du public sur le sujet traité. La documentation explicative utilise des enchaînements logiques qui se rapprochent du discours argumentatif (cause, conséquence...). Elle cherche à **faire comprendre** les causes et conséquences d'un phénomène. Mais information et explication sont le plus souvent liées dans les textes.

■ Leur énonciation est **objective** et leur fonction surtout **didactique**. Mais parfois leur objectivité cache une **fonction argumentative**, lorsque le choix des termes, de l'explication des causes ou des conséquences sont déterminés implicitement par une **vision subjective** du sujet traité.

C Les stratégies argumentatives

L'évolution des sciences et des techniques inspire des discours argumentatifs sur leurs applications, sur les conséquences sociales, économiques ou philosophiques qu'elle entraîne. Mais il faut distinguer l'argumentation purement scientifique ou technique qui reste dans le domaine spécifique traité et vise à en valider les hypothèses de recherche, de l'argumentation sur les sciences et les techniques, qui interroge leur impact sur l'humanité.

1. Les démonstrations scientifiques ou techniques

■ Elles s'appuient sur des **arguments d'autorité**, acceptés par tous.

■ Elles visent à **démontrer** un fait en ayant recours à des chiffres, à des analyses validées par les communautés scientifiques des domaines concernés. Même si ces vérités évoluent avec les connaissances, elles sont considérées pour vraies à un moment donné et peuvent même devenir des lois générales.

■ Elles sont organisées selon un **plan déductif** ou **démonstratif**.

■ Leur énonciation est **objective**, à la 3e personne.

■ Elles cherchent à **remporter l'adhésion du public**.

Les modalisateurs de la vérité
Ils permettent à l'énonciateur d'exprimer sa certitude sur ce qu'il dit. Ce sont des :
- ***adjectifs :* évident, inévitable, clair, sûr...**
- ***adverbes :* assurément, franchement, incontestablement, réellement, vraiment...**
- ***expressions :* à coup sûr, c'est évident, à vrai dire, sans aucun doute...**
- ***verbes d'opinion :* je sais, j'affirme, je certifie, je suis persuadé...**
- ***verbes impersonnels :* il est certain, il ne fait aucun doute, il est sûr...**

2. Les argumentations d'opinion

■ Elles développent des **points de vue** sur les sciences et les techniques et leurs **conséquences** sur l'homme et le monde.

■ Elles ne s'appuient pas sur des vérités ou des certitudes, mais sur des **convictions**, des **croyances**.

■ Les arguments utilisés sont des **arguments d'opinion** qui n'expriment que le point de vue personnel de celui qui les énonce.

■ Ces argumentations sont organisées selon des **plans plus inductifs ou délibératifs**.

■ L'énonciation est **subjective** (1re personne), recourt à des **modalisateurs de la vérité**.

■ Elles cherchent à **persuader** le public.

De nos jours, ces argumentations d'opinion sont régulièrement médiatisées dans la **presse** ou sous la forme de **débats télévisés**. Les scientifiques ne font plus partie de cercles restreints et refermés sur eux-mêmes. Ils sont des citoyens engagés qui prennent part aux réflexions philosophiques sur les progrès de l'humanité. Ils s'impliquent dans ces débats, d'autant plus passionnés que les progrès scientifiques et techniques s'accélèrent : débats sur les OGM, sur la sélection génétique des embryons, la neurobiologie, l'impact des appareils électroniques sur la santé, le réchauffement climatique…

Lexique des stratégies

- **Objectivité :** ***n. f.*** **qualité qui consiste à présenter des faits sans faire intervenir de préférence personnelle, de jugement. Neutralité.**
- **Subjectivité :** ***n. f.*** **qualité qui consiste à présenter des faits de façon personnelle, partiale.**
- **Argument d'autorité :** ***GN m.*** **preuve considérée comme incontestable, qui fait autorité (chiffre, citation d'un expert…).**
- **Argument d'opinion :** ***GN m.*** **élément de raisonnement relevant des croyances, des connaissances et de l'expérience personnelle de l'auteur.**
- **Plan déductif ou démonstratif : il expose d'abord la thèse puis l'étaye par différents arguments illustrés d'exemples.**
- **Plan inductif : au contraire, il part des arguments illustrés et en tire la thèse.**
- **Plan délibératif : il confronte des thèses et termine par celle qui est soutenue.**

D Les formes les plus fréquentes

1. Les textes à caractère objectif

Ils sont **explicitement informatifs** et **explicatifs**. Ce sont les dictionnaires, les encyclopédies (devenues depuis le XIXe siècle des textes objectifs, contrairement à celle des Lumières qui donnait l'avis des auteurs) les manuels, les articles de revues spécialisées, les documentaires. Au XXe siècle se sont ajoutés les textes issus des supports numériques : pages et sites web, encyclopédies participatives, émissions et documentaires audiovisuels.

2. Les textes à caractère subjectif

Ils **mêlent discours informatif, explicatif et argumentatif**. Ce sont :
- des **essais** sur des sujets scientifiques et techniques. Cette forme assez variable, très utilisée au XVIIIe siècle, se prête bien aux réflexions scientifiques contemporaines. Plutôt polémique, l'essai n'a pas pour but de faire le point sur des connaissances ou d'expliquer une découverte, mais exprime surtout le point de vue de l'auteur qui s'« essaie » à faire le tour de ce qu'il pense du sujet traité.

Les procédés de la généralisation

Dans leurs discours sur les sciences et les techniques, les auteurs sont amenés à utiliser des procédés leur permettant ***d'augmenter l'impact de leur argumentation*** **sur l'auditeur. Outre l'interpellation, ils emploient** ***la généralisation*** **:**

- ***le glissement du pronom « je » à « nous »*** **pour impliquer l'auditeur dans le discours, ou l'emploi du** ***pronom « on » généralisant*** **;**
- **l'emploi de la** ***comparaison*** **qui permet de** ***rapprocher*** **ce que plusieurs individus ont en commun, puis de** ***l'abstraire*** **pour en tirer une** ***idée générale*** **commune à tous ;**
- ***le glissement du présent d'énonciation,*** **qui présente un fait valable aujourd'hui et maintenant,** ***vers le présent de vérité générale,*** **valable pour tous et partout.**

Les valeurs du pronom personnel « on »

Le mot vient du latin *homo* qui signifie « homme ». D'où ses valeurs multiples. En effet, il peut représenter :

- **le locuteur, celui qui parle :** ***J'aime le chocolat. Et oui, on a ses faiblesses...***
- **le locuteur et un interlocuteur ou groupe d'interlocuteurs (je + tu ou je + vous) :** ***Je passe te (vous) chercher en voiture et on prend la route.***
- **l'interlocuteur (tu ou vous) :** ***Alors, on a fait la fête hier ?***
- **une 3e personne unique ou multiple :** ***Ils se précipitèrent sur le gâteau. Comme on n'avait pas mangé depuis la veille, celui-ci disparut en un éclair.***

– toutes les **formes contemporaines de discours** dans lesquels des scientifiques ou des intellectuels interviennent pour donner leur avis sur la science et les techniques : articles de presse, pages web, émissions audiovisuelles radiophoniques.

E Éléments de synthèse et de réflexion

En quoi les avancées scientifiques et techniques nécessitent-elles une réflexion individuelle ?

■ Au plan individuel, ces avancées créent les **conditions d'une vie plus confortable** grâce notamment au développement des télécommunications (téléphonie et ordinateurs portables, internet, numérique), ou des modes de transport (TGV, avions). Elles peuvent augmenter aussi **la sécurité** et **le bien-être** avec les progrès en matière de procréation médicale assistée (fécondation *in vitro*) et de diagnostic médical par exemple. Le DPI (diagnostic pré-implantatoire) permet de sélectionner des embryons sains chez un couple présentant de fortes probabilités de donner naissance à un enfant porteur de maladie génétique. Les diagnostics de plus en plus affinés permettent de traiter rapidement les cancers et même de développer des thérapies prénatales.

■ Au plan collectif, ces avancées vont de pair avec le **développement des richesses** (économiques, intellectuelles) d'un pays et du niveau de vie général de sa population.

■ Mais ces avancées scientifiques et techniques nécessitent une **double régulation** issue de la réflexion responsable de chaque individu et d'une réflexion éthique, scientifique, politique collective, afin de contrôler la recherche et ses applications pratiques.

■ L'augmentation du confort individuel ou des richesses d'un pays peut avoir des **conséquences néfastes sur l'environnement** qui se répercutent au niveau collectif et individuel : la multiplication des véhicules entraîne une pollution aux hydrocarbures qui a des conséquences à l'échelle internationale (effet de serre) et individuelles (développement des maladies liées à la pollution de l'air : asthme, allergies, maladies de la peau...). L'emploi massif de pétrole augmente les risques de marées noires de plus en plus dévastatrices pour la nature. Mais pour autant, le développement non maîtrisé des productions céréalières à destination des biocarburants peut aussi entraîner d'autres pollutions dues aux cultures intensives, ou des famines liées à une réduction des parcelles de production de céréales à vocation alimentaire.

■ La réflexion collective doit être menée à **l'échelle internationale** car elle concerne aujourd'hui l'humanité. Au sujet des OGM (organismes génétiquement modifiés) par exemple, la motivation justifiée d'une alimentation pour tous grâce à une amélioration des variétés végétales, doit s'accompagner de confrontations de recherches et d'accords internationaux afin d'analyser l'impact de ces nouvelles technologies sur la planète.

■ La sélection d'embryons et les thérapies prénatales sont un formidable progrès au niveau individuel, mais elles doivent elles aussi être régulées et contrôlées grâce par une **réflexion collective** : certains scientifiques comme le biologiste Jacques Testart, alertent l'opinion sur les conséquences inconnues d'une telle sélection au niveau de l'évolution de notre espèce. À leur avis, vouloir améliorer le patrimoine génétique d'une espèce n'apporte en rien la garantie de la rendre intellectuellement et physiquement plus forte.

■ Faire l'impasse d'une **réflexion individuelle et collective** quant à l'utilisation de ces techniques peut également déboucher sur des comportements eugénistes, comme ceux de l'Allemagne nazie, qui dès 1934 imposait la stérilisation de certains malades (handicapés, alcooliques, dépressifs...), ou ceux de certains États américains ou du nord de l'Europe au début du XIXe siècle.

2 Progrès des sciences et techniques et nouveaux genres narratifs : entre enthousiasme et interrogations

L'accélération du développement des sciences et des techniques à partir du XXe siècle **suscite des interrogations** dont la littérature se fait l'écho. Le cinéma et la bande dessinée, genres narratifs fondés sur l'union du récit et de l'image, prenant leur essor dès le début du XXe siècle, construisent aussi volontiers leurs scénarios à partir de ces questionnements.

A Anticipation et science-fiction à travers la littérature, le cinéma et la bande dessinée

1. Définitions

■ L'**anticipation** est un **genre narratif** qui, à partir d'une époque donnée, imagine le monde futur en prenant en considération les évolutions technologiques et en se fondant sur des hypothèses crédibles. Au sens étymologique, anticiper signifie « être en avant ». L'anticipation projette donc comment l'humanité pourrait évoluer économiquement, socialement, politiquement ou biologiquement, dans un avenir relativement proche.

■ L'expression **science-fiction** apparaît en **1929** seulement. Elle désigne le **genre narratif** où se combinent évolutions technologiques et intrigue située dans un ailleurs spatial ou temporel (généralement le futur). *A priori*, les mots « science » et « fiction » sont opposés, puisque la science étudie et travaille sur le réel, la fiction fonctionne sur l'imaginaire. C'est que la science-fiction ne cherche pas la rigueur ou la vérité scientifique. Elle se contente de s'inspirer de la science pour imaginer des mondes différents.

2. Origines et développement

■ Ces genres narratifs ont comme origine commune les **récits de voyages imaginaires**, comme celui imaginé par Cyrano de Bergerac sur la lune au **XVIIe siècle** (*Histoire comique des États et Empires de la Lune*, rédigé vers 1650).

■ Au **XVIIIe siècle**, on les retrouve avec *Les Voyages de Gulliver* (1726) où Jonathan Swift imagine un voyage dans une île volante et le **conte philosophique** *Micromégas* de Voltaire (1752), qui raconte la visite d'un extraterrestre sur la Terre.

■ Au **XIXe siècle**, le maître du genre en France est Jules Verne (1828-1905) : *Voyage au centre de la Terre* (1864), *De la Terre à la Lune* (1865). En Angleterre, c'est H.G. Wells avec *La Machine à explorer le temps* (1895), *L'Homme invisible* (1897), *La Guerre des mondes* (1898) notamment. Tous deux ont publié de très nombreux récits, dont beaucoup seront portés à l'écran au XXe siècle. Autre source anglaise, mais venant d'un auteur féminin : le roman *Frankenstein* (1818) de la romancière Mary Shelley (1789-1851).

■ Aux **XXe et XXIe siècle**, le genre est très prolifique, surtout en France, en Angleterre et aux États-Unis. Les récits sont des **romans** ou des **nouvelles**, dont certains sont ensuite adaptés au cinéma. Pour les **romans américains** : *I, Robot* (1950) ou *Fondation* (1951) de Isaac Asimov (1920-1992), grand romancier et vulgarisateur scientifique ; *Des Fleurs pour Algernon* (1966) du romancier et chercheur en psychologie Daniel Keyes (1927) ; *Neuromancien* (1884) le polar informatique du romancier William Gibson (1948). Pour les **romans français** : *La Nuit des temps* (1968), de René Barjavel. En écrivain engagé sur les questions que posent les technologies, ce dernier a notamment écrit un texte d'argumentation directe : *Lettre ouverte aux vivants qui veulent le rester* (1978), où il prend position contre le nucléaire civil. Mais encore : la trilogie des *Fourmis* (1991 à 1996) de Bernard Werber (né en 1961), *Très loin de la Terre* (2009) de J.-P. Andrevon (né en 1937).

3. Regards portés sur le monde, les sciences et les techniques

■ Au **XVIIIe siècle**, ces récits de voyages imaginaires ont, comme la plupart des récits de l'époque, une **portée satirique et philosophique**. Les mondes imaginaires décrits permettent à la fois de viser indirectement la société de l'époque et d'échapper à la censure.

■ Au **XIXe siècle**, ces récits d'anticipation témoignent du **regard enthousiaste** de l'époque pour les découvertes scientifiques et techniques de la révolution industrielle.

■ Au **XXe siècle**, le regard porté sur les sciences et techniques est **plus négatif** en raison des deux guerres mondiales et du rôle qu'elles y ont joué : utilisation des gaz chimiques pendant la première et de la bombe atomique lors de la deuxième par exemple. Les récits de science-fiction expriment dès lors deux attitudes **opposées** : **l'enthousiasme** et **la méfiance**.

■ Aujourd'hui encore, ces récits ont deux fonctions par rapport aux sciences :
- une **fonction imaginaire**, qui se rapproche parfois de la réalité quelques années plus tard (certaines innovations sont finalement réalisées, comme le téléphone portable ou les écrans tactiles aujourd'hui par exemple).
- une **fonction de prise de conscience** dans le présent du rôle des nouvelles technologies pour l'avenir de l'humanité (interroger sur les conséquences de la sélection des embryons selon des critères génétiques par exemple).

Ils sont en ce sens des **argumentations indirectes**.

Les points de vue narratifs

Comme dans tous les récits, le point de vue narratif peut être pris en charge par trois types de narrateurs :

• Narrateur ou point de vue externe : le narrateur est extérieur à l'histoire, il ne raconte que ce qu'il perçoit et en fait moins que les personnages eux-mêmes.

• Narrateur ou point de vue interne : le narrateur se met à la place d'un personnage et raconte ce qu'il perçoit et sait.

• Narrateur ou point de vue omniscient : le narrateur rapporte ce que font les personnages, mais aussi ce qu'ils perçoivent et pensent. Il connaît leur passé, leur avenir. Il peut voir ce qui se passe à plusieurs endroits à la fois. Il en sait plus que les personnages, il sait tout sur l'histoire.

Dans les récits d'anticipation et de science-fiction, le point de vue narratif adopté est souvent celui d'un narrateur interne, afin que le lecteur s'identifie à ce que vit et ressent un personnage. Un narrateur omniscient permet aussi à l'auteur de faire des commentaires sur le monde dans lequel évoluent ses personnages.

4. Au cinéma : vers l'histoire de l'art

■ Outre les nombreux récits portés à l'écran depuis l'origine du cinéma, certains récits inventés directement pour l'image ont marqué l'histoire du genre : *Le Voyage dans la Lune* l'un des tout premiers films de l'histoire du cinéma, de Georges Méliès (1902) ; *La Planète de singes* de Schaffner ; *2001 : l'odyssée de l'espace* film anglais de Stanley Kubrick ; *La Guerre des étoiles* (1977) film américain de George Lucas ; *Matrix* (1999) de Andy et Larry Wachowski ; *Nos amis les Terriens* (2006) film français de Bernard Werber ; *Avatar* (2009) film américain de James Cameron.

5. Dans la bande dessinée : vers l'histoire de l'art

Le genre est aussi très représenté, avec par exemple en France : *Les Fantastiques* (1961) de Kirby et Lee ; *Lone Sloane* (1966) de Philippe Druillet ; *L'Incal* (1981) de Moebius et Jodorowsky ; *Batman* (1986) de Miller ; la série *Aldebaran, Bételgeuse, Antarès* (2000) de Léo ; *La Trilogie Nikopol* (2005) de Enki Bilal.

B Éléments de réflexion et d'analyse

Le dépassement des limites de l'être humain peut-il faire craindre une perte d'humanité ?

■ Au sens propre, l'« **humanité** » est le **caractère de ce qui est humain**. Une partie de ce qui définit l'espèce humaine tient à la spécificité du cortex, élément du cerveau humain dont la caractéristique est sa formidable capacité à prolonger et à renforcer nos capacités d'adaptation. Ce cerveau est apte à modifier les conditions de notre environnement, à prolonger grâce à l'outil technique nos instruments « naturels » comme l'œil (lunettes, télescope, microscope...) ou notre locomotion naturelle (la roue, le moteur). En ce sens, le dépassement comme développement conduit à une redéfinition constante de cette humanité.

■ Employer les sciences et les techniques permet de **modifier**, de **faire évoluer** les caractéristiques de notre humanité « naturelle ». Au plan physique, les implants, les greffes, les contraceptifs ou la téléphonie mobile modifient notre physiologie et nos capacités dans le but de les améliorer, d'apporter liberté et bien-être. La perte d'humanité en ce sens n'est pas à craindre, dans la mesure évidemment où ces techniques sont inoffensives.

■ Le sens du terme « humanité » ne se limite pas aux caractéristiques physiques naturelles. Il renvoie aussi à la **bienveillance envers ses semblables** que l'être humain est capable de manifester. Les progrès en matière de technique opératoire, grâce notamment aux robots permettant à un chirurgien d'opérer à distance, sont un exemple de dépassement des limites humaines. Ces techniques, même si elles passent par le développement de la machine, ne vont pas dans le sens de la perte d'humanité, puisqu'elles ont pour but d'améliorer la finesse et la qualité des soins.

■ Pourtant, la mécanisation de nos sociétés a malgré tout pour conséquence un **appauvrissement de la qualité du lien social** : la robotisation de certains postes professionnels comme le remplacement des caissières par des machines, supprime la possibilité même de rapport humain. Même si la mécanisation est positive dans le cas de certains métiers pénibles, elle entraîne également une accélération des cadences de production, dans un environnement souvent peu propice à l'épanouissement des qualités de l'homme et à son bien-être.

■ Certaines technologies en cours de développement interrogent davantage encore cette **possible « perte d'humanité »** : la fécondation *in vitro* avait déjà permis de distinguer procréation et sexualité au XXe siècle. Au XXIe, c'est l'utérus artificiel qui pourra venir parachever la mécanisation complète de la reproduction de l'être humain.

Pour interroger, le discours narratif emploie plusieurs procédés :

- **La phrase interrogative : l'interrogation est totale (elle attend une réponse par « oui » ou « non ») ou partielle (elle porte sur une partie de la question).**
Viendras-tu demain ? (interrogation totale) – _Comment vas-tu ?_ (partielle)

- **Le discours direct : il rapporte les paroles des personnages directement, en utilisant :**
– deux points, guillemets, tirets ;
– un verbe de parole placé avant les deux points, en incise dans la réplique ou après les paroles rapportées ;
– des pronoms de 1re et 2e personne ;
– l'emploi du présent, du futur et du passé composé ;
– la ponctuation de l'expression orale (point d'interrogation et d'exclamation) ;
– des indicateurs de lieu et de temps ancrés dans le présent : _ici, là, ce soir..._ ;

- **Le discours indirect : il rapporte les paroles en les intégrant au récit, en utilisant :**
– absence de tirets et de guillemets ;
– le verbe de parole est suivi d'une subordonnée COD : _Il a dit qu'il viendrait._
– les pronoms de 3e personne ;
– l'imparfait, le plus-que-parfait, le futur dans le passé ;
– pas de points d'interrogation, d'exclamation ni d'inversion sujet-verbe ;
– des indicateurs de lieu et de temps coupés de la situation d'énonciation : _la veille, le lendemain, ce jour-là..._

C La contre-utopie en littérature et au cinéma

1. Définition

Le genre se définit par opposition à celui de l'utopie, qui trouve sa source littéraire en 1516 avec le récit *Utopie* de Thomas More (voir chapitre 2). D'origine grecque (de *ou* « non » et *topos* « lieu »), l'utopie désigne un monde imaginaire parfait, n'existant dans « aucun lieu ». La contre-utopie désigne donc un monde dont la perfection se retourne contre l'être humain.

2. Origines

■ Après le **XVIIIe** siècle et les utopies philosophiques comme l'Eldorado de *Candide*, le genre évolue **fin XIXe** vers **l'utopie « socialiste »**, où idéal philosophique se combine avec idéal social et scientifique (*Une utopie moderne* de Wells, 1905). En France, Charles Fourier (1772-1883) imagine des communautés idéales appelées **phalanstères** où les hommes vivent une vie égalitaire et fraternelle. Godin (1859-1970) cherche à atteindre cette utopie dans son usine en Picardie. Mais ces tentatives sont des échecs. On tente au même moment de réaliser cet idéal à l'échelle d'un état dans les sociétés communistes des pays de l'Est.

■ À l'Ouest aussi on s'oriente vers des modes d'organisation sociale et de production où l'individu tend à s'effacer au profit de la **collectivité** : dans les années **1910** aux États-Unis, **Henry Ford** invente **le travail industriel à la chaîne** sur le modèle du **taylorisme** (du nom de l'ingénieur américain F.W. Taylor), dans lequel on applique des principes d'organisation scientifique du travail pour rentabiliser et développer la production industrielle.

■ Parallèlement aux espoirs qu'elle suscite, la science apparaît comme une **menace** pour le bien de l'individu. En politique ou en littérature, personne ne peut plus inventer un modèle idéal. L'utopie devient **pessimiste** et évolue en contre-utopie : un monde où règne certes une certaine perfection, mais dont **les excès sont négatifs** pour l'homme.

■ Les **sociétés totalitaires**, les **horreurs des guerres** du XXe siècle confortent le genre.

■ La visée de ces récits est directement **satirique** et **polémique**, représentant un tableau noir des évolutions possibles d'un monde dominé par les sciences et les techniques, **sans réflexion préalable et collective** de l'homme sur leur utilisation raisonnée.

3. En littérature

■ L'une des premières contre-utopie est le roman anglais *Le Meilleur des mondes* (1931) d'Aldous Huxley (1894-1963). Il imagine un monde anesthésié par la science où la reproduction artificielle est le moyen de contrôler l'espèce. Puis l'écrivain anglais George Orwell (1903-1950) publie le roman *1984*, décrivant un monde totalitaire dominé par Big Brother (1949).

■ Les **personnages** sont plus complexes que dans la science-fiction : certains adhèrent aux principes moraux et idéologiques de leur monde et sont considérés comme des héros. D'autres s'en éloignent et deviennent des anti-héros, sauf pour le lecteur avec lequel il partage les mêmes valeurs.

4. Au cinéma : vers l'histoire des arts

Le réalisateur allemand Fritz Lang donne la première contre-utopie cinématographique : *Metropolis* (1926). Depuis, outre les adaptations des deux contre-utopies littéraires, le genre s'est développé au cinéma : *Orange mécanique* (1971) de Stanley Kubrick, *Bienvenue à Gattaca* de Andrew Niccol (1998), *Equilibrium* (2002) de Kurt Wimmer.

D Éléments de synthèse et de réflexion

Le virtuel est-il un enrichissement du réel ?

■ Le terme **virtuel** vient du nom latin *virtus* « vertu » (au sens de « capacité, pouvoir, puissance ») et désigne ce qui est en puissance, à l'état de simple possibilité, par opposition à ce qui est « actuel ». De nos jours, il renvoie aux nouvelles technologies pour désigner les constructions informatiques et numériques, par opposition au monde sensible.

■ Le virtuel ne s'oppose donc pas au réel, mais à l'**actuel**, à ce qui se réalise dans le concret. En ce sens, le virtuel n'enlève rien, ne change rien au réel. Il se développe à part, propose un autre support d'exploitation et de connaissance.

■ Notre cortex a la capacité de traiter des images et les informations qui les accompagnent **comme s'ils étaient des données du réel**. L'intérêt du virtuel réside dans le fait qu'il propose des constructions, des univers qui **simulent** celles du monde réel et qui permettent à notre cerveau de s'y adapter et de s'y repérer aussi bien qu'avec les sens que nous utilisons pour nous repérer dans le monde sensible.

■ Dans sa dimension de simulation, il peut prolonger le réel, lui servir d'appui, dans la mesure où il propose des espaces d'expérimentation non réels d'activités ou d'actions humaines destinées à s'appliquer ensuite dans le monde actuel. Les simulateurs de vol par exemple, permettent aux apprentis pilotes de simuler des exercices, d'agir comme s'ils agissaient concrètement, sans prendre de risque. Les simulateurs se développent également en médecine, où ils permettent un entraînement des chirurgiens à des opérations délicates. Le virtuel, en tant que **support d'apprentissage**, enrichit donc par la possibilité de pratiquer des tests par anticipation dans des conditions qui simulent celles de la réalité.

■ Les univers de jeu virtuels créent des mondes imaginaires simulant la vie réelle, comme le jeu *Second Life*. Mais, s'ils reproduisent les caractéristiques du réel afin que notre cerveau nous en donne l'illusion, ils ne proposent que des **constructions imaginaires**, semblables à celles que peut proposer un livre. Ainsi les rencontres, les liens, les activités qui s'y déroulent restent

de l'ordre du potentiel et n'ont aucune actualisation dans le monde réel. Lorsque **l'utilisation abusive** du virtuel tend à se substituer au monde réel comme un imaginaire fictionnel de remplacement, l'utilisateur court le risque de se couper de la réalité et d'en devenir dépendant.

■ Certains philosophes, comme Jean Baudrillard, s'inquiètent du développement du monde virtuel et y voient une **déréalisation** du monde réel susceptible de bouleverser négativement les rapports de l'homme à la réalité. Pierre Levy au contraire tend à minimiser l'inquiétude qu'il génère. Il voit dans le virtuel un **formidable champ** pour l'expression de l'intelligence et de l'esthétique humaines.

4 Identité et diversité

Au XXe siècle, le monde moderne permet à l'individu de se confronter plus facilement à la diversité des cultures et des civilisations. Mais les bouleversements scientifiques, technologiques, politiques et historiques rapides qui surviennent, suscitent des questionnements sur l'identité dont la littérature et les arts se font l'écho.

1 Le récit de voyage

Depuis l'Antiquité, il rend compte des découvertes de nouvelles cultures par les voyageurs. Il est le lieu privilégié de l'expression de la diversité, de la description de la nouveauté, de l'analyse comparée des cultures.

A Origines et développements

■ Il puise ses sources dans le genre antique de **l'épopée**, ce long poème narrant les exploits d'un héros, qui racontait souvent l'histoire de ses voyages héroïques. L'*Odyssée* de Homère (VIIIe siècle av. J.-C.) raconte ainsi le long retour du héros **Ulysse** dans sa patrie d'Ithaque après la guerre de Troie.

■ L'idée d'écrire un livre sur les pays visités remonte au **Ve siècle av. J.-C**. C'est le voyageur grec Hérodote qui le premier rédige dans ses *Enquêtes*, un compte rendu précis des observations et des histoires qu'il a pu récolter au cours de ses voyages. Il y traite des aspects historiques et géographiques des pays traversés, mais aussi des usages politiques, religieux, agricoles ou architecturaux des peuples rencontrés. L'**analyse documentaire et objective** alterne avec le **récit imagé** et les **impressions personnelles** du voyageur.

■ Le *Roman d'Alexandre*, récit grec du **IIIe siècle**, raconte les conquêtes du souverain grec **Alexandre le Grand** et son périple jusqu'en Inde. Il compile comme beaucoup de ces textes de l'Antiquité, **récits** et **descriptions**, **anecdotes**, ainsi que des **fables** appelées « **merveilles** » sur les pays traversés (comme celle des hommes à tête de chien). Il connaît une grande diffusion et sera réécrit en langue française en « alexandrins » (donnant ainsi son nom à ce vers), par Alexandre de Paris au XIIe siècle.

■ **En 1298**, le marchand vénitien Marco Polo relate ses voyages à travers la **Chine** et ses missions pour l'empereur Mongol Kubilaï Khan dans *Le Livre des Merveilles.* Mais ce texte n'est pas un récit fidèle des expéditions de Polo. Il y disserte sur les pays traversés et sur d'autres, dont il a entendu parler. Études historiques, géographiques, politiques, religieuses, mais **peu d'anecdotes personnelles**. Certaines fables au sujet d'animaux monstrueux que l'on retrouve dans la mythologie indienne (oiseau appelé « roc » de l'île de Madagascar), rappellent les récits de l'Antiquité où alternent description de faits réels et récits imaginaires.

■ C'est aux **XVe et XVIe siècles**, avec le développement d'une meilleure flotte, des cartes marines (portulans) et des instruments de navigation (compas, astrolabe, quadrant, arbalète) que l'exploration du monde se développe et conduit aux **Grandes Découvertes**. Les récits des voyages vers le **Nouveau Monde** sont ceux des **grands explorateurs** ou de leurs lieutenants : récits des explorateurs italiens comme *Journal de bord* (1492) de Christophe Colomb ou *Le premier tour du monde de Magellan* (1519-1522) de Antonio Pigafetta. Récits des conquérants espagnols (conquistadores) comme *La Conquête du Mexique* (1519-1521) de Hernan Cortés. Ou encore récits de voyageurs français comme les *Relations* (ou *Voyages au Canada*) de Jacques Cartier (1534-1542) ou *Histoire d'un voyage fait en la terre du Brésil* (1578) de l'écrivain Jean de Léry.

Le récit de voyage devient progressivement un **genre à part entière**.

■ Au **XVIIIe siècle**, l'exploration du monde se poursuit, mais les motivations ne sont plus celles de l'or ou de la conquête de territoires. Les explorateurs sont des **savants** et des **philosophes** poussés par le désir de **découvrir les richesses du monde et d'autres civilisations**. Ce sont : *Relations de voyages autour du monde* (1768-1779) du navigateur et cartographe anglais James Cook, ou *Voyage autour du monde* (1771) du marin philosophe Antoine de Bougainville.

■ Au **XIXe siècle**, le genre s'épanouit, souvent sous la plume d'**écrivains** ou d'**artistes** qui voyagent pour nourrir leur **inspiration**. Soulignant leur attirance pour les trésors de la Renaissance italienne ou l'exotisme de l'Orient, leurs récits de voyage laissent une grande part à **l'expression de leurs impressions et de leurs émotions personnelles** : *Lettres d'un voyageur* (1837) de George Sand, *Impressions de voyage* (1847) d'Alexandre Dumas, *Voyage en Orient* (1851) de Gérard de Nerval, *Par les champs et par les grèves* (1885) de Gustave Flaubert. Ce sont aussi les récits des scientifiques comme *Voyage d'un naturaliste* (1875) de Charles Darwin.

■ Au XXe siècle le récit de voyage est toujours en vogue. Avec le développement des **sciences humaines**, en particulier de la **sociologie** et de l'**ethnographie**, les scientifiques se penchent sur le fonctionnement des **cultures éloignées** : *L'Afrique fantôme* (1934) de l'écrivain et ethnologue Michel Leiris et *Tristes tropiques* (1955) de l'ethnologue Claude Levi-Strauss.

■ Des **écrivains** continuent de livrer leurs découvertes et leurs impressions de voyages comme les poètes Blaise Cendrars dans *Rhum* (1930) et Henri Michaux dans *Un barbare en Asie* (1933), ou l'écrivain Michel Butor dans *Le Génie du lieu* (1958).

■ De nos jours, les récits de voyage connaissent un **succès grandissant**. De nombreux auteurs en publient, qu'ils soient médecin (Jean-Louis Étienne), ethnologue (Paul Émile Victor) ou réalisateur (Nicolas Vanier) et explorent les pôles et le Grand Nord ; naturaliste (Théodore Monod) explorant les déserts, comédien attiré par l'Afrique (Richard Bohringer), navigatrice appelée par les océans (Maud Fontenoy) ou écrivains inspirés par les pays étrangers (Michel Del Castillo, Nicolas Bouvier, Jacques Lacarrière). De nombreux **salons littéraires** consacrés à la littérature du voyage lui font une large place, comme le salon « Étonnants Voyageurs » de Saint-Malo.

B Formes et thèmes

■ Le récit de voyage raconte ce que son auteur a pu découvrir et observer pendant son voyage. Il s'élabore souvent **pendant le voyage**, à partir de **carnets de voyage** constitués de notes, de photographies, de dessins pris sur le vif, ou encore à partir d'un **journal** rassemblant des notes prises au jour le jour. Il peut aussi être rédigé **après le retour** du narrateur.

■ Contrairement au roman, le récit de voyage ne crée pas un monde autonome et distinct du monde réel, mais il est en prise directe avec le réel. Si les récits de l'Antiquité au Moyen Âge pouvaient inclure des fables, des **inventions destinées à pallier le manque de connaissance** précise des pays visités, ou à **amplifier les « merveilles »** que l'on pouvait y rencontrer, ils se sont ensuite attachés à rendre compte des pays et des peuples étrangers avec un **souci de vérité**

et d'exactitude. La plupart du temps, le **réel a donc priorité sur la fiction**, sauf quand les lieux ou les personnes rencontrés inspirent, chez les écrivains, des récits fictifs qui viennent alors alterner avec la description de la réalité visitée.

■ Jusqu'au **XIXe siècle**, l'énonciation de la plupart des récits de voyage se veut **objective**. Le narrateur s'efface derrière **l'observation et la description du réel**, donne peu ou pas ses impressions, comme dans *Le Livre des Merveilles* de Marco Polo. Ensuite, l'énonciation se fait au contraire **de plus en plus subjective**. Le récit de voyage exprime alors autant le **cheminement réel** du voyageur que le **cheminement intérieur**, psychologique et affectif, inspiré par la découverte.

■ L'organisation du récit est **chronologique**, suivant l'ordre des événements du voyage. Il comprend de nombreuses indications spatiales et temporelles.

■ L'usage du **discours descriptif** est abondant si bien que la narration est quasiment au service de la description. Celle-ci cherche à rendre compte au lecteur avec le plus de précision et de justesse possibles des représentations des paysages, de l'architecture, des objets, des vêtements ou visages rencontrés.

■ Pour décrire, le narrateur part de sa propre connaissance du monde. Par conséquent décrire la nouveauté, l'insolite, est difficile. Aussi le narrateur recourt à de nombreuses **comparaisons** afin de permettre au lecteur avec lequel il partage le même univers de référence, de se faire une représentation la plus compréhensible possible des nouveautés qu'il découvre.

■ Les auteurs de récits de voyage provenant de **domaines différents** (scientifiques, navigateurs, explorateurs, historiens, ethnographes, écrivains, pèlerins...), le genre présente des **formes diverses**. Il peut se présenter sous la forme d'un **journal intime** (*Journal de voyage en Italie par la Suisse et l'Allemagne*, 1581, Montaigne), d'une **autobiographie** (*Itinéraire de Paris à Jérusalem*, 1811, Chateaubriand), de **lettres** (*Le Rhin. Lettres à un ami*, 1842, Victor Hugo), de **carnets de route** (*Voyage au Congo*, 1927, André Gide) ou d'**essais** (*Tristes tropiques*, 1955, Claude Levi-Strauss). Un même récit peut **mélanger des discours** historiques, géographiques, ethnologiques, et des **réflexions personnelles** de l'auteur.

La modalisation du jugement

Le locuteur peut émettre un jugement mélioratif ou péjoratif sur ce qu'il dit ou écrit. Pour cela il peut employer :
- **des suffixes péjoratifs** *(jaunasse, verdâtre, criard)* ;
- **des reprises nominales** *(Ulysse navigua longtemps. Enfin le héros accosta... / Le pickpocket vida les poches de sa victime. Puis le voyou fila.)* ;
- **des verbes** *(adorer / répugner)* ;
- **des adjectifs** *(splendide, compétent, bon / ignoble, incapable, médiocre)* ;
- **des figures de style** *(métaphore, hyperbole, anaphore, antiphrase...)* ;
- **des adverbes** *(adroitement, heureusement / bêtement, malheureusement)* ;
- **des expressions mélioratives** *(tant mieux, il est juste, il est bon de, il est bien que, par chance...)* ;
- **des expressions péjoratives** *(il est intolérable, je juge inutile de, tant pis...)*.

rappel : mélioratif : *adj.* **favorable / péjoratif :** *adj.* **défavorable**

C Visées

■ Le récit de voyage a surtout un objectif **didactique**. Il cherche à instruire le lecteur sur le pays qu'il traverse. Le lecteur implicite est le plus souvent de même culture que l'auteur.

■ L'auteur cherche à partager avec son lecteur son émerveillement, son étonnement ou son désagrément devant les découvertes qu'il relate. Il emploie le **lexique des émotions et du jugement.**

■ Même lorsqu'il se veut objectif, le récit de voyage révèle toujours **le regard du narrateur** sur le monde qu'il découvre. Ce dernier raconte, décrit, à travers le prisme de sa propre culture. Son point de vue se traduit par l'emploi de **modalisateurs** ou de **lexique du jugement**. Parfois, il est ouvertement **argumentatif** et permet **l'analyse comparée** des cultures et des civilisations. La culture étrangère est plus ou moins critiquée ou valorisée, selon que l'objectif de l'auteur est la conquête (conquistadores), l'évangélisation (missionnaires), le pèlerinage ou la quête de valeurs ou de modes de vie délaissés par le monde moderne, comme c'est souvent le cas aujourd'hui.

■ Par sa **narration vivante et pittoresque**, le récit de voyage mêle le **divertissement** à son souci didactique. Nombre de lecteurs le lisent pour s'évader, par goût de l'exotisme et de l'aventure.

D Éléments de réflexion

En quoi l'autre est-il semblable et différent ?

■ L'identité peut être définie comme **un principe de permanence**. C'est le sentiment d'une singularité qui se maintient et qui me désigne comme unique. C'est cet ancrage qui, au cœur des changements, des évolutions, nous amène à nous sentir le même.

■ Cette permanence du même se constitue pourtant à travers de **multiples critères** qui me délimitent comme identité (sexuelle, ethnique, nationale…), mais également à travers de nombreuses appartenances et rôles sociaux (citoyen, professionnel, parent…). En ce sens, l'identité peut être perçue comme un phénomène d'assignation, soit comme le fait « d'être désigné en tant que… », et dont ma conscience intérieure maintient l'unité.

■ Mon identité, c'est ce par quoi je me définis et me connais, ce par quoi, désigné, je me sens reconnu et accepté. En ce sens, la définition de l'identité implique en elle-même la notion de **différence**.

■ Notre singularité individuelle, pour exister, nécessite la reconnaissance d'autres singularités pour être unique et différent. Pour exister, une identité requiert donc la **reconnaissance réciproque des différences**.

2 Les récits de filiation

Après l'essoufflement du Nouveau Roman dans les années 1970, apparaît une littérature narrative qui replace l'individu et sa filiation au cœur du récit.

A Origines

■ Dans les années **1950 à 1970**, le mouvement du **Nouveau Roman** bouleverse les techniques classiques de narration : ses auteurs (Nathalie Sarraute, Alain Robbe-Grillet, Michel Butor), **rejettent le narrateur omniscient**, **le personnage, l'intrigue et perturbent la chronologie**, de sorte que le lecteur ne peut plus se laisser porter par l'histoire. La narration se focalise sur la **description minutieuse des objets** et abandonne la psychologie des personnages, afin de mettre en évidence l'inquiétude de l'homme dans un monde moderne qu'il ne peut plus maîtriser.

■ **Dans les années 1980**, la littérature se tourne à nouveau vers le récit et les **histoires de famille**, qui ont de tout temps été au fondement de la plupart de ses œuvres narratives. Trois textes marquent son origine : *Vies minuscules* de Pierre Michon (1984), *Catherine* de Pierre Bergounioux (1984) et *Les Trois Coffrets* de Gérard Macé (1985).

■ Le récit de filiation prolonge des formes qui parcourent la littérature narrative : le **roman familial**, le **roman des origines** et le **roman généalogique**. L'expression **« roman familial »** est empruntée à Sigmund Freud (1856-1939), fondateur de la psychanalyse et fait référence à une **étape décisive de la constitution de l'identité** dans laquelle tout enfant désacralise un jour ses parents et tente d'échapper à la déception que cette découverte implique en imaginant un récit, dans lequel il les métamorphose pour leur redonner leur prestige perdu. Le **roman des origines** a été théorisé par Marthe Robert en 1972 dans *Roman des origines et origines du roman*. Elle reprend les analyses de Freud pour étendre le concept de « roman familial » à toute création romanesque : **tout comme l'enfant** lors de cette étape de développement psychique, l'écrivain, en inventant un récit, reconstruit dans son livre un **univers à la mesure de son propre désir**. Quant au **roman généalogique**, il se déroule chronologiquement et peint le **parcours individuel** de personnages sur un **fond d'histoire collective**, comme les 8 volumes de *Les Thibault* (1940, Roger Martin du Gard), qui brossent le portrait d'une famille de la bourgeoisie parisienne pendant la Première Guerre mondiale. Le récit de filiation lui emprunte la durée et l'intérêt pour l'enquête généalogique.

Autour la filiation…

- **Filiation :** *n. f.* lien de parenté qui unit l'enfant à son père ou sa mère – lien de descendance directe entre personnes issues les unes des autres.
- **Filial :** *adj.* caractérise ce qui provient d'un enfant envers ses parents – amour filial.
- **Ancêtre :** *n. m.* personne à l'origine d'une famille.
- **Aïeul,e :** *n. m.* grand-père, grand-mère.
- **Aieux :** *n. pl.* ancêtres.
- **Ascendance :** *n. f.* ensemble des générations qui précèdent une personne.
- **Descendance :** *n. f.* descendants d'une personne.
- **Généalogie :** *n. f.* suite de personnes d'une famille établissant une filiation – science qui étudie l'origine et la filiation des familles.
- **Transmission :** *n. f.* fait de laisser, de transmettre à ses descendants (valeurs, culture, biens)
- **Communauté :** *n. f.* groupe de personnes qui vivent ensemble ou ont des biens ou des intérêts communs.
- **Collectif :** *n. m. et adj.* qui regroupe ou concerne plusieurs personnes.
- **Singulier :** *n. m. et adj.* qui concerne une seule personne – unique, original.

B Formes et thèmes

■ Le récit de filiation place au cœur du récit **la famille** et la recherche des **liens avec l'ascendance**. À partir du XIXe siècle, la famille se transforme. Cette communauté dans laquelle se construisaient les identités de tous ses membres s'effrite. Historiquement, le siècle balance entre le désir de réinstaurer les traditions antérieures et l'appel de la modernité. Au XXe siècle, la famille continue de se désagréger et la Première Guerre mondiale crée un bouleversement démographique qui renforce encore ce changement. Le récit de filiation essaie de **renouer ces liens distendus par l'histoire**. Il se présente comme une enquête, une **archéologie** pour reconstituer les traces laissées par les **ancêtres**.

■ En valorisant les notions de **liberté** et **d'individualisme**, le monde moderne développe l'idée de **rupture** avec le passé. L'une des conséquences est **l'affaiblissement de la transmission** entre générations, pourtant essentielle pour la construction psychologique d'un être humain. Le récit de filiation exprime une certaine **mélancolie** de l'individu qui se sent coupé de ses racines et de son héritage, ainsi que son inquiétude face aux **lacunes de la mémoire**.

■ Il se structure selon une **chronologie inversée**, de la constatation d'un présent dans laquelle l'identité est morcelée, incomplète, vers la recherche des ascendants et des liens communautaires. Le récit n'est plus une suite d'événements mais une **rétrospection** qui tente de reconstituer cette mémoire qui fait défaut.

■ Le récit de filiation garde souvent les traces de l'archéologie à laquelle il se livre. Plusieurs formes ou niveaux de récits **s'entrecroisent** alors avec le récit de base : scènes marquantes répétées, souvenirs de lectures, citations, notes, voire photographies.

■ Chez certains auteurs contemporains comme François Bon (*Mécanique*, 2001) et Annie Ernaux (*Une femme*, 1987), cette quête familiale se double d'**interrogations sur la société**. Chez d'autres comme Marie Ndiaye (*Trois femmes puissantes,* 2009), elle se colore de **fantastique**.

La phrase complexe

Elle est constituée de plusieurs propositions qui sont reliées entres elles selon trois procédés :
- **elles sont juxtaposées par l'intermédiaire d'un signe de ponctuation : virgule, point virgule, deux points. Le locuteur met alors en valeur les faits ou idées exprimés ;**
- **elles sont coordonnées par l'intermédiaire d'une conjonction de coordination *(mais, ou, et, donc, or, ni, car)*. Le locuteur met en valeur la relation logique qui relie les faits ou idées exprimés.**
- **elles sont subordonnées. Les propositions sont alors hiérarchisées : l'une des propositions est la principale, l'autre est la subordonnée. La subordonnée conjonctive est introduite par l'intermédiaire d'une conjonction de subordination *(que, quand, si bien que, tant que, si comme)*. La subordonnée relative est introduite par l'intermédiaire d'un pronom relatif *(que, quoi, qui, dont, où, quel et ses composés)*.**

C Éléments de réflexion

Comment transmettre son histoire, son passé, sa culture ?

■ Si le semblable et le différent se constituent par un double mouvement de reconnaissance, la capacité à **« réfléchir »** (dans le double sens de « penser » et « refléter ») et **à transmettre** l'histoire qui nous constitue est un élément essentiel du maintien de la diversité des identités.

■ Cet échange, cette confrontation, est le moment essentiel où chacun fait le chemin pour lui-même entre identité singulière et sujet capable de réfléchir à **tous les éléments constitutifs de son identité** (histoire, coutumes, œuvres, traditions collectives mais aussi milieux, professions, statuts individuels...).

■ Ce présent se nourrit de filiations qui dans le temps ont organisé un socle de repères communs (valeurs, lois, règles, organisation politique...) par lequel nous sommes amenés à nous définir au sein d'une **identité collective**.

■ Cette histoire réfléchie de notre identité nous amène à la rencontre des multiples influences que les autres cultures ont exercées sur la nôtre. Ce **métissage**, cette hybridation, de nombreuses disciplines les ont analysés (psychologie, ethnologie, sociologie...), pour mettre au cœur de la pensée du XXIe siècle la part universelle de nos multiples différences.

■ C'est la force de **ces éléments universels**, que nos histoires réfléchies font apparaître, qui construisent la pertinence du respect des identités singulières. Ce mouvement des identités singulières, réunis en sujets collectifs d'une culture particulière, fonde et organise notre **dimension citoyenne**, forme juridique aboutie des volontés de « faire société ensemble ».

3 Littérature, colonisation et décolonisation

Au XXe siècle, une littérature liée aux colonies et à leur progressive indépendance se développe. Littérature d'expression française ou « francophone » exprimant une voix originale, elle place au cœur de ses œuvres les questions d'identité et de diversité. Exemples de littératures francophones : Maghreb, Afrique et Antilles.

A La littérature du Maghreb

■ Elle se développe **après la Seconde Guerre mondiale**. Tout en étant liée tout d'abord à l'émancipation politique progressive des pays du Maghreb, elle emploie la **langue française** et ouvre la voie à une génération d'auteurs qui marquent l'histoire littéraire.

■ **Dans les années 1950**, des auteurs comme le tunisien Albert Memmi (*La Statue de sel*, 1953), le marocain Driss Chraïbi (*La Passé simple*, 1954), l'algérien Kateb Yacine (*Nedjma*, 1956) cherchent dans leurs romans une **voie nouvelle** entre un passéisme traditionnel de leur culture qu'ils remettent en cause et la double culture apportée par la colonisation qu'ils interrogent.

■ La **génération des années 1960 et 1970** (Rachid Boudjedra, Algérie - Tahar Ben Jelloun, Maroc - Souad Guellouz, Tunisie), tout en assumant son bilinguisme, s'intéresse aux richesses que peut apporter aux hommes et femmes une **double culture** mais aussi aux problèmes communs d'adaptation au monde moderne, auxquels elle peut ajouter des difficultés.

■ À la **fin du XXe siècle**, le roman est aussi représenté par Yasmina Khadra (Algérie) ou l'écrivaine Assia Djerba (Algérie), qui s'intéresse à la **condition féminine**. L'auteur algérien Kateb Yacine écrit de nombreuses pièces de théâtre. Abdellatif Laâbi développe une poésie fondée sur la recherche formelle autour du rythme et d'images télescopées.

B Littérature d'Afrique et des Antilles

■ Au **début du XXe siècle**, plusieurs auteurs issus de l'Afrique ou des Antilles développent à Paris où ils font leurs études, le projet de **défendre et illustrer** par leurs écrits les **valeurs culturelles de leurs pays d'origine**. Léopold Sedar Senghor (écrivain et homme politique sénégalais, président du Sénégal de 1960 à 1980 et premier Africain à entrer à l'Académie Française en 1983), Aimé Césaire (poète et homme politique martiniquais) notamment, initient le mouvement de **Négritude**.

■ Autour des revues *Tropiques*, créée par Aimé Césaire et *Présence Africaine*, créée par Alioune Diop, sont publiés de nombreux textes d'auteurs d'origine africaine ou antillaise qui traitent souvent de **l'écartèlement** de l'homme noir entre sa culture d'origine et la culture française. Grâce à elles émergent de nouveaux auteurs comme Mongo Beti (écrivain, professeur et éditeur camerounais) puis David Diop (poète et professeur sénégalais) ou Édouard Glissant (écrivain et poète martiniquais).

■ Le roman africain de la **fin du XXe siècle** analyse avec tristesse et lucidité la **difficulté** des sociétés africaines à **assumer leur autonomie**. Ils mettent en scène des personnages qui éprouvent des difficultés à vivre dans un monde violent et déchiré par les contradictions.

Les procédés de la concession

La concession est un procédé qui permet de nuancer une opposition, d'accepter un argument ou une partie d'une thèse adverse. Elle s'exprime par différents moyens :

- l'emploi d'un adverbe *(certes, assurément)* suivi de la conjonction de coordination *mais* : *Certes il est jeune, mais il n'est pas très actif ;*
- un nom ou un GN complément circonstanciel introduit par une préposition comme *malgré, en dépit de, au lieu de* :
En dépit de sa jeunesse, il n'est pas très actif ;
- une proposition subordonnée conjonctive complément circonstanciel introduite par :
  - une conjonction de subordination : *bien que, quoique, sans que* (+ subjonctif), *même si* (+ indicatif) : *Bien qu'il soit jeune, il n'est pas très actif / Même s'il est jeune, il n'est pas très actif.*
  - un correlatif : *tout, quelque, si* + adjectif ou adverbe, suivi de *que* + subjonctif :
Tout jeune qu'il soit, il n'est pas très actif.
  - un pronom ou un déterminant + *que* + subjonctif : *qui que, quoi que, quel que, quelque* + GN + *que Quoi qu'il soit jeune, il n'est pas très actif.*
- un gérondif : *Tout en étant jeune, il n'est pas très actif ;*
- l'expression *avoir beau* : *Il a beau être jeune, il n'est pas très actif.*

■ À la même période, les femmes écrivains occupent une place importante dans la littérature francophone et mettent à l'honneur la **question de la femme** : Maryse Condé (Guadeloupe), Mariama Bâ (Sénégal).

C Éléments de réflexion

Doit-on renoncer aux spécificités de sa culture pour s'intégrer dans la société ?

■ La capacité à ne pas renoncer tient très fortement à l'assurance **d'être reconnu dans sa spécificité** ainsi qu'à l'assurance qu'il n'existe pas une norme de la « bonne identité », ni une hiérarchisation des identités qui du moins ne serait pas soumise à la discussion.

■ Nos représentations mentales sur notre identité, celles que nous avons sur les autres, se sont **élaborées sur un temps long**. La marche du monde qui accélère confronte, sans médiation du travail de mémoire, sans temps suffisant de la découverte réciproque, des individus dont le réflexe est la protection derrière clichés, stéréotypes, préjugés...

■ L'histoire souvent douloureuse des peuples (conquêtes, dominations économiques...), la globalisation (mondialisation), qui parfois arrache et nomadise les individus, rend ce besoin de replis identitaire, ce besoin d'**appartenance**, de **reconnaissance**, encore plus puissant, entraînant chacun à l'abri des plis de sa singularité.

■ L'exigence de la reconnaissance de la spécificité d'un individu, peut prendre des formes différentes selon les cultures nationales (communautarisme, assimilationnisme...). Ces formes expriment en commun qu'il doit se **créer du lien**, qu'il soit construit par une communauté d'origine ou par la culture de destination pour permettre à un individu d'être un sujet singulier et un sujet reconnu.

■ L'enjeu est de constituer un **mouvement d'aménagement** entre le sentiment d'être singulier, d'être un sujet d'une collectivité culturelle et encore sujet d'une société au cœur du métissage actuel, comme citoyen d'un espace régi par des règles juridiques qui correspondent à l'espace culturel dans lequel l'individu vient vivre.

■ Ce travail d'aménagement culturel nécessite du temps pour des filiations communes. Il nécessite la recherche du **point de neutralité**, par lequel la société est garante du respect des convictions et spécificités personnelles (sphère privée), qui de par leur nature (coutumes, croyances, rites) ne peuvent fonder une légitimité de s'imposer comme règles universelles à tous. Ce sont donc les valeurs universalisantes de la **reconnaissance de l'égale dignité de toutes les identités** qui fourniront le cadre juridique du vivre en société (sphère publique). Ce point de neutralité et d'équilibre entre sphère privée et sphère publique garantit la possibilité à chacune et chacun de la libre expression de sa spécificité culturelle.

5 L'homme et son rapport au monde au XXe siècle

Face aux bouleversements politiques, sociaux, technologiques ou économiques qui marquent ce siècle, face au cataclysme des deux guerres mondiales, les sentiments de doute ou de révolte partagés par les français trouvent une expression particulière dans les arts. L'influence des sciences humaines permet de trouver de nouvelles inspirations.

1 L'expression du doute ou de la révolte face au monde moderne

Malgré la légèreté qui semble dominer le premier tiers du XXe siècle, de la « Belle Époque » qui précède la Première Guerre mondiale aux « Années Folles » de 1920 à 1929, la guerre a engendré une crise morale se traduisant par une perte des repères et des valeurs. Cette crise de confiance en l'homme est au cœur de nombreuses œuvres.

A L'entre-deux-guerres

■ Le premier mouvement qui dénonce les horreurs de la guerre et prône une attitude cynique et provocatrice est le mouvement **Dada**, suivi de près par le **Surréalisme**. Leur révolte s'affiche dans une volonté de briser le rapport commun de l'homme au langage et de donner à la littérature le pouvoir de trouver une surréalité porteuse d'un sens et d'un merveilleux oubliés.

■ Avec la **crise de 1929** et la **montée du nazisme**, les écrivains se **politisent** et sont attirés par le **militantisme**. Certains comme Louis **Aragon** par exemple, prennent la décision de militer dans le Parti communiste, d'autres dans l'Action française ou le catholicisme social. **L'essai** et le **roman révolutionnaire** (Paul Nizan) adoptent le point de vue marxiste et incitent le prolétariat à créer une culture propre et opposée à la bourgeoisie. Le **roman de classe** au contraire (Roger Martin du Gard) met en scène la bourgeoisie à la même époque.

■ Certains romanciers représentent l'homme face à la déréliction du monde, tourmenté par une conscience livrée au doute métaphysique. Ces **écrivains catholiques** comme François **Mauriac** (*Le nœud de vipères*, 1932) ou Georges **Bernanos** (*Sous le soleil de Satan*, 1926) apportent une **réponse spirituelle possible** au malaise de l'être.

■ Le romancier André **Malraux** situe ses romans dans les événements historiques contemporains (Révolution chinoise, guerre d'Espagne, Seconde Guerre mondiale). Ses personnages sont des aventuriers, révolutionnaires ou intellectuels, qui se battent pour donner un sens à la vie humaine face à **l'absurde de sa condition** (*Les Conquérants*, 1928 ; *La Condition humaine*, 1933).

■ Au théâtre, **l'inquiétude** envahit les intrigues banales vécues par les personnages des pièces de Jean **Anouilh** (*Le Voyageur dans bagage*, 1937). **L'absurde et l'étrange** guettent l'homme sous les apparences quotidiennes. Le **conflit, l'indécision** minent les relations humaines.

B Seconde Guerre mondiale et après guerre

■ La littérature exprime sa révolte à travers les **œuvres de la Résistance**. De nombreux écrivains adoptent des **pseudonymes** pour éviter la censure allemande. Vercors et Pierre Lescure fondent les **Éditions de Minuit** (1941) pour publier les œuvres des écrivains résistants dans la **clandestinité**. Le roman le plus représentatif de cette littérature est *Le Silence de la mer* (1942) de Vercors. Elle est également représentée par de nombreux **poètes** comme Louis Aragon, Paul Éluard, René Char, Jean Cassou, Robert Desnos.

■ La situation dénuée de sens qu'offre à nouveau cette guerre et les atrocités que l'après-guerre dévoile, inspirent un **mouvement philosophique et littéraire** qui s'exprime surtout dans le roman et le théâtre : **l'existentialisme**. Pour les existentialistes, l'homme doit construire le sens de sa propre vie, de sa propre existence, afin de **lutter contre le non-sens** et l'angoisse inhérents à toute vie humaine. Le philosophe et romancier qui représente le mieux ce mouvement est Jean-Paul **Sartre** (*La Nausée*, roman de 1938 ; *L'être et le Néant*, essai de 1943). Il écrit aussi pour le théâtre (*Huis clos*, 1944).

■ Parmi les romanciers qui interrogent l'absurde de la condition humaine, Albert **Camus** souligne la **paradoxe** de l'homme **attiré par la beauté et le bonheur** mais **condamné à mourir**. La seule possiblité selon lui, est de lutter contre tout ce qui peut asservir l'homme et l'empêcher de goûter au plaisir de sa liberté. Il célèbre la **solidarité** et la **communauté** (*L'Étranger*, 1942 ; La *Peste*, 1947 ; *L'Homme révolté*, 1951).

C L'ère du soupçon

■ C'est le titre d'un livre rassemblant quatre essais sur le roman des années 1947 à 1956, écrit par la romancière Nathalie Sarraute en 1956. Elle y analyse le **soupçon** ressenti par le lecteur du XXe siècle envers le personnage de roman tel que l'avaient défini le réalisme et le naturalisme du XIXe : un être avec une identité, copie d'une personne réelle, au destin chronologique et à la psychologie réaliste. Selon elle, il s'est établi une **méfiance entre l'auteur et le lecteur** contemporain qui **ne peut plus croire à l'illusion du personnage** et impose une nouvelle écriture romanesque. Elle appartient au mouvement du **Nouveau Roman** qui s'étend dans la deuxième partie du siècle. Le personnage est **dépersonnalisé**, sans nom même. Le déroulement du récit est **discontinu**, soumis à la **répétition**, à la **succession aléatoire** des événements. Les **objets** acquièrent une place essentielle, seuls éléments immuables dans un réel où rien n'est plus sûr pour l'homme, où le moindre geste, le moindre mot peuvent avoir un sens ou au contraire imposer leur présence indéchiffrable (Alain Robbe-Grillet *Les Gommes*, 1953 ; Marguerite Duras *Le ravissement de Lol V. Stein*, 1964 ; Michel Butor *La Modification*, 1957).

■ Dans la deuxième moitié du XXe siècle, la voix de la révolte est aussi celle des **écrivains féministes**. De nombreuses femmes accèdent à la reconnaissance littéraire et revendiquent l'évolution de la condition féminine et des représentations stéréotypées de la société traditionnelle (place de la femme au foyer, dépendance financière et identitaire de la femme envers son mari, inaptitudes de la femme pour les sciences ou la politique...). Le roman *Le Deuxième sexe*, de Simone de Beauvoir amorce le combat en 1949, relayé par Gisèle Halimi (*Lettre ouverte aux hommes*, 1968) ou Benoîte Groult (*Ainsi soit-elle*, 1975).

■ Face aux avancées scientifiques et aux nouvelles technologies, l'expression du doute prend également la forme de la **littérature d'anticipation** et de **science fiction**.

D Éléments de réflexion

Comment la lecture d'œuvres littéraires permet-elle de s'interroger sur le rapport de l'homme au monde ?

■ Si l'on se réfère aux mouvements **réaliste** et **naturaliste** de la deuxième moitié du XIXe siècle, l'œuvre littéraire **reproduit le monde réel**. Le romancier Stendhal considérait même que le roman était un « miroir que l'on promène le long d'un chemin ». Dans ce sens, la dimension spéculaire (réfléchissante, comme le miroir) de l'œuvre littéraire, permettrait un retour réflexif sur le monde grâce à la distance et au temps qu'impliquent la lecture, contrairement à l'instantanéité du vécu.

■ Mais une œuvre artistique n'est pas un simple reflet du réel. Chaque œuvre, si elle emploie les éléments fournis par le monde comme matériau, les assimile et les exprime grâce à un **style**, propre à chaque auteur, qui correspond à l'art de mettre en œuvre les techniques particulières à son moyen d'expression (la langue pour l'écrivain).

■ Ainsi, tout texte littéraire est déjà en soi, par sa manière de mettre en œuvre ce style, une **interprétation**, un **commentaire**, un **point de vue** d'un homme sur le monde. Sa lecture permet de découvrir les questionnements, les tentatives de réponses apportées par l'auteur et déclenche la réflexion du lecteur.

■ Par son **contenu** (les personnages, thèmes, lieux, époques), l'œuvre littéraire particularise le questionnement : sur la place de l'homme dans la nature, dans la société, sur les relations sociales, sur sa rencontre avec d'autres peuples, son inscription dans l'Histoire et dans sa propre histoire. Dans la mesure où toute œuvre est issue d'un homme et parle de l'Homme, elle interroge nécessairement le lecteur sur sa propre **façon d'être au monde**.

■ Enfin par le matériau même qu'elle travaille, la **langue**, l'œuvre littéraire interroge le monde. Dire ou écrire un mot, composer une phrase, construire un discours ou un récit, c'est toujours parler du monde. Même si c'est une fiction, l'œuvre compose un monde à partir de mots se référant à la réalité. Le récit propose le chemin de vie particulier d'un personnage, la description construit des images en référence à celles du monde réel, le personnage se constitue comme une personne.

■ Aux XXe et XXIe siècles, le rapport de l'homme au monde devient plus **problématique**. L'œuvre littéraire interroge plus que jamais ce rapport, même lorsque c'est pour signaler que le monde **se dérobe et blesse**, par l'abandon de la trame narrative, par l'évidemment du personnage ou par les tâtonnements et la déconstruction du langage.

2 Influence des nouvelles sciences humaines sur les arts

A Psychanalyse et arts

Le psychisme
- **Psychisme :** *n. m.* **ensemble des éléments qui concernent la vie mentale d'un individu.**
- **Inconscient :** *n. m.* **domaine du psychisme qui échappe à la conscience.**
- **Conscience :** *n. f.* **sentiment que l'homme a de son existence et de son esprit, de la réalité qui l'entoure, de ses actions.**
- **Mental :** *n. m.* **ensemble des facultés de l'esprit, du psychisme.**
- **Archétype :** *n. m.* **structure commune à tous les hommes et qui apparaît dans tous les récits imaginaires.**
- **Pulsion :** *n. f.* **force inconsciente qui pousse un individu à agir pour réduire un état de tension venant de l'organisme (ex. : pulsion sexuelle).**

■ Fondée par le médecin neurologue autrichien Sigmund **Freud** (1856-1939), la psychanalyse s'installe comme nouvelle discipline des sciences humaines dès **1920**. Son apport majeur est la mise en évidence de **l'inconscient** dans le psychisme humain. L'inconscient est l'ensemble des **activités mentales qui échappent à la conscience**, comme le rêve par exemple. La psychanalyse se présente comme la science de l'inconscient et l'ensemble des savoirs sur le fonctionnement et le traitement du psychisme.

■ Dans la **deuxième partie du XXe siècle**, la psychanalyse trouve une nouvelle voie par l'intermédiaire du médecin psychanalyste Jacques **Lacan** (1901-1981), qui développe de nouvelles théories dans la discipline.

■ La première traduction française de *La Psychanalyse* de Freud date de 1920. Cette nouvelle science humaine a un impact important sur la littérature et les arts, par exemple.
– Les artistes **surréalistes** font de l'inconscient le moteur d'une **création libérée de l'autorité limitante de la conscience**. Ils fondent leur écriture sur des activités qui s'inspirent et imitent ces processus inconscients ou semi-conscients comme le rêve, les associations d'idées, l'écriture automatique.
– **L'Art brut** qui désigne l'art réalisé par les malades atteints de **folie** est également marqué par l'influence de la psychanalyse. Le terme est inventé par le peintre Jean **Dubuffet** en **1945**, mais l'intérêt de certains artistes et médecins pour les créations des malades mentaux est déjà plus

Les arts… La pensée…
- **Art :** *n. m.* **(du latin** ***ars*** **: technique) création d'objets ou de mises en scènes destinée à produire un état de sensibilité lié au plaisir esthétique.**
- **Beaux-Arts :** *GN m. plu.* **arts plastiques et graphiques (sculpture, dessin, gravure, peinture, architecture…).**
- **Artiste :** *n. m.* **personne qui pratique un art.**
- **Artisan :** *n. m.* **personne exerçant un art mécanique, un métier manuel.**
- **Création :** *n. f.* **invention, œuvre de l'imagination – action de créer.**
- **Œuvre :** *n. m.* **production issue de l'esprit, du talent.**
- **Esthétique :** *n. f.* **philosophie cherchant à déterminer ce qui provoque le sentiment que quelque chose est beau pour l'homme –** *adj.* **qui a de l'harmonie, de la grâce, est agréable à regarder.**
- **Style :** *n. m.* **manière particulière d'exprimer les émotions, une pensée, des sentiments – caractères d'expression propres à un artiste.**
- **Critique :** *n. f.* **art de juger les œuvres artistiques et littéraires – discernement des qualités et des défauts d'une production.**
- **Appréciation :** *n. f.* **action de juger de la valeur de quelque chose.**
- **Opinion :** *n. f.* **jugement que l'on se construit sur un sujet.**
- **Sentiment :** *n. m.* **état affectif lié à certaines émotions ou représentations.**

ancienne. La théorie de l'inconscient a effacé la frontière entre ce qui est considéré comme normal et ce qui relève de la maladie mentale. L'homme sain d'esprit a le même inconscient que le fou, mais il sait davantage maîtriser grâce aux mécanismes de sa conscience, son adaptation nécessaire au monde réel, aux normes de la société et la gestion de ses pulsions. Les créations artistiques des malades mentaux sont donc considérées par certains comme **l'expression pure de l'activité créatrice** libérée de toute entrave.
- **l'expressionnisme**, mouvement du nord de l'Europe, né en Allemagne au début du XXe siècle s'inspire aussi des découvertes de la psychanalyse. Il touche de nombreux domaines artistiques : **peinture** (Edvard Munch, Kandinsky, Klee), **musique** (Arnold Schönberg), **cinéma** (Fritz Lang), **théâtre** (Bertolt Brecht). Les expressionnistes cherchent à **déformer la réalité** pour créer une réaction émotionnelle chez le spectateur. Perturbée par la menace de la Première Guerre mondiale, leur vision du monde est **pessimiste**. Leurs représentations du monde sont souvent angoissantes, torturées. Le mouvement est réprimé par le régime nazi qui le considère comme « **dégénéré** ».

B Ethnographie et arts

■ Le mot est composé du préfixe grec ethno- : « toute classe d'êtres d'origine ou de condition commune » et du suffixe -graphie : « écrire ». Il signifie donc « description des peuples ». C'est une **science** qui **décrit et analyse sur le terrain les mœurs et les coutumes de groupes de population**. Du XIXe au début du XXe siècle, elle se consacrait surtout aux peuples dits « primitifs ». Puis, elle s'est progressivement tournée vers les groupes sociaux qui constituent les sociétés occidentales elles-mêmes, quels qu'ils soient (les usagers des transports en commun, les agriculteurs, les adolescents, les seniors...). L'ethnographie est liée à l'ethnologie et à l'anthropologie, autres sciences qui s'intéressent à l'étude des peuples, mais leurs analyses se succèdent :
- **l'ethnographie** est la première étude, sur le terrain. Elle fait la description pratique de l'organisation d'une société ;
- **l'ethnologie** arrive en second lieu. Plus abstraite, elle étudie, à partir des éléments décrits par l'ethnographie, le fonctionnement global et l'évolution de cette même société ;
- **l'anthropologie** arrive dans un dernier temps et analyse de façon comparée différentes sociétés ethnographiées sur un point précis (l'habillement, les coutumes funéraires, la nourriture...).

■ L'anthropologue le plus marquant du XXe siècle est Claude **Lévi-Strauss** (1908-2009). Il a considérablement influencé l'évolution des sciences humaines. Il est l'un des fondateurs d'un courant de pensée appelé **structuralisme**, qui conçoit les sociétés comme un ensemble de relations formelles.

■ Les ethnographes du XIXe siècle sont à l'origine d'un mouvement de célébration, par les artistes du début du XXe siècle, de l'art dit « **primitif** », issu de sociétés non occidentales (Afrique, Asie, Océanie, Amérique). Ils louent ses valeurs **exotiques**, **originelles**, qui **régénèrent** l'art occidental. De nombreux peintres (Picasso, Matisse, Derain, Braque) s'inspirent de statuettes, de masques rapportés par les ethnographes.

■ L'influence de l'art africain, ou « **art nègre** », s'étend ensuite à la musique avec la diffusion du **jazz** notamment. La *Revue nègre* de la chanteuse Joséphine Baker est un succès mondial. En 1923, le poète Blaise **Cendrars** extrait de son recueil de contes oraux africains *Anthologie nègre* (1921), une histoire qui sert de livret au **ballet** *La Création du Monde*, composé par le musicien Darius **Milhaud**, dans un décor du peintre Fernand **Léger**.

■ Mais les termes d'« art primitif » puis d'« art premier » ont ensuite été abandonnés car jugés trop **péjoratifs**, grâce notamment aux travaux de scientifiques comme Lévi-Strauss. Le Musée du quai Branly inauguré à Paris en 2006, qui rassemble des collections issues de ces civilisations, a ainsi perdu sa première appellation de « musée des Arts Premiers ».

Lexique des sciences sociales

• Nature : *n. f.* ensemble des caractères innés, fondamentaux et propres à l'être humain.
• Inné : *adj.* que l'on possède dès la naissance.
• Culture : *n. f.* ensemble des connaissances acquises par un individu – ensemble des activités élaborées par un groupe social particulier, soumises à des normes, des codes et qui se transmettent par l'éducation.
• Civilisation : *n. f.* phénomènes sociaux, religieux, artistiques, intellectuels, scientifiques et techniques propres à un peuple.
• Société : *n. f.* ensemble d'individus unis dans un même groupe organisé par des institutions, des lois, une culture...
• Communauté : *n. f.* groupe de personnes partageant des intérêts, une culture, un idéal commun – caractère de ce qui est commun à plusieurs personnes (communauté d'idée, communauté linguistique).

■ Claude **Levi-Strauss** s'intéresse à l'art « primitif » amérindien du Brésil et d'Amérique du Nord, mais aussi océanien, asiatique, ainsi qu'à l'art occidental, à travers les mouvements des XIXe et XXe siècles (impressionnisme, cubisme, surréalisme). Il **s'oppose** à la conception de l'art des surréalistes. Ces derniers, représentés par André **Breton**, considèrent que le langage de l'art est **universel**. N'importe quelle œuvre d'art peut donc être comprise par tous, indépendamment de la signification qu'elle peut avoir dans la culture qui l'a vue naître. Picasso avait la même approche, considérant qu'il lui suffisait de regarder ses masques africains pour tout savoir d'eux. C'est pour eux ce qui fait la **magie de l'art** (*L'Art magique*, 1957, André Breton). Claude Lévi-Strauss au contraire, considère qu'une œuvre d'art doit être analysée comme tout autre élément qui joue un rôle dans la vie sociale de sa culture, comme un **moyen de communication inscrit dans sa culture d'origine.**

C Sociologie et arts

■ La sociologie est **l'étude scientifique des sociétés humaines et des faits sociaux**. Le terme a été inventé par le philosophe Auguste **Comte** (1798-1857) en **1839**. Mais les faits sociaux ont toujours été étudiés par des philosophes ou des historiens avant de devenir une science à part entière au XIXe siècle. Au XXe siècle, c'est Émile **Durkheim** (1858-1917) qui développe cette science et fonde la **sociologie moderne**.

■ En littérature, la sociologie a développé une branche appelée « **sociocritique** », créée par Claude **Duchet**, sociologue contemporain, en **1971**. Elle s'intéresse à la **dimension socio-historique d'une œuvre littéraire**, c'est-à-dire qu'elle étudie l'univers social qui se développe dans un livre (étude des classes, de l'aspect économique ou technologique de la société dans laquelle évoluent les personnages). Plusieurs sociologues abordent cet aspect de la littérature avec leur vision propre, comme Lucien **Goldman** (1913-1970) ou Pierre **Bourdieu** (1930-2002).

■ Pierre **Francastel** (1900-1970), historien et critique d'art français, a pour sa part fondé la **sociologie de l'art**. Sa méthode est une « sociologie historique comparative » : il étudie l'œuvre d'art **en relation avec son environnement politique, religieux et scientifique**. C'est dans la confrontation de l'œuvre avec son époque et son contexte historique de création que l'œuvre trouve son sens (*Art et sociologie*, 1948 – *Peinture et société*, 1951).

D Éléments de réflexion

En quoi le XXe siècle a-t-il modelé l'homme moderne ?

■ Le XXe siècle peut être défini comme le siècle qui **réalise les idéaux du siècle des Lumières**. De la Déclaration des droits de l'homme de 1789 à la Déclaration universelle de ces mêmes droits en 1948, l'universalité sera son ambition, avec l'objectif de reconnaissance des égales dignités de chaque individu et groupes d'individus (ethnies, nations...).

■ Le xxe siècle réalise également le projet de faire de l'homme le « **maître et possesseur de la nature** », le développement des connaissances scientifiques et ses applications technologiques modifiant de manière radicale nos modes de vie contemporains.

■ Cet idéal émancipateur (libérateur) que concrétise le siècle au niveau des individus et des peuples, se caractérise par des mises en forme juridiques du statut des individus et des peuples en tant que :
- **sujets de droit politique** (développement des systèmes démocratiques) ;
- **sujets de droits civils** (reconnaissance des identités multiples et des statuts) ;
- **sujets de droits sociaux** (contrats, droits du travail, salaire minimum, congés payés...).

■ À partir de cette reconnaissance des droits et dignités individuelles et collectives, se développe une exigence de **libération des consciences individuelles** (mai 1968) et un **développement du rapport à soi** qui sera initié et réfléchi par l'essor de nouvelles disciplines (psychanalyse, ethnologie, sociologie...).

■ Au sein de ce vaste mouvement d'émancipation des individus et des consciences collectives, de cette capacité décuplée par la science d'agir sur notre environnement (recul des maladies, plus grande capacité alimentaire, vitesse de déplacement...) se déploie paradoxalement dans cette première moitié du xxe siècle une **immense barbarie** (deux guerres mondiales, l'holocauste, des guerres de libération...).

■ De ce fait, l'homme moderne peut être perçu comme tiraillé par trois dimensions complémentaires et contradictoires :
- le désir toujours plus fort d'être **reconnu pour lui-même** dans sa singularité (psychologie) ;
- la revendication **d'égalité et d'égale dignité de chacun et des peuples** (droits civils, droits sociaux, droit international) ;
- la **permanence des pulsions** (guerres, génocides, destruction de son environnement).

■ Ces trois dimensions font du xxe siècle en sa seconde partie (fin 1945), ce moment historique particulier où l'être singulier se doit de maîtriser et **d'organiser collectivement sa revendication émancipatrice et identitaire** (constitutions, droits et traités internationaux, ensembles supra nationaux comme la CEE) en vue de la pacification d'une vie collective nationale et internationale durable et responsable.

3 Mythes et figures mythiques

Au xxe siècle, les récits antiques font l'objet de réécritures qui soulignent l'intertextualité présente dans toute création littéraire, c'est-à-dire le fait que tout discours se nourrit d'autres discours, entendus, étudiés, lus précédemment par celui qui le produit. Cette intertextualité est implicite, ou s'exprime explicitement comme base de travail et de référence du nouveau discours dans les réécritures. Celles des mythes et figures mythiques interrogent l'époque contemporaine à la lumière des modèles antiques.

A Définition et origines

■ Un mythe est un **récit fondateur** de l'histoire des hommes, diffusé au départ par la **tradition orale**. Il raconte un événement qui s'est produit **à l'origine du monde**, dans le temps fabuleux lointain et imprécis des **commencements**.

■ Les mythes proposent des **explications pré-rationnelles** (à la différence des sciences qui ont un raisonnement démonstratif) sur les **aspects du monde**, de la **société** et de tous les éléments

La citation

C'est *l'emprunt* qu'un écrit fait à un autre discours. Elle se repère par l'emploi de marques linguistiques (verbes introducteurs de paroles) ou typographiques (ponctuation, italiques), mais elle peut aussi passer inaperçue.
Dans la *rhétorique antique*, elle est un élément indispensable, ornement du discours et preuve de son autorité.
Dans les écrits du *Moyen Âge*, elle permet les commentaires, qui s'ajoutent et étayent l'argumentation du texte d'origine.
À la *Renaissance*, l'imprimerie codifie son emploi et la rend moins simple à utiliser. Elle est par contre à l'origine de formes ludiques comme les parodies ou les satires, qui détournent à des fins humoristiques ou critiques, les textes dont elles s'inspirent.
Au *XVII*^e^ *siècle*, elle devient le signe distinctif des médecins et des pédants (prétentieux), notamment chez Molière. On l'écarte en faveur d'un style plus simple, plus naturel et original. La citation est réservée aux textes savants. Ensuite son statut change dans la littérature. Elle est un signe de *l'intertextualité* présente dans tout texte. Elle diversifie ses formes et ses techniques au *XX*^e^ *siècle* : collages, réécritures, adaptations.

qui composent la **vie humaine**. Toutes les sociétés ont créé des mythes en rapport avec leur fonctionnement propre, leur vision du monde et leur rapport au sacré. Mais il existe un lien entre tous les mythes car ils sont élaborés sur les mêmes **archétypes** (éléments qui sont communs à tous les hommes quels que soient leur époque, leur culture, leur milieu de vie : la peur de la mort, l'interrogation sur la question du divin, la création du monde...).

■ Ils comprennent plusieurs **personnages merveilleux**, notamment des **dieux**, des animaux fabuleux ou des anges.

■ Les mythes s'organisent autour des mêmes thématiques :
- la **création du monde ou cosmogonie** : mythe du paradis, de la création des animaux, des plantes et des hommes, du déluge... ;
- les **phénomènes naturels** : jours et nuits, saisons, tremblements de terre... ;
- la **place de l'être humain** dans l'univers et ses relations avec les dieux et les autres êtres vivants ;
- la **naissance ou genèse d'une société humaine** et son rapport avec les autres sociétés.

■ L'étude des mythes est appelée **mythologie**. Dans notre civilisation occidentale, la **mythologie grecque** a transmis des récits qui ont été souvent réécrits, réadaptés par les écrivains et les artistes.

■ Ils deviennent alors **allégoriques** des sentiments (doute, révolte, absurde), des moments historiques (guerre, Résistance), du rapport de l'homme au monde moderne.

B Mythes et figures mythiques dans les arts au XXe siècle

1. Le mythe du paradis perdu et les écrivains de la nature

• **Allégorie** : *n. f.* figure de style qui représente une idée abstraite, une notion, sous la forme d'une personne ou d'un personnage qui l'incarne (la faucheuse vêtue de noir est une allégorie de la mort).
• **Symbole** : *n. m.* représentation figurée, imagée ou concrète d'une notion abstraite (l'olivier est le symbole de la paix).
• **Figure** : *n. f.* personnage important, marquant.

■ Face aux angoisses générées par l'histoire politique et technologique du XXe siècle, certains romanciers remettent à l'honneur le **terroir** et écrivent des romans célébrant la **rapport simple à la nature et l'attachement à la terre**. Ils privilégient l'atmosphère champêtre à l'intrigue. Leur écriture **poétique** élève au rang de personnage les éléments naturels, la montagne, la forêt, le fleuve, qui révèlent parfois une dimension **fantastique**.

■ Conscients que le monde qu'ils mettent en scène est déjà presque révolu, ils réactivent après la Seconde Guerre mondiale le mythe récurrent du **paradis perdu**, qui revient encore régulièrement dans la littérature d'aujourd'hui. Ces romanciers sont surtout Jean **Giono** (*Regain*, 1930 ; *Le chant du monde*, 1934) et Henri **Bosco** (*L'enfant et la rivière*, 1945).

2. Figures mythiques grecques – Vers l'histoire des Arts

Orphée

■ **Poète et musicien**, héros de la mythologie grecque, Orphée aurait tenté de ramener sa jeune épouse **Eurydice** du royaume des **Enfers**, où une morsure de serpent l'aurait conduite alors qu'elle essayait d'échapper aux avances du dieu champêtre Aristée. Usant du pouvoir de sa musique et de sa poésie pour charmer le peuple des Enfers, il symbolise **le poète et son pouvoir**. Sa figure traverse de nombreuses œuvres :
- **littérature** : *Les Géorgiques* (1981) de l'écrivain Claude **Simon** ;
- **musique** : *Orpheus* (1947) ballet du compositeur russe Igor **Stravinsky** ;
- **peinture** : *Le Mythe d'Orphée* (1977) du peintre russe Marc **Chagall** ;
- **théâtre** : *Orphée* (1927) de l'écrivain français Jean **Cocteau** ;
- **cinéma** : *Le Testament d'Orphée* (1959) de Jean **Cocteau** : *Orfeu Negro* (1959) de **Marcel Camus** ; *Parking* (1985) de Jacques **Demy**.

Œdipe

■ C'est aussi un personnage de la mythologie grecque, fils de Laios, le roi de Thèbes et de Jocaste, auxquels un oracle avait prédit que s'ils avaient un fils, celui-ci tuerait son père et épouserait sa mère. Lorsque leur fils naquit, ils l'abandonnèrent sur le Mont Cithéron. Des bergers le trouvèrent. Ils le nommèrent Œdipe et le portèrent à Polybe, roi de Corinthe, qui l'éleva comme son fils. Devenu grand, Œdipe alla consulter l'oracle de Delphes pour comprendre le mystère de sa naissance. Celui-ci lui conseilla de ne pas retourner à Thèbes, sous peine de **tuer son père et d'épouser sa mère**. Œdipe décida de fuir Corinthe, mais sur sa route il rencontra un vieillard, se querella avec lui et le tua. Il apprit plus tard que c'était **Laios, son propre père**. Près de Thèbes, Œdipe dut affronter un monstre, le **Sphinx**, qui posait des énigmes aux passants et dévorait ceux qui n'arrivaient pas à les résoudre. Œdipe devina les énigmes du monstre et délivra la ville de ce fléau. Il fut proclamé roi de Thèbes et **épousa la reine Jocaste**, accomplissant ainsi l'oracle. Lorsqu'ils découvrirent le terrible secret, Jocaste se pendit et **Œdipe se creva les yeux**.

■ À partir du mythe d'Œdipe, la **psychanalyse** explique une étape du développement psychologique de l'enfant appelée « **complexe d'Œdipe** », pendant laquelle, pour construire sa propre personnalité, il se sent rival de son père s'il est un garçon ou de sa mère si c'est une fille et attiré par le parent du sexe opposé.

■ Plus généralement, il est le symbole de l'homme qui **ne peut échapper à son destin**, de **l'obscurité du sens de la vie et du destin** pour l'homme, et de la **connaissance imparfaite** du réel que l'homme est condamné à avoir du fait de ses sens limités.

■ Le personnage d'Œdipe se retrouve :
- en **littérature** : *Œdipe* (1930) d'André **Gide** ; *La Machine infernale* (1934) de Jean **Cocteau** ; *Œdipe sur la route* (1990) d'Henry **Bauchau** ; et encore aujourd'hui avec *Sous l'œil d'Œdipe* (2009) de Joël Jouanneau par exemple ;
- en **musique** : *Œdipe rex* (1927) opéra d'Igor **Stravinsky** ; *Œdipe* (1931) opéra de Georges **Enesco** ;
- au **cinéma** : *Œdipe roi* (1967) du cinéaste italien Pier **Paolo Pasolini**.

Sisyphe

■ Héros de la mythologie grecque lui aussi, il fut condamné pour avoir osé défier les dieux à rouler indéfiniment un rocher en haut d'une montagne, dont il redescendait systématiquement juste avant d'atteindre le sommet.

■ Il apparaît dans l'essai d'Albert **Camus** *Le Mythe de Sisyphe* (1944), où il symbolise **l'absurde de la vie humaine**, la **condamnation au travail et aux efforts éternels**. Dans l'essai, Camus dépasse le mythe pour trouver les raisons d'un intérêt pour la vie.

Figures féminines au théâtre

■ ***Antigone***, fille d'Œdipe, intéresse Jean **Anouilh** (1944). Il réécrit la pièce de l'auteur antique **Sophocle** (- 441). Sa pièce reprend l'histoire ancienne mais l'adapte à l'époque moderne. Elle exprime la **tragédie vécue pendant la Seconde Guerre mondiale**. La jeune Antigone, fidèle à son père dont elle reste le guide une fois ses yeux crevés, condamnée à mort pour avoir donné une sépulture à son frère contre l'avis du roi Créon, représente la lutte de la **Résistance** contre l'aveuglement meurtrier du pouvoir en place.

■ **Électre** est la fille du roi grec Agamemnon. Lorsque celui-ci rentre de la guerre de Troie, il est assassiné par l'amant de sa femme. Le jour de ses 20 ans, un oracle recommande à son fils Oreste de venger la mort de son père. Retrouvant sa sœur Électre, il met au point sa vengeance, encouragé par celle-ci. Il tue Égisthe, le meurtrier de son père, mais devient fou. Le personnage d'Électre est le personnage éponyme de la tragédie de Jean **Giraudoux** (1937) et personnage essentiel de *Les Mouches* (1943), celle de Jean-Paul **Sartre**.

Rapporter les paroles des personnages dans le récit

Il existe quatre procédés pour rapporter les paroles des personnages :
- **le discours direct : les paroles sont rapportées comme elles sont prononcées par le personnage, entre guillemets et introduites par un verbe de parole dont le sujet est le locuteur. Les paroles utilisent la ponctuation de l'oral (points d'interrogation, d'exclamation). Le texte est ainsi animé et donne l'impression au lecteur d'assister à la discussion :** ***Œdipe dit : « Parle Tirésias, qui est le meurtrier de Laios ? » ;***
- **le discours indirect : les paroles sont rapportées dans une proposition subordonnée dont la principale comprend le nom du locuteur et le verbe de parole. Les marques de l'oral sont absentes. Il ne crée pas de rupture entre récit et dialogue et instaure une certaine distance avec le personnage puisque c'est le narrateur qui prend en charge les paroles :** ***Œdipe demande à Tirésias de lui dire qui est le meurtrier de Laios ;***
- **le discours indirect libre : les paroles sont rapportées de manière indirecte mais sans être introduites. La voix du narrateur se mêle à celle du personnage :** ***Œdipe s'adressa à Tirésias. Qui était le meurtrier de Laios ?***
- **le discours narrativisé : les paroles sont rapportées sous la forme d'un récit :** ***Œdipe s'adressa à Tirésias et lui posa de nombreuses questions.***

Les verbes de parole sont nombreux. Ils peuvent être neutres *(dire, parler, prendre la parole)*, signaler l'interrogation *(demander, questionner)*, la réponse *(rétorquer, répondre)*, émettre un jugement sur celui qui parle *(prétendre, s'imaginer)*.

C Éléments de réflexion

Les mythes appartiennent-ils seulement au passé ?

■ Un mythe est donc un récit fabuleux qui a pour vocation **d'expliquer la vérité** sur l'homme et le monde. Grâce à eux, les anciens, depuis l'Antiquité, transmettaient leur compréhension du fonctionnement du monde et de la vie. À l'origine ils avaient un **sens religieux ou spirituel**.

■ Malgré les progrès scientifiques et techniques, malgré l'affaiblissement de la pensée religieuse, le mythe n'a pas disparu car il joue un rôle essentiel au niveau social et individuel. Mais il a **changé de nature** et de **médium d'expression**. Toujours présents dans le domaine **spirituel** (mythe de la fin du monde) et en **politique** (le mythe du changement), de nombreux mythes sont véhiculés par les **moyens de communication modernes** (cinéma, publicité, télévision, internet) : mythe de la vie ou de la jeunesse éternelles, de la performance sexuelle, mythe du progrès, de la richesse...

■ Les mythes d'aujourd'hui, tout comme le faisaient ceux d'hier pour leurs contemporains, façonnent les **images de nos héros**, des stars qui incarnent les **idéaux archétypaux** (beauté, force, jeunesse, talent) auxquels l'individu s'identifie pour des besoins psychologiques et de reconnaissance sociale.

■ Les mythes ont toujours une **fonction psychique fondamentale** : ils permettent à tout individu de cristalliser ses espoirs et ses craintes, d'élaborer des objectifs symboliques autour desquels le psychisme peut mobiliser les énergies vitales du corps et orienter les désirs et les sentiments afin d'agir. Ils ont une **portée didactique** toujours active.

■ Le **cinéma** nous donne des exemples réguliers de ce besoin individuel et collectif de ces récits imaginaires construits autour d'archétypes que sont les mythes. L'exemple récent d'*Avatar*, de James Cameron (2009), met en scène une image du chevalier de légende, qui part affronter le dragon pour libérer son peuple (comme Saint-Georges). Ce n'est pas un hasard si après avoir affronté le monstrueux Toruk, Jake Sully s'attaque à la flotte du colonel Quaritch dont le surnom est « le dragon ». Il est la figure de l'Élu chargé de rétablir l'ordre du monde, qui traverse tous les récits mythologiques et épiques et les grandes sagas cinématographiques contemporaines. Ainsi Luke Skywalker doit rétablir l'équilibre de la Force dans *La Guerre des étoiles* de George Lucas (1977-2005) ; Néo doit libérer tous les humains prisonniers de la Matrice informatique dans *Matrix* de Andy et Larry Wachowsky (1999).

6 La parole en spectacle

S'il reconsidère son rapport au monde, l'homme moderne examine aussi le médium qui lui permet de le connaître et d'exprimer sa relation avec lui : la parole. Lorsqu'il en augmente l'effet grâce aux médias, qu'il l'engage dans l'arène de tribunes politiques ou l'institue comme présence essentielle au théâtre, l'homme met en scène la parole.

1 Parole et plateaux de télévision

■ Un plateau de télévision est **l'espace d'un studio** destiné à être filmé et sur lequel se retrouvent les journalistes, les présentateurs et leurs invités. La parole s'y organise de manière directe, que le présentateur s'adresse au téléspectateur en temps réel (diffusion « en direct » : journal télévisé par exemple), ou que ce dernier assiste à une discussion entre un groupe de personnes rassemblées sur le plateau, retransmise en direct ou de manière « différée ».

■ Le décor est travaillé en véritable **scénographie**, pour composer un espace plus ou moins neutre ou chargé en fonction du type d'émission qu'il doit accueillir. La scénographie est l'art d'organiser et d'aménager la scène où se déroule le spectacle, grâce aux décors, aux lumières, aux choix des couleurs...

Direct *n. m.* **(« en direct ») : diffusion télévisée immédiate, au fur et à mesure des prises de son et de vues réalisées.**
Différé,e *adj.* **(« en différé ») : qui est retransmis un certain temps après son enregistrement.**
Scénographie *n. f.* **: art et étude de l'organisation et de l'aménagement de la scène de spectacle (décors, lumières, espace, couleurs...).**
Spectacle *n. m.* **: ce qui s'expose au regard, qui attire l'attention et/ou provoque des sentiments et des réactions.**

■ La diffusion d'émissions télévisées est passée de **quelques heures hebdomadaires** dans les années 1930, à une **diffusion continue** de plusieurs centaines de chaînes émettant depuis le **monde entier** aujourd'hui. Elle confronte donc quotidiennement chaque individu à cette mise en scène de la parole qui a nécessairement une influence sur sa vie et sa pensée.

■ De nombreuses émissions sont construites autour de cette parole directe à laquelle l'image ajoute une **dimension spectaculaire**. Conformément à l'étymologie de ce mot, elle s'offre aux regards du spectateur afin de provoquer des réactions et des émotions. Au-delà de la simple transmission d'informations, la parole ainsi mise en spectacle **démultiplie volontairement l'impact de l'éloquence** sur le téléspectateur, sans qu'il en soit toujours pleinement conscient.

■ Certaines chaînes de télévision sont **publiques**, mais d'autres sont **financées par des entreprises privées**. Elles obéissent toutes à un objectif de **rentabilité** et leurs programmations sont élaborées de manière à **capter** le téléspectateur et le rendre dépendant. La scénographie de la parole participe à cette « captation ».

■ Les émissions de plateau s'organisent autour de **trois fonctions différentes de la parole**, que l'on considère son rôle du point de vue de **l'émetteur** (la personne présente sur le plateau) ou du récepteur (le téléspectateur) : celles où la parole a une **fonction didactique**, celles où la parole est **centrée sur l'expression et l'émotion** et celles où la parole est **liée à l'action**.

■ Une émission peut mettre en jeu une seule de ces fonctions. Lorsqu'elle en regroupe plusieurs, abordées dans des rubriques différentes, on l'appelle **magazine**.

A Les émissions à fonction didactique

Elles sont centrées sur **les savoirs** à apporter au téléspectateur au sujet de l'actualité de son environnement ou des différents domaines de la connaissance.

1. Le journal télévisé : la parole informative

■ Le journal télévisé (abrégé JT), est une émission d'une trentaine de minutes, diffusée en **direct**. Il a pour objectif principal **d'informer** le téléspectateur. Il est présenté par un **présentateur** souvent régulier, qui introduit des **reportages** sur des sujets d'actualité nationaux, internationaux et régionaux, ainsi que des **chroniques** comme la météo ou le trafic routier.

■ Le présentateur compose son journal à partir d'informations provenant des **journalistes** de la chaîne, des **correspondants** de la rédaction dans différentes régions du monde, ainsi que **d'agences de presse** qui sélectionnent et diffusent les informations internationales à l'intention des journalistes nationaux du monde entier : Agence France-Presse (ou AFP), agence Reuters (Royaume-Uni), Associated-Press (États-Unis) par exemple. Le présentateur peut également résumer lui-même une information appelée « brève ». Lorsqu'elle s'accompagne d'images, il la commente en voix « off ».

■ **Différents types** de journaux télévisés ponctuent la journée : journaux du matin et de la nuit, titres, flashs spéciaux, journaux de synthèse à la mi-journée et en début de soirée.

■ Les horaires de diffusion du JT de mi-journée et du début de soirée en font une **émission d'audience familiale**. Le discours qui y est présenté est donc élaboré de manière à être **accessible** à tous, à **choquer le moins possible**. Il fait appel aux **lieux communs**. La logique narrative est **facile à suivre** et il se termine avec le **sourire**, sur des informations **agréables**.

■ Il doit être **crédible** et emploie des procédés qui cherchent à créer des **effets de vérité**. La **caution** du présentateur vedette, du direct, des relais d'envoyés spéciaux, y participent visuellement. Pour ce qui est du discours, il introduit des **modalisateurs de la vérité**, prétend à **l'exhaustivité**, à la **neutralité** et **multiplie les points de vue** dans l'objectif de créer l'effet de la crédibilité.

■ Comme tout discours télévisuel, il met en jeu des **moyens de capter l'attention** dans une sorte de **dramaturgie** : mise en suspense des sujets, regard du présentateur « les yeux dans les yeux », tonalités différentes selon les sujets abordés.

> • **Lieux communs :** *GN. m. plu.* **idée ou formule générale qui est souvent répétée et qui peut être appliquée à de nombreuses situations.**
> **En rhétorique, les lieux communs ou** *topoï* **(sing.** *topos***), désignent l'ensemble des sources où un orateur peut aller chercher des pensées et des preuves sur le sujet sur lequel il compose son discours.**
> • **Implicite :** *n. m.* **désigne ce qui n'est pas énoncé explicitement, clairement, mais qui est virtuellement contenu dans l'énoncé.**
> • **Sous-entendu :** *n. m.* **ce qui n'est pas exprimé.**

■ Même si elle est censée être purement objective, la parole des émissions d'information est souvent **implicitement commentée** par le présentateur grâce à plusieurs procédés : choix du **lexique** (« les manifestants » est plus neutre que « la masse des manifestants »), **modalisation du doute** (par exemple l'emploi du conditionnel) ou **de la vérité** (des verbes comme « assurer », « certifier »), **énonciation** (le recours à un autre énonciateur qui prend en charge l'information à la place du présentateur ; l'emploi de l'indéfini « on »), **sous-entendus et lexique affectif** pour **susciter l'émotion**.

2. Les émissions de parole experte ou pédagogique

■ Elles rassemblent autour d'un **sujet d'actualité** (national ou international) ou d'un **thème** (sport, culture, santé, éducation, science...), des intervenants **spécialistes** chargés d'apporter leur expertise. La parole est **informative**, mais elle devient **argumentative** lorsque plusieurs experts débattent du sujet proposé comme c'est le cas le plus souvent.

■ Cette parole experte se développe aujourd'hui. Elle cherche à **augmenter et affiner le savoir** du téléspectateur, à l'inclure dans une réflexion « savante ». Elle a le mérite de lui permettre d'entrevoir la complexité d'un domaine. Mais elle peut aussi lui donner **l'illusion de maîtriser un sujet** en multipliant les approches différentes.

■ De plus, elle **sacralise** la parole d'experts choisis, qui expriment la norme, l'essentiel, « ce qu'il faut en penser ».

B Les émissions à fonction expressive et émotive

Elles sont centrées sur l'expression des émotions des personnes rassemblées sur le plateau et visent à susciter celles du téléspectateur.

1. Les émissions de divertissement : la parole ludique

■ La parole ludique concerne toutes les émissions organisées autour de **jeux intellectuels** (basés sur des questions, des chiffres, sur le langage), ou **physiques** (défis entre villes, jeux de survie, jeux sportifs ou d'adresse). Elle place le téléspectateur en position de **compétiteur**, provoquant chez lui les **émotions** liées au jeu (plaisir, tension, excitation). La scénographie l'inclut dans la tension dramatique du plateau par des **effets de suspense**, de **gros plans** de caméra, de **jingle** (ritournelle, petite musique) suggestifs.

■ C'est aussi la parole des **émissions de variétés**, qui tendent à impliquer progressivement le spectateur et à lui faire quitter la position de simple auditeur. Des émissions basées sur la simple succession variée de chanteurs, on en vient à des émissions où le spectateur devient juge des compétences des chanteurs, qu'ils soient sélectionnés dans la masse des anonymes pour accentuer l'effet d'identification, ou chanteurs avertis. La parole ludique se fonde alors en parole experte, capable de jugement, sur des critères qui mélangent **objectivité pseudo scientifique** soutenue par des experts (un jury de spécialistes) et **subjectivité** (critères liés à l'appréciation esthétique travaillée par la mise en scène : habillement, coiffage, décor, chorégraphies...). Le public présent sur le plateau renforce la dimension du spectacle et de la compétition.

■ La parole ludique occupe encore les émissions ou magazines thématiques liés au **quotidien** et à la **vie pratique** (émissions de décoration, de jardinage, sur l'automobile, le sport...). Elle s'insère alors dans tous les aspects de la vie et multiplie conseils, astuces, expériences. L'avantage est qu'elle collecte et diffuse une foule d'idées et d'informations pratiques censées **apporter des solutions et améliorer le quotidien**. Le risque est que cette inflation de recettes **se substitue** à l'inventivité personnelle, à la recherche individuelle, apportant un « prêt à » agir, poser, penser...

2. Les émissions de confession : la parole intime

■ Elle concerne les émissions consacrées aux **confessions intimes** d'anonymes ou de personnages de la vie publique, de « people ». Confessions liées à des drames personnels, à la vie professionnelle, à la vie de couple ou aux enfants.

■ Elle comporte les mêmes intérêts que les textes liés au biographique, soit l'intérêt de **découvrir un témoignage**, de **s'identifier** et de **tirer des enseignements** pour sa vie personnelle.

L'image ajoute au discours la **dimension émotionnelle** qui augmente l'impression de « vécu » et la portée de l'expérience racontée. Mais la mise en scène de l'émotion peut aussi dériver vers une **dimension voyeuriste et complaisante**.

■ La parole intime est aussi celle des émissions de **télé-réalité**, qui proposent d'observer la vie quotidienne d'anonymes ou de célébrités. Ces émissions **effacent la frontière entre sphère privée et sphère publique**. Elles jouent également sur cette tentation humaine du **voyeurisme** en organisant une mise en scène savamment orchestrée mais qui donne l'illusion de la réalité. Elles cherchent à mettre en scène tous les comportements humains possibles, qu'ils soient moralement positifs ou négatifs, dans un but qui se veut cathartique (à valeur d'exemple et de libération). La parole qui s'y développe est surtout **banale, plate** et **orientée sur les pulsions primaires** de l'individu.

C Les émissions à fonction pragmatique

La parole y est **fondée sur l'action** dans sa dimension pratique, utilitaire, qu'elle ait l'objectif d'agir sur le téléspectateur, ou de mettre en scène la mise en œuvre de recherches de solutions.

1. Les émissions de télé-achat : la parole « marketing »

■ Elle concerne les émissions publicitaires **ventant les mérites** d'objets et de produits à des **fins commerciales**. Elles visent tous les types possibles d'acheteurs (les hommes, sportifs, bricoleurs, automobilistes... Les femmes, cuisinières, coquettes, jardinières...). Certaines chaînes sont entièrement consacrées au télé-achat.

■ Cette parole se développe parallèlement à la société de consommation. La multiplication des produits entraîne un nécessaire **discours comparatiste** qui doit permettre de **faire un tri averti** entre les nombreux exemplaires d'un même produit, de connaître toutes les fonctionnalités d'un appareil, ses mérites, ses faiblesses. Mais elles peuvent aussi créer **une surenchère des besoins** par la mise en scène de la parole qu'elles proposent : discours mélioratif et même hyperbolique, mise en situation des produits ou essai sur un plateau décoré et organisé de manière à reproduire un environnement domestique valorisant.

2. Les émissions de recherche de solution : la parole « sésame »

■ Ce sont les émissions qui proposent à un anonyme des **solutions à ses problèmes quotidiens** : recherche de logement, d'un conjoint, aménagement ou résolution d'un litige.

■ Elles mettent en scène la compétence d'un professionnel et son acharnement à trouver la solution adéquate, satisfaisant le maximum des critères posés par la personne en recherche. Elles s'étendent aussi sur l'expression de ces critères et leur justification. L'intérêt est **l'identification possible de tout téléspectateur**, car les situations proposées correspondent à des situations délicates dans lesquelles chacun s'est trouvé, ou se trouvera un jour. Mais elles ont tendance à développer et justifier une **parole égocentrée**, une **parole de l'exigence légitime**, **toute puissante mais passive**, qui correspond à : « voici ce que je veux et attends, voilà pourquoi j'y prétends et j'y ai droit ».

D Les émissions sur les médias : la parole spéculaire

■ Le discours télévisuel prolifère et envahit tous les domaines de l'espace privé et public. Mais il tend aussi à **se prendre lui-même pour objet**. La télévision multiplie les émissions « **sur la télévision** », sous forme d'analyse des discours prononcés par les présentateurs ou journalistes à propos d'un événement, de retransmission d'extraits d'émissions anciennes, commentées par un plateau de personnalités ou d'anciens participants, d'émissions compilant et commentant des extraits d'émissions internationales.

■ Cette **mise en abyme** de la parole télévisuelle est bénéfique dans la mesure où elle oblige à un **retour réflexif** sur la parole qui permet de la nuancer, de la réguler, d'en discuter les écarts et les dérives. Elle est en revanche parfois complaisante dans la mesure où elle devient le **discours spéculaire** (en miroir) d'un cercle fermé qui s'auto-alimente et exclut le spectateur, provoquant à la fois sa frustration et son désir d'y participer.

E Éléments de réflexion

Dans le dialogue, utilisons-nous seulement des mots ?

■ La mise en œuvre du langage comporte une **double dimension** : une dimension verbale et une dimension non verbale.

■ Sa **dimension verbale** reflète l'organisation de notre pensée, de nos opinions, que nous structurons au travers de notre **code linguistique** (lexique, syntaxe). Notre point de vue en est toujours un, c'est-à-dire que la stratégie qui va déterminer les mots que nous allons choisir pour l'exprimer, sera fonction des **expériences** que nous avons vécues et qui ont façonné d'une certaine manière notre perception et notre compréhension de la réalité.

■ En ce sens, le contenu de notre message est constamment nourri des **contenus émotionnels** qui ont façonné notre propre réalité mentale. Nos mots ont une **force de témoignage**, sont les preuves, les représentants des épreuves et de la singularité de notre vie.

■ À chacun de nos mots, de nos opinions, est associé un **monde émotionnel** qui est en charge d'exprimer la deuxième dimension du langage : la **dimension non verbale**. Cette dimension est en quelque sorte **la chair de nos propos**. Elle est constituée par :
- les manifestations de notre **voix** : ton, volume, rythme, intensité ;
- les manifestations de notre **corps** : attitudes, postures, gestes, regards et mimiques.

■ La dimension non verbale du langage, **colore** en quelque sorte l'importance de nos propos, notre attachement à notre point de vue. Elle en **souligne** les points importants, ou révèle les **éléments implicites** du discours, ceux que nous voulons taire ou cacher.

■ Cette double dimension est **inséparable d'un véritable processus de communication** au sein d'un dialogue. En effet, le mot sans sa mise en scène non verbale est un mot sans **style**. Le propos d'un individu est un monde, un monde que son corps scénarise, que son souffle met en mouvement.

■ Ainsi, nous pouvons dire que dans un dialogue, la communication ne se fait véritablement que si, non seulement l'oreille est à l'écoute, mais le regard aussi. Sans cette **capacité multisensorielle de l'écoute de l'autre** au cœur du dialogue, sans la capacité de percevoir ou de mettre en œuvre les émotions qui portent nos convictions par la dimension non verbale, un dialogue se transformera inexorablement en monologue.

2 Parole et tribunes politiques

La parole politique est une parole qui se met également en scène aujourd'hui, par le moyen des médias, ainsi que par l'organisation de grands meetings auxquels les nouvelles technologies viennent apporter leur dimension spectaculaire.

Les procédés de l'éloquence

L'éloquence est l'art de la parole. Le mot désigne aussi une qualité, ce qui fait qu'un discours ou un orateur est persuasif. Pour les théoriciens antiques comme Cicéron ou Quintilien, elle est le résultat de la mise en œuvre des règles de la rhétorique. Selon les théoriciens classiques (XVIIe siècle), elle vise à convaincre l'esprit par l'argumentation du discours (le *logos*) et à persuader le cœur par l'expression du caractère moral de l'orateur (l'*ethos*) par l'art de manier les passions du public (le *pathos*).

- **Le *logos* est l'argumentation proprement dite, formulation claire et efficace des arguments.**
- **L'*ethos* est le caractère que doit prendre l'orateur pour inspirer confiance à son public. Quelle que soit la validité de ses arguments, l'orateur doit inspirer la confiance : il doit se montrer sensé (raisonnable et pertinent), sincère (ne pas dissimuler ce qu'il pense), sympathique (bienveillant).**
- **Le *pathos*, c'est l'ensemble des émotions, sentiments et passions que l'orateur doit faire naître dans son public. Il doit s'adapter à la psychologie des différents types de publics auxquels il s'adresse (adultes, enfants, femmes...).**

A Mise en scène concrète de la parole politique : meetings

Depuis l'Antiquité, la parole politique organise des réunions publiques où les orateurs viennent exposer, défendre leurs idées. Ces réunions sont appelées **meetings** depuis le XVIIIe siècle, par un emprunt à l'anglais. La force de l'éloquence de l'orateur se mesure à sa maîtrise des techniques du discours, à son art de persuader grâce au discours. Cet art, la **rhétorique**, a été inventé par les Grecs dans l'Antiquité. Elle sert toujours de base à l'enseignement des disciplines fondées sur la maîtrise des discours.

Mais l'éloquence s'appuie aujourd'hui sur le goût des **rassemblements populaires** de grande envergure, des rituels de masse, pour organiser des mises en scènes où le spectacle vient transformer les tribunes politiques en « **événement** ». Ces rassemblements utilisent les espaces et les moyens techniques des salles de spectacle ou des stades.

Les discours sont doublés par des **projections géantes** agrandissant le visage de l'orateur, ou diffusant des slogans et images illustrant ou mettant son discours en valeur. Ils s'accompagnent de **musiques** spécialement composées ou du concours de **vedettes** de la chanson et **d'effets de lumière** semblables à ceux de leurs spectacles.

Les trois genres de l'éloquence

L'éloquence se compose de trois genres qui sont issus de son histoire :

- **le judiciaire : il a pour auditoire un tribunal et aborde les catégories du vrai et du faux. Il établit les faits passés, les qualifie et les juge ;**
- **le délibératif : ou discours politique. On y envisage, conseille ou déconseille au sujet de toutes les questions portant sur la cité et l'État. Il a pour but de prendre une décision. Il en envisage et discute les côtés positifs et négatifs. Il développe une argumentation par l'exemple ;**
- **le démonstratif : il est employé pour les cérémonies, les fêtes religieuses ou les discours pédagogiques. Il loue (éloge) ou blâme une personne ou un groupe. Il aborde les catégories du bien et du mal.**

La scénographie organise **l'arrivée triomphale** du personnage politique, acclamé comme un héros, une star contemporaine.

B Tribunes politiques et médias

Au sens propre, la tribune politique est une **estrade réservée à l'orateur** dans les salles de délibération des Assemblées et des grands corps de l'État (Assemblée nationale, Sénat). Mais elle renvoie aussi au **discours politique**, aux **débats** qui permettent à un parti politique de développer ses idées, de se faire connaître.

Norme et écart

La norme (du latin *norma* « règle, équerre ») désigne un élément le plus répandu (moyen) considéré généralement comme une règle à suivre. Exemples :

- **la norme est le bon usage d'une langue, le respect de ses règles ;**
- **elle peut provenir des traditions et coutumes : normes sociales, comportementales, qui peuvent se traduire en normes juridiques.**

Par extension, de nos jours, la norme est appliquée à des conditions précises par exemple de fabrication, d'hygiène… (normes ISO). C'est une normalisation des procédures de fabrication et d'exécution.

L'écart est une distance, un intervalle, une variation par rapport à une norme. Exemples :

- **en linguistique, il désigne les nouveaux phénomènes langagiers par distinction de la norme (argot, verlan…).**
- **en statistique, il désigne les variations d'une donnée en référence à une valeur moyenne, idéale.**

Le rapport de la norme à l'écart est un rapport dynamique qui construit dans l'histoire des mentalités ce qui, à certains moments, va être reconnu comme normal (acceptable) ou pas.

■ Depuis le milieu du XXe siècle, la parole politique s'appuie sur les **médias** et les **nouvelles technologies** pour augmenter son impact de sa parole et persuader davantage d'électeurs. À la **télévision**, des tribunes politiques sont organisées pour permettre à un homme ou une femme politique de s'exprimer pendant des **périodes électorales**. Ces temps de parole prennent place pendant les journaux télévisés ou lors d'émissions ou de magazines consacrés à la politique. La tendance actuelle est même d'en organiser au cours de magazines plus généraux, dans lesquels on invite telle ou telle figure politique entre des rubriques consacrées à d'autres sujets. En période électorale, le **CSA** (Conseil supérieur de l'audiovisuel) décompte le temps de parole des représentants de chaque parti afin de garantir une **égalité démocratique du temps de parole**.

■ Les **sondages d'opinion** offrent également une mise en scène de la parole politique. Ils font un état des lieux, à un moment donné, de la tendance d'opinion sur un sujet ou une préférence politique. Mais ils disent **la norme**, toute autre opinion étant alors perçue comme un **écart**. Ils peuvent ainsi avoir une **valeur incitative** pour le spectateur invité à s'inclure dans cette norme qui joue sur le sentiment d'appartenance sociale, l'impression d'être situé dans les « marges » pouvant être désagréable.

Le plan d'un discours selon la rhétorique

La rhétorique se décompose en quatre parties, qui correspondent aussi aux quatre étapes de composition d'un discours :

- **l'invention : la recherche par l'orateur de tous les arguments et de tous les moyens de persuasion en rapport avec son sujet ;**
- **la disposition : la mise en ordre de ces arguments, leur organisation selon un plan efficace ;**
- **l'élocution : la rédaction écrite du discours, recherche de formulation et du style, notamment par l'emploi des figures de style ;**
- **l'action : la prononciation orale du discours, qui met en jeu les effets de voix, les mimiques, les gestes, soit la dimension non verbale.**

Toute personne qui doit produire un discours oral passe successivement par ces quatre phases. Lorsque l'on compose un discours écrit (réponse argumentée, dissertation pour l'élève ou plaidoirie pour un avocat par exemple), la dernière étape sera supprimée.

■ Depuis la fin du XXe siècle, la télévision organise des **débats contradictoires** entre des candidats à des élections nationales (élections présidentielles) ou régionales. Tous les moyens techniques sont mis en œuvre pour mettre en scène le débat comme une **joute oratoire** (temps de parole et de plans visuels décomptés, candidats debout derrière un pupitre, public d'intellectuels, musiques de génériques dynamiques et dramatiques, jeux de lumières).

■ D'autres émissions mettent en scène des **débats entre un personnage politique et des invités** anonymes composant un **panel**, organisé par la chaîne, censé être **représentatif** de la population française. Le personnage politique est questionné par les invités sur des points de sa politique. Ces émissions favorisent l'identification du téléspectateur avec les invités et **l'impliquent** sur le plateau. Mais elles **particularisent la parole politique**, la personne interrogée étant invitée à répondre à des questions formulées à partir des expériences personnelles des participants. Elles décalent ainsi la parole politique du général au particulier alors qu'elle est mise en scène pour toucher et répondre au questionnement du plus grand nombre, à des heures de grande audience. De plus, ces émissions tendent à ajouter une **dimension émotive** à l'échange, l'expérience personnelle s'exprimant souvent avec l'émotion liée à l'exposition de difficultés, de détours de parcours plus ou moins bien vécus.

■ Ces émissions sont par ailleurs relayées par **internet**, qui propose aux téléspectateurs de poser des questions par anticipation. Certaines questions sont ensuite sélectionnées et posées pendant le direct. D'autres défilent au bas de l'écran pendant le cours de l'émission, pouvant donner l'impression qu'une foule de problèmes ont été soulevés et abordés. Cette scénographie cherche à donner l'impression de **l'ouverture démocratique, des droits à l'expression** et rend toute parole égale, légitime car elle est l'expression d'un sujet de droit.

■ La parole politique s'appuie en effet sur le **web**. Nombre de partis, d'hommes ou de femmes politiques y ont un site exposant leurs discours, leur image, leur emploi du temps. Des **blogs** leur permettent de répondre (via des secrétariats) aux questions des internautes, ou à ces derniers de discuter politique entre eux. Les **tweets** font circuler les idées.

■ Ainsi, l'image du personnage politique évolue, **se banalise**. Il paraît plus **accessible**. Il est interrogé et parle volontiers de sa vie personnelle. Il doit soigner, travailler cette mise en scène de sa parole qui a des conséquences importantes sur l'opinion. Au risque de **banaliser le sens de la parole politique** elle-même, lorsque l'opinion se préoccupe davantage, du fait de cette scénographie, des vêtements qu'il porte, des tics de langage, de sa coiffure ou ses loisirs...

C Éléments de réflexion

Comment la mise en spectacle de la parole fait-elle naître des émotions ?

■ La mise en spectacle veut-elle signifier que l'objectif est de rendre la parole spectaculaire ? Le spectaculaire renvoie au registre des émotions, qui ont pour nature et fonction de nous rendre vigilant afin de pouvoir au mieux maîtriser et gérer tout ce que nous percevons dans notre environnement. En ce sens, mettre en spectacle la parole pour mobiliser immédiatement les émotions est une garantie puissante de **capter l'attention**.

■ Nous avons vu que le couple **éloquence/dispositif scénographique** était une puissante combinaison afin de provoquer l'adhésion des auditeurs. Trois dimensions de l'être humain sont interpellées par ces dispositifs : l'esprit (*logos*), la morale (*ethos*), les passions (*pathos*).

■ Le problème de la manipulation par le discours apparaît lorsqu'**une seule de ces dimensions** est privilégiée, celle du pathos, celle des émotions et des passions. Depuis une vingtaine d'années, apparaît une nouvelle logique de communication d'origine américaine appelée le ***storytelling,*** qui peut se traduire par « art de raconter des histoires ». Elle vise à véhiculer au cœur de nos images mentales une représentation de la réalité qui entraîne presque **malgré nous** une adhésion au message porté par le texte ou discours prononcé. Ces « histoires », au sens large du mot, sont élaborées pour ne favoriser qu'un **jugement émotionnel binaire** (bon/mauvais, sécurité/insécurité, juste/injuste) nous obligeant en quelque sorte au rejet ou à l'adhésion mécanique.

■ Le *storytelling* répond à la **complexification** du monde. Face à l'abondance des informations accumulées, les individus ont besoin de nouvelles approches afin de donner du sens au monde moderne. Le *storytelling* est un moyen efficace pour y parvenir, car l'être humain mémorise mieux des informations lorsqu'elles sont énoncées à travers une « histoire », qui implique pour lui des enjeux et des conséquences concrètes.

■ Cette forme de mise en spectacle de la parole peut donc être un dispositif pertinent pour interpeller, mobiliser sur des sujets **complexes** ou **peu consensuels** (écologie ou faim dans le monde par exemple).

■ Son danger est la **simplification** car la vie n'est pas qu'un spectacle. La mise en spectacle appauvrit la complexité des informations, réduit nos choix à des options émotionnelles plutôt qu'à une analyse critique qui favorise une décision réfléchie.

■ Cette mise en spectacle tend à **gommer la frontière entre réalité et fiction**, au profit d'un discours d'intérêts qui aurait pour simple visée un allègement de l'esprit critique et un formatage des consciences.

■ La mise en spectacle de la parole, sous la forme d'une « histoire racontée », en faisant appel à nos émotions plus qu'à notre raison, en nous proposant une explication du monde (rassurante, crédible, efficace), se substituerait alors à notre **libre exercice de citoyen**.

3 La parole au théâtre

■ Parole et spectacle entretiennent un rapport essentiel au théâtre. Une pièce de théâtre est d'abord un **texte**, écrit par un auteur. Puis ce texte est découvert par l'intermédiaire de la **lecture**, qui est le mode de **réception** le plus courant de ce genre littéraire, que ce soit par les lecteurs particuliers ou par l'institution scolaire. Mais le théâtre est aussi **spectacle** et la **représentation** est le mode de réception auquel est surtout destinée une pièce lorsqu'elle est écrite.

■ La représentation met en œuvre les dimensions physiques de **l'espace scénique** et du **corps des acteurs** qui incarnent les personnages. La pièce se donne à voir, à entendre, dans une **instantanéité** partagée par le public.

■ Au début du XXe siècle, la représentation théâtrale évolue, avec l'utilisation de **l'électricité** et l'apparition du **metteur en scène** comme réalisateur de spectacles, dont l'importance va égaler celle de l'auteur. Certains, comme **Louis Jouvet** par exemple, vont jouer un rôle important dans son évolution.

■ Rassemblant des personnages dans l'espace clos de la scène, représentant un lieu, un temps et des relations sociales **conventionnels**, reposant sur une **illusion** acceptée d'emblée par le spectateur, le théâtre est le genre privilégié de **l'exploration du langage**. Mais dans le théâtre des XXe et XXIe siècles, parole et spectacle entretiennent des rapports nouveaux. Le langage y devient **matériau de travail**, comme en poésie. La parole dépasse la simple fonction de communication, et ne sert plus qu'à tenter de **maintenir un contact** désormais perturbé entre les êtres, si bien que les dialogues ne fonctionnent plus comme un jeu de demande-réponse. Différents mouvements dramatiques mettent particulièrement la parole en question dans les pièces de cette époque.

A Influence du théâtre oriental

■ Dès le début du XXe siècle, plusieurs auteurs sont influencés par la découverte du théâtre oriental et sa manière spécifique de traiter le langage.

Dans le **théâtre indien**, tout est symbole. Les acteurs miment, dansent et chantent leur rôle tandis qu'un récitant raconte et commente ce qu'ils font.

Le **théâtre chinois** est un spectacle total comprenant musique, chants, pantomimes, acrobaties, escrime, ballets. Histoires et enchaînements sont codifiés et les textes sont des formules qui se répètent.

Le **théâtre japonais Nô** met toujours en scène deux personnages, un voyageur et une ombre, qui lui apprend qu'il est le fantôme du héros où du dieu qui hante l'endroit où il arrive. Dans le théâtre de **marionnettes** japonais, la pièce est jouée par de grandes poupées manipulées par trois personnes directement sur scène, tandis qu'un récitant raconte l'histoire et prête sa parole aux poupées.

■ Ces différentes inspirations (surtout le Nô) et leur traitement codé de la parole, influencent l'écriture de **Paul Claudel** dans *Le soulier de satin* (1943), de **Eugène Ionesco** dans *Piéton de l'air* (1963), de **Bertold Brecht** dans son opéra *Celui qui dit oui Celui qui dit non* (1930). Le récitant introduit l'idée d'un **décalage** possible entre la parole prononcée et le personnage.

B Un nouvel espace théâtral : vers l'histoire des arts

■ La place de la parole dans le théâtre est liée à l'espace dans lequel a lieu la représentation. À chaque époque, **l'espace scénique** correspond aux nécessités de mise en scène de la dramaturgie et aux codes de représentation de l'époque. Depuis le XIXe siècle, on utilise en France le **théâtre à l'italienne** inventé en Italie à la Renaissance, où la scène est fermée. Mais elle ne sera séparée de la salle qu'au milieu du XIXe siècle.

■ Grâce à l'utilisation du **gaz** et à la possibilité de plonger la scène dans la pénombre fin XIXe, apparaissent les décors en trompe-l'œil, qui permettent de redonner de la force à **l'illusion théâtrale**. Mais l'apparition de **l'électricité** entraîne un abandon du théâtre à l'italienne. On revient début XXe à une **scène ouverte** comme celle du théâtre antique.

■ Les progrès techniques relatifs à la **lumière** (invention des projecteurs) et du **son** (stéréophonie), font encore évoluer l'espace scénique dans le sens d'une relation plus étroite entre public et acteurs, qui brise ainsi l'illusion et influence l'écriture. À partir de 1950, plusieurs types de scènes se développent :
- **face-à-face scène-salle** : les éclairages permettent de différencier les espaces ;
- **théâtre en rond** : les spectateurs entourent les acteurs. La frontière entre eux s'efface ;
- **théâtre à scène annulaire** : les acteurs entourent les spectateurs. Les déplacements des acteurs tendent aussi à gommer la barrière scène/public ;
- **théâtre de rue et d'ateliers** : à partir des années **1968**, des metteurs en scène veulent faire sortir le théâtre des lieux traditionnels. Les représentations de rue se développent. Certaines troupes s'installent dans des **usines** (le Théâtre du Soleil d'Ariane Mnouchkine). Autour des **festivals**, comme celui **d'Avignon**, se créent des spectacles **hors programmation** (festival off), qui investissent la rue, les places et tout lieu, public ou privé pouvant accueillir quelques spectateurs.

C Le langage mis en question

■ La mise en question du langage est perceptible avec la pièce avant-gardiste *Ubu roi* de Alfred **Jarry,** qui fit scandale lors de sa première représentation en **1896.** Le texte se livre à une véritable **subversion du langage** dans cette pièce burlesque qui est une parodie d'un drame historique. Dès les premiers mots, la Mère Ubu, femme du roi, le Père Ubu, lance un « merdre ! », où la perturbation du mot déguise la grossièreté pour la suggérer. Le personnage d'Ubu est un anti-héros qui représente le type de l'homme pris par une soif irraisonnée du pouvoir. Les **jeux sur le langage** soulignent le **caractère caricatural des personnages et leur vulgarité** : déconstruction de l'orthographe (« oneille » pour « oreille », « phynances » pour « finances »), jeux d'homophonies qui rapprochent des réalités raffinées et vulgaires (lorsque Mère Ubu parle de « Vénus de Capoue », Père Ubu lui demande qui a des « poux »).

■ Antonin Artaud (1896-1948), s'inspire des théories surréalistes et du théâtre oriental pour théoriser le « **théâtre de la cruauté** » (dans *Le Théâtre et son double* – 1933). Il revendique un théâtre **débarrassé du monopole du texte et du dialogue**, où la parole est un élément de représentation comme un autre, où le langage du corps (danse, pantomime) représente des idées, se dégage du rapport aux mots et aux phrases. Ce théâtre doit exprimer les pulsions de la cruauté physique dirigée vers l'autre ou vers soi enfouies dans chaque être, et la cruauté métaphysique qui naît de l'affrontement violent entre l'homme et le monde.

■ **Dans les années 1950**, une nouvelle génération d'auteurs pousse plus loin le bouleversement du langage dramatique, par son goût de la subversion et son esprit contestataire. Ils créent le mouvement du **Nouveau Théâtre**. Leurs pièces mettent en scène l'homme aux prises avec tous les aspects perturbants de la modernité. Les personnages ne réagissent plus avec raison et sentiments aux situations mises en place par le destin comme le faisaient les personnages des pièces classiques mais, **rejetés d'un monde absurde**, se montrent **imprévisibles, décontenancés et déroutants**. Le langage dramatique met en place des dialogues où l'intérêt n'est plus le contenu mais le **contact artificiel ou désespéré** qu'il essaie de maintenir entre les êtres (*Un mot pour un autre* de Jean Tardieu - 1951 ; *En attendant Godot* de Beckett - 1953). La seule justification de ces personnages sans histoire, sans psychologie, c'est **d'être là**, debout devant nous. **Des langues s'inventent**, comme le « génousien » dans *La Génousie* de René de Obaldia (1960). La parole dénonce la société bourgeoise, son hypocrisie et ses codes sur le ton de la **dérision et de la révolte**.

La parole au théâtre

Toute parole prononcée par un personnage renvoie à trois aspects du langage :

• l'idiolecte : lorsque le personnage parle une langue « à part » qui lui donne un statut décalé et extérieur au groupe social représenté. Ce sont les accents provinciaux, les patois de certains personnages populaires (paysans ou domestiques chez Molière ou Marivaux par exemple). C'est un langage de l'écart, qui désigne en général un personnage inférieur ne sachant pas se servir du code linguistique. Mais dans le théâtre des XXe et XXIe siècles, il peut au contraire devenir la norme, lorsqu'il signale l'échec du langage à désigner et avoir prise sur le réel qui désormais échappe (ex. : chez Valetti) ;

• le code social : ce sont les mots et tournures syntaxiques qui renvoient à la couche sociale à laquelle appartient le personnage ;

• le discours subjectif : toutes les paroles qui font référence à la psychologie particulière du personnage, qui le constituent comme sujet distinct des autres.

Les paroles des personnages sont hétérogènes car elles contiennent des discours appartenant à l'époque et à la société à laquelle appartient l'auteur : discours de l'opinion générale, aphorismes, proverbes, éléments culturels. Dans tout discours d'un personnage, il y a un dialogisme entre son discours subjectif et le discours social qu'il fait entendre. Ce dialogisme est parfois à l'origine des conflits intérieurs des personnages.

L'énonciation au théâtre

En tant que texte écrit par un auteur, destiné à être lu et représenté, le texte de théâtre comprend deux niveaux d'énonciation que l'on nomme *double énonciation* :

• les didascalies, soit les indications énoncées par l'auteur aux lecteurs, aux acteurs et aux metteurs en scène, sur la manière d'interpréter le rôle, l'action et les intentions du personnage. Les didascalies rassemblent les indications scéniques (déplacement, ton, mimique, intensité, destination des paroles comme *à part, à*...), les noms de lieux et le nom des personnages ;

• les énoncés prononcés par les personnages eux-mêmes.

Lors d'une représentation, une double situation de communication se met en place :

• la situation théâtrale, scénique, qui relève des conditions concrètes de la représentation préparées par l'auteur et mises en place par les praticiens (acteurs et metteur en scène) et qui se construit avec les *personnes* réelles : salle, forme de la scène, acteurs et metteur en scène choisis... ;

• la situation représentée, qui concerne l'énonciation imaginaire de l'histoire représentée par les *personnages*.

■ Le langage devient le ressort même de la théâtralité avec le **théâtre de l'absurde**, qui désigne surtout l'œuvre de deux auteurs : Eugène **Ionesco** (1909-1994) et Samuel **Beckett** (1906-1989). Le doute a envahi le rapport de l'homme au monde. Il se traduit dans ces pièces par une **crise du rapport aux objets** qui met en question le début de la société de consommation. Le corps même est traité comme un objet qui s'use et dégénère. L'homme est confronté à un univers vide de sens et d'histoire, qui grignote progressivement l'idée même d'identité et de personnalité. Il n'existe plus que par son langage, qui se développe dans une **parole oralisée** : les plaintes et cris de Bérenger, le personnage principal de *Rhinocéros* (1960) de Ionesco, sont un moyen de protester contre le totalitarisme ; les **hésitations et bégaiements** de Vladimir et Estragon dans *En attendant Godot*

(1953) de Beckett, traduisent le délitement du corps et du langage; les **calembours et jeux de mots** de Winnie dans *Oh! les beaux jours* (1963) du même auteur, pointent les tentatives dérisoires de la parole pour lutter contre la solitude. La parole **tâtonne**, devient **lacunaire** et tente de survivre dans un monde où plus rien ne se passe et n'arrive que l'insignifiance et l'absurde (*La Cantatrice chauve* de Ionesco – 1950).

■ **Dans le théâtre contemporain**, le langage continue de traduire la relation complexe de l'homme avec le monde et l'autre. Dans les pièces de Nathalie **Sarraute** (1900-1999), la parole n'a de sens **qu'aux limites du dialogue**, non dans le contenu de ce qui est dit, mais dans les hésitations, les intonations, silences et soupirs des personnages (*Pour un oui, pour un non* – 1982). Dans certaines pièces, les dialogues se développent sur des **sujets sans référent**, de sorte que le spectateur ne sait pas toujours de quoi il s'agit. Ou encore ils **tressent** les répliques des personnages, ce qui rend les conversations difficiles à suivre et souligne que ce n'est pas le contenu qui fait exister le personnage, mais **le simple fait qu'il parle**, peu importe ce qu'il dit. Les paroles se peuplent **d'abréviations**, de **mots familiers**, **de mots populaires** ou **propres au personnage** (ou idiolecte). Ces procédés se retrouvent chez Michel **Vinaver** (né en 1927), Serge **Valletti** (né en 1951) et Valère **Novarina** (né en 1947). Dans *Juste la fin du monde* de Jean-Luc **Lagarce** (1957-1995), le langage dramatique reprend le flot courant du dialogue, mais il met en scène un quotidien où la parole dit la **difficulté des relations familiales**, et fait alterner **banalités** et **réflexions affectives** (piques, rancœurs, points de vue différents sur les souvenirs). En revanche, la parole manque à aborder le **sujet essentiel** qui réunit les personnages : la mort prochaine du fils, qu'il ne pourra annoncer alors qu'il était revenu pour le faire.

D Éléments de réflexion

Qu'apporte à l'homme, d'hier et d'aujourd'hui, la dimension collective de la mise en spectacle de la parole ?

■ La dimension collective de la mise en spectacle de la parole est d'abord la conséquence d'une exigence de la **reconnaissance de chaque point de vue**, du **droit à l'expression**.

■ En rupture avec les normes anciennes de l'autorité de la parole scientifique, politique, juridique qui était descendante, la mise en spectacle de la parole répond par des dispositifs interactifs aux **besoins et droits d'expression** de toutes les sensibilités qui composent une société.

■ Cette **interactivité de forme** (auditeurs qui interpellent, citoyens sur les plateaux de télévision, forums d'échange sur le net, blogs, réunions publiques...) répond à une multiplicité des points de vue qui rendent propices les échanges et les discussions.

■ Tous les sujets de société sont **investis et désacralisés** par la parole citoyenne qui, plus éduquée que jamais en ce début de XXIe siècle, tient à participer, à débattre, pour comprendre et influencer le cours de son histoire personnelle et collective. La parole collective est l'expression ici d'un désir d'action.

■ Cette mise en spectacle de la parole, de ces paroles particulières qui correspondent à des statuts ou des rôles (parents, agriculteurs, médecins, handicapés, conducteurs de train...) recherche une **visibilité**, vise à être **entendue**, **reconnue** et se construit autour d'une démarche **spectaculaire et « marketing »**.

■ Cette profusion des « **collectifs de parole** » contribue à façonner une dimension collective des échanges, où l'affrontement des intérêts divergents peut s'exprimer **dans le cadre de l'espace public**, au travers du **langage**.

■ Ce **pouvoir d'interpellation** que suscite la parole mise en spectacle, offre à chacun la possibilité d'être entendu par tous afin d'affirmer sa spécificité, la légitimité de ses revendications, dans le cadre de controverses collectives pacifiées par le dialogue et l'échange.

SUJET DE TYPE BAC

Objet d'étude : Au XXe siècle, l'homme et son rapport au monde à travers la littérature et les autres arts...

DOCUMENT 1 Paul Éluard, « Liberté »

Pendant la guerre, engagé dans la Résistance, Paul Eluard participe au grand mouvement qui entraîne la poésie française, et le poème « Liberté » ouvre le recueil *Poésie et Vérité* paru en 1942. Les textes qui forment ce recueil sont tous des poèmes de lutte, écrits pour donner l'espoir aux combattants. Comme on le faisait pour les armes et les munitions, le poème « Liberté » a été, à l'époque, parachuté dans les maquis.

Paul Éluard, « Liberté »

Sur mes cahiers d'écolier
Sur mon pupitre et les arbres
Sur le sable de neige
J'écris ton nom

Sur toutes les pages lues
Sur toutes les pages blanches
Pierre sang papier ou cendre
J'écris ton nom

Sur les images dorées
Sur les armes des guerriers
Sur la couronne des rois
J'écris ton nom

Sur la jungle et le désert
Sur les nids sur les genêts
Sur l'écho de mon enfance
J'écris ton nom [...]

Sur l'absence sans désir
Sur la solitude nue
Sur les marches de la mort
J'écris ton nom

Sur la santé revenue
Sur le risque disparu
Sur l'espoir sans souvenir
J'écris ton nom

Et par le pouvoir d'un mot
Je recommence ma vie
Je suis né pour te connaître
Pour te nommer
Liberté

Paul Éluard, « Liberté » (extraits),
in *Au rendez-vous allemand* (1945),

DOCUMENT 2 Pablo Picasso, *Guernica*

Guernica est l'une des œuvres les plus célèbres du peintre espagnol Pablo Picasso.
Le 26 avril 1937, jour de marché à Guernica, en pays basque espagnol, l'aviation nazie lâche cinquante tonnes de bombes sur la ville. Dans les semaines qui suivent, Pablo Picasso peint la toile *Guernica*, presque exclusivement en noir et blanc, destinée à perpétuer le souvenir de cet événement tragique. Cette œuvre devient un symbole de l'horreur de la guerre en général.

Pablo Picasso, *Guernica*, 1937. Musée du Prado, Madrid.

DOCUMENT 3 Albert Camus (1913-1960), éditorial de *Combat*

Le 6 août 1945, la première bombe atomique est larguée par les Américains sur la ville japonaise d'Hiroshima. L'écrivain Albert Camus réagit à cet événement dans l'éditorial du journal *Combat*, le 8 août 1945.

Le monde est ce qu'il est, c'est-à-dire peu de chose. C'est ce que chacun sait depuis hier grâce au formidable concert que la radio, les journaux et les agences d'information viennent de déclencher au sujet de la bombe atomique. On nous apprend, en effet, au milieu d'une foule de commentaires enthousiastes que n'importe quelle ville d'importance moyenne peut être totalement rasée par une bombe de la grosseur d'un ballon de football. Des journaux américains, anglais et français se répandent en dissertations élégantes sur l'avenir, le passé, les inventeurs, le coût, la vocation pacifique et les effets guerriers, les conséquences politiques et même le caractère indépendant de la bombe atomique. Nous nous résumerons en une phrase : la civilisation mécanique vient de parvenir à son dernier degré de sauvagerie. Il va falloir choisir, dans un avenir plus ou moins proche, entre le suicide collectif ou l'utilisation intelligente des conquêtes scientifiques.

En attendant, il est permis de penser qu'il y a quelque indécence à célébrer ainsi une découverte, qui se met d'abord au service de la plus formidable rage de destruction dont l'homme ait fait preuve depuis des siècles. Que dans un monde livré à tous les déchirements de la violence, incapable d'aucun contrôle, indifférent à la justice et au simple bonheur des hommes, la science se consacre au meurtre organisé, personne sans doute, à moins d'idéalisme impénitent, ne songera à s'en étonner.

Les découvertes doivent être enregistrées, commentées selon ce qu'elles sont, annoncées au monde pour que l'homme ait une juste idée de son destin. Mais entourer ces terribles révélations d'une littérature pittoresque ou humoristique, c'est ce qui n'est pas supportable.

Déjà, on ne respirait pas facilement dans un monde torturé. Voici qu'une angoisse nouvelle nous est proposée, qui a toutes les chances d'être définitive. On offre sans doute à l'humanité sa dernière chance. Et ce peut-être après tout le prétexte d'une édition spéciale. Mais ce devrait être plus sûrement le sujet de quelques réflexions et de beaucoup de silence. [...]

Qu'on nous entende bien. Si les Japonais capitulent après la destruction d'Hiroshima et par l'effet de l'intimidation, nous nous en réjouirons. Mais nous nous refusons à tirer d'une aussi grave nouvelle autre chose que la décision de plaider plus énergiquement encore en faveur d'une véritable société internationale, où les grandes puissances n'auront pas de droits supérieurs aux petites et aux moyennes nations, où la guerre, fléau devenu définitif par le seul effet de l'intelligence humaine, ne dépendra plus des appétits ou des doctrines de tel ou tel État.

Devant les perspectives terrifiantes qui s'ouvrent à l'humanité, nous apercevons encore mieux que la paix est le seul combat qui vaille d'être mené. Ce n'est plus une prière, mais un ordre qui doit monter des peuples vers les gouvernements, l'ordre de choisir définitivement entre l'enfer et la raison.

Albert Camus, éditorial du journal *Combat*, 8 août 1945 © Éditions Gallimard.

* *Combat* : Journal clandestin lié à la Résistance pendant l'occupation allemande. Camus y entre sans doute dès 1942. Le 24 août 1944 paraît le premier numéro diffusé librement. *Combat* devient quotidien à la libération.

QUESTIONS

Évaluation des compétences de lecture (10 points)

Présentation du corpus

1. Présentez le corpus, en trois à six lignes, en montrant que chaque document témoigne d'un engagement pour une cause. (3 points)

Analyse et interprétation

2. Analysez la peinture de Pablo Picasso. Pourquoi est-elle devenue le symbole de l'horreur de la guerre en général ? (3 points)

3. En vous appuyant sur les procédés d'écriture, montrez que le poème de Paul Éluard est un appel à l'espoir, alors que le texte d'Albert Camus est un cri de révolte. Dans ce derner texte, étudiez en particulier, les champs lexicaux opposés, le ton dramatique, le choix d'images frappantes… (4 points)

Évaluation des compétences d'écriture (10 points)

À partir des textes du corpus, de vos lectures, de vos connaissances personnelles, montrez que des artistes, des écrivains s'engagent à défendre des causes car ils estiment que leur art doit être au service de la société. Vous rédigerez un développement argumenté d'une quarantaine de lignes.

CORRIGÉ

Évaluation des compétences de lecture (10 points)

Présentation du corpus

1. Présentez le corpus, en trois à six lignes, en montrant que chaque document témoigne d'un engagement pour une cause. (3 points)

Le premier texte est un poème de Paul Eluard, « Liberté », qui a été écrit pour encourager les Résistants. C'est un appel à la vie où s'exprime la certitude que la liberté vaincra. Le tableau de Picasso, *Guernica*, dénonce la guerre. La violence du dessin exprime la protestation, la révolte du peintre. L'éditorial d'Albert Camus est une prise de position contre la bombe atomique qui, loin d'être un progrès, met en péril l'humanité.

Analyse et interprétation

2. Analysez la peinture de Pablo Picasso. Pourquoi est-elle devenue le symbole de l'horreur de la guerre en général ? (3 points)

Cette œuvre dénonce le massacre d'innocents. L'œuvre dégage une sensation d'horreur.
Les personnages et les animaux sont déformés. Au premier plan, à gauche une femme avec un enfant hurle de douleur. À droite, une femme lève les bras, désespérée, le cheval au centre est terrorisé. Un homme est allongé, mort. Ces personnages symbolisent le peuple anéanti, en revanche le taureau peut représenter la brutalité des agresseurs. À l'arrière-plan, on distingue des éléments d'architecture (murs, fenêtres...) fragmentés, brisés. La lumière met en valeur l'expression d'effroi de la population. L'ampoule du plafonnier peut symboliser les bombes, mais peut aussi être l'œil du peintre qui se doit de dénoncer ce massacre. La résistance peut être représentée par la lampe à pétrole qui attire le regard des deux femmes de droite. L'ensemble dégage une impression de chaos. Le noir et blanc ajoute à la dramatisation de la scène, évoquant la mort, le deuil. *Guernica* est un tableau militant qui dénonce toutes les horreurs des guerres et qui a en ce sens une valeur universelle.

3. En vous appuyant sur les procédés d'écriture, montrez que le poème de Paul Éluard est un appel à l'espoir, alors que le texte d'Albert Camus est un cri de révolte. Dans ce dernier texte, étudiez en particulier, les champs lexicaux opposés, le ton dramatique, le choix d'images frappantes... (4 points)

Paul Éluard a composé un poème dont les quatrains sont tous construits de la même manière. Les vers sont courts, bâtis sur des anaphores : presque tous les vers commencent par les mêmes mots. On pense à une chanson, facile à retenir avec un refrain : « J'écris ton nom ».

Ce texte est un hymne à la vie : Paul Éluard évoque l'enfance (« cahiers d'écolier », « l'écho de mon enfance »...), la nature (« arbres », « sable de neige », « les genêts »...). S'il parle aussi de la mort et de la solitude, les deux dernières strophes affirment que la vie reprend, que l'espoir existe : « la santé revenue », « le risque disparu », « Je recommence ma vie »... À travers des mots simples, le poète rappelle une vérité incontestable : la liberté de l'homme est inaliénable.

Au contraire, le texte d'Albert Camus est un cri de colère. Alors que toute la presse se félicite du progrès que représente la bombe atomique, Camus ose un point de vue différent. Il ironise sur le concert de louanges qui entoure l'événement : « une foule de commentaires enthousiastes », « se répandent en dissertations élégantes », « une littérature pittoresque ou humoristique »... Aux éloges de la presse, il oppose sa propre vision : cette invention représente un grand danger pour l'humanité. Il utilise des tournures dramatiques pour condamner l'usage de cette bombe : « dernier degré de la sauvagerie », « perspectives terrifiantes », « suicide collectif », « meurtre organisé ». Les mots sont très forts pour toucher la sensibilité des lecteurs, les faire réfléchir à ce qu'implique l'usage de ce moyen de destruction massive. Par des phrases brèves et des formules imagées, il en appelle à la responsabilité des hommes : il va falloir « choisir entre l'enfer et la raison », « la paix est le seul combat qui vaille d'être mené ». La fin du texte est écrite sur un ton impérieux, c'est un ordre que donne Albert Camus dans la dernière phrase : « un ordre qui doit monter des peuples vers les gouvernements, l'ordre de choisir définitivement entre l'enfer et la raison. »

Cet éditorial est un texte très engagé et très courageux puisque l'auteur est seul à affirmer dans la presse une position contraire. Il est à contre-courant, seul à condamner la bombe atomique et à en prévoir les immenses dangers.

Évaluation des compétences d'écriture (10 points)

À partir des textes du corpus, de vos lectures, de vos connaissances personnelles, montrez que des artistes, des écrivains s'engagent à défendre des causes car ils estiment que leur art doit être au service de la société. Vous rédigerez un développement argumenté d'une quarantaine de lignes.

L'art peut exister pour sa seule beauté, il peut être une recherche sur soi, une thérapie ou encore un divertissement, il peut se définir en dehors de toute utilité mais nombreux sont les artistes qui estiment avoir un rôle à jouer dans la société. Ils veulent mettre leur art au service de la cité. Pourquoi et comment s'engagent-ils ? Et quelles sont les limites de leur engagement ?

Artistes et écrivains peuvent être des témoins de leur temps. En décrivant leur époque, ils en dénoncent les travers et nous font réfléchir. Pris dans notre quotidien, nous n'avons souvent aucun recul, en revanche le travail de l'artiste est de « dire » le monde dans lequel il vit. Ainsi, Albert Camus est-il un témoin de son époque mais aussi un écrivain qui nous pose des questions. Dans l'éditorial du journal *Combat* du 8 aout 1945, il prend des positions courageuses : alors que tous les médias admirent la prouesse technologique que représente la bombe atomique, lui souligne toute l'horreur de ce « meurtre organisé ». Un autre écrivain, Ernest Hemingway avait aussi choisi le journalisme pour témoigner. Chroniqueur pendant la guerre, il suivait les combats lors de la guerre d'Espagne. C'est à travers des œuvres fictives comme *Pour qui sonne le glas ?* qu'il témoigne de ce qu'il a vu.

Les artistes peuvent aussi laisser des traces pour que des événements ne se reproduisent jamais. C'est ce que veut Primo Lévi quand il écrit son autobiographie, *Si c'est un homme*, qui rappelle dans toute son atrocité ce que l'auteur a vécu à Auschwitz. De même *Guernica* de Pablo Picasso, peinture dramatique en noir et blanc, est une œuvre de dénonciation et de protestation contre le bombardement de la ville basque de Guernica par les nazis, alliés de Franco, mais au-delà de l'événement lui-même, cette toile est devenue un symbole de toutes les horreurs de la guerre en général. Dans des pays où la liberté est limitée, l'artiste peut, s'il est suffisamment médiatisé, faire entendre sa voix. Aujourd'hui, en Chine, Ai Weiwei, artiste plasticien, photographe, témoigne de ce qu'est le régime communiste. Il est exposé dans le monde entier, et les autorités chinoises n'arrivent pas à le museler.

Certaines œuvres sont des appels à la lutte. Pendant la Seconde Guerre mondiale, les poèmes de Paul Eluard doivent entrer dans la mémoire des combattants et soutenir l'espérance de la victoire. Le poème *Liberté* est ainsi parachuté dans les maquis pour encourager les résistants. On voit donc que des artistes s'engagent au cœur même d'une cause. André Malraux va encore plus loin puisqu'il dit que la parole doit être complétée par l'action. Il s'engagera donc dans les combats pendant la guerre d'Espagne (1936-37) puis sera résistant en France. Après la guerre, Jean-Paul Sartre forme avec sa compagne Simone de Beauvoir l'un des couples les plus célèbres de la littérature. Simone de Beauvoir écrit *Le Deuxième Sexe*, texte fondateur du féminisme affirmant : « on ne nait pas femme, on le devient ». Quant à Jean-Paul Sartre, il est aux côtés des ouvriers dans les manifestations, participe à mai 68, vend le journal *La Cause du peuple* dans la rue et fonde *Libération* en 1973.

Nous constatons qu'aujourd'hui aussi des artistes entrent dans l'action. Ainsi, les spectacles de théâtre d'Ariane Mnouchkine visent à « éclairer » notre l'histoire, elle dénonce, par exemple, l'intégrisme dans *Tartuffe*, mais elle participe aussi à des manifestations, appelle à signer des pétitions pour défendre entre autres les sans-papiers. On peut également penser à Coluche. Dans ses sketches, il s'attaquait à la bêtise, à l'esprit petit bourgeois, au racisme, à l'injustice, mais pour aller plus loin que les mots, il a fondé les Restaurants du cœur, luttant ainsi concrètement contre les gaspillages de notre société de consommation en donnant aux plus démunis. Avant les élections de 2012, des artistes très populaires comme Jamel Debbouze, Grand Corps Malade sont allés à la rencontre des jeunes de banlieue pour les inciter à voter. Leur réputation peut ainsi enclencher un mouvement de civisme. Les artistes sont alors des citoyens qui profitent de leur notoriété pour défendre une cause.

Mais quelles sont les limites de l'engagement des artistes ? Si l'artiste a une responsabilité qui est peut-être plus grande que celle d'un citoyen ordinaire, il n'est pourtant pas un expert. Nous voyons des artistes sur des plateaux de télévision sommés de donner leur opinion sur tel ou tel sujet, au risque d'apparaître comme des donneurs de leçons. Demander à des chanteurs, des comédiens de se positionner sur la crise économique par exemple est absurde, d'autant plus absurde que ces artistes sont des privilégiés qui semblent bien loin du quotidien de Monsieur ou madame Tout-le-monde. Certes les artistes peuvent entraîner un mouvement. Nous avons vu, en 2007, Les Enfants de Don Quichotte, association créée par le comédien Augustin Legrand faire des actions très médiatiques pour dénoncer le manque de logements sociaux. Les revendications ont certes abouti à des lois qui malheureusement n'ont pas permis une véritable amélioration de la situation. On constate alors que si les politiques ne prennent pas efficacement le relais, la marge d'action des artistes se trouve limitée. Ce sont les hommes politiques qui doivent trouver et mettre en place des solutions.

L'artiste, l'écrivain ont indéniablement un rôle à jouer : ils sont les témoins de leur temps, ils sont conscients de leur appartenance à une société et ils se sentent responsables. Ils doivent défendre les causes qui leur paraissent justes car ils ont les moyens de mobiliser l'attention, d'enclencher des actions. Mais leur engagement ne sera efficace que si les politiques prennent le relais pour réellement « changer le monde ».

HISTOIRE-GÉOGRAPHIE-ÉDUCATION CIVIQUE

Classe de seconde

Histoire : Les Européens et le monde (XVIe-XVIIIe siècles)

1. Humanisme et Renaissance 78
2. Voyages et découvertes, XVIe-XVIIIe siècles 81
3. Le premier empire colonial français, XVIe-XVIIIe siècles 83
4. Les Lumières, la Révolution française et l'Europe : les droits de l'homme 85

Géographie : Société et développement durable

5. Nourrir les hommes 87
6. L'enjeu énergétique 89
7. Le développement inégal 91
8. Les sociétés face aux risques 93

Éducation civique

9. Vivre en citoyen (thèmes obligatoire et au choix) 95

Classe de première

Histoire : État et société en France de 1830 à nos jours

10. Être ouvrier en France (1830-1975) 97
11. Les femmes dans la société française depuis la Belle Époque ... 99
12. La République et le fait religieux depuis 1880 101
13. De l'État français à la IVe République (1940-1946) 103
14. La Ve République, une République d'un nouveau type ? 105

Géographie : Des territoires dans la mondialisation

15. Acteurs, flux, réseaux de la mondialisation 108
16. Mondialisation et diversité culturelle 111
17. Pôles et aires de puissance 113
18. Les dynamiques des périphéries 116

Éducation civique

19. Le citoyen et la République (thèmes obligatoire et au choix) .. 119

Classe de terminale

Histoire : Le monde au XXe siècle et au début du XXIe siècle

20. Les États-Unis et le monde (1917-1989) 121
21. L'idée d'Europe au XXe siècle 124
22. La décolonisation et la construction de nouveaux États : Inde, Algérie 127
23. Le monde depuis les années 1990 129

Géographie : La France dans l'Union européenne

24. La France dans l'Union européenne et le monde 131
25. L'aménagement des territoires français : acteurs et enjeux 133
26. Les transformations de l'espace productif et décisionnel 135
27. Les mobilités de la population 137
28. L'Union européenne et ses territoires 139

Éducation civique

29. Le citoyen et le monde (thèmes obligatoire et au choix) 141

Sujet corrigé de type bac pro 143

HISTOIRE-GÉOGRAPHIE

HISTOIRE

1 Humanisme et Renaissance

L'humanisme – courant de pensée centré sur la place de l'homme dans l'univers, sur la curiosité universelle – et la Renaissance – âge d'or artistique – naissent dans l'Europe des XIVe et XVe siècles, en réaction aux « malheurs des temps ». En quoi le XVIe siècle marque-t-il l'apogée de ces mouvements littéraires, scientifiques et artistiques ?

1 L'humanisme : le savoir sans frontières au XVIe siècle

A Un contexte culturel, moral, économique et technique favorable

Mécènes : riches amateurs d'arts et lettres (papes, rois, nobles, bourgeois, villes...) qui financent les humanistes et les artistes.

■ La croissance des échanges en Méditerranée aux XIVe et XVe siècles, avec les Musulmans et les Byzantins, permet de redécouvrir des manuscrits antiques (grecs, latins, hébreux) et d'y rechercher de nouvelles valeurs de sagesse.

■ Le savoir devient plus facile d'accès : les livres **imprimés** se diffusent à bon marché ; les **bibliothèques** et les **universités** se multiplient, avec le soutien financier des mécènes.

B Des valeurs européennes nouvelles qui placent l'homme au centre du monde

■ Les humanistes **admirent l'Antiquité** avec une curiosité sans borne, qui engendre un esprit scientifique et littéraire moderne : certains imitent les Anciens, beaucoup essaient de les surpasser. ***Situation 1 :*** *Érasme personnifie l'humanisme, par sa curiosité universelle, sa rigueur et la variété de ses travaux (traductions, philosophie, politique...).*

■ L'humanisme s'engage dans la recherche du **bonheur**, de la **liberté** et du **plaisir** par le **savoir** et le goût de l'apprentissage, et surtout par l'éveil de la **curiosité** et de l'esprit **critique**. L'homme nouveau, au centre des réflexions, doit former son esprit et sa personnalité autant que son corps. ***Situation 2 :*** *La controverse de Valladolid (1550), débat sur la nature humaine : l'indien d'Amérique est-il inférieur et exploitable par le colonialisme ou doit-il être traité avec tolérance, dans le respect de la différence et de la dignité humaine ?*

C La remise en cause du catholicisme et de la société européenne, après 1530

■ Certains humanistes étudient et corrigent les textes sacrés, ce qui les amène à dénoncer les excès des institutions catholiques (corruption, ignorance...), rejettent l'autorité du pape, engendrant les courants protestants ou **Réforme**. La papauté les combat par la Contre-Réforme.

■ Divers courants protestants formulent une critique de la société et de la politique. Le rêve humaniste de progrès humain, de paix, de sage gouvernement, de concorde des savoirs et des religions entraîne involontairement des **guerres** de religion en Europe.

Réforme (protestantisme)
mouvement chrétien en rupture avec le catholicisme, aspirant à une religion plus simple, en langue nationale, fondée sur la libre méditation de la Bible.

2 La Renaissance, la floraison des arts en Europe au XVIe siècle

A Un contexte économique et culturel favorable

■ Profitant de la prospérité des XVe et XVIe siècles, les peintres, sculpteurs, architectes, musiciens et écrivains vivent des commandes des **mécènes**. Comme les humanistes, ils voyagent beaucoup et échangent ainsi leur savoir.

■ La **beauté** antique, redécouverte dès le XIVe siècle, inspire et favorise la créativité.

B L'artiste, un créateur polyvalent

■ L'artiste recherche la perfection, la **beauté** pure, reflet de l'œuvre divine, et le **réalisme** par le détail. L'œuvre est conçue **scientifiquement** pour créer un espace idéal. Sur des décors antiques, les artistes utilisent des techniques nouvelles (peinture à l'huile, calculs savants) ; la gravure, par l'imprimerie, fait connaître les œuvres et leurs auteurs.

■ L'homme est la mesure de tout, comme chez les humanistes. La renaissance célèbre les proportions idéales, le réalisme et l'émotion dans les **portraits** et le **nu** ; le corps reflète l'âme, comme les **paysages** transcendent la beauté de la Nature. ***Situation 3 :*** *Léonard de Vinci personnifie l'artiste polyvalent de la Renaissance (peintre, architecte, ingénieur civil et militaire, scientifique...) ; il rend ses représentations humaines d'un réalisme inouï et cherche, par ses inventions, à améliorer la vie de ses semblables (machine volante).*

C Une floraison d'arts nouveaux au XVIe siècle

■ Les États italiens et leurs trésors archéologiques attirent les artistes et engendrent un courant varié, chargé de symboles et de couleurs. Les foyers rhénans et flamands s'attachent au détail et à la vie quotidienne. Ces modèles, mêlés aux arts locaux et à l'inspiration antique, entraînent d'innombrables expressions nouvelles et composites dans toute l'Europe (châteaux de la Loire « à l'italienne », tels Chenonceau).

■ Après 1530, les maniéristes, marqués par les débats religieux, créent un art qui reflète leurs inquiétudes (corps déformés, pâleur des tons, ruptures dans l'harmonie antique...).

L'Humanisme et la Renaissance en Europe vers 1520

2 Voyages et découvertes, XVIe-XVIIIe siècles

Les Européens, stimulés par l'Humanisme puis l'esprit des Lumières, explorent le monde. Comment la découverte de nouvelles terres (Amériques, Océanie) et cultures change-t-elle la vie des Européens, du XVIe au XVIIIe siècle ?

1 La découverte de nouveaux mondes au XVIe siècle

A Voyager en Europe et vers l'Asie : l'héritage médiéval

■ L'Europe est traversée de nombreuses routes de commerce terrestres et maritimes, dominées par les États qui s'affirment : France, Espagne, Portugal, États italiens...

■ Le **commerce vers l'Asie**, célébré par Marco Polo au XIVe siècle et facteur de prospérité pour les cités italiennes, est fragilisé lorsque les Turcs prennent Constantinople et les Balkans en 1453. De nouvelles routes vers l'Asie sont cherchées : les Portugais contournent l'Afrique (1488). ***Situation 1 :*** *Christophe Colomb, gênois au service de l'Espagne, découvre l'Amérique en cherchant la route des Indes (1492).*

B Naviguer, découvrir et coloniser au XVIe siècle

■ La navigation est facilitée au XVIe siècle par des **techniques nouvelles** : la boussole chinoise et arabe, les portulans (cartes maritimes) génois et catalans...

■ L'Europe recherche de nouveaux biens (or, épices, soies...). Les navigateurs sont motivés par la **curiosité** et **l'esprit d'aventure**, autant que par l'espoir de **s'enrichir**. Découvrir de nouveaux peuples pour les christianiser est aussi un but de la Contre-Réforme.

■ Les Espagnols bâtissent un empire colonial du Mexique aux Andes ; les Portugais en créent un second, au Brésil et dans l'Océan indien. Les Français s'installent au Canada, les Anglais sur la côte est de l'Amérique du Nord : ils cherchent un passage vers l'Asie...

C Un monde d'échanges accrus

■ Les routes de commerce diffusent dans le monde entier les productions de l'Europe, l'Amérique et l'Asie. L'Europe découvre le tabac, la tomate, le maïs venus d'Amérique (où parviennent le riz et le sucre).

■ La **façade atlantique**, de l'Espagne et du Portugal à l'Angleterre, est dynamisée par ces découvertes. Les villes portuaires s'enrichissent (Séville, Lisbonne, Bordeaux, Nantes...).

2 L'exploration scientifique des continents au XVIIIe siècle

A L'esprit des Lumières stimule l'exploration

■ La prospérité de l'Europe du XVIIIe siècle relance les échanges mondiaux.

■ L'esprit des Lumières encourage la recherche de connaissances et le **raisonnement**, accélère les **progrès scientifiques et techniques**, notamment dans la navigation (calcul de la latitude et de la longitude...). ***Situation 2 :*** *Bougainville est le premier français à faire le tour du monde (1766-1769) ; le but est d'accumuler le plus de connaissances possibles ; il est accompagné de nombreux savants (géographes, astronomes, botanistes, médecins...).*

B Un monde mieux connu, exploré et cartographié

■ La soif de connaissances passe par la recherche d'un continent austral (au sud de l'Amérique) et d'un passage vers le Pacifique au nord-ouest de l'Amérique. Les Européens s'aventurent à l'intérieur des continents (Sibérie, montagnes d'Europe et d'Amérique).

■ L'exploration des **archipels du Pacifique**, initiée par Magellan en 1520, est précisée. ***Situation 2 :*** *Bougainville et la Polynésie.* ***Situation 3 :*** *Cook explore et cartographie scientifiquement le Pacifique de 1768 à 1779, jusque dans les latitudes extrêmes sud et nord.*

C Des échanges accrus à travers le monde

■ La **découverte de nouvelles cultures et les récits de mœurs** font réfléchir à la richesse des civilisations humaines et encouragent les voyages (***Situation 2 :*** *Bougainville décrit une Polynésie paradisiaque, notamment Tahiti ; il célèbre la nature et le « bon sauvage »*).

■ Les **échanges commerciaux** (coton, soie, épices, café, sucre...) doublent entre 1720 et 1780. Le commerce triangulaire (Europe, Afrique, Amérique) et la **traite des esclaves** s'intensifient. L'Europe domine le monde, l'Angleterre s'affirme sur les océans.

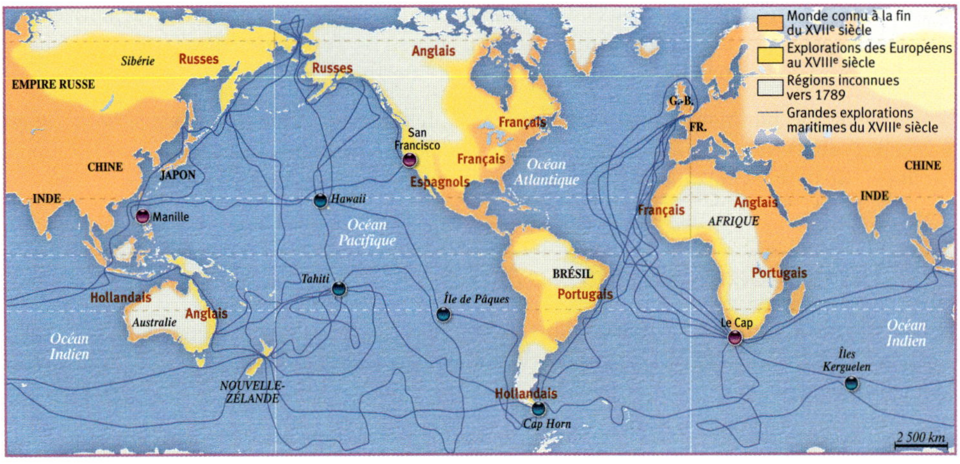

3 Le premier empire colonial français, XVIe-XVIIIe siècles

Comment les colonies, créées en Amérique, Afrique et Asie, affirment-elles la puissance française dans le monde ?

1 Naissance de l'empire (XVIe-XVIIe siècles)

A Des colonies sur tous les continents connus

■ Dès François Ier, les rois financent les expéditions françaises pour rivaliser avec les Espagnols et les Portugais et s'implanter dans **le Nouveau Monde**. Sous Louis XIV, Colbert bâtit une **marine** puissante pour acheminer les produits coloniaux et défendre l'empire.

■ La France crée des colonies au **Canada**, aux **Antilles**, en **Inde** et en **Afrique**.

B Une organisation économique contrôlée par la monarchie

■ Le commerce colonial est confié en 1664 exclusivement à de **grandes compagnies à monopole** contrôlées par l'État. Elles organisent le **commerce triangulaire** (Europe, Afrique, Amérique) et encouragent la **colonisation**. ***Situation 1 :*** *La Compagnie des Indes Orientales établit des comptoirs de l'Inde à la Chine pour diffuser en Europe la porcelaine et les épices...*

■ Afin de s'enrichir, la France doit produire pour répondre à ses propres besoins, exporter au maximum et importer au minimum. Les colonies ne peuvent vendre qu'à la métropole et ont interdiction de la concurrencer : c'est « **l'exclusif** ». ***Situation 2 :*** *Nantes illustre l'essor des ports de l'Atlantique enrichis par le commerce colonial, notamment les esclaves.*

C Une administration territoriale variée

■ Louis XIV applique aux colonies le **cadre administratif** de la métropole : elles sont chacune gérées par un gouverneur, des intendants, des villes et des paroisses.

■ Le **Canada** ressemble le plus à la France, les forts représentant l'unité administrative de base. Aux **Antilles**, la circonscription de base est la plantation. En **Inde** et en **Afrique** le contrôle est plus lâche ; se multiplient les **comptoirs** et un système de protectorat qui contrôle certains souverains indiens et africains alliés.

2 De l'expansion à la ruine au XVIIIe siècle

A Un empire florissant jusqu'en 1750

■ Les explorateurs s'avancent jusqu'aux Rocheuses. La France ajoute de nouvelles colonies : la **Louisiane** (1731), **cinq grands comptoirs** et une influence accrue en **Inde**.

■ Le **commerce** est très fructueux, surtout en Inde (épices, cotonnades) et aux Antilles (sucre). ***Situation 3 :*** *la plantation est l'unité économique productive des Antilles, fondée sur l'esclavage. Elle gère le travail agricole et la vente aux compagnies.*

B Des sociétés hiérarchisées et inégalitaires

■ Les sociétés se hiérarchisent selon la couleur de peau et la fortune. Les **Blancs** sont minoritaires et désunis ; les **esclaves** sont majoritaires et ne possèdent pas de droits (Code Noir, 1685). Les **femmes** sont peu nombreuses, les alliances locales sont nécessaires, engendrant des **métisses**. Les Européens sont peu nombreux à s'installer dans les colonies.

■ Le **Canada** est la seule colonie de peuplement (50 000 habitants environ face à un million d'Anglais…). Les alliances se nouent avec les Indiens que l'on tente de convertir.

La France dans l'Atlantique au XVIIe siècle

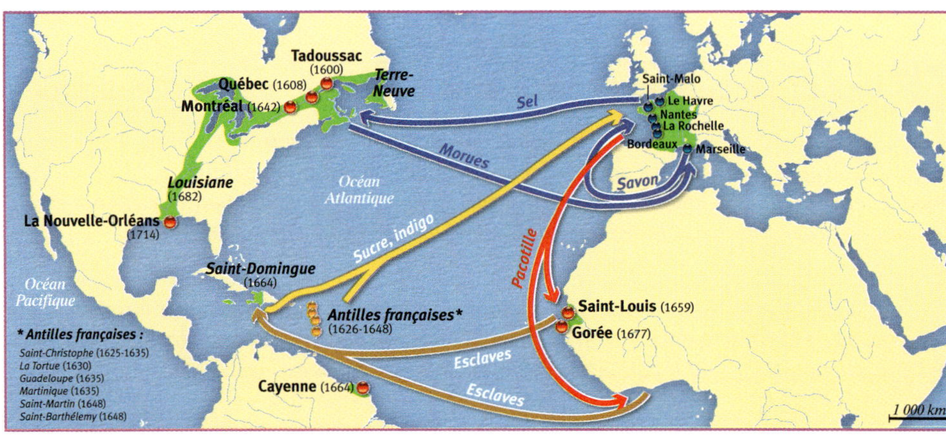

C Défaites et contestations après 1750

■ Les guerres européennes se poursuivent dans les colonies qui deviennent des enjeux diplomatiques. Le **traité de Paris** (1763) cède le Canada à l'Angleterre. L'empire français se résume alors à la Louisiane, aux Antilles et à quelques comptoirs en Inde et en Afrique.

■ Les Blancs privilégiés **revendiquent l'autonomie et contestent** de plus en plus la domination de la métropole, rejetant les impôts et l'exclusif. Beaucoup d'esclaves fuient ou se révoltent violemment, notamment contre les abus des planteurs (**situation 3**).

■ Les **philosophes des Lumières** (Voltaire, Diderot) se positionnent contre l'exclusif, contre l'esclavage et dénoncent l'injustice du colonialisme. La Convention montagnarde, influencée par la Société des amis des Noirs, vote **l'abolition de l'esclavage en 1794**.

4 Les Lumières, la Révolution et l'Europe : les droits de l'homme

Les philosophes des Lumières entendent sortir le peuple de l'obscurité de l'ignorance et de l'exploitation ; ils contestent l'absolutisme au XVIIIe siècle. À la faveur des crises économiques, sociales et financières, la Révolution française s'installe en 1789 et crée une nouvelle société fondée sur les droits de l'homme, qui se diffuse en Europe.

1 La contestation de l'absolutisme au XVIIIe siècle

A Les philosophes des Lumières défendent les libertés contre l'absolutisme

Lumières : courant de pensée européen fondé sur la raison, les libertés, la recherche du bonheur et le progrès, au XVIIIe siècle.

■ Le roi de France est un **monarque absolu, héréditaire, de droit divin**. Il concentre les pouvoirs **exécutif** (appliquer les lois), **législatif** (faire les lois) et **judiciaire** (rendre la justice).

■ Les philosophes des Lumières condamnent l'absolutisme et revendiquent le respect des **droits naturels de l'homme** (égalité devant la loi, libertés). Ils rejettent toute forme de domination, d'intolérance ou de persécution, religieuse ou politique. ***Situation 2 :*** *les juifs et les protestants sont persécutés et taxés par l'absolutisme. Les Lumières revendiquent la liberté de culte, obtenue sous Napoléon.*

■ Les philosophes réclament une **monarchie tempérée**, à l'anglaise, où les pouvoirs sont séparés (Montesquieu). Rousseau évoque un gouvernement élu par le peuple, la **République**. Ils condamnent les privilèges, entraves à l'égalité, et l'esclavage, atteinte à la dignité.

B L'Europe des Lumières : la diffusion des idées nouvelles

■ Les **cafés**, les **salons**, les **clubs** et les **académies** sont des lieux d'échanges culturels.

■ Les **bibliothèques publiques** et les **colporteurs** diffusent les Lumières dans le peuple et engendrent une opinion publique sensible aux droits de l'homme. *L'Encyclopédie* (1751-1772), dirigée par Diderot, entend rassembler les connaissances du temps et critiquer l'absolutisme. La **censure** royale bride la diffusion de la presse et des écrits « éclairés ». ***Situation 1 :*** *Diderot diffuse les Lumières en Europe auprès de Catherine II de Russie, «despote éclairé» qui soutient l'Encyclopédie, envisage des réformes (écoles) mais maintient l'absolutisme.*

2 Une société nouvelle après 1789, fondée sur les droits de l'homme

A L'absolutisme et la société d'ordres tirent leur révérence (mai-août 1789)

■ Les députés du tiers état aux États généraux, réunis pour régler la crise économique des années 1780, se proclament **Assemblée nationale** le 17 juin 1789 et ignorent l'ordre du roi de se disperser (serment du jeu de paume). Le 9 juillet, le roi cède, tous les députés rejoignent l'Assemblée nationale constituante : la nation détient le pouvoir par ses députés.

■ Pour protéger l'Assemblée, les Parisiens prennent la **Bastille**, symbole de l'absolutisme (14 juillet) ; dans les campagnes, la **Grande Peur** provoque le pillage des châteaux et des biens des privilégiés, accusés de comploter contre la Constituante. Pour rétablir la paix en France, l'Assemblée vote la suppression des privilèges **la nuit du 4 août**, abolissant la société d'ordres et rendant les citoyens égaux en droits (situation 3).

B Les droits de l'homme établis par les lois votées par le peuple souverain (1789-1791)

■ Les libertés et l'égalité en droit acquises à l'été 1789 sont confirmées par **la déclaration des droits de l'homme et du citoyen** (26 août) qui y ajoutent les droits à la sécurité, à la propriété et la souveraineté du peuple. Les Français ne sont plus des sujets mais des citoyens. Le 14 juillet 1790, la fête de la Fédération consacre leur **fraternité**.

■ La constitution de 1791 remplace l'absolutisme par une **monarchie constitutionnelle** fondée sur la souveraineté nationale et la séparation des pouvoirs. L'Assemblée a le législatif, le roi garde l'exécutif. Mais l'égalité est **partielle**, seuls les hommes riches votent.

C Des principes instables après 1791

■ Après la fuite de **Varennes** (Louis XVI essaie de rejoindre les ennemis de la France aux frontières pour rétablir l'absolutisme), le roi est discrédité. Les monarchies européennes menacent les acquis en envahissant la France en 1792 ; l'Assemblée élue au suffrage universel masculin remplace la monarchie par la **République** le 21 septembre 1792.

■ La France menacée à l'intérieur (Vendée) comme à l'extérieur (coalition des monarchies) suspend les libertés individuelles pendant la Terreur (1793-1794). Les conquêtes napoléoniennes diffusent en Europe une partie des idées révolutionnaires.

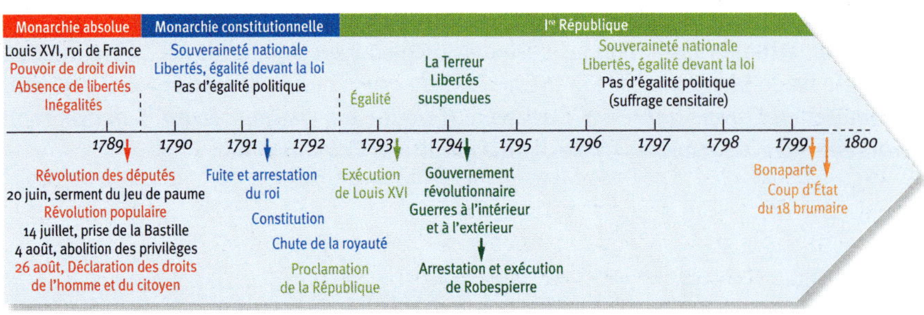

5 Nourrir les hommes

Le développement durable encourage la protection de la diversité des plantes et des espèces, pour améliorer l'alimentation présente et future d'une humanité croissante. Est-il possible d'assurer la sécurité alimentaire mondiale ?

1 Se nourrir : des inégalités mondiales

A Des ressources alimentaires accrues après 1960

■ Les **révolutions agricoles**, qui appliquent des techniques modernes (engrais, pesticides, organismes génétiquement modifiés plus résistants et plus performants, cultures hors-sol, aménagements techniques tels que les systèmes d'irrigation...), comme la révolution verte en Asie, accroissent les rendements, parfois au détriment de l'environnement (pollution). ***Situation 1 :*** *l'Inde, confrontée à des famines régulières dues à une population en forte croissance, améliore sa productivité par la révolution verte depuis les années 1960. Ce pays émergent a même réussi à devenir exportateur de céréales, mais tous les agriculteurs indiens n'ont pas accès à ces techniques coûteuses, la malnutrition subsiste et la pollution est forte.*

■ Les **surfaces cultivées** sont plus nombreuses en raison des défrichements (zone tropicale). Mais la croissance urbaine et l'érosion des sols compensent ces augmentations.

■ La **mondialisation des échanges**, grâce à la révolution des transports et communications (Internet), déploie des flux de produits alimentaires des pays d'abondance vers ceux où la production est insuffisante et où les famines subsistent. L'ONU et des ONG fournissent une **aide alimentaire** dans le cadre humanitaire à des millions de personnes.

B Des déficits alimentaires régionaux subsistent

■ Les **pays en développement (PED)** connaissent particulièrement l'insécurité alimentaire : elle est liée à la pauvreté, aux guerres et instabilités politiques (Corée du Nord, Darfour), aux catastrophes naturelles et climatiques (Bangladesh) et au manque de moyens pour dépasser les méthodes traditionnelles. Les **PMA (pays les moins avancés)** tels que l'Éthiopie cumulent plusieurs facteurs, dont l'éloignement de la mondialisation des échanges, et connaissent une proportion de mal-nutris inquiétante. 12 % de la population mondiale souffrent de sous-nutrition, plus de 30 % souffrent de malnutrition. ***Situation 2 :*** *Plus de 200 millions d'habitants de l'Afrique subsaharienne restent sous-alimentés faute de ressources agricoles suffisantes (sécheresse, conflits, faiblesse des échanges...), et dépendent de l'aide humanitaire.*

> **Malnutrition :** déséquilibre de la ration alimentaire en qualité et/ou quantité (sous-nutrition) qui freine le développement physique et intellectuel.
> **Sécurité alimentaire :** assurer à tous une nourriture suffisante et équilibrée.

■ Les **pays industrialisés et développés (PID)** atteignent la sécurité alimentaire en termes de quantité : ils se distinguent par une nourriture variée, équilibrée et suffisante.

2 Comment résoudre l'insécurité alimentaire ?

A Des facteurs d'insécurité alimentaire croissants

■ **La demande des consommateurs s'accroît** : la croissance démographique reste forte, surtout depuis les PED où les disponibilités alimentaires sont plus fragiles. Si 45 % de la population mondiale travaille encore dans l'agriculture, les citadins sont de plus en plus nombreux. Les pays émergents (Chine, Mexique...), dont le niveau de vie moyen augmente, adoptent les modes alimentaires occidentaux. L'essor des biocarburants augmente la demande en ressources agricoles, mais à des fins énergétiques et non alimentaires.

■ **Or, la production reste fluctuante**, en raison des aléas climatiques, de la faiblesse des ressources en eau, de l'usure des sols... Lors de la crise alimentaire de 2008, les cours mondiaux des produits de première nécessité (viande, céréales) ont augmenté au profit des producteurs et exportateurs, mais au détriment des consommateurs.

B Vers une société durable et équitable ?

■ Accroître la production agricole est nécessaire pour s'adapter à la croissance démographique mondiale : la solution réside-t-elle dans le **productivisme** à tout prix (révolutions vertes à l'excès, défrichements massifs, cultures **OGM**) ? Mais les défrichements excessifs accélèrent l'érosion des sols, la chimie pollue, certains aliments scientifiquement manipulés causent des risques sanitaires (« vache folle »), les conséquences de la diffusion de gènes dans l'environnement par les OGM sont incertaines : ne pas tenir compte de l'environnement ne risque-t-il pas à terme de ruiner les ressources alimentaires planétaires et de créer des crises sanitaires ? ***Situation 3 :*** *l'agrobusiness produit le plus possible avec une rentabilité optimale en s'aidant d'industries de pointe et de services financiers.* Ce productivisme fait des États-Unis la première puissance agricole mondiale en quantités et profits, au détriment de la qualité...

Un complexe agro-industriel

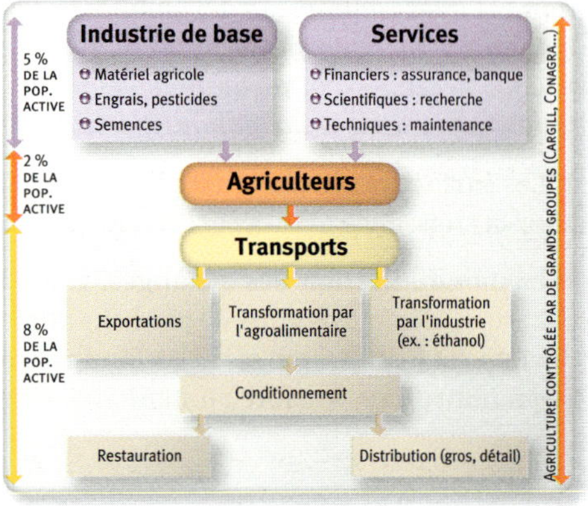

■ **L'agriculture durable**, soucieuse de la nature, s'oppose au productivisme. L'économie des ressources et la gestion raisonnée de l'environnement sont à considérer pour que l'agriculture continue à nourrir durablement en épargnant les capacités productives des sols. La préservation de la santé des consommateurs par la qualité des produits est une priorité.

OGM : organismes génétiquement modifiés pour augmenter leur résistance aux aléas et donc leurs rendements. S'ils peuvent assurer la sécurité alimentaire, certains organismes peuvent aussi poser des risques sanitaires.

■ **Les règles du commerce international** doivent être revues pour permettre aux populations les plus pauvres d'avoir accès à une alimentation équilibrée et variée : pratiquer le commerce équitable, revoir les aides humanitaires et subventions des PID...

6 L'enjeu énergétique

Les progrès énergétiques ont permis les révolutions industrielles et sont décisifs dans le fonctionnement des sociétés. Comment répondre à la demande croissante sans épuiser la planète ?

1 Le bilan énergétique actuel

A Des besoins énergétiques croissants

■ L'énergie est **indispensable** à la vie quotidienne de toutes les sociétés humaines, quel que soit leur niveau de développement (lumière, chauffage, transports, communications, nouvelles technologies...). **Les progrès des PED passent par une gestion efficace de l'énergie**. 1/3 de la population mondiale n'a pas accès à l'électricité ni aux techniques qui lui sont liées (réfrigération des aliments, pompage et irrigation...), encore moins à la mondialisation des échanges...

■ **La consommation est croissante** : le développement des pays émergents et des autres PED entraîne une forte consommation énergétique, liée au développement des industries, des services et du niveau de vie des populations. Les PID sont, eux aussi, de forts consommateurs ; les entreprises et les citoyens commencent à être sensibilisés à une utilisation raisonnée et durable de l'énergie, à bannir le gaspillage...

■ **La fourniture d'énergie doit être suffisante** pour ne pas paralyser l'activité de populations qui, se modernisant, en deviennent de plus en plus dépendantes.

B Diverses sources et moyens d'approvisionnement

■ Les **sources d'énergie traditionnelles** sont liées à la géologie : **charbon** sur tous les continents (« pays noirs »), **hydrocarbures** (gaz et pétrole de Russie, d'Afrique et surtout du Moyen-Orient). Largement utilisées depuis le XIXe siècle, ces **énergies fossiles** contribuent à la pollution atmosphérique (CO_2). L'acheminement de ces énergies des lieux de production aux consommateurs implique de nombreux transports terrestres et maritimes mondiaux (environ 600 000 tonnes de charbon et 2 milliards de tonnes de pétrole annuels). ***Situations 1 et 2 :*** *Le Moyen-Orient et la Russie, grâce à leurs vastes réserves d'hydrocarbures, ont un pouvoir économique et stratégique international. Ce sont des zones d'échanges et de tensions.*

■ **L'électricité** est produite dans les centrales thermiques, hydrauliques ou nucléaires et encore marginalement par des techniques propres, renouvelables mais coûteuses (éolienne, solaire...). Elle est produite près des utilisateurs, car elle ne peut pas facilement être stockée.

2 L'énergie et le développement durable ?

A Vers une consommation plus raisonnée ?

■ **Les sources fossiles d'énergie s'épuisent** (pétrole, charbon) : il ne reste que quelques dizaines d'années de production au rythme de consommation planétaire actuel.

■ Pour protéger l'environnement, des accords internationaux s'engagent à **réduire l'émission de gaz à effet de serre** (protocole de Kyoto en 1997, Copenhague en 2009...) et donc à trouver et utiliser des énergies « propres », moins polluantes. Plusieurs solutions sont envisagées pour consommer de façon plus raisonnée : transports moins polluants, amélioration de l'isolation des bâtiments pour réduire le chauffage...).

B Des énergies renouvelables et durables ?

■ La recherche internationale travaille à l'exploitation **d'énergies renouvelables**, inépuisables à long terme car issues de l'énergie **solaire**, **éolienne** (liée aux vents), **géothermique** (venue du sol), **hydraulique**, **organique** ou **marémotrice** (ex. : le projet Searev, testé en 2010 pour récupérer de l'énergie des vagues pour produire de l'électricité). Ces modes de production électrique sont encore intermittents et trop coûteux.

■ Les « **biocarburants** » fournissent de l'énergie à partir d'aliments consommables (sucre, maïs, colza...) : un tel projet pose un problème moral face à l'insécurité alimentaire des PED.

■ L'énergie **nucléaire** produit de l'électricité en grande quantité (440 réacteurs répartis dans 30 États) ; mais comment gérer les déchets radioactifs qui en résultent ? L'accident de Fukushima (mars 2011) soulève la question de la fiabilité et de la sécurité des installations, et donc de la diversification des sources d'énergie.

■ La recherche se tourne vers la réduction et le traitement du CO_2, l'exploitation propre du charbon, la baisse des coûts des énergies renouvelables. Aucune énergie n'est parfaite, ni dénuée d'inconvénients. Chaque État s'efforce de se diversifier pour éviter la pénurie, en fonction de choix politiques, économiques et géographiques (ex. : l'énergie solaire est plus adaptée aux climats chauds...). ***Situation 3 :*** *la Chine a d'immenses besoins énergétiques, étant donné son vaste territoire et sa population importante. Les 2/3 de sa consommation viennent du charbon, près d'1/4 du pétrole ; grand pollueur, l'État chinois s'inquiète de la disparition des ressources fossiles et essaie de s'orienter vers des énergies plus propres telles que l'hydroélectricité. Mais le coût de ces énergies s'oppose au souci de ne pas freiner la croissance économique...*

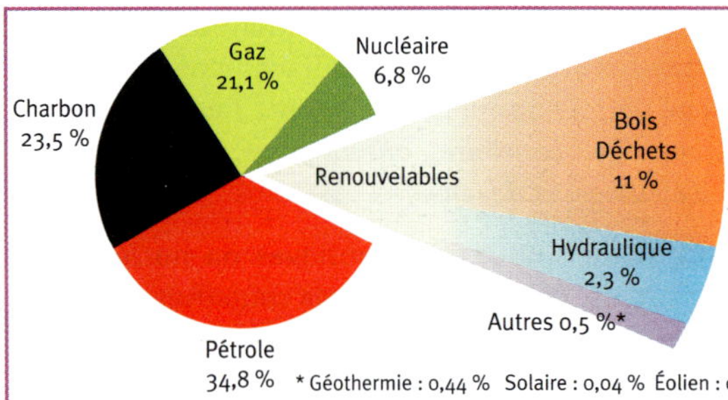

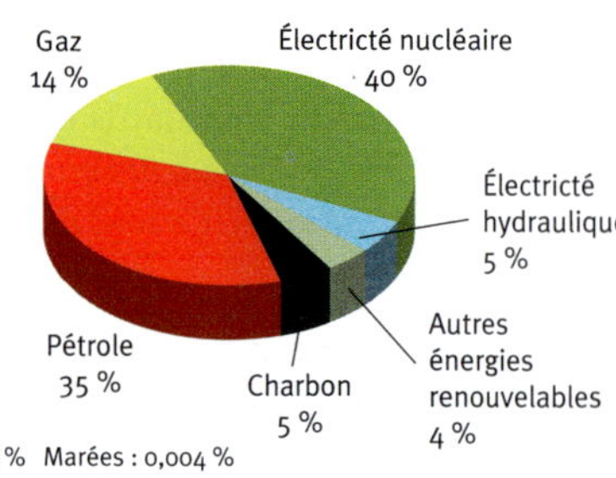

* Géothermie : 0,44 % Solaire : 0,04 % Éolien : 0,026 % Marées : 0,004 %

La consommation énergétique mondiale (2002) **... et en France (2006)**

7 Le développement inégal

La croissance économique (RNB) et le développement (IDH) des États du monde sont inégaux. La mondialisation multiplie les échanges mais ne suffit pas à corriger les inégalités entre États, régions et catégories sociales.

1 Sud, Nord : des dynamiques différentes

A Des populations et des ressources différentes

■ Les PED regroupent **80 % de la population mondiale** ; leur fécondité est forte, la population est jeune et en forte croissance, à l'inverse de la population des PID.

■ Les PID produisent **80 % des richesses mondiales** : leur population, active et qualifiée, contrôle les techniques de pointe et les flux financiers et d'information. Les populations des Nord travaillent surtout dans le secteur tertiaire et dans l'industrie de pointe, tandis que nombre de PED ont une population encore très agricole. ***Situation 1 :*** *L'Union européenne est un ensemble riche et attractif, doté d'un RNB et d'un IDH forts. L'UE contribue au bien-être de sa population, notamment par des subventions pour aider les régions en difficulté. Sa richesse vient notamment de ses activités tertiaires.*

> **IDH :** l'indice de développement humain mesure le degré de développement en fonction du RNB, de l'espérance de vie et du taux d'alphabétisation.
> **Sud ou PED :** pays en développement.
> **Nord ou PID :** pays industrialisés et développés.
> **RNB :** revenu national brut (ensemble des richesses produites en un an par un État, à l'intérieur de ses frontières et à l'étranger).

■ La **croissance urbaine est plus forte dans les PED** qui terminent leur exode rural ; les trois quarts de la population des PID vit en ville, leur croissance est plus ralentie.

■ **L'IDH est plus élevé dans les PID** car leurs populations ont de meilleurs revenus, un accès facilité à l'alimentation, à l'eau potable et à l'encadrement médical et scolaire.

B Un développement mondial dynamique

■ **L'extrême pauvreté recule depuis les années 1980** avec les progrès de l'Asie. Mais, si l'immense majorité de la population mondiale voit sa situation s'améliorer avec le développement, un milliard d'individus vivent encore en dessous du seuil de pauvreté en Asie du Sud et Afrique subsaharienne. L'écart entre les plus riches et les plus pauvres se creuse. ***Situation 2 :*** *L'Afrique du Sud est un pays émergent dans un continent pauvre. Depuis 1990, l'État a su s'intégrer dans les échanges mondiaux ; il affiche une politique sociale active, même si les retards de développement et les inégalités sociales persistent (1/3 de la population vit sous le seuil de pauvreté, alors qu'1/3 touche 88 % des revenus du pays).*

■ **Les PID aident au développement** des PED (investissements, délocalisations).

■ **Les PED stimulent leur développement** par leurs choix économiques et culturels (éducation), par l'action de l'État, des entrepreneurs et de la classe moyenne.

2 Des Inégalités dans les Sud et les Nord

A Au Nord, la diversité croissante des PID

■ La **Triade** (Amérique du Nord, Japon, Union européenne) représente 20 % de la population mondiale et 80 % des richesses planétaires grâce à d'importants moyens de décision (institutions politiques et financières, sièges sociaux de multinationales...).

■ La **Russie** et les États issus de la chute de l'URSS en 1991 sont toujours en reconstruction économique et affichent un IDH faible pour les PID.

■ Les **NPI**, anciens PED, sont devenus des PID par les industries de pointe et les services.

B Au Sud, des PED au développement inégal

■ Les **États émergents** et les **États pétroliers** connaissent une croissance économique importante, mais seule une minorité richissime en profite et des retards divers subsistent.

■ Les **pays les moins avancés** (PMA), concentrés en Afrique, souffrent de nombreux maux (guerres, famines, épidémies, catastrophes naturelles...) et sont les plus en retard.

C Des inégalités sociales et spatiales à différentes échelles

■ Les **inégalités spatiales** s'accumulent entre des villes plus modernes et des campagnes plus isolées, entre l'intérieur et le littoral, entre régions tertiaires actives et espaces en déclin industriel, entre quartiers urbains... ***Situation 3 :*** *l'agglomération parisienne dispose des revenus français les plus élevés mais aussi de banlieues défavorisées (Seine-Saint-Denis).*

■ Les **nouveaux riches** progressent dans les PED alors que dans les PID, ce sont les **nouveaux pauvres** qui apparaissent, notamment dans les espaces urbains.

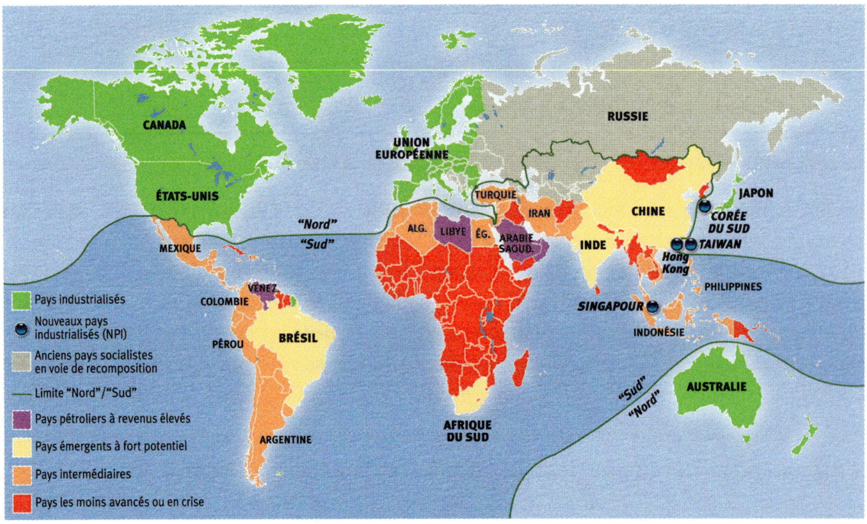

8 Les sociétés face aux risques

Comment les sociétés limitent-elles leur vulnérabilité aux risques naturels et technologiques ? Sont-elles toutes égales en termes de prévention et de secours ?

1 Les risques naturels : quand la nature menace l'Homme...

A Des risques variés

■ Certains risques sont liés à la mobilité de l'écorce terrestre (volcans, séismes, tsunamis). D'autres dépendent des variations climatiques (tempêtes, cyclones, sécheresses).

■ Les sociétés **aggravent** les risques, lorsque des populations et activités s'installent dans les zones de danger, par **intérêt**, par **défaut** ou par **négligence** (bâti en zones inondables). Les cultures intensives accélèrent l'usure des sols, la déforestation favorise les inondations. ***Situation 1 :*** *Plus de 150 millions d'individus sont contraints de vivre au Bangladesh dans des zones fertiles mais inondées chaque année, lorsque les pluies de la mousson d'été entraînent la crue des fleuves et les cyclones (80 % de la surface de l'État est inondable).*

B Prévention et secours : des sociétés inégales

■ Les PID utilisent la surveillance planétaire par satellite, prévoient des constructions adaptées (digues) et éduquent les populations (information, simulations). Faute de moyens techniques ou financiers adaptés, **les PED sont plus vulnérables**.

■ La **gestion des secours** est assurée par l'État et les collectivités locales : plans de secours, abris, provisions, évacuation. S'ajoutent l'intervention des assurances et la solidarité entre les citoyens. ***Situation 2 :*** *la tornade qui dévaste le Val-de-Sambre (2008) est imprévisible, même pour un PID ; des secours rapides (sécurité civile, Croix-Rouge) limitent le nombre des victimes et les assurances permettent à la population de reconstruire.*

■ Les PED souffrent du manque de préparation et de moyens pour prévenir, évacuer et secourir les populations. Les dégâts matériels sont plus importants dans les PID, mais les victimes sont plus nombreuses dans les PED. ***Situation 1 :*** *les crues de 2007 au Bangladesh entraînent l'isolement de milliers de survivants dépourvus de vivres et d'hygiène. L'État, faute de moyens, peine à alerter et secourir sa population, bien que le risque soit connu.*

C Vers une mondialisation de la lutte contre les risques

■ Des **structures internationales** (ONU, ONG...) essaient d'aboutir à une entraide humanitaire internationale et à une recherche scientifique impartiale et utile à tous.

2 Les risques technologiques

A Des risques liés au monde moderne

■ Les menaces technologiques se multiplient au fil du développement de **l'industrialisation** (chimie, nucléaire), de **l'expansion urbaine** qui concentre populations et activités à risque. Les catastrophes liées au **transport** et au stockage de produits toxiques ou non recyclables concernent l'humanité entière (marées noires, déchets polluants). L'exemple de l'incendie de la plate-forme pétrolière de la firme transnationale, *Deepwater Horizon,* en avril 2010, est significatif : la fuite sous-marine a diffusé jusqu'en août des millions de litres de pétrole dans le golfe du Mexique avant d'être maîtrisée. L'accident a entraîné une catastrophe écologique sur les côtes américaines et mexicaines.

■ Les catastrophes peuvent être accidentelles (explosions), volontaires (armes chimiques) ou le fruit d'une négligence ou d'un manque de moyens (structures mal entretenues). Le tsunami qui a frappé le Japon en mars 2011 a provoqué un accident nucléaire lourd de conséquences à Fukushima, en dépit des mesures de sécurité prévues pour résister à des séismes de magnitude élevée et pour couper l'activité nucléaire en cas de catastrophe.

B Se développer, prévenir et secourir

■ **Les PID sont plus concernés et mieux préparés** : surveillance des sites à risque, formation du personnel, plans d'intervention définissant le déploiement des secours (police, pompiers, médecins), aides à la reconstruction (États, assurances), éducation dans les établissements scolaires (plans particuliers de mise en sûreté), réflexions pour améliorer la prévention et les secours. ***Situation 3 :*** *le « couloir de la chimie » rassemble au sud de Lyon une concentration d'industries de pointe à risque (chimie, pharmacie, hydrocarbures...) ; l'État et l'Union européenne ont défini des mesures de surveillance, des plans de secours par usine et des campagnes d'information fréquentes.*

■ Les PED s'industrialisent, les accidents sont **plus meurtriers** que dans les PID car la prévention et les secours dépendent des moyens financiers et éducatifs disponibles, et de la volonté des États ; or certains privilégient le développement à la sécurité.

C Le développement durable contre la pollution mondiale

■ Le réchauffement planétaire naturel semble aggravé par la **pollution** croissante (effet de serre) dégagée par l'industrie et les populations. Les milieux de vie risqueraient de changer, alourdissant le poids des catastrophes naturelles et sanitaires.

■ Des **sommets** pour le développement durable et la protection de l'environnement (Kyoto en 1997, Copenhague en 2009, Cancun en 2010...) essaient de définir des projets d'ampleur planétaire pour réduire la pollution. Mais certains États n'en ont pas les moyens (PED) ou hésitent face à des mesures qui freinent leur développement (États-Unis, Chine).

9 Vivre en citoyen

La citoyenneté repose sur l'exercice de droits et devoirs, en particulier sur le respect des autres et des règles de la démocratie. Pourquoi des règles de vie en société sont-elles nécessaires ?

1 La communauté éducative : droits et devoirs

A Qu'est-ce que la communauté éducative ?

■ La **communauté éducative** rassemble tous ceux qui participent à la réussite de la mission d'enseignement : les élèves d'abord, puis les enseignants, les personnels administratifs, les parents d'élèves et les collectivités territoriales (budget).

■ Chacun des membres de la communauté éducative a des droits et des devoirs **qui diffèrent selon leur fonction et leur statut** au sein de l'établissement. L'organisation de l'enseignement public, gratuit et laïc est un devoir de l'État (lois Jules Ferry, 1881-1882).

■ **Sujet 1 :** les instances de la vie lycéenne : La représentation active des participants de la communauté éducative contribue à l'apprentissage des règles de la vie en société et de la démocratie, par le **droit de vote** (ex. : élections au suffrage universel direct des délégués de classe, porte-parole et représentants des élèves auprès du reste de la communauté).

B Les droits de la communauté éducative du lycée

■ Les lycéens possèdent des **droits individuels** (droit à l'enseignement, liberté d'opinion et d'expression (**sujet 2**), respect de l'intégrité physique et morale) et des **droits collectifs** (liberté de réunion, d'association et de publication, ex. : le journal des lycéens). Les autres membres de la communauté ont droit au respect de leur personne et de leur travail.

■ Des **règles communes** sont nécessaires au bon déroulement de la vie collective. **Sujet 3 :** Le règlement intérieur de chaque établissement fixe les droits et devoirs de chacun, votés par toute la communauté éducative lors du conseil d'administration.

C Les devoirs de la communauté éducative du lycée

■ **Sujet 2 :** Les libertés de pensée (établies par les droits d'opinion, d'expression, d'association, de réunion) doivent s'appliquer dans les limites de la tolérance et du respect des autres et de la loi (et, en particulier, les principes démocratiques et républicains).

■ Apprendre à suivre le règlement intérieur (sujet 3) est une initiation au respect des lois, un apprentissage de la citoyenneté. L'élève doit être **responsable** (assiduité, respect des consignes de sécurité, exécution du travail demandé) et **conscient de ses devoirs** (tolérance, refus de la violence physique ou morale, respect des autres et du lieu de travail).

2 Engagements individuels et collectifs

■ Prolongement des règles initiées au lycée, la citoyenneté politique et sociale traduit la volonté **d'engagement** et de **prise de responsabilité** de l'individu dans la vie collective.

■ **Sujet 1 :** Les **associations** (loi de 1901) rassemblent des personnes, sans but lucratif, autour de la défense d'une idée ou la réalisation d'un objectif. Ex. : Amnesty international.

■ **Sujet 2 :** Les **partis politiques** réunissent des citoyens qui partagent des convictions communes pour l'avenir de la communauté, à appliquer en cas de victoire électorale.

■ **Sujet 3 :** Les **syndicats** sont des associations de défense des intérêts professionnels de leurs adhérents ; la liberté syndicale existe en France depuis 1884.

3 Égalité, différences, discriminations

■ L'égalité juridique est un principe démocratique fondamental depuis 1789. Lutter contre la discrimination est le devoir de tout citoyen. L'égalité de fait et le respect des différences restent des valeurs à défendre au quotidien. L'État crée des lois en ce sens.

■ **Sujet 1 :** Le racisme est un facteur d'exclusion. Des sanctions pénales sont prévues contre les auteurs d'actes ou de propos racistes, ou contre ceux qui refusent de rendre des services (ex. : emploi, logement) par discrimination.

■ **Sujet 2 :** Les salaires hommes-femmes. À diplômes et responsabilités équivalents, les femmes restent moins payées que les hommes et ont des carrières plus précaires. L'État applique des lois pour obtenir l'égalité salariale et inciter au partage des charges familiales.

■ **Sujet 3 :** La discrimination positive est l'ensemble des mesures qui permettent de faciliter la vie des minorités discriminées (ex. : places réservées aux handicapés...).

4 Le citoyen et les médias

■ Le citoyen, mieux informé par de nombreux médias, doit faire preuve d'esprit critique pour se bâtir sa propre opinion, afin de pouvoir exercer ses choix en toute liberté.

■ **Sujet 1 :** Le **pouvoir de l'image**. Reflet des motivations de son auteur et d'un certain contexte, elle transmet des informations qui doivent être observées avec un regard critique. L'image peut être manipulée pour orienter l'opinion du spectateur, embellir ou dramatiser.

■ **Sujet 2 :** La **liberté d'expression et les nouveaux médias**. Les nouvelles technologies (internet, caméras numériques, portables...) suscitent une expression créative et diverse. Les citoyens doivent être attentifs dans leur usage de ces médias, difficile à contrôler par la loi.

■ **Sujet 3 :** Les **sondages d'opinion** sont un outil de mesure de l'opinion publique. Ils renforcent la démocratie en permettant à un échantillon représentatif de citoyens de s'exprimer, mais ils peuvent aussi avoir une influence sur le choix des électeurs.

10 Être ouvrier en France (1830-1975)

De 1830 à 1975, le monde ouvrier passe de la diversité (artisanat urbain et rural, ouvriers-paysans...) à l'unité. Comment évoluent ses conditions de vie et de travail ? Comment se construit une culture ouvrière ?

1 Un monde ouvrier diversifié (1830-1936)

A Pendant la première révolution industrielle (1830-1870)

■ La majorité des ouvriers sont alors des **paysans** qui complètent leurs revenus agricoles en travaillant à domicile ou à l'usine, avec les premières machines.

■ Les **artisans ruraux ou urbains** ont une haute qualification et des revenus supérieurs.

■ L'**ouvrier urbain**, déraciné, lié à l'usine et au machinisme, souffre de la pénibilité du travail. Mal payé, vivant dans un cadre insalubre, son sort est le plus difficile.

B Pendant la seconde révolution industrielle (1870-1936)

■ La crise économique à la fin du XIXe siècle, née de la concurrence étrangère, renforce la grande industrie urbaine qui peut produire moins cher. *Beaucoup d'ouvriers-paysans partent vers les banlieues urbaines pour travailler en usine (**situation 3**).*

Taylorisme (dès 1880) : **l'ouvrier se spécialise dans une tâche répétitive pour une productivité optimale.**

■ Pour obtenir des rendements supérieurs, les usines appliquent le **taylorisme** et généralisent les **ouvriers spécialisés (OS)**, vite formés et mal payés. Ces ouvriers se sentent dévalorisés par les cadences imposées par les machines.

C Vers la conscience de classe (1848-1936)

■ Depuis 1848 (**suffrage universel**), les ouvriers peuvent élire leurs maires et leurs députés pour défendre leurs revendications. Les idées politiques, socialistes et communistes, suscitent des engagements. ***Situation 1 :*** *À Carmaux, une grande grève coordonnée par le syndicat des mineurs, soutenue par le député socialiste Jean Jaurès, prend une ampleur nationale autour des questions de salaires, d'horaires et de discipline.*

■ Les ouvriers s'engagent dans des luttes sociales, violemment réprimées. Des lois établissent le droit de **grève** (1864) et la **liberté syndicale** (1884), limitent la précarité (loi contre les accidents du travail, 1898) et le temps de travail (repos du dimanche, 1906).

■ Une **culture ouvrière** s'impose autour de l'usine. La presse et les symboles forgent l'identité collective (le drapeau rouge, l'Internationale...) ***Situations 2 et 3 :*** *les grèves de 1936 manifestent un mouvement national uni et syndiqué pour soutenir le Front populaire.*

2 Un monde ouvrier uni ? (1936-1975)

A L'engagement politique et syndical (1936-1945)

Fordisme (dès 1930) : travail à la chaîne.
Front populaire : alliance des syndicats et des partis de gauche et du centre.

■ Les ouvriers paralysent l'économie nationale en 1936. Ils réclament la **dignité ouvrière** contre le **fordisme**. *Le Front populaire leur répond (**situation 2**) par les **Accords Matignon** (7 juin 1936) qui augmentent les salaires, la liberté syndicale et leur représentation dans l'entreprise.* Avec les **lois sociales** (semaine de 40 heures, congés payés), l'ouvrier accède à la société de consommation et de loisirs.

■ La France de Vichy abolit les progrès de 1936. Beaucoup d'ouvriers résistent.

B Les « Trente Glorieuses » et le progrès social (1945-1975)

■ La **Reconstruction** favorise l'amélioration des conditions de vie et de travail des ouvriers : restauration des lois de 1936, droit à la santé (la Sécurité sociale dès 1945 rembourse les frais médicaux), allocations familiales, assurance-chômage...

■ La hausse des salaires entraîne un meilleur **confort** : électricité, automobile, habitations à loyer modéré... Le progrès urbain accélère l'exode rural, l'ouvrier-paysan disparaît.

■ Les idées communistes et syndicalistes grandissent, consolidant la culture de la grande industrie. **L'identité ouvrière** s'établit dans les banlieues industrielles, autour de l'usine.

C Le monde ouvrier se fractionne à nouveau (1960-1975)

■ La consommation de masse entraîne l'emploi de **technologies de pointe** capables d'accroître énormément la vitesse et les quantités de production. Les OS sont de moins en moins payés. L'ouvrier doit **se qualifier** pour s'adapter à l'automatisation et au tertiaire. Les OS participent massivement aux événements de **mai 1968**. Mais la fracture se creuse dans le monde ouvrier, entre jeunes contestataires et anciens syndiqués.

■ La **crise de 1973** (choc pétrolier) entraîne la chute de l'industrie lourde (chômage, temps partiels) et fragilise le monde ouvrier au profit des emplois tertiaires. ***Situation 3 :*** *le bassin de Maubeuge illustre la chute de l'industrie lourde et la montée du chômage après 1955 (concurrence) et 1973, en dépit des tentatives de reconversion (automobile, verre).*

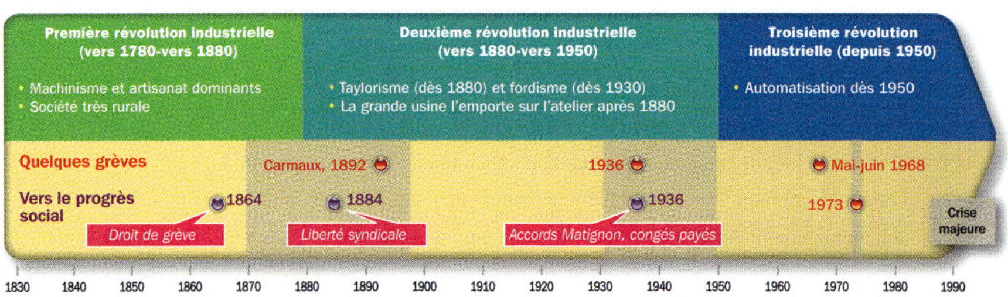

11 Les femmes dans la société française depuis la Belle Époque

De la Belle Époque (1896-1914) à nos jours, la condition féminine s'améliore, notamment grâce aux combats féministes. Quels bouleversements politiques, économiques et sociaux transforment leur mode de vie ?

1 Les femmes obtiennent des droits (1896-1945)

A La Belle Époque (1896-1914)

■ Sortis de la Grande Dépression (1873-1896), l'industrie (machinisme, taylorisme) et le tertiaire prospèrent et nécessitent une main-d'œuvre accrue.

■ Le **féminisme** s'impose dès 1890 avec les suffragettes et les suffragistes. Les femmes créent des associations, des journaux et se syndicalisent. Leurs revendications portent sur **l'égalité civique** (droit de vote) **et civile** (droit au travail et à la reconnaissance de leur rôle dans la société).

Suffragettes : **militantes féministes qui défendent leur cause par des actions spectaculaires, contrairement aux suffragistes, plus modérées.**

■ La IIIe République (1870-1940) réforme le code civil et établit l'enseignement pour les femmes (**loi Camille Sée, 1880**). Celles-ci, jusque-là soumises juridiquement à la tutelle du mari ou du père, espèrent acquérir ainsi plus d'égalité, de citoyenneté et d'indépendance. ***Situation 1 :*** *La scolarisation des filles est établie par l'État jusqu'en 1945 pour former des mères capables de transmettre les valeurs républicaines dans la famille. L'unification des programmes d'enseignement avec les garçons ne se fait qu'en 1924.*

B D'une guerre à l'autre (1914-1945) : l'évolution sociale

■ Pendant les deux guerres, les femmes compensent le départ des hommes partis au front : elles les remplacent dans tous les secteurs, bouleversant les préjugés sur leur incapacité au cours de la Première Guerre mondiale. La « **garçonne** » des années folles (1920-1930) marque une première émancipation des femmes (ligne svelte, cheveux courts, jupe).

■ La **paix**, des politiques **natalistes** dans les années 1920, la **crise** et surtout le **régime de Vichy** renvoient les femmes au foyer et s'opposent aux revendications féministes. Leurs moyens d'expression (presse, associations) déclinent jusqu'à la Libération en 1944. ***Situation 2 :*** *Louise Weiss reprend les méthodes des suffragettes, notamment par la presse, pour réclamer le droit de vote dans les années 1920-1930 mais la crainte de bouleverser l'autorité masculine dans la famille et la société provoque une inertie.*

■ Elles sont très actives dans la **Résistance** et finissent par obtenir le **droit de vote** en 1944. Elles travaillent de plus en plus après 1945, mais surtout dans des « métiers pour les femmes » mal payés (santé, commerces, emplois de bureau…) : l'égalité civile est inachevée.

2 Vers l'égalité et l'indépendance après 1945 ?

A L'égalité civile

■ À l'opposé de l'image de la femme au foyer rétablie par les besoins natalistes de la Reconstruction, une **réflexion féministe,** par des intellectuelles dès 1945 et surtout après **mai 1968**, ouvre sur la liberté de mœurs et l'évolution des relations hommes/femmes.

■ La **contraception** (loi Neuwirth sur la pilule, 1967) et **l'avortement** (loi Veil, 1975) sont légalisés, permettant aux femmes de disposer d'elles-mêmes. Le modèle traditionnel familial éclate au profit de l'union libre. **Situation 3 :** Simone Veil obtient en 1975 l'IVG (interruption volontaire de grossesse), afin que la maternité ne soit plus subie mais choisie.

■ En 1970, les femmes obtiennent **l'égalité civile totale** et **l'égalité parentale** dans la famille. Un ministère à la condition féminine est fondé en 1974. Le **sexisme** (discrimination à l'embauche, maltraitance...) est condamné sous toutes ses formes dans les années 1980.

B Des droits économiques, sociaux et politiques...

■ Depuis **1965**, les femmes ont l'autorisation de travailler sans l'accord préalable du mari et peuvent disposer de leur salaire. Elles occupent de nombreux emplois tertiaires et, surtout, progressivement, tout travail est ouvert aux femmes. La loi sur l'égalité des salaires (1972) et la **loi Roudy** (1983) garantissent l'égalité professionnelle entre hommes et femmes.

■ En politique, la **loi sur la parité** (2000) établit un accès égal sur les listes électorales.

C ... Mais des inégalités persistent

■ **Dans la vie professionnelle**, contre la loi Roudy, les postes à responsabilité sont encore largement réservés aux hommes et les inégalités de salaire et de carrière, à poste et diplômes équivalents, persistent. Le chômage et l'emploi précaire restent plus élevés chez les femmes.

■ **Dans la vie politique**, la parité reste freinée par les mentalités.

■ **Dans la vie privée**, si les tâches ménagères et la gestion de la famille au détriment de la carrière sont encore beaucoup assumées par les femmes, les mentalités progressent ; les hommes s'impliquent davantage dans la vie familiale, mais l'égalité n'est pas totale.

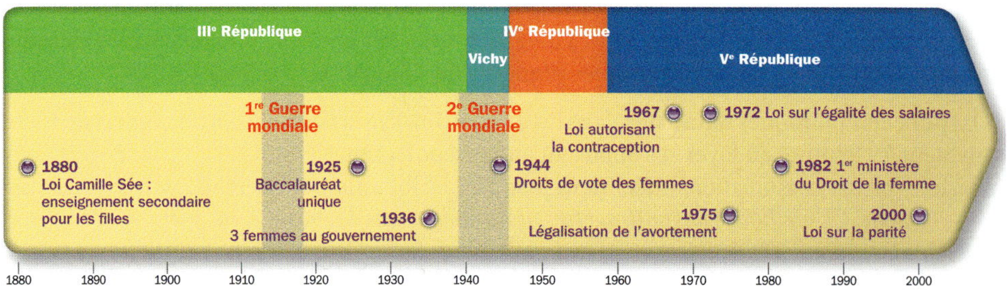

12 La République et le fait religieux depuis 1880

Vers 1880, la IIIe République et l'Église rivalisent d'influence pour encadrer la vie des Français. Comment la laïcité, longtemps utilisée par l'État contre l'Église, devient-elle au XXe siècle le garant de la liberté religieuse ?

1 Fait religieux et société depuis 1880

A La République face à l'Église en 1880

■ Les Français vivent **au rythme de la religion** au XIXe (églises, écoles, hôpitaux...). Les sacrements les accompagnent toute leur vie (baptême, mariage, extrême-onction).

■ Les **députés républicains**, fidèles aux principes de 1789, votent la préservation des libertés et établissent les symboles républicains (le 14 juillet, la Marseillaise...). Ils veulent former des citoyens français aux valeurs républicaines, aux découvertes scientifiques et à la raison, alors que **l'Église, conservatrice et monarchiste**, entend diffuser la foi catholique.

B La laïcité gagne la société française (1880-1940)

■ La République et l'Église se heurtent autour de **l'école** : ***Situation 1 :*** *Les lois Jules Ferry sur l'école gratuite (1881) puis obligatoire de 6 à 13 ans et enfin laïque (1882) font reculer l'instruction religieuse. Les « hussards noirs » (instituteurs) forment des citoyens républicains et libres de toute influence religieuse.*

■ Les **signes religieux** sont retirés des bâtiments publics (écoles, tribunaux, mairies...). Le **mariage civil**, le **divorce** et les **enterrements civils** sont officialisés.

Laïcité : principe qui distingue le pouvoir politique de toute influence religieuse. Longtemps instrument de combat, il garantit aujourd'hui la liberté de conscience et d'exercice des cultes.

■ Les **fêtes républicaines** (14 juillet) se multiplient en réaction aux célébrations religieuses. Le **Panthéon**, église désacralisée, accueille les héros de la République.

C Le fait religieux présent dans la société après 1970

■ Au cours du XXe siècle la société française devient **multiculturelle**. La diversité religieuse est acceptée, surtout après les années 1970, comme en attestent la présence de temples, mosquées, pagodes, synagogues dans les grandes villes. **L'engagement religieux** relève d'un choix personnel et se détache des considérations politiques.

■ **Dans la vie courante**, les jours fériés religieux (Toussaint, Pâques) voisinent aujourd'hui avec les fêtes laïques (11 novembre, 8 mai) ; les églises sont un patrimoine valorisé.

2 L'État républicain et religions depuis 1880

A Le temps des conflits (1801-1904)

■ Le **concordat de 1801**, signé entre l'empire napoléonien et le pape, reconnaît la diversité des cultes, placés sous la dépendance de l'État. Les catholiques sont alors majoritaires. Les prêtres, pasteurs et rabbins sont nommés et payés par l'État.

■ Les lois laïques des années 1880 diminuent l'influence de l'Église catholique sur la société au profit des idées républicaines. Le **gouvernement d'Émile Combes (1904)** engage une politique hostile à l'Église, interdisant nombre de communautés religieuses ne relevant pas du Concordat : les tensions se creusent entre Français.

B De la séparation à une pacifique coexistence après 1905

■ La **loi de séparation de 1905** remplace le Concordat : elle garantit la liberté de conscience et d'exercice des cultes ; l'État devient indépendant des trois cultes reconnus (catholique, protestant, juif) et cesse de les subventionner. ***Situation 2 :*** *Aristide Briand, avocat et homme politique, est l'artisan de la loi de 1905 : dans un souci d'apaisement, le compromis et la rupture semblent nécessaires pour limiter les violences. Cependant, les catholiques rejettent la loi et le pape Pie X rompt les relations diplomatiques...*

■ **La Première Guerre mondiale** apaise les relations entre l'Église et la République : les membres du clergé sont mobilisés aux côtés des soldats. Des accords (1924) organisent plus sereinement le culte catholique. En **1946** et **1958**, la laïcité est inscrite dans les constitutions.

C Tolérance, neutralité et respect mutuel de nos jours

■ L'État laïc est **neutre** envers toutes les croyances (**loi de 2004** sur l'interdiction des signes religieux à l'école et dans les bâtiments publics). Il n'en reconnaît aucune d'officielle, mais les considère toutes avec les mêmes **respect** et **tolérance**.

■ Les religions déjà présentes au XIXe siècle (40 millions de catholiques, un million de protestants, 600 000 Juifs) et celles issues des brassages divers de populations (5 millions de musulmans, bouddhistes...) ont toutes le **droit de s'exprimer et de construire des lieux de culte**, mais sans subventions de l'État (***situation 3 :*** *de nombreuses villes, comme Évry, deviennent des lieux de rencontre interculturels, où se multiplient les lieux de culte variés*).

■ La **laïcité** reste un principe fondamental de la République : elle se place au-dessus des différences et des revendications pour promouvoir **l'égalité** et **le respect mutuel entre les cultures**, au nom des droits de l'homme.

13 De l'État français à la IVe République (1940-1946)

L'État français est un régime de collaboration, réactionnaire et antisémite, né de la défaite de juin 1940. Il est contesté par la résistance et ses idéaux républicains, bases de la IVe République.

1 L'État français et la collaboration (1940-1944)

A La fin de la IIIe République (juin-juillet 1940)

■ L'armée française est vaincue en **mai-juin 1940** par les Nazis. Le gouvernement fuit Paris et démissionne, recommandant de faire appel au maréchal Pétain pour trouver une solution militaire. Le « héros de Verdun » négocie **l'armistice du 22 juin**. La France doit désarmer ses troupes, subir le pillage économique des nazis et le partage : au nord de la ligne de démarcation, la **zone occupée** par les nazis ; au sud, **la zone « libre » avec Vichy**.

■ Le maréchal, investi des **pleins pouvoirs** le 10 juillet, fonde le régime de Vichy ou État français. Il met un terme à la troisième République, rendue responsable de la débâcle.

B « Travail, famille, patrie »

■ Le maréchal cumule l'exécutif et le législatif, ne réunit pas le Parlement, interdit les partis et les syndicats. La « **Révolution nationale** » installe un régime autoritaire qui glorifie la paysannerie et l'artisanat, la natalité et la femme au foyer, le nationalisme et l'ordre moral. L'État **censure** la presse, **contrôle** l'école et la population par la **propagande**.

■ Les « bons Français » sont distingués des « indésirables » : les anciens adversaires politiques (communistes), les étrangers, les Juifs... sont exclus et persécutés.

C La collaboration administrative, économique et militaire

■ Pétain rencontre Hitler à **Montoire** (**octobre 1940**). L'État français choisit de coopérer économiquement et militairement avec les Nazis pour intégrer le « nouvel ordre européen » et pour alléger le poids de l'Occupation. Il applique les lois nazies.

■ La collaboration s'intensifie **après l'occupation nazie de la « zone libre » en 1942**. L'État français collabore aux **rafles** de Juifs à destination des camps d'extermination. ***Situation 1 :*** *Lors de la rafle du Vél d'Hiv (juillet 1942), l'État français, par la police, organise l'arrestation de 13 152 Juifs parisiens et participe à leur déportation vers Auschwitz.*

■ En 1943, il crée le service du travail obligatoire (**STO**) pour fournir de la main-d'œuvre aux Nazis, et la **milice** (police politique) pour traquer, interroger et exécuter les opposants.

2 De la Résistance à la IVe République

A Résistances extérieures et intérieures (1940-1943)

■ Refusant l'appel à l'armistice du maréchal Pétain (17 juin 1940), le général De Gaulle lance **l'appel du 18 juin**, invitant les Français à le rejoindre à Londres pour continuer la guerre. Il fonde la « **France libre** » avec ces volontaires, les Forces françaises libres (**FFL**).

■ Des Français, de tous âges, sexes ou conditions, refusent la neutralité et la collaboration ; ils entrent en **résistance** dès juin 1940. Ils sont rejoints par les communistes, par ceux qui fuient le STO et par de nombreux « exclus » ou déçus de Vichy. Des **réseaux** se constituent, encore isolés, divisés politiquement. Les actes de résistance sont multiples : renseignement, presse, tracts, hébergement, sabotages, attentats...

B Le Conseil national de la Résistance (CNR) (1943-1944)

■ ***Situation 2 :*** *Jean Moulin unifie les mouvements isolés autour de la France libre, au-delà des divergences politiques, au sein du* ***CNR*** *en 1943. Il organise les forces françaises de l'intérieur (****FFI****). Depuis les maquis, les réseaux multiplient alors les opérations de grande ampleur et préparent la Libération. La répression nazie est redoutable (torture, exécution...).*

■ De Gaulle s'impose comme seul chef de la Résistance et représentant légitime de la France. Après le débarquement allié en Afrique du Nord (1942), il fonde en juin 1944 le gouvernement provisoire de la République française (**GPRF**). Les FFI et les FFL participent activement au débarquement (6 juin), à la Libération et à la chute du régime de Vichy.

C Vers la IVe République (1944-1946)

■ ***Situation 3 :*** *Le* ***programme du CNR*** *(mars 1944) prépare le rétablissement des principes et valeurs républicains, du respect des droits de l'homme et propose d'importantes réformes économiques et sociales dans la perspective de la Reconstruction : nationalisations, droits sociaux (Sécurité sociale, scolarité, retraite, liberté syndicale...), vote des femmes...*

■ Le GPRF s'installe dans Paris libéré (août 1944) et **rétablit les valeurs républicaines** : les **libertés**, **l'égalité civique** (ex. : droit de vote des femmes), la **fraternité** (par la réconciliation des Français, dont la majorité fut neutre pendant la guerre). La **souveraineté populaire** est consacrée par les élections démocratiques de 1946, destinées à restaurer l'autorité d'un régime démocratique et parlementaire, chargé de gérer la Reconstruction et de prolonger ainsi les idéaux de la Résistance : la IVe République.

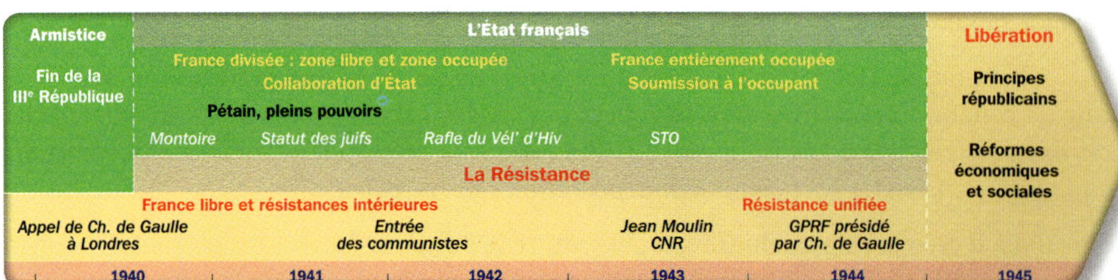

14 La Ve République, une République d'un nouveau type ?

La Ve République naît pour résoudre la guerre d'Algérie et renforce le pouvoir présidentiel. Comment ses institutions ont-elles dû évoluer pour s'adapter aux crises (mai 1968), aux changements de majorité politique et aux transformations de la société ?

1 La Ve République, un nouveau régime

A De la IVe à la Ve République : un contexte d'insécurité

■ La IVe République n'arrive pas à dégager de majorité parlementaire pour résoudre la **guerre d'Algérie**. Le président n'a pas d'autorité pour arbitrer le conflit parlementaire.

■ Le **général De Gaulle**, rappelé par le parlement, change la constitution en 1958 et la fait approuver par **referendum** (vote du peuple par oui ou par non). Sur le modèle qu'il proposait au discours de Bayeux (1946), il crée un **régime présidentiel fort**. Il termine la guerre d'Algérie en accordant l'indépendance en 1962, arbitrant le conflit entre les députés.

B La Ve République : un pouvoir présidentiel fort

■ Le président affirme un pouvoir exécutif fort face à un parlement affaibli, limité au pouvoir législatif.

■ La **souveraineté du peuple** est réaffirmée avec l'élection du président de la République au suffrage universel direct dès **1962**. ***Situation 1 :*** *Le chef de l'État asseoit son autorité par sa légitimité populaire ; le parlement qui, jusqu'alors, l'élisait, s'affaiblit.*

■ **La séparation entre l'exécutif et le législatif est affirmée**. Le gouvernement est responsable devant le **parlement** qui vote les lois ; l'Assemblée peut le renverser, mais le président peut dissoudre l'Assemblée nationale.

■ Garant de l'indépendance nationale, le président fait de la **défense** et de la **diplomatie** son domaine réservé. Il rend les lois applicables, nomme le gouvernement. Il définit les grandes orientations politiques que le gouvernement met en œuvre. Il peut consulter directement le peuple par referendum sans passer par le parlement.

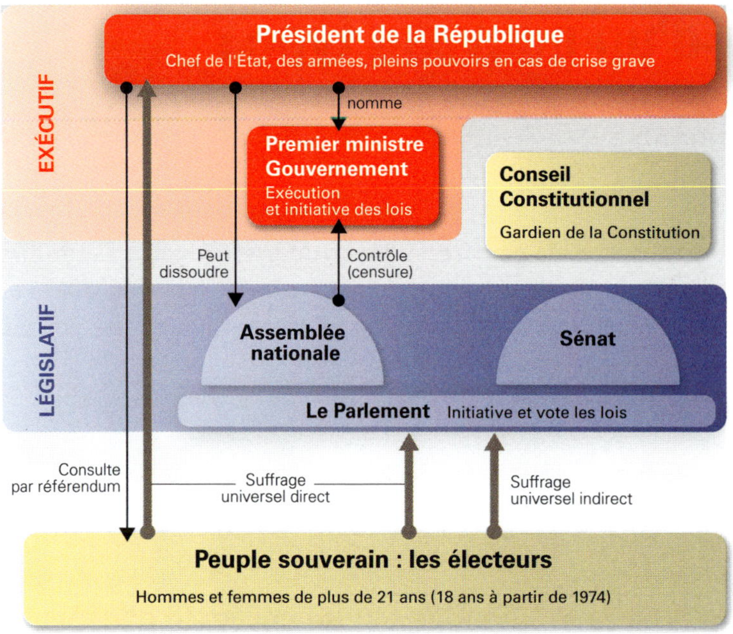

2 Les transformations de la Ve République

A La Ve République, gaullisme (1958-1974) puis centrisme (1974-1981)

■ **Charles De Gaulle** (1958-1969) crée un lien fort et direct avec le peuple (bains de foule, télévision, référendums). Il s'appuie sur une majorité parlementaire forte. Mais l'opposition dénonce un pouvoir présidentiel trop important. ***Situation 2 :*** *En* ***mai 1968*** *les étudiants puis les ouvriers contestent la société de consommation et l'ordre établi, poussant De Gaulle à démissionner (1969).* ***G. Pompidou*** *(1969-1974) prolonge le gaullisme.*

■ **Valéry Giscard d'Estaing** (1974-1981), centriste, multiplie les **réformes** : la majorité passe de 21 à 18 ans, l'avortement est légalisé… Mais le choc pétrolier (1973) entraîne une crise économique durable ; **l'opposition gauche/droite** domine la vie politique.

B La gauche au pouvoir : F. Mitterrand (1981-1995)

Alternance : changement d'orientation politique du gouvernement et du Parlement.
Cohabitation : le président et le Premier ministre sont de tendances politiques opposées.

■ **F. Mitterrand** est le premier président socialiste doté d'une majorité absolue à l'Assemblée : c'est **l'alternance**. La gauche abolit la peine de mort (1981), vote cinq semaines de congés payés, la semaine de 39 heures, la retraite à 60 ans.

■ La crise perdure : la droite l'emporte aux législatives de 1986. ***Situation 3 :*** *La* ***cohabitation*** *fragilise le pouvoir présidentiel. L'exécutif doit être partagé entre le premier ministre (politique intérieure) et le président (politique extérieure). F. Mitterrand, réélu en 1988, connaît une deuxième cohabitation (E. Balladur, 1993-1995).*

C La droite de retour depuis 1995

■ **Jacques Chirac**, élu président en 1995, affiche une politique de rigueur qui le rend impopulaire. Il dissout l'Assemblée (1997) dans l'espoir de renforcer sa légitimité mais le vote populaire fait triompher la gauche. Lionel Jospin devient Premier ministre dans une troisième cohabitation (1997-2002) et fait voter la semaine de 35 heures (2000).

■ Des réformes institutionnelles modifient profondément la Ve République. Le **referendum de 2000** réduit le mandat présidentiel à cinq ans (quinquennat) : les élections présidentielles et législatives se font la même année pour éviter les cohabitations. En 2008, le **Congrès de Versailles** (Assemblée nationale et Sénat) vote que le président ne peut plus exercer plus de deux mandats consécutifs. La révision de la Constitution donne au président la possibilité de s'exprimer devant les députés et les sénateurs et renforce le pouvoir de l'Assemblée nationale (contrôle plus étroit sur le gouvernement, surveillance accrue sur les politiques publiques).

■ Les mandats de Jacques Chirac (1995-2007) et Nicolas Sarkozy (depuis 2007) sont marqués par la « fracture sociale », la montée des extrêmes et l'abstention des électeurs, l'endettement croissant de l'État dans un monde en crise. La politique menée par N. Sarkozy repose sur des réformes économiques profondes destinées à réduire la dette de l'État, et sur des mesures sécuritaires.

■ Tous les présidents de la Ve République ont conservé des pouvoirs étendus et la capacité de définir les grandes orientations politiques de l'État. Cependant, le poids décisionnel croissant des collectivités locales (lois de décentralisation de 1982-1983 et 2003-2004) de même que l'influence grandissante des institutions européennes et mondiales (FMI, OMC...) créent de nouveaux enjeux dont chaque président doit tenir compte. L'indépendance française n'est plus complète à l'heure de la mondialisation. L'influence de la finance internationale et des agences de notation complique la politique des États qui craignent qu'un déséquilibre trop marqué de leur budget ternisse leur crédibilité financière. La crise mondiale fragilise le pouvoir de nombreux chefs d'État, dont le président français, particulièrement lors de l'hiver 2011-2012.

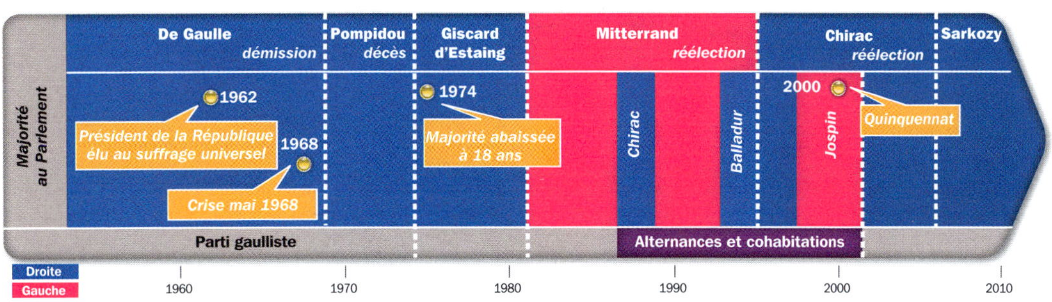

15 Acteurs, flux, réseaux de la mondialisation

Quels sont les principaux aspects et acteurs de cette mondialisation ?

1 Des échanges à l'échelle planétaire

A Des flux complexes

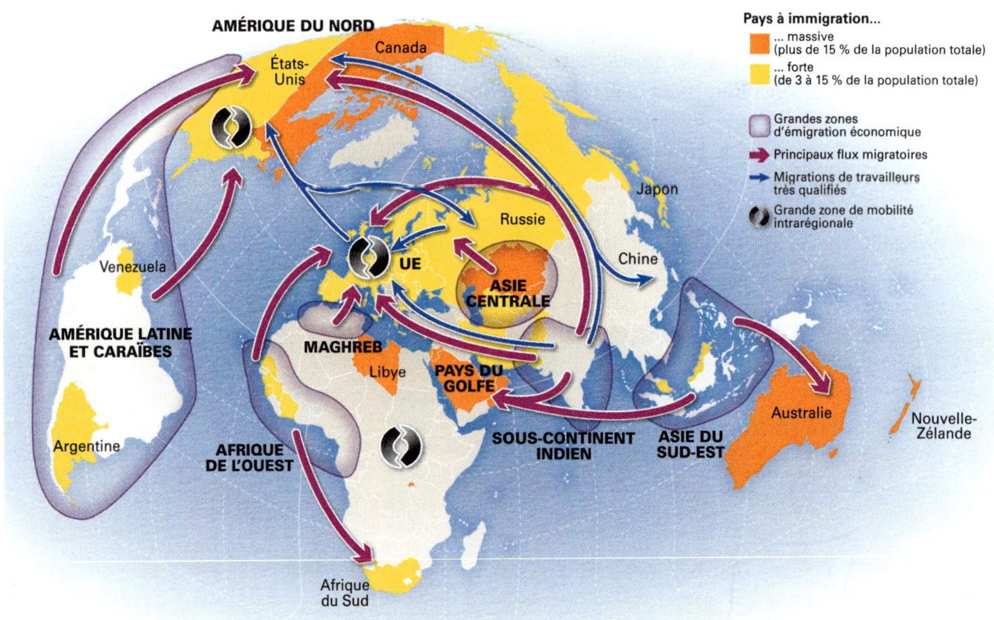

■ Les **flux commerciaux mondiaux** dominent l'économie : depuis 2000, chaque année, 14 milliards de dollars s'échangent; depuis 1945, les échanges mondiaux ont été multipliés par 20.

■ Les **transports** et **l'information** (internet) se sont considérablement accélérés. Les informations financières et les capitaux se transmettent instantanément, les places boursières sont reliées entre elles...

■ Les populations se déplacent de plus en plus grâce à la rapidité accrue des transports et leurs coûts attractifs. Les migrations sont **saisonnières** (tourisme) ou **permanentes** (recherche de confort, d'un emploi; fuir la guerre, la famine, les épidémies, les catastrophes). ***Situation 1 :*** *les migrations internationales relient les PED aux PID ou sont internes aux PED et aux PID.*

B Des réseaux mondiaux visibles et invisibles

■ Les transports sont de plus en plus rapides et sécurisés, pour des tarifs de plus en plus avantageux. Les territoires sont plus rapidement reliés les uns aux autres, leurs échanges s'en trouvent fortement améliorés. Les progrès techniques augmentent la capacité de transport : de gigantesques porte-conteneurs acheminent 80 % des marchandises échangées dans le monde ; des avions-cargos transportent les produits à placer rapidement sur le marché. Les conteneurs sont des caissons standardisés, capables de transporter une charge maximale tout en passant facilement d'un mode de transport à l'autre.

■ Les flux nécessitent des moyens de communication **matériels** : oléoducs, routes terrestres, aériennes, fluviales... Les informations numériques utilisent des modes **immatériels** (internet est un réseau mettant en relation instantanée des clients et des fournisseurs du monde entier pouvant passer accord au-delà des distances. Les données financières sont consultables en temps réel dans toutes les places boursières du monde).

■ Les économies sont **interdépendantes** à l'échelle planétaire (pétrole, services).

■ Les flux convergent vers les **littoraux** (ports) et les **métropoles** (aéroports). 80 % des échanges mondiaux s'effectuent par voie maritime. Les façades maritimes des États les plus puissants sont dotées de grands ports, de zones industrialo-portuaires (Rotterdam, Shanghai). Ces dernières sont des lieux de production industrielle (chimie, hydrocarbures, haute technologie, etc.), des zones de stockage dotées de systèmes automatisés modernes, des espaces denses en réseaux de communication pour faciliter les échanges internationaux et les contacts avec leur hinterland (arrière-pays), souvent riche en matières premières.

■ La **Triade** domine les flux mondiaux de communication et de finances et centralise les lieux de décision économiques, politiques et d'innovation à rayonnement mondial. De nouveaux pôles s'imposent à côté de la Triade : les **pays émergents** et les **NPIA**, qui font de l'Asie-Pacifique une zone économique en expansion.

■ Mais certains espaces mondiaux restent à l'écart, en Afrique, en Amérique du Sud ou en Asie, faute de posséder des moyens techniques et des infrastructures suffisants. Par exemple, internet profite surtout aux PID et aux pays émergents, mieux équipés. Le coût élevé des abonnements (fixé par les firmes de communication) et l'analphabétisation freinent son usage dans les PED. Seule une part de la population urbaine est réellement concernée par cette entrée dans la mondialisation.

2 Les acteurs de la mondialisation

A Les firmes transnationales (FTN)

■ Ces 85 000 entreprises-mères sont implantées sur tous les continents par plus de 810 000 **filiales** et des entreprises **sous-traitantes**. Coca-Cola est présente dans 190 États sur 197 dans le monde. Les FTN réalisent plus du ¼ du PIB mondial et les ⅔ du commerce mondial. Elles conçoivent, produisent, expédient et réceptionnent des millions de tonnes de marchandises dans le monde tout au long de l'année.

■ Elles investissent à l'étranger, créent des emplois, apportent des technologies nouvelles et stimulent les échanges mondiaux, en agrandissant le marché des consommateurs à chaque nouvelle implantation de filiale. ***Situation 2 :*** *le circuit mondial du ballon de foot montre la division du travail entre la conception (Europe), la fabrication (75 % sont cousus à la main au Pakis-*

GÉOGRAPHIE

tan) et l'organisation d'événements mondiaux qui vont stimuler les flux commerciaux à travers tous les continents (Coupe du monde de football).

■ Elles choisissent les espaces les plus attractifs, où se trouvent le **terrain**, les **matières premières** et la **main-d'œuvre qualifiée** les moins chers. Elles développent des centres de recherche là où la main-d'œuvre est suffisamment qualifiée et valorisent les espaces.

B Les organisations internationales

■ **L'Organisation mondiale du commerce** (OMC, 1995) règlemente le commerce international entre 153 États membres pour favoriser les échanges et proposer son aide pour régler les différends commerciaux entre les États.

■ Les **organisations non gouvernementales** (ONG) sensibilisent l'opinion internationale et les États aux droits de l'homme (Amnesty international), au respect de l'environnement (Greenpeace), aux causes humanitaires (Médecins sans frontières). Elles stimulent les flux au nom de l'action humanitaire. ***Situation 3 :*** *Handicap international, association humanitaire (1982), travaille dans des filiales implantées dans le monde entier. Leurs activités s'adaptent aux besoins des États : rééducation, lutte contre la discrimination… Elle a besoin du soutien financier des citoyens pour agir dans le monde entier.*

■ Des **organisations illicites** utilisent les flux mondiaux (mafias, trafics de drogue, d'armes…).

C Les États

■ Les économies nationales dépendent de plus en plus du marché mondial pour les biens de consommation, la haute technologie et les énergies. Les **États** facilitent la mondialisation des échanges par la défense de leurs intérêts économiques. Ils attirent les entreprises en offrant des réductions d'impôt et des infrastructures de qualité. Ils appliquent le libre-échange (ouverture des frontières aux biens et aux services, baisse des taxes douanières). Ils ont peu de poids face aux entreprises transnationales.

■ Pour renforcer leur poids dans les réseaux d'échanges mondiaux et mieux lutter contre la concurrence internationale, des États se regroupent dans des **organisations régionales** : l'ALENA (États-Unis, Canada, Mexique), le Mercosur (Amérique du Sud), l'Union européenne, l'ASEAN (Asie-Pacifique)…

■ Des sommets fréquents sont organisés entre les États les plus puissants de la planète (G8, G20) pour adopter en commun des résolutions destinées à améliorer les échanges internationaux, soutenir le développement économique et social ou les politiques de développement durable, etc.

16 Mondialisation et diversité culturelle

La mondialisation des cultures est favorisée par la mobilité croissante des hommes et des informations. Mais les cultures locales revendiquent aussi leur richesse. Comment ces tendances contradictoires peuvent-elles coexister et enrichir la culture mondiale ?

1 Vers une uniformisation des cultures à l'échelle mondiale ?

A L'évolution technologique crée une culture mondiale

■ Les progrès des **transports** facilitent les **échanges** de produits culturels et l'adaptation à des modes de vie nouveaux.

■ La **cyberculture** facilite l'accès au savoir, les échanges et la création. Elle favorise, par **l'information**, les réactions immédiates à des phénomènes proches ou lointains.

■ La cyberculture et la mobilité des biens et des populations favorisent le métissage mondial des cultures mais **marginalisent les États pauvres**.

Métissage : mélange de traditions qui s'influencent mutuellement et créent des cultures composites et nouvelles.
Cyberculture : modes de communication modernes liés aux nouvelles technologies.

B Des modes de vie et de consommation à l'échelle mondiale

■ Les médias créent des **modes planétaires** qui uniformisent les modes de vie : alimentation (ex. : sushis), vêtements (ex. : les jeans), loisirs, stars (ex. : Mickael Jackson). Des traditions se diffusent même hors de leur signification initiale (ex. : Noël en Chine).

■ Les **firmes transnationales** stimulent une consommation mondiale de masse : elles produisent en quantités industrielles des biens standardisés, vendus selon les modes créées par une **publicité** parfois agressive. ***Situation 2 :*** *des goûts alimentaires mondiaux se forment par des multinationales (Coca-Cola, McDonald's), mais ils sont ralentis par les traditions locales, les interdits culturels et la pauvreté.*

C Vers des valeurs et des idées universelles

■ L'Occident et les États-Unis ont longtemps dominé les effets de mode par leurs capacités majeures de diffusion. Le **métissage mondial** actuel s'enrichit d'autres sources d'inspiration variées : asiatiques (mangas), sud-américaines (salsa), africaines... ***Situation 1 :*** *le cinéma en*

Asie multiplie les supports (animation, comédies musicales de Bollywood, épopées chinoises...) pour toucher un public mondial avec les cultures asiatiques.

■ Une **classe moyenne transnationale** attachée à la société de consommation partage des valeurs liées à la croissance urbaine mondiale : réussite individuelle, vitesse, performance... Une **opinion publique mondiale** naît autour de valeurs jugées ou souhaitées universelles : elle s'engage contre la misère, pour l'environnement, les causes humanitaires...

2 À contre-courant, la diversité culturelle survit à la mondialisation

A La diversité culturelle peut engendrer un choc des cultures

■ Les **identités culturelles minoritaires**, isolées, dispersées ou opprimées, cherchent à **défendre** leur identité au sein d'une culture dominante (ex. : les Occitans en France).

■ Elles peuvent **refuser le métissage**, vécu comme un déchirement et **se replier** sur leur identité culturelle (ex. : les Aborigènes d'Australie refusent la modernité) ou s'affirmer **violemment** (ex. : les indépendantistes corses ; conflit entre Wallons et Flamands en Belgique).

B La diversité culturelle peut enrichir les échanges culturels

■ Les sociétés multiculturelles peuvent être **pacifiques** et **tolérantes**, considérer la pluralité comme un atout (***Situation 3 :*** *Union européenne*). Elles redécouvrent des emblèmes identitaires rassurants à diffuser dans le monde entier (langues, fêtes...).

■ Les cultures traditionnelles peuvent valoriser leur originalité, évoluer vers un métissage **créateur** et **novateur** (ex. : le renouveau de la culture celte dans les festivals internationaux, les cultures nées d'un mélange de traditions comme *Mozart l'Egyptien*).

C Un patrimoine mondial diversifié à défendre

■ Certains États appliquent des **politiques protectrices** (ex. : la France applique « l'exception culturelle », accordant des subventions et des quotas de production culturelle nationale). En **2005, l'UNESCO** a reconnu la nécessité de défendre le patrimoine mondial, propriété de l'humanité, dans sa diversité. ***Situation 3 :*** *Près de soixante langues et dialectes coexistent en Europe ; par la charte de 1992, l'Union européenne protège ce patrimoine linguistique, en dépit des difficultés de communication et des frais de traduction que cela suppose parfois dans les échanges européens.*

■ Les **outils de la mondialisation** (Internet, littérature, publicité...) peuvent faire connaître les cultures isolées ou minoritaires (ex. : les Inuits). Certaines personnalités, d'ampleur mondiale, peuvent défendre les particularismes (ex. : Sean Connery milite en faveur de la culture écossaise).

■ Les multinationales doivent **adapter leurs produits aux préférences locales** (**Situation 2 :** McDonald's doit retirer le porc de ses produits diffusés dans le monde musulman ; Auvergnat Cola concurrence Coca-Cola en soulignant sa pointe « du terroir » ...).

17 Pôles et aires de puissance

Les pôles (vastes espaces urbains) et les aires de puissance (États et ensembles régionaux) contrôlent les réseaux mondiaux et doivent être étudiés à différentes échelles. Comment se manifeste leur influence mondiale ?

1 Métropoles et mégalopoles : les pôles urbains de décision

A Les pôles urbains d'influence mondiale

■ Les métropoles se caractérisent par **des activités d'ampleur internationale** plus que par une population importante : l'agglomération de Mexico (20 000 000 d'habitants) a des activités internationales limitées, alors que le Grand Londres, (7 500 000 habitants) a un rôle culturel et financier mondial (la City).

■ Les **villes-monde** (New York, Tokyo, Londres, Paris) dominent les trois **mégalopoles** mondiales : américaine, japonaise et européenne. **Situation 1 :** la mégalopole japonaise concentre la moitié de la population et l'essentiel des activités industrielles et tertiaires de l'archipel.

Métropole : grand espace urbain ayant une influence nationale ou internationale.
Mégalopole : espace urbain étendu sur des centaines de kilomètres, disposant d'un rayonnement à l'échelle mondiale.

■ Une trentaine de métropoles ont une influence mondiale, mais leur rayonnement ne couvre que certains domaines (Los Angeles, Dubaï…)

Les pôles urbains d'influence mondiale

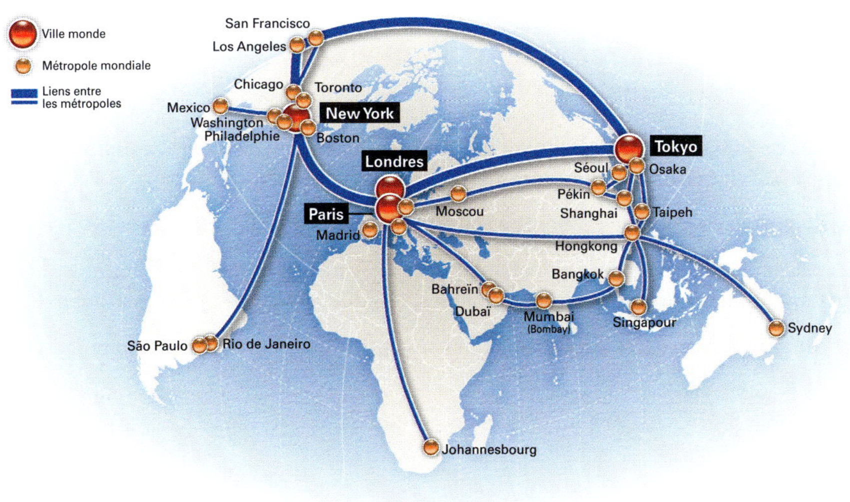

B Les activités à rayonnement mondial des pôles urbains

■ Les métropoles se distinguent par leurs **activités de décision** dans la **finance**, les **échanges**, **l'information**, la **recherche** et la **culture**. Elles concentrent les sièges des **firmes transnationales** et d'organisations **internationales** (ex. : l'ONU à New York). Elles dirigent des **réseaux** parfois mondiaux de production, d'information et de transports.

■ Le **CBD (Central business District)** est le quartier d'affaires, le cœur économique de la métropole. Les gratte-ciel, par leur élévation et l'originalité de leur forme, symbolisent sa puissance. Les métropoles les plus actives se dotent de nouveaux CBD à la périphérie.

■ Mais les métropoles des PID sont fragilisées par la **crise des activités traditionnelles** (industrie lourde) et par la montée des **pôles des États émergents**, surtout ceux de l'Asie spécialisés dans l'industrie et les services de pointe (Singapour, Bombay). Elles investissent dans la recherche et le tertiaire pour innover (ex. : Londres rénove ses quartiers portuaires).

2 États, régions et ensembles régionaux : les aires de puissance

A Des États et des régions forment des aires de puissance

■ La **Triade** exerce une influence durable sur la planète, par son importance économique et démographique. Les États-Unis, l'Europe de l'Ouest et l'Asie orientale (Japon et NPI) forment des aires de puissance à l'échelle des États. ***Situation 3 :*** *la Californie est la huitième puissance mondiale, par sa réussite économique diversifiée à diffusion planétaire (nouvelles technologies, cinéma avec Hollywood, agriculture, tourisme...). Mais elle doit constamment investir dans la recherche (Silicon valley) et le développement durable pour lutter contre la pollution croissante liée à une trop forte densité de population et d'activités.*

■ Certaines **régions**, fortement **urbanisées, industrialisées et tertiarisées**, forment des aires de puissance locales (ex : les mégalopoles). ***Situation 2 :*** *le littoral chinois est une aire de puissance régionale émergente qui contraste avec le retard de l'intérieur du pays. L'aire s'articule autour de quelques métropoles littorales très actives (Shanghai, Pékin...) qui s'impliquent dans les échanges avec le Pacifique, notamment dans la haute technologie.*

B Des aires de production, d'innovation, de décision et d'échanges

■ Les aires de puissance se distinguent par une **production** massive et diversifiée : industrie, agriculture, services financiers ou commerciaux à grande échelle.

■ Elles disposent de pôles de **recherche** et **d'innovation**, dans les arts et les sciences.

■ Elles rassemblent les centres de **décision** politique, diplomatique (ONU), militaire et économique (sièges sociaux de firmes transnationales, Banque mondiale...) internationaux.

■ Elles dirigent des **réseaux d'échanges** intenses entre elles et avec le reste du monde.

C Quels avenirs pour ces aires de puissance ?

■ Les aires des PID sont confrontées au **vieillissement** de leur population, à des difficultés **économiques** et **sociales**, qui posent le souci à terme du maintien de leur rôle dans la mondialisation.

■ De **nouvelles aires** de puissance émergent parmi les régions (Johannesburg en Afrique du Sud, Bangalore en Inde...) et les États (États du Golfe).

Des aires de puissance, à l'échelle des États et des régions

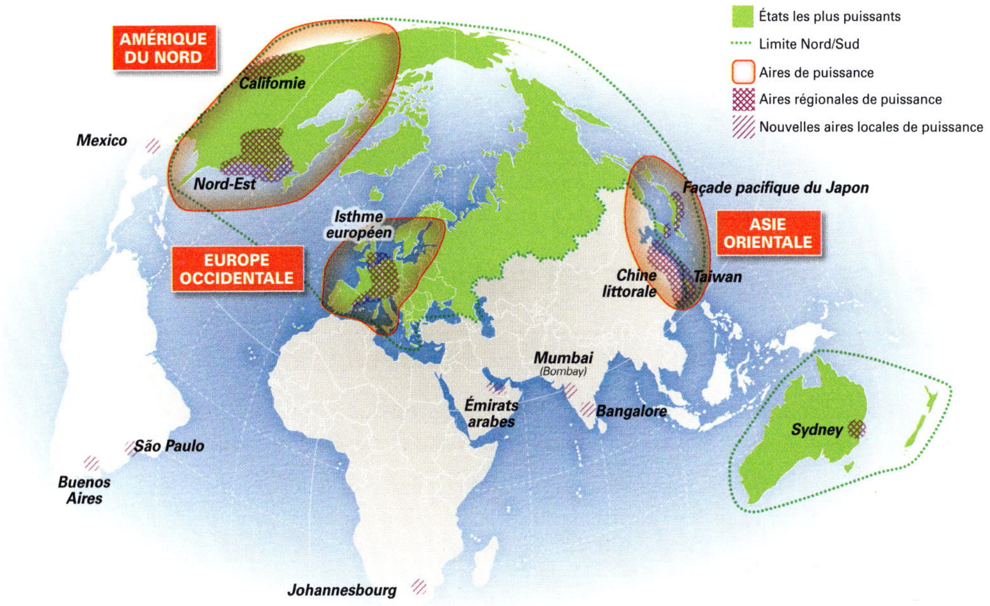

GÉOGRAPHIE

18 Les dynamiques des périphéries

Les périphéries désignent les PED aux dynamiques démographiques, économiques et sociales très diverses, des pays les moins avancés (PMA) aux États émergents. Comment s'intègrent-elles à la mondialisation des échanges ? Quelles sont leurs liens avec les pôles et aires de puissance ? Comment luttent-elles contre leurs difficultés ?

1 Les PMA (pays les moins avancés) : des périphéries en difficulté

A Des États en fort retard de développement

■ Les PMA ont souvent une population **jeune** en forte croissance mal maîtrisée, de faibles ressources, une **alphabétisation** faible. Leur **PIB/habitant** et leur **IDH** sont très faibles.

■ Ces retards sont liés aux **contraintes naturelles** (sécheresse), à des **guerres**, des **épidémies**, des **famines**, aux séquelles de **l'esclavage** et de la **colonisation**, à des choix politiques… **Situation 1 :** Le Mali a le 168e IDH mondial, 1/3 de la population est scolarisée (ce qui gêne la diversification des activités), 48 % de la population a moins de 15 ans. Cet État sahélien souffre de la sécheresse, or l'agriculture vivrière est l'essentiel de son PIB.

B Les PMA s'intègrent progressivement au système-monde

■ L'économie reste **traditionnelle**, centrée sur l'exploitation minière, l'artisanat, le petit commerce et une agriculture vivrière dont les produits n'intéressent que peu le marché mondial.

■ Les PMA qui progressent investissent dans le **commerce extérieur** et **Internet**, sous l'impulsion d'initiatives locales ou d'associations régionales (ex. : NEPAD).

■ **Mais les échanges extérieurs restent limités** : les PMA ne représentent que **2 % du commerce mondial**, avec des produits énergétiques ou miniers, ou des biens issus de cultures de plantations (sucre, café, cacao…). De plus, ces activités sont souvent contrôlées par des entreprises étrangères qui ne valorisent pas sur place les productions. Les liens avec la mondialisation des échanges sont localisés en priorité dans les capitales et les zones littorales. Les espaces ruraux, éloignés des côtes, sont souvent laissés à l'écart du développement.

C Des aides extérieures pour accélérer le développement

■ Les **investissements** issus d'États plus riches (ex. : Chine) ne sont dirigés que vers les États stables politiquement, dans des secteurs précis (tourisme, cultures d'exportation, mines...). Les transferts de fonds de ceux qui ont **émigré** vers des États plus riches peuvent aider des villages entiers à vivre.

NEPAD : nouveau partenariat pour le développement de l'Afrique (2001).
ONG : organisation non gouvernementale, impliquée dans l'aide humanitaire.

■ L'aide des **ONG** (Action contre la Faim) et des **organisations internationales** (fonds monétaire international) reste indispensable au développement. Elle s'ajoute aux efforts locaux **sans les remplacer**.

2 Les États émergents, des périphéries dynamiques

A Des dynamiques de réussite diverses

■ Les **puissances émergentes** sont à la fois des États très peuplés et à fort potentiel (Brésil, Inde, Chine...), les NPI, les États pétroliers et la Russie... Elles possèdent un IDH proche de celui des PID et un PIB/habitant croissant. Elles misent sur la formation de catégories sociales moyennes à élevées, afin de constituer un marché de consommateurs doté d'un bon niveau de vie et une main d'œuvre qualifiée susceptible d'attirer les investisseurs étrangers. Ces États soutiennent leur développement par des politiques de modernisation et par la création de réseaux de communication leur permettant de mieux s'intégrer à la mondialisation. Leur croissance est forte, certaines investissent même à l'étranger (ex. : la Chine en Afrique). En multipliant les échanges, ces puissances émergentes ont renforcé leur intégration à l'économie mondiale.

■ Engagées dans la **haute technologie** et les **services**, elles valorisent leurs atouts naturels (sols, pétrole), démographiques et intellectuels (main-d'œuvre qualifiée à bon marché).

■ **Les États stimulent ces réussites** : ils ont engagé des politiques industrielles à haut niveau, misé sur les exportations, tout en créant des infrastructures de communication et en soutenant la modernisation par des avantages fiscaux ou douaniers. ***Situation 2 :*** *l'Inde a maîtrisé sa croissance démographique et a investi dans la scolarisation, l'industrie de pointe (médicaments génériques) et les services. Elle est en 2010 la 12e puissance mondiale.*

B Les limites de ces puissances émergentes

■ **Des retards subsistent partiellement cependant** : accès inégal à l'eau potable et à l'électricité, déploiement hétérogène des industries de pointe. **Leur dépendance à l'égard des PID** se maintient, en technologies, capitaux et débouchés. Elles participent à l'économie mondiale, se développent, mais ne sont pas encore des États décideurs.

■ **Les inégalités régionales demeurent** ; certains espaces des puissances émergentes restent à l'écart du développement (intérieur de la Chine). ***Situation 3 :*** *l'Amérique latine est hétérogène, entre États émergents (Brésil) et PMA (Haïti). La pauvreté recule avec les progrès du tertiaire (commerce, tourisme) et de la haute technologie mais les écarts demeurent à l'intérieur même des États (le Nordeste brésilien reste un espace de pauvreté).*

■ **Les inégalités sociales persistent** : même s'il s'est amélioré, le PIB/habitant reste faible; les écarts se creusent entre les minorités très riches et les catégories les plus pauvres. ***Situation 2 :*** *la région de Bombay a un PIB/habitant moyen quatre fois plus fort que celui des régions du nord-est. Un tiers des Indiens vit avec moins de 1 dollar par jour (bidonvilles, campagnes reculées); ¼ de la population reste malnutrie en dépit de la révolution verte. À l'inverse, des multinationales indiennes (ex. : Mittal) réalisent des bénéfices colossaux.*

L'organisation du monde

Localisation

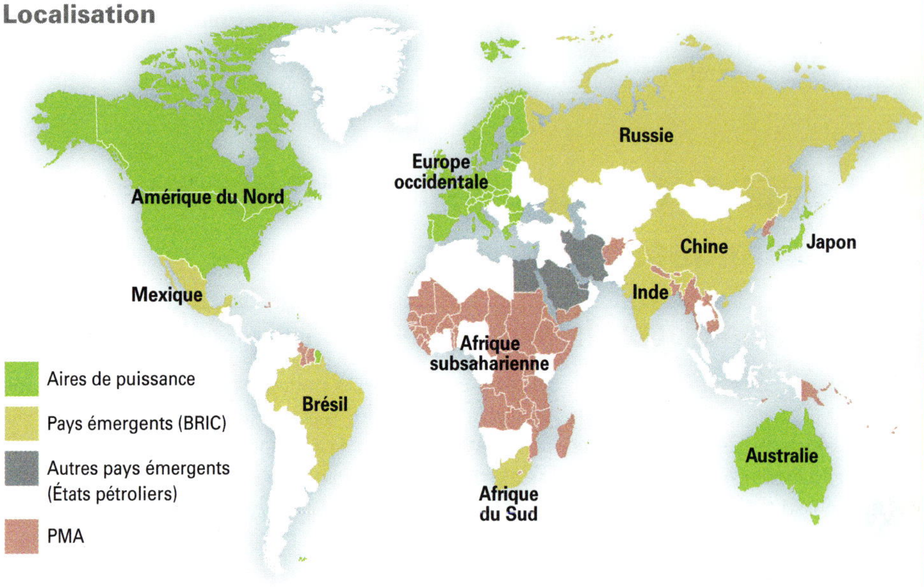

Caractéristiques

Aires de puissance
- Activités stratégiques
- Pouvoir de connecter le monde
- Grands organismes internationaux

Pays marginalisés
- Dépendance économique
- Difficultés économiques et sociales
- Inégalités sociales
- Crises et conflits internes

États émergents
- Poids démographique
- Poids économique
- Inégalités sociales persistantes

C La crise mondiale depuis 2008, un bouleversement ?

■ La crise financière qui affaiblit principalement les PID depuis 2008 favorise la croissance des pays émergents.

■ Des firmes transnationales issues des PED (Daewoo en Corée du Sud, Tata Motors en Inde...) se développent et tentent de concurrencer les FTN des PID en appliquant des coûts de production et de commercialisation bas. Certaines se tournent vers la haute technologie, jusque là monopolisée par les PID : nucléaire, programme spatial, construction navale, etc.

19 Le citoyen et la République

La citoyenneté est garantie par les institutions et par l'État républicain. En quoi l'engagement responsable de chaque citoyen est-il nécessaire au fonctionnement du système démocratique et républicain ?

1 La constitution et l'exercice des pouvoirs

A La Constitution est fondée sur la souveraineté populaire

■ La **Constitution** est un texte fondamental qui définit l'organisation des pouvoirs et les relations entre l'État et les citoyens. Créée par le Général De Gaulle (1958), la Constitution de la Ve République fonde une **démocratie parlementaire** au pouvoir présidentiel fort.

■ Elle obéit au principe républicain du « **gouvernement du peuple, par le peuple et pour le peuple** » et à la devise « **Liberté, Egalité, Fraternité** ». Le **Conseil constitutionnel** veille à ce que les lois restent conformes à la Constitution.

■ **Sujet 1 :** Les **systèmes électoraux** permettent aux citoyens d'exercer leur souveraineté, directement lors du referendum ou par leurs représentants élus (municipales, législatives, régionales, européennes...). Le droit de vote, instauré pour une minorité riche en 1791 (suffrage censitaire), devient universel pour les hommes (1848) puis les femmes (1944).

B La Constitution repose sur la séparation des pouvoirs

■ La séparation des pouvoirs **exécutif** (application des lois), **législatif** (initiative et vote des lois) et **judiciaire** (rendre la justice équitablement) est un fondement de la démocratie et une garantie de l'exercice des droits du citoyen. En confiant le pouvoir à des groupes d'individus différents, la nation entend ainsi éviter toute prise de pouvoir personnel et tout régime totalitaire. Dans le même esprit, le gouvernement est responsable de sa politique devant l'Assemblée nationale et le Sénat ; l'Assemblée peut renverser le gouvernement par une motion de censure. Mais le président peut dissoudre l'Assemblée nationale.

■ Le pouvoir exécutif est partagé par le **Président de la République** (élu au suffrage universel direct depuis 1962) et par le **gouvernement** (Premier ministre et ministres). **Sujet 3 :** le Président de la République est le chef de l'État, responsable de son indépendance et de sa continuité. Il est le chef des armées et de la diplomatie, dispose d'une majorité parlementaire dont est issu le premier ministre. Son rôle est amoindri en cas de cohabitation.

■ Le pouvoir législatif est confié au **Parlement** : **l'Assemblée nationale** (577 députés élus au suffrage universel direct) et le **Sénat** (348 sénateurs élus au suffrage universel indirect). **Sujet 2 :** l'élaboration de la loi est le reflet de la volonté populaire par ses représentants élus. Le gouvernement et le parlement peuvent proposer des lois ; les deux chambres parlementaires doivent s'accorder sur le même texte; l'Assemblée nationale, seule élue au suffrage universel direct, a le dernier mot en cas de désaccord persistant.

■ Le pouvoir **judiciaire** est confié à des tribunaux indépendants des deux autres pouvoirs.

2 Droits et devoirs des citoyens

■ L'État républicain garantit les droits individuels et collectifs des citoyens : ils sont **civils** (libertés), **politiques** (vote) et **sociaux** (santé, éducation…). Les citoyens doivent respecter les droits des autres (**civilité**) et leurs obligations envers l'État (**civisme**) : impôts, respect des lois… L'exercice des droits n'est possible qu'avec celui des devoirs qui leur sont liés.

■ **Sujet 1 :** Le **parcours civique** sensibilise les citoyens et citoyennes au devoir de défense en trois étapes : **l'éducation civique**, le **recensement** (inscription sur les listes électorales à 16 ans) et la **journée Défense et citoyenneté**, dès 17 ans, qui expose le devoir de défense, nécessaire pour protéger les valeurs démocratiques.

■ **Sujet 2 :** Les **impôts**, directs (impôt sur le revenu,…) ou indirects (TVA sur les marchandises), alimentent le budget de l'État et rendent possible les services publics.

■ **Sujet 3 :** La **couverture maladie universelle** est une extension du droit à la santé à tous les résidents sur le sol français, impliquant pour tous les citoyens un devoir de solidarité.

3 Citoyen français, citoyen européen

■ La citoyenneté s'exerce à différentes échelles : commune, département, région, État, Union européenne. Le **traité de Maastricht** (1992) ajoute des droits et devoirs européens (dont la défense européenne) aux citoyens français, devenus aussi citoyens européens.

■ **Sujet 1 :** Le **droit de vote** définit l'appartenance à une communauté politique. La citoyenneté européenne a ajouté un droit de vote européen (commune de résidence, parlement européen). Le respect de l'environnement fait naître une citoyenneté mondiale.

■ **Sujet 2 :** La **Cour européenne de justice** veille à l'application du droit de l'Union dans tous les États membres; tout citoyen européen ou tout État membre peut la saisir.

■ **Sujet 3 :** La nationalité française, qui accorde la citoyenneté, s'obtient à la **naissance** ou par **naturalisation** (démarche volontaire en cas de résidence de plus de cinq ans en France).

4 Le citoyen et la justice

■ Un État de droit est fondé sur une justice **indépendante**, **accessible** et **égale** pour tous. Elle est rendue au nom de tous les citoyens et représente un **service public** nécessaire.

■ **Sujet 1 : Le juré en cour d'assises**, citoyen tiré au sort sur les listes électorales, participe au jury qui définit la culpabilité et la peine à appliquer à un accusé (affaires criminelles).

■ **Sujet 2 : Le droit, la loi, la liberté**. La justice protège la démocratie, la liberté et les droits et veille à ce que chacun respecte la loi. Elle arbitre et punit ceux qui l'enfreignent.

■ **Sujet 3 : Être citoyen en prison**. Le citoyen répare ses torts envers la société. Il garde ou perd l'exercice de ses droits civiques, temporairement ou définitivement, selon les cas.

20 Les États-Unis et le monde (1917-1989)

Les États-Unis jouent un rôle prépondérant dans les deux guerres mondiales et la guerre froide. Comment ont-ils défendu et étendu leur modèle économique (capitalisme) et politique (démocratie libérale) sur tous les continents de 1917 à 1989 ?

1 La naissance de la première puissance mondiale (1917-1945)

A Isolationnisme ou interventionnisme ? (1917-1937)

■ En 1917, les États-Unis quittent la tradition isolationniste initiée par la **déclaration de Monroë** (1823) pour défendre leur flotte de commerce contre la guerre sous-marine allemande et soutenir les démocraties.

Isolationnisme : politique fondée sur la protection du marché national contre la concurrence et sur un refus d'intervenir militairement, sauf en cas de menace pour l'État concerné.
Capitalisme : économie de marché fondée sur la recherche du profit, la propriété privée, la liberté des échanges et de la concurrence.
Démocratie libérale : régime proclamant le pouvoir au peuple, des pouvoirs séparés et la défense des libertés contre le totalitarisme.

■ ***Situation 1 :*** *En janvier 1918, le président* ***Wilson*** *propose 14 points pour bâtir l'Europe d'après-guerre, au grand dam des isolationnistes. Il suggère la réduction des armements et le retour du libre-échange.* Il envisage un **droit des peuples à disposer d'eux-mêmes** qui résoudrait les questions frontalières (Alsace-Lorraine) et le problème des minorités nationales désireuses de créer des États-nations indépendants (Yougoslavie, Pologne). Il souhaite la création d'une **société des nations** (SDN) pour préserver la paix. Les traités de paix (1919-1920) suivent l'esprit de revanche des vainqueurs : les Américains s'isolent à nouveau.

■ La guerre entraîne le déclin économique de l'Europe ; les États-Unis, devenus son créancier, sont alors la **première puissance mondiale**. Le krach boursier (1929) marque une crise du capitalisme américain et de son rayonnement mondial.

B Le président Roosevelt impose le choix de l'interventionnisme (1937-1945)

■ Dès 1937, le président Roosevelt condamne l'isolationnisme et la montée des totalitarismes en Europe. En 1940 les États-Unis soutiennent en armes les démocraties menacées (**loi prêt-bail**), reconnaissent l'URSS et resserrent les liens avec leur continent.

■ L'attaque japonaise à **Pearl Harbor** en 1941, sur le sol américain, donne raison aux interventionnistes. Toute l'économie est alors tournée vers l'écrasement des totalitarismes. La puissance américaine sort grandie du **commandement militaire interallié**, de l'organisation des

débarquements (1942-1944) et des multiples **conférences**, jusqu'à Yalta (1945), destinées à coordonner les actions contre l'Axe. L'emploi de la **bombe atomique**, qu'elle est seule à posséder, marque sa suprématie militaire contre le Japon en 1945.

■ Les États-Unis affirment leur position de première puissance mondiale lors de la Reconstruction : les accords de **Bretton Woods** (1944) créent un cadre économique stable pour aider l'Europe, fondé sur la stabilité du dollar et sur des organismes internationaux (FMI, banque mondiale). La **charte de San Francisco** fonde **l'ONU** (1945) : les États-Unis s'engagent dans la défense de la paix mondiale et du modèle démocratique libéral.

2 La puissance américaine à l'épreuve de la guerre froide (1945-1989)

A Le bloc de l'ouest, un modèle politique et économique face au stalinisme

■ La rapide dégradation des relations avec l'URSS qui propose un modèle économique et politique rival renforce l'implication mondiale des États-Unis. La **doctrine Truman** (1947) veut « endiguer le communisme », apporter son soutien économique et militaire à tout pays désireux de ne pas tomber sous le pouvoir soviétique (**résolution Vandenberg**, 1948). Les États-Unis soutiennent la **décolonisation** (droit des peuples à disposer d'eux-mêmes).

■ ***Situation 2 :*** *le* ***plan Marshall*** *(1947) est une aide économique pour reconstruire l'Europe selon le modèle démocratique et capitaliste. L'American way of life et sa culture de masse (Hollywood, rock'n'roll, coca-cola...) se diffusent dans toute l'Europe de l'Ouest.*

B Crises, escalades, détentes : le modèle américain à son apogée (1947-1962)

■ Des **crises entre les blocs sans affrontement armé** (pont aérien américain pour ravitailler Berlin-ouest soumise au blocus en 1948-1949) et des **guerres indirectes** par alliés interposés se multiplient (soutien à la Corée du Sud contre le Nord communiste, 1950-1953) Après une phase de coexistence pacifique, le mur de Berlin (1961) entraîne la condamnation par le président Kennedy du totalitarisme stalinien. La **crise de Cuba** (1962) fait prendre conscience aux adversaires de la nécessité de négocier pour éviter une guerre nucléaire.

■ Les États-Unis multiplient les **alliances défensives** : en Europe de l'ouest (Organisation du traité de l'Atlantique Nord (**OTAN**) en 1949), en Asie du sud-Est (**OTASE**, 1954-1977), dans le Pacifique (**ANZUS**, 1951), au Moyen-Orient (**Pacte de Bagdad**, 1955). Ils déploient des flottes de surveillance et des bases dans le monde entier. Ils aident les États d'Afrique et d'Amérique du Sud qui luttent contre les guérillas communistes.

C De la Détente à la victoire de « l'hyperpuissance américaine » (1962-1989)

■ Les États-Unis entament un **désarmement nucléaire** avec l'URSS, du traité de Moscou (1963) aux accords d'Helsinki (1975). La puissance technologique s'impose dans la **course spatiale**, du premier satellite (1958) au premier pas sur la lune (1969)...

■ Mais les États-Unis s'engagent dans une longue **guerre contre le Vietnam Nord** communiste (1964-1975), coûteuse financièrement et humainement et contestée. La **France** quitte l'OTAN (1966) et critique le poids excessif du dollar. Une partie de **l'Afrique** et de **l'Amérique latine** refusent de suivre aveuglément les États-Unis dans les années 1970.

■ **R. Reagan** entraîne dès 1983 l'URSS dans une « **course aux étoiles** » pour installer un bouclier spatial de protection contre les missiles soviétiques (euromissiles). La surenchère inflige à l'URSS une crise économique qui entraîne son désarmement nucléaire (**traité de Washington** en 1987) et sa chutc. Lc mur de Berlin tombe en 1989, l'URSS en 1991. Les États-Unis sont au sommet de leur influence mondiale. Seuls à pouvoir intervenir partout dans le monde avec rapidité et efficacité, leur médiation est sollicitée dans tous les conflits (Irlande, Israël-Palestine...), leur rôle dans l'ONU est dominant.

21 L'idée d'Europe au xxe siècle

Le rêve d'États-Unis d'Europe, unis et pacifiés, formulé par Victor Hugo en 1849 réapparaît en 1918. De nombreux projets d'union politique et économique aboutissent à l'Union européenne, encore source de débats.

1 Des projets éphémères à la construction européenne (1919-1973)

A Des projets éphémères, d'une guerre à l'autre (1919-1950)

Fédéralisme : doctrine favorisant la cession de la totalité ou d'une partie de la souveraineté d'États nationaux à un État fédéral « supranational » supérieur à eux.
Confédération : les États nationaux gardent leur souveraineté intacte et ne s'associent que dans certains domaines, profitables à tous.
PAC : politique agricole commune, productiviste en 1962, respectueuse de la qualité et de l'environnement en 1992.

■ **Paul Valéry** définit l'unité européenne autour de l'héritage culturel gréco-romain et du christianisme. La guerre de 1914-1918 rappelle le besoin d'une Europe unie pour éviter le retour de l'horreur ; pourtant, les traités de paix divisent l'Europe (Allemagne humiliée, minorités nationales d'Europe centrale insatisfaites). **Aristide Briand** émet à Genève l'idée d'une « Union fédérale européenne » (1929), mais son projet pacifiste est brisé par la crise et la montée des totalitarismes.

■ L'Europe nazie totalitaire autour de la « Grande Allemagne » suscite une résistance européenne solidaire. En 1946, **W. Churchill** relance l'idée « d'États-Unis d'Europe » démocratiques et pacifiques. Un Conseil de l'Europe (1949), siégeant à Strasbourg, veut unifier l'Europe de l'Ouest contre le communisme en Europe de l'Est et rédige une convention européenne des droits de l'homme (1950). Un sentiment d'unité se dégage à l'Ouest autour des démocraties libérales, de l'économie de marché et de l'OTAN.

B CECA, CEE : vers une Europe fédérale ou une confédération ? (1950-1973)

■ La **Reconstruction**, aidée par le **plan Marshall** (1947), jette les bases d'une Europe financière concertée, l'OECE (Organisation européenne de coopération économique). ***Situation 1 :*** *le plan Schuman (1950), inspiré par Jean Monnet, propose une union franco-allemande autour de la modernisation industrielle, esquissant une structure supranationale.* Il aboutit au traité de Paris qui crée en 1951 la **CECA** (Communauté européenne du charbon et de l'acier), présidée par J. Monnet, avec six États fondateurs (France, RFA, Italie, Belgique, Pays-Bas, Luxembourg). Le Royaume-Uni, hostile à tout fédéralisme, est absent.

■ En 1957, **Jean Monnet**, fédéraliste, élargit le plan Schuman à l'énergie (Euratom) et à un marché commun de libre-échange des personnes, des biens et des capitaux par le **traité de Rome** qui fonde la **CEE** (**Communauté économique européenne**). Le Royaume-Uni, en réaction, fonde une confédération, l'AELE (Association européenne de libre-échange).

■ En 1962, la **politique agricole commune** (**PAC**) crée une Europe agricole productiviste, autosuffisante et prospère. Bien que la CEE enrichisse ses membres pendant les Trente Glorieuses, De Gaulle, opposé au fédéralisme, freine la construction européenne en obtenant le vote à l'unanimité pour les questions essentielles (**compromis de Luxembourg**, 1966).

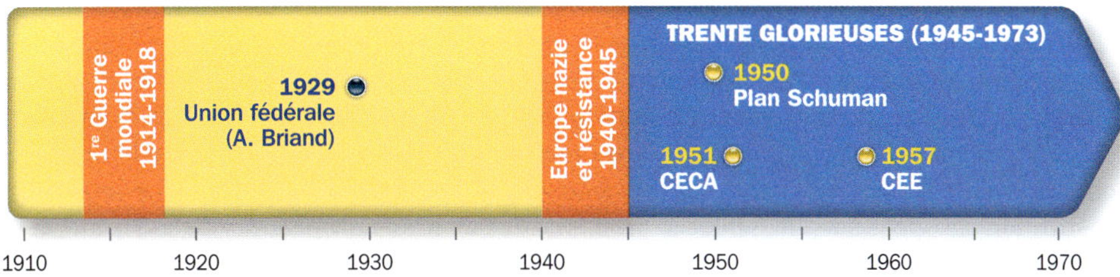

2 La fin des Trente Glorieuses accélère la construction européenne

A Élargissements, blocages et renouveau (1973-1992)

■ Pour mieux résister au communisme et au choc pétrolier, le Royaume-Uni, l'Irlande et le Danemark joignent la CEE (1973). La chute des régimes autoritaires et des progrès économiques l'élargissent vers le Sud (Grèce en 1981, Espagne et Portugal en 1986). Le FEDER crée en 1975 une cohésion européenne destinée à revaloriser les régions en difficulté économique.

FEDER : fonds européen de développement régional.
PESC : politique étrangère et de sécurité commune, actualisant la CED (Communauté européenne de défense, 1952) et l'UEO (Union de l'Europe occidentale, 1954) datant de la guerre froide.

■ L'Angleterre de M. Thatcher freine dès 1979 la CEE, préférant à la solidarité économique une zone de libre-échange sans contraintes supranationales. ***Situation 2 :*** *Le président F. Mitterrand et le chancelier allemand H. Kohl renouvellent au Conseil de Fontainebleau (1984) et en 1990 le projet d'une Europe fédéraliste et supranationale capable de résister à la mondialisation.* Des politiques communes dans la recherche et l'environnement (Acte unique, 1986) et dans l'enseignement (programme Erasmus, 1987) valorisent le sentiment européen.

B Le traité de Maastricht (1992) renforce le fédéralisme

■ Le **traité de Maastricht** (1992) crée l'Union européenne, étendant l'union économique à la sphère politique. Il crée une citoyenneté européenne, impliquant la libre circulation des citoyens et un droit de vote (communes, parlement). Il crée un vaste marché supranational sans frontières intérieures (traité de Schengen, 1995, qui prolonge l'Acte unique de 1986) puis l'union économique et monétaire (l'euro, monnaie unique, diffusée dès 2002). Elle esquisse une coopération judiciaire (Eurojust) et policière (Europol) et une surveillance accrue des frontières extérieures, par le traité d'Amsterdam (1997).

■ Pour remédier à sa faiblesse diplomatique et militaire, l'Union européenne envisage une PESC. Mais le projet, comme avant la CED ou l'UEO, inquiète les États attachés à leur souveraineté militaire. Le traité de Lisbonne (2009) renforce la diplomatie commune.

C La construction européenne en débats depuis 1992

La chute du bloc de l'Est (1991) pousse l'Union européenne à apporter une aide aux jeunes régimes, pour consolider la démocratie et le redressement économique. Le sommet de Copenhague (1993) formule, avec des critères d'adhésion, une identité européenne : régime démocratique stable, capacité économique et législative pour s'adapter aux projets communs, économie de marché. L'UE s'élargit progressivement à l'Est en 2004 et 2007.

Les « eurosceptiques » se plaignent d'un élargissement trop rapide, d'aides trop fortes aux États récemment intégrés. Certains États refusent l'euro et Schengen (Royaume-Uni). Le débat entre les fédéralistes (pour un État supranational fort capable de s'imposer dans la mondialisation), les tenants de l'Europe des États souverains ainsi que les partisans d'un partenariat économique seul (d'une simple zone de libre-échange) continue au XXIe siècle. Le rejet de la constitution européenne (2005) pose le problème de l'identité européenne, de la définition de ses frontières et d'une défense commune, qui dépend toujours de l'OTAN. Le traité de Lisbonne (2009) apporte une réforme institutionnelle destinée à renforcer la démocratie et le rôle des citoyens, pour consolider leur attachement à la construction européenne.

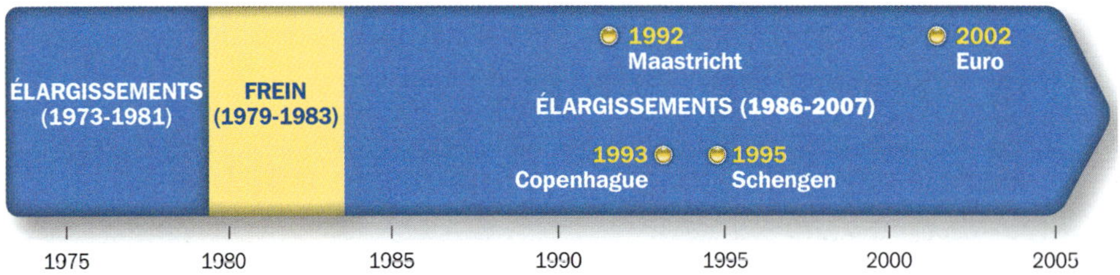

22 La décolonisation et la construction de nouveaux États : Inde, Algérie

Les revendications indépendantistes s'affirment dans les colonies après 1945, en Asie puis en Afrique. À travers les cas de l'Inde et de l'Algérie, comment se passe la décolonisation ? Quels choix politiques et économiques bâtissent les nouveaux États ?

1 Deux formes de décolonisation : pacifique ou militaire

A La décolonisation, un mouvement mondial après 1945

■ Les colonies, mobilisées en 1914-1918 et 1939-1945, dénoncent l'exploitation coloniale et réclament **l'indépendance** à leurs métropoles affaiblies par la guerre. Les États-Unis (colonies devenues indépendantes en 1783) et l'URSS, « anti-impérialiste », les soutiennent.

■ Les colonies s'inspirent du droit des peuples à disposer d'eux-mêmes (charte de l'ONU, 1945) et de la déclaration universelle des droits de l'homme (1948).

B L'Inde, une décolonisation pacifique (1947)

■ Le **Parti du Congrès**, dirigé par Gandhi, chef politique et spirituel, réclame aux Anglais l'indépendance de l'Inde depuis 1929. La ligue musulmane veut un État séparé. ***Situation 1 :*** *Gandhi incite la population indienne à employer la résistance passive (boycott des produits anglais) et de pratiquer la non-violence. Il appelle à la « désobéissance civile » (ex. : ne plus payer d'impôts) pour rendre l'occupation de l'Inde ingérable. Les Anglais, dépassés par les conflits ethniques, accordent l'indépendance en 1947.*

■ L'indépendance entraîne des **massacres**, des **pillages** et des **conflits territoriaux** entre hindous et musulmans. Les hindous se réunissent dans l'union indienne ; les Musulmans obtiennent le Pakistan et le futur Bangladesh. **L'exode massif** des populations qui suit le partage territorial entraîne de nouvelles violences.

C L'Algérie, l'indépendance par la guerre (1954-1962)

■ L'Algérie est en 1945 une **colonie française** où vivent 8 millions de musulmans et plus d'un million de « Français d'Algérie » (les « pieds-noirs »). La France ferme aux nationalistes algériens toute perspective légale d'obtenir l'indépendance. En 1954, ils se fédèrent dans le **Front de Libération Nationale** (FLN) pour obtenir l'indépendance, y compris par la violence (**Situation 2 :** Attentats de la « Toussaint Rouge » en 1954).

■ La France engage une **guerre civile** en représailles, pour « maintenir l'ordre ». En 1958, la IVe République échoue à gérer la crise. De Gaulle, pour préserver l'unité républicaine, propose en 1959 aux Algériens le choix entre la francisation, la sécession ou l'association. Les « pieds noirs » et une partie de l'armée, furieux que l'on envisage la perte de l'Algérie française, se soulèvent (« putsch des généraux », 1961). Cette révolte manquée et l'opinion publique, lassée des guerres, poussent l'État à négocier.

■ Les **accords d'Evian** (1962) accordent l'indépendance à l'Algérie. Le FLN prend le pouvoir et expulse près d'un million de « pieds-noirs » et de « harkis » (Algériens qui ont combattu contre le FLN), « rapatriés » en France où l'intégration est difficile.

2 La construction de nouveaux États

A Des similitudes : le non-alignement de l'Inde et de l'Algérie

■ L'Inde participe à la **conférence de Bandung** (1955) : 29 États indépendants réclament le respect de leur souveraineté sur un pied d'égalité avec les anciennes métropoles, condamnent le colonialisme et demandent la paix. La **conférence de Belgrade** (1961), où l'Inde joue un rôle actif, crée le mouvement des **non-alignés** : un tiers-monde destiné à promouvoir la paix, le désarmement et la coopération contre la guerre froide.

■ L'Algérie joint le mouvement en 1962. La **conférence d'Alger** (1973) demande une coopération mondiale qui stimulerait le développement des États indépendants. Le choc pétrolier (1973), l'hétérogénéité du tiers-monde et l'inertie des PID font échouer le projet.

B Des choix variés de développement politique et économique

■ Les nouveaux dirigeants construisent des **États-nations** et adoptent des politiques de développement face à la nécessité de nourrir, former et gérer une population en croissance.

■ **L'Inde est une démocratie parlementaire** depuis 1947, dirigée par le parti du Congrès. Elle remplace les importations par des productions locales, nées d'implantations étrangères qui stimulent l'industrialisation. Elle investit dès 1965 dans la révolution verte, avec l'aide des PID, pour que la production agricole rattrape l'explosion démographique qu'elle essaie de maîtriser. Quoique ralentie par des conflits fréquents avec le Pakistan, elle développe les services et la haute technologie qui en font un **État émergent** à fort potentiel.

■ L'Algérie installe un **régime républicain dominé par le FLN, parti unique**. Il engage une **économie socialiste** centrée sur l'exploitation des hydrocarbures pour financer son industrialisation. Mais des crises politiques et une **longue guerre civile** (années 1980-1990) freinent le développement. L'Algérie est aujourd'hui un **PED en situation intermédiaire** et une démocratie parlementaire (la réforme de la constitution en 1989 autorise le multipartisme et la liberté d'expression).

23 Le monde depuis les années 1990

L'effondrement du bloc soviétique marque la fin de la guerre froide et du modèle soviétique au tournant des années 1990. Quel nouvel ordre mondial s'installe alors ? Pourquoi le monde reste-t-il instable ?

1 Du communisme au libéralisme

A L'effondrement du modèle soviétique (1985-1991)

■ **L'URSS**, en crise économique en raison de dépenses militaires trop lourdes à la fin de la guerre froide, laisse l'Europe de l'Est se libérer. ***Situation 1 :*** *Un mur partage Berlin en 1961 pour empêcher les Allemands de l'Est de fuir le communisme.* La chute du mur (1989) induit la réunification allemande (1990) et le retour des libertés. Les pays de l'Est peinent à faire la transition vers l'économie de marché malgré une aide forte de l'Union européenne.

■ En 1991, M. Gorbatchev proclame **l'échec du communisme** et **la fin de l'URSS**, remplacée par la **Fédération de Russie** qui unit les républiques russes en leur laissant une large autonomie. La **Chine** évolue vers une « économie socialiste de marché » ouverte à la mondialisation. Seules **Cuba** et la **Corée du Nord** restent fermement communistes.

B La victoire du capitalisme et de la démocratie libérale

■ Au recul du communisme correspond un **progrès général de la démocratie** et du multipartisme encouragé par la mondialisation des échanges et des cultures (**fin de l'Apartheid en Afrique du Sud**, 1990). De nombreuses dictatures s'effondrent (Chili, Haïti, Philippines, Indonésie), mais pas toutes (Chine, Corée du Nord).

■ La victoire de l'hyperpuissance américaine en 1991 stimule **l'essor du capitalisme**. **L'Organisation mondiale du commerce** (1995) négocie les règles du commerce mondial avec presque tous les États du monde et encourage le libéralisme (liberté des échanges).

C De nouveaux enjeux mondiaux, au-delà du libéralisme

■ **L'altermondialisme** reproche au libéralisme économique et au capitalisme d'aggraver les inégalités sociales et d'accroître l'endettement des PED, marginalisés dans les échanges.

■ Le souci du **développement durable**, d'une **répartition plus équitable des ressources et des richesses** (eau, énergie) et d'une **solidarité** internationale pour faire reculer la pauvreté essaie de prendre le pas sur l'économie libérale (sommet de Copenhague, 2009).

■ La **crise mondiale** apparue en 2006, liée aux spéculations financières, compromet la confiance que le monde accordait au capitalisme américain, tandis que montent de nouvelles puissances : les BRIC (Brésil, Russie, Inde, Chine), pays émergents et l'Union européenne.

2 Un monde multipolaire, toujours instable depuis les années 1990

A Des crises ethniques et religieuses

■ La chute de l'URSS s'accompagne d'une flambée de **nationalismes** européens. La **Yougoslavie** éclate, au prix de massacres ethniques (1991-1995). La **Tchétchénie** indépendantiste est réintégrée dans la Fédération de Russie par des guerres meurtrières condamnées par l'opinion mondiale (1995 et 1999). En 2011, le « printemps arabe » secoue les pays musulmans méditerranéens : des revendications démocratiques et nationalistes aboutissent à des mouvements révolutionnaires et à des guerres civiles.

■ Les guerres civiles d'origine ethnique ou motivées par un enjeu territorial se multiplient en **Afrique**. Les populations civiles sont durement touchées par ces luttes qui aggravent la pauvreté et bafouent les droits de l'homme (**Rwanda** en 1994, **Darfour** depuis 2003...).

■ Les **conflits religieux** se durcissent. **Israël** et la **Palestine** sont en conflit quasi permanent. **Certains États musulmans**, déçus par des retards persistants de développement, favorisent l'émergence de pouvoirs traditionnels, autoritaires, mêlant religion et politique.

B Criminalité, terrorisme et armes nucléaires

■ La mondialisation et les régimes fragiles entraînent le développement de **mafias** et de **trafics illégaux** (prostitution, trafics d'armes, drogue...) nécessitant une lutte internationale.

■ Le **terrorisme** oppose des États à des réseaux spatialement dispersés, difficiles à atteindre... ***Situation 2 :*** *le* ***11 septembre 2001*** *: par une série d'attentats-suicides (Twin Towers, Pentagone), l'organisation terroriste internationale et islamiste Al-Qaïda déclare la guerre aux États-Unis et à l'Occident, accusés de « coloniser » le Moyen-Orient.* Frappés dans leur puissance économique, politique et militaire, les États-Unis se dressent contre le terrorisme mondial et les « États-voyous » qui les soutiennent.

■ L'ONU lutte contre la prolifération incontrôlée de **l'arme nucléaire** (Inde, Pakistan, Corée du nord...) qui, aux mains de régimes autoritaires, menace les démocraties. L'Irak est accusée en 2003 de s'en doter, entraînant une action hâtive, sans preuves, des États-Unis...

C La recherche d'un nouvel ordre mondial

■ **L'ONU** encourage la gestion collective des crises mondiales (32 États interviennent en 1991 dans la guerre du Golfe contre l'Irak qui avait envahi le Koweit pour s'emparer du pétrole ; elle soutient l'OTAN en Afghanistan depuis 2003 contre les talibans et Al Qaïda).

■ Mais son rôle de défenseur de la paix et de la démocratie est affaibli par la rivalité entre États membres et par les intérêts des coopérations économiques (Mercosur, Union européenne...) ou militaires (OTAN) qui échappent à son contrôle. Les **États-Unis**, seule superpuissance depuis 1991 capable de déployer des troupes dans le monde entier, voient leur image de « gendarmes du monde » se dégrader depuis 2003, par des interventions brutales qui stimulent parfois l'antiaméricanisme (**Irak**). Certains États émergents (Brésil, Inde...) souhaitent une réforme de l'ONU qui leur accorderait un rôle diplomatique actif.

24 La France dans l'UE et le monde

La France est la deuxième puissance économique de l'Union européenne (UE) et la cinquième puissance économique mondiale par son PIB. Comment caractériser, dans l'UE et le monde actuel, le poids géopolitique, économique et culturel de la France ?

1 La France, un État moteur de l'Union européenne

A Un territoire ouvert, aux multiples atouts

■ À l'extrémité ouest de l'Europe, au cœur de l'Union européenne, la France est un **carrefour d'échanges** économiques et humains entre l'Europe du Nord et du Sud, renforcé par trois façades maritimes ouvertes sur le commerce international (Atlantique, Manche, Méditerranée).

■ Elle possède de nombreux **atouts naturels** (montagnes, littoraux, paysages) qui encouragent le tourisme et l'agriculture. Son important **marché de consommation** et sa **main-d'œuvre de qualité** attirent les investisseurs.

B Une puissance politique et culturelle majeure de l'Union européenne

■ La France joue un **rôle moteur dans la construction européenne**, initialement bâtie sur la réconciliation franco-allemande (elle participe à la création de la CECA en 1951 et de la CEE en 1957). Elle soutient l'entrée de nouveaux États et accepte des transferts de pouvoirs à l'Union (PAC, euro...). Cette politique inquiète une part des Français : le traité de Maastricht (1992) est voté de justesse, la constitution européenne (2005) est refusée.

■ La France s'investit dans la **politique culturelle européenne** (programmes Erasmus puis Socrate), dans les échanges linguistiques et scolaires avec les autres États européens.

C La deuxième puissance économique européenne, après l'Allemagne

■ Plus de 60 % des échanges économiques et des investissements financiers de la France se font dans l'Union européenne, notamment avec l'Allemagne. La France est le deuxième exportateur européen, possède la première agriculture de l'UE grâce à la PAC et participe à de grands projets industriels fondés sur la coopération européenne (Ariane, Airbus).

■ L'île-de-France et les régions frontalières (Rhône-Alpes, Lorraine, Alsace, Nord-Pas-de-Calais) emploient de nombreux salariés et attirent les investisseurs par la proximité de la mégalopole européenne et de son marché de consommateurs et d'investisseurs. La France est intégrée dans les réseaux européens de communication, notamment dans les régions transfrontalières (l'axe principal Lille-Paris-Lyon-Marseille est bien relié à la mégalopole).

2 La France dans le monde

A Une puissance géopolitique mondiale

DROM-COM : départements, régions et collectivités d'outre-mer.

■ La France possède **l'arme nucléaire**, des **bases** stratégiquement déployées sur le globe (**situation 2 :** les DROM-COM) et une **armée** de 400 000 soldats professionnels.

■ La France, **membre permanent du conseil de sécurité de l'ONU**, est une grande puissance diplomatique qui défend la démocratie et la paix dans le monde. Elle coopère étroitement avec les États africains qui furent ses colonies. Les **ONG** françaises renforcent son prestige humanitaire. Mais son influence décline au profit des États-Unis et de la Chine.

B La cinquième puissance économique mondiale dotée d'un IDH fort (0,961)

■ La France est un pilier du système financier mondial. Elle est le quatrième pays d'accueil mondial pour les capitaux étrangers (Europe, Amérique du nord, Asie de l'Est) mais elle importe une part importante de son énergie et de ses matières premières. Elle est membre des grandes institutions économiques internationales (OMC, FMI, G8...).

■ Bien intégrée dans le commerce mondial grâce à ses multinationales, elle se distingue dans **l'agroalimentaire**, les **transports** (Airbus, TGV), l'industrie de **luxe**, de **haute technologie** (aéronautique, nucléaire, pharmacie, télécommunications...) ainsi que dans les **services** (grande distribution, banques, assurances). **Situation 1 :** Paris, ville mondiale, concentre les sièges sociaux de nombreuses entreprises de services et industries de pointe, notamment à la Défense ; elle est une place boursière à rayonnement mondial.

■ L'économie française connaît cependant des difficultés liées à la crise mondiale qui sévit depuis 2008 : recul industriel, endettement, déficit commercial, etc.

C Une puissance culturelle implantée sur tous les continents

■ La France est le **pays des droits de l'homme et de la démocratie** (1789).

■ La **mode**, la **gastronomie**, la **littérature** et la **culture** françaises sont réputées dans le monde entier. Des millions de touristes sont attirés chaque année par le patrimoine et les paysages français. ***Situation 1 :*** *Paris est une capitale culturelle (universités, musées, monuments, congrès, bibliothèques).* Cependant, son influence mondiale décline au profit de celle des États-Unis et de la Chine.

■ La pratique mondiale du **français**, langue officielle de 29 États et 170 millions d'individus, est liée au passé colonial. La francophonie est entretenue par de nombreuses communautés françaises à l'étranger et par les programmes de l'UNESCO. Cependant, le français décline face à l'anglais, privilégié pour les échanges.

25 L'aménagement des territoires français : acteurs et enjeux

L'aménagement du territoire cherche à obtenir une répartition humaine et une organisation économique optimales de l'espace dans une perspective de développement durable. Quels en sont les acteurs et enjeux actuels ?

1 Les citoyens, les collectivités, l'État, l'UE

A De l'État central à une multitude d'acteurs

■ Longtemps, l'État centralisé est le seul acteur de l'aménagement; il ne consulte que ponctuellement les citoyens. Pour compenser les inégalités du territoire, il crée la **DATAR** (1963), réformée en 2006 puis en 2009, pour s'adapter à la mondialisation ; son action est complétée par l'UE qui soutient le rééquilibrage régional (FEDER, fonds de cohésion).

■ Pour impliquer davantage les **citoyens** et permettre une gestion de proximité efficace, **l'État se décentralise** (lois de **1982-1983** et **2003-2004**) : il transfère une partie de ses compétences et de son budget aux collectivités territoriales, institutions élues par les citoyens au niveau des **régions** (conseils régionaux et leurs présidents), **départements** (conseils généraux et leurs présidents) et **communes** (conseils municipaux et leurs maires). Leur financement repose sur les impôts locaux et les dotations de l'État et de l'UE. Les citoyens s'expriment davantage lors de débats publics et des conseils de développement.

■ La **formation professionnelle** et le **développement économique** reviennent aux régions, les **missions sociales** aux départements, les **actions de proximité** (urbanisme) aux communes. Certains services obéissent à une hiérarchie territoriale : écoles primaires aux communes, collèges aux départements, lycées aux régions ; transports locaux à régionaux...

B L'intercommunalité, pour s'adapter à la mondialisation

■ Les lois Voynet (LOADTT), Chevènement et SRU (solidarité et renouvellement urbain) de 1997-2002 permettent à certaines collectivités de se regrouper volontairement pour former des **EPCI** capables d'assumer des projets plus ambitieux, disposant de ressources et d'infrastructures plus importantes. Chaque collectivité choisit librement de transférer à ces structures neuves une part de leurs compétences pour réussir des projets de développement.

■ Les **communautés de communes** luttent contre l'isolement rural. Les **communautés d'agglomération** naissent dans les bassins urbanisés, les **communautés urbaines** autour d'une métropole. Les **territoires de projet ou « pays »** rassemblent de vastes espaces ruraux et urbains qui peuvent réunir des communes, départements et régions. ***Situation 1 :*** *la communauté d'agglomération AIRE 248 est un réseau de villes moyennes en Poitou-charentes; la communauté de communes Cognac-Océan rassemble des villages et villes le long de la Charente, liés par le bipôle La Rochelle/Rochefort, pour lutter contre la desertification rurale.*

2 De nouveaux enjeux

A La compétitivité des territoires

DATAR : Délégation interministérielle à l'aménagement du territoire et à l'attractivité régionale (2009).
DIACT : Délégation interministérielle à l'aménagement et à la compétitivité des territoires.
EPCI : Établissement public de coopération intercommunale.
FEDER : Fonds européen de développement régional.
LOADDT : Loi d'orientation pour l'aménagement et le développement durable du territoire (1999).

■ La **compétitivité** désigne la volonté de préparer les territoires à la compétition économique mondiale. L'État, l'Union européenne et les collectivités s'impliquent dans les **partenariats urbains** et les **pôles de développement** (technopôles, pôles de compétitivité) pour stimuler le dynamisme local.

■ L'État établit un plan national d'ensemble, la **DTA** (Directive territoriale d'aménagement), qui dynamise les collectivités. Les **CPER** (contrats de projets État-Région) se bâtissent avec les **fonds structurels européens**, l'État et les instances régionales autour d'enjeux de compétitivité, de cohésion et de développement durable. Des **schémas de cohérence territoriale** (SCOT) permettent de projeter sur le long terme les politiques sectorielles d'urbanisme, d'habitat, de transports et de développement de zones d'activités.

B L'équité territoriale

■ L'aménagement du territoire doit assurer à tous un égal accès aux services publics sur l'ensemble du territoire. Il doit favoriser **la mise en valeur, la modernisation et le développement équilibré du territoire national**, en respectant **l'égalité** de toutes les régions. L'Etat et l'Union européenne s'efforcent de distribuer équitablement les ressources et les fonds de cohésion entre les collectivités afin de corriger les déséquilibres.

■ Les inégalités touchent les **espaces ruraux en désertification**, les **espaces industriels en reconversion** et les quartiers urbains marqués par le **chômage** et la **précarité**.

C Le développement durable et la protection des citoyens

■ La **LOADDT** (1999), la **DATAR** et le **ministère de l'Écologie, de l'Énergie, du développement durable et de la mer** (chargé de l'aménagement avec le **ministère de l'Espace rural et de l'aménagement du territoire**), soulignent la nécessité de la protection de l'environnement dans les objectifs de compétitivité des collectivités. Les CPER et les fonds structurels sont liés aux impératifs du **développement durable**.

■ Les différentes collectivités doivent établir, en liaison avec l'État, des **plans de prévention et de secours** des risques naturels ou technologiques, organiser l'information et la sécurité des citoyens. Les **plans locaux d'urbanisme** (PLU) définis par les communes évaluent les espaces non constructibles. L'intercommunalité peut intervenir pour des projets communs durables, comme le traitement des eaux usées, l'économie d'énergie (ex. : le tramway de Clermont fonctionne à l'énergie solaire). ***Situation 2 :*** *le* ***Conservatoire du littoral*** *(1975) limite la construction de bâtiments sur les côtes pour préserver les paysages, la faune et la flore. Il restaure des espaces menacés et en confie la gestion aux collectivités ; il définit les exploitations économiques respectueuses de la Nature (agriculture, loisirs).*

26 Les transformations de l'espace productif et décisionnel

Comment se déploient les espaces productifs et décisionnels dans une économie française de plus en plus tertiarisée et mondialisée ?

1 Les dynamiques territoriales et économiques

A Les espaces agricoles se modernisent (4 % du PIB)

■ Marqués par le productivisme (PAC, 1962), les agriculteurs ont **agrandi**, **spécialisé** et **modernisé** leurs exploitations (machines, engrais,...). Contre la surproduction et la pollution, la nouvelle PAC (1992) privilégie **l'agriculture raisonnée** qui protège l'environnement.

Déprise : abandon d'activités.
Reconversion : changement d'activité.
Délocalisation : déplacement d'activité vers des espaces où les terrains et la main-d'œuvre sont moins chers.

■ Le **Bassin parisien** accueille de vastes exploitations céréalières mécanisées. Les cultures spécialisées (vigne, légumes) sont dynamiques (Provence, Languedoc, Alsace, Rhône, Loire). Les régions de **polyculture** et de **montagne** (Massif central) souffrent de la déprise. Le **Nord-ouest** (élevage) souffre de la concurrence.

B Les espaces industriels (23 % du PIB)

■ Les industries lourdes sont en crise depuis les années 1970. La France investit dans la **recherche** et la reconversion vers la **haute technologie** et les **biens de consommation** (automobile). Jusqu'en 1970, seules les régions à l'est d'une ligne Le Havre-Marseille étaient très industrialisées : les entreprises délocalisent maintenant sur tout le territoire.

■ **L'île-de-France** et **Rhône-Alpes** sont les régions les plus actives. Le **Nord-Ouest** s'industrialise grâce aux entreprises parisiennes délocalisées. **L'ouest et le sud** attirent des industries de pointe, avec l'ouverture atlantique. Le **Nord et l'Est** peinent à se reconvertir.

C L'explosion du tertiaire (71 % des actifs, 73 % du PIB)

■ Le **tertiaire** rassemble les activités qui répondent aux besoins de la société (gestion, transport...) et des industries nouvelles (recherche, publicité). Son essor est dû à la hausse du niveau de vie et de la consommation de masse.

■ Il se localise surtout dans les **villes**. Les espaces mal desservis et les campagnes n'offrent que des services de proximité (petits commerces, école, tourisme vert...).

2 De nouvelles logiques de localisation

A L'attraction des réseaux et des métropoles

■ Les localisations des systèmes productifs ne sont plus guidées par la proximité de l'énergie et des matières premières. La révolution des transports et des communications entraîne l'industrie vers les **littoraux**, les **métropoles** et les **grands axes**, près des marchés de consommation et des liaisons avec les échanges européens et mondiaux. Certaines entreprises délocalisent vers les régions moins équipées ou les « pays ateliers » où la main-d'œuvre et les terrains sont moins chers. ***Situation 2 :*** *la région, espace fonctionnel, favorise la constitution de réseaux diversifiés de communication qui compensent les inégalités. L'A89, l'A75, l'A71 et l'A72 doivent désenclaver l'Auvergne en attirant des entreprises, mieux reliées aux métropoles (Paris, Clermont-Ferrand, Lyon). Les échanges européens dynamisent les régions frontalières (Alsace, Rhône-Alpes, Franche-Comté, Nord).*

■ Les **villes, centres d'innovation et de commandement**, sont organisées selon une hiérarchie qui dépend de la quantité et de la qualité des services et des industries de pointe qu'elles peuvent offrir. Plus la ville est grande, plus sa zone d'influence est étendue. **Situation 1 :** les métropoles disposent de nombreux services aux particuliers (hôtels, commerces, patrimoine...) et aux entreprises (publicité, informatique) ainsi que des fonctions de décision (sièges sociaux, administrations). Paris, ville mondiale, concentre ainsi l'essentiel des pouvoirs politiques et économiques et possède plusieurs quartiers d'affaires (Bercy, La Défense).

■ Le **centre** des villes accueille les **activités de décision** (administration, sièges sociaux), notamment dans les quartiers d'affaires. Les **périphéries** bien desservies en réseaux de communication accueillent elles aussi des **quartiers d'affaires** et nouveaux **centres tertiaires**, bases parfois de villes nouvelles et d'activités nécessitant de l'espace (industries, aéroports, hypermarchés...). À l'inverse, **l'espace rural** est grignoté par l'expansion des villes et de leurs activités industrielles et tertiaires, notamment par les délocalisations.

B Vers un éclatement des espaces productifs traditionnels ?

■ Les espaces agricoles et industriels se dotent de plus en plus d'espaces tertiaires (bureaux, agences publicitaires, pôles de recherche...). **Les systèmes productifs et décisionnels sont de plus en plus complémentaires**. L'agriculture s'insère dans des **filières agroalimentaires** qui vont de la recherche à la distribution (services d'amont et d'aval), transformant la production agricole en biens de consommation (conserves, plats cuisinés...). Les **technopôles** sont des parcs technologiques regroupant les pôles de recherche, les industries et les services (commerce, communication) qui permettent de favoriser l'innovation, de la conception à la distribution du nouveau produit ou service. Elles se localisent près des métropoles régionales et le long des grands axes de communication.

■ Des structures se développent hors des contraintes spatiales. Des **pôles de compétitivité** (2005) associent des collectivités, des États, des entreprises, des services, des pôles de recherche et de formation pour accomplir des projets novateurs d'ampleur régionale à mondiale (ex. : le pôle i-trans, pour créer des transports innovants). Le **télétravail** (travail à distance par réseaux informatiques) permet de travailler loin des villes et des grands axes.

27 Les mobilités de la population

Les Français sont de plus en plus mobiles pour leur travail ou leurs loisirs et selon leur mode de vie. Quels sont les flux majeurs de population de l'espace français ?

1 Exode rural, urbanisation croissante et périurbanisation

A Une mobilité croissante entre espaces urbains et ruraux

■ **L'exode rural** stimule la croissance urbaine, de l'industrialisation du XIXe siècle aux Trente Glorieuses. **75 % des Français vivent dans les villes**. La mobilité est stimulée par la rapidité, l'accessibilité et la diversité croissante des transports.

■ Les différentes activités de la vie actuelle impliquent une mobilité accrue, à courte ou longue distance, volontaire ou non : **résidence**, **loisirs** (sport, musée, visites à la famille...), **services** (médecins, hypermarchés...) et surtout le **travail**.

Migrations pendulaires : déplacements quotidiens entre le domicile et le lieu de travail.
Gentrification : transformation des espaces au profit de catégories sociales supérieures.
Périurbanisation : expansion des espaces urbains au détriment des espaces ruraux voisins.

B La gentrification des centres-villes

■ Les **centres** se dotent d'un habitat haut de gamme, de bureaux et deviennent des **quartiers d'affaires, de services, de confort et de loisirs** (ex. : La Défense à Paris).

■ Leur profil économique et social se transforme au profit de **catégories sociales supérieures**, d'**étudiants** et de **jeunes actifs** attirés par des services rares.

C Les périphéries urbaines en expansion

■ Dès 1970, des citadins, désireux de trouver un cadre de vie agréable et davantage d'espace, partent résider dans les campagnes et continuent à travailler en ville. La **périurbanisation** et les **migrations pendulaires** grandissent, et avec elles la **pollution**.

■ La banlieue s'étend sous forme de **lotissements pavillonnaires** ou de **grands ensembles**. Les populations plus précaires résident dans les zones urbaines sensibles ou partent vers de lointaines périphéries moins coûteuses. **Le long des axes** s'implantent des activités nécessitant de l'espace et un accès aisé : hypermarchés, aéroports...

2 Une répartition inégale des territoires liée à la mobilité des Français

A Les régions urbaines, espaces attractifs

■ L'Ile-de-France, très peuplée, a un solde migratoire déficitaire, car elle concentre tous les maux urbains : difficultés de la vie quotidienne, pollution, coût et rareté des logements, transports congestionnés, insécurité. La région reste attractive pour les cadres, les jeunes actifs et les étudiants, mais entraîne le départ des familles nécessitant de l'espace.

■ Les régions urbaines attirent pour les opportunités professionnelles qu'elles proposent dans l'industrie et le tertiaire et pour leur patrimoine culturel (musées, monuments, quartiers historiques). Les espaces proches de la mégalopole européenne, les régions anciennement industrialisées, les capitales régionales et les zones périurbaines attirent les plus fortes migrations. Les collectivités locales y perçoivent des recettes fiscales élevées et financent ainsi les équipements les plus prestigieux qui, à leur tour, attirent des migrants.

■ Cependant, certaines régions rurales et de piémonts bien desservies développent des agricultures et industries performantes et du tourisme vert qui attirent les populations (Jura, pays de Loire, Alsace).

B La littoralisation et l'attraction croissante des Sud et de l'Ouest

Littoralisation : attraction vers les espaces côtiers.

■ Les façades littorales et les grandes vallées fluviales attirent par la qualité de leur cadre de vie, de leurs réseaux de communication et leur potentiel touristique (***situation 1 :*** *la France en été se charge de touristes sur les grands axes à destination des littoraux méditerranéens et, de plus en plus, atlantiques*).

■ Les régions du sud et de l'ouest se dotent de pôles industriels et tertiaires actifs et offrent un environnement agréable (mer, nature, soleil). Cependant, les fortes concentrations sur les littoraux peuvent causer des problèmes de pollution et de destruction des paysages naturels. ***Situation 2 :*** *L'outre-mer, largement situé dans la zone intertropicale, attire les migrations touristiques. Le niveau de vie, plus faible qu'en métropole, est souvent plus fort que dans les pays voisins et donc attractif.*

C Des espaces d'émigration, à valoriser

■ Certains espaces, mal desservis et mal équipés, se désertifient : régions de montagne (Massif central, Alpes hors saison touristique...), régions industrielles du Nord et Nord-Est en reconversion, espaces ruraux isolés (Limousin, Auvergne). Ces espaces en difficulté économique sont parfois désignés comme une « diagonale du vide », des Pyrénées au Nord.

■ ***Situation 2 :*** *L'outre-mer souffre d'inégalités sociales fortes et d'un chômage important qui favorisent les migrations vers la métropole.*

28 L'UE et ses territoires

L'UE, première puissance économique mondiale, est une construction géoéconomique et géopolitique de 27 États membres et 500 millions d'habitants. Quels grands débats traversent cet espace à géométrie variable ?

1 Un espace géoéconomique qui s'élargit

A Une zone de libre-échange

■ L'Europe est une mosaïque d'États différents par leur surface, leur niveau de développement, leur PIB et leur peuplement. **Situation 1 :** si l'Europe est entourée par des espaces maritimes, la **frontière** orientale (Oural, Caucase) est culturelle et politique.

■ Le **traité de Rome** (1957) crée un **marché commun** (libre circulation des marchandises, personnes, services et capitaux). Le **traité de Schengen** (1995) instaure une suppression totale des barrières douanières intérieures et une surveillance commune des frontières extérieures. **L'euro**, monnaie unique et forte facilite les échanges depuis 2002. Mais certains États ne peuvent (PIB faible) ou ne veulent pas entrer dans la zone euro et l'espace Schengen. La crise mondiale depuis 2008 et l'influence grandissante de la finance mondiale ont affaibli considérablement la zone euro en 2011, mettant en valeur l'endettement excessif de certains États (Grèce, Italie...). Une réflexion s'élabore concernant la solidarité entre États pour préserver la zone euro, ainsi qu'une réforme de la Banque centrale européenne.

B Centre et périphéries : vers un rééquilibrage ?

■ Le cœur économique de l'Europe est la **mégalopole européenne**, caractérisée par une forte densité de population et par sa concentration d'activités de pointe, de services et de décision. L'UE s'efforce de développer et de mieux relier les **régions périphériques** (Nord peu peuplé, Est récemment converti à l'économie de marché). Les **fonds de cohésion** réduisent les inégalités pour équilibrer les PIB et niveaux de vie entre États membres.

■ Des **espaces de coopération régionale** se regroupent pour faire des projets communs : la mer Baltique (2009), le bassin du Danube (2010), l'ensemble euroméditerranéen en 1995.

C Politiques communes, projets et enjeux d'avenir

■ Les projets communs, comme la **politique agricole commune**, doivent donner une unité à l'UE. De nombreux projets de **réseaux transeuropéens** de circulation renforcent la cohésion des États membres (ex. : axe Lyon-Turin). Mais des politiques communes restent à développer dans **l'industrie de haute technologie** ou le **tertiaire**. ***Situation 2 :*** *projet Ariane (société aéronautique européenne destinée à placer des satellites en orbite géostationnaire).*

■ L'UE doit actualiser les coopérations existantes (PAC, politique de cohésion) et en bâtir de nouvelles (énergie, environnement, transports, éducation...). L'UE doit aussi lutter contre le vieillissement de sa population qui risque à terme de ralentir son dynamisme économique.

2 Un espace géopolitique en débats

A Une puissance politique et institutionnelle

■ Le **traité de Maastricht** (1992) transforme le marché commun fondé par la CEE en 1957 en union politique. L'UE défend les droits de l'homme et les valeurs démocratiques, fait émerger un sentiment européen en créant la citoyenneté européenne. Le **traité d'Amsterdam** (1997) initie une coopération judiciaire (Eurojust) et policière (Europol).

■ L'UE des 27 ne peut fonctionner avec les institutions conçues pour six en 1957. Le **traité de Lisbonne** (2010) renforce la participation des citoyens dans la prise de décisions fondamentales en augmentant le poids du parlement. L'évolution institutionnelle fait l'objet de débats vifs entre les partisans d'une Europe fédérale, les tenants de l'Europe des nations et ceux qui préfèrent s'en tenir à une simple zone de libre-échange...

■ L'Eurocorps (60 000 hommes) et l'Agence européenne de défense, base d'une politique extérieure commune (le **SEAE**, service européen d'action extérieure), développent la PESC (proposée par Maastricht) et la politique européenne de sécurité et de défense (PESD) proposée par le traité d'Amsterdam. Ils renforcent le poids diplomatique de l'UE qui peine à trouver une position commune. Le traité de Lisbonne institue en complément un **président du Conseil européen** et un **haut représentant des affaires étrangères et de la sécurité**.

B Un élargissement du territoire européen, sujet à débats

■ L'UE attire des candidats à l'Est et dans le bassin méditerranéen, voire au-delà des cadres traditionnels du continent (Russie, Turquie...). Depuis le **sommet de Copenhague** (1993), un nouvel État membre doit posséder des institutions démocratiques stables, respectueuses des droits de l'homme. Il doit disposer d'une économie de marché capable de s'intégrer à l'espace européen. Il doit pouvoir participer aux projets communs.

■ Le débat est vif entre les partisans de l'élargissement et ceux qui préfèrent consolider d'abord les acquis, échaudés par le coût des aides liées à l'intégration d'anciens États communistes en transition vers le capitalisme. Les **aides** sont parfois mal perçues par les Européens qui préféreraient intégrer des États développés (Suisse, Norvège, Islande et les États de l'AELE) qui, eux, hésitent à partager cette charge. La candidature de la Turquie, soulève le débat de savoir si l'UE doit rester dans le cadre purement chrétien et si elle doit s'étendre jusqu'au Moyen-Orient.

■ La **politique européenne de voisinage** (PEV, 2004) ou **d'union pour la Méditerranée** (2008) peut créer une aire d'échanges avec les États pauvres du continent (Balkans, Biélorussie, Ukraine) et avec l'ensemble de l'espace méditerranéen, sans les intégrer politiquement à l'Union. Mais bien des candidats à l'adhésion (ex : Russie) ne veulent pas accepter cette liaison partielle, sans rôle politique ni programme d'aide au développement. De plus, les événements du « printemps arabe » en 2011, les révolutions en Libye et en Syrie ont rendu l'espace méditerranéen fragile politiquement. Les projets sont repoussés jusqu'au retour de la stabilité.

29 Le citoyen et le monde

Quelle responsabilité les citoyens ont-ils face à l'évolution du monde (science, environnement, travail) et des droits humains ?

1 Droits de l'homme et action internationale

A La Déclaration universelle des droits de l'homme (1948)

■ La déclaration universelle des droits de l'homme est rédigée en 1948 par l'Organisation des Nations unies (ONU) pour protéger les droits fondamentaux de l'homme et la paix dans le monde après 1945. Ce droit universel se place au-dessus des lois des États.

■ Inspirée de la déclaration des droits de l'homme et du citoyen de 1789, elle proclame l'égalité en dignité et en droits de l'individu, souligne les libertés (individuelle, de circulation, de pensée); elle condamne la discrimination, l'esclavage et la torture. Au nom de la fraternité, elle encourage la solidarité internationale pour le développement dans le monde entier. Elle proclame le droit à l'éducation, à la santé et à la liberté de choisir son travail. **Sujet 1 : L'ONU a reconnu le droit d'ingérence humanitaire** (1988), droit d'intervention dans les affaires d'un État quand sa population est en danger.

B Les ONG et la solidarité internationale

■ Les organisations non gouvernementales (ONG) sont des associations privées.

■ Les ONG humanitaires (Croix Rouge, Médecins sans frontières...) agissent auprès des populations frappées par la détresse (guerre, catastrophe naturelle, famines...). D'autres ONG, comme Amnesty International, luttent contre les atteintes à la déclaration de 1948.

C Le rôle de l'ONU

■ L'ONU (1945), est chargée de la mise en œuvre de ce droit universel et du maintien de la paix et de la coopération à l'échelle internationale. Elle compte 192 États membres.

■ L'ONU agit juridiquement : la Cour pénale internationale (2002) sanctionne les crimes contre l'humanité ; la cour de justice internationale tranche les conflits entre les États.

■ En dernier recours, quand la diplomatie a échoué, l'ONU peut intervenir militairement par les Casques bleus, armée internationale de rétablissement de la paix. Elle est aidée en cela par des États agissant sous son mandat (ex. : l'OTAN en Afghanistan).

■ Le conseil économique et social de l'ONU aide au développement et dirige des institutions internationales pour faire progresser les droits de l'homme : le fonds monétaire international (FMI) finance des projets de développement, l'UNICEF éduque les enfants...

2 Citoyenneté, science et éthique

■ Les progrès scientifiques apportent du confort mais aussi des risques. La bioéthique étudie les risques moraux liés à la recherche, lui pose des limites et fait appel à la responsabilité des savants et des citoyens. Le progrès ne doit cependant pas s'arrêter...

■ **Sujet 1 :** La procréation médicalement assistée : l'aide aux couples qui ne parviennent pas à avoir des enfants est légalement encadrée. La sélection génétique (eugénisme) est interdite. Les procédures sont dangereuses et posent un problème moral et religieux.

■ **Sujet 2 :** Le clonage : le clonage animal ou végétal pose des problèmes sanitaires. Par respect pour la dignité et l'identité de l'individu, la loi sur la bioéthique (2004) interdit la recherche sur le clonage humain et l'eugénisme, « crimes contre l'espèce humaine ».

■ **Sujet 3 :** Informatique et liberté. Les données informatiques doivent être protégées pour respecter le droit à la vie privée. Aucune législation internationale n'existe aujourd'hui.

3 Citoyenneté et environnement

■ Les citoyens s'impliquent dans la préservation des ressources, afin d'assurer les besoins du présent sans compromettre la capacité des générations futures à répondre aux leurs. Ils se responsabilisent sur les liens entre les progrès technologiques, la santé et l'environnement.

■ **Sujet 1 :** Les organismes génétiquement modifiés (OGM) permettent de nourrir plus de monde, mais leurs conséquences sanitaires sont encore inconnues ou mal maîtrisées.

■ **Sujet 2 :** L'énergie nucléaire améliore les ressources et le confort des entreprises et de la population. Mais la gestion des déchets pose des problèmes de traitement et de stockage qui risquent d'exposer les populations à un danger radioactif.

■ **Sujet 3 :** La biodiversité désigne la diversité naturelle des organismes vivants et de leurs milieux. Sa préservation est une ressource vitale du développement durable.

4 Citoyenneté et travail

■ La citoyenneté s'exerce aussi au travail : droits sociaux et civils, responsabilité civique.

■ **Sujet 1 :** La grève est un droit d'expression qui permet au salarié de donner du poids à ses revendications. Il est cependant limité pour les professions de santé et sécurité publique.

■ **Sujet 2 :** Flexibilité et sécurité de l'emploi. Les citoyens sont amenés à connaître des carrières variées avec la crise et la montée de la précarité de l'emploi. Le droit du travail doit évoluer avec la mondialisation des échanges, notamment par la formation continue.

■ **Sujet 3 :** la négociation dans l'entreprise. Le contrat de travail définit les droits et devoirs mutuels des salariés et de leur employeur. La présence de délégués du personnel, la liberté syndicale et les conventions collectives créent un climat propice aux négociations.

SUJET DE TYPE BAC (EXAMEN EN TERMINALE)

Partie I : Histoire (9 points)

Le candidat a le choix entre les deux sujets d'étude suivants.

Sujet 1 au choix : La décolonisation et la construction de nouveaux États : Inde, Algérie

Répondez en quelques lignes à chacune de ces questions.

1. Quand le processus de décolonisation se produit-il en Inde ? Le contexte international est-il favorable à de telles revendications ? Justifiez votre réponse.
2. Quand l'Algérie devient-elle indépendante ? Quels choix politiques et économiques effectue-t-elle depuis cette date ?
3. Quel rôle international essaient de jouer l'Inde et l'Algérie de 1955 à 1973 ?

Sujet 2 au choix : Le monde depuis le tournant des années 1990

Quel rôle mondial les États-Unis jouent-ils depuis les années 1990 ?

Répondez à cette question sous la forme d'un paragraphe organisé.

Vous rappellerez quelles sont les grandes phases d'intervention des États-Unis sur la scène mondiale depuis les années 1990, en soulignant l'évolution de son statut d'« hyper-puissance » mondiale entre la fin du XXe siècle et le début du XXIe siècle.

Partie II : Éducation civique (4 points)

Thème d'étude : Droits de l'homme et action internationale

La liberté d'expression, un droit de l'homme fondamental

Vous préciserez si la liberté d'expression est un droit politique, civil ou social. Vous expliquerez si ce droit est appliqué partout dans le monde en justifiant votre réponse par des exemples précis. Vous rappellerez quels organismes contribuent à agir pour la diffusion de ce droit et quels moyens ils emploient pour atteindre cet objectif. Pour répondre à ce sujet, vous pouvez vous appuyer sur le document ci-dessous.

DOCUMENT **Affiche d'Amnesty International, 2011**

Partie III : Géographie (7 points)

Sujet d'étude : Acteurs et enjeux de l'aménagement des territoires français

Le candidat a le choix entre les deux situations suivantes.

Situation 1 au choix : Le Conservatoire du littoral

DOCUMENT **Le Conservatoire du littoral aménage les plages de Guadeloupe**

La plage de Babin se doterait d'espaces limités pour le stationnement, d'un ponton pour les bains de boue, dont un grand qui ferait office de point d'information. Dans la même veine, l'îlet Macou ferait peau neuve avec la réfection de la toiture de la chapelle, un sentier entretenu… […] En tant que maître d'ouvrage, le Conservatoire du littoral a soumis aux différents acteurs - municipalité, responsables d'associations, etc. — et partenaires (dont les conseils général et régional) le plan de gestion validé. Au programme : la restauration des sites. Laquelle passera par l'enlèvement des épaves et ordures, l'implantation de panneaux du Conservatoire du littoral pour identifier les sites et communiquer au public le règlement, mais aussi la résolution de la question des constructions illicites, du bornage, des activités agricoles, le sentier littoral et l'aménagement de Babin et de Macou. […] Une politique de sensibilisation sera initiée pour inciter à changer les comportements.

Déborah Mathey, « Babin et îlet Macou : les projets sont en route », article publié sur le site www.guadeloupe.franceantilles.fr, 21 janvier 2012.

1. Classez par catégories les différents aménagements prévus. Quels en sont les objectifs ?
2. Quels acteurs s'impliquent dans la réalisation de ces aménagements ? Quels intérêts représentent-ils et entendent-ils protéger ?
3. Quels rôles du Conservatoire du littoral apparaissent dans ce document ?

Situation 2 au choix : Un aménagement dans une communauté de communes

DOCUMENT **Forez Aquatic, une piscine intercommunale ouverte en 2005**

La piscine d'été et la piscine intérieure comprennent chacune un bassin olympique et un bassin d'apprentissage. L'espace détente est composé d'un jacuzzi et d'un sauna, d'une île aux enfants et d'une pataugeoire. Cette piscine construite aux normes HQE (Haute Qualité Environnementale) intègre la logique des énergies renouvelables avec 120 m^2 de capteurs solaires qui permettent de chauffer près de 60 % de l'eau chaude sanitaire annuelle. […] Forez Aquatic, première piscine labellisée « Tourisme Handicap » par la région, est un pôle attractif pour les personnes porteuses de différences : motrices, visuelles, auditives et mentales. Les personnes à mobilité réduite peuvent accéder à l'ensemble des installations grâce à un ensemble de dispositifs : un ascenseur, un pédiluve adapté pour les fauteuils roulants, une potence pour la mise en eau automatique (dans les bassins d'été et d'hiver). […] Forez Aquatic sera de nouveau aidé par la région pour l'implantation d'un jeu pour les enfants handicapés, dans le cadre de « Vivons Ensemble la Cité » (été 2010).

D'après le site de la communauté de communes de Feurs en Forez* www.feursenforez.fr/forez-aquatic

* La communauté de communes de Feurs en Forez rassemble douze communes au cœur du Forez, dans la région Rhône-Alpes.

1. Classez par catégories les principaux aménagements dont dispose Forez Aquatic.
2. À quels enjeux de l'aménagement des territoires correspond une telle réalisation ?
3. La commune de Feurs aurait-elle pu réaliser seule un tel projet ? Quels autres acteurs peuvent intervenir dans le financement du projet ?

CORRIGÉ

Partie I : Histoire (9 points)

Sujet 1 au choix : La décolonisation et la construction de nouveaux États : Inde, Algérie

1. L'Inde, colonie britannique, obtient son indépendance en 1947. Le contexte est favorable : après la Seconde Guerre mondiale, les États européens sont affaiblis économiquement; les crimes nazis contre l'Humanité relancent le débat autour du « droit des peuples à disposer d'eux-mêmes » (W. Wilson, président des États-Unis, 1914). La colonisation est condamnée par les nationalistes indiens, par les démocrates, par l'ONU, par les États-Unis (ancienne colonie anglaise) et par l'URSS anti-impérialiste. Le Royaume-Uni, affaibli par la « désobéissance civile » qui rend sa présence financièrement insupportable, négocie pacifiquement.

2. L'Algérie est un PED en situation intermédiaire et une démocratie parlementaire, devenue indépendante en 1962 (accords d'Évian) après 8 ans d'une guerre sanglante. L'État planifie l'économie pour moderniser le pays et accéder à l'indépendance économique : développement de l'industrie lourde puis de la haute technologie dès 1990 ; l'économie reste fortement liée aux hydrocarbures et souffre de la concurrence internationale. Politiquement, l'Algérie est une république autoritaire, centrée sur un parti unique, le Front de Libération nationale, né de la guerre d'Algérie. Le pluralisme des partis n'est légalisé qu'en 1989. Une guerre civile, entre musulmans modérés et extrémistes, déchire le pays de 1989 à 1999.

3. L'Inde s'affirme, lors de la conférence de Bandung (1955), contre le colonialisme et pour la solidarité internationale en faveur du développement des jeunes États indépendants. Elle affiche son non-alignement à la conférence de Belgrade (1961), refusant de rejoindre les deux blocs de la guerre froide et réclamant la paix mondiale par le désarmement. L'Algérie adhère au mouvement en 1962. Lors de la conférence d'Alger (1973), l'Inde et l'Algérie réclament un nouvel ordre économique mondial et un dialogue accru entre PID et PED. Le choc pétrolier (1973) et les intérêts particuliers de chaque État mettent un terme à ce rôle international.

Sujet 2 au choix : Le monde depuis le tournant des années 1990

Quel rôle mondial les États-Unis jouent-ils depuis les années 1990 ?

Avec la chute de l'URSS et du bloc de l'Est en 1991, les États-Unis sortent victorieux de la guerre froide et s'affirment comme la première puissance politique, économique et militaire mondiale. L' « hyperpuissance » déploie des troupes sur tous les théâtres d'opération mondiaux et se proclame « gendarme du monde » ; elle domine à l'ONU, défend la démocratie et le droit international sur tous les continents (guerre du Golfe). Elle s'impose dans la mondialisation des échanges, contribue au développement (Égypte, Argentine...) et s'implique dans l'aide humanitaire. Le modèle politique et culturel américain se diffuse dans le monde entier.

L'attentat du 11 septembre 2001 frappe les États-Unis dans leur puissance financière (*World Trade Center*), politique et militaire (Pentagone). Ils engagent alors une politique agressive contre le terrorisme et les « États voyous » (Iran, Irak, Libye...) ; leurs interventions, parfois isolées voire non validées par l'ONU (Irak, 2003) engendrent un antiaméricanisme au Moyen-Orient, en Asie et en Europe. Les États-Unis s'enlisent, ne peuvent résoudre tous les conflits (Afghanistan), sont vulnérables aux crises économiques (*subprimes* en 2008). Ils ne peuvent plus gérer seuls la prolifération nucléaire, la menace terroriste et les intégrismes.

Partie II : Éducation civique (4 points)

Thème d'étude : Droits de l'homme et action internationale

La liberté d'expression, un droit de l'homme fondamental

La liberté d'expression est un droit civil, inscrit dans la Déclaration universelle des droits de l'homme de 1948 (article 19), applicable à tous les individus au nom de l'égalité et de la dignité dues à tout être humain. Il est étroitement associé à la liberté d'opinion et de conscience, et se décline individuellement (par les médias, des publications, des conférences...) ou collectivement (par le biais de manifestations). La liberté d'expression est associée aux démocraties, aux États de droit où le pluralisme des opinions est encouragé.

Cependant, la liberté d'expression n'est pas un droit reconnu partout dans le monde. De nombreux individus sont arrêtés pour leurs opinions démocratiques opposées aux régimes de dictature en place : Liu Xiaobo, prix Nobel 2010, détenu pour avoir exprimé son souhait de bâtir une Chine démocratique. De nombreuses instances travaillent à la diffusion de ce droit dans le monde : l'ONU, certains États et associations internationales (Union européenne) et de nombreuses ONG, telles qu'Amnesty International. L'affiche illustre en 2011 le besoin « d'éclairer » les esprits, d'informer l'opinion, pour qu'elle finisse par retirer le « bâillon » qui retient la liberté d'expression... D'autres ONG s'engagent : Reporters sans Frontières publie chaque année un planisphère mondial dénonçant les États qui entravent la liberté de la presse. Les citoyens, par leurs dons et leurs engagements, défendent aussi cette liberté.

Partie III : Géographie (7 points)
Sujet d'étude : Acteurs et enjeux de l'aménagement des territoires français

Situation 1 au choix : Le Conservatoire du littoral

1. Le Conservatoire du littoral améliore les axes de circulation, entretient les bâtiments et sentiers existants, propose de l'information. L'objectif est de valoriser les sites guadeloupéens pour mieux accueillir les visiteurs et les sensibiliser à l'environnement, et de dynamiser l'économie touristique. Il s'agit également de restaurer les sites et de planifier leur organisation en empêchant les constructions illicites qui menacent l'écosystème.

2. De nombreux acteurs institutionnels s'impliquent dans ces aménagements : les communes, le département et la région d'outre-mer qui investissent dans la compétitivité des sites et en attendent de fortes retombées économiques, l'État dans le cadre des subventions aux projets des collectivités locales. À ceux-ci s'ajoutent des acteurs non institutionnels, des associations déterminées à protéger un écosystème exceptionnel, des scientifiques et de simples citoyens. Tous entendent préserver ce milieu tout en suscitant un tourisme raisonné capable de financer l'entretien du site et de créer des emplois : c'est le développement durable.

3. Le Conservatoire du littoral, engagé dans le développement durable, intervient pour protéger la faune et la flore des littoraux. Il lutte contre la pollution, liée à la négligence et à des densités de population excessives, par des campagnes de sensibilisation et des achats de terrain destinés à limiter l'expansion immobilière sur les sites protégés.

Situation 2 au choix : Un aménagement dans une communauté de communes

1. Le Forez Aquatic dispose de bassins olympiques pour les professionnels et les amateurs chevronnés et de bassins d'apprentissage pour les débutants ; le complexe est prévu pour ouvrir en toutes saisons. Le Forez Aquatic dispose d'installations de loisirs pour tous les âges et de structures adaptées à l'accueil des handicapés (ascenseur, potence automatisée...).

2. Une telle réalisation correspond au développement durable (normes HQE et chauffage par énergie solaire pour le volet environnemental ; rentabilité économique par la multiplicité des services proposés ; projet social par l'intégration des personnes à mobilité réduite et par la création d'emplois de services). Elle répond à l'enjeu de compétitivité, car elle attire, par la qualité et la diversité de ses prestations, une clientèle régionale, voire transfrontalière.

3. La commune de Feurs n'aurait pas pu financer seule un tel complexe, si vaste, doté d'un équipement spécialisé coûteux (accueil des personnes handicapées) ; elle a besoin des ressources de la communauté de communes et des aides régionales. Une telle structure est un atout dont les retombées économiques bénéficient aux communes de l'EPCI et à la région. L'État et l'Union européenne, ainsi que des associations (Handicap international), peuvent soutenir ce projet original, attractif et fédérateur.

MATHÉMATIQUES

Tronc commun à toutes les spécialités

1. Séries statistiques à une variable
Séries statistiques à deux variables 148
Statistiques à une variable Premières 150
Ajustement affine Terminales 151
2. Probabilités 159
Fluctuation d'une fréquence Premières 159
Vocabulaire et calcul des probabilités Terminales 162
3. Suites numériques 170
Définitions Premières 170
Expression du terme de rang *n* Terminales 172
4. Fonctions et dérivation 175
Fonctions de référence Premières 175
Équation du second degré Premières 176
Nombre dérivé Premières 177
Fonction dérivée Terminales 178
Applications de la dérivation Terminales 179

Enseignement spécifique

5. Fonctions exponentielles
Fonction logarithme décimal **Groupement C** 187
Fonctions exponentielles q^x 187
Fonctions logarithme décimal 188
Résolution d'équations et d'inéquations 190
6. Fonction logarithme népérien
Fonctions exponentielles **Groupements A et B** 192
Fonction logarithme népérien 192
Fonction exponentielle 193
Fonctions exponentielles $x \mapsto q^x$ 194
7. Géométrie dans le plan et dans l'espace **Groupement B** 196
Aires de surfaces planes 196
Volumes de solides usuels 197
8. Calcul vectoriel **Groupements A et B** 200
Calcul vectoriel dans le plan 200
Calcul vectoriel dans l'espace 203
9. Trigonométrie **Groupements A et B** 204
Définitions 204
Angles associés, formules d'addition, équations 206
10. Deux évaluations pour le baccalauréat 210

MATHÉMATIQUES

MATHÉMATIQUES

1 Séries statistiques à une variable Séries statistiques à deux variables

Ce chapitre concerne toutes les spécialités des baccalauréats professionnels.

1 Séries statistiques à une variable

Premières professionnelles

A Moyenne et écart type

1er cas : la population est donnée par la liste de ses n éléments $x_1, x_2, ..., x_i, ..., x_n$.

2e cas : la population est donnée par le tableau des effectifs n_i de chacune des p classes x_i.

3e cas : la population est donnée par le tableau des effectifs n_i de chacune des p classes $[a_i, b_i[$ de centre $c_i = \dfrac{a_i + b_i}{2}$.

	Moyenne $\overline{x}$	Variance V
1er cas	$\overline{x} = \dfrac{x_1 + x_2 + \ldots + x_n}{n}$	$V = \dfrac{x_1^2 + x_2^2 + \ldots x_n^2}{n} - \overline{x}^2$
2e cas	$\overline{x} = \dfrac{n_1x_1 + \ldots + n_px_p}{n}$	$V = \dfrac{n_1x_1^2 + \ldots + n_px_p^2}{n} - \overline{x}^2$
3e cas	$\overline{x} = \dfrac{n_1c_1 + \ldots + n_pc_p}{n}$	$V = \dfrac{n_1c_1^2 + \ldots + n_pc_p^2}{n} - \overline{x}^2$

Dans tous les cas l'**écart type** est $\sigma = \sqrt{V}$.

REMARQUE

En Première professionnelle, pour la moyenne et l'écart type, on demande seulement les résultats obtenus avec une calculatrice.

EXEMPLES

• Les 31 élèves d'une classe de lycée professionnel ont obtenu les notes suivantes à un contrôle de mathématiques.

Notes : x_i	7	8	9	10	11	12	13	14
Effectif : n_i	1	5	4	12	5	3	0	1

On est dans le 2e cas. Vérifier avec votre calculatrice que la valeur approchée arrondie à 10^{-4} de la moyenne est $\overline{x} \approx 9,9$ et que la valeur approchée arrondie à 10^{-1} de l'écart type est $\sigma \approx 1,5$.

• On effectue une enquête auprès de 120 grandes surfaces afin de déterminer le prix moyen d'une lampe solaire de 8 leds. On relève ces résultats dans le tableau suivant :

Prix de la lampe en euros	Nombre de grandes surfaces : n_i
[20, 25[	24
[25, 30[	32
[30, 35[	48
[35, 40[	12
[40, 45[	4

On fait l'approximation suivante : dans chaque classe, tous les éléments sont situés au centre de la classe.
On cherche le prix moyen $\overline{x}$ de la lampe solaire.
On est dans le 3e cas, avec $c_1 = 22{,}5$, $c_2 = 27{,}5$ ..., $c_5 = 42{,}5$. Vérifier avec votre calculatrice que $\overline{x} = 30$.

B Médiane et interquartile

■ Dans une série statistique de n termes classés par ordre croissant, la **médiane** *Me* est :
• le terme du milieu, si n est impair ;
• la demi-somme des deux termes du milieu, si n est pair.

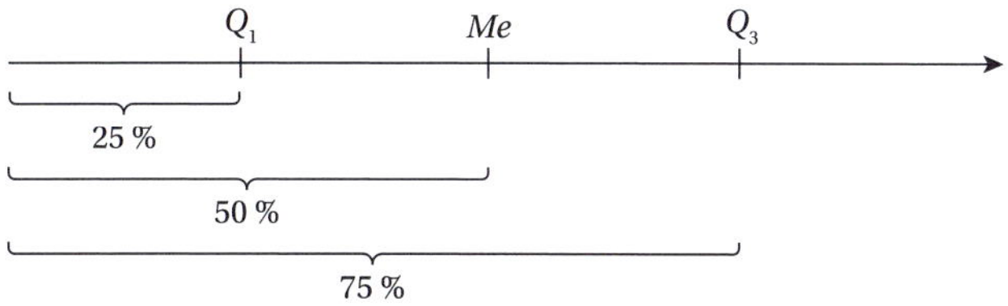

■ Q_1 est le **premier quartile** ; Q_3 est le **troisième quartile**.
L'**écart interquartile** est $Q_3 - Q_1$.

EXEMPLES

• On donne la série statistique : 36, 37, 38, 39, 40, 41, 42, 43, 44.
Le nombre de termes de cette série statistique est impair. La médiane est le terme du milieu, $Me = 40$.
• On donne la série statistique : 1, 2, 2, 4, 4, 5, 8, 8, 8, 8, 8, 9.
Le nombre de termes de cette série statistique est pair. La médiane est la demi-somme des deux termes du milieu, $Me = \frac{5+8}{2} = 6{,}5$.

C Représentation graphique : diagramme en boîte

Les **diagrammes en boîtes** résument graphiquement une série statistique en partageant les valeurs de la série suivant des segments correspondant à des quartiles (ou à des déciles : voir le paragraphe D ci-après).

EXEMPLE

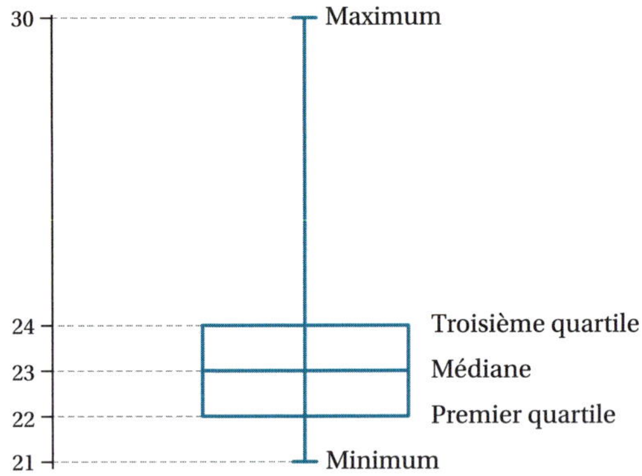

Pour la série statistique représentée, *l'étendue* est 30 - 21 = 9. La *médiane* est égale à 23. Le *premier* et le *troisième quartile* sont respectivement égaux à 22 et à 24.

D Décile et interdécile

■ Dans une série statistique dont les termes sont classés par ordre croissant :

- Le premier **décile** D_1 est le plus petit terme tel qu'au moins 10 % des données soient inférieures ou égales à D_1.
- Les deuxième, troisième, ..., neuvième déciles D_2, D_3, ..., D_9 sont définis de même en remplaçant 10 % par 20 %, 30 %, ..., 90 %.
- L'intervalle interdécile est $[D_1, D_9]$.
- L'écart interdécile est $D_9 - D_1$.

2 Utiliser la calculatrice pour les séries statistiques à une variable

Premières professionnelles

A Calculatrices Texas instruments

■ Avec instructions en français en bleu

• Édition des données

Effacement des listes par STAT EDIT **4:ClrList** ENTER **L_1, L_2** ou stats EDIT **4:EffListe** enter **L_1, L_2** (on obtient **L_1** et **L_2** par 2nd ou 2nde au clavier).

Saisie des données par STAT EDIT **1: Edit** ENTER ou **1:Edite...** ENTER

On entre les valeurs x_i en colonne L1 et les effectifs n_i en colonne L2.

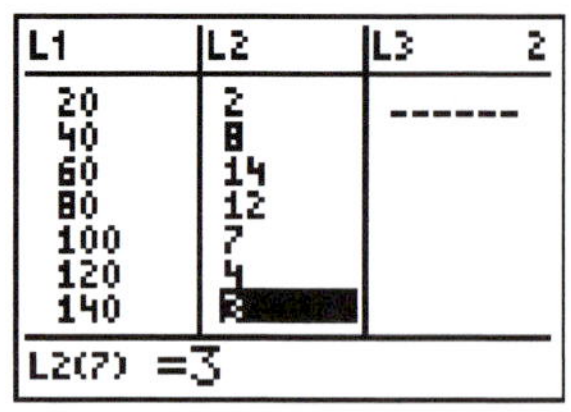

• Calculs statistiques

Obtention des résultats par STAT CALC **1:1-Var Stats** ENTER **L_1, L_2** ou stats CALC **1:Stats 1-Var** enter **L_1, L_2**.

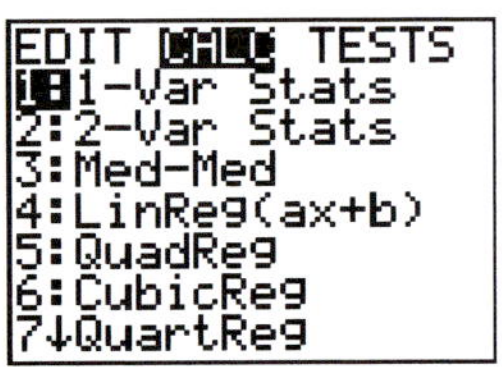

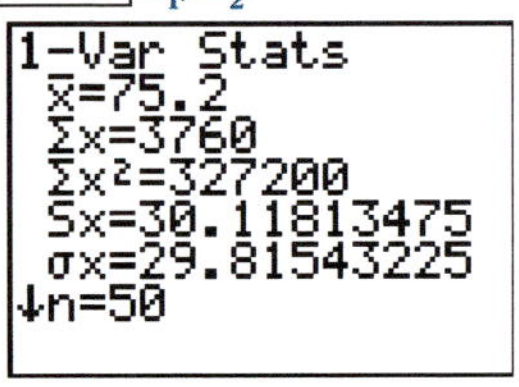

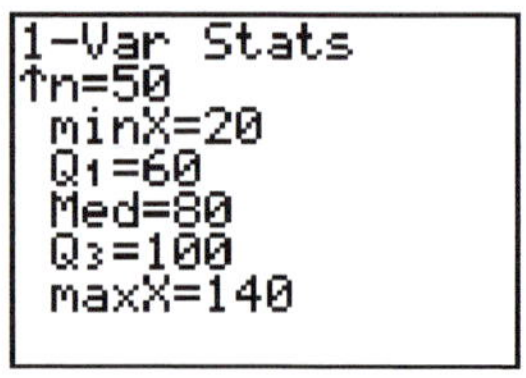

La moyenne correspond à $\bar{x}$ et l'écart type à σx.
La médiane est donnée par **Med** ou **Méd** et les quartiles par **Q1** et **Q3** (attention ! les quartiles sont parfois l'objet d'interpolations).

• Boîte à moustaches

Régler l'échelle en abscisse par **WINDOW** ou **fenêtre**.
Faire **2nd** **STAT PLOT** ou **2nde** **graph stats**
puis activer **Plot1** en choisissant **On** ou **5:GraphOn** ;
sélectionner le second type de boîtes et les listes **L1** et **L2**.
Faire **GRAPH** ou **graphe** pour l'affichage.
La boîte est tracée sur l'intervalle interquartile
et les moustaches correspondent aux valeurs extrêmes.

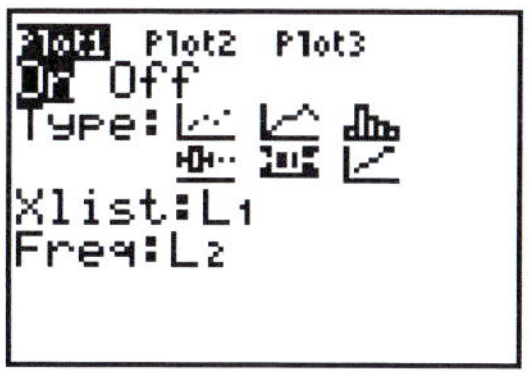

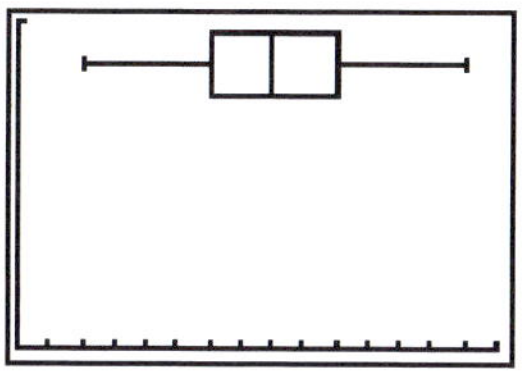

B Calculatrices Casio

• Édition des données

Effacement des listes par **MENU** **STAT** **EXE** **DEL A**.
Sélectionner la colonne puis **YES** **EXE**.
On entre les valeurs x_i en colonne Liste 1 et les effectifs n_i en colonne List 2.

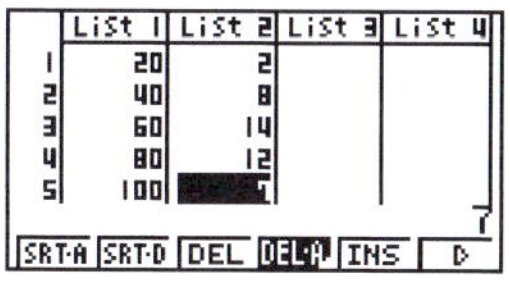

• Calculs statistiques

Régler les colonnes par **CALC** **SET** puis :
1Var X List : List 1
1 Var Freq : List 2
EXE.
Affichage des résultats par **1-Var**.
La moyenne correspond à $\bar{x}$ et l'écart type à $x\sigma n$.
La médiane est donnée par **Med** et les quartiles par **Q1** et **Q3**
(attention ! les quartiles sont parfois l'objet d'interpolations).

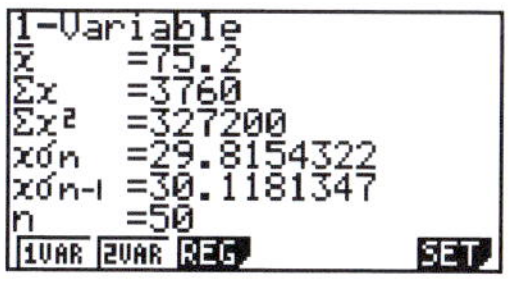

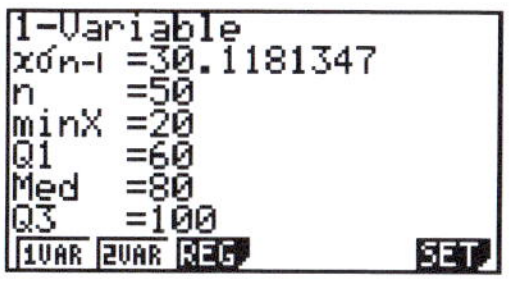

• Boîte à moustaches

Régler l'échelle en abscisse par **SHIFT** **V-Window**.
Dans le **MENU** **STAT** appuyer sur **GRPH** puis sur **SET** pour choisir **MedBox** et indiquer les listes comme ci-contre.
Faire **GPH1** pour obtenir le tracé.
La boîte est tracée sur l'intervalle interquartile
et les moustaches correspondent aux valeurs extrêmes.

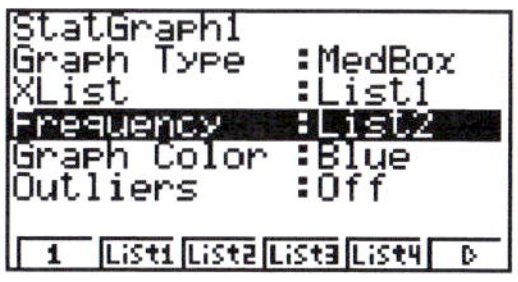

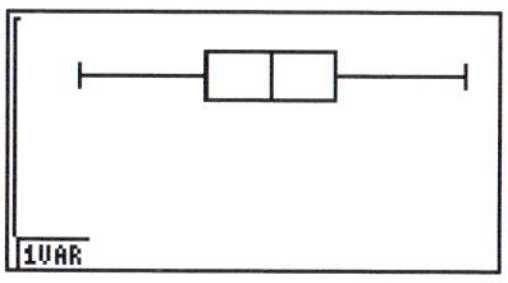

3 Ajustement affine

Terminales professionnelles

On observe que, dans certains cas, il semble exister un lien entre les deux caractères d'une **série statistique à deux variables**, par exemple entre le poids et la taille d'un nouveau-né, entre les maxima de tension artérielle et l'âge d'une population, entre la consommation et la vitesse d'une voiture...
Ce lien n'est pas nécessairement une relation de cause à effet.
Il est alors intéressant d'étudier simultanément deux caractères d'une même population. Nous pouvons alors présenter les résultats sous forme de tableaux ou de graphique.

A Tableaux de données

EXEMPLE

Le tableau suivant donne le nombre d'habitants d'une ville nouvelle entre les années 1982 et 2012.

Année	1982	1987	1992	1997	2002	2007	2012
Rang de l'année : x_i	0	5	10	15	20	25	30
Nombre d'habitants en milliers : y_i	18	21	25	30	36	44	50

B Nuage de points

Le plan étant muni d'un repère, nous pouvons associer au couple (x_i, y_i) de la série statistique double, le point M_i de coordonnées x_i et y_i.

L'ensemble des points M_i obtenus constitue le **nuage de points représentant la série statistique**.

EXEMPLE

Avec l'exemple du A, on obtient le nuage de points ci-contre.

Dans cet exemple, on peut penser, qu'en première approximation, une droite $\mathscr{D}$ peut être tracée « le plus près possible » des sept points du nuage. C'est **le problème de l'ajustement affine**.

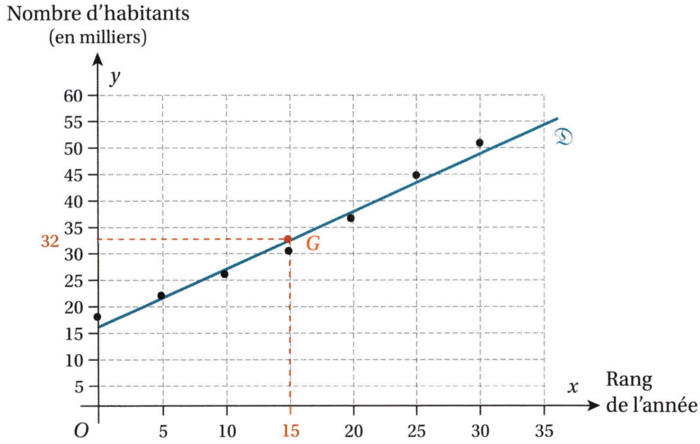

C Point moyen

Lorsqu'on pense pouvoir réaliser un ajustement affine d'un nuage, il peut sembler intéressant, avant de tracer la droite d'ajustement, de placer le point G dont l'abscisse est la moyenne $\overline{x}$ des abscisses x_i et l'ordonnée, la moyenne $\overline{y}$ des ordonnées y_i.

Définition

On appelle **point moyen** d'un nuage de n points M_i de coordonnées (x_i, y_i) le point G de coordonnées : $x_G = \overline{x}$ et $y_G = \overline{y}$.

Faites-le !

EXEMPLE

On vérifie que, dans l'exemple du paragraphe A, le point moyen G a pour coordonnées : (15, 32). Le point G a été placé sur la figure du paragraphe **B**.

D Ajustement affine à l'aide d'une calculatrice

La détermination d'une droite d'ajustement à l'aide d'une calculatrice repose sur la méthode « *des moindres carrés* ».
Aucune connaissance sur cette méthode n'est exigible en Terminale professionnelle.

L'équation de la droite $\mathcal{D}$, aussi appelée **droite de régression de y en x** s'obtient directement avec une calculatrice ou un tableur.

■ Le point moyen du nuage appartient à la droite d'ajustement obtenue avec la calculatrice.

EXEMPLE

Une enquête du service commercial d'un prestataire de services a permis de connaître l'évolution de la demande y_i d'unités d'un certain service, selon le prix x_i auquel il est proposé :

Prix TTC en euros : x_i	Demande mensuelle : y_i
80	540
100	452
120	335
140	188
160	120
180	68
200	18

■ **Comment réaliser un ajustement affine avec une calculatrice**

• **Calculatrice de marque CASIO**

On entre dans le menu de statistique en faisant MENU STAT EXE puis on procède à l'**effacement** éventuel des données présentes dans les listes en se plaçant dans une colonne puis en faisant DEL A YES EXE (appuyer sur F6 en cas d'icône caché).

Ensuite, on **entre les valeurs** x_i en colonne **List 1** et les valeurs y_i en colonne **List 2**.

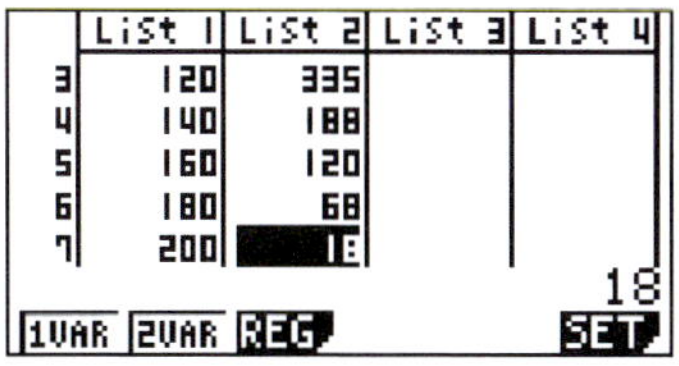

Le **réglage des listes** s'effectue par CALC SET puis :
2Var X List : List 1
2Var Y List : List 2
2 Var Freq : 1 EXE.

L'affichage des **résultats** de la « régression linéaire » (c'est une autre appellation de l'ajustement affine), se fait par REG X.

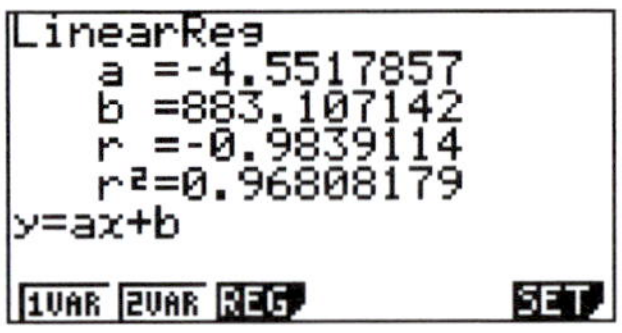

Vous devez obtenir un affichage semblable à celui montré ci-dessus.

• **Calculatrice de marque Texas Instruments** (instructions en français en bleu) :

On entre dans le menu de statistique en appuyant sur la touche STAT ou stats puis on procède à l'**effacement** éventuel des données présentes dans les listes en faisant EDIT **4:ClrList** ENTER $\mathbf{L_1}$, $\mathbf{L_2}$ ou 4:EffListe entrer L_1, L_2 (on obtient $\mathbf{L_1}$ et $\mathbf{L_2}$ au clavier par la touche 2nd ou 2nde).

Pour **saisir les données**, on fait STAT EDIT **1: Edit** ENTER ou 1:Edite entrer puis on entre les valeurs x_i en colonne $\mathbf{L_1}$ et les valeurs y_i en colonne $\mathbf{L_2}$.

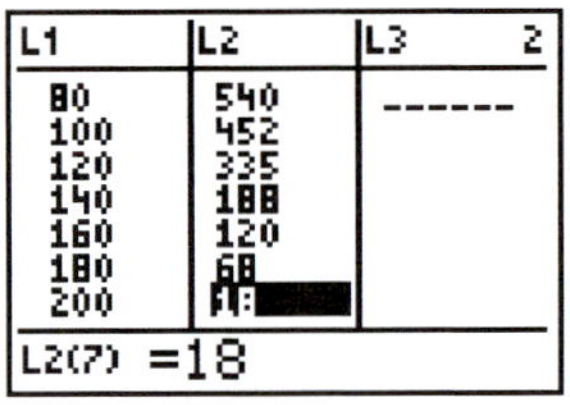

L'affichage des **résultats** de la « régression linéaire » (ou ajustement affine), se fait par STAT CALC **4:LinReg(ax+b)** ENTER $\mathbf{L_1}$, $\mathbf{L_2}$ ou stats CALC 4 :RegLin(ax+b) entrer L_1, L_2.

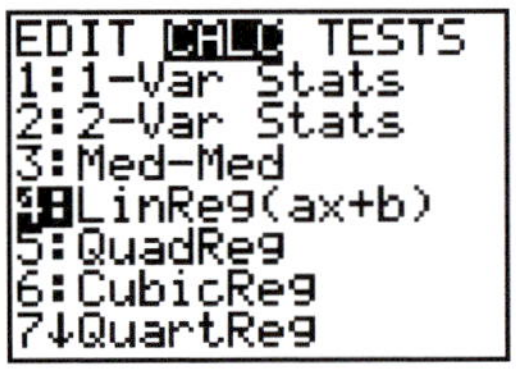

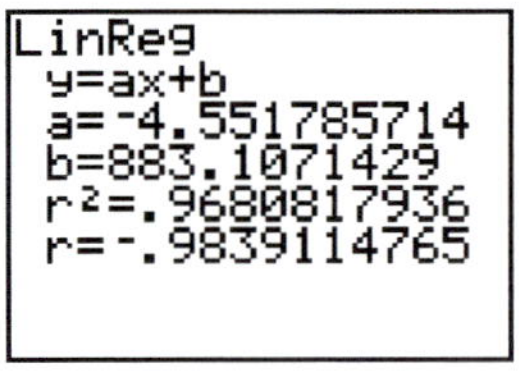

Vous devez obtenir un affichage semblable à celui montré ci-dessus.

■ En arrondissant les coefficients a et b à 10^{-2}, on obtient l'équation $y = -4{,}55x + 883{,}11$.

■ On peut alors estimer la demande, par exemple, pour un prix proposé de 130 € :
$d = -4{,}55 \times 130 + 883{,}11 \approx 292$.

E Exemple d'utilisation d'un ajustement affine

EXEMPLE

Une entreprise du secteur de la téléphonie mobile s'intéresse au lien entre ses dépenses publicitaires et son chiffre d'affaires : elle recueille les données suivantes, exprimées en millions d'euros, portant sur cinq périodes où les dépenses publicitaires sont notées $x_1, x_2, ..., x_5$ et les chiffres d'affaires $y_1, y_2, ..., y_5$.

Dépenses publicitaires : x_i	0,5	2,0	2,9	4,5	5,6
Chiffre d'affaires : y_i	35	37	75	92	90

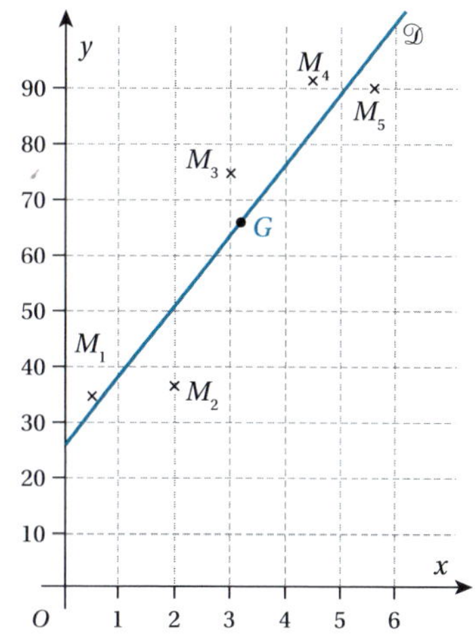

Représentons ces données par cinq points M_i dans un repère où des dépenses publicitaires x_i sont en abscisse et les chiffres d'affaires y_i en ordonnée. Le point moyen du nuage est $G(3{,}1 ; 65{,}8)$. On le place sur la figure.

Vérifiez-le !

En procédant comme au paragraphe D, on cherche avec une calculatrice une équation d'une droite d'ajustement.

En arrondissant les coefficients à 10^{-3}, on obtient : $y = 12{,}768\,x + 26{,}219$, pour équation de la droite 𝒟. On a tracé la droite 𝒟 sur la figure.

Vérifiez-le !

On observe que **la droite 𝒟 d'ajustement passe par le point moyen du nuage**.

Ce résultat est toujours vrai.

On peut estimer le chiffre d'affaires correspondant à des dépenses publicitaires de 3,5 millions d'euros en calculant : $12{,}768 \times 3{,}5 + 26{,}219 = 70{,}907$.

En arrondissant à l'unité on peut estimer à 71 millions d'euros le chiffre d'affaires correspondant à 3,5 millions d'euros de dépenses publicitaires.

PREMIER EXERCICE D'ÉVALUATION – Un QCM

Premières professionnelles

Cet exercice est un questionnaire à choix multiples (QCM).
Pour chaque question, une seule des quatre réponses proposées est correcte.
Relever sur la copie le numéro de la question ainsi que la lettre correspondant à la réponse choisie. Aucune justification n'est demandée.

A. Au premier trimestre, un élève a obtenu les notes suivantes en mathématiques : 9,9, 11, 14, 17.

1. L'étendue est :
a. 4 **b.** 8 **c.** 9 **d.** 10

2. La moyenne est :
a. 11 **b.** 12 **c.** 13 **d.** 14

3. La médiane est :
a. 10 **b.** 10,5 **c.** 11 **d.** 11,5

MATHÉMATIQUES

B. On considère le diagramme en boîte ci-dessous :

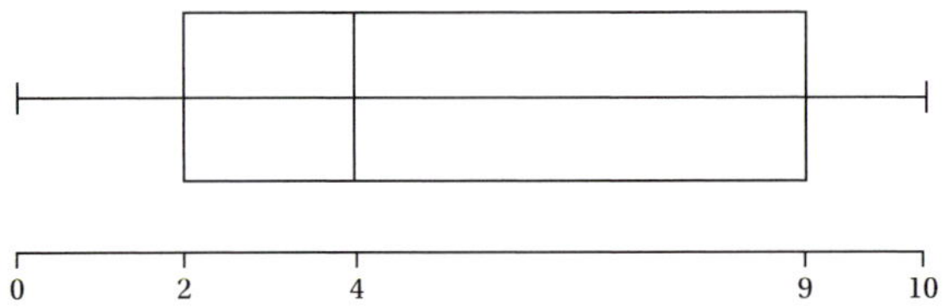

a. La médiane est 4 ; **b.** Le troisième quartile est 10 ; **c.** L'intervalle interquartile est [0, 10] ; **d.** Le premier quartile est 4.

CORRIGÉ

A. 1. Réponse b). (L'étendue est : 17 – 9 = 8.) **2.** Réponse b). **3.** Réponse c). **B.** Réponse a).

DEUXIÈME EXERCICE D'ÉVALUATION – Avec la calculatrice

Terminales professionnelles

Cet exercice est un questionnaire à choix multiples (QCM).
Pour chaque question, une seule des trois réponses proposées est correcte.
Relever sur votre copie le numéro de la question ainsi que la réponse choisie. Aucune justification n'est demandée.

A. Le point moyen du nuage ci-dessous est le point G de coordonnées :
a. $G(12, 290)$; **b.** $G(5, 260)$; **c.** $G(8, 290)$

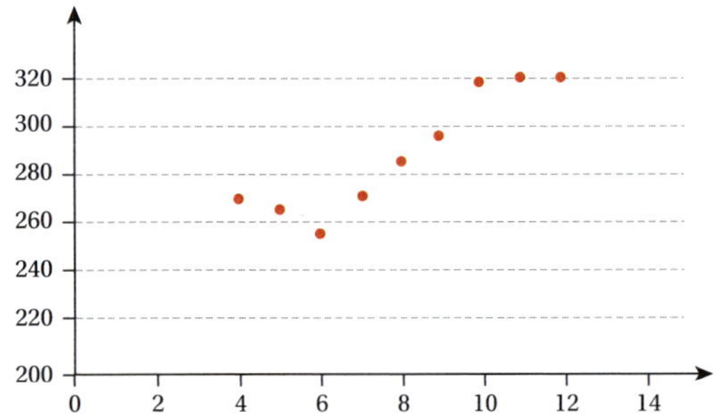

B. 1. Un particulier décide de changer, d'ici deux ou trois ans, son véhicule acheté en 2006. Souhaitant connaître le prix auquel il pourra le revendre, il consulte l'Argus afin de connaître la cote de son véhicule et obtient le tableau suivant :

Année	2007	2008	2009	2010	2011	2012
Rang de l'année : x_i	1	2	3	4	5	6
Cote en euros : y_i	16 000	13 500	11 200	9 000	7 400	5 900

On précise que la cote est la valeur de revente du véhicule en fonction de l'année choisie pour la revente ; par exemple, en 2009, la valeur de son véhicule était 11 200 €.
Pour estimer la cote de sa voiture en 2014, il procède à un ajustement affine par la méthode des moindres carrés à l'aide d'une calculatrice.

Après avoir arrondi les valeurs approchées à la centaine d'euros la plus proche, une équation de la droite de régression de y en x est :

a. $y = -2\,100x + 17\,600$; **b.** $y = -2\,000x + 17\,600$; **c.** $y = -2\,100x + 17\,000$.

2. L'estimation du prix de son véhicule en 2014, selon le modèle précédent, est alors :

a. 1 600 € ; **b.** 800 € ; **c.** 200 €.

3. En moyenne, sur la période 2007-2012, ce véhicule perd par an à 100 € près :

a. 1 000 € ; **b.** 2 000 € ; **c.** 3 000 €.

CORRIGÉ

A. Réponse c). **B. 1.** Réponse b).

B. 2. Réponse a). ($-2\,000 \times 8 + 17\,600 = 1\,600$.)

B. 3. Réponse b). (Calculer la moyenne des cinq « pertes ».)

MATHÉMATIQUES

TROISIÈME EXERCICE D'ÉVALUATION – La calculatrice

Terminales professionnelles

Une entreprise fabrique un certain type de composant électronique.
Le tableau suivant donne, en milliers, le nombre de composants de ce type vendus entre 2008 et 2012.

Année	Rang de l'année : x	Nombre de composants vendus, en milliers : y
2008	0	90
2009	1	200
2010	2	375
2011	3	550
2012	4	650

1. Construire le nuage de points de coordonées (x, y) dans un repère orthogonal $(O ; \vec{i}, \vec{j})$. On prendra pour unité 2 cm pour 1 sur l'axe des abscisses et 2 cm pour 100 milliers sur l'axe des ordonnées.

2. a. Déterminer, à l'aide d'une calculatrice, une équation de la droite de régression Δ de y en x sous la forme $y = ax + b$, où a et b sont des nombres entiers.

b. Construire la droite Δ sur la figure.

c. Utiliser le **a.** pour donner une estimation du nombre de composants en 2013.

d. Vérifier sur le graphique le résultat obtenu sur **c.** On fera apparaître sur le graphique les constructions utiles.

CORRIGÉ

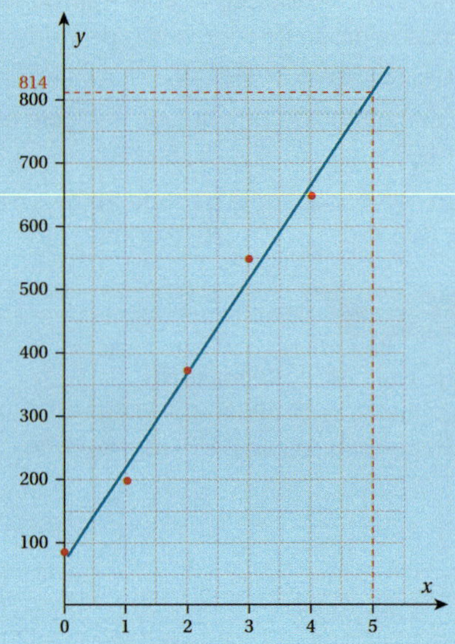

1.

2. a. Avec une calculatrice, on obtient l'équation $y = 147x + 79$.

b. Voir la figure.

c. 2013 est l'année de rang :

$x = 5$. $147 \times 5 + 79 = 814$.

On peut estimer à 814 milliers d'unité le nombre de composants vendus en 2013.

d. Voir la figure.

QUATRIÈME EXERCICE D'ÉVALUATION – Avec le tableur

Terminales professionnelles

Un parc d'attractions propose également des nuits d'hôtel sur place. On dispose des statistiques de 12 journées. Le nombre d'entrées est inscrit dans les cellules de A2 à A13 et le nombre de nuitées correspondant dans les cellules contiguës de la colonne B.

Au vu du nuage de points, un ajustement sous forme d'une « droite de tendance » a été demandé au tableur.

A15 = =MOYENNE(A2:A13)

	A	B
1	Nombre d'entrées	Nombre de nuitées
2	356	120
3	418	176
4	582	199
5	302	98
6	397	130
7	506	182
8	715	239
9	356	122
10	401	129
11	544	205
12	739	257
13	378	126
14	Moyennes	
15	474,5	165,25
16		
17		

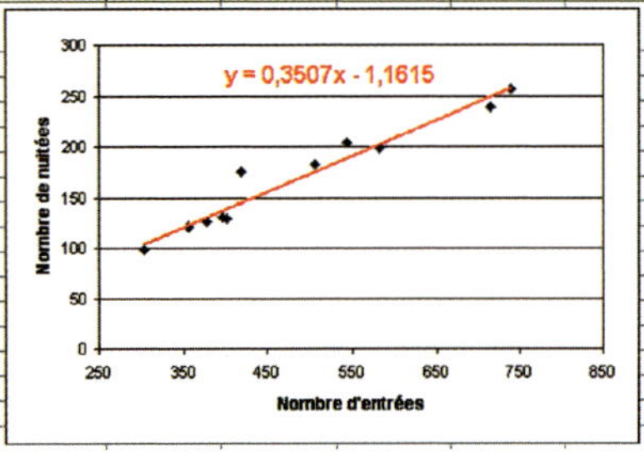

1. On a entré en A15 la formule =MOYENNE(A2:A13) qui a été recopiée vers la droite en B15. Vérifier, qu'aux arrondis près, le point moyen appartient à la droite d'ajustement.

2. Un jour donné, on enregistre 472 entrées. Utiliser l'ajustement affine pour estimer le nombre de nuitées.

CORRIGÉ

1. On a $0{,}3507 \times 474{,}5 - 1{,}1615 \approx 165{,}25$.

2. On estime le nombre de nuitées à :

$0{,}3507 \times 472 - 1{,}1615 \approx 164$.

2 Probabilités

Ce chapitre concerne toutes les spécialités des baccalauréats professionnels.

1 Fluctuation d'une fréquence selon les échantillons, probabilités

Premières professionnelles

A Exemples de situations aléatoires, issues, événements

Exemples de situations aléatoires

On considère les situations suivantes.

Situation 1 : Une urne contient 70 % de boules rouges et 30 % de boules bleues. On prélève au hasard une boule dans l'urne, on note sa couleur et on la remet dans l'urne.

Situation 2 : On lance un dé cubique et on note le nombre de points figurant sur la face supérieure lorsque le dé s'est immobilisé.

Situation 3 : On tire au hasard une carte d'un jeu de 32 cartes.

Situation 4 : On joue deux fois à pile ou face avec la même pièce en notant les résultats obtenus.

Pour chacune de ces quatre situations, le résultat ne peut être prévu à l'avance : il s'agit d'**expériences** ou d'**épreuves aléatoires**.

Issues d'une expérience aléatoire

Lorsqu'on réalise une expérience aléatoire chaque résultat possible est une **issue**.

EXEMPLES

Dans la situation 1, il y a deux issues possibles ; dans la situation 2, il y a 6 issues possibles ; dans la situation 3, il y a 32 issues possibles ; dans la situation 4, il y a 4 issues possibles : (pile, pile), (pile, face), (face, pile) (face, face).

Événements

- Un **événement** est constitué par une ou plusieurs issues d'une expérience aléatoire.
- Un **événement élémentaire** est constitué par une seule issue.

EXEMPLES

- Dans la situation 1, on peut notre R l'événement : « la boule prélevée est rouge » (R est constitué par une issue).
- Dans la situation 2, on peut noter A l'événement : « le résultat est un nombre pair » (A est constitué par 3 issues).

R **est un événement élémentaire.**

On peut définir d'autres événements à partir de cette expérience aléatoire, par exemple : « le résultat est impair... est supérieur à 2... est égal à 3...

B Évaluer la probabilité d'un événement à partir d'une fréquence

EXEMPLE

Reprenons la situation 1. Avec un ordinateur, on a simulé successivement 100, 200, 300, 400, 500 réalisations de cette expérience aléatoire. On a obtenu les résultats suivants.

Nombre de réalisations de l'expérience	100	200	300	400	500
Nombre de boules rouges obtenues	65	138	213	276	350
Fréquence d'apparition d'une boule rouge	0,65	0,69	0,71	0,69	0,70

Lorsque le nombre de réalisations augmente, la fréquence d'apparition d'une boule rouge semble se stabiliser autour de 0,70. On dit que la **probabilité** de l'événement R est 0,70.

Probabilité

Lorsqu'on réalise un très grand nombre de fois une expérience aléatoire, la fréquence de réalisation d'un événement se rapproche d'un nombre appelé **probabilité**.

Notation

On note $\boldsymbol{P(A)}$ la probabilité de l'événement A.

EXEMPLE

$P(R) = 0{,}70$. (Dans la situation 1.)

Dans cet exemple, sachant que l'urne contient 70 % de boules rouges, on peut poser directement : $P(R) = 0{,}7$.

Propriétés des probabilités

- Une probabilité est **un nombre compris entre 0 et 1**.
- Un événement **impossible** est un événement dont la probabilité est nulle.
- Un **événement certain** est un événement dont la probabilité est égale à 1.
- La somme des probabilités de tous les événements élémentaires est égale à 1.

C Évaluer la probabilité d'un événement dans le cas d'une situation aléatoire simple

Pour les situations aléatoires simples on peut en général définir facilement la **probabilité** d'un événement constitué par une issue.

EXEMPLES

Si on simule un très grand nombre de lancers du dé, la fréquence d'apparition de la face 1 se stabilise vers $\frac{1}{6}$.

- Dans la situation 2, si on lance le dé un très grand nombre de fois, on obtiendrait 1 (ou n'importe lequel des cinq autres résultats possibles) approximativement une fois sur six.
Si on note $\boldsymbol{E_1}$ l'événement : « le résultat est 1 », on dit que la **probabilité de $\boldsymbol{E_1}$ est $\boldsymbol{\frac{1}{6}}$**. On écrit : $\boldsymbol{P(E_1) = \frac{1}{6}}$.
- Dans la situation 4, notons F l'événement : « le résultat est (face, face) ». Si la pièce n'est pas truquée on peut considérer qu'on a « une chance sur quatre » d'obtenir ce résultat et poser alors : $P(F) = \frac{1}{4}$.

D Distribution d'échantillonnage d'une fréquence

Distribution d'échantillonnage d'une fréquence

On considère une population où la fréquence p relative à un caractère est connue. On prélève dans cette population, au hasard N échantillons de même taille, n.

La liste des fréquences $f_1, f_2, ..., f_n$ du caractère obtenue pour les N échantillons, constitue une **distribution d'échantillonnage** de la fréquence étudiée.

EXEMPLE

On reprend la situation 1. On simule le prélèvement avec remise de 40 échantillons de même taille : $n = 100$.

On a relevé la **distribution d'échantillonnage** de la fréquence des boules rouges. Voici un extrait des résultats.

> Le caractère est la couleur de la boule. $N = 40$ et $n = 100$.

Numéro de l'échantillon	1	2	3	...	38	39	40
Fréquence des boules rouges dans l'échantillon : f_i	0,71	0,70	0,73	...	0,65	0,61	0,71

> • Par exemple, dans l'échantillon n° 3, il y a 73 boules rouges : $\frac{73}{100} = 0,73$.
> • f_i désigne la fréquence obtenue pour l'échantillon numéro i ; $1 \leq i \leq 40$.

Moyenne d'une distribution d'échantillonnage

Lorsque la taille de l'échantillon et le nombre d'échantillons sont assez grands, la moyenne $\overline{f}$ des fréquences de la distribution est proche de la fréquence p dans la population.

EXEMPLE

Dans l'exemple de la distribution d'échantillonnage ci-dessus, on a obtenu $\overline{f} = 0,705$. C'est proche de la fréquence $p = 0,7$.

REMARQUE

Si on augmente la taille n des échantillons, la moyenne des fréquences des échantillons, $\overline{f}$, se stabilise vers p.

> Dans l'exemple ci-dessus, $\overline{f}$ se rapproche de 0,70.

MATHÉMATIQUES

E Intervalle de fluctuation

Les notations sont celles du début du paragraphe D.

• On appelle **intervalle de fluctuation à 95 %** l'intervalle $I = \left[p - \frac{1}{\sqrt{n}}, p + \frac{1}{\sqrt{n}}\right]$.

• Sous certaines conditions, la probabilité qu'un échantillon de taille n fournisse une fréquence appartenant à l'intervalle I est au moins 0,95.

> En Premières et Terminales professionnelles, on suppose toujours que ces conditions sont réalisées.

EXEMPLE

Dans l'exemple du paragraphe D, on a : $I = [0,6 ; 0,8]$.

Terminales professionnelles

2 Vocabulaire des probabilités

■ Dans ce qui suit, on s'appuie sur les quatre exemples présentés au début du paragraphe ① A.

■ Dans une **expérience aléatoire**, l'**univers** Ω est l'ensemble de tous les résultats possibles.

EXEMPLES
- Dans la situation 1, l'ensemble de tous les résultats possibles est Ω_1 = {rouge, bleue}.
- Dans la situation 2, $\Omega_2 = \{1, 2, 3, 4, 5, 6\}$.
- Dans la situation 3, Ω_3 est l'ensemble des 32 cartes du jeu.
- Dans la situation 4, Ω_4 = {(pile, pile) ; (pile, face) ; (face, pile) ; (face, face)}.

■ Un **événement** est une partie de l'univers.

EXEMPLE
Reprenons la situation 2 : le lancer de dé.
Obtenir un nombre strictement supérieur à 4 correspond à l'ensemble {5, 6} que nous notons A.
$A = \{5, 6\}$ est un **événement** de $\Omega_1 = \{1, 2, 3, 4, 5, 6\}$.

■ Un **événement élémentaire** est un événement possédant un seul élément.

EXEMPLES
- Ω_1 a deux événements élémentaires.
- Ω_2 a six **événements élémentaires** notés : {1}, {2}, {3}, {4}, {5}, {6}.

Terminales professionnelles

3 Calcul des probabilités

A Exemple

On évalue le plus souvent la probabilité d'un événement à partir d'une fréquence.

Reprenons la situation 2. Si on lance le dé un très grand nombre de fois (cette expérience peut être simulée avec un ordinateur) on observe que la fréquence de chacun des six résultats {1}, ..., {6} est très proche de $\frac{1}{6}$. Ce qui conduit à dire que chacun des six événements élémentaires {1}, ..., {6} a la même **probabilité** : $\frac{1}{6}$.

Il est aussi naturel de choisir **pour probabilité de l'événement $A = \{1, 2, 3\}$ la somme des probabilités des événements élémentaires {1}, {2}, {3} qui constituent A.**
Ainsi la probabilité de A est $\frac{1}{6}+\frac{1}{6}+\frac{1}{6}=\frac{1}{2}$.

B Définition

■ Définition

Fini signifie que l'on peut compter les éléments.

Soit Ω un univers fini.
- La **probabilité** d'un événement est la somme des probabilités des événements élémentaires qui le constituent.
- La probabilité de Ω est 1.

■ Notation

La **probabilité** d'un événement A est notée $\boldsymbol{P(A)}$.

EXEMPLES
Reprenons la situation 2.
Soit l'événement $B = \{2, 3\}$. $P(B) = \frac{1}{6} + \frac{1}{6} = \frac{1}{3}$.
• De même, $P\{1, 2, 5, 6\} = \frac{4}{6} = \frac{2}{3}$.
• $P\{1, 2, 3, 4, 5, 6\} = \frac{1}{6} + \ldots + \frac{1}{6} = 1$, $P(\Omega_1) = 1$.

■ Pour tout événement A, $\mathbf{0 \leq P(A) \leq 1}$.

C Équiprobabilité

Dans l'exemple du lancer de dé de la situation 2, les six événements élémentaires ont la même probabilité ; on dit alors qu'il y a **équiprobabilité**.

■ L'**équiprobabilité** correspond au cas où tous les événements élémentaires ont la même probabilité.

EXEMPLE ET CONTRE EXEMPLE
• Dans la situation 3 il y a équiprobabilité : les 32 événements élémentaires ont chacun pour probabilité $\frac{1}{32}$.
• Dans la situation 1 il n'y a pas équiprobabilité : on a $P(\{\text{boule rouge}\}) = 0{,}7$ et $P(\{\text{boule bleue}\}) = 0{,}3$.

■ Dans le cas où tous les événements élémentaires ont la même probabilité, leur probabilité commune est :

$$\frac{1}{\textbf{Nombre d'éléments de } \Omega}$$

et pour tout événement A,

$$P(A) = \frac{\textbf{Nombre d'éléments de A}}{\textbf{Nombre d'éléments de } \Omega} = \frac{\textbf{Nombre de cas favorables}}{\textbf{Nombre de cas possibles}}$$

EXEMPLE
On se place dans la situation 3 : on prélève au hasard une carte d'un jeu de 32 cartes.
Soit A l'événement : « tirer un cœur ». A est constitué des 8 événements élémentaires qui correspondent aux 8 cartes de cœur.
Donc $P(A) = \frac{8}{32} = \frac{1}{4}$.

D Événements $A \cap B$ et $A \cup B$

■ Événement $A \cap B$

Si A et B sont deux événements d'un univers Ω, l'événement « A et B » est noté : $\boldsymbol{A \cap B}$.

EXEMPLES
• Reprenons la situation 2, avec $\Omega_2 = \{1, 2, 3, 4, 5, 6\}$. Considérons les événements suivants : $A = \{1, 2, 3\}$ et $C = \{3, 4\}$. Alors, $A \cap C = \{3\}$.
• Reprenons la situation 3. On note A l'événement : « La carte tirée est un cœur » et B l'événement : « La carte tirée est un valet ».
• $A \cap B$ est l'événement : « la carte tirée est un cœur et un valet », c'est-à-dire : « La carte tirée est le valet de cœur ».

Le symbole ∩ se lit « inter ». Rappel : $A \cap B$ est l'ensemble des éléments communs aux deux ensembles A, B. $A \cap B$ est l'ensemble des éléments appartenant à A et appartenant à B ; notez le lien entre le symbole ∩ et le mot « et ».

MATHÉMATIQUES

Événement $A \cup B$

Si A et B sont deux événements d'un univers Ω, l'événement « A ou B » est noté : $\boldsymbol{A \cup B}$.

EXEMPLES

• Avec $\Omega_2 = \{1, 2, 3, 4, 5, 6\}$ et les événements $A = \{1, 2, 3\}$ et $C = \{3, 4\}$, on a : $A \cup C = \{1, 2, 3, 4\}$.

• En reprenant la situation 3 et les événements A et B définis plus haut, $A \cup B$ est l'événement : « la carte tirée est un cœur ou un valet ».

Le symbole $\cup$ se lit « union ». Rappel : $A \cup B$ est l'ensemble des éléments appartenant à l'ensemble A ou à l'ensemble B (et peut-être aux deux ensembles) ; noter le lien entre le symbole $\cup$ et le mot « ou ».

L'événement $A \cup B$ est constitué par 11 événements élémentaires : les 8 cœurs et les 3 valets autres que le valet de cœur.

E Probabilité de la réunion d'événements disjoints

Événement « impossible »

L'ensemble est noté $\varnothing$. L'**événement impossible** est noté $\varnothing$.

Événements disjoints

Deux événements A et B sont **disjoints** si et seulement si : $\boldsymbol{A \cap B = \varnothing}$.

EXEMPLE

Reprenons la situation 2 où $\Omega_2 = \{1, 2, 3, 4, 5, 6\}$.
Considérons les événements suivants :
$A = \{1, 2, 3\}$; $B = \{5, 6\}$; $C = \{3, 4\}$.
$A \cap B = \varnothing$ et $A \cap C = \{3\}$; donc $A \cap C \neq \varnothing$.
Les événements A et B sont **disjoints** ou **incompatibles**. Les événements A et C ne sont pas disjoints.

Probabilité de la réunion de deux événements disjoints

Pour tous événements **disjoints** A et B, $\boldsymbol{P(A \cup B) = P(A) + P(B)}$.

EXEMPLE

Dans la situation 2, avec $A = \{1, 2, 3\}$ et $B = \{5, 6\}$, donc $A \cup B = \{1, 2, 3, 5, 6\}$, $P(A) = \frac{3}{6}$ et $P(B) = \frac{2}{6}$ donc $P(A \cup B) = P(A) + P(B) = \frac{5}{6}$.

F Probabilité d'un événement contraire

Définition et notation

• L'**événement contraire** d'un événement A de l'univers Ω est l'événement constitué des éléments de Ω n'appartenant pas à A.

• **L'événement contraire de l'événement A est noté A.**

EXEMPLES

• Reprenons la situation 1. On désigne par A l'événement : « la boule prélevée est rouge ». $\overline{A}$ est l'événement : « la boule prélevée est bleue ».

• Reprenons la situation 2. L'événement contraire de l'événement $A = \{1, 2, 3, 4\}$ est l'événement $\overline{A} = \{5, 6\}$.

■ Pour tout événement A, $\boldsymbol{P(\overline{A}) = 1 - P(A)}$.

EXEMPLE

Reprenons la situation 2. Si $A = \{1, 2, 3, 4\}$, $P(A) = \frac{4}{6}$. Alors $\overline{A} = \{5, 6\}$, d'où $P(\overline{A}) = \frac{2}{6}$.

On vérifie que $\frac{2}{6} = 1 - \frac{4}{6}$ (c'est-à-dire : $P(\bar{A}) = 1 - P(A)$).

CAS PARTICULIER

En particulier, si $A = \Omega$, on a $\bar{A} = \varnothing$.
Donc $P(\varnothing) = 1 - P(\Omega)$. D'où $\boldsymbol{P(\varnothing) = 0}$.
La probabilité de l'événement impossible est nulle.

G Formule reliant les probabilités de $A \cup B$ et $A \cap B$

■ Pour tous événements A et B, $\boldsymbol{P(A \cup B) = P(A) + P(B) - P(A \cap B)}$.

EXEMPLE

Deux ateliers d'une même entreprise, notés 1 et 2, produisent chaque jour respectivement 1 000 et 600 pièces d'un même modèle pour l'industrie automobile. 2 % des pièces produites par l'atelier 1 et 3 % des pièces produites par l'atelier 2 sont défectueuses. La répartition des pièces produites pendant une journée est donnée dans le tableau suivant.

	Nombre de pièces défectueuses	Nombre de pièces non défectueuses	Total
Nombre de pièces produites par l'atelier 1	20	980	1 000
Nombre de pièces produites par l'atelier 2	18	582	600
Total	38	1 562	1 600

Un jour donné, on prélève au hasard une pièce parmi les 1 600 pièces produites par les deux ateliers. Toutes les pièces ont la même probabilité d'être choisies.

> Il y a équiprobabilité.

On considère les événements suivants :
- A : « la pièce prélevée provient de l'atelier 1 » ;
- B : « la pièce prélevée provient de l'atelier 2 » ;
- D : « la pièce prélevée est défectueuse ».

Il y a équiprobabilité des tirages dont, d'après un résultat énoncé au paragraphe ③ C, $P(A) = \frac{1000}{1600} = 0{,}625$ et $P(D) = \frac{38}{1600} = 0{,}02375$.

$A \cap D$ est l'événement : « la pièce prélevée provient de l'atelier 1 et est défectueuse ». $P(A \cap D) = \frac{20}{1600} = 0{,}0125$.

$A \cup D$ est l'événement : « la pièce prélevée provient de l'atelier 1 ou est défectueuse ».
$P(A \cup D) = P(A) + P(D) - P(A \cap D) = 0{,}62500 + 0{,}02375 - 0{,}01250 = 0{,}63625$.

PREMIER EXERCICE D'ÉVALUATION – Un QCM

Premières professionnelles

Cet exercice est un questionnaire à choix multiples (QCM).
Dans cet exercice, pour chacune des questions, trois réponses sont proposées, une seule est correcte. Pour chaque question, indiquer le numéro de la question et la réponse choisie. Aucune justification n'est demandée.

A. Un sac contient 6 boules indiscernables au toucher. Il y a 4 boules blanches numérotées 1, 2, 3, 4 et 2 boules jaunes numérotées 5, 6. On prélève une boule au hasard dans le sac.

1. Le nombre d'événements élémentaires est :
a. 2 **b.** 4 **c.** 6

2. La somme des probabilités de tous les événements élémentaires est :
a. $\frac{1}{6}$ **b.** $\frac{1}{3}$ **c.** 1

3. On désigne par A l'événement : « la boule prélevée est blanche ».
a. $P(A) = \frac{1}{2}$ **b.** $P(A) = \frac{1}{3}$ **c.** $P(A) = \frac{2}{3}$

4. On désigne par B l'événement : « la boule prélevée porte un numéro pair ».
a. $P(B) = \frac{1}{6}$ **b.** $P(B) = \frac{1}{3}$ **c.** $P(B) = \frac{1}{2}$

B. On lance un dé cubique 1 000 fois. La fréquence de sortie du 6 sur ces 1 000 lancers est 0,302.
a. Le dé est truqué ; **b.** On a eu beaucoup de chance ; **c.** On ne peut rien dire.

C. Dans une entreprise du secteur de l'automobile on affirme que 20 % des pièces d'un certain type sont défectueuses. On effectue à l'aide d'un tableur une simulation. Le graphique ci-contre donne l'évolution de la fréquence des pièces défectueuses de ce type dans un échantillon en fonction de la taille de l'échantillon.

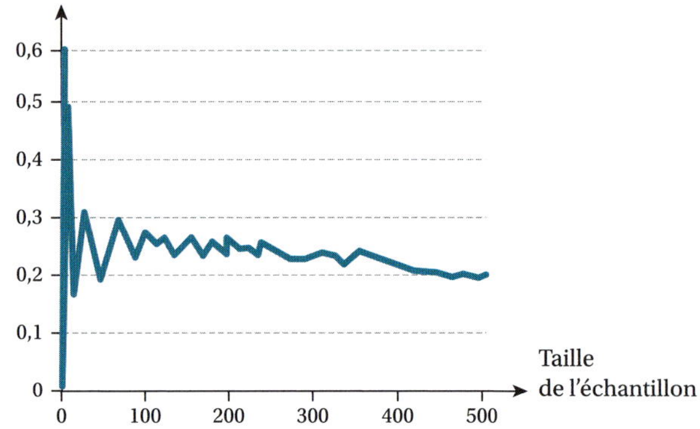

1. Lorsque la taille de l'échantillon augmente :
a. La fréquence des pièces défectueuses augmente.
b. La fréquence des pièces défectueuses diminue.
c. La fréquence des pièces défectueuses a tendance à se stabiliser.

2. On prélève une pièce de ce type au hasard dans un lot important.
On désigne par A l'événement : la pièce prélevée est défectueuse. On prend :
a. $P(A) = 0{,}3$ **b.** $P(A) = 0{,}02$ **c.** $P(A) = 0{,}2$

D. Une urne contient 20 % de boules rouges et 80 % de boules vertes. On prélève avec remise 60 échantillons de taille $n = 100$. On s'intéresse à la distribution d'échantillonnage de la fréquence des boules vertes. L'intervalle de fluctuation à 95 % est :
a. [0,7 ; 0,9] **b.** [0,1 ; 0,3] **c.** [0,07 ; 0,09]

CORRIGÉ

A. 1. Il y a 6 événements élémentaires.

2. Réponse c). $\frac{1}{6}+\ldots+\frac{1}{6}=1.$

3. Réponse c). (« 4 chances sur 6 ».)

4. Réponse c). (« 3 chances sur 6 ».)

B. Réponse a). (Si le dé n'était pas truqué, la fréquence serait voisine de $\frac{1}{6}\approx 0{,}17$.)

C. 1. Réponse c).

2. Réponse c). ($P(A)=0{,}2$.)

D. Réponse a). $\left(\left[0{,}8-\frac{1}{10}\,;0{,}8+\frac{1}{10}\right]=[0{,}7\,;0{,}9]\right)$.

DEUXIÈME EXERCICE D'ÉVALUATION

Terminales professionnelles

On a réalisé une enquête auprès de 10 000 personnes. Parmi elles 40 % sont fumeurs, 4 % souffrent de bronchite, et 75 % des personnes atteintes de bronchite sont des fumeurs.

1. Compléter, après l'avoir reproduit, le tableau suivant. Aucune justification n'est demandée.

	Personnes atteintes de bronchite	Personnes non atteintes de bronchite	Totaux
Fumeurs			
Non-fumeurs			
Totaux			10 000

2. On tire au hasard le nom d'une de ces 10 000 personnes : on a une situation d'équiprobabilité.

a. Déterminer la probabilité de l'événement A : « La personne choisie est un fumeur ».

b. Déterminer la probabilité de l'événement B : « La personne choisie est atteinte de bronchite ».

c. Définir par une phrase en français l'événement $A \cap B$. Déterminer $P(A \cap B)$.

d. Définir par une phrase en français l'événement $A \cup B$. Déterminer $P(A \cup B)$.

e. Définir par une phrase en français l'événement $\overline{B}$. Déterminer $P(\overline{B})$.

f. Déterminer la probabilité de l'événement D : « La personne choisie est un fumeur non atteint de bronchite ».

CORRIGÉ

1. On obtient :

	Personnes atteintes de bronchite	Personnes non atteintes de bronchite	Totaux
Fumeurs	300	3 700	4 000
Non-fumeurs	100	5 900	6 000
Totaux	400	9 600	10 000

Puisqu'il y a équiprobabilité.

2. a. $P(A) = \dfrac{4000}{10000} = 0{,}4$; **b.** $P(B) = \dfrac{400}{10000} = 0{,}04$.

c. $A \cap B$ est l'événement : « La personne choisie est un fumeur **et** est atteinte de bronchite ». Il y a 300 personnes qui sont fumeurs et atteintes de bronchite. Donc $P(A \cap B) = \dfrac{300}{10000} = 0{,}03$.

d. $A \cup B$ est l'événement : « La personne choisie est un fumeur **ou** est atteinte de bronchite ».
$P(A \cup B) = P(A) + P(B) - P(A \cap B)$; $P(A \cup B) = 0{,}40 + 0{,}04 - 0{,}03 = 0{,}41$.

e. $\bar{B}$ est l'événement : « La personne choisie n'est pas atteinte de bronchite ».
$P(\bar{B}) = 1 - P(B) = 1 - 0{,}04 = 0{,}96$.

f. $P(D) = \dfrac{3700}{10000} = 0{,}37$.

TROISIÈME EXERCICE D'ÉVALUATION

Terminales professionnelles

Tirage avec remise

Une urne contient quatre boules : deux rouges, notées R_1 et R_2, une verte notée V et une jaune, notée J. On prélève au hasard une boule de cette urne. Après avoir noté la couleur de la boule obtenue et éventuellement son numéro, on la replace dans l'urne et on procède à un second tirage. On note alors à nouveau la couleur et le numéro éventuel de la boule obtenue. Un résultat est un couple, par exemple : (R_1, R_2). Tous les résultats sont équiprobables.

1. Compléter après l'avoir reproduit l'arbre suivant.

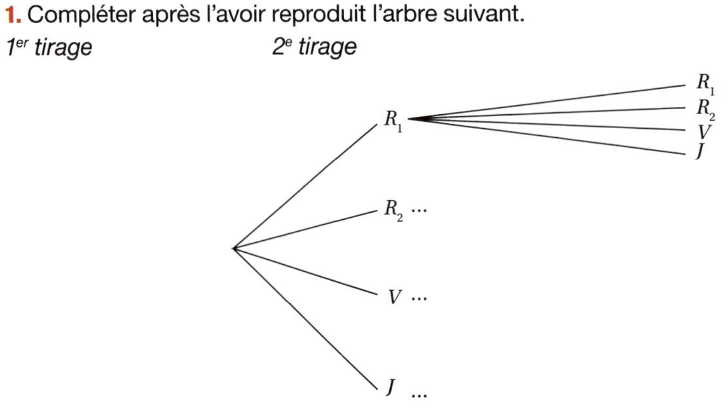

2. Soit E l'événement : « Les deux boules tirées sont rouges » et F l'événement : « Une seule des deux boules tirées est rouge ».
À l'aide de l'arbre, calculer les probabilités $P(E)$ et $P(F)$.

3. Définir par une phrase l'événement $G = E \cup F$. Calculer $P(G)$.

4. À l'aide de $P(G)$, calculer $P(H)$ où H est l'événement : « Aucune des deux boules tirées n'est rouge ».

CORRIGÉ

1.

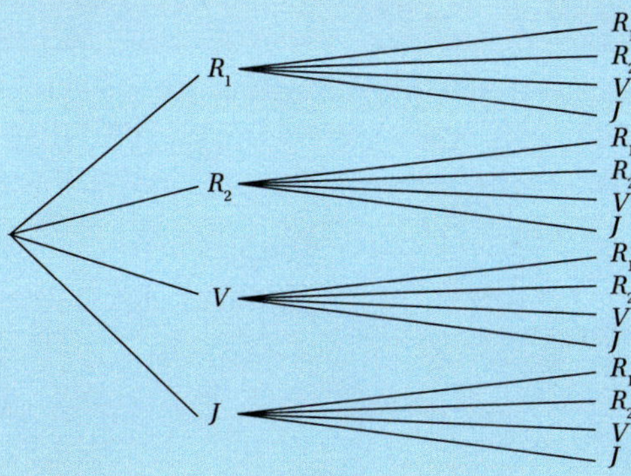

2. Il y a 16 résultats possibles.
Il y a quatre résultats avec deux boules rouges.
D'où $P(E) = \frac{4}{16} = \frac{1}{4}$.

Il y a huit résultats avec une seule boule rouge.
$P(F) = \frac{8}{16} = \frac{1}{2}$.

3. G est l'événement : « les 2 boules tirées sont rouges ou une seule boule tirée est rouge ».
E et F sont disjoints (ou incompatibles) donc :
$P(E \cup F) = P(E) + P(F)$;
$P(E \cup F) = \frac{4}{16} + \frac{8}{16} = \frac{12}{16} = \frac{3}{4}$.

4. $H = \overline{G}$ donc $P(H) = 1 - P(G) = 1 - \frac{3}{4} = \frac{1}{4}$.

MATHÉMATIQUES

MATHÉMATIQUES

3 Suites numériques

Ce chapitre concerne toutes les spécialités des baccalauréats professionnels.

1 Définition de suite arithmétique et de suite géométrique

Premières professionnelles

A Suite arithmétique : définition et exemple

■ **Définition :** Une **suite arithmétique** est une suite numérique dont chaque terme s'obtient en ajoutant au précédent un nombre réel constant a appelé **raison**.

■ Pour tout nombre entier naturel n, $\boldsymbol{u_{n+1} = u_n + a}$.

EXEMPLES

Pour démontrer qu'une suite est arithmétique, il suffit de vérifier que pour tout entier naturel n, $u_{n+1} - u_n$ est constant.

1° La suite (u_n) des nombres entiers naturels pairs est une suite arithmétique de premier terme $u_0 = 0$ de raison $a = 2$: pour tout entier naturel n, $u_{n+1} = u_n + 2$.
2° Soit (v_n) la suite arithmétique de premier terme $v_0 = 2$ et de raison $a = -1$;
$v_1 = v_0 + a$; $v_1 = 2 - 1$; $v_1 = 1$;
$v_2 = v_1 + a$; $v_2 = 1 - 1$; $v_2 = 0$;
$v_3 = v_2 + a$; $v_3 = -1$.

B Suite géométrique : définition et exemple

En baccalauréat professionnel, on prend $b > 0$.

■ **Définition :** Une **suite géométrique** est une suite numérique dont chaque terme s'obtient en multipliant le précédent par une constante b appelé **raison**.

■ Pour tout nombre entier naturel $\boldsymbol{u_{n+1} = bu_n}$.

EXEMPLE
On considère la suite géométrique (u_n) de premier terme $u_0 = 2$ et de raison $b = 0{,}9$.
$u_1 = bu_0$; $u_1 = 0{,}9 \times 2$; $u_1 = 1{,}8$;
$u_2 = bu_1$; $u_2 = 0{,}9 \times 1{,}8$; $u_2 = 1{,}62$;
$u_3 = bu_2$; $u_3 = 0{,}9 \times 1{,}62$; $u_3 = 1{,}458...$

■ **Pour démontrer qu'une suite est géométrique**, il suffit de vérifier que $\frac{u_{n+1}}{u_n}$ est constant. Cette constante est la raison b.

EXEMPLE
La suite de terme général $u_n = 3^n$, où n est un entier naturel, est une suite géométrique puisque pour tout entier naturel n,

$\frac{u_{n+1}}{u_n} = \frac{3^{n+1}}{3^n} = 3$. La raison est 3 et le premier terme est : $u_0 = 1$.

2 Utiliser la calculatrice pour les suites arithmétiques et géométriques

Premières professionnelles

A Calculatrices Texas Instruments

Avec instructions en français en bleu

Édition d'une suite

On étudie la suite géométrique (u_n) de premier terme $u_1 = 100$ et de raison $q = 1{,}05$.
Dans **MODE** choisir **Seq** (au lieu de **Func**) ou **Suit** (au lieu de **Fct**).
Pour éditer la suite, taper sur **Y=** ou **$f(x)$**.
Pour compléter selon l'image ci-dessus, taper n en utilisant la touche **X, T, n**, et taper u par **2nd** 7.

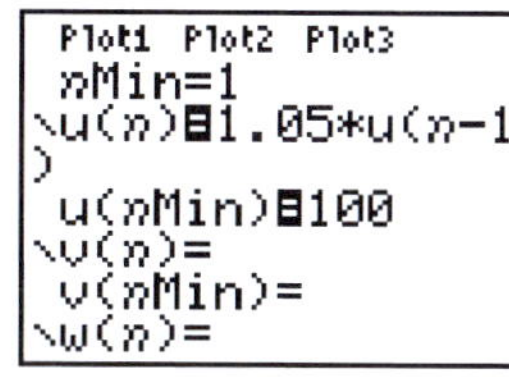

Tableau de valeurs

On règle la table par **2nd** **TBLSET** ou **2nde** **déf table**.
On obtient les valeurs de la suite en faisant **2nd** **TABLE**.

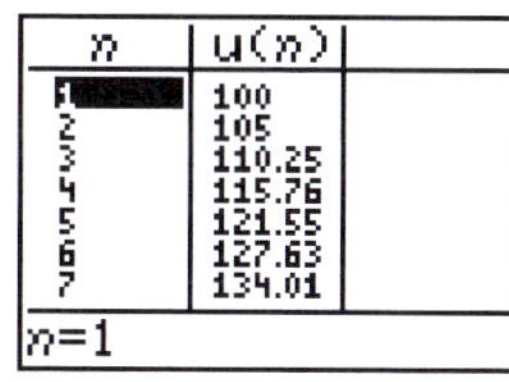

Représentation graphique

- Graphique 1 (n en abscisse et u_n en ordonnée) :
Régler la fenêtre par **WINDOW** ou **fenêtre**.
Dans **MODE** choisir **Dot** ou **NonRelié**.
Dans **2nd** **FORMAT** ou **2nde** **format** choisir **Time** ou $f(n)$.
Faire **GRAPH** ou **graphe** puis **TRACE** ou **trace**.
- Graphique 2 (u_n en abscisse et u_{n+1} en ordonnée) :
Régler la fenêtre par **WINDOW** ou **fenêtre**.
Dans **2nd** **FORMAT** ou **2nde** **format** choisir **Web** ou **Esc**.
Faire **GRAPH**, **TRACE** ou **graphe** **trace** puis ▶ pour obtenir les escaliers.

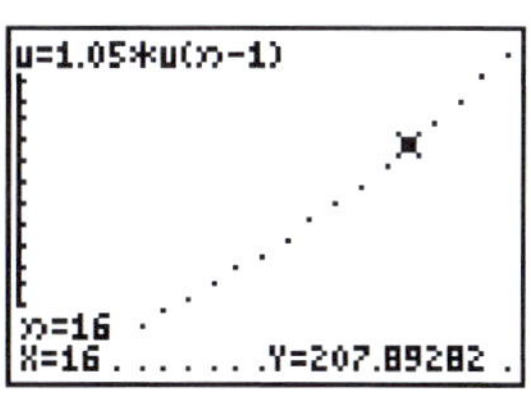

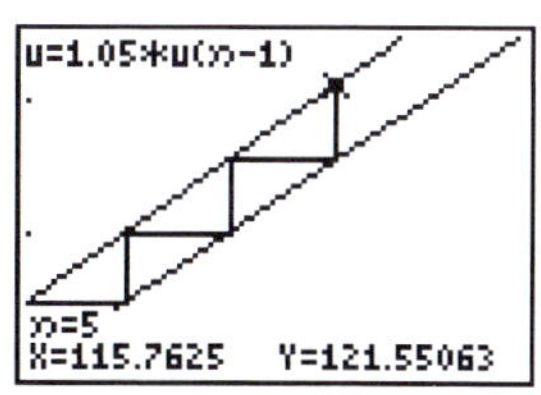

B Calculatrices Casio

Édition d'une suite

On étudie la suite géométrique (u_n) de premier terme $u_1 = 100$ et de raison $q = 1{,}05$.
Se placer dans le **MENU** **RECUR**.
Appuyer sur **TYPE** puis $\boldsymbol{a_{n+1}}$ pour entrer la formule de récurrence comme sur l'écran ci-contre.

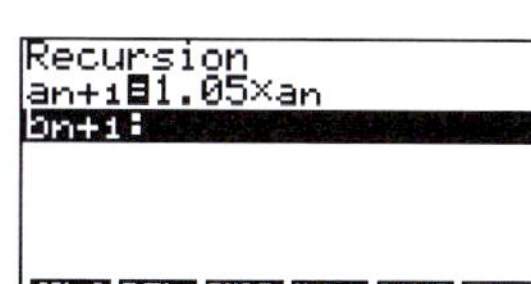

Tableau de valeurs

Pour obtenir les valeurs des termes de la suite, appuyer sur **RANG**.
Compléter comme ci-contre puis faire **TABL**.

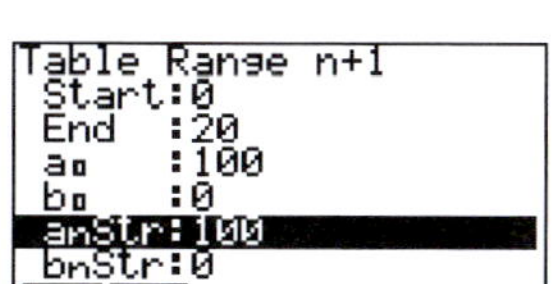

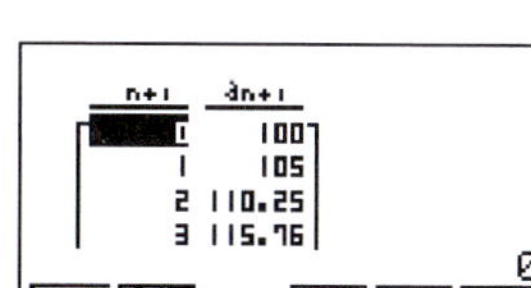

Représentation graphique
Régler la fenêtre par SHIFT **V-WINDOW**.

• Graphique 1 (n en abscisse et u_n en ordonnée) :
À partir de l'écran contenant la table **TBL**, choisir **G.PLT**.
Faire **SHIFT** **Trace** puis se déplacer pour afficher les points.

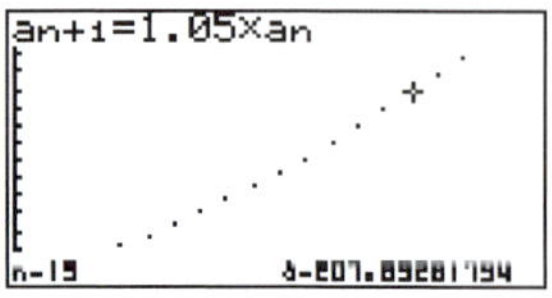

• Graphique 2 (u_n en abscisse et u_{n+1} en ordonnée) :
À partir de l'écran contenant la table **TBL**, choisir **Web**.
Faire **EXE** pour obtenir les escaliers.

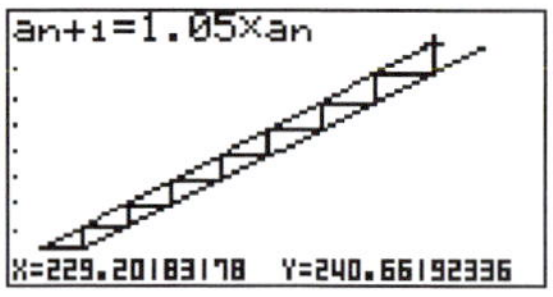

3 Suite arithmétique, suite géométrique : expression du terme de rang *n*

Terminales professionnelles

A Expression de u_n en fonction de n avec une suite arithmétique

■ Pour une suite **arithmétique de premier terme u_0** et de raison a :
$$u_n = u_0 + na, \text{ pour tout entier naturel } n.$$

■ Pour une suite **arithmétique de premier terme u_1** et de raison a :
$$u_n = u_1 + (n-1)a, \text{ pour tout entier naturel } n.$$

EXEMPLE

La suite (u_n) est la suite arithmétique de premier terme $u_0 = 3$ et de raison $a = 2$. $u_{10} = u_0 + 10 \times a$.
$u_{10} = 3 + 20$. $u_{10} = 23$.

■ **La représentation graphique de la suite (u_n) définie par $u_n = an + u_0$ est constituée de points de la droite d'équation $y = ax + u_0$.**

B Expression de u_n en fonction de n avec une suite géométrique

Soit (u_n) une suite géométrique de premier terme u_0 ou u_1, de raison b.

■ Lorsque le premier terme de la suite est u_0 : pour tout entier n de $\mathbb{N}$, $u_n = u_0 b^n$.

■ Lorsque le premier terme de la suite est u_1 : pour tout entier n de $\mathbb{N}^*$, $u_n = u_1 b^{n-1}$.

EXEMPLES

1° La suite (u_n) est la suite géométrique de premier terme $u_0 = 500$ et de raison $b = 1{,}1$.
$u_4 = u_0 b^4$; $u_4 = 500(1{,}1)^4 = 732{,}05$.
2° La suite (u_n) est la suite géométrique de premier terme $u_1 = 100$ et de raison $b = 0{,}8$.
$u_5 = u_1 b^4$; $u_5 = 100(0{,}8)^4 = 40{,}96$.

PREMIER EXERCICE D'ÉVALUATION

Premières professionnelles

1. À partir de 2001 une société a vu son chiffre d'affaires baisser de 60 000 € par an jusqu'en 2006, où il est tombé à 100 000 €.
On note u_0 le chiffre d'affaires en 2001, u_1 le chiffre d'affaires en 2002, …, u_5 le chiffre d'affaires en 2006. Justifier que u_0, …, u_5 sont des termes consécutifs d'une suite arithmétique de premier terme $u_0 = 400\,000$ et de raison $a = -60\,000$.

2. Un plan de redressement a permis à cette société de voir progresser son chiffre d'affaires de 40 % par an à partir de 2006. On note v_0 le chiffre d'affaires de la société en 2006, v_1 le chiffre d'affaires en 2007, …, v_5 le chiffre d'affaires en 2011.
On a $v_0 = 100\,000$. Justifier que v_0, …, v_5 sont des termes successifs d'une suite géométrique de premier terme v_0 dont on donnera la raison.

3. Compléter, après l'avoir reproduit, le tableau suivant :

Année	2001	2002	2003	2004	2005	2006
	u_0	u_1	u_2	u_3	u_4	$u_5 = v_0$
Chiffre d'affaires						100 000

Année	2006	2007	2008	2009	2010	2011
	v_0	v_1	v_2	v_3	v_4	v_5
Chiffre d'affaires	100 000					

CORRIGÉ

1. Pour tout entier n, $u_{n+1} = u_n - 60\,000$. La suite (u_n) est une suite arithmétique de premier terme $u_0 = 400\,000$ et de raison $a = -60\,000$.

> $u_{n+1} = u_n + a$ avec $a = -60\,000$.

2. Pour tout entier n, $v_{n+1} = v_n + \frac{40}{100}v_n$; $v_{n+1} = \left(1 + \frac{40}{100}\right)v_n$;

$v_{n+1} = (1 + 0{,}4)\ v_n$; $v_{n+1} = 1{,}04\ v_n$. La suite (v_n) est donc une suite géométrique de premier terme $v_0 = 100\,000$ et de raison $b = 1{,}04$.

> On procède ainsi à chaque fois qu'on a une augmentation (ou une diminution de x % par an).

3. $u_0 = 400\,000$; $u_1 = 340\,000$; $u_2 = 280\,000$; $u_3 = 220\,000$; $u_4 = 160\,000$;
$u_5 = 100\,000$.
$v_1 = 140\,000$; $v_2 = 196\,000$; $v_3 = 274\,400$; $v_4 = 384\,160$; $v_5 = 537\,824$.

DEUXIÈME EXERCICE D'ÉVALUATION

Terminales professionnelles

Ulysse et Vanessa sont nés tous les deux le 1er janvier 2008.
À leur naissance, leurs pères respectifs ont décidé de leur mettre de l'argent de côté.
Le père d'Ulysse a déposé 100 euros le 1er janvier 2008 sur son compte non rémunéré et y ajoutera 200 euros tous les ans.
Le père de Vanessa a placé 2 000 euros le 1er janvier 2008 à intérêts composés au taux annuel de 3 %.
On note U_n, V_n, les capitaux acquis par Ulysse et Vanessa à l'année 2008 + n.
On utilise un tableur. Voici un tableau représentant l'écran, les résultats ayant été demandés à 0,1 près.

	A	B	C
1	n	U_n	V_n
2	0	100	2 000
3	1	300	2 060
4	2	500	2 121,80
5	3	700	2 185,50
6	4	900	2 251
7	5	1 100	2 318,50

1. Quelle formule faut-il entrer en B3 pour obtenir par recopie vers le bas, les valeurs des termes de la suite (U_n) ? Quelle formule faut-il entrer en C3 pour obtenir par recopie vers le bas, les valeurs des termes de la suite (V_n) ?

2. a. Justifier que (U_n) est une suite arithmétique dont on précisera le terme initial et la raison.

b. Justifier que (V_n) est une suite géométrique dont on précisera le terme initial et la raison.

3. À 5 ans Vanessa dit à Ulysse : « Je suis deux fois plus riche que toi ». Et à 10 ans, est-ce encore vrai ? Justifier votre réponse.

4. a. Exprimer U_n et V_n en fonction de n.

b. À 18 ans, Ulysse et Vanessa veulent s'acheter chacun une moto qui coûte 3 500 euros. Qui pourra le faire ? Justifier.

CORRIGÉ

1. Dans la cellule B3 : =B2+200.
Dans la cellule C3 : =1,03*C2.

$U_{n+1} = U_n + a$, avec $a = 200$.

2. a. Pour tout entier n, on a : $U_{n+1} = U_n + 200$.
La suite (U_n) est une suite arithmétique de premier terme $U_0 = 100$ et de raison $a = 200$.

$V_{n+1} = bV_n$, avec $b = 1,03$.

b. Pour tout entier n, $V_{n+1} = V_n + \frac{3}{100}V_n$; $V_{n+1} = \left(1+\frac{3}{100}\right)V_n$; $V_{n+1} = (1 + 0,03)\ V_n$; $V_{n+1} = 1,03\ V_n$.

La suite (V_n) est une suite géométrique de premier terme $V_0 = 2\,000$ et de raison $b = 1,03$.

3. Calculons U_{10} et V_{10}. $U_{10} = U_0 + 10 \times 200$; $U_{10} = 100 + 200$; $U_{10} = 2\,100$. $V_{10} = V_0 \times (1,03)^{10} \approx 2\,687,8$.
On n'a pas $V_0 > 2\ U_0$.

4. a. On a : $U_n = 100 + 200n$ et $V_n = 2\,000 \times (1,03)^n$.

b. $U_{18} = 100 + 200 \times 18 = 3\,700$; $V_{18} = 2\,000 \times (1,03)^{18} \approx 3\,404,08$. Ulysse pourra acheter la moto. Vanessa ne pourra pas.

4 Fonctions et dérivation

Ce chapitre concerne toutes les spécialités des baccalauréats professionnels.

1 Fonctions de référence

Premières professionnelles

A Fonctions de référence

Fonction carré

- C'est la fonction définie pour tout x par : $f(x) = x^2$.
- Son tableau de variation est :

x	$-\infty$	0	$+\infty$
Sens de variation de f	↘	0	↗

- Sa courbe représentative, qui est une **parabole**, est donnée ci-dessous.

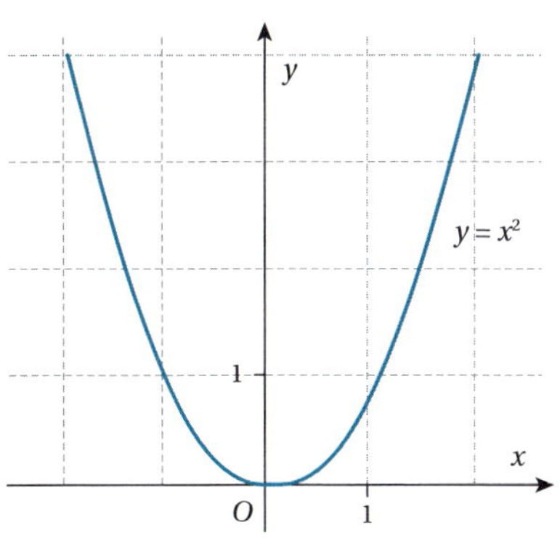

Fonction cube

- C'est la fonction définie pour tout x par : $f(x) = x^3$.
- Son tableau de variation est :

x	$-\infty$	$+\infty$
Sens de variation de f	↗	

- Sa courbe représentative est :

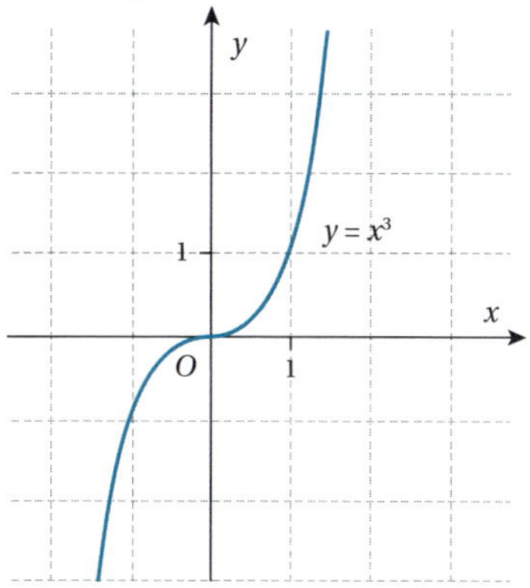

Fonction racine carré

- C'est la fonction définie sur l'intervalle $[0, +\infty[$ par $f(x) = \sqrt{x}$.
- Son tableau de variation est :

x	0	$+\infty$
Sens de variation de f	0 ↗	

- Pour tout $x \geq 0$, $f(x) \geq 0$.

- Sa courbe représentative est :

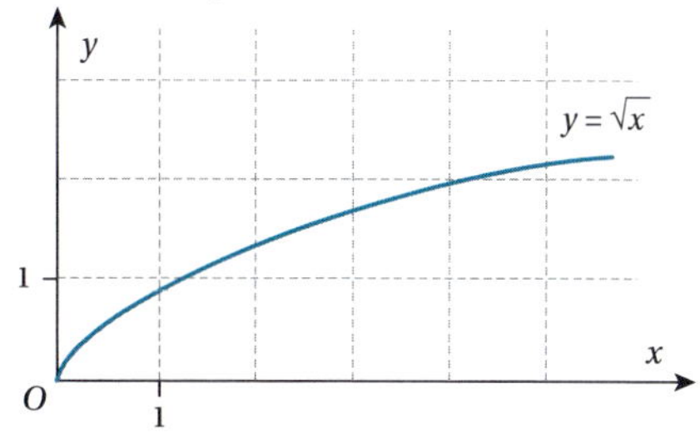

Fonction inverse

- C'est la fonction définie sur $]-\infty, 0[$ ou sur $]0, +\infty[$ par : $f(x) = \frac{1}{x}$.
- f est décroissante sur $]-\infty, 0[$ et f est décroissante sur $]0, +\infty[$; son tableau de variation est :

x	$-\infty$	0	$+\infty$
Sens de variation de f	↘	‖	↘

- Sa courbe représentative, qui est une **hyperbole**, est constituée par deux branches :

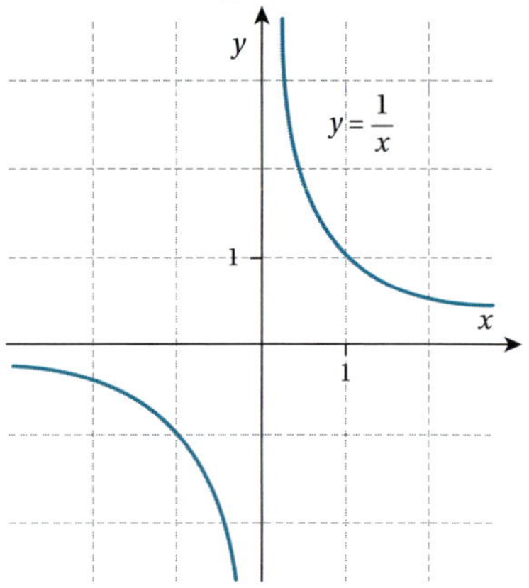

B Opérations sur les fonctions

Par exemple, si f est définie par $f(x) = x^3$ $g = 3f$ est définie par $g(x) = 3x^3$.

- Si k est une constante positive, kf a même sens de variation que f.
- Si k est une constante négative, kf a le sens de variation contraire de celui de f.
- Lorsqu'on ajoute deux fonctions f et g qui ont même sens de variation, $f + g$ a même sens de variation que f et g.
- $f + k$ (où k est une constante) a même sens de variation que f.

2 Équation du second degré

Premières professionnelles

A Formulaire

Les fonctions « solve » et « factor » des calculatrices permettent directement (sans utiliser de formules) de résoudre des équations et, lorsque c'est possible, de factoriser des fonctions polynômes.

Résolution de $ax^2 + bx + c = 0$ ($a \neq 0$)

Δ est appelé « discriminant » de l'équation.

On note $\Delta = b^2 - 4ac$.

- Si $\Delta > 0$, l'équation admet deux solutions réelles : $x_1 = \frac{-b-\sqrt{\Delta}}{2a}$ et $x_2 = \frac{-b+\sqrt{\Delta}}{2a}$.
- Si $\Delta = 0$, l'équation admet une solution double : $x_1 = x_2 = \frac{-b}{2a}$.
- Si $\Delta < 0$, l'équation n'admet pas de solution.

Factorisation, somme et produit des solutions

- Si $\Delta > 0$, l'équation $ax^2 + bx + c = 0$ admet deux solutions x_1 et x_2 et on a : pour tout x, $f(x) = a(x - x_1)(x - x_2)$.
- Dans tous les cas : $x_1 + x_2 = -\frac{b}{a}$ et $x_1 \cdot x_2 = \frac{c}{a}$.

Signe d'un trinôme du second degré

Lorsque $f(x) = ax^2 + bx + c$, où $a \neq 0$, le signe de $f(x)$, lorsque x varie dans $\mathbb{R}$, est donné par :

Δ > 0	x	$-\infty$		x_1		x_2		$+\infty$
	Signe de $f(x)$		signe de a	0	signe de $-a$	0	signe de a	
Δ = 0	x	$-\infty$		x_0				$+\infty$
	Signe de $f(x)$		signe de a	0	signe de a			
Δ < 0	x	$-\infty$						$+\infty$
	Signe de $f(x)$				signe de a			

B Exercice résolu

1° Soit f la fonction définie sur $\mathbb{R}$ par $f(x) = 2x^2 + 6x - 8$.

a) *Résolution de l'équation $f(x) = 0$*

$a = 2$, $b = 6$ et $c = -8$.

$\Delta = b^2 - 4ac$, $\Delta = (6)^2 - 4(2)(-8)$, $\Delta = 100$, $\Delta = 10^2$.

$\Delta > 0$, l'équation $f(x) = 0$ admet donc **deux solutions distinctes**.

$x_1 = \dfrac{-b-\sqrt{\Delta}}{2a}$, $x_1 = \dfrac{-6-\sqrt{10^2}}{2(2)}$, $x_1 = \dfrac{-6-10}{4}$, $x_1 = -4$;

$x_2 = \dfrac{-b+\sqrt{\Delta}}{2a}$, $x_2 = \dfrac{-6+10}{4}$, $x_2 = 1$.

b) *Factorisation de $f(x)$*

Pour tout x de $\mathbb{R}$, on a la factorisation :

$f(x) = a(x - x_1)(x - x_2)$, $f(x) = 2(x + 4)(x - 1)$.

c) *Étude du signe de $f(x)$*

Le signe de $f(x)$, lorsque x varie dans $\mathbb{R}$, est donné par :

x	$-\infty$		-4		1		$+\infty$
$f(x) = 2x^2 + 6x - 8$		$+$	0	$-$	0	$+$	

Par exemple, lorsque $x < -4$, on fait figurer le signe +, qui est le signe du coefficient $a = +2$.

> Dans les énoncés de problèmes ou d'exercices, les formules sont à choisir dans un formulaire donné en annexe.

> Le signe de $f(x)$ peut également être déduit de la courbe représentative.

3 Nombre dérivé et tangente en un point

Premières professionnelles

■ En sections de baccalauréats professionnels, on utilise des courbes représentatives de fonctions admettant une **tangente** en chacun de leur point.

EXEMPLE

La courbe $\mathscr{C}$ de la figure ci-contre est la courbe représentative de la fonction f définie par : $f(x) = x^2 - 2x - 3$.

Par exemple, elle admet au point d'abscisse 2 une tangente T.

Vous pouvez tracer d'autres tangentes en d'autres points.

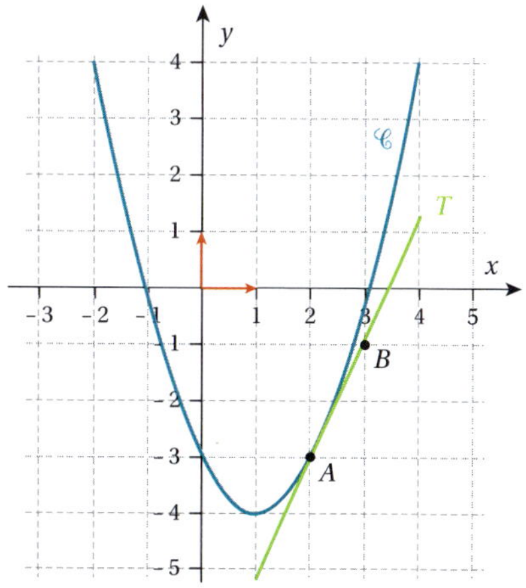

Définition et notation du nombre dérivé

Soit f une fonction dont la courbe représentative a une tangente au point d'abscisse a.

- Le **nombre dérivé de f en a** est le coefficient directeur de cette tangente.
- Le nombre dérivé de f en a est noté $f'(a)$.

C'est-à-dire de la tangente T.

EXEMPLE

Dans l'exemple ci-dessus, on admet que la tangente T à la courbe $\mathscr{C}$ au point $A(2, -3)$ passe par le point $B(3, -1)$. Cherchons le coefficient directeur de la droite (AB).

MÉTHODE

Pour déterminer graphiquement un nombre dérivé :

- lire les coordonnées de deux points A et B de la tangente correspondante ;
- utiliser : si A et B sont deux points de coordonnées (x_A, y_A) et (x_B, y_B), alors le **coefficient directeur** de la droite (AB) est : $m = \dfrac{y_B - y_A}{x_B - x_A}$.

D'où le coefficient directeur de (AB) : $m = \dfrac{-1-(-3)}{3-2} = 2$.

Le nombre dérivé de f en 2 est donc : $f'(2) = 2$.

Équation de la tangente à la courbe représentative d'une fonction au point d'abscisse a

$y = f'(a)(x - a) + f(a)$.

En classe de Premières $f'(a)$ se détermine graphiquement.

EXEMPLE

Dans l'exemple ci-dessus, $f'(2) = 2$, $f(2) = -3$,

d'où l'équation : $y = 2(x - 2) - 3$; $y = 2x - 4 - 3$; $y = 2x - 7$.

4 Nombre dérivé ; fonction dérivée

Terminales professionnelles

A Définitions

Définition de fonction dérivable et de fonction dérivée

- Une fonction f est **dérivable sur un intervalle I** si, et seulement si f admet un nombre dérivé en tout point de I.
- La fonction qui, à tout x de I, associe le nombre dérivé de f en x s'appelle **fonction dérivée de f** et se note f'.

B Dérivées des fonctions usuelles

Le tableau suivant, dans lequel la variable est x, donne les résultats « à savoir ».

	$f(x)$	$f'(x)$	Pour tout x appartenant
①	$f(x) = k$	$f'(x) = 0$	$]-\infty, +\infty[$
②	$f(x) = x$	$f'(x) = 1$	$]-\infty, +\infty[$
③	$f(x) = mx + p$	$f'(x) = m$	$]-\infty, +\infty[$
④	$f(x) = x^2$	$f'(x) = 2x$	$]-\infty, +\infty[$

$f(x)$	$f'(x)$	Pour tout x appartenant
⑤ $f(x) = ax^2+bx+c$	$f'(x) = 2ax + b$	$]-\infty, +\infty[$
⑥ $f(x) = x^3$	$f'(x) = 3x^2$	$]-\infty, +\infty[$
⑦ $f(x) = \frac{1}{x}$	$f'(x) = -\frac{1}{x^2}$	$]-\infty, 0[$ ou $]0, +\infty[$
⑧ $f(x) = \sqrt{x}$	$f'(x) = \frac{1}{2\sqrt{x}}$	$]0, +\infty[$

C Opérations sur les fonctions dérivables

Dans ce qui suit, u et v sont deux fonctions définies et dérivables sur un même intervalle I.

⑨ $(u + v)' = u' + v'$	⑩ $(ku)' = ku'$, où k est une constante réelle

EXEMPLES

1° Soit f la fonction définie sur $[1, 10]$ par : $f(x) = x + \frac{1}{x}$; pour tout x de $[1, 10]$, $f'(x) = 1 - \frac{1}{x^2}$.

> On utilise ②, ⑦ et ⑨.

2° Soit g la fonction définie sur $]0, +\infty[$ par : $g(x) = \frac{3}{4}\left(x + \frac{1}{x}\right)$; pour tout x de $]0, +\infty[$, $g'(x) = \frac{3}{4}\left(1 - \frac{1}{x^2}\right)$.

> On utilise ⑩ et le résultat du 1°.

D Dérivation des fonctions polynômes de degré 2 ou 3

Les résultats ③, ④, ⑤, ⑥, ⑨, ⑩ ci-dessus ont pour conséquence que :

- Toute fonction polynôme de degré 2 ou 3 est dérivable sur $\mathbb{R}$.

EXEMPLE

On se propose de déterminer la fonction dérivée de la fonction f définie sur $\mathbb{R}$ par $f(t) = 4t^3 - 7t^2 + 2t + 7$.

> Dans les autres disciplines, la variable peut être notée t.

$$\text{La dérivée de } \begin{cases} t \mapsto 4t^3 & \text{est } t \mapsto 4 \times 3t^2 \\ t \mapsto -7t^2 & \text{est } t \mapsto -7 \times 2t \\ t \mapsto 2t & \text{est } t \mapsto 2 \\ t \mapsto 7 & \text{est } t \mapsto 0 \end{cases}$$ d'après les résultats du tableau du paragraphe **B** et ⑩.

Donc $f'(t) = 12t^2 - 14t + 2$ pour tout t réel, d'après ⑨.

5 Applications de la dérivation

Terminales professionnelles

A Sens de variation d'une fonction

- Si f est dérivable sur l'intervalle I et si la dérivée f' est nulle sur I, alors f est constante sur I.
- Si f est dérivable sur l'intervalle I et si la dérivée f' est positive sur I, alors f est croissante sur I.

■ Si f est dérivable sur l'intervalle I et si la dérivée f' est négative sur I, alors f est décroissante sur I.

B Recherche d'extremum

Un *extremum* est un *minimum* ou un *maximum*.

THÉORÈME

Si f est dérivable sur l'intervalle I et admet un maximum local (ou un minimum local) en un point a distinct des extrémités de I, alors $f'(a) = 0$.

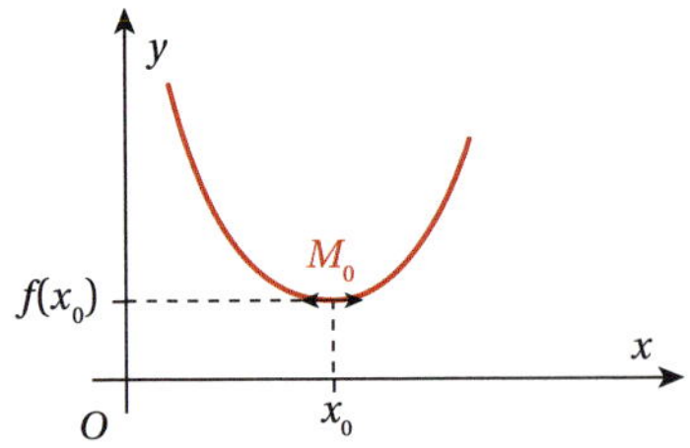

L'extremum en x_0 est un minimum.

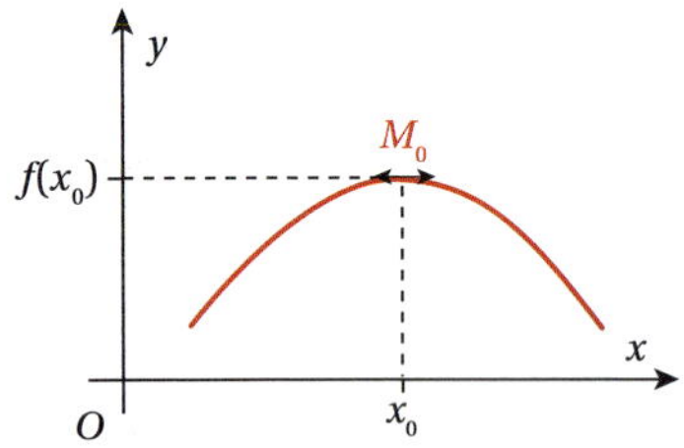

L'extremum en x_0 est un maximum.

En un point la tangente peut être parallèle à l'axe des abscisses sans qu'il s'agisse d'extremum, par exemple, $x \mapsto x^3$ en $O(0, 0)$.

REMARQUES IMPORTANTES

■ La tangente à la courbe représentative d'une fonction au point correspondant à un maximum ou un minimum local est parallèle à l'axe des abscisses.

■ En un tel point la tangente est souvent représentée, comme sur les deux figures ci-dessus, par un segment limité par deux pointes de flèches.

C Étudier les variations d'une fonction et construire sa courbe représentative

ÉTUDE DES VARIATIONS ET COURBE REPRÉSENTATIVE

ÉNONCÉ

Le plan muni du repère orthonormal $(O\,;\vec{i},\vec{j})$. L'unité graphique est 1 cm.

1° *Étudier les variations de la fonction f définie sur $[-1, 6]$ par :* $f(x) = -\frac{1}{2}x^2 + 3x - \frac{5}{2}$.

2° *Construire sa courbe représentative C.*

MÉTHODE

Étudier les variations	• On détermine la dérivée (si elle existe). • On étudie le signe de la dérivée. • On établit le tableau de variation de la fonction.
Construire la courbe représentative	• Le plan étant muni d'un repère orthonormal (ou orthogonal), on dessine la courbe représentative après avoir placé : – les éventuels points représentatifs d'extremums (leurs coordonnées figurent dans le tableau de variation) – des points ou droites particuliers (par exemple, des tangentes obtenues au cours de l'étude) – quelques points dont les coordonnées sont obtenues avec une calculatrice.

SOLUTION

1° *Étude des variations*

• *Calcul de $f'(x)$*

Pour tout x de $[-1, 6]$, $f'(x) = -\frac{1}{2}(2x) + 3$; $f'(x) = -x + 3$.

Pour déterminer $f'(x)$, on utilise les formules : ⑥, ⑩, ③ et ⑨.

• *Étude du signe de $f'(x)$*

Les inéquations suivantes sont équivalentes dans $[-1, 6]$: $f'(x) \geq 0$, $-x + 3 \geq 0$, $x \leq 3$;
donc $f'(x) > 0$ si $x < 3$; $f'(x) < 0$ si $x > 3$; $f'(3) = 0$.
Le signe de $f'(x)$ est donc donné par :

x	-1		3		6
Signe de $f'(x)$		+	0	−	

• *Tableau de variation*

$f(-1) = -6$, $f(3) = 2$ et $f(6) = -\frac{5}{2} = -2,5$.

x	-1		3		6
Signe de $f'(x)$		+	0	−	
Variation de f	-6	↗	2	↘	$-2,5$

• La deuxième ligne du tableau de variation est la dernière ligne du tableau donnant le signe de $f'(x)$
• La dernière ligne du tableau de variation donne une première idée de l'allure de la courbe représentative de f.

2° *Courbe représentative*

On place d'abord les points $S(3, 2)$ avec la tangente parallèle à l'axe des abscisses, ainsi que les points $A(-1, -6)$ et $B(6 ; -2,5)$.
On détermine ensuite les coordonnées de quelques points avec une calculatrice et on trace la courbe $\mathscr{C}$.

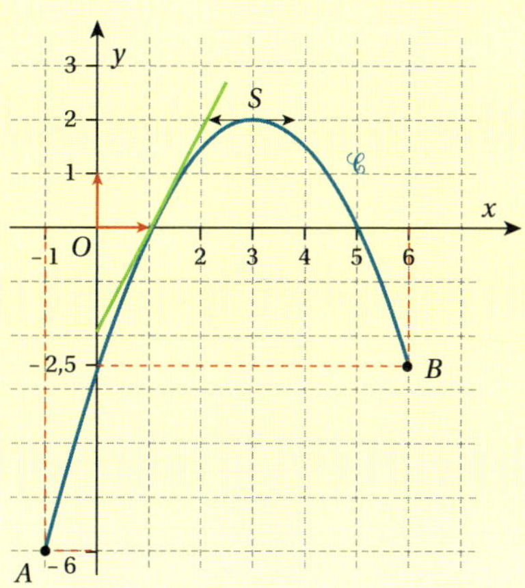

Afficher la courbe sur l'écran de la calculatrice graphique.

6 Utiliser une calculatrice pour étudier une fonction

EXEMPLE

Une entreprise fabrique un certain type de matériel pour l'industrie. Chaque jour, elle produit un nombre x de matériels, x étant compris entre 0 et 70.
Le coût, exprimé en euros, de la production journalière de x matériels est donné par :
$f(x) = x^3 - 90x^2 + 2\,700x$.
On suppose que toute la production est vendue au prix de 900 € l'unité. La recette journalière totale, exprimée en euros, est alors donnée par :
$g(x) = 900x$.

1) Tableau de valeurs

On souhaite compléter le tableau suivant.

x	0	10	20	30	40	50	60	70
***f*(*x*)**								
***g*(*x*)**								

• **Calculatrice de marque CASIO**

On entre dans le menu des tables en faisant [MENU] [TABLE] [EXE].

Puis on entre en Y1 et en Y2 les expressions des fonctions f et g.

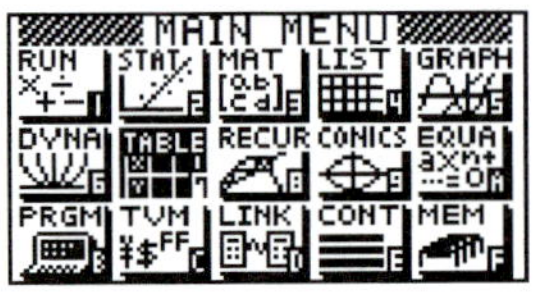

Pour régler la table, faire [RANG], puis entrer dans Start la première valeur de x, dans End la dernière valeur de x et dans pitch le pas entre chaque valeur de x.

Faire [TABL] pour obtenir la table.

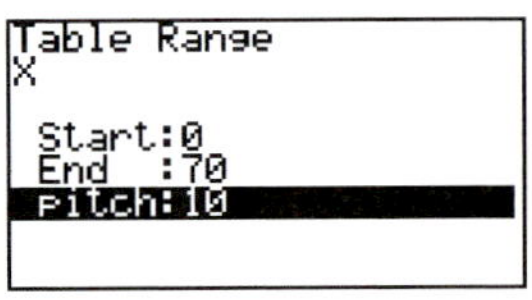

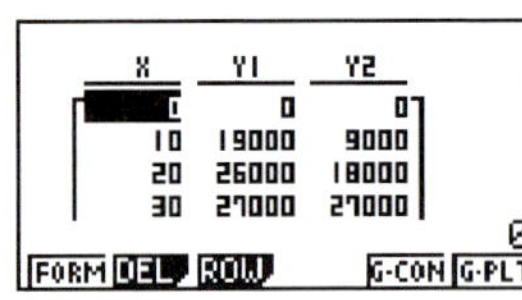

• **Calculatrice de marque Texas Instruments** *(instructions en français en bleu)*

Pour éditer les fonctions, faire [Y=] ou [*f*(*x*)] puis, aux lignes $\mathbf{Y}_1$ et $\mathbf{Y}_2$, entrer les expressions de f et g.

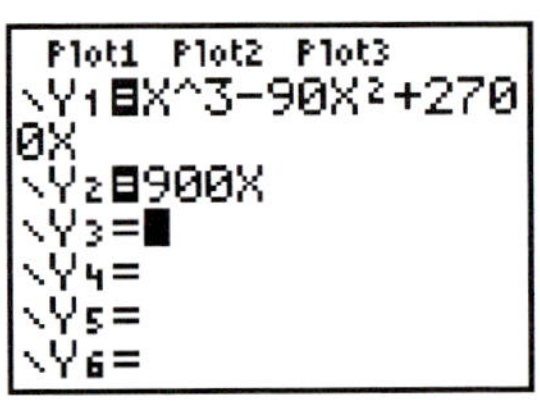

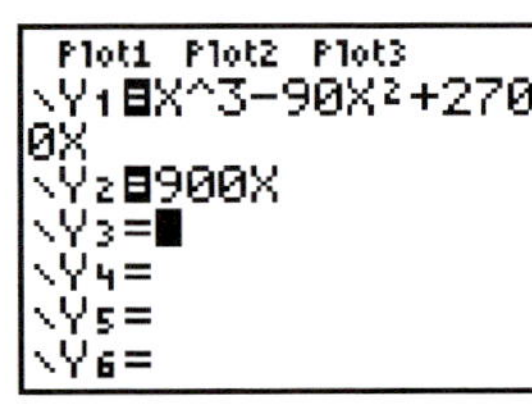

Pour régler la table, faire [2nd] [TBLSET] ou [2nd] [déf table] puis entrer dans **TblStart** ou Déf Table la première valeur de x et dans **ΔTbl** ou PasTable le pas entre chaque valeur de x.

Faire [2nd] [TABLE] pour obtenir le tableau.

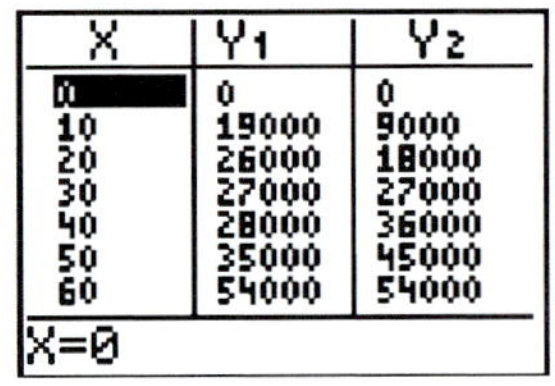

a) On obtient le tableau de valeurs suivant :

x	0	10	20	30	40	50	60	70
***f*(*x*)**	0	19 000	26 000	27 000	28 000	35 000	54 000	91 000
***g*(*x*)**	0	9 000	18 000	27 000	36 000	45 000	54 000	63 000

b) L'entreprise dégage un bénéfice lorsque $g(x) \geq f(x)$. Dans le tableau précédent, cela se produit pour les valeurs suivantes de x : 30, 40, 50, 60.

2) Représentation graphique

On désire réaliser, sur une calculatrice, une représentation graphique des fonctions f et g sur l'intervalle [0, 70].

- **Calculatrice de marque CASIO**

Venir dans le menu de graphiques en faisant [MENU] [GRAPH] [EXE].

Pour régler la fenêtre, faire [SHIFT] [V-Window] puis entrer **Xmin** et **max** selon le domaine d'étude, scale correspond au pas de graduation de l'axe. Pour les choix de **Ymin** et **max**, on considère les valeurs apparues dans le tableau précédent.

Dans l'écran d'accueil du menu graphique, faire [DRAW] pour obtenir le tracé.

Pour parcourir la courbe, faire [SHIFT] [Trace] puis [◀] ou [▶].

- **Calculatrice de marque Texas Instruments** *(instructions en français en bleu)*

Pour régler la fenêtre, faire [WINDOW] ou [fenêtre] puis entrer **Xmin** et **Xmax** selon le domaine d'étude, **Xscl** ou **Xgrad** correspond au pas de graduation de l'axe. Pour les choix de **Ymin** et **Ymax**, on considère les valeurs apparues dans le tableau précédent.

Faire [GRAPH] ou [graphe] pour le tracé et pour parcourir la courbe, faire [TRACE] ou [Trace] et [◀] ou [▶].

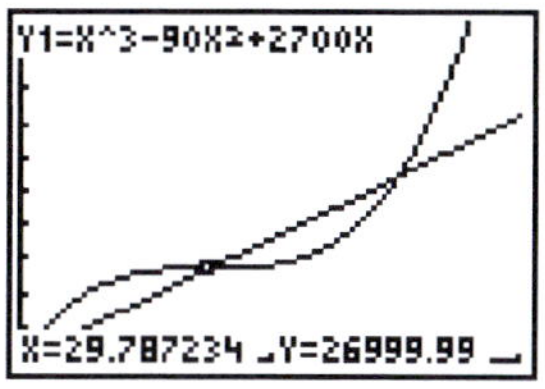

PREMIER EXERCICE D'ÉVALUATION

Premières professionnelles

Le plan est muni du repère orthonormal $(O ; \vec{i}, \vec{j})$ (unité 1 cm). Soit f la fonction définie sur l'intervalle [– 1, 5] dont on donne la courbe représentative $\mathscr{C}$ sur la figure ci-dessous.

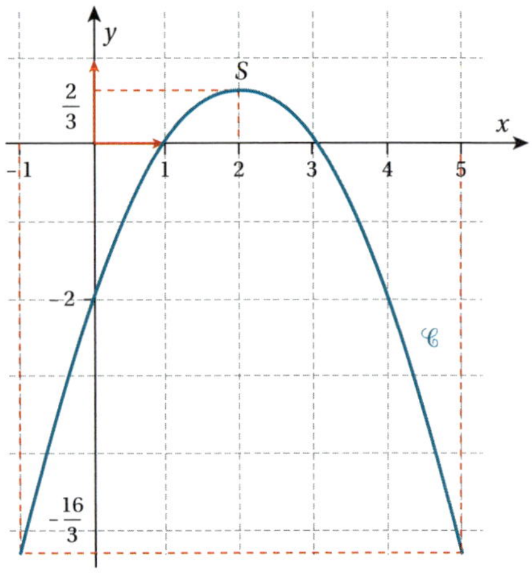

1. Utiliser ce graphique pour déterminer les valeurs de $f(-1)$, $f(0)$, $f(1)$, $f(2)$, $f(3)$, $f(4)$, $f(5)$.

2. Dans quel intervalle varie $f(x)$ lorsque x varie dans [– 1, 5] ?

3. Résoudre graphiquement dans [– 1, 5] les équations suivantes après avoir reproduit la figure.

a. $f(x) = 0$; **b.** $f(x) = -2$; **c.** $f(x) = 1$;
d. $f(x) = \frac{2}{3}$.

4. a. Déterminer graphiquement pour quelles valeurs de x comprises entre – 1 et 5 le nombre $f(x)$ est positif.
b. En déduire, dans un tableau, le signe de $f(x)$ lorsque x varie dans [– 1, 5].

5. Résoudre graphiquement dans [– 1, 5] l'inéquation $f(x) \geq -2$.

6. Donner le tableau de variation de f sur [– 1, 5]. Pour quelle valeur de x la fonction f admet-elle un maximum ?

7. On admet qu'au point $S\left(2, \frac{2}{3}\right)$ la tangente à la courbe $\mathscr{C}$ est parallèle à l'axe des abscisses. Déterminer le nombre dérivé $f'(2)$.

8. On admet que, pour tout x de [– 1, 5], $f(x) = -\frac{2}{3}x^2 + \frac{8}{3}x - 2$.

Résoudre l'équation $-\frac{2}{3}x^2 + \frac{8}{3}x - 2 = 0$. Que remarque-t-on ?

CORRIGÉ

1. $f(-1) = -\frac{16}{3}$; $f(0) = -2$; $f(1) = 0$; $f(2) = \frac{2}{3}$; $f(3) = 0$; $f(4) = -2$; $f(5) = -\frac{16}{3}$.

2. $f(x)$ varie dans l'intervalle : $\left[-\frac{16}{3}, \frac{2}{3}\right]$.

3. a. Deux solutions : 1 et 3. **b.** Deux solutions : 0 et 4. **c.** Pas de solution.

d. Une seule solution : 2.

> $f(x) > 0$ se traduit par : la courbe $\mathscr{C}$ est au-dessus de l'axe des abscisses.

4. a. $f(x) \geq 0$ lorsque x appartient à l'intervalle [1, 3].

b. Donc, $f(x) \leq 0$ lorsque x appartient à [– 1, 1] ou [3, 5].

x	– 1		1		3		5
Signe de $f(x)$		–	0	+	0	–	

5. L'ensemble des solutions de l'inéquation est : [0, 4].

6.

x	-1		2		5
Variation de f	$-\frac{16}{3}$	↗	$\frac{2}{3}$	↘	$-\frac{16}{3}$

f admet un maximum pour $x = 2$.

7. $f'(2) = 0$. (Une droite parallèle à l'axe des abscisses a pour coefficient directeur 0.)

8. $\Delta = \frac{64}{9} - \frac{16}{3} = \frac{16}{9} = \left(\frac{4}{3}\right)^2$. D'où les deux solutions : $x_1 = \frac{-\frac{8}{3} - \frac{4}{3}}{-\frac{4}{3}} = 3$ et

$x_2 = \frac{-\frac{8}{3} + \frac{4}{3}}{-\frac{4}{3}} = 1$. On retrouve les solutions de l'équation $f(x) = 0$ lues graphiquement au 3.a).

> **$f'(a)$ est le coefficient directeur de la tangente à la courbe représentative de f au point d'abscisse a.**

DEUXIÈME EXERCICE D'ÉVALUATION

Terminales professionnelles

Une entreprise produit des pièces pour l'industrie automobile. L'entreprise fabrique entre 5 et 40 pièces par heure.

On note $C(x)$ le coût total, en euros, pour fabriquer x pièces en une heure. On définit ainsi une fonction C sur [5, 40].

On admet que, pour tout x de [5, 40],

$C(x) = x^2 + 50x + 100$.

1. L'entreprise vend chaque pièce 100 euros.

a. Expliquer pourquoi le bénéfice réalisé par la fabrication et la vente de x pièces est : $B(x) = -x^2 + 50x - 100$.

b. On définit la fonction B sur [5, 40] par : $B(x) = -x^2 + 50x - 100$.

B' étant la fonction dérivée de la fonction B sur [5, 40], calculer $B'(x)$ et étudier son signe.

c. Dresser le tableau de variations de B.

d. Quel est le nombre de pièces à produire pour que le bénéfice horaire de l'entreprise soit maximal ?

2. Le coût moyen de production d'un objet est égal à $f(x) = \frac{C(x)}{x}$ pour x appartenant à [5, 40].

a. Montrer que $f(x) = x + 50 + \frac{100}{x}$ pour x appartenant à [5, 40].

On définit ainsi une fonction f sur [5, 40].

b. f' étant la dérivée de la fonction f sur [5, 40], montrer que : $f'(x) = \frac{(x-10)(x+10)}{x^2}$ pour tout x de [5, 40].

c. Étudier le signe de $f'(x)$ et dresser le tableau de variations de f.

d. Pour quelle valeur de x le coût moyen est-il minimal ? Préciser alors sa valeur.

CORRIGÉ

1. a. Le chiffre d'affaires réalisé par la vente de x pièces est : $100x$.
D'où le bénéfice : $B(x) = 100x - C(x) = 100x - (x^2 + 50x + 100)$; $B(x) = -x^2 + 50x - 100$.

On utilise : ⑤.

b. Pour tout x de $[5, 40]$, $B'(x) = -2x + 50$. Pour étudier le signe de $B'(x)$, résolvons l'inéquation $B'(x) \geq 0$ qui équivaut à : $-2x + 50 \geq 0$; $50 \geq 2x$; $25 \geq x$. Donc : si $x \leq 25$, $B'(x) \geq 0$ et, si $x > 25$, $B'(x) < 0$.

On peut réaliser le tableau de signes :

x	5		25		40
Signe de $B'(x)$		+	0	−	

c. $B(5) = 125$; $B(25) = 525$ et $B(50) = -100$, d'où :

x	5		25		40
$B'(x)$		+	0	−	
Variation de B	125	↗	525	↘	−100

d. Le bénéfice est maximal pour 25 pièces produites et vendues.

2. a. Pour x dans $[5, 40]$, $\dfrac{C(x)}{x} = \dfrac{x^2 + 50x + 100}{x} = \dfrac{x^2}{x} + \dfrac{50x}{x} + \dfrac{100}{x}$; $f(x) = x + 50 + \dfrac{100}{x}$.

On utilise : ③, ⑩ et ⑦.

b. Pour tout x de $[5, 40]$, $f'(x) = 1 + 100\left(-\dfrac{1}{x^2}\right)$.

$$f'(x) = 1 - \frac{100}{x^2} = \frac{x^2}{x^2} - \frac{100}{x^2} = \frac{x^2 - 100}{x^2}$$

$a^2 - b^2 = (a - b)(a + b)$.

$$f'(x) = \frac{x^2 - 10^2}{x^2} = \frac{(x-10)(x+10)}{x^2}.$$

c. Pour tout x de $[5, 40]$, $\dfrac{x+10}{x^2} > 0$, donc $f'(x)$ a même signe que : $x - 10$. $x - 10 \geq 0$ équivaut à : $x \geq 0$.

D'où le signe de $f'(x)$:

x	5		10		40
Signe de $f'(x)$		−	0	+	

$f(5) = 75$; $f(10) = 70$ et $f(40) = 92{,}5$.
d'où le tableau de variation :

x	5		10		40
$f'(x)$		−	0	+	
Variation de f	75	↘	70	↗	92,5

d. Le coût moyen est minimal pour $x = 10$. Ce coût est de 70 euros.

MATHÉMATIQUES

5 Fonctions exponentielles Fonction logarithme décimal

PROGRAMME SPÉCIFIQUE

Ce chapitre ne concerne que les spécialités du groupement C.

1 Fonctions exponentielles $x \mapsto q^x$

Terminales professionnelles

MATHÉMATIQUES

A Extension de q^n

Définition

Soit q un nombre **strictement positif** fixé, différent de 1.

Il existe une fonction f définie et dérivable sur $\mathbb{R}$, notée $f: x \mapsto q^x$, qui étend aux puissances non entières la définition et les propriétés algébriques des puissances entières.

La fonction f : $x \mapsto q^x$ est appelée **fonction exponentielle (de base q)**.

La touche [^] ou [x^y] de la calculatrice permet d'obtenir les valeurs numériques de q^x avec une précision suffisante pour les situations étudiées en terminales professionnelles.

EXEMPLES

Avec votre calculatrice, retrouver les valeurs approchées arrondies à 10^{-2} suivantes :
$(3{,}5)^{1{,}6} \approx 7{,}42$; $(1{,}06)^{-1{,}5} \approx 0{,}92$; $(0{,}98)^{0{,}32} \approx 0{,}99$.

- Soit q un nombre **strictement positif** fixé différent de 1. **Pour tout réel x, $q^x > 0$.**

- On admet que les **propriétés algébriques** des puissances entières s'étendent aux puissances non entières.

Soit q un nombre **strictement positif** fixé différent de 1. Pour tous réels x et y :

$$q^x \times q^y = q^{x+y} \; ; \qquad (q^x)^y = q^{xy} \; ; \qquad q^{-x} = \frac{1}{q^x} \; ; \qquad \frac{q^x}{q^y} = q^{x-y}.$$

B Sens de variation et courbe représentative des fonctions $x \mapsto q^x$

Sens de variation

Soit q un nombre **strictement positif** fixé.
- Si $q > 1$, la fonction exponentielle $x \mapsto q^x$ est strictement croissante sur $\mathbb{R}$.
- Si $0 < q < 1$, la fonction exponentielle $x \mapsto q^x$ est strictement décroissante sur $\mathbb{R}$.

$q > 1$

x	$-\infty$ $\quad$ $+\infty$
Variations de $x \mapsto q^x$	↗

$0 < q < 1$

x	$-\infty$ $\quad$ $+\infty$
Variations de $x \mapsto q^x$	↘

EXEMPLES

- La fonction $x \mapsto 10^x$ est strictement croissante sur $\mathbb{R}$.
- La fonction $x \mapsto (0,2)^x$ est strictement décroissante sur $\mathbb{R}$.

Courbe représentative

On obtient deux types de courbes représentatives selon que $q > 1$ ou que $0 < q < 1$.

Affichez sur votre calculatrice graphique les courbes représentatives des fonctions définies par : $x \mapsto 10^x$ et $x \mapsto (0,2)^x$.

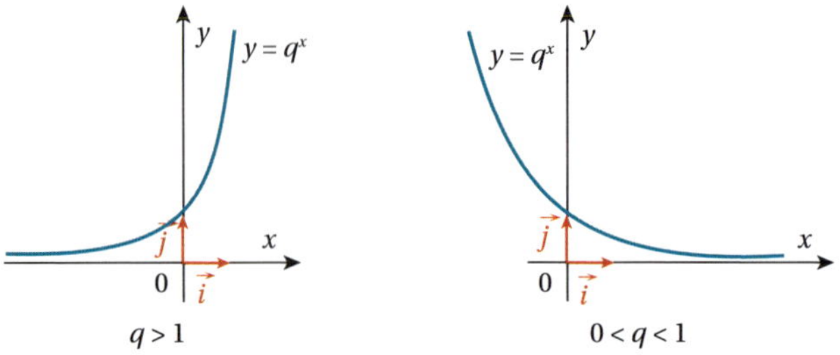

2 Fonctions logarithme décimal

A Définition

■ Le **logarithme décimal** d'un nombre réel strictement positif a est le nombre réel b tel que $10^b = a$.

■ Il est noté $\log a$.

■ En particulier $\log 1 = 0$ et $\log 10 = 1$.

■ On a donc :
Pour tout nombre réel strictement positif a :
$\boldsymbol{b = \log a}$ **si et seulement si :** $\boldsymbol{a = 10^b}$.

Interprétation graphique :

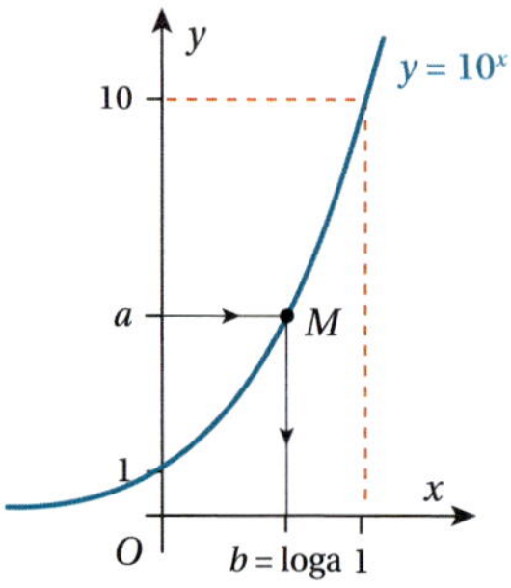

B Obtenir une valeur approchée de log *a*

La touche log de la calculatrice ou la fonction log 10() d'un tableur permet d'obtenir les valeurs numériques de log a avec une précision suffisante pour les situations étudiées en terminale professionnelle.

EXEMPLES

Retrouver avec votre calculatrice les valeurs approchées suivantes :
$\log 2 \approx 0,30103$; $\log(0,5) \approx -0,30103$; $\log 3 \approx 0,47712$; $\log 6 \approx 0,77815$.

C Courbe représentative de la fonction logarithme décimal

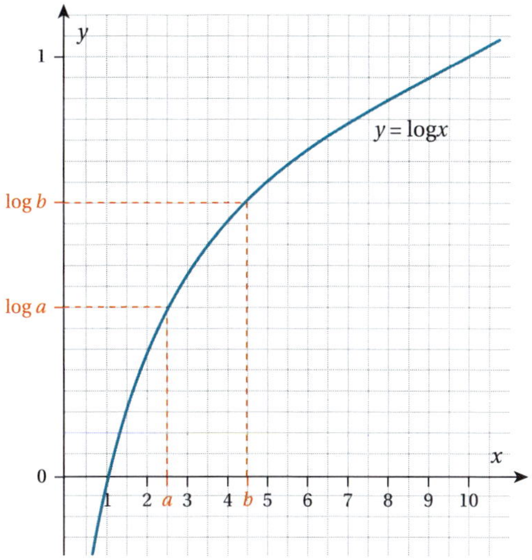

■ La courbe représentative de la fonction $x \mapsto \log x$ peut être obtenue facilement avec la calculatrice graphique.

■ Le résultat suivant s'interprète immédiatement sur la figure :
Pour tous nombres réels strictement positifs a et b, $\boldsymbol{a \leq b}$ **si et seulement si :**
$\boldsymbol{\log a \leq \log b}$.

■ **Conséquence**
• Pour tout nombre réel a tel que :
• $\boldsymbol{0 \leq a \leq 1, \log a \leq 0}$;
• Pour tout nombre réel a tel que :
• $\boldsymbol{a > 1, \log a > 0}$.

MATHÉMATIQUES

D Propriétés algébriques

• Soit a et b deux nombres réels **strictement positifs**.
$\boldsymbol{\log(ab) = \log a + \log b}$;

$\boldsymbol{\log\left(\frac{1}{a}\right) = -\log a}$; $\boldsymbol{\log\left(\frac{a}{b}\right) = \log a - \log b}$;

• Soit a un nombre réel strictement positif et x un nombre réel.
$\boldsymbol{\log(a^x) = x\log a}$. En particulier, pour tout entier n, $\boldsymbol{\log(a^n) = n\log a}$.

Les calculatrices n'existent que depuis une quarantaine d'années. Avant, on faisait les calculs « compliqués » à l'aide de tables, donnant des valeurs approchées de la fonction logarithme décimal et en utilisant ces propriétés.

E Exemple d'utilisation de papier semi-logarithmique

EXEMPLE

Le tableau suivant donne l'évolution du nombre d'abonnés à un service de téléphonie mobile.

Rang de l'année : x	1	2	3	4
Nombre d'abonnés (en millions) : y	200	280	392	549

Voici deux représentations graphiques possibles.

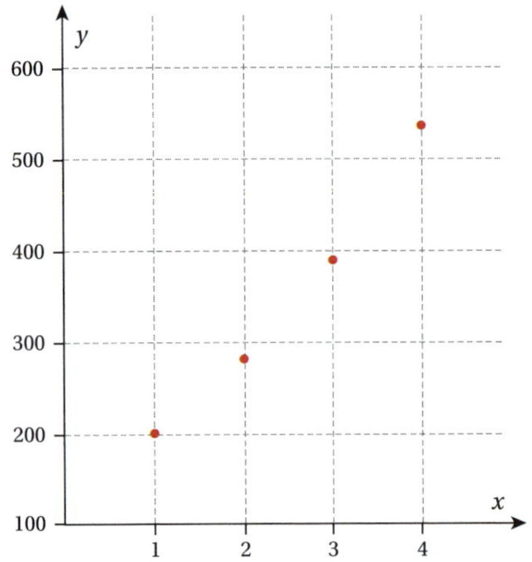

figure 1

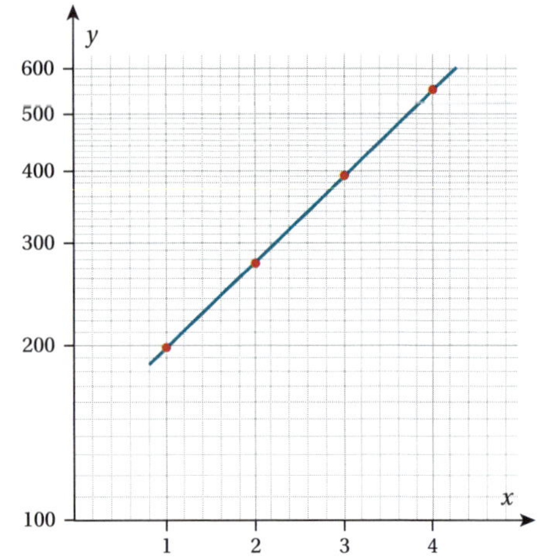

figure 2

Une échelle semi-logarithmique permet de représenter graphiquement des fonctions prenant de « grandes » valeurs. Une échelle semi-logarithmique n'est pas régulière.

Sur la figure 1, on a placé le rang des années en abscisses et les effectifs en ordonnées. Sur la figure 2, l'axe des ordonnées est gradué suivant une **échelle semi-logarithmique** : 200, 300, 400… sont remplacés par : log(200), log(300), log(400). Vérifier que, dans l'exemple ci-dessous, les valeurs de y sont des termes successifs d'une suite géométrique. C'est pour cela que, sur la figure 2, les points sont alignés.

3 Exemples de résolution d'équations ou d'inéquations du type $q^x = a$; $q^x < b$; $\log x = b$

A Exemple de résolution d'équation de la forme $q^x = a$

EXEMPLE

On place un capital $C_0 = 1\,000$ euros, à intérêts composés, au taux annuel de 3 %. Les capitaux disponibles au bout de 1 an, 2 ans, …, n ans sont notés C_1, …, C_n. C_0, C_1, …, C_n sont les termes successifs d'une suite géométrique de premier terme C_0 et de raison 1,03.
Pour tout n, on a $C_n = C_0\,(1{,}03)^n$. On cherche n pour que $C_n = 1{,}5\,C_0$.
D'où l'équation $C_0 \times (1{,}03)^n = 1{,}5\,C_0$; $(1{,}03)^n = 1{,}5$.

MÉTHODE

Pour résoudre l'équation $q^x = a$, on écrit que : $\log(q^x) = \log a$; donc $x \log q = \log a$; $x = \dfrac{\log a}{\log q}$.

$\log[(1{,}03)^n] = \log(1{,}5)$; $n \log(1{,}03) = \log(1{,}5)$; $n = \dfrac{\log(1{,}5)}{\log(1{,}03)}$; $\log \dfrac{(1{,}5)}{\log(1{,}03)} \approx 13{,}71$.
On prend donc $n = 14$.

B Exemple de résolution d'inéquation de la forme $q^x \leq b$

EXEMPLE

Résoudre dans $\mathbb{R}$ l'inéquation : $(1{,}04)^x \leq 2$.

MÉTHODE

Pour résoudre l'inéquation $q^x \leq b$, on écrit que : $\log(q^x) \leq \log b$; donc $x \log q < \log b$.

$\log(1{,}04)^x \leq \log 2$; $x \log(1{,}04) \leq \log 2$; $x \leq \dfrac{\log 2}{\log(1{,}04)}$.

$\dfrac{\log 2}{\log(1{,}04)} \approx 2{,}07$.

C Exemple de résolution d'équation de la forme $\log x = b$

EXEMPLE

Résoudre dans $\mathbb{R}$ l'équation $\log x = 3{,}5$.

MÉTHODE

On sait que $b = \log a$ si et seulement si : $a = 10^b$. Donc, l'équation $\log x = b$ est équivalente à $x = 10^b$.

Donc, $x = 10^{3,5} \approx 3\,162{,}28$.

MATHÉMATIQUES

MATHÉMATIQUES

6 Fonction logarithme népérien Fonctions exponentielles

PROGRAMME SPÉCIFIQUE

Ce chapitre ne concerne que les spécialités du groupement A et B.

1 Fonction logarithme népérien

Terminales professionnelles

A Définition

■ La fonction **logarithme népérien** est la fonction définie sur $]0, +\infty[$ par $x \mapsto \ln(x)$ avec $\ln'(x) = \frac{1}{x}$ et $\ln 1 = 0$.

B Relations fonctionnelles

Pour tous nombres réels **strictement positifs** a et b :

■ $\ln(ab) = \ln(a) + \ln(b)$;

■ pour tout nombre entier relatif n, $\mathbf{\ln(a^n) = n\ln(a)}$;

■ $\mathbf{\ln\left(\frac{1}{a}\right) = -\ln(a)}$;

■ $\mathbf{\ln\left(\frac{a}{b}\right) = \ln(a) - \ln(b)}$;

■ $\mathbf{\ln\left(\sqrt{a}\right) = \frac{1}{2}\ln(a)}$.

C Variations et courbe représentative

x	0	1	$+\infty$
Signe de $\ln'(x) = \frac{1}{x}$		+	
Variations de ln		0 ↗	

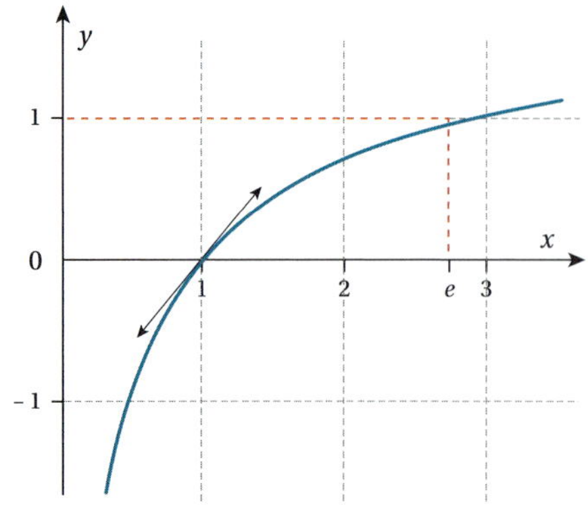

■ **Conséquence**

$\ln a \leq \ln b$ si et seulement si $a \leq b$.

■ **Le nombre *e***

Il existe un nombre, noté e, tel que $\ln e = 1$.

$e \approx 2{,}718...$

D La fonction logarithme décimal

■ La fonction **logarithme décimal** est la fonction notée log définie sur $]0, +\infty[$ par $\mathbf{\log x = \dfrac{\ln x}{\ln 10}}$.

■ Les propriétés algébriques de la fonction log se déduisent de celle de la fonction ln.

Pour un développement sur la fonction logarithme décimal et sur l'usage du papier semi-logarithmique, se reporter au paragraphe ② du chapitre 6.

2 Fonctions exponentielles $x \mapsto e^x$

A Définition et notation

■ Définition

La **fonction exponentielle**, notée exp, est la fonction qui a tout nombre réel x associe le nombre **strictement positif** unique y tel que $x = \ln(y)$.
Pour tout x de $\mathbb{R}$,
$\exp : x \mapsto y = \exp(x)$ si et seulement si $x = \ln(y)$.

EXEMPLE : $\exp 0 = 1$; $\exp 1 = e$.

■ Notation e^x

- Pour tout nombre réel x, $\mathbf{\exp x = e^x}$.
- Pour tout nombre réel x, $\mathbf{\ln(e^x) = x}$.
- Pour tout nombre réel $a > 0$, $\mathbf{e^{\ln(a)} = a}$.

B Relations fonctionnelles

Pour tous nombres réels a et b,
- $e^{a+b} = e^a \times e^b$;
- $e^{-a} = \dfrac{1}{e^a}$ et $e^{a-b} = \dfrac{e^a}{e^b}$.

Pour tout nombre réel a et tout nombre entier relatif n, $(e^a)^n = e^{na}$.

Les règles de calcul sont les mêmes qu'avec les puissances entières de nombres réels.

C Dérivation de la fonction exponentielle

■ **Dérivée de $x \mapsto e^x$**
Si pour tout x de $\mathbb{R}$, $f(x) = e^x$ **alors** $f'(x) = e^x$.

■ **Dérivée de $x \mapsto e^{ax}$**
$(e^{ax})' = ae^{ax}$.

EXEMPLE
Soit f la fonction définie que $\mathbb{R}$ par $f(x) = e^{2x}$.
Pour tout x de $\mathbb{R}$, $f'(x) = 2e^{2x}$.

$f(x) = e^{ax}$ avec $a = 2$.

D Courbe représentative

x	$-\infty$ $\qquad$ $+\infty$
Signe de $f'(x) = e^x$	+
Variations de $x \mapsto e^x$	↗

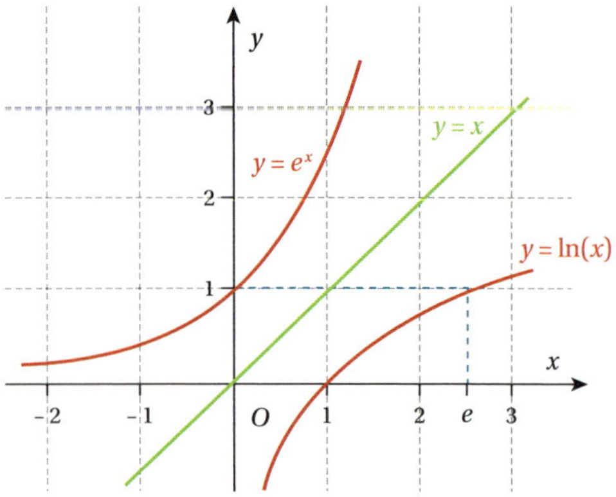

REMARQUE

Les courbes représentatives des fonctions exp et ln se déduisent l'une de l'autre par la symétrie orthogonale d'axe la droite d'équation $y = x$.

3 Fonction exponentielle $x \mapsto q^x$

Soit a un nombre réel strictement positif.

La fonction définie sur $\mathbb{R}$ par $x \mapsto q^x = e^{x\ln q}$ est appelée fonction exponentielle de base q.

4 Résolution d'équations et d'inéquations

Équations $e^{ax} = b$, $b > 0$

EXEMPLE

Résoudre dans $\mathbb{R}$ l'équation : $e^{3x} = 2$.

> $\ln e = 1$.

MÉTHODE

$e^{ax} = b$ est équivalent à : $\ln e^{ax} = \ln b$; $(ax)\ln e = \ln b$; $ax = \ln b$; $x = \dfrac{1}{a}\ln b$.

Donc, $e^{3x} = 2$ est équivalent à : $\ln e^{3x} = \ln 2$; $3x(\ln e) = \ln 2$; $3x = \ln 2$; $x = \dfrac{1}{3}\ln 2$.

Inéquations $e^{ax} \leq b$, $b > 0$

> Pour résoudre une inéquation $e^{ax} \leq b$, procéder comme pour l'équation $e^{ax} = b$, en remplaçant = par $\leq$.

EXEMPLE

Résoudre dans $\mathbb{R}$ l'inéquation $e^{2x} \leq 4$.

On a vu que : $\ln a \leq \ln b$ si et seulement si $a \leq b$.

Donc : $\ln(e^{2x}) \leq \ln 4$; $2x\ln e \leq \ln 4$; $2x \leq \ln 4$; $x \leq \dfrac{1}{2}\ln 4$.

Équations $\ln(ax) = b$

EXEMPLE

Résoudre pour $a > 0$ et $x > 0$, $\ln(2x) = 3$.

MÉTHODE

$\ln(ax) = b$ s'écrit : $\ln(ax) = \ln(e^b)$ (puisque $x = \ln(e^x)$) ; donc, $ax = e^b$ (puisque $\ln a = \ln b$ si et seulement si $a = b$) $x = \dfrac{1}{a}e^b$.

Donc, $\ln(2x) = 3$ s'écrit $\ln(2x) = \ln(e^3)$, d'où $2x = e^3$; $x = \frac{1}{2}e^3$.

REMARQUE

Pour résoudre une inéquation du type $\ln(ax) \leq b$, procéder comme pour l'équation $\ln(ax) = b$ en remplaçant = par ≤.

EXERCICE D'ÉVALUATION

Terminales professionnelles

Un corps radioactif se désintègre en transformant une partie de ses noyaux suivant la loi $N(t) = N(0)e^{-kt}$ où $N(0)$ est le nombre de noyaux radioactifs au début de l'observation, $N(t)$ le nombre de noyaux radioactifs à l'instant t exprimé en heures, k une constante réelle.

1. Déterminer la constante k pour le thorium, sachant qu'avec $N(0) = 1\,000$, on a $N(1) = 937$. Arrondir à 10^{-3}.

2. La *période* d'un élément radioactif est le temps au bout duquel il reste la moitié de ses atomes.
Calculer la période du thorium. Arrondir à la minute.

CORRIGÉ

1. $N(1) = 937$ se traduit par :
$937 = N(0)e^{-1 \cdot k}$; avec $N(0) = 1\,000$, on obtient :
$937 = 1\,000\, e^{-k}$; $e^{-k} = \frac{937}{1000}$; $e^{-k} = 0{,}937$.
D'où : $\ln(e^{-k}) = \ln(0{,}937)$.
Pour tout nombre réel x $\ln e^x = x$, donc :
$-k = \ln 0{,}937$; $k = -\ln 0{,}937 \approx 0{,}065$.
$N(t) = 1\,000e^{-0{,}065t}$.

2. On cherche t tel que $N(t) = \frac{1}{2}N(0)$;
c'est-à-dire : $1000\, e^{-0{,}065t} = \frac{1}{2} \times 1\,000$;
$e^{-0{,}065t} = \frac{1}{2}$; $\ln(e^{-0{,}065t}) = \ln\frac{1}{2}$;
$-0{,}065t = -\ln 2$; $0{,}065t = \ln 2$;
$t = \frac{1}{0{,}065} \times \ln 2 \approx 10{,}66$ heures.
0,66 heures $= 0{,}66 \times 60 \approx 40$.
La période est environ 10 heures 40.

MATHÉMATIQUES

7 Géométrie dans le plan et dans l'espace

PROGRAMME SPÉCIFIQUE

Ce chapitre ne concerne que les spécialités du groupement B.

1 Aires de surfaces planes

Terminales professionnelles

Triangle

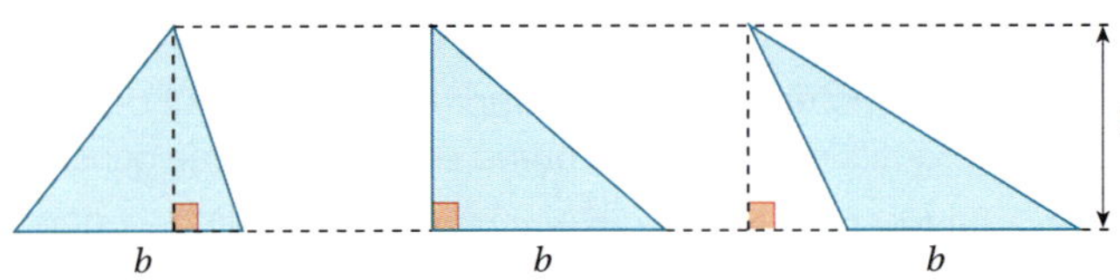

$$S = \frac{bh}{2}$$

Trapèze (du plus général au plus particulier)

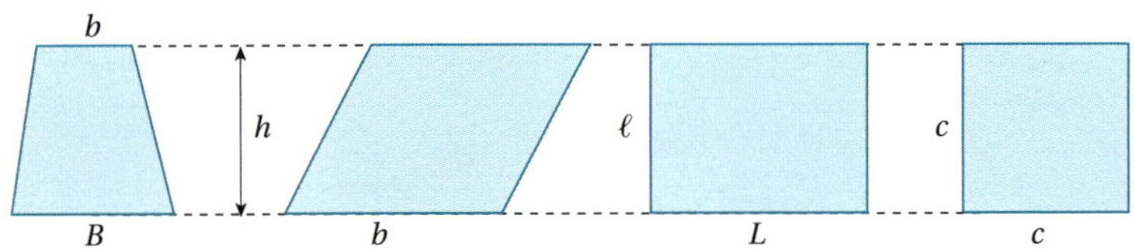

$$S = \frac{(B + b)h}{2} \qquad S = bh \qquad S = L\ell \qquad S = c^2$$

Cercles et disques

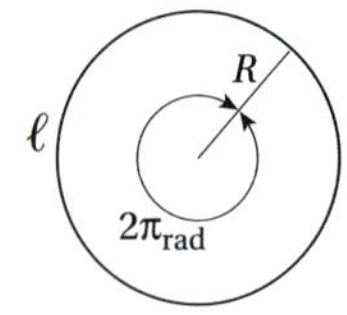

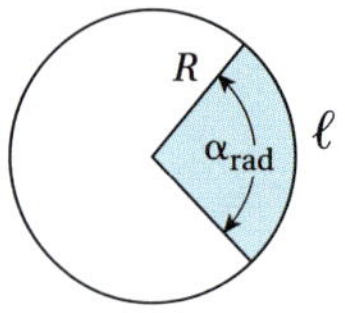

Périmètre du cercle :

$$\ell = 2\pi R$$

Aire du disque :

$$S = \pi R^2$$

Longueur de l'arc de cercle :

$$\ell = \alpha \cdot R$$

Aire du secteur angulaire :

$$S = \frac{\alpha \cdot R^2}{2}$$

2 Volumes de solides usuels

	Cylindres	Cônes	Cônes tronqués
Base quelconque	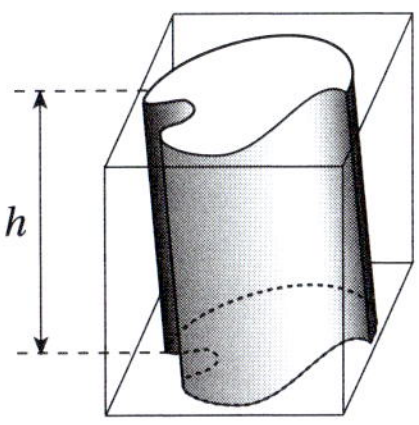 $V = Bh$	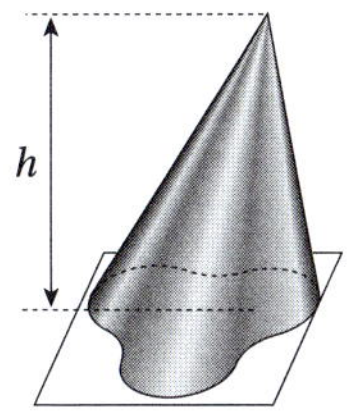 $V = \frac{Bh}{3}$	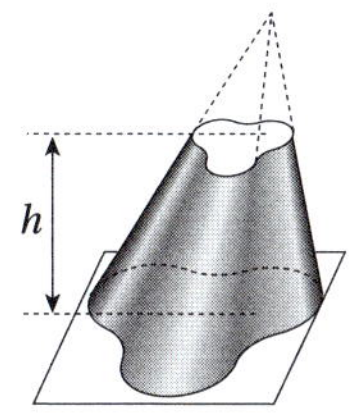 $V = \frac{h}{3}(B + \sqrt{bB} + b)$

où B est l'aire de la base, h la hauteur, et pour le cône tronqué, b est l'aire de la petite base.

Remarque :
la formule du cône tronqué donne celle du cylindre lorsque $B = b$ et celle du cône lorsque $b = 0$.

	Cylindres	Cônes	Cônes tronqués
Base circulaire	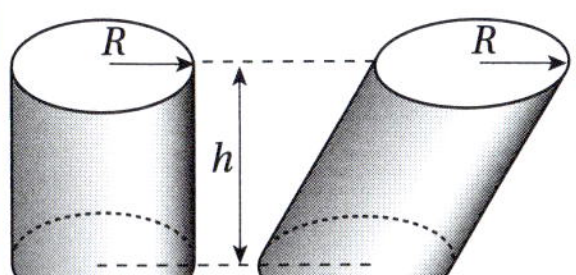 Cylindre droit — Cylindre oblique $V = \pi R^2 h$	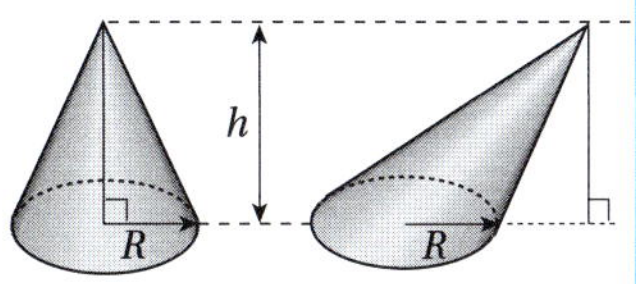 Cône droit — Cône oblique $V = \frac{\pi R^2 h}{3}$	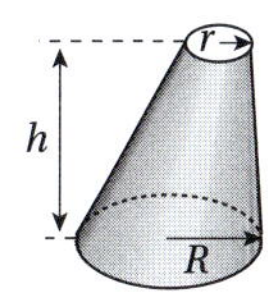 Tronc de cône $V = \frac{\pi h}{3}(R^2 + rR + r^2)$
Base polygonale	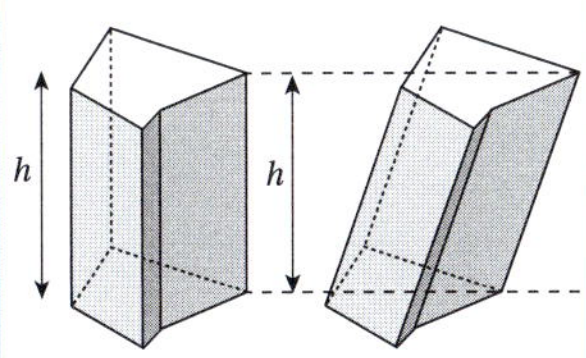 Prisme droit — Prisme oblique $V = Bh$	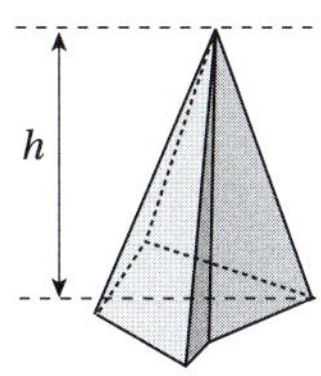 Pyramide $V = \frac{Bh}{3}$	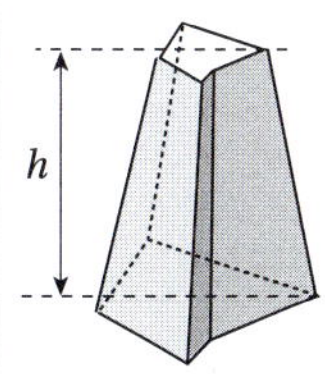 Tronc de pyramide $V = \frac{h}{3}(B + \sqrt{bB} + b)$
Cas particuliers	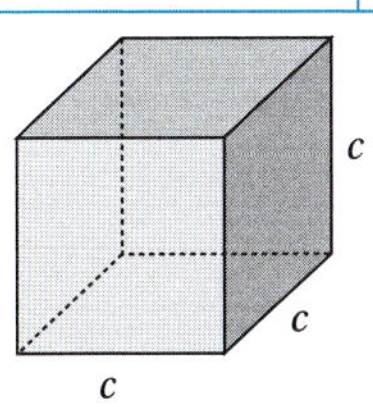 Cube $V = c^3$	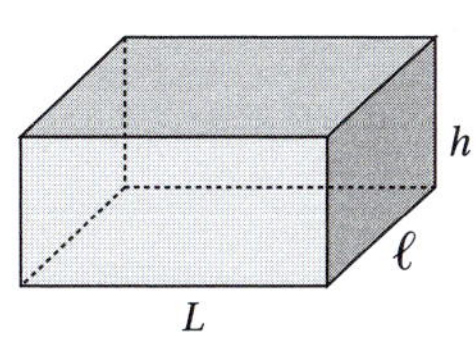 Parallélépipède rectangle $V = L\ell h$	

3 Aire et volume de la sphère

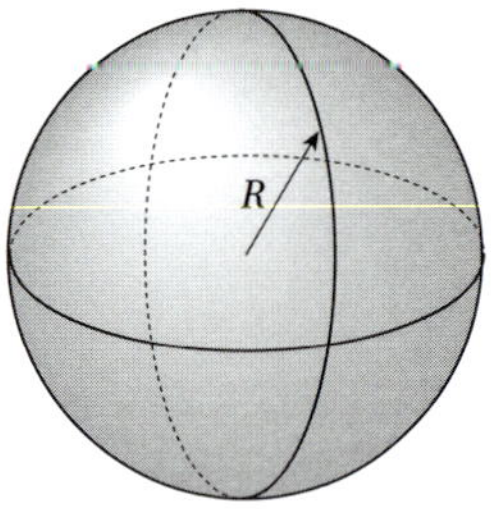

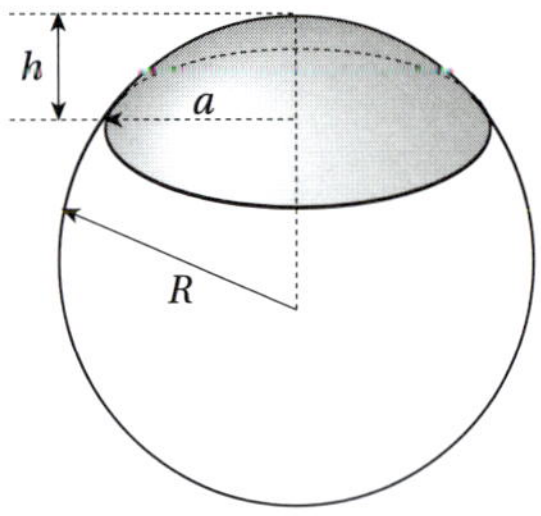

Aire de la sphère

$$S = 4\pi R^2$$

Aire de la calotte

$$S = 2\pi Rh$$

Volume de la boule

$$V = \frac{4}{3}\pi R^3$$

Volume de la calotte

$$V = \frac{\pi h^3}{6} + \frac{\pi a^2 h}{2} = \pi R h^2 - \frac{\pi h^3}{6}$$

avec $a^2 = R^2 - (R - h)^2 = 2Rh - h^2$

PREMIER EXERCICE D'ÉVALUATION

On considère une pyramide *SABCD* de sommet *S* et de base carrée telle que *SAB* et *SAD* sont des triangles rectangles en *A*.
On admet que dans ce cas, les triangles *SBC* et *SDC* sont rectangles, respectivement en *B* et *D*.
On donne : $SA = 12$ m et $AB = 5$ m.
Soit *E* le point de [*SA*] tel que $SE = 3$ m.
On coupe la pyramide *SABCD* par un plan parallèle à sa base *ABCD* et passant par *E*.
On admet que la section *EFGH* est un carré.
On appelle Σ le solide *ABCDEFGH* ainsi obtenu.

1. Calculer les longueurs *SB* et *SD*.

2. Calculer les longueurs *EF*, *SF* et *SH*.

3. Calculer le volume des pyramides *SABCD* et *SEFGH*, puis en déduire le volume du solide Σ.

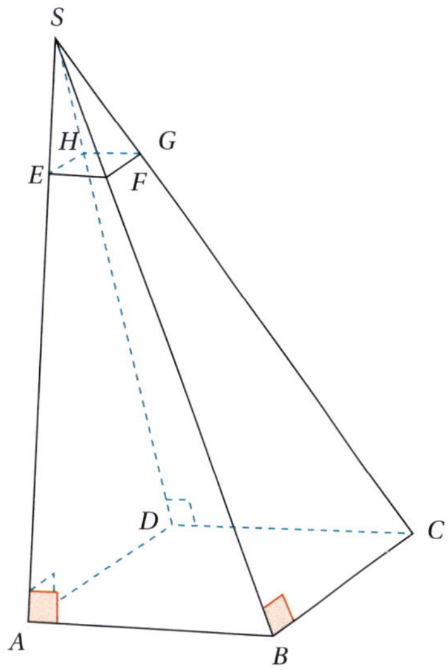

CORRIGÉ

1. Appliquons le théorème de Pythagore dans le triangle *SAB* :
$SB^2 = SA^2 + AB^2$; $SB^2 = 12^2 + 5^2$; $SB^2 = 169$. $SB = 13$ m.
De même, $SD^2 = SA^2 + AD^2 = SA^2 + AB^2$ (puisque $AD = AB$) donc $SD = SB = 13$ m.

2. Appliquons le théorème de Thalès dans le triangle *SAB* : $\frac{SE}{SA} = \frac{SF}{SB} = \frac{EF}{AB}$.

- $\frac{SE}{SA} = \frac{EF}{AB}$; $SE = 3$, $SA = 12$, $AB = 5$, d'où $\frac{3}{12} = \frac{EF}{5}$; $EF = \frac{15}{12}$; $EF = 1{,}25$ m.
- $\frac{SE}{SA} = \frac{SF}{SB}$; $\frac{3}{12} = \frac{SF}{13}$, $SF = \frac{39}{12}$, $SF = 3{,}25$ m.
- On procède dans le triangle *SAD* comme dans le triangle *SAB*. On obtient $SH = 3{,}25$ m.

3. • Désignons par V_1 le volume de la pyramide *SABCD*. $V_1 = \frac{1}{3}\mathfrak{B}_1 \times h_1$ où : $\mathfrak{B}_1$ est l'aire de la base *ABCD*, donc $\mathfrak{B}_1 = 5^2 = 25$, et h_1 est la hauteur de la pyramide, $h_1 = SA = 12$.
Donc, $V_1 = \frac{1}{3} \times 25 \times 12$, $V_1 = 100$.

- Désignons par V_2 le volume de la pyramide *SEFG*.
En procédant comme pour V_1, on obtient : $V_2 = \frac{1}{3}(1{,}25)^2 \times 3$, $V_2 = 1{,}5625$.
- Le volume de Σ est $V_3 = 100 - 1{,}5625$; $V_3 = 98{,}4375$ m^3.

MATHÉMATIQUES

8 Calcul vectoriel

PROGRAMME SPÉCIFIQUE

- Le calcul vectoriel dans le plan concerne les groupements A et B.
- Le calcul vectoriel dans l'espace ne concerne que le groupement B.

Premières professionnelles des groupements A et B

1 Calcul vectoriel dans le plan

En Mécanique, les vecteurs sont utilisés pour représenter les forces, les moments, les vitesses, les accélérations, les contraintes...

A Définitions et constructions

Un **vecteur** $\vec{V}$ est défini par une *direction*, un *sens* et une *norme*.

EXEMPLE

Sur la figure, $\vec{V} = \overrightarrow{AB}$. La direction est définie par rapport à un axe de référence. Le sens, est le sens de A vers B, la norme, notée $\|\vec{V}\|$ (ce qui se lit : norme du vecteur $\vec{V}$) est la distance AB.

Ici $\|\vec{V}\| = AB = 3$.

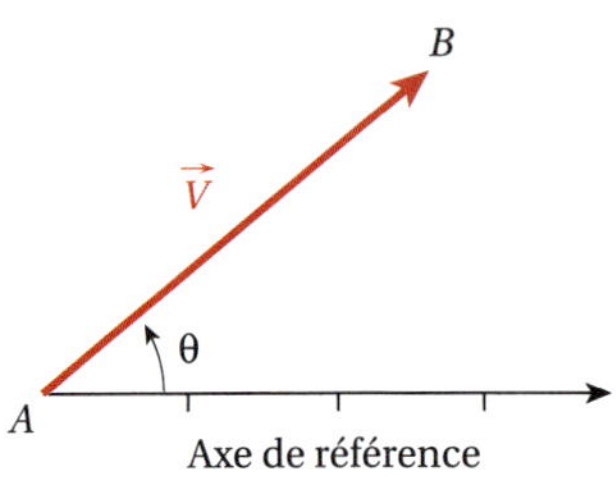

Égalité de deux vecteurs

Attention à l'ordre des lettres.

- Deux vecteurs $\vec{u} = \overrightarrow{AB}$ et $\vec{v} = \overrightarrow{DC}$ sont égaux si et seulement si : $ABCD$ est un parallélogramme.
- On a $\overrightarrow{AB} = \overrightarrow{DC} = \vec{u}$. $\overrightarrow{AB}$ et $\overrightarrow{DC}$ sont des **représentants** du vecteur $\vec{u}$.

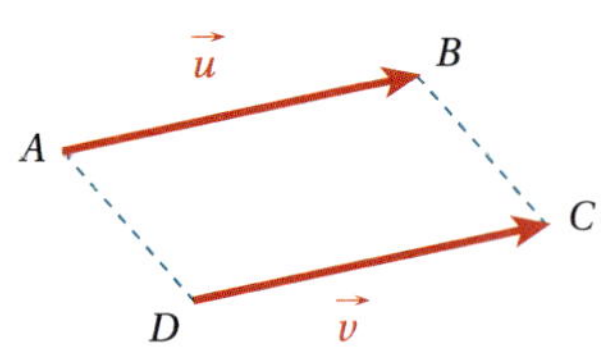

Vecteurs opposés

EXEMPLE

Les vecteurs $\vec{u}$ et $\vec{v}$ sont **opposés**, ils ont :
- même direction,
- un sens opposé,
- la même norme.

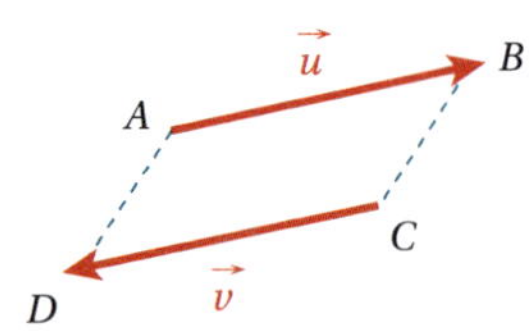

Vecteur nul

Il est donc représenté par un seul point.

Le vecteur nul, noté $\vec{0}$, est le vecteur $\overrightarrow{AA}$, $\overrightarrow{BB}$, ...

Construire la somme de deux vecteurs

EXEMPLE

On se propose de construire la somme des deux vecteurs $\vec{u} = \overrightarrow{AB}$ et $\vec{v} = \overrightarrow{CD}$.

• On place le point E tel que : $\overrightarrow{BE} = \overrightarrow{CD} = \vec{v}$ (donc, $CBED$ est un parallélogramme).

• Alors : $\overrightarrow{AE} = \vec{u} + \vec{v}$.

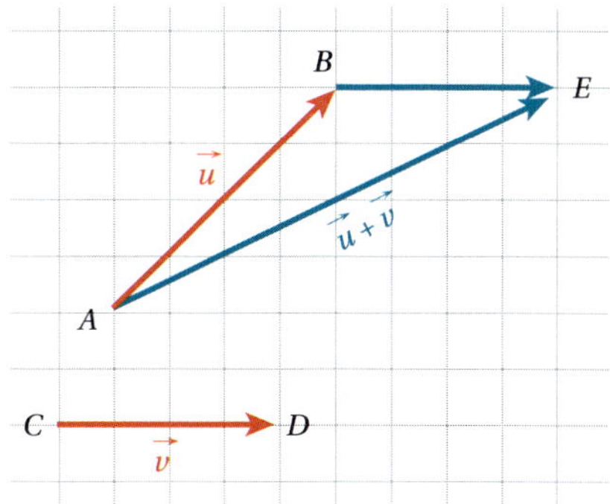

Cette construction s'applique aussi quand $\vec{u}$ et $\vec{v}$ ont la même direction.

B Coordonnées d'un vecteur du plan

Base et repère dans le plan

• Soit O un point du plan et $\vec{i}$ et $\vec{j}$ deux vecteurs orthogonaux du plan. $(\vec{i}, \vec{j})$ est une **base** orthogonale de l'ensemble des vecteurs du plan ; $(O ; \vec{i}, \vec{j})$ est un **repère orthogonal** du plan.

• Le plus souvent, en Premières professionnelles, on prend : $\|\vec{i}\| = \|\vec{j}\| = 1$; la base $(\vec{i}, \vec{j})$ est orthonormale et le repère $(O ; \vec{i}, \vec{j})$ est **orthonormal**.

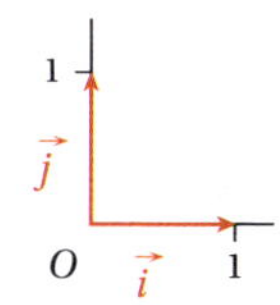

Coordonnées d'un vecteur

Le plan est muni du repère orthonormal $(O ; \vec{i}, \vec{j})$.

• Pour tout vecteur $\vec{v}$, il existe deux nombres réels uniques, x et y tels que $\vec{v} = x\vec{i} + y\vec{j}$. x et y sont les **coordonnées du vecteur $\vec{v}$**.

• On note : $\vec{v}\begin{pmatrix} x \\ y \end{pmatrix}$ ou : $\vec{v}(x, y)$.

• **Les coordonnées (x, y) du point M** dans le repère $(O ; \vec{i}, \vec{j})$ sont les **coordonnées du vecteur $\overrightarrow{OM}$** dans la base $(\vec{i}, \vec{j})$.

EXEMPLE

• Le point M a pour coordonnées : (3, 2) ; le vecteur $\overrightarrow{OM}$ a pour coordonnées : (3, 2), $\overrightarrow{OM} = 3\vec{i} + 2\vec{j}$.

• Le point N a pour coordonnées (– 2, 1) ; le vecteur $\overrightarrow{ON}$ a pour coordonnées : (– 2, 1), $\overrightarrow{ON} = -2\vec{i} + \vec{j}$.

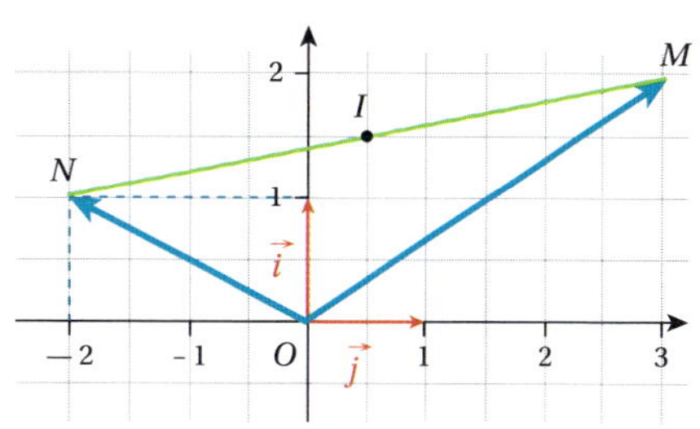

Coordonnées d'un vecteur défini par deux points

Soit A et B de coordonnées (x_A, y_A) et (x_B, y_B). Alors le vecteur $\overrightarrow{AB}$ a pour coordonnées : $(x_B - x_A, y_B - y_A)$.

EXEMPLE

Dans l'exemple précédent, on a $M(3, 2)$ et $N(-2, 1)$ donc $\overrightarrow{NM}(3-(-2), 2-1)$, $\overrightarrow{NM}(5, 1)$.

Coordonnées d'un vecteur somme

Si $\vec{u}(x, y)$ et $\vec{u}'(x', y')$, alors $(\vec{u} + \vec{u}')(x + x', y + y')$.

EXEMPLE

Avec $\overrightarrow{OM}(3, 2)$ et $\overrightarrow{ON}(-2, 1)$, on a : $(\overrightarrow{OM} + \overrightarrow{ON})(3-2, 2+1)$, $(\overrightarrow{OM} + \overrightarrow{ON})(1, 3)$.

Coordonnées du milieu de [A, B]

Si $A(x_A, y_A)$ et $B(x_B, y_B)$ alors, le milieu I de $[A, B]$ a pour coordonnées : $\left(\dfrac{x_A + x_B}{2}, \dfrac{y_A + y_B}{2}\right)$.

EXEMPLE

On donne $M(3, 2)$ et $N(-2, 1)$. On désigne par I le milieu de $[M, N]$. Les coordonnées de I sont : $\left(\dfrac{3-2}{2}, \dfrac{2+1}{2}\right)$; c'est-à-dire : $I\left(\dfrac{1}{2}, \dfrac{3}{2}\right)$.

Vérifier sur la figure précédente.

Norme d'un vecteur dans une base orthonormale

- La norme du vecteur $\vec{u}(x, y)$ est : $\|\vec{u}\| = \sqrt{x^2 + y^2}$.
- Si $A(x_A, y_A)$ et $B(x_B, y_B)$, alors $\overrightarrow{AB}(x_B - x_A, y_B - y_A)$. $AB = \left\|\overrightarrow{AB}\right\| = \sqrt{(x_B - x_A)^2 + (y_B - y_A)^2}$.

EXEMPLE

Avec $\overrightarrow{NM}(5,1)$, on obtient $NM = \left\|\overrightarrow{NM}\right\| = \sqrt{5^2 + 1^2} = \sqrt{26}$.

Produit d'un vecteur par un nombre réel

EXEMPLE

- Si $a > 0$, $a\vec{u}$ et $\vec{u}$ ont même direction et même sens ; $\|a\vec{u}\| = a \times \|\vec{u}\|$.
- Si $a < 0$, $a\vec{u}$ et $\vec{u}$ ont même direction et des sens opposés ; $\|a\vec{u}\| = |a| \times \|\vec{u}\|$.

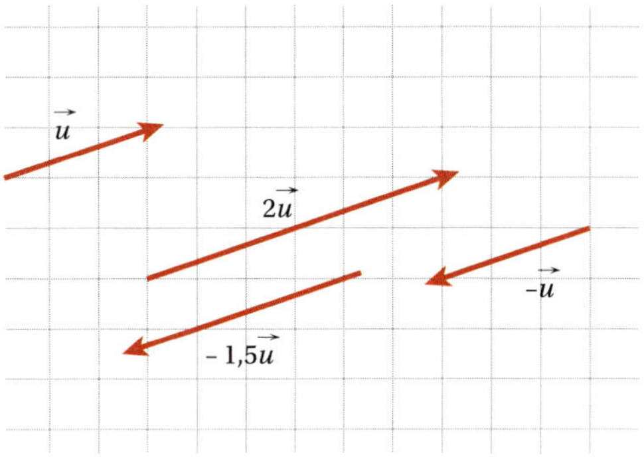

Si $a < 0$, $|a| = -a$.

Coordonnées de vecteurs égaux

Soit $\vec{u}(x, y)$ et $\vec{u}'(x', y')$ deux vecteurs.

$\vec{u} = \vec{v}$ si et seulement si : $x = x'$ et $y = y'$.

Vecteurs colinéaires

- Deux vecteurs $\vec{u}$ et $\vec{v}$ sont **colinéaires** si et seulement si : ils ont même direction.
- Si $\vec{u} = \overrightarrow{AB}$ et $\vec{v} = \overrightarrow{CD}$, $\vec{u}$ et $\vec{v}$ sont colinéaires si et seulement si les droites (AB) et (CD) sont parallèles ou confondues.

EXEMPLE

Deux vecteurs $\vec{u}(x, y)$ et $\vec{u}'(x', y')$ sont **colinéaires** si et seulement si leurs coordonnées sont respectivement proportionnelles : $\dfrac{x}{y} = \dfrac{x'}{y'}$.

EXEMPLE

Sur l'exemple de la figure, on a : $A(1, 2)$ et $B(5, 4)$ donc, $\overrightarrow{AB}(4,2)$; $C(-2, -1)$ et $D(-4, -2)$, donc $\overrightarrow{CD}(-2,-1)$. Avec $x = 4$, $y = 2$, $x' = -2$, $y' = -1$, $\dfrac{x}{y} = \dfrac{4}{2} = 2$ et $\dfrac{x'}{y'} = \dfrac{-2}{-1} = 2$; $\dfrac{x}{y} = \dfrac{x'}{y'}$; les coordonnées des deux vecteurs sont proportionnelles. $\overrightarrow{AB}$ et $\overrightarrow{CD}$ sont colinéaires.

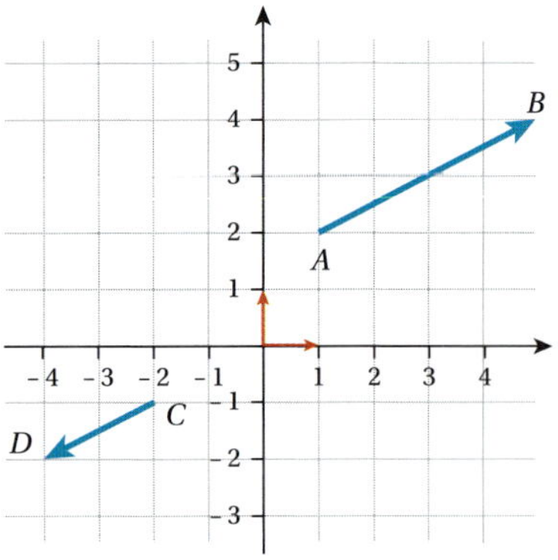

Coordonnées de $a\vec{u}$

Si $\vec{u}(x, y)$ et a est un nombre réel, alors $a\vec{u}(ax, ay)$.

EXEMPLE

Avec $\overrightarrow{AB}(4,2)$, on a : $-3\,\overrightarrow{AB}(-12,-6)$.

Terminales professionnelles du groupement B

2 Calcul vectoriel dans l'espace

Tous les résultats donnés dans le plan s'étendent à l'espace.

L'espace est muni d'un repère orthonormal $(O\,;\vec{i},\vec{j},\vec{k})$.

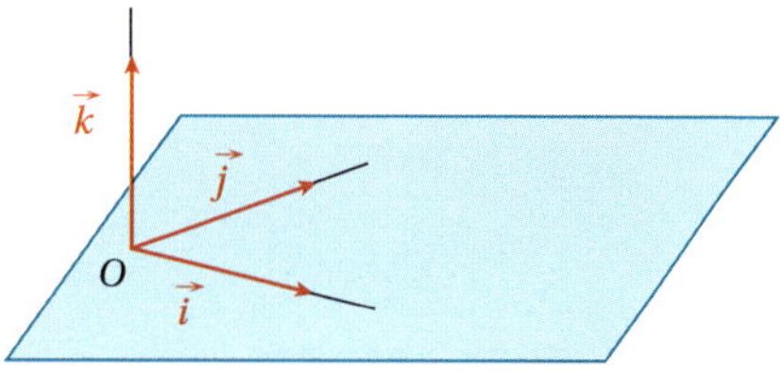

Coordonnées d'un point, d'un vecteur

Si le point M a pour coordonnées (x, y, z) dans le repère $(O\,;\vec{i},\vec{j},\vec{k})$ le vecteur $\overrightarrow{OM}$ a pour coordonnées (x, y, z) dans la base $(\vec{i},\vec{j},\vec{k})$.

- Si $A(x_A, y_A, z_A)$ et $B(x_B, y_B, z_B)$, alors $\overrightarrow{AB}(x_B - x_A, y_B - y_A, z_B - z_A)$.

- • Si $\vec{u}(x, y, z)$, $\|\vec{u}\| = \sqrt{x^2 + y^2 + z^2}$.

• Si $A(x_A, y_A, z_A)$ et $B(x_B, y_B, z_B)$ alors $\|\overrightarrow{AB}\| = AB = \sqrt{(x_B - x_A)^2 + (y_B - y_A)^2 + (z_B - z_A)^2}$.

EXEMPLE

L'espace est muni du repère orthonormal $(O\,;\vec{i},\vec{j},\vec{k})$.

On donne les points A, B, C, H de coordonnées respectives (0, 15, 0) ; (- 13 ; - 7,5 ; 0) ; (13 ; - 7,5 ; 0) et (0, 0, 40).

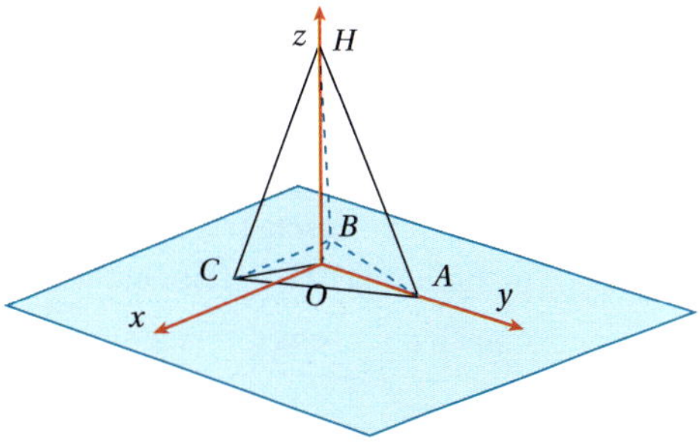

• Les coordonnées du vecteur $\overrightarrow{BH}$ sont :

$(0 - (-13)\,;0 - (-7,5)\,;40 - 0)\,;\overrightarrow{BH}(13\,;7,5\,;40)$.

Les coordonnées du vecteur $\overrightarrow{CH}$ sont :

$(0 - 13\,;0 - (-7,5)\,;40 - 0)\,;\overrightarrow{CH}(-13\,;7,5\,;40)$.

• $\|\overrightarrow{BH}\| = BH = \sqrt{13^2 + 7,5^2 + 40^2} = \sqrt{1825,25}$.

$\|\overrightarrow{CH}\| = CH = \sqrt{(-13)^2 + 7,5^2 + 40^2} = \sqrt{1825,25}$.

$CH = BH$. Le triangle CBH est isocèle.

MATHÉMATIQUES

9 Trigonométrie

PROGRAMME SPÉCIFIQUE

- Le paragraphe ① concerne les groupements A et B.
- Le paragraphe ② ne concerne que le groupement A.

Premières professionnelles des groupements A et B

1 Définitions

A Cercle trigonométrique

La notion d'angle géométrique est insuffisante pour étudier certains phénomènes comme la rotation d'un arbre moteur en mécanique : d'une part, on doit considérer des angles correspondant à plusieurs tours, donc supérieurs à 2π radians ou 360° et, d'autre part, on doit distinguer les deux sens possibles de rotation (marche avant, marche arrière).

Cercle trigonométrique

On appelle **cercle trigonométrique** $\mathcal{U}$ dans le plan muni du repère orthonormal $(O\,;\vec{i},\vec{j})$ le cercle de centre O, de rayon 1, pour lequel on choisit pour sens direct le sens inverse des aiguilles d'une montre.

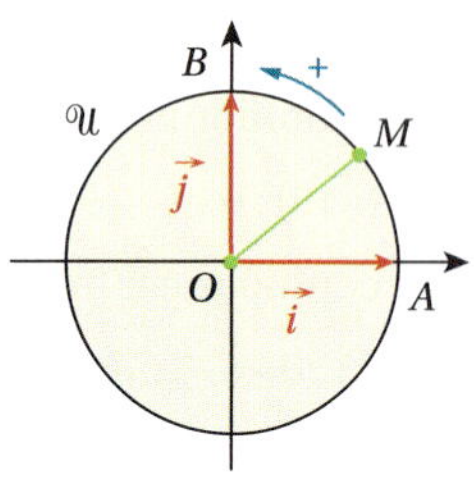

Correspondance entre les nombres réels et les points du cercle trigonométrique

À tout point m de l'axe Δ du repère $(A, \overrightarrow{OB})$ est associé un nombre réel x (l'abscisse de m). Le point $m(x)$ est l'image du réel x (voir sur la figure).

On matérialise la droite Δ par une ficelle. Si on enroule cette ficelle autour du cercle $\mathcal{U}$ en respectant les sens positifs sur l'axe Δ et le cercle trigonométrique $\mathcal{U}$, l'image $m(x)$ de tout nombre réel x vient coïncider avec un point du cercle.

L'image du nombre zéro coïncide avec le point A, l'image du nombre π avec le point A'...

On établit ainsi une correspondance entre les nombres réels et les points du cercle trigonométrique $\mathcal{U}$.

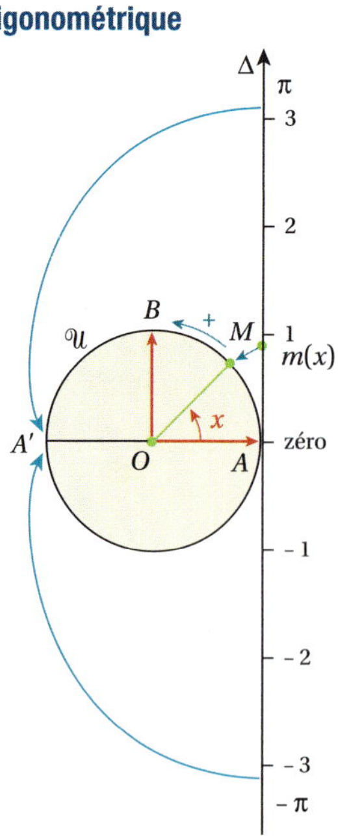

B Les fonctions sinus et cosinus

Dans l'enroulement précédent, tout nombre réel x est associé à un point unique M du cercle trigonométrique $\mathcal{U}$.

> Le point M définit l'angle de vecteurs $(\overrightarrow{OA}, \overrightarrow{OM})$ et le nombre réel x est une mesure de cet angle.

Définition

• Pour tout nombre réel x, $\cos x$ et $\sin x$ sont les coordonnées du point M image du nombre réel x sur le cercle trigonométrique $\mathcal{U}$.

• Par définition, M a pour coordonnées $(\cos x, \sin x)$ dans le repère orthonormal $(O\,;\overrightarrow{OA}, \overrightarrow{OB})$.

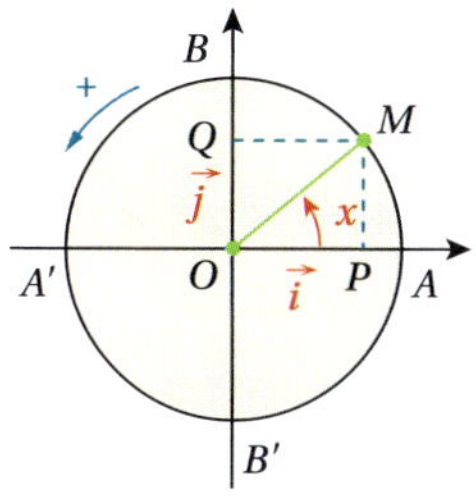

$\vec{i} = \overrightarrow{OA}$ et $\vec{j} = \overrightarrow{OB}$.

Des valeurs remarquables

x	$-\pi$	$-\frac{\pi}{2}$	0	$\frac{\pi}{6}$	$\frac{\pi}{4}$	$\frac{\pi}{3}$	$\frac{\pi}{2}$	π
$\sin x$	0	-1	0	$\frac{1}{2}$	$\frac{\sqrt{2}}{2}$	$\frac{\sqrt{3}}{2}$	1	0
$\cos x$	-1	0	1	$\frac{\sqrt{3}}{2}$	$\frac{\sqrt{2}}{2}$	$\frac{1}{2}$	0	-1

Conséquences de la définition

Pour tout nombre réel x :

$\mathbf{-1 \leq \cos x \leq 1\,;\ -1 \leq \sin x \leq 1\,;\ \cos^2 x + \sin^2 x = 1.}$

Pour obtenir des valeurs approchées de cos x et sin x

Pour obtenir avec une calculatrice les valeurs de $\cos x$ et de $\sin x$, il faut se mettre en « **mode radian** » et utiliser les touches [cos] et [sin]. En effet, en considérant « l'enroulement » précédent, on constate que le cosinus (ou le sinus) du réel x est le cosinus (ou le sinus) de x radians.

> Ainsi, $\cos 1 \approx 0{,}54$ et $\sin 1 \approx 0{,}84$.

Pour tout nombre réel k, $-1 \leq k \leq 1$, trouver x tel que $\cos x = k$ ou $\sin x = k$

EXEMPLES

• On cherche x, $0 \leq x \leq \pi$, tel que $\cos x = -0{,}98$.

La calculatrice est en « mode radian ».

Avec, INV cos (– 0,98), ou 2nde cos (– 0,98) ou $\cos^{-1}$ (– 0,98), ou Arc cos (– 0,98)..., on obtient : $x \approx 2{,}94$.

> Vérifiez-le !

• On cherche x, $-\frac{\pi}{2} \leq x \leq \frac{\pi}{2}$, tel que $\sin x = -0{,}37$.

Avec, INV sin (– 0,37), ou 2nde sin (– 0,37) ou $\sin^{-1}$ (– 0,37), ou Arc sin (– 0,37)..., on obtient : $x \approx -0{,}38$.

> Vérifiez-le !

REMARQUES IMPORTANTES

• Quand on cherche un nombre réel x tel que $\cos x = k$, avec $-1 \leq k \leq 1$, la calculatrice, à l'aide de la touche, INV cos ou 2nde cos ou $\cos^{-1}$ ou Arc cos..., donne une valeur telle que : $0 \leq x \leq \pi$. La valeur obtenue est **en radians**.

• Quand on cherche un nombre réel x tel que $\sin x = k$, avec $-1 \leq k \leq 1$, la calculatrice, à l'aide de la touche, INV sin ou 2nde sin ou $\sin^{-1}$ ou Arc sin..., donne une valeur telle que : $-\frac{\pi}{2} \leq x \leq \frac{\pi}{2}$. La valeur obtenue est **en radians**.

> Une équation de la forme $\cos x = a$ avec $a > 1$ ou $a < -1$ n'a pas de solution.

MATHÉMATIQUES

À retenir

Pour tout nombre réel x : **$\cos x = \cos$ (x radians) ; $\sin x = \sin$ (x radians)**.

Passer d'une mesure en degré à une mesure en radians

On a π radians = 180 degrés donc :

- 1 radian $= \dfrac{180}{\pi}$ degrés (α radians $= \dfrac{180 \times \alpha}{\pi}$ degrés) ;
- 1 degré $= \dfrac{\pi}{180}$ radian (n degrés $= \dfrac{n \times \pi}{180}$ radians).

> **Les abréviations usuelles**
> - **degré : ° ;**
> - **radian : rad.**

EXEMPLES

- 2,5 radians $= \dfrac{180 \times 2{,}5}{\pi} \approx 143{,}24°$.
- 87 degrés $= \dfrac{87 \times \pi}{180} \approx 1{,}52$ rad.

C Représentation graphique de la fonction sinus

- En faisant varier x dans : $[-\pi, \pi]$, on obtient :

> **Utilisez votre calculatrice graphique.**

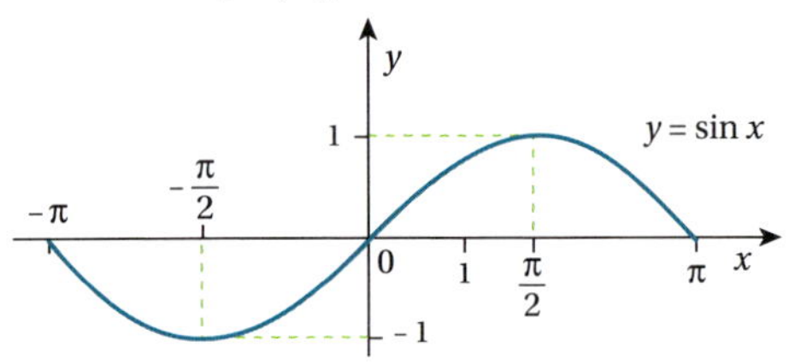

Figure 1 : $\begin{cases} [-\pi, \pi] \to [-1, 1] \\ x \mapsto \sin x \end{cases}$

- Lorsque x varie dans $\mathbb{R}$, on obtient :

> **Dans l'enroulement, si le nombre réel x est associé au point M, le nombre ($x_1 = x + 2\pi$) est aussi associé au point M (+ 2π correspond à un tour complet de ficelle en plus). C'est pour cela que, sur $\mathbb{R}$, la courbe complète se déduit de la figure 1 par translations successives, de vecteur $2\pi\vec{i}$.**

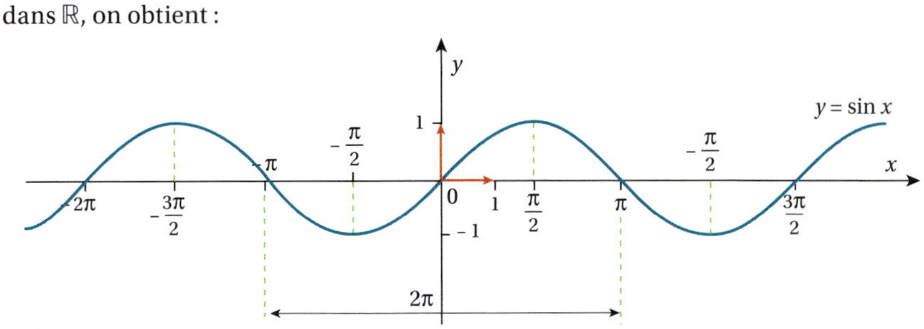

Figure 2

La courbe obtenue est appelée **sinusoïde**.

2 Angles associés, formules d'addition, équations

Terminales professionnelles du groupement A

A Vecteur de Fresnel

EXEMPLE

Soit un dipôle soumis à la tension sinusoïdale $u(t) = 220\sqrt{2}\cos\left(\omega t + \dfrac{\pi}{4}\right)$.

On peut associer à u le **vecteur de Fresnel** $\overrightarrow{OM}$ tel que : $\left\|\overrightarrow{OM}\right\| = 220\sqrt{2}$ et la mesure de l'angle $(\vec{v}, \overrightarrow{OM})$ est $\dfrac{\pi}{4}$.

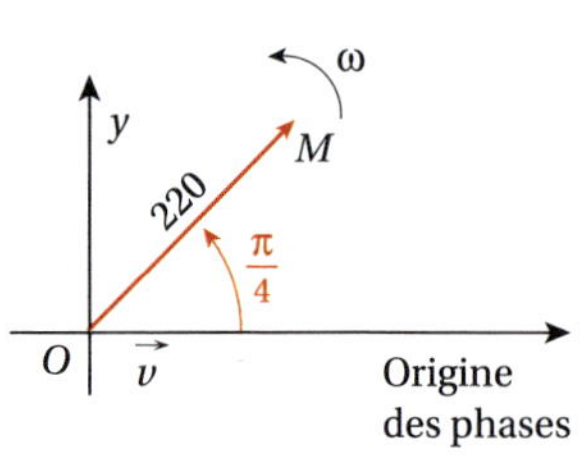

B Angles associés

REMARQUE IMPORTANTE

Plutôt que de chercher à retenir directement les formules suivantes il vaut mieux apprendre à les retrouver sur une figure.
Sur les quatre figures suivantes :
$\cos a = \overline{OP}$, $\sin a = \overline{OQ}$,
$\overline{OP'}$ et $\overline{OQ'}$ sont respectivement les cosinus et sinus des angles associés.

> $\overline{OP}$ se lit « mesure algébrique de OP ». C'est la distance OP affectée du signe + ou du signe –, suivant la position de P par rapport à O.

■ Réels opposés : a et $-a$ Pour tout nombre réel a : $\sin(-a) = -\sin a$; $\cos(-a) = \cos a$. **On peut retenir que la fonction sinus est impaire et que la fonction cosinus est paire.**	**■ Réels dont la somme est π : a et $\pi - a$** Pour tout nombre réel a : $\sin(\pi - a) = \sin a$; $\cos(\pi - a) = -\cos a$.
■ Réels dont la différence est π : a et $\pi + a$ Pour tout nombre réel a : $\sin(\pi + a) = -\sin a$; $\cos(\pi + a) = -\cos a$.	**■ Réels dont la somme est $\frac{\pi}{2}$: a et $\frac{\pi}{2} - a$** Le cosinus de l'un est le sinus de l'autre. Pour tout nombre réel a : $\sin\left(\frac{\pi}{2} - a\right) = \cos a$ $\cos\left(\frac{\pi}{2} - a\right) = \sin a$

EXEMPLES

- $\cos\left(-\frac{\pi}{3}\right) = \cos\frac{\pi}{3} = \frac{1}{2}$.
- $\sin\frac{5\pi}{6} = \sin\left(\pi - \frac{\pi}{6}\right) = \sin\frac{\pi}{6} = \frac{1}{2}$.
- $\cos\frac{2\pi}{3} = \cos\left(\pi - \frac{\pi}{3}\right) = -\cos\frac{\pi}{3} = -\frac{1}{2}$.
- $\sin\frac{5\pi}{4} = \sin\left(\pi + \frac{\pi}{4}\right) = -\sin\frac{\pi}{4} = -\frac{\sqrt{2}}{2}$.
- $\sin\frac{\pi}{6} = \sin\left(\frac{\pi}{2} - \frac{\pi}{3}\right) = \cos\frac{\pi}{3}$.

C Formules d'addition

■ Pour tous nombres réels a et b :
$\mathbf{\cos(a + b) = \cos a \cos b - \sin a \sin b}$; $\mathbf{\sin(a + b) = \sin a \cos b + \cos a \sin b}$.

EXEMPLE

$\cos\left(2t+\frac{\pi}{4}\right)=\cos 2t\cos\frac{\pi}{4}-\sin 2t\sin\frac{\pi}{4}$; $\cos\frac{\pi}{4}=\sin\frac{\pi}{4}=\frac{\sqrt{2}}{2}$.

D'où : $\cos\left(2t+\frac{\pi}{4}\right)=\frac{\sqrt{2}}{2}\cos 2t-\frac{\sqrt{2}}{2}\sin 2t$.

D Équations trigonométriques

RÉSOLUTION DE L'ÉQUATION cos *x* = *a*

Si $a \notin [-1, 1]$, l'équation $\cos x = a$ n'a pas de solution.
Si $a \in [-1, 1]$, il existe α dans $[0, \pi]$, unique, tel que $a = \cos\alpha$.
L'équation $\cos x = \cos\alpha$ admet *deux types* de solutions :
(1) $x = \alpha + k2\pi$
(2) $x = -\alpha + k2\pi$
où k est un nombre entier relatif quelconque.

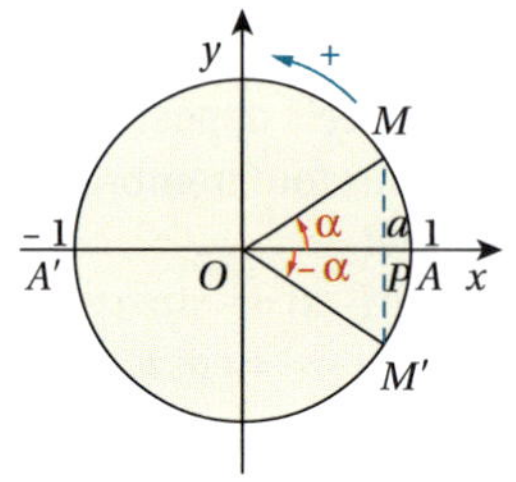

EXEMPLE

Résoudre dans $\mathbb{R}$ l'équation : $\cos x = -\frac{\sqrt{3}}{2}$. Donner les solutions dans $[-\pi, \pi]$.

On lit dans le tableau des valeurs remarquables du paragraphe ① que : $\frac{\sqrt{3}}{2}=\cos\frac{\pi}{6}$;

d'où : $\cos x = -\cos\frac{\pi}{6}$; d'autre part, $-\cos a = \cos(\pi - a)$

d'où : $-\cos\frac{\pi}{6}=\cos\left(\pi-\frac{\pi}{6}\right)=\cos\left(\frac{6\pi}{6}-\frac{\pi}{6}\right)=\cos\frac{5\pi}{6}$.

> **On peut prendre aussi :**
> **$-\cos a = \cos(\pi + a)$.**

On résout alors : $\cos x = \cos\frac{5\pi}{6}$. Il y a deux types de solutions dans $\mathbb{R}$:

(1) $x = \frac{5\pi}{6} + k2\pi$;

(2) $x = -\frac{5\pi}{6} + k2\pi$, où k est un nombre entier relatif quelconque.

Il y a deux solutions dans l'intervalle $[-\pi, \pi]$, $x_1 = \frac{5\pi}{6}$ et $x_2 = -\frac{5\pi}{6}$.

RÉSOLUTION DE L'ÉQUATION sin *x* = *a*

Si $a \notin [-1, 1]$, l'équation $\sin x = a$ n'a pas de solution.
Si $a \in [-1, 1]$, il existe α dans $\left[-\frac{\pi}{2}, \frac{\pi}{2}\right]$, unique, tel que $a = \sin\alpha$.
L'équation $\sin x = \sin\alpha$ admet *deux types* de solutions :
(1) $x = \alpha + k2\pi$
(2) $x = \pi - \alpha + k2\pi$
où k est un nombre entier relatif quelconque.

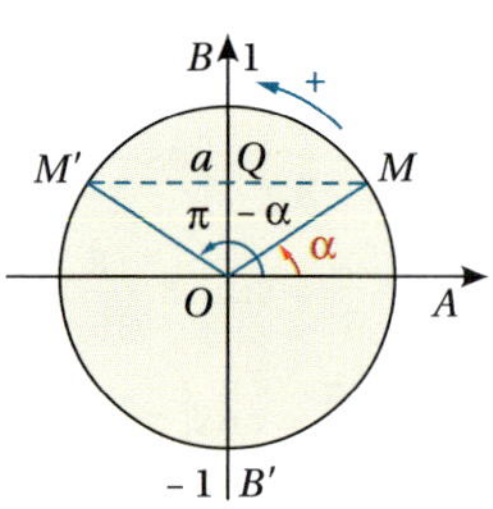

EXEMPLE

Résoudre dans $\mathbb{R}$ l'équation : $\sin x = \frac{\sqrt{2}}{2}$. Donner les solutions dans $[-\pi, \pi]$.

On lit dans le tableau des valeurs remarquables que :
$\frac{\sqrt{2}}{2}=\sin\frac{\pi}{4}$. On résout alors : $\sin x = \sin\frac{\pi}{4}$.
Il y a deux types de solutions dans $\mathbb{R}$:

(1) $x = \frac{\pi}{4} + k2\pi$;

(2) $x = \pi - \frac{\pi}{4} + k2\pi$, où k est un nombre entier relatif quelconque.

Il y a deux solutions dans l'intervalle $[-\pi, \pi]$, $x_1 = \dfrac{\pi}{4}$ et $x_2 = \dfrac{3\pi}{4}$.

EXEMPLE DE RÉSOLUTION D'ÉQUATION SIN($\Omega T + \vartheta$) = C

Résoudre dans $\mathbb{R}$ l'équation : $\sin\left(3t + \dfrac{\pi}{4}\right) = \dfrac{1}{2}$.

On lit dans le tableau des valeurs remarquables que : $\dfrac{1}{2} = \sin\dfrac{\pi}{6}$.

D'où l'équation : $\sin\left(3t + \dfrac{\pi}{4}\right) = \sin\dfrac{\pi}{6}$.

Cette équation est de la forme : $\sin x = \sin \alpha$, avec $x = 3t + \dfrac{\pi}{4}$ et $\alpha = \dfrac{\pi}{6}$. D'où deux types de solutions :

(1) $3t + \dfrac{\pi}{4} = \dfrac{\pi}{6} + k2\pi$;

(2) $3t + \dfrac{\pi}{4} = \pi - \dfrac{\pi}{6} + k2\pi$, où k est un nombre entier relatif quelconque. On résout les équations du premier degré d'inconnue t :

(1) $3t = \dfrac{\pi}{6} - \dfrac{\pi}{4} + k2\pi$;

(2) $3t = \dfrac{5\pi}{6} - \dfrac{\pi}{4} + k2\pi$.

(1) $3t = -\dfrac{\pi}{12} + k2\pi$;

(2) $3t = \dfrac{7\pi}{12} + k2\pi$.

(1) $t = -\dfrac{\pi}{36} + \dfrac{k2\pi}{3}$;

(2) $t = \dfrac{7\pi}{36} + \dfrac{k2\pi}{3}$, où k est un nombre entier relatif quelconque.

10 Deux évaluations pour le baccalauréat professionnel

• Les évaluations ① et ② concernent tous les groupements (A, B, C).
• Dans chacun des chapitres précédents, les exercices d'évaluation pourraient figurer dans une évaluation.

Terminales professionnelles

1 Première évaluation

Exercice 1

Programme abordé : statistique à deux variables.

Le tableau suivant donne la population d'une ville nouvelle entre les années 1990 et 2010.

Année	1980	1985	1990	1995	2000	2005	2010
Rang de l'année : x	0	5	10	15	20	25	30
Population en milliers d'habitants : y	18	21	25	30	36	42	50

1. Représenter le nuage de points associé à ce tableau dans un repère orthonormal. On prendra comme unité graphique 1 cm pour 5.

2. À l'aide de la calculatrice, déterminer une équation de la droite d'ajustement affine de y en x par la méthode de moindres carrés (les coefficients seront arrondis au centième). Tracer cette droite Δ sur le graphique ci-dessus.

3. Déduire de cet ajustement une estimation de la population en 2013, à un millier près.

Exercice 2

Programme abordé : fonction dérivée et étude des variations d'une fonction.

Une entreprise fabrique et commercialise un produit chimique. La capacité de production est limitée à 9 tonnes par jour.

On note $C(x)$ le coût total en milliers d'euros pour fabriquer x tonnes de ce produit. On définit ainsi une fonction C sur $[0, 9]$.

On note $R(x)$ la recette en milliers d'euros obtenue en vendant x tonnes de ce produit. Ce produit est vendu 2 000 euros la tonne. Donc la recette pour x tonnes, en milliers d'euros, est $R(x) = 2x$.

En annexe, on a tracé la courbe représentative Γ de la fonction C dans un repère orthogonal.

A. Lectures graphiques

1. Par lecture graphique, répondre aux questions suivantes :

a. Quel est le coût de fabrication pour une production journalière de 3 tonnes ?

b. Quelle production journalière correspond à un coût de fabrication de 13 000 euros ?

2. a. Tracer sur l'annexe, à rendre avec la copie, la droite Δ d'équation $y = 2x$.

b. Déterminer graphiquement dans quel intervalle faut-il choisir x pour que l'entreprise soit bénéficiaire.

B. Études des variations

1. Déterminer le montant en euros des coûts lorsque la production est nulle. (Cette somme correspond à ce qu'on appelle : « les coûts fixes »).

2. Déterminer, en fonction de x, l'expression du bénéfice $B(x)$ lorsque l'entreprise produit et vend x tonnes de produit.

3. Dans cette question, on admet que, pour tout x de [0, 10], $B(x) = -0{,}2x^2 + 2x - 3{,}2$.

a. On désigne par B' la fonction dérivée de B. Calculer $B'(x)$.

b. Étudier le signe de $B'(x)$ et en déduire le tableau de variation de B sur [0, 9].

4. Déduire de ce qui précède le bénéfice maximal que l'entreprise peut réaliser, en précisant la production journalière correspondante.

Annexe (à rendre avec la copie)

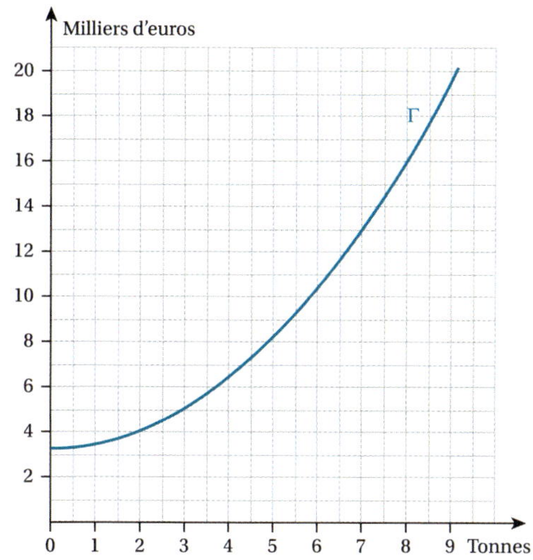

CORRIGÉ

Exercice 1

1.

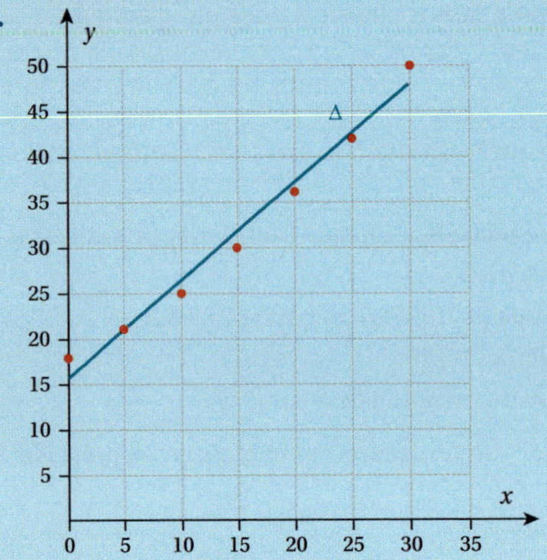

2. Avec une calculatrice, on obtient : $y = 1{,}06x + 15{,}75$.

3. 2013 est l'année de rang 33.

$1{,}06 \times 33 + 15{,}75 = 50{,}73$

En arrondissant à 1 millier, on peut estimer la population à 51 000 habitants.

Exercice 2

A.1.

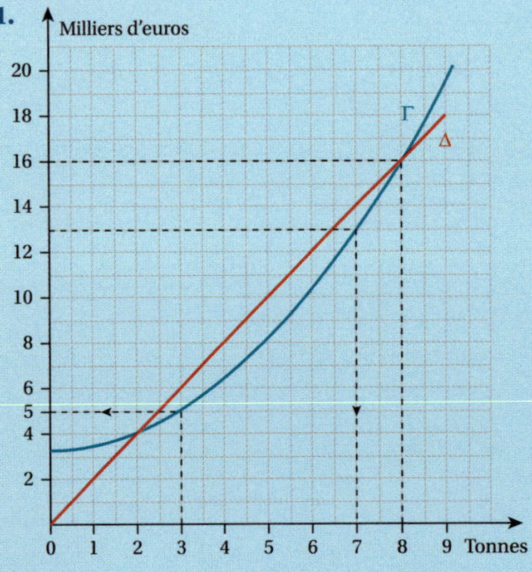

a. On lit : $C(3) = 5$.

D'où le coût : 5 000 euros.

b. On lit que $C(7) = 13$. Une production de 7 tonnes coûte 13 000 euros.

2. a. Voir la figure.

b. Il y a bénéfice lorsque $R(x) \geq C(x)$, lorsque Δ est au-dessus de Γ, lorsque $2 \leq x \leq 8$.

B.1. $C(0) = 3{,}2$. Les coûts fixes s'élèvent à 3 200 euros.

2. Pour tout x de $[0, 9]$, $B(x) = R(x) - C(x)$;

$B(x) = 2x - (0{,}2x^2 + 3{,}2) = -0{,}2x^2 + 2x - 3{,}2$.

3. Pour tout x de $[0, 9]$, $B'(x) = -0{,}4x + 2$.

b. Les inéquations suivantes sont équivalentes sur $[0, 9]$:

$B'(x) \geq 0$; $-0{,}4x + 2 \geq 0$; $2 \geq 0{,}4x$; $x \leq \dfrac{2}{0{,}4}$; $x \leq 5$.

Donc :

- $B'(x) > 0$ si et seulement si : $x < 5$;
- $B'(5) = 0$;
- $B'(x) < 0$ si et seulement si : $x > 5$.

On peut présenter le signe de $B'(x)$ dans le tableau suivant :

x	0		5		9
Signe de $B'(x)$		+	0	–	

$B(0) = -3{,}2$; $B(5) = 1{,}8$; $B(9) = -1{,}4$.

D'où le tableau de variation de B :

x	0		5		9
Signe de $B'(x)$		+	0	–	
Variation de B	– 3,2	↗	1,8	↘	– 1,4

4. Le bénéfice est maximal pour une production de 5 tonnes. Le bénéfice maximal s'élève à 1 800 euros.

2 Deuxième évaluation

Exercice 1

■ Programme abordé : suite géométrique et tableur.

On injecte à un patient une dose de 4 ml d'un médicament. La quantité de médicament présente dans le sang diminue chaque heure de 10 %.

On note v_n la quantité de médicament, en ml, restant dans le sang du patient n heures après l'injection. On a donc $v_0 = 4$.

1. a. Calculer v_1, v_2, v_3.

b. Donner, pour tout nombre entier naturel n, l'expression de v_{n+1} en fonction de v_n.

c. Déduire du **b.** la nature et les caractéristiques de la suite (v_n).

d. Donner, pour tout nombre entier naturel n, l'expression de v_n en fonction de n.

e. Déterminer la quantité de médicament présente dans le sang du patient au bout de 10 heures. Arrondir à 10^{-2}

2. Quelle formule peut-on entrer en C2, puis recopier vers la droite, pour obtenir, à chaque heure, la quantité de médicament (en ml) présente dans le sang ?

	A	B	C	D	E	F	G
1	Temps (heures)	0	1	2	3	4	5
2	Quantité de médicament (ml)	4					

a. = 0,9 * B2

b. = 0,1 * B2

c. = 0,9 * B2

d. = 0,1 * B2

Exercice 2

Programme abordé : probabilités.

Dans cet exercice, on demande les valeurs exactes des probabilités, sous forme décimale.

Une entreprise fabrique des systèmes d'alarme pour les piscines. Deux ateliers, notés 1 et 2, d'un site de production de l'entreprise fabriquent chaque jour respectivement 500 et 2 000 exemplaires d'un même modèle de système d'alarme pour les piscines. On suppose, qu'un jour donné, 2 % des systèmes produits par l'atelier 1, et 1 % des systèmes produits par l'atelier 2, sont défectueux.

1. Reproduire et compléter le tableau suivant qui décrit la production des ateliers 1 et 2, ce jour-là.

	Nombre de systèmes défectueux	Nombre de systèmes non défectueux	Total
Nombre de systèmes produits par l'atelier 1			
Nombre de systèmes produits par l'atelier 2			
Total			2 500

2. On prélève au hasard un système parmi les 2 500 systèmes produits par les deux ateliers ce jour-là. Tous les systèmes ont la même probabilité d'être choisis.

On considère les événements :

A : « le système prélevé provient de l'atelier 1 » ;

B : « le système prélevé provient de l'atelier 2 » ;

D : « le système prélevé est défectueux ».

a. Traduire par une phrase chacun des trois événements : $\bar{D}$, $A \cap \bar{D}$ et $A \cup \bar{D}$.

b. Calculer les probabilités $P(A)$, $P(D)$ et $P(A \cap D)$.

c. Calculer la probabilité que le système soit défectueux ou qu'il provienne de l'atelier 1.

CORRIGÉ

Exercice 1

1. a. $v_1 = 4 - \frac{10}{100} \times 4 = 4 - 0{,}1 \times 4 = 4(1 - 0{,}1) = 4 \times 0{,}9.$

$v_1 = 0{,}36$. De même, $v_2 = v_1 \times 0{,}9 = 0{,}324$. $v_3 = v_2 \times 0{,}9 = 0{,}2916$.

b. $v_{n+1} = v_n - \frac{10}{100} v_n = v_n - 0{,}1\, v_n = v_n(1 - 0{,}1) = v_n \times 0{,}9.$

c. (v_n) est une suite géométrique de premier terme $v_0 = 4$ et de raison 0,9.

d. $v_n = v_0(0{,}9)^n$; $v_n = 4(0{,}9)^n$.

e. $v_{10} = 4(0{,}9)^{10} \approx 1{,}39$.

2. a. Réponse **a.**

Exercice 2

1. Il y a 8 cases à remplir, numérotées de ① à ⑧.

L'atelier 1 produit 500 systèmes. On inscrit 500 dans la case ③, donc 2 000 dans la case ⑥.

7 % des systèmes produits dans l'atelier 1, c'est-à-dire 500 × 0,02 = 10, sont défectueux. On inscrit 10 dans la case ①, donc 490 dans la case ②.

1 % des systèmes produits dans l'atelier 2, c'est-à-dire $2\,000 \times 0{,}01 = 20$, sont défectueux. On inscrit 20 dans la case ④, donc 1 980 das la case ⑤.
On inscrit $10 + 20 = 30$ dans la case ⑦ et $490 + 1\,980 = 2\,470$ dans la case ⑧.

	Nombre de systèmes défectueux	Nombre de systèmes non défectueux	Total
Nombre de systèmes produits par l'atelier 1	① 10	② 490	③ 500
Nombre de systèmes produits par l'atelier 2	④ 20	⑤ 1 980	⑥ 2 000
Total	⑦ 30	⑧ 2 470	2 500

2. a. • $\bar{D}$ est l'événement : « le système prélevé n'est pas défectueux » ;
• $A \cap \bar{D}$ est l'événement : « le système prélevé provient de l'atelier 1 et n'est pas défectueux » ;
• $A \cup \bar{D}$ est l'événement : « le système prélevé provient de l'atelier 1 ou n'est pas défectueux ».

b. • $P(A) = \dfrac{500}{2\,500}$, $P(A) = 0{,}2$.

• $P(D) = \dfrac{30}{2\,500}$, $P(D) = 0{,}012$.

• $P(A \cap D) = \dfrac{10}{2\,500}$, $P(A \cap D) = 0{,}004$.

c. On cherche $P(A \cup D)$.
Pour tous événements A et B, $P(A \cup B) = P(A) + P(B) - P(A \cap B)$.
Donc : $P(A \cup D) = P(A) + P(D) - P(A \cap D)$,
$P(A \cup D) = 0{,}2 + 0{,}012 - 0{,}004$, $P(A \cup D) = 0{,}208$.

MATHÉMATIQUES

ANGLAIS

1. Les chiffres et les dates 218
2. Le nom 222
3. Le comparatif et le superlatif 226
4. Le présent simple et le présent en *-ing* 230
5. Le passé 235
6. Le passif 240
7. Les modaux et l'impératif 243
8. Les questions, le discours rapporté et la proposition relative 247
9. Le futur et le conditionnel 253

Sujet corrigé de type de bac pro 257

Liste des principaux verbes irréguliers 259

Corrigés des exercices 261

ANGLAIS

1 Les chiffres et les dates

1 Les chiffres cardinaux

Les chiffres cardinaux s'emploient pour compter et donner des renseignements chiffrés.

Numbers from 0 to 1,000,000,000			
0	Nought/zero	40	Forty
1	One	50	Fifty
2	Two	60	Sixty
3	Three	70	Seventy
4	Four	80	Eighty
5	Five	90	Ninety
6	Six	100	One/a hundred
7	Seven	101	One hundred **and** one
8	Eight	150	One hundred **and** fifty
9	Nine	200	Two hundred
10	Ten	300	Three hundred
11	Eleven	400	Four hundred
12	Twelve	500	Five hundred
13	Thirteen	600	Six hundred
14	Fourteen	700	Seven hundred
15	Fifteen	800	Eight hundred
16	Sixteen	900	Nine hundred
17	Seventeen	1,000	One/a thousand
18	Eighteen	1,001	One thousand **and** one
19	Nineteen	1,150	One thousand one hundred and fifty
20	Twenty	1,500	One thousand five hundred
21	Twenty-one	2,000	Two thousand
22	Twenty-two	10,000	Ten thousand
23	Twenty-three	50,000	Fifty thousand
24	Twenty-four	100,000	One hundred thousand
25	Twenty-five	135,625	One hundred **and** thirty-five thousand, six hundred
26	Twenty-six		**and** twenty-five
27	Twenty-seven	555,995	Five hundred **and** fifty-five thousand, nine hundred
28	Twenty-eight		**and** ninety-five
29	Twenty-nine	1,000,000	One million
30	Thirty	5,000,000	Five million
		1,000,000,000	One billion

■ **Les chiffres sont invariables.** N'oubliez pas qu'il y a un trait d'union entre les dizaines et les unités et qu'une virgule sépare les milliers des centaines. Les dizaines et unités qui sont ajoutées à **hundred** et **thousand** sont précédées de **and**.
Hundred, thousand, million, billion prennent un **–s seulement** quand ils sont employés comme noms et suivis de **of**.

2 Les chiffres ordinaux

Les chiffres ordinaux s'emploient pour donner un classement et pour les dates.

Ordinal Numbers			
1st	First	23rd	Twenty-third
2nd	Second	24th	Twenty-fourth
3rd	Third	25th	Twenty-fifth
4th	Fourth	26th	Twenty-sixth
5th	Fifth	27th	Twenty-seventh
6th	Sixth	28th	Twenty-eighth
7th	Seventh	29th	Twenty-ninth
8th	Eighth	30th	Thirtieth
9th	Ninth	31st	Thirty-first
10th	Tenth	40th	Fortieth
11th	Eleventh	50th	Fiftieth
12th	Twelfth	60th	Sixtieth
13th	Thirteenth	70th	Seventieth
14th	Fourteenth	80th	Eightieth
15th	Fifteenth	90th	Ninetieth
16th	Sixteenth	100th	One hundredth
17th	Seventeenth	101st	One hundred and first
18th	Eighteenth	150th	One hundred and fiftieth
19th	Nineteenth	200th	Two hundredth
20th	Twentieth	300th	Three hundredth
21st	Twenty-first	1,000th	One thousandth
22nd	Twenty-second		

Les dates peuvent s'écrire de plusieurs façons :

Ex : January 11, 1971 / 11 January, 1971 / January 11th 1971 / 11th January 1971.

On peut les prononcer de plusieurs façons.

- En Grande-Bretagne :
  The eleventh of January, nineteen seventy-one.
- Aux États-Unis :
  January eleventh, nineteen seventy-one.

Pour prononcer les années avant 2000 il faut couper l'année en deux :
1971 = nineteen seventy-one.
2001 = two thousand and one.

Pour parler des décennies il faut procéder de la manière suivante :
70s = the seventies (*les années soixante dix*) 80s = the eighties (*les années quatre vingt*)
90s = the nineties (*les années quatre vingt dix*) 00s = the noughties (*les années deux mille*)
Ex : I was born in the seventies = *je suis né dans les années soixante dix*.

Les autres emplois des nombres

- Les pourcentages : 50% = fifty per cent.
- Les fractions : on utilise les chiffres ordinaux. ½ = a/one half ; ¼ = a/one quarter ; 2/3 = two thirds etc.
- L'heure : It is (It's) ten o'clock.
  It is five past/ten past/(a) quarter past/twenty past/twenty-five past ten.

ANGLAIS

It is half past ten.
It is twenty-five to/twenty to/(a) quarter to/ten to/ five to eleven.
in the morning = *le matin*
in the afternoon = *l'après-midi*
in the evening = *le soir*
at night = *la nuit*
midday = *midi*
midnight = *minuit*

Rappel : toujours mettre les minutes avant l'heure.

- Les numéros de téléphone et de chambres d'hôtel se lisent chiffres par chiffres. Le 0 se lit comme la lettre O.
- Système monétaire britannique :
  £1.00 = one pound = 100 pence.
  £2.75 = two pounds seventy-five **ou** two seventy-five.
- Système monétaire américain :
  $1 = one dollar = 100 cents. $3.50 = three dollars fifty

Exercice n° 1

Écrivez ces chiffres en toutes lettres.
1. 10 ; 17 ; 24 ; 56 ; 83 ; 94
2. 102 ; 305 ; 510 ; 885 ; 999
3. 1,238 ; 3,474 ; 15,000 ; 35,289
4. 1st ; 5th ; 17th ; 22nd ; 31st
5. 1450 ; 1766 ; 1986 ; 1999 ; 2000 ; 2001
6. 20% ; 35% ; 56% ; 75% ; 100%
7. $3.65 ; $39.99 ; 60p ; 99p ; £1.55 ; £13.25 ; £95.99

CORRIGÉ voir en fin de partie.

COMPRÉHENSION DE TEXTE N° 1

My Work Placement

Ricky Davies is doing his work placement with a company that manufactures in-line skates. The company has 450 employees and was set up by an English entrepreneur called Max Dean in 1985.

Back then, the company only had one <u>workshop</u> and four people made the skates themselves. They produced around 100 pairs of skates in the first year and they sold thirty per cent of their production to the U.S.A. Nowadays the company has eight workshops, in the South of England, France, Germany, the U.S.A. and in South Korea. Their annual production is about 500,000 pairs of skates which sell for around 78€ to 350€ a pair. In 2008 they exported 80% of their production.

Ricky has been working for Max Wheels for seven months now, since the middle of September, and has fitted together hundreds of pairs of skates. He works in the company's <u>factory</u> in the South of England and does a nine to five job, five days a week. The company has very nice <u>premises</u> and all of the staff are very friendly. Ricky says he really enjoys his job and hopes the company will take him on after he has finished his <u>vocational training course</u> at the local college. He only lives round the corner from the factory he works at and can go to work by foot, so it is really handy. On his training course Ricky has learnt how to work in a team and get on with other people, how to meet deadlines and how to be organised and efficient at work. All of these qualities are important for a future career.

LEXIQUE

workshop – atelier

factory – usine

premises – locaux

vocational training course – formation professionnelle

deadlines – délais

I. Répondez aux questions suivantes en français.

1. Que fait Ricky Davies et que fait l'entreprise pour laquelle il travaille ?
2. Quels ont été les débuts de l'entreprise ?
3. Quelle est la situation actuelle de l'entreprise ?
4. Depuis quand Ricky travaille-t-il pour l'entreprise et quelles sont ses horaires ?
5. Que dit-il au sujet de l'entreprise et qu'a t-il appris ?

II. Traduisez

de "Ricky has been working…" à "…the staff are very friendly."

III. Écrivez ces chiffres en toutes lettres.

1. 1985
2. 500,000
3. 350€
4. 2008
5. 80%

IV. Production libre (10 lignes).

Say what you are doing on your work experience. Give details about your company with numbers and say what you have learnt.

CORRIGÉ voir en fin de partie.

2 Le nom

En anglais il y a deux sortes de noms : les noms dénombrables et les noms indénombrables.

Les noms dénombrables

Les noms dénombrables peuvent être comptés. On admet le pluriel. On utilise l'article indéfini **a/an** et **some/any/no (du, de la, des)**.
Ex : a cat, three chairs, some cars, not many boys, hundreds of people. – *Un chat, trois chaises, des voitures, pas beaucoup de garçons, des centaines de personnes.*

Les noms indénombrables

Les noms indénombrables ne peuvent pas être comptés et on n'admet pas le pluriel. On n'utilise pas l'article indéfini mais on peut utiliser **some/any/no**.
Ex : wood, some tea, not much money, a lot of time. – *Du bois, du thé, pas beaucoup d'argent, beaucoup de temps.*

Certains indénombrables en anglais sont dénombrables en français. Pour les transformer en dénombrables en anglais il faut rajouter **a piece of** :
advice (a piece of advice), fruit (a piece of fruit), furniture (a piece of furniture), hair, information (a piece of information), knowledge, luggage, baggage, news (a piece of news), progress.

Les quantifieurs indéfinis

Les quantifieurs servent à donner une notion de quantité mais il faut savoir si on peut les employer avec un nom dénombrable ou un nom indénombrable.

indénombrables	traduction	dénombrables	traduction
No/not any	*Pas de*	No/not any	*Pas de*
Little	*Peu*	Few	*Peu*
A little	*Un peu*	A few	*Un peu*
Some	*Du*	Some	*Du*
Enough	*Suffisamment*	Several	*Plusieurs*
Much	*Beaucoup de*	Enough	*Suffisamment*
A lot of/lots of	*Beaucoup de*	Many	*Beaucoup de*
Most of the	*La plus grande part de*	A lot of/lots of	*Beaucoup de*
Most	*La plupart de*	A number of	*Un nombre de*
Plenty of	*Beaucoup de*	Most of the	*La plupart de*
All the	*Tout*	Most	*La plupart de*
		Plenty of	*Beaucoup de*
		All the	*Tout*

Le singulier et le pluriel

Au pluriel les noms prennent un **-s.**

On ajoute **-es** aux noms qui se terminent en **-ch**, **-s**, **-sh**, **-x**, et certains noms qui se terminent en **-o.**
Ex : watch → watches ; glass → glasses ; brush → brushes ; box → boxes ; tomato → tomatoes

Les noms qui se terminent en **-y** s'écrivent de la façon suivante :
- **y** précédé d'une consonne, on enlève **-y** et on le remplace par **-ies**
lady → lad**ies** ; lorry → lorr**ies** ; fly → fl**ies**

- **y** précédé d'une voyelle, on laisse **-y** et on rajoute un **-s**
tray → tra**ys** ; guy → gu**ys**

On ajoute **-ves** aux noms qui se terminent en **-f** après l'avoir enlevé.
shelf → shel**ves** ; knife → kni**ves** ; leaf → lea**ves**

sauf pour
roof → roof**s** ; cliff → cliff**s** ; chief → chie**fs**

Voici quelques pluriels irréguliers :
man → **men** ; woman → **women** ; child → **children** ; foot → **feet** ; mouse → **mice**

Les noms composés (nom + nom au minimum)
Les noms composés sont utilisés pour donner plus d'explications sur une personne, une chose ou une notion particulière. La traduction en français se fait **de droite à gauche**.

Un nom composé peut comporter plus de deux noms, avec ou sans déterminant. Il peut aussi être précédé d'un ou plusieurs adjectifs. Seul le dernier nom porte la marque du pluriel.
Ex : a laptop computer, a mobile phone, an eight-month work placement, full-time employees – *un ordinateur portable, un téléphone portable, un stage de huit mois, des salariés à plein temps.*

Le cas possessif
Le cas possessif établit une relation de possession entre deux termes avec **'s** au singulier et **s'** au pluriel. L'ordre des mots est l'inverse de celui du français.
Ex : david's car, my parents' house. – *La voiture de David, la maison de mes parents.*

Les adjectifs possessifs
Les adjectifs possessifs expriment une relation de possession et s'accordent avec le possesseur.
my, his, her, its, our, your, their
Ex : my bag, your car, his hat, his chair, her book, her hand, its head, its name, our house, their things.

L'article indéfini a/an
L'article indéfini **a** devant une consonne et **an** devant une voyelle ont en général le même sens que un/une en français. **A/an** n'a pas de pluriel et on utilise soit l'article **Ø** soit **some** pour l'équivalent de "des". On emploi l'article indéfini devant ce qui est général ou abstrait.

L'article défini the
L'article défini **the** est utilisé devant un nom singulier ou pluriel défini par un complément de nom, proposition relative ou par le contexte. L'article défini est aussi utilisé devant les noms de peuples, noms propres au pluriel et les pays suivants : The United States of America, The United Kingdom and The Netherlands.

Les adjectifs
Les adjectifs se placent avant le nom lorsqu'ils sont épithètes ou après le verbe « être » lorsqu'ils sont attributs du sujet ; ils ne prennent jamais de **-s** au pluriel.
Ex : a black cat, three red cars, a good day, he is tired.

Les adjectifs composés
Il y a plusieurs sortes d'adjectifs composés en anglais:

- Adjectif + nom + ed. – **a dark-haired woman** – pour insister sur la caractéristique d'une partie du corps (*une femme brune [aux cheveux bruns]*).
- Adjectif + participe present(v + -ing) – **a hard-working person** – pour préciser l'aspect ou une façon de faire (*une personne qui travaille beaucoup*).
- Adjectif + adjectif. – **dark blue**, **red-brown** – pour les nuances de couleurs (*bleu foncé, rouge marron*).

ANGLAIS

Exercice n° 2

Traduisez.

1. Il y avait des voitures sur le parking et un camion.
2. Pouvez-vous me donner des conseils pour mon travail, s'il vous plaît?
3. Nous avons eu très peu de nouvelles.
4. Il y a beaucoup d'eau dans la baignoire mais pas assez de bain moussant (bubble bath).
5. C'est un très beau jardin.
6. Le thé que vous m'avez servi est froid!
7. Un embouteillage, un camp d'été, une boîte aux lettres, un voyage scolaire.
8. Un travail à temps partiel.
9. Un programme d'essais.
10. Une femme aux cheveux clairs.
11. Un sac marron foncé.
12. Un bel homme.

CORRIGÉ voir en fin de partie.

COMPRÉHENSION DE TEXTE N° 2

Obesity concerns for Latchkey Kids

Children of working mothers are more likely to be overweight, research has found.

Latchkey kids have more freedom to eat sugary snacks and spend solitary afternoons slumped in front of the TV. Long hours can leave women short of time to prepare healthy family meals, so their children will have TV dinners more often. And mothers who have to get to work are also more likely to drive their children to school rather than walk with them.

The finding comes from a study of two generations of British children and their parents.

More than 8,500 seven-year-olds were weighed and measured in 1965. Some of their children went through the same process in the Nineties.

In 1965, just 8 per cent of the girls and 12 per cent of the boys studied were overweight or obese. By 1991, the figures were 50 per cent higher.

Analysing the figures, the researchers from University College London found a clear link with women's working habits.

A Sixties child whose mother worked full time was up to 28 per cent more likely to have a weight problem than one whose mother was a housewife.

Thirty years later, the increased risk had risen to 48 per cent probably because of the increased availability of fast foods.

The study showed that children of overweight parents are also likely to be overweight.

Public policies aimed at supporting working mothers and less advantaged families may help reverse these trends.

Mothers are not around a lot and children go to the corner shop and buy all sorts of stuff and get fatter and fatter. Forty years ago, kids had playing fields to play on and parks to run around. There was no problem with traffic so they used to go out on the street to play.

LEXIQUE

latchkey kids – des enfants qui rentrent à la maison avant leurs parents

slumped – affalé

are also more likely to – auront plus tendance à

housewife – femme au foyer

overweight – quelqu'un en surpoids

I. Répondez aux questions suivantes en français.

1. Pourquoi les enfants des mères qui travaillent ont-ils tendance à avoir des kilos en trop?
2. D'où viennent ces renseignements?
3. Que montre l'étude?
4. Quelle est la différence entre un enfant des années 60 dont la mère travaillait et un enfant dans la même situation trente ans plus tard?
5. Que font les enfants maintenant en l'absence de leurs mères et que faisaient-ils il y a quarante ans?

II. Traduisez

de "Long hours can leave women..." à "...rather than walk with them."

III. Traduisez avec soit un nom composé soit le cas possessif.

1. Une pause de 30 minutes.
2. L'entreprise de Monsieur Davies.
3. Une augmentation de 3%.
4. Un voyage d'une journée.
5. Des vacances de quinze jours.

IV. Production libre (10 lignes).

Say what you think can be done to stop latchkey kids from becoming overweight.

CORRIGÉ voir en fin de partie.

3 Le comparatif et le superlatif

1 Le comparatif

Le comparatif nous permet de comparer des choses et des personnes à d'autres. Il se forme ainsi :

Le comparatif de supériorité « plus... que »

- Aux adjectifs/adverbes **courts** :

  • D'une syllabe - on rajoute **-er... (than)**
  long → longer ; nice → nicer ; big → bigger ; hot → hotter

  • De deux syllabes en **-y** - on enlève **-y** et on rajoute **-ier... (than)**
  happy → happier ; healthy → healthier

  • Deux syllabes en **-er, -ow, -le** - on rajoute **-er... (than)**
  narrow → narrower et aussi - **late → later**

  I am older than my sister.
  Je suis plus âgé que ma sœur.
  This road is narrower than the other.
  Cette rue est plus étroite que l'autre.

- Aux adjectifs/adverbes **longs** : on rajoute **more... (than)**
  This table is more expensive than the other one.
  Cette table est plus chère que l'autre.
  Your presentation was more interesting than mine.
  Ta présentation était plus intéressante que la mienne.
  This car runs more efficiently than my motorbike.
  Cette voiture roule mieux que ma moto.

Le comparatif d'égalité « aussi...que »

As+adj./adv.+as
This chair is as high as the table.
Cette chaise est aussi haute que la table.
This bag is as expensive as a pair of shoes.
Ce sac est aussi cher qu'une paire de chaussures.

Le comparatif d'inégalité « pas aussi ...que »

Not as/so+adj./adv.+as
This car is not as/so nice as that one.
Cette voiture n'est pas aussi jolie que celle là.

Le comparatif d'infériorité « moins...que »

Less... (than)
Cette comparaison s'applique surtout aux adjectifs longs.
This bag is less expensive than a cardigan.
Ce sac est moins cher qu'un gilet.

- Les comparaisons peuvent aussi porter sur des **noms** et des **verbes**.
  She eats more chocolate than fruit. – **more/less + nom + than**
  Elle mange plus de chocolat que de fruits.
  My brother works more than my sister. – **verbe + *more* / less + *than***
  Mon frère travaille plus que ma sœur.
- Pour traduire les notions de **de plus en plus** et de **de moins en moins**.
  It's getting hotter and hotter.
  Il fait de plus en plus chaud.
  More and more people ride their bikes in the city.
  De plus en plus de gens prennent leur vélo en ville.
  Food is more and more expensive.
  La nourriture est de plus en plus chère.
  Less and less people drive their cars to work. They pollute less and less.
  De moins en moins de gens prennent leur voiture pour aller travailler. Ils polluent de moins en moins.

Exercice n° 3

Complétez les phrases suivantes à l'aide du comparatif de supériorité (>), d'infériorité (<), d'égalité (=) ou d'inégalité (≠).

1. American cars are .... (< economical) French cars.
2. Caviar is .... (> expensive) salmon.
3. My bed is .... (=comfortable) the sofa.
4. Planes are .... (> quick) trains.
5. My sister is .... (>pretty) Jane.
6. My school bag is .... (≠ heavy) it was yesterday.

CORRIGÉ voir en fin de partie.

ANGLAIS

2 Le superlatif

Le superlatif nous permet de comparer une chose ou une personne à l'ensemble de sa catégorie et se forme ainsi :

Le superlatif de supériorité « le plus »

- Aux adjectifs courts :
  - D'une syllabe – on rajoute ...**–est**
  - De deux syllabes en -y – on rajoute ...**–iest**

  The biggest city in the world is Tokyo.
  La plus grande ville au monde est Tokyo.
  My grandfather is the funniest person I know.
  Mon grand- père est la personne la plus drôle que je connaisse.
- Aux adjectifs longs : on rajoute **the most**...
  It is the most interesting place in the world.
  C'est l'endroit le plus intéressant dans le monde.

Le superlatif d'infériorité « le moins »

- Aux adjectifs courts et longs : on rajoute **the least**...
  This is the least interesting lesson of the day.
  C'est le cours le moins intéressant de la journée.

■ **Les irréguliers**

Adjectif/adverbe	Comparatif	Superlatif
good/well *bien*	better....than *meilleur/mieux*	the best *le meilleur/le mieux*
bad *mauvais*	worse.... than *plus mauvais/pire*	the worst *le plus mauvais/le pire*
far *loin*	farther/further....than *plus éloigné*	the farthest/furthest *le plus éloigné*

Exercice n° 4

Réécrivez les phrases suivantes en mettant les adjectifs entre parenthèses au superlatif de supériorité ou d'infériorité.

1. Caviar is (expensive) food in the world.
2. Fish are (good) swimmers in the natural world.
3. Bill Gates (rich) man in the world.
4. Google is (popular) site on the Internet.
5. Cucumber is one of (nutritive) vegetables you can eat.

CORRIGÉ voir en fin de partie.

COMPRÉHENSION DE TEXTE N° 3

The Job Search

The best way to go about looking for a job is to read the job ads in the newspapers or to go online. More and more people use Internet to help them write their CVs and covering letters. The most difficult thing is knowing exactly what to put on your CV. It is better to write the truth even if, for the moment, you do not have much experience. It is always easier for people to give false information but you need to be really careful. Two months ago in the U.K. a woman was prosecuted for writing on her CV that she had two 'A' levels whereas she actually had none. The result was that her employer found out the truth and she had to pay £25,000 back to the company. The woman claimed that it was more difficult to find work without the relevant qualifications and that she had felt it was necessary to tell a lie as she was desperate to find work. She said her daily expenses were getting higher and higher due to the recent 'credit crunch' and she could no longer remain on the dole as her unemployment benefits were getting smaller and smaller.

So, if you are looking for a job you need to take several things into consideration. Here is a list of guidelines for applying for a job and writing your CV and covering letter.

- Your CV or Résumé (US) must be accurate and correspond to the job you are applying for.
- It should be legible.
- Make sure your grammar and spelling are accurate. Get someone else to check if you are not sure.
- You must include your personal details (a photograph is not necessary), your education and qualifications, your experience and your skills (if you speak foreign languages and

your IT skills). You also need to mention your other abilities and interests. Don't forget to finish your CV by giving the details of people you have worked for who will be able to write a reference for you.

Your covering letter should include the following points :

- The date.
- The addressee, their position in the company, the address and country.
- The subject of your letter.
- Indicate where you saw the advertisement.
- Give the reasons why you are applying for the job.
- Talk about your skills and experience from your CV and how you can adapt them to the job.
- Close your letter showing interest for further discussion and an interview.
- Close the letter with "Yours Faithfully"(Dear Sir/Madam) or with "Yours Sincerely"(Dear Mr Dean/Mrs Dean/Miss Dean/Ms Dean).
- Don't forget to indicate you have attached documents by using "Enc : 1" or "Enc : CV" after you have signed and printed your name underneath the signature.

LEXIQUE

covering letter – lettre de motivation
prosecuted – poursuivi par la justice
whereas – alors que, tandis que
to claim – prétendre
expenses – frais
'credit crunch' – la crise économique
benefits – allocations

I. Répondez aux questions suivantes en français.

1. Quel est le meilleur moyen de chercher du travail?
2. Que ne faut-il pas faire sur son CV et pourquoi?
3. Qu'est il arrivé à une jeune femme récemment au Royaume Uni?
4. Quels sont les conseils donnés pour écrire un bon CV?
5. Que doit être le contenu d'une lettre de motivation?

II. Traduisez

de " It is always easier…" à "…back to the company."

III. Remplissez les blancs en mettant soit le comparatif soit le superlatif.

One of the........... (difficult) things I will have to do this week is to explain to a job applicant why he is not suitable for a position in our company. His CV is one of .... (bad) I have ever seen and is a lot .... (short) the others. His qualifications are .... (good) as those of the other candidates and his work experience is .... (interesting).

IV. Production libre (10 lignes).

Write an email to a future employer telling them about your qualifications, your experience and your skills. Tell them you would be interested in applying for a job in the company and are available for an interview.

CORRIGÉ voir en fin de partie.

ANGLAIS

4 Le présent simple et le présent en *-ing*

1 Le présent simple

En anglais il est très important de faire la différence entre le présent simple et le présent en -ing. Il est également très important de maîtriser l'ordre des mots dans une phrase.

La conjugaison du présent simple

Forme affirmative	Forme négative	Forme interrogative	Réponses courtes
I drink	I do not drink (don't)	Do I drink?	Yes, I do. No, I don't.
You drink	You do not drink (don't)	Do you drink?	Yes, you do. No, you don't.
He / she / it drink**s**	He / she / it does not drink (do**es**n't)	D**o**es he / she / it drink?	Yes, he / she / it d**oes**. No, he / she / it do**es**n't.
We / you / they drink	We / you / they do not drink (don't)	Do we / you / they drink?	Yes, we / you / they do. No, we / you / they don't.

Les modifications d'orthographe

Au présent simple les verbes prennent un **-s** à la troisième personne du singulier à la forme affirmative. Cependant il faut tenir compte des modifications orthographiques pour les verbes suivants:
Do - do**es** Go - go**es** Have - **has**

On ajoute **-es** aux verbes qui se terminent en **-ch**, **-s**, **-sh**, **-x**, **-z**
Ex : watch → watch**es** ; pass → pass**es** ; wash → wash**es** ; fix → fix**es** ; fizz → fizz**es**

Les verbes qui se terminent en **-y** se conjuguent de la façon suivante :
- **y** précédé d'une consonne, on enlève **-y** et on le remplace par **-ies**
Ex : carry → carr**ies** ; worry → worr**ies** ; fly → fl**ies**
- **y** précédé d'une voyelle, on laisse **-y** et on rajoute un **-s**
stay → stay**s** ; buy → buy**s**

L'emploi du présent simple

Le présent simple s'emploie pour parler d'habitudes, d'événements réguliers, de faits plus ou moins permanents et de constats.

Pour parler de la fréquence d'une activité, on emploie des adverbes et des expressions de fréquence.
Always, usually, often, sometimes, rarely, never - *toujours, d'habitude, souvent, parfois, rarement, jamais.*

- Les adverbes de fréquence se placent **avant** le verbe dans la phrase.
  Ex : I often go to the theatre with my parents. *Je vais souvent au théâtre avec mes parents.*
  I never eat ice-cream. *Je ne mange jamais de glaces.*
  I don't usually go shopping with my mother. *Je ne fais pas habituellement les courses avec ma mère.*
  Do you sometimes take your brother to the cinema? *Emmènes-tu ton frère parfois au cinéma ?*
  Every day / week / month / year – *tous les jours / toutes les semaines / tous les mois / tous les ans*
  Once / Twice / Three times a day / week / month / year – *une fois / deux fois / trois fois par jour / semaine / mois / an*
  Each weekend – *chaque weekend*
  On weekdays – *les jours de la semaine*
- Les expressions de fréquence se placent en général **en début** ou **en fin** de phrase.
  Ex : I go swimming every day. *Je fais de la natation tous les jours.*
  I play football twice a week. *Je joue au football deux fois par semaine.*
- Pour savoir la fréquence d'une activité on pose les questions
  How often....? – *Combien de fois... ?*
  How many times a day / week / month / year...? – *combien de fois par jour / semaine / mois /an... ?*

Exercice n° 5

Écrivez la troisième personne du singulier des verbes suivants.

1. do, go, mix, pass, push, watch
2. buy, fly, play, stay, try
3. have, like, listen, move
4. hope, open, read, think, see, want

CORRIGÉ voir en fin de partie.

Exercice n° 6

Écrivez la forme négative puis la forme interrogative des phrases suivantes.

1. I like eating chocolate biscuits.
2. I have a lot of responsibilities at work.
3. Peter works for a bank in London.
4. We think that working on a computer all day is bad for your health.
5. My father reads the newspaper every day.
6. I go to the cinema once a month.

CORRIGÉ voir en fin de partie.

2 Le présent en –ing

Forme affirmative	Forme négative	Forme interrogative	Réponses courtes
I am drinking	I am not drinking (I'm not)	Am I drinking?	Yes, I am. No I'm not.
You are drinking	You are not drinking (You're not **ou** you aren't)	Are you drinking?	Yes, you are. No, You're not **ou** you aren't.
He / she / it is drinking	He / she / it is not drinking ('s not **ou** isn't)	Is he / she / it drinking?	Yes, he / she / it is. No, he / she / it's not **ou** isn't.
We / you / they are drinking	We / you / they are not drinking ('re not **ou** aren't)	Are we / you / they drinking?	Yes, we / you / they are. No, we / you / they're not **ou** aren't.

L'emploi du présent en -ing

Le présent en –ing s'emploi pour parler d'actions en cours, de situations temporaires et de projets.
I am talking to you. *Je suis en train de vous parler.*
They are building a new hospital next to the station. *Ils construisent un nouvel hôpital à côté de la gare.*
I am going on holiday to Ireland next year. *Je vais en vacances en Irlande l'année prochaine.*

Les marqueurs de temps utilisés avec le présent en –ing sont :
Now, at the moment, these days, this week, right now – *maintenant, en ce moment, ces jours-ci, cette semaine, maintenant.*

Les verbes sans forme progressive

Certains verbes ne peuvent pas être mis à la forme progressive. En voici les principaux :
believe, like, love, dislike, hate, remember, know, want, think, understand – *croire, aimer, adorer, ne pas aimer, détester, se souvenir, savoir, vouloir, penser, comprendre.*

Exercice n° 7

Écrivez la question pour chacune des réponses suivantes.
1. I am working at home this week.
2. My father is repairing his car.
3. Pete and Jennifer are going on holiday to China in the spring.

CORRIGÉ voir en fin de partie.

Exercice n° 8

Traduisez.
1. Que fais-tu? Je fais mes devoirs.
2. Mon frère regarde la télévision dans le salon.
3. Pierre travail pour une banque en ce moment.
4. Ils construisent une nouvelle maison à côté.
5. En ce moment je prends des cours d'anglais.
6. Nous partons aux Etats-Unis en vacances.

CORRIGÉ voir en fin de partie.

COMPRÉHENSION DE TEXTE N° 4

Kara's Working Week

Kara Lane, 24, works for a PR agency in The City and has a very hectic lifestyle. The agency is employed by major British and U.S. companies to handle their public image. Kara's role is to manage the day to day communication channels between her clients and their audiences. The channels are many; the press (print, radio, TV or online), consumer marketing events and stunts, business dinners and conferences.

Kara has a very busy working week. She usually gets up at around 6 a.m. on weekdays, has a quick shower and breakfast then leaves the house at seven to get the train and the tube into the centre of London. Her trip to work normally takes her around an hour and a quarter as public transport is very busy at that time of the morning. While she is travelling to work she reads a newspaper to get an idea of the latest news stories that may be discussed in the staff meeting.

Her week starts with a staff meeting on the Monday morning. After that, she checks her e-mails and replies to them. She also goes through her week's work schedule with her P.A. Sally, to see which clients have made appointments and which accounts and events she will be working on this week.

Kara usually has her lunch at around 12.30 p.m. If she is in the office for lunch she will have a one-hour lunch break. However she often has business lunches with clients or journalists which may last a little longer. In the afternoon she may write the minutes to the meetings she has attended. At the moment, Kara and her team are working on a new web cast on the housing market that will be broadcast from their in-house studio. She occasionally has conference calls with her clients and spends a lot of time on the phone to journalists giving them stories.

Kara doesn't usually finish work until 7 p.m. unless she has business dinners to attend. After work she usually goes to the gym for an hour and on Friday nights she always goes out with her friends. At weekends, she plays tennis and goes shopping on Saturday.

LEXIQUE

stunts – trucs publicitaires

the tube – le métro londonien

conference call – téléconférence

I. Répondez aux questions suivantes en français.

1. Que fait Kara et pour quel genre d'entreprise travaille-t-elle?
2. Que fait son entreprise?
3. Comment commence une journée typique pour Kara?
4. Quels sont les gens avec lesquels Kara travaille?
5. Que fait-elle en ce moment?
6. Que fait-elle après sa journée de travail et en fin de semaine?

II. Traduisez

de " Kara has a very busy ...." à ".... at that time of the morning."

III. Mettez les verbes entre parenthèses soit au présent simple soit au présent en -ing.

1. I .... (work) on a very important project at the moment.
2. James usually .... (handle) several accounts at the same time.
3. Martha often .... (go) to business lunches with her clients.

4. I .... (play) golf at the weekend.

5. Where .... you .... (go) on holiday this year?

IV. Production libre (10 lignes).

Write about your typical week at work. Use frequency adverbs with the Present Simple.

CORRIGÉ voir en fin de partie.

5 Le passé

1 Le prétérit simple

En anglais pour parler d'une action qui a eu lieu dans le passé et qui est complètement terminée, on utilise le prétérit simple.

La conjugaison du prétérit simple

La conjugaison est la même **pour toutes les personnes**.

Forme affirmative	Forme négative	Forme interrogative	Réponses courtes
Les verbes réguliers – b. v. + ed			
I work**ed**	I **did** not **work** (didn't)	**Did** you **work**?	Yes, I **did**. No, I **didn't**.
Les verbes irréguliers			
I went	I **did** not **go** (didn't)	**Did** you **go**?	Yes, I **did**. No, I **didn't**.

La liste des verbes irréguliers se trouve en fin d'ouvrage. Les verbes au prétérit se trouvent dans la 2e colonne.

L'emploi du prétérit simple

Le prétérit simple s'utilise pour parler d'une action qui a eu lieu dans le passé, qui est terminée et n'ayant aucun rapport avec le présent. Le prétérit simple se traduit souvent par un passé composé en français mais peut aussi se traduire par un imparfait ou le passé simple.

Les marqueurs de temps associés au prétérit simple

On associe des marqueurs de temps comme **yesterday** – *hier*, **last** – *dernier/dernière*, et **ago** – *il y a* avec le prétérit aussi bien que des dates relatives au passé et d'autres moments faisant référence au passé : **in 1999**, **on Friday**, **in September**, etc.

Ex : I went to the cinema yesterday. *Je suis allé au cinéma hier.*

He played football on Friday evening. *Il a joué au football vendredi soir.*

I left school in 1989. *J'ai quitté l'école en 1989.*

When did you buy your new car? We bought it three weeks ago. *Quand avez-vous acheté votre voiture neuve ? Nous l'avons acheté il y a trois semaines.*

La conjugaison du verbe être au prétérit «était»

Forme affirmative	Forme négative
I / he / she / it **was**... we / you / they **were**...	I / he / she / it **was not / wasn't**... we / you / they **were not / weren't**...
Forme interrogative	**Réponses courtes**
Was I / he / she / it...? **Were** we / you / they...?	Yes, I / he / she / it **was**. No, I / he / she / it **wasn't**. Yes, we / you / they **were**. No, we / you / they **weren't**.

L'expression used to

On utilise l'expression **used to** pour parler de ce que l'on faisait autrefois et ce qui existait dans le passé. Le verbe en français est à l'imparfait.

Ex : I **used to** play football when I was young. *Je jouais au football quand j'étais jeune.*

He **didn't use to** like spinach. *Autrefois il n'aimait pas les épinards.*

Did you **use to** have music lessons when you were at school? *Prenais-tu des cours de musique à l'école ?*

There **used to** be a chip shop round the corner. *Autrefois il y avait une friterie au coin de la rue.*

Exercice n° 9

Écrivez la forme négative des phrases suivantes ensuite posez une question qui aurait pour réponse la partie soulignée de la phrase.

1. I had breakfast at 8 o'clock this morning.
2. My brother gave me a watch for Christmas.
3. Mrs Smith went on holiday to the West Indies last year.
4. He walked to work yesterday.

CORRIGÉ voir en fin de partie.

Exercice n° 10

Traduisez les phrases suivantes.

1. Je suis allé au cinéma hier soir.
2. J'étais malade la semaine dernière, c'est la raison pour laquelle je ne suis pas venu.
3. Neil Armstrong a marché sur la lune en 1969.
4. J'ai passé plusieurs mois en Inde il y a dix ans.
5. Autrefois il y avait trois boulangeries en ville.

CORRIGÉ voir en fin de partie.

2 Le present perfect

La maîtrise du present perfect est essentielle pour parler anglais. Le present perfect se forme avec l'auxiliaire **have/has + participe passé**.

Forme affirmative	Forme négative	Forme interrogative	Réponses courtes
I have worked / done	I have not worked / done (haven't)	Have I worked /done?	Yes, I have. No, I haven't.
You have worked / done	You have not worked / done (haven't)	Have you worked / done?	Yes, you have. No, you haven't.
He / she / it has worked / done	He / she / it has not worked / done (hasn't)	Has he / she / it worked / done?	Yes, he / she / it has. No, he / she / it hasn't.
We / you / they have worked / done	We / you / they have not worked / done (haven't)	Have we / you / they worked / done?	Yes, we / you / they have. No, we / you / they haven't.

■ **L'emploi du present perfect**

Le present perfect s'emploie pour parler de faits et d'actions qui ont eu lieu dans le passé avec des conséquences ou des résultats visibles dans le présent.
I have lost my passport. (I can't find it now.)
J'ai perdu mon passeport. (Je ne le trouve pas.)

> **Rappel**
> **Le participe passé des verbes réguliers se termine en *-ed*. Pour le participe passé des verbes irréguliers, voir la liste à la fin de la partie.**

Le present pefect s'emploie aussi pour exprimer la notion de *jusqu'à présent* et s'associe aux adverbes de temps ***already***, ***ever***, ***never***, ***so far*** et ***yet***.
I've already been to the new shopping centre.
Je suis déjà allé au nouveau centre commercial.
I've never seen a ghost! And you? Have you ever seen one?
Je n'ai jamais vu de fantôme. Et toi ? En as-tu déjà vu un ?
Have you been to the post office yet to post that parcel?
Es-tu allé à la poste pour envoyer ce colis ?

■ **L'emploi du present perfect en -ing**

Have/has been v-ing

Le present perfect en -ing parle d'une action qui a commencé dans le passé et qui continue dans le présent ou qui vient tout juste de s'arrêter.
You look extremely red! I've been sunbathing.
Tu as l'air extrêmement rouge ! J'ai pris un bain de soleil.
Your English is a lot better. I've been having English lessons.
Votre anglais est nettement meilleur. J'ai pris des cours d'anglais.

■ **L'emploi de <u>for</u> et <u>since</u> avec le present perfect**

Quand on veut dire depuis combien de temps dure une situation en anglais on utilise le present perfect avec **for** ou **since** (depuis). **For** s'utilise avec une durée de temps et **since** avec le moment de départ de l'action.
I haven't seen him for ages / since we left school.
Je ne l'ai pas vu depuis très longtemps / depuis qu'on a quitté l'école.
He has been living abroad for ten years / since 2000.
Il habite à l'étranger depuis dix ans / depuis l'année 2000.

Pour poser la question depuis combien de temps on utilise le pronom interrogatif **How long**.
How long have you known him for? *Depuis combien de temps le connais-tu ?*
How long has he been living in France? *Depuis combien de temps habite-t-il en France ?*

Exercice n° 11

Traduisez.

1. J'ai pris les billets de train. As-tu fait les bagages ?
2. Il a déjà vu ce film dix fois. J'en ai acheté un autre, peut-être qu'il va l'aimer.
3. Êtes-vous déjà allé au Japon ?
4. J'habite à Londres depuis dix ans.
5. Depuis combien de temps jouez-vous du piano ?
6. Je connais Alice depuis des années. Elle est ma meilleure amie.

CORRIGÉ voir en fin de partie.

COMPRÉHENSION DE TEXTE N° 5

The Gap Year

JOURNALIST: – Hello Simon. Thank you for agreeing to be interviewed by our newspaper.

SIMON: – That's quite alright, it's a pleasure.

JOURNALIST: – The aim of the interview is to give people an idea of how a gap year can be spent and some of the places you can go to. Some people spend their year travelling, others do charity work or simply work in other countries. What made you decide to go on a gap year, Simon?

SIMON: – Well, at the time, I had a busy job in London and was fed up with just working from 8 a.m. to 7 p.m. non-stop without being able to make the most of life. Life in London is very hectic! I decided to hand in my notice and to travel around the world for 12 months with just a back pack. My girlfriend said she didn't mind and would probably take 6 months off herself to come and join me in Australia.

JOURNALIST: – What did you say to your employer?

SIMON: – Nothing really! He was extremely understanding and knew that it was time for me to move on. I had a leaving party and said goodbye to my colleagues. The next day I flew from Heathrow Airport to Rio de Janeiro to start my 3-month trip around South America. The most difficult thing was for me to leave my girlfriend at the airport.

JOURNALIST: – Did you remain in contact with her?

SIMON: – Yes, of course. Fortunately you can get Internet all over the world now. It's actually quite easy to stay in contact with your family and friends.

JOURNALIST: – What did you do in South America?

SIMON: – I travelled through several countries; Brazil, Chile, Peru, Bolivia, Ecuador and Colombia. I met loads of interesting people and I even learnt how to speak Spanish. The food was great even if the accommodation was sometimes a bit sparse. I visited a lot of major historical sites and saw the rainforest and the Andes.

JOURNALIST: – Where did you go after South America?

SIMON: – I travelled up through Mexico and into The U.S.A. However everything was too busy and too expensive for me so I quickly moved on to the islands in the Pacific Ocean.

JOURNALIST: – How was that?

SIMON: – It was great fun. I met the local population and did kite surfing, diving and other water sports.

JOURNALIST: – When did your girlfriend join you?

SIMON: – She joined me afterwards in Australia. She flew out and we met in Melbourne. We then travelled to the middle of the country where there is a giant camper van sale every week. We bought ourselves a van and travelled around Australia in it. It was great! Everybody does the same thing. We even met one of our old school friends in the middle of nowhere who was doing the same thing!

JOURNALIST: – Did you stay for long in Australia?

SIMON: – We stayed for a couple of months then moved on to Thailand, Nepal and India. We visited all of the main cities and went trekking in Nepal. It was an interesting experience but not always very safe.

JOURNALIST: – Did you come back to England together?

SIMON: – No, we didn't. My girlfriend went back first as she had to go back to work. I went back home a month later after visiting Russia. Unfortunately I was taken ill as soon as I got home as I had forgotten to have one of my vaccinations done after 6 months travelling.

JOURNALIST: – What would you say about your gap year to sum up?

SIMON: – I would say it was a fantastic experience and I can highly recommend it to others. It is the kind of experience that looks good on your CV and definitely makes you a lot more mature.

JOURNALIST: – What are your plans now?

SIMON: – My girlfriend and I are planning to get married and I am going to set up my own business.

LEXIQUE

a gap year – une année sabbatique

to hand in one's notice – démissionner

accommodation – hébergement

camper van – camping car

I. Répondez aux questions suivantes en français.

1. Pourquoi Simon a-t-il décidé de prendre une année sabbatique?
2. Que pensait l'employeur de Simon du fait qu'il démissionne de son poste?
3. Qu'a-t-il pensé des Etats-Unis?
4. Qu'a-t-il fait en Australie avec sa petite amie?
5. Comment s'est terminé son année et qu'en dit-il?

II. Traduisez

de "My girlfriend went back first…" à "…after 6 months travelling."

III. Mettez les verbes entre parenthèses soit au prétérit simple soit au present perfect.

1. I .... (go) to New York last month on holiday.
2. Where .... they .... (spend) their summer holidays last year?
3. He .... never .... (drive) a car before.
4. I .... (finish) my homework. Can I watch TV, please?
5. How long .... you .... (live) in France?

IV. Production libre (10 lignes).

Write about an important event in your life using the past simple (prétérit simple) and how it has changed things for you using the present perfect.

CORRIGÉ voir en fin de partie.

ANGLAIS

6 Le passif

Le passif est souvent employé en anglais et se conjugue à tous les temps aussi bien qu'avec des modaux. L'utilisation du passif attire l'attention sur celui qui subit l'action et non pas sur celui qui fait l'action qui souvent n'est pas important.

La conjugaison du passif

Be + participe passé. **Be** est conjugué selon le sujet et le temps employé. Le participe passé est invariable. Le complément d'agent peut être introduit par **by** après la construction grammaticale au passif si sa présence est nécessaire ou souhaitée. Le passif peut se traduire par **on** en français.

Rappel
Le participe passé des verbes réguliers se termine en *-ed*. Pour le participe passé des verbes irréguliers, voir la liste à la fin de la partie.

Attention
Been employé ici en plus du participe passé du verbe est invariable.

- **Au présent simple** :
My flat **is cleaned** every week.
Mon appartement est nettoyé toutes les semaines.
The pay slips **are sent** out at the end of every month.
Les bulletins de salaires sont envoyés à la fin de chaque mois.

- **Au prétérit simple** :
My computer **was repaired** last week by a friend of mine.
Mon ordinateur a été réparé la semaine dernière par un de mes amis.
These houses **were built** last year.
Ces maisons ont été construites l'année dernière.

- **Au present perfect** :
The washing up **has already been done**.
La vaisselle a déjà été faite.

- **Au futur et au conditionnel** :
Thousands of people **will be made** homeless in the future.
Des milliers de gens seront expulsés de leurs domiciles dans l'avenir.
This **could be done** a lot easier!
On pourrait le faire d'une façon beaucoup plus simple !

- **Avec des modaux** :
Speed checks **may be carried out** more often next month.
Des contrôles de vitesse pourront être effectués plus souvent le mois prochain.

Exercice n° 12

Complétez les phrases au passif à partir du verbe et le temps donnés entre parenthèses.

1. The lawn......................(mow/présent simple) every week in the summer months.
2. A lot of souvenirs......................(buy/prétérit simple) on the school trip by the students.
3. A new shop..........................(open/present perfect) on the high street by a major chain.
4. The local stadium......................(use/futur) for all of the matches next year.
5. The paperwork......................(do/can) by anyone.

CORRIGÉ voir en fin de partie.

Exercice n° 13

Transformez ces phrases actives en phrases passives en ajoutant le complément d'agent si nécessaire.

1. Every year we file (archiver) all the documents.
2. John wrote a report for the committee.
3. The company has made olive oil for years.
4. Technology will make our lives easier in the future.
5. Employers must give their personnel annual leave (des congés annuels).

CORRIGÉ voir en fin de partie.

COMPRÉHENSION DE TEXTE N° 6

The Making of Olive Oil

Olive oil is produced by grinding olives and extracting the oil by mechanical or chemical means. For good extra virgin olive oil care is taken to make sure the olives are perfectly ripened. The process is carried out in the following way:

The olives are ground into paste using large millstones (traditional method) or steel drums (modern method). If ground with mill stones, the olive paste generally stays under the stones for 30 to 40 minutes.

After grinding, the olive paste is spread on fiber disks, which are stacked on top of each other in a column, then placed into the press. Pressure is then applied onto the column to separate the vegetal liquid from the paste. This liquid still contains a significant amount of water. This water is eliminated afterwards.

In modern steel drum mills the grinding process takes about 20 minutes. After grinding, the paste is stirred slowly for another 20 to 30 minutes. The paste is then pressed by centrifugation.

The oil produced by only physical (mechanical) means as described is called virgin oil. Extra virgin olive oil is virgin olive oil that satisfies specific high chemical criteria.

Sometimes the produced oil will be filtered to eliminate remaining solid particles that may reduce the shelf life of the product. Labels may indicate the fact that the oil has not been filtered, suggesting a different taste. Unfiltered fresh olive oil that has a slightly cloudy appearance is called cloudy olive oil. This form of olive oil that was popular only amongst olive oil small scale producers is now becoming "trendy" in line with consumer demand for more ecological and less-processed "green" products.

The remaining paste (pomace) still contains a small quantity (about 2-6%) of oil that cannot be extracted by further pressing, but only with chemical solvents. This is done in specialised chemical plants, not in the oil mills.

LEXIQUE

ripened – mûri

millstones – meules

grinding – pressurage

shelf life – durée de conservation

cloudy – trouble

I. Répondez aux questions suivantes en français.

1. Quelles sont les deux méthodes utilisées pour extraire de l'huile d'olive ?

2. Que contient le liquide après pressurage ?

3. Quel est l'intérêt de filtrer l'huile d'olive ?

4. Qu'est-ce qui devient de plus en plus 'tendance' parmi les consommateurs et pourquoi ?

5. Que reste-t-il après le pressurage et que fait-on de cette substance ?

II. Traduisez

de "Unfiltered fresh olive oil ...." à ".... less-processed "green" products."

III. Réécrivez ces phrases actives au passif.

1. The dustmen collect the rubbish three times a week.

2. We will organize the conference in Paris next year.

3. We have done the housework.

4. The Egyptians built the Pyramids a long time ago.

5. They could question him about the robbery.

IV. Production libre (10 lignes).

Describe how your favourite recipe is made using the passive tense.

CORRIGÉ voir en fin de partie.

7 Les modaux et l'impératif

1 Les modaux

Les auxiliaires modaux servent à nuancer un discours. Les modaux nous permettent de parler de capacité, incapacité, permission, interdiction, obligation, absence d'obligation et certitude.

Les particularités des modaux

- Les modaux n'ont pas d'infinitif (can, may, must etc).
- Les modaux ne prennent pas de **-s** à la troisième personne du singulier.
- Pour les mettre à la forme négative il suffit d'ajouter la négation **not (n't)**.
- Pour les mettre à la forme interrogative, il faut les inverser avec le sujet.
- Un auxiliaire modal **est toujours suivi de la base verbale**.

I must do my homework.
Je dois faire mes devoirs.
I can't go out straight away.
Je ne peux pas sortir tout de suite.
Can I wear my new shoes to school?
Est-ce que je peux porter mes chaussures neuves à l'école?

La capacité et l'incapacité/possibilité et impossibilité

- Pour parler de capacité/possibilité on utilise le modal **can** au présent et **could** au passé. Pour parler d'incapacité/impossibilité il suffit de mettre ces deux modaux à la forme négative.
  I can swim but I can't play tennis. *Je sais nager mais je ne sais pas jouer au tennis.*
  I could play the guitar when I was young but I couldn't play the piano. *Je savais jouer à la guitare quand j'étais jeune mais pas au piano.*
  I can/can't come to the meeting on Wednesday evening. *Je peux/Je ne peux pas venir à la réunion mercredi soir.*
- Aux autres temps vous utiliserez l'équivalent **be able to**. N'oubliez pas de conjuguer **be** au temps utilisé.
  He won't be able to see us on Sunday. *Il ne pourra pas nous voir dimanche.*

La permission

- Pour demander et pour donner la permission on utilise les modaux **can** et **may**.
  Can/May I go out tonight? Yes, you can/may. *Puis-je sortir ce soir? Oui.*
  You can/may leave now. *Vous pouvez partir maintenant.*

L'interdiction

- Pour exprimer l'interdiction on utilise les modaux **can** et **must** à la forme négative.
  You cannot/can't **ou** you must not/mustn't take dogs into supermarkets. *Vous ne pouvez/devez pas emmener des chiens au supermarché.*

L'obligation

- **Must** exprime l'obligation au présent et de la part de celui qui parle.

- **Have to** exprime l'obligation venant de l'extérieur à tous les temps ; **have got to**, seulement au présent.
I must do my homework. *Je dois faire mes devoirs. (C'est moi qui m'oblige à les faire)*
I have to be at work by 8.00 tomorrow, I have a meeting. *Je dois être au travail à 8h demain, j'ai une réunion. (Des circonstances venant de l'extérieur m'y obligent)*

L'absence d'obligation

Do not have to (à tous les temps) /**haven't got to** (uniquement au présent) expriment l'absence d'obligation.
I don't have to finish my maths homework for tomorrow. *Je n'ai pas besoin de finir mes devoirs de maths pour demain.*

La certitude

On utilise plusieurs modaux afin de donner des degrés de certitude.

Modal et degré de certitude %	Exemple de phrase
Must (quasi certain) 90%	He must be tired. *Il doit être fatigué.*
May (peut-être) 40%	He may be ill. *Il se peut qu'il soit malade.*
Can't (quasi impossible) 0%	It can't be him. *Cela ne peut pas être lui.*

Exercice n° 14

Traduisez les phrases suivantes en anglais.

1. Je ne sais pas parler allemand mais je sais parler anglais couramment.
2. Tu ne peux pas aller au concert tu n'a pas fini ton devoir de géographie.
3. Je ne savais pas nager quand j'étais jeune.
4. Je n'ai pas besoin d'aller faire les courses, j'ai déjà tout ce qu'il faut.
5. Je dois absolument finir ce livre avant la semaine prochaine.
6. Il se peut qu'elle ne vienne pas ce week-end.
7. Il ne peut pas être à la maison, je viens de le voir en ville.

CORRIGÉ voir en fin de partie.

2 L'impératif

L'impératif est utilisé pour donner des ordres, des consignes et pour faire des suggestions.

Donner des ordres

- **La base verbale** est utilisée à la deuxième personne du singulier pour la forme affirmative.
- **Do not/Don't + base verbale** est utilisé à la deuxième personne du singulier pour la forme négative.

> Les adverbes *always* et *never* peuvent être employés avec l'impératif à la forme affirmative de la 2e personne du singulier. Ils se placent avant la base verbale.

Faire des suggestions

- **Let us** ou **Let's + base verbale** est utilisé pour la permière personne du pluriel.

Wait here, I won't be minute.
Attends-moi ici, je n'en ai pas pour longtemps.
Don't touch the kettle, it's hot.
Ne touche pas à la bouilloire, elle est chaude.
Let's go and buy some cakes for tea.
Allons chercher des gâteaux pour le goûter.

L'auxiliaire modal should

L'auxiliaire modal **should + base verbale** est utilisé pour donner des conseils à la fois à la forme affirmative et négative.

You should write a letter to your brother.

Tu devrais écrire une lettre à ton frère.

You shouldn't talk to people you don't know.

Tu ne devrais pas parler aux gens que tu ne connais pas.

Exercice n° 15

Traduisez les phrases suivantes en anglais.

1. N'oubliez pas de poster votre courrier.
2. Ne fais pas autant de bruit.
3. Fais ton lit avant de descendre.
4. Vas chercher mes lunettes, s'il te plaît.
5. Allons à la pêche ce soir.

CORRIGÉ voir en fin de partie.

Exercice n° 16

Transformez ces ordres en conseils puis traduisez.

1. Don't leave your clothes on the floor.
2. Leave the door open.
3. Follow the instructions carefully.
4. Don't give your phone number to everyone.

CORRIGÉ voir en fin de partie.

COMPRÉHENSION DE TEXTE N° 7

How Can We Save Our Planet?

This is a question that we should have started thinking about a long time ago. During the Industrial Revolution, mankind wasn't able to imagine the consequences of industrial and technological progress on the environment. Man's main concern at the time was being able to produce enough energy for factories to manufacture goods, to provide fuel to run trains and then cars and to expand the country's infrastructure. A century later man has begun to realize the impact that progress and globalization have had on the natural world.

Nowadays you can travel almost everywhere thanks to air travel, boats, trains and cars and all at a relatively low cost. You can also buy all types of fruit and vegetables, flowers and other goods at any time of year. This means that some kind of transport has been used to bring these things to your local stores. The energy used in this case is called a Carbon footprint. The higher the Carbon footprint then the bigger the impact this will have on the environment.

The production of raw materials for the more developed countries on the planet, destined to be used by industrialists for food or clothing, is having a devastating effect on the developing or the least developed countries that produce them. When you eat biscuits or cakes, it is likely that the recipe will include palm oil. To produce palm oil, forests have to be cut down in parts of Asia and replanted with palm trees which alter the landscape and destroy the local ecosystem.

There is the same problem for the fish in our seas. Intensive fishing may mean that in several decades the fish you are used to eating will become extinct. An example of everyday items that we use which have an impact on the environment are things made from plastic. Plastic is not biodegradable and it comes up everywhere; in clothes, toys and many household items.

But what can we do to help save the world we live in for future generations? Here are a few tips :

- Do you really have to eat tomatoes in winter? Try eating fruit and vegetables that are in season and cut down on the use of fossil fuels. You can also eat local produce which doesn't have to travel far for you to enjoy it! You can also buy organic produce.
- Ride your bike instead of taking the car if it is possible on short trips.
- Have a quick shower instead of a bath as it uses a lot less water.
- Don't leave your electrical appliances on standby as they will still be using electricity even when they have been turned off.
- Don't forget to turn the lights off when you leave a room.
- Recycle your waste paper, bottles, jars, clothes and other items.

LEXIQUE

mankind – l'humanité

to manufacture – fabriquer

globalization – la mondialisation

raw materials – matières premières

devastating – néfaste

organic – biologique

I. Répondez aux questions suivantes en français.

1. Quelles étaient les préoccupations de l'homme pendant la révolution industrielle?
2. Que peut-on faire facilement de nos jours?
3. Quels sont les dégâts causés par nos habitudes de consommation?
4. Que faut-il faire pour sauver notre environnement?

II. Traduisez

de "Nowadays you can travel...." à ".... to your local stores."

III. Complétez ce texte à l'aide des modaux et de leurs équivalents ci-dessous.

must / can / may / have to / mustn't / don't have to

I .... forget to post this letter to my boss this afternoon as I .... go to a meeting next week and he will need it. It's a copy of a new project I'm working on at the moment and fortunately he said that I .... finish it until the end of the month but he wants to see what I have done up until now. He .... also want to see some of the plans that go with it. I .... put them in the post tomorrow. Let's hope he gets them on time. I .... check by phoning him in a couple of days.

IV. Production libre (10 lignes).

You are a member of a local environmental association. Write an article for the local newspaper telling people how they can contribute to saving the environment.

CORRIGÉ voir en fin de partie.

8 Les questions, le discours rapporté et la proposition relative

1 Les questions

En anglais il y a deux types de questions. Les **questions fermées** où seules **oui** et **non** sous forme de **réponse courte** sont possibles et les **questions ouvertes** où plusieurs réponses peuvent être données.

Les questions fermées

Les questions fermées ou **Yes/No questions** ne commencent pas par un pronom interrogatif. Il faut donc commencer la question par le verbe ou l'auxiliaire (pour l'ordre des mots dans une question voir le 2e tableau ci-dessous). La réponse sera donnée par une réponse courte.
Ex : Are you fifteen years old? Yes, I am. *As-tu quinze ans ? Oui.*
Do you like ice-cream? Yes, I do. *Aimes-tu la glace ? Oui.*
Did you go on holiday last year? Yes, we did. *Êtes-vous partis en vacances l'année dernière ? Oui.*
Has he had his breakfast yet? Yes, he has. *A-t-il déjà pris son petit déjeuner ? Oui.*

Les questions ouvertes

Les questions ouvertes commencent par le pronom interrogatif. Il y a une multitude de réponses possibles.

Le tableau des pronoms interrogatifs.

Les pronoms interrogatifs en Wh- et How			
What	*Que/quel ?*	How	*Comment ?*
What time	*(à) quelle heure ?*	How far	*(à) quelle distance ?*
What...for	*Pour quoi/dans quel but?*	How long	*(depuis) combien de temps*
What....like	*Comment ? (description)*	How many	*Combien (de) ? + dénombrable*
When	*Quand ?*	How many times	*Combien de fois ?*
Where	*Où ?*	How much	*Combien ? (prix)* *Combien (de) ? + indénombrable*
Which	*Quel/ lequel ?*	How often	*Combien de fois ?*
Who	*Qui ?*	How old	*Quel âge ?*
Whom	*Qui/à qui ? (COI)*	How deep	*Quelle profondeur ?*
Whose	*À qui ? (possession)*	How fast	*À quelle vitesse ?*
Why	*Pourquoi ?*	How heavy	*Combien pèse ?*
What colour	*De quelle couleur ?*	How high	*Quelle est la hauteur ?*
What size	*De quelle taille ?*	How long	*Quelle est la longueur ?*
What about How about	*Et si...? pour faire une suggestion*	How tall	*Combien mesure-t-il ?*
		How wide	*Quelle est la largeur ?*

Ex : What time is lunch? At twelve. *À quelle heure est le déjeuner ? À douze heures.*
How often do you eat pizza? About twice a week. *Combien de fois mangez-vous de la pizza ? Environ deux fois par semaine.*
When are you going back to England? In September. *Quand retournez-vous en Angleterre ? En septembre.*
Has he had his breakfast yet? Yes, he has. *A-t-il déjà pris son petit déjeuner ? Oui.*

Remarque : on n'emploie pas **do/did** dans des questions dont les pronoms interrogatifs **who, what** et **which** sont **sujets**.
Ex : Who said that? *Qui a dit ça ?* What happened yesterday? *Que s'est-il passé hier ?*

L'ordre des mots dans une question

Pronom interrogatif	Auxiliaire	Sujet	Verbe	Complément et divers
What time	is	it?		
What	are	they	doing	this afternoon?
Where	do	you	live?	
How often	does	he	go	on holiday ?
	Are	you	English?	
What	did	they	do	last week?
How long	have	you	known	him?
	Would	you	like	some bread?
	Can	you	tell	me what the time is?
When	are	they	going to build	the new shopping centre?

Remarque : pour poser des questions avec des auxiliaires modaux il suffit de les inverser avec le sujet. Ex: I can swim. Can you swim?

Exercice n° 17

Écrivez une question qui aurait pour réponse la partie soulignée de la phrase.
1. I am <u>eighteen years old</u>.
2. My parents live in <u>the south of England.</u>
3. They gave James <u>a bike</u> for his birthday.
4. <u>I am cleaning</u> the car.
5. It is <u>Dad's</u> watch.
6. I have been living in Paris for <u>twenty years</u>.

CORRIGÉ voir en fin de partie.

Exercice n° 18

Traduisez.
1. Où vas-tu ?
2. Qu'avez-vous fait la semaine dernière ?
3. Pourquoi ont-ils oublié de venir ?
4. Qu'aimerais-tu pour ton dîner ?
5. Qui vient demain ?

CORRIGÉ voir en fin de partie.

2 Le discours rapporté

Le discours rapporté est utilisé pour rapporter des paroles de quelqu'un sans les citer.

Les temps se transforment de la manière suivante :

- Après un verbe au **présent** le temps ne change pas.

"I'm just coming!" *« J'arrive ! »* She says she is just coming. *Elle dit qu'elle arrive.*
"That would be fine." *« Cela me convient. »* He says that would be fine. *Il dit que cela lui convient.*

- Après un verbe au **prétérit** comme **said, told, thought, knew, asked**.

Discours direct	Discours rapporté
Présent **"I <u>love</u> cheese."**	Prétérit **She said she <u>loved</u> cheese.**
Futur (will) **"I <u>will</u> do it."**	Conditionnel (would) **She said she <u>would</u> do it.**
Present perfect **"We <u>have finished</u>."**	Past perfect **They said they <u>had finished</u>.**
Prétérit **"I <u>didn't do it</u>."**	Past perfect **He said he <u>hadn't done</u> it.**
Impératif **"<u>Get out</u>!"**	Infinitif **He told her <u>to get out</u>.**
Can **"I <u>can</u> play the guitar."**	Could **He said he <u>could</u> play the guitar.**
May **"<u>May</u> I go out?"**	Might **She asked <u>if</u> she <u>might</u> go out.**

- Les changements des **pronoms**, **déterminants** et **adverbes :**

Discours direct	Discours rapporté
"**You**'re joking! Fred."	He told Fred **he** was joking.
"**I**'m not going out tonight."	She says **she** is not going out tonight.
This	The
Here	There
Next week	The following week
Tomorrow	The next day
Today	The same day
Yesterday	The day before
Last week	The week before
Ago	Before

Exercice n° 19

Mettez les phrases suivantes au discours rapporté.

1. "I'm hungry." (She said...)
2. "They're talking to us." (I knew..)
3. "Did you go to the cinema last night?" (He asked...)
4. "Have you done your homework?" (She asked...)
5. "It will be good" (He thought...)
6. " I can do it." (She said...)
7. "You shouldn't eat too much." (He told...)

CORRIGÉ voir en fin de partie.

3 La proposition relative

L'utilisation de la proposition relative est très courante en anglais pour compléter un groupe nominal ou une phrase qui est reliée à la proposition principale par un pronom relatif.

Antécédent humain	Antécédent non humain	Appartenance	Raison
Who(m), that (qui, que)	which, that (qui, que)	whose (dont le, la,les,l')	why (pour laquelle)
The person who is sitting next to me is my brother. *La personne qui est assise à côté de moi est mon frère.*	The car which is outside is brand new. *La voiture qui est dehors est toute neuve.*	James, whose mother is an actress, is studying at drama school. *James, dont la mère est actrice, et en train de faire des études dans une école d'art dramatique.*	That is the reason why I didn't come. *C'est la raison pour laquelle je ne suis pas venu.*

Il existe deux sortes de propositions relatives.

■ **La relative déterminative** permet d'identifier la personne ou l'objet dont on parle et est indispensable à la compréhension de la phrase.
The man who was in the shop is David's dad. – *L'homme qui était dans le magasin est le père de David.*

■ **La relative non déterminative** apporte des précisions à la phrase mais n'est pas indispensable.
Mr James, who has just come in, is David's dad. – *Monsieur James, qui vient d'entrer, est le père de David.*

■ Dans les relatives déterminatives, lorsque le pronom est complément, on utilise « **that** » ou « **Ø** ».
The man (that) I saw was very tall. – *L'homme que j'ai vu était très grand.*

■ Le pronom relatif **what** (ce qui, ce que) peut se placer en début de phrase ou en milieu d'énoncé.
What I need is a holiday. – *Ce dont j'ai besoin ce sont des vacances.*
I don't understand what you are talking about – *Je ne comprends pas ce que vous voulez dire.*

Exercice n° 20

Traduisez.

1. C'est l'homme qui a acheté ma voiture.
2. Je n'aime pas les gens qui parlent fort.
3. Les gens que vous avez rencontrés en ville sont mes voisins.
4. Martha, dont la mère est médecin, est dans la même classe que moi à l'école.
5. Mon père, qui à soixante-dix ans, est en excellente forme physique.
6. Ce que j'aime c'est le week-end.
7. Je sais ce que je veux.

CORRIGÉ voir en fin de partie.

COMPRÉHENSION DE TEXTE N° 8

An Interview

JOURNALIST: – Good morning Jane. Thanks for coming to the studio to talk about mentoring.

JANE: – It's a pleasure.

JOURNALIST: – What exactly is the definition of a 'mentor' Jane?

JANE: – A mentor is a trusted friend, counselor or teacher, usually a more experienced person who advises people and serves as an example in their lives.

JOURNALIST: – What kind of people would need a mentor?

JANE: – Mentors provide expertise to less experienced individuals to help them advance their careers, enhance their education, and build their networks. In many different arenas people have benefited from being part of a mentoring relationship, including business, the cinema, music, sport, politics and many other spheres. Those people who benefit from having a mentor are called 'protégés' or 'mentees'.

JOURNALIST: – How does a mentor help a mentee to advance in their career?

JANE: – A mentor gives support to their mentee and encourages them to develop their abilities. They tell them if they think they are doing things in the wrong way and help them through difficult times. A mentor gives ideas and advice and is honest.

JOURNALIST: – Why is there such a big focus on mentoring at the moment?

JANE: – There is a huge focus on this special relationship as generations have lost touch. It is a way of re-establishing the connections between the generations.

JOURNALIST: – Are there any advantages to being a mentor?

JANE: – Absolutely! Mentoring is a two-way street. Becoming a mentor means you are able to give something back. When you have a lot of experience you may feel you have something to offer people who are on the same journey as you.

JOURNALIST: – What about students? Do they benefit from these kinds of schemes?

JANE: – Schools sometimes offer mentoring programs to new students, or students having difficulties and many companies offer mentoring programs in which newcomers are paired with more experienced colleagues to help them learn the ropes. Students doing apprenticeships also benefit from having a mentor to guide them through their course and to help them become more professional. Often in life to become successful we need a little help. Having a mentor means we are not alone and can trust someone to give us the right advice without making us feel stupid.

LEXIQUE

mentor – conseiller, guide spirituel

enhance – améliorer

'mentee' – « filleul »

a two-way street – quelque chose qui marche dans les deux sens

newcomer – nouveau venu

learn the ropes – se mettre au courant

I. Répondez aux questions suivantes en français.

1. Qu'est-ce qu'un « mentor » ?
2. Quel est le rôle d'un « mentor » ?
3. Pourquoi les gens parlent-ils souvent de ce phénomène ?

ANGLAIS

4. Qui peut bénéficier de la mise en place de programmes avec des « mentors »?

5. Que dit Jane au sujet du « mentoring »?

II. Traduisez

de " Schools sometimes offer mentoring programs..." à ".... become more professional."

III. Mettez les verbes entre parenthèses à la forme interrogative au temps qui convient.

1. .... (you/work) from home at the moment?

2. Where .... (John/go) on holiday every year?

3. How .... (they/travel) to India last year?

4. .... (she/have) a shower yet?

5. Where .... (they/be) in ten years' time?

Mettez les phrases suivantes au discours rapporté avec *said* ou *asked*.

1. "A mentor gives support to their mentee."

2. "Are there any advantages to being a mentor?"

3. "People have benefited from being part of a mentoring relationship."

4. "Do students benefit from these kinds of schemes?"

5. "We are not alone and can trust someone."

IV. Production libre (10 lignes).

Write about the person who is like a mentor for you. It may be your tutor at work or another person you know.

CORRIGÉ voir en fin de partie.

9 Le futur et le conditionnel

1 Le futur

On utilise trois structures de base en anglais pour parler de l'avenir.

Will + verbe

On utilise **will + verbe** pour faire des prédictions (action ou événement) dans l'avenir.

Forme affirmative	Forme négative	Forme interrogative
...will/'ll + V	...will not/won't + V	Will + S + V......?

Ex : There will be a new prototype on the market next year. *Il y aura un nouveau prototype sur le marché l'année prochaine.*
They won't travel by car in the future. *Ils ne voyageront pas en voiture dans l'avenir.*
What will the weather be like tomorrow? *Quel temps fera-t-il demain ?*

Remarque : Dans une phrase, la subordonnée introduite par **when** ou **as soon as** est au présent et la principale est au futur.
Ex : When there is no fuel left, man will not travel by car. *Quand il n'y aura plus de carburants, l'homme ne se déplacera pas en voiture.*

Be going to + verbe

Forme affirmative	Forme négative
I am going to..... He/she/it is going to..... We/you/they are going to.....	I am not going to..... He/she/it is not going to..... We/you/they are not going to.....
Forme interrogative	**Réponses courtes**
Am I going to.....? Is he/she/it going to.....? Are we/you/they going to.....?	Yes, I am. No, I'm not. Yes, he/she/it is. No, he/she/it isn't. Yes, we/you/they are. No, we/you/they aren't.

On utilise **be going to + verbe** pour parler d'intentions ou pour prédire un événement grâce à des indices. **Be** sera conjugué avec le pronom.
Ex : I am going to go to the library next week. *Je vais aller à la bibliothèque la semaine prochaine.*
When are you going to do your homework? *Quand vas-tu faire tes devoirs ?*
Look! The sky is very grey, it's going to snow. *Regarde ! Le ciel est très gris, il va neiger.*

Présent en-ing

On utilise **le présent en-ing** pour parler d'un projet ou de quelque chose prévu à l'avance.
Ex : I am going on holiday to Portugal next week. *Je pars en vacances au Portugal la semaine prochaine.*
He isn't coming to the party at the weekend. *Il ne vient pas à la fête ce week-end.*
Where are you going on holiday next year? *Où partez-vous en vacances l'année prochaine ?*

■ Les marqueurs du futur sont : **tomorrow**, **next**, **soon**, **in**... et les moments de la journée à venir.

I'm going on holiday in a week's time. *Je pars en vacances dans une semaine.*
Will he be there tomorrow? *Sera-t-il là demain ?*
They're coming this afternoon. *Ils viennent cet après-midi.*

Exercice n° 21

Traduisez.

1. Ce sera difficile de trouver un bon travail dans 10 ans.
2. Les voitures n'auront pas lieu d'être dans 100 ans. (not be needed)
3. Le ciel est noir. Je crois qu'il va pleuvoir.
4. Que fais-tu ce soir? Je sors avec mes amis.
5. Je passerai vous voir quand je serai à Londres.

CORRIGÉ voir en fin de partie.

2 Le conditionnel

On utilise le conditionnel pour parler de ce qui arriverait dans l'avenir. Le conditionnel s'emploi en général de la même manière qu'en français sauf pour les suppositions.

Would + verbe

Forme affirmative	Forme négative	Forme interrogative
...would/'d + V	...would not/wouldn't + V	Would + S + V......?

Ex : It would be a shame not to see him. *Ce serait dommage de ne pas le voir.*
It wouldn't be a good idea to go there. *Ce ne serait pas une bonne idée d'y aller.*
What would you do about it? *Que feriez vous à ce sujet là ?*

Les phrases avec **si**.

• **If + présent** → *futur* dans la principale.
If I get my diploma, I will go to university. *Si j'obtiens mon diplôme, j'irai à la faculté.*

• **If + prétérit** → *conditionnel* dans la principale.
If I had better marks, I would be happier. *Si j'avais de meilleures notes, je serais plus heureux.*

Could traduit la notion de possibilité au conditionnel.
Ex : You could go to England this summer. *Tu pourrais aller en Angleterre cet été.*

Exercice n° 22

Traduisez.

1. Ce serait dommage de ne pas y aller.
2. S'il est là, nous irons à la pêche ensemble.
3. Si j'étais à sa place, je ne ferais pas la même chose.
4. Vous pourriez aller voir le spectacle.

CORRIGÉ voir en fin de partie.

COMPRÉHENSION DE TEXTE N° 9

What if....?

Imagine the world in a hundred years' time. How do you think people will travel? Will cars still be used? What if there is no fuel left. Will people go back to using ancient methods of transport like horses and carts!

Scientists believe that our supply of fossil fuels such as oil and gas will probably run out within 100 years which means that we will have to find other methods of getting from one place to another and other means of providing electricity for countries around the world. Can you imagine living without electricity? Our daily lives would be extremely difficult. Practically everything we do is based on the consumption of electricity.

When you get up in the morning you turn the lights on, have a bath or a shower. Then you have your breakfast, so, you will probably use a toaster, a kettle and a microwave oven to prepare it. You may watch TV before you go to work or to school, or listen to the radio. At work or school when you use a computer it is powered by electricity. If we didn't have electricity, you would probably have to wait until the sun rose to get up and you would have to light a fire to heat your water for your tea of coffee. Not very practical! Although many people around the world still live in these conditions so it is worth bearing in mind.

The use of fossil fuels also contributes to the greenhouse effect. Scientists also think that due to global warming the level of the seas and oceans in the world will rise. Parts of France and other countries on the coast will find themselves underwater. A climate change will also take place affecting the seasons and the different species of plants and animals that live in the different parts of the world.

Perhaps man will find a solution to these problems in the future either with the help of technology or by moving to another planet! If we use up all our natural resources then we will have no choice but to go elsewhere!

LEXIQUE

fossil fuels – combustibles fossiles

it is worth bearing in mind – ça vaut la peine d'être pris en compte

greenhouse effect – l'effet de serre

global warming – le réchauffement de la planète

I. Répondez aux questions suivantes en français.

1. Que pensent les scientifiques au sujet des sources de combustibles ?
2. Quelles seraient les conséquences dans nos vies ?
3. Pourquoi l'électricité est-elle importante dans nos vies ?
4. Quelles sont les autres conséquences de l'utilisation des combustibles fossiles ?
5. Que fera l'homme pour résoudre ses problèmes ?

II. Traduisez

de "If we didn't have electricity..." à "...it is worth bearing in mind."

III. Mettez les verbes entre parenthèses à la forme qui convient.

1. If we .... (not use) so much paper it would save trees.
2. If I .... (turn off) the lights it will save electricity.
3. If man .... (not buy) useless things there wouldn't be so much waste.

4. If I ride my bike to work there .... (not be) as much pollution.

5. If we didn't eat so much beef it .... (help) reduce the greenhouse effect.

IV. Production libre (10 lignes).

What would you do if you didn't have electricity? Explain how different things would be.

CORRIGÉ voir en fin de partie.

SUJET DE TYPE BAC

TXT BAD 4 UR BRAIN?

Text messaging can dent your reading abilities, say scientists

Frequent text messaging may stunt reading skills, according to new research comparing text users with people who preferred to read newspapers and books. Researchers found that heavy texters were less able to understand new words – and less willing to accept them.

People who read 'traditional' printed language such as books, magazines and newspapers are much more comfortable with accepting and understanding new words.

The study found that readers of 'traditional' media such as newspapers and books were much more able and willing to accept new words – texters, using a small group of words, were less able to accept new ones.

Reading print media exposes people to variety and creativity in language that is not found in the slangy communication of text messaging, which tends to be confined to small groups of peers. [...] But while text-messaging seems 'creative' in the way it shortens words, it's actually subject to rigid rules. The number of actual words used by texters is also more limited.

The people who accept more words do so because they are better able to interpret the meaning of the word, or tolerate the word, even if they do not recognize the word. Students who report texting reject more words instead of acknowledging them as possible words.

www.dailymail.co.uk, 17th February 2012, by Rob Waugh.

LEXIQUE

dent – nuire à
stunt – empêcher
slangy – argotique

Répondez aux questions suivantes en français.

1. Selon un rapport, quels sont les inconvénients d'envoyer des SMS ?
2. Qu'est-ce que les personnes qui envoient des SMS ont du mal à accepter ?
3. Que faut-il faire pour être plus ouvert aux nouveaux mots dans la langue anglaise ?
4. Quels sont les avantages de la lecture de journaux ?
5. Que peut-on dire sur le langage des SMS ?
6. Pourquoi certaines personnes acceptent-elles plus facilement des mots nouveaux ?

CORRIGÉS

1. Le fait d'envoyer des SMS à longueur de journée entraîne une perte de vocabulaire et nuit à notre capacité à lire correctement.

2. Les personnes qui passent leur temps à envoyer des SMS sont moins capables de comprendre et accepter de nouveaux mots.

3. Pour pouvoir comprendre et assimiler du vocabulaire, il vaut mieux continuer à lire de façon plus traditionnelle, c'est-à-dire des journaux, des magazines et des livres.

4. Quand on lit un journal, on est exposé à un langage riche et varié, à l'inverse de ceux qui ne font qu'envoyer des SMS.

5. Le langage des SMS n'est, la plupart du temps, que de l'argot, n'est pas du tout créatif et est très limité en nombre de mots.

6. Les gens qui acceptent plus facilement ces mots peuvent mieux les interpréter et les tolérer car ils ont un vocabulaire plus nuancé.

Liste des principaux verbes irréguliers

Base verbale	Prétérit	Participe Passé	Traduction(s)	Base Verbale	Prétérit	Participe Passé	Traduction(s)
be	was / were	been	être	let	let	let	laisser,permettre
beat	beat	beaten	battre	lie	lay	lain	être allongé
become	became	become	devenir	light	lit	lit	allumer,éclairer
begin	began	begun	commencer	lose	lost	lost	perdre
bite	bit	bitten	mordre	make	made	made	fabriquer,faire
blow	blew	blown	souffler	mean	meant	meant	signifier, vouloir dire
break	broke	broken	casser	meet	met	met	rencontrer
bring	brought	brought	apporter	pay	paid	paid	payer
build	built	built	construire	put	put	put	mettre,poser
buy	bought	bought	acheter	read	read / red /	read / red /	lire
catch	caught	caught	attraper	ride	rode	ridden	aller (cheval, 2 roues)
choose	chose	chosen	choisir	ring	rang	rung	sonner, téléphoner
come	came	come	venir	rise	rose	risen	s'élever
cost	cost	cost	coûter	run	ran	run	courir,gérer
cut	cut	cut	couper	say	said	said	dire
do	did	done	faire	see	saw	seen	voir
draw	drew	drawn	dessiner, tirer	sell	sold	sold	vendre
drink	drank	drunk	boire	send	sent	sent	envoyer
drive	drove	driven	conduire	shine	shone	shone	briller
eat	ate	eaten	manger	shoot	shot	shot	tirer,abattre,filmer
fall	fell	fallen	tomber	show	showed	shown	montrer
feel	felt	felt	se sentir, sentir	shut	shut	shut	fermer
fight	fought	fought	combattre	sing	sang	sung	chanter
find	found	found	trouver	sit	sat	sat	être assis

Base verbale	Prétérit	Participe Passé	Traduction(s)	Base Verbale	Prétérit	Participe Passé	Traduction(s)
fly	flew	flown	voler, prendre l'avion	sleep	slept	slept	dormir
forget	forgot	forgotten	oublier	speak	spoke	spoken	parler
get	got	got	obtenir, recevoir	spend	spent	spent	passer(temps) dépenser
give	gave	given	donner	stand	stood	stood	être debout
go	went	gone	aller	steal	stole	stolen	voler,dérober
grow	grew	grown	pousser, cultiver	swim	swam	swum	nager
hang	hung	hung	suspendre	take	took	taken	prendre
have	had	had	avoir	teach	taught	taught	enseigner
hear	heard	heard	entendre	tear	tore	torn	déchirer
hide	hid	hidden	cacher	tell	told	told	dire,raconter
hit	hit	hit	frapper, taper	think	thought	thought	penser
hold	held	held	tenir	throw	threw	thrown	jeter
hurt	hurt	hurt	blesser, faire mal	understand	understood	understood	comprendre
keep	kept	kept	garder, ranger	wake	woke	woken	se réveiller
know	knew	known	savoir, connaître	wear	wore	worn	porter(habit)
leave	left	left	laisser, quitter	win	won	won	gagner
lend	lent	lent	prêter	write	wrote	written	écrire

1. LES CHIFFRES ET LES DATES

EXERCICE N° 1

Écrivez ces chiffres en toutes lettres.

1. ten, seventeen, twenty-four, fifty-six, eighty-three, ninety-four

2. one hundred and two, three hundred and five, five hundred and ten, eight hundred and eighty-five, nine hundred and ninety-nine

3. one thousand two hundred and thirty-eight, three thousand four hundred and seventy-four, fifteen thousand, thirty-five thousand two hundred and eighty-nine

4. first, fifth, seventeenth, twenty-second, thirty-first

5. fourteen fifty, seventeen sixty-six, nineteen eighty-six, nineteen ninety-nine, the year two thousand, two thousand and one

6. twenty per cent, thirty-five per cent, fifty-six per cent, seventy-five per cent, one hundred per cent

7. three dollars sixty-five, thirty-nine dollars ninety-nine, sixty pence, ninety-nine pence, one pound fifty-five, thirteen pounds twenty-five, ninety-five pounds ninety-nine

COMPRÉHENSION DE TEXTE N° 1

I. Répondez aux questions suivantes en français.

1. Ricky Davies fait un apprentissage dans une entreprise qui fabrique des patins à roulettes.

2. Au début l'entreprise n'avait qu'un seul atelier avec quatre personnes qui fabriquaient les patins à roulettes. Lors de la première année ils ont vendu 100 paires dont 30% aux Etats-Unis.

3. Actuellement l'entreprise a huit ateliers dans le sud de l'Angleterre, la France, l'Allemagne, les Etats-Unis et la Corée du Sud. La production annuelle est de cinq cent mille paires de patins qui se vendent entre 78€ et 350€ la paire. En 2008, l'entreprise a exporté 80% de sa production.

4. Ricky a commencé à travailler pour l'entreprise en septembre et il embauche à neuf heures du matin et termine son travaille à dix sept heures.

5. Ricky dit au sujet de son travail que les locaux sont confortables et le personnel très aimable.

6. Il espère que l'entreprise l'embauchera après son stage. Il a appris le travail en équipe, à bien s'entendre avec les autres, à finir un travail dans les temps et à être organisé et efficace au travail.

II. Traduisez.

Ricky travail chez Max Wheels depuis maintenant sept mois depuis mi-septembre et il a assemblé des centaines de paires de patins à roulettes. Il travail dans l'usine du sud de l'Angleterre de neuf heures du matin à dix sept heures, cinq jours par semaine. Les locaux de l'entreprise sont confortables et tout le personnel est très aimable.

III. Écrivez ces chiffres en toutes lettres.

1. nineteen eighty-five
2. five hundred thousand
3. three hundred and fifty euros
4. two thousand and eight
5. eighty per cent

IV. Production libre (10 lignes).

Say what you are doing on your work experience. Give details about your company with numbers and say what you have learnt.

ANGLAIS

For my work experience this year, I have been taken on by a company that provides cleaning services for offices, hospitals and other companies. The premises are very modern and the staff are extremely nice. There are about thirty people that work for the company. I work in an office with two other people. I start work at nine o'clock in the morning and finish at six o'clock in the evening. I have a one-hour lunch break. My jobs are answering the telephone and writing up the contracts between our company and the others for the cleaning that is done. We send cleaners to different companies and hospitals in the morning and in the evening. About eighty per cent of the cleaning we do is for private companies. The company was set up in 1995 and at the beginning only ten people worked for it. I am really enjoying my work placement and I still have three months left in the company. Working there has taught me how to be quick and efficient and also a lot of professional skills like doing the accounts and the contracts and using a computer.

2. LE NOM

EXERCICE N° 2

Traduisez.

1. There were cars in the car park and a lorry.
2. Can you give me some advice for work, please?
3. We had very little news.
4. There is a lot of water in the bath but not enough bubble bath.
5. It is a very beautiful garden.
6. The tea you have served me is cold!
7. A traffic jam, a summer camp, a post box, a school trip.
8. A part-time job.
9. A pilot scheme.
10. A fair-haired woman.
11. A dark brown bag.
12. A good-looking man.

COMPRÉHENSION DE TEXTE N° 2

I. Répondez aux questions suivantes en français.

1. Les enfants des mères qui travaillent ont tendance à avoir des kilos en trop parce qu'ils sont libres de manger ce qu'ils veulent, en général des en-cas sucrés, et restent affalés devant la télévision.

2. Ces renseignements sont le résultat d'une étude effectuée sur deux générations de parents Britanniques et leurs enfants.

3. L'étude montre que plus de 8,500 enfants de sept ans ont été pesés et mesurés en 1965. Certains de leurs enfants ont subi la même chose dans les années 90. En 1965, seulement 8 pour cent des filles et 12 pour cent des garçons étudiés étaient obèses ou en surpoids. En 1991, ce chiffre avait augmenté de 50 pour cent.

4. Un enfant dans les années soixante dont la mère travaillait avait 28% de chances de plus qu'un enfant avec une mère à la maison de devenir obèse. Trente ans plus tard ce chiffre est de 48% sûrement à cause du fast-food.

5. Quand leurs mères sont absentes, les enfants maintenant vont à l'épicerie du coin pour acheter n'importe quoi. Il y a quarante ans, les enfants jouaient dans la rue, dans les champs et au parc.

II. Traduisez.

De longues heures au travail peuvent priver les femmes du temps qu'il leur faut pour préparer de vrais repas sains pour la famille. Leurs enfants mangent plus souvent devant la télévision. Et les mères qui doivent aller au travail auront plus tendance à conduire leurs enfants à l'école au lieu d'y aller à pied avec eux.

III. Traduisez avec soit un nom composé soit le cas possessif.

1. A thirty-minute break.
2. Mr Davies's company.
3. A three per cent pay rise.
4. A day trip.
5. A two-week holiday.

IV. Production libre (10 lignes).
Say what you think can be done to stop latchkey kids from becoming overweight.

I think that it is difficult for some children to eat healthily when their parents aren't at home. It is very tempting if there is a lot of food in the house and there is no one to stop you from eating it or if you have the opportunity to go round to the corner shop without people telling you what to do. Firstly, I think that if parents don't buy sugary or fatty foods then their children won't be tempted to eat it all. Secondly, I think that if children did more after school clubs and activities than they wouldn't have time to go round to the shop and spend all their money. Next, it may be a good idea for them to be looked after by other people until their parents get home. However it is more and more difficult for mothers to keep an eye on their children as they have to work more and more to provide for their families. Maybe if families had a bit more money then mothers wouldn't have to work such long hours and would be around to look after their children.

3. LE COMPARATIF ET LE SUPERLATIF

EXERCICE N° 3

Complétez les phrases suivantes à l'aide du comparatif de supériorité (>), d'infériorité (<), d'égalité (=) ou d'inégalité (≠).

1. American cars are less economical than French cars.
2. Caviar is more expensive than salmon.
3. My bed is as comfortable as the sofa.
4. Planes are quicker than trains.
5. My sister is prettier than Jane.
6. My school bag is not as heavy as it was yesterday.

EXERCICE N° 4

Réécrivez les phrases suivantes en mettant les adjectifs entre parenthèses au superlatif de supériorité ou d'infériorité.

1. Caviar is the most expensive food in the world.
2. Fish are the best swimmers in the natural world.
3. Bill Gates is the richest man in the world.
4. Google is the most popular site on the Internet.
5. Cucumber is one of the least nutritive vegetables you can eat.

COMPRÉHENSION DE TEXTE N° 3

I. Répondez aux questions suivantes en français.

1. Le meilleur moyen de chercher du travail est de regarder les petites annonces dans les journaux ou de chercher sur Internet.

2. Il ne faut jamais mettre de fausses informations sur son CV il vaut mieux mettre la vérité même si ce n'est pas toujours facile de rédiger un CV.

3. Récemment au Royaume Uni, une jeune femme à été mis en examen pour avoir fourni de faux renseignements sur ses diplômes. Elle n'avait pas le niveau « baccalauréat » requis pour le poste et avait tellement besoin d'un travail qu'elle s'est sentie obligée de mentir.

4. Pour écrire un bon CV il faut que ce soit précis et que cela corresponde au travail que vous souhaitez obtenir. Le CV doit être lisible et ne pas comporter d'erreurs d'orthographe et de syntaxe. Vous devez mentionner votre expérience, vos diplômes et vos compétences.

5. La lettre de motivation doit mentionner l'objet du courrier, l'origine de l'annonce, les raisons pour lesquelles vous postulez et comment vous pouvez adapter vos capacités et votre expérience au poste.

II. Traduisez.

Il est toujours plus facile de donner de faux renseignements mais il faut faire très attention. Il y a deux mois, au Royaume-Uni, une femme a été mise en examen pour avoir écrit sur son CV qu'elle avait deux 'A' levels alors qu'elle n'en avait pas. Au final, son employeur a appris la vérité et elle a du rembourser £25,000 à l'entreprise.

III. Remplissez les blancs en mettant soit le comparatif soit le superlatif.

One of the **most difficult** things I will have to do this week is to explain to a job applicant why he is not suitable for a position in our company. His CV is one of **the worst** I have ever seen and is a lot **shorter than** the others. His qualifications are **not as good as** those of the other candidates and his work experience is **not as interesting**.

IV. Production libre (10 lignes).

Write an email to a future employer telling them about your qualifications, your experience and your skills. Tell them you would be interested in applying for a job in the company and are available for an interview.

To :	Mr David Reese, Human Resources
From :	Heather Staples
Subject :	Job Application – Receptionist

Dear Mr Davies,

I am writing to you with reference to your job offer for a receptionist in Thursday's edition of the local Echo. After having carried out a 12-month work placement for a local firm producing toys which are exported all over the world as a receptionist as part of my HND, I would like to find a full-time job working for a similar company in the area. I have also had various summer jobs in the past working for several hotels and sports centres at reception. I have acquired a good telephone manner and organisational skills and also have a good knowledge of Word, Excel and the Internet. I also speak fluent French and have a good working knowledge of German. I believe I can be a reliable and trustworthy employee for your company.

I am available for an interview at any time and please do not hesitate in contacting me for any further information

Yours Sincerely

Heather Staples

Encl : CV

4. LE PRÉSENT SIMPLE ET LE PRÉSENT EN *-ING*

LE PRÉSENT SIMPLE

EXERCICE N° 5

Écrivez la troisième personne du singulier des verbes suivants.

1. does, goes, mixes, passes, pushes, watches
2. buys, flies, plays, stays, tries
3. has, likes, listens, moves
4. hopes, opens, reads, thinks, sees, wants

EXERCICE N° 6

Écrivez la forme négative puis la forme interrogative des phrases suivantes.

1. I don't like eating chocolate biscuits. Do you like eating chocolate biscuits?
2. I don't have a lot of responsibilities at work. Do you have a lot of responsibilities at work?
3. Peter doesn't work for a bank in London. Does Peter work for a bank in London?
4. We don't think that working on a computer all day is bad for your health. Do you think that working on a computer all day is bad for your health?
5. My father doesn't read the newspaper every day. Does your father read the newspaper every day?
6. I don't go to the cinema once a month. Do you go to the cinema once a month?

LE PRÉSENT EN *-ING*

EXERCICE N° 7

Écrivez la question pour chacune des réponses suivantes.

1. Where are you working this week?
2. What is your father doing?
3. Where are Pete and Jennifer going on holiday to in the spring?

EXERCICE N° 8

Traduisez.

1. What are you doing? I'm doing my homework.
2. My brother is watching television in the living room.
3. Peter is working for a bank at the moment.
4. They're building a new house next door.
5. I'm having English lessons at the moment.
6. We're going to the U.S.A. on holiday.

COMPRÉHENSION DE TEXTE N° 4

I. Répondez aux questions suivantes en français.

1. Kara travail pour une agence de relations publiques dans la City de Londres. Kara s'occupe des relations entre ses clients et le public qu'ils ciblent en termes de publicité.

2. Son entreprise s'occupe de véhiculer l'image publique de ses clients qui sont de grosses entreprises connues dans le monde.

3. Kara se lève habituellement vers 6 heures du matin, elle prend une douche et son petit déjeuner et elle quitte la maison à 7h. Elle prend le train et le métro, son trajet dure environ une heure et quart à cause du monde le matin. Pendant son trajet, elle lit le journal pour les nouvelles importantes qui pourraient la concerner.

4. Kara travaille avec une équipe en relation avec les clients et les journalistes.

5. En ce moment elle prépare des émissions transmises par Internet au sujet du marché de l'immobilier.

6. Après sa journée de travail, si elle est libre, elle va dans une salle de sport. En fin de semaine elle sort avec ses amis et elle joue au tennis et fait du shopping.

II. Traduisez.
Kara a une semaine de travail très chargée. Habituellement elle se lève vers 6h en semaine. Elle prend une douche rapide et son petit déjeuner et elle quitte la maison à 7h pour prendre le train et le métro pour aller dans le centre de Londres. Son trajet dure normalement une heure et quart puisque les transports publics sont bondés à ce moment de la matinée.

III. Mettez les verbes entre parenthèses soit au présent simple soit au présent en -ing.

1. I am working on a very important project at the moment.
2. James usually handles several accounts at the same time.
3. Martha often goes to business lunches with her clients.
4. I am playing golf at the weekend.
5. Where are you going on holiday this year?

IV. Production libre (10 lignes).
Write about your typical week at work. Use frequency adverbs with the present simple.

When I go to work in the week, I get up at about half past six in the morning. I usually have a shower and a cup of coffee and listen to the radio before I leave the house. It takes me about half an hour to get to work and I always drive there as there is no public transport available. I work for a food factory in the country that produces frozen convenience food, ice-cream and frozen vegetables and fruit. On Monday morning I check my email first thing when I get into the office. I work for the marketing department so we always need to have lots of ideas about how to market our products. Before lunch we have a meeting to see what we are working on that week. On Tuesday and Wednesday our team works together on our publicity campaigns, press releases and TV commercials. At the end of the week I usually write reports and have meetings with the advertising companies we work with. In the evenings after work I usually walk the dog and take work home to do on my computer. At the weekend I play football on Saturday and go fishing on Sunday.

5. LE PASSÉ

LE PRÉTÉRIT SIMPLE

EXERCICE N° 9

Écrivez la forme négative des phrases suivantes ensuite posez une question qui aurait pour réponse la partie soulignée de la phrase.

1. I didn't have breakfast at <u>8 o'clock</u> this morning. What time did you have breakfast this morning?

2. My brother didn't give me <u>a watch</u> for Christmas. What did your brother give you for Christmas?

3. Mrs Smith didn't go on holiday to the <u>West Indies</u> last year. Where did Mrs Smith go on holiday last year?

4. He didn't <u>walk</u> to work yesterday. How did he get to work yesterday?

EXERCICE N° 10

Traduisez les phrases suivantes.

1. I went to the cinema yesterday evening.
2. I was ill last week, that's why I didn't come.
3. Neil Armstrong walked on the moon in 1969.
4. I spent several months in India ten years ago.
5. There used to be three bakeries in town.

LE PRESENT PERFECT

EXERCICE N° 11

Traduisez.

1. I have bought the train tickets. Have you packed the bags?
2. He has already seen this film ten times. I have bought another one, perhaps he'll like it.
3. Have you ever been to Japan?
4. I have been living in London for ten years.
5. How long have you been playing the piano?
6. I have known Alice for years. She is my best friend.

COMPRÉHENSION DE TEXTE N° 5

I. Répondez aux questions suivantes en français.

1. Simon a décidé de prendre une année sabbatique parce qu'il en avait assez de son travail et le fait que ceci lui prenne tout son temps. Il avait l'impression de ne pas pouvoir profiter pleinement de la vie.

2. Son employeur s'y attendait. Il avait senti que Simon avait besoin de changer d'air et il a été très compréhensif.

3. Simon a trouvé que par rapport à l'Amérique du Sud il y avait trop de monde aux États-Unis et la vie là- bas était trop chère. Il est donc parti dans les îles du Pacifique.

4. En Australie avec sa petite amie ils ont fait le tour du pays dans un camping car qu'ils avaient acheté et revendu à la fin de leur séjour sur place. Cette pratique est très fréquente parmi les touristes.

5. Il a fini son année par visiter la Russie tout seul car sa petite amie était déjà rentrée. Malheureusement ila été malade au retour car il avait oublié le rappel d'un de ses vaccins. Il dit que c'était une expérience incroyable qu'il recommande fortement aux autres. D'ailleurs il dit que sur un CV ce genre d'expérience apporte un plus.

II. Traduisez

Ma petite amie est rentrée d'abord car elle devait retourner travailler. Je suis rentré un mois plus tard après avoir visité la Russie. Malheureusement je suis tombé malade dès que je suis rentré car j'avais oublié le rappel d'un de mes vaccins qui aurait du être fait au bout de six mois de voyage.

III. Mettez les verbes entre parenthèses soit au prétérit simple soit au présent perfect.

1. I went to New York last month on holiday.

2. Where did they spend their summer holidays last year?

3. He has never driven a car before.

4. I have finished my homework. Can I watch TV, please?

5. How long have you been living in France?

V. Production libre (10 lignes).
Write about an important event in your life using the past simple (prétérit) and how it has changed things for you using the present perfect.

When I was eight years old my parents moved house from the north of England to the south-west of England. My father had been given a new job and we had to follow him as it was too far away for him to commute and he did not want to live away during the week as I was eight and my twin sisters were three years old. My mother was too tired to look after us on her own. Having twins is hard work! I remember that we had to pack everything into boxes before moving and a removal firm came to pick up all of our belongings. I did not want to leave my school and my friends and I loved the place we lived in which was a typical old English cottage. We finally moved in June and Dad drove us down to our new home in Devon. I remember how lovely the countryside was and seeing the sea. Our new house was on the top of a hill in a town called Totnes. My new school was great and I made loads of new friends. At the weekends we go walking on the beach even in winter and the weather is better here than where I used to live. I haven't changed regions since and I have bought a house and I have found a job here too.

6. LE PASSIF

EXERCICE N° 12

Complétez les phrases au passif à partir du verbe et le temps donnés entre parenthèses.

1. The lawn is mowed every week in the summer months.
2. A lot of souvenirs were bought on the school trip by the students.
3. A new shop has been opened on the high street by a major chain.
4. The local stadium will be used for all of the matches next year.
5. The paperwork can be done by anyone.

EXERCICES N° 13

Transformez ces phrases actives en phrases passives en ajoutant le complément d'agent si nécessaire.

1. Every year all the documents are filed.
2. A report was written for the committee by John.
3. Olive oil has been made for years by the company.
4. Our lives will be made easier in the future by technology.
5. The personnel must be given their annual leave by their employers.

COMPRÉHENSION DE TEXTE N° 6

I. Répondez aux questions suivantes en français.

1. Les deux méthodes utilisées pour extraire de l'huile d'olive sont la méthode mécanique faite de façon traditionnelle ou moderne et la méthode chimique.

2. Après pressurage le liquide contient de l'eau qui doit être éliminée.

3. L'intérêt de filtrer l'huile d'olive est de prolonger sa durée de conservation.

4. Le fait de consommer de l'huile d'olive non filtrée devient de plus en plus tendance parmi les consommateurs car l'huile est plus écologique.

5. Après le pressurage il reste une pâte qui contient encore 2% à 6% d'huile. Pour l'extraire on utilise des produits chimiques en usine.

II. Traduisez.
L'huile d'olive fraîche et non filtrée à l'aspect trouble porte le nom « huile d'olive trouble ». Ce genre d'huile d'olive qui fût populaire seulement parmi les petits producteurs devient un pro-

duit à la mode qui répond a la demande des consommateurs qui souhaitent des produits plus écologiques et moins industriels.

III. Réécrivez ces phrases actives au passif.

1. The rubbish is collected three times a week.
2. The conference will be organized in Paris next year.
3. The housework has been done.
4. The Pyramids were built a long time ago by the Egyptians.
5. He could be questioned about the robbery.

IV. Production libre (10 lignes).
Describe how your favourite recipe is made using the passive tense.

My favourite recipe is bread and butter pudding which is made with sliced bread, eggs, milk, sugar and cream. They make a very nice bread and butter pudding at our local café where you can go for morning coffee, lunch or afternoon tea. This is how it is made :
Firstly, the bread is toasted. Brioche can also be used as it gives a nice sweet taste to the pudding or you can use wholemeal bread. An oven dish is buttered for cooking the pudding. Then the toasted bread is buttered and it can be spread with marmalade or jam. Apricot or red fruit jam are particularly delicious. The eggs are then beaten together with the milk and the cream until smooth. Vanilla essence can be added to give a little more flavour to the mixture. The sugar is then added. The slices of bread are layered in the dish, sultanas or flaked almonds can be placed between each layer. Finally the egg mixture is poured over the top of the bread and the whole thing is baked in the oven for around 45 minutes. After that it can be served with custard or single cream and eaten as a pudding or as a treat at tea time.

7. LES MODAUX ET L'IMPÉRATIF

LES MODAUX

EXERCICE N° 14

Traduisez les phrases suivantes en anglais.

1. I can't speak German but I can speak English fluently.
2. You can't go to the concert you haven't finished your geography homework.
3. I couldn't swim when I was young.
4. I don't have to go shopping, I have already got everything I need.
5. I really have to finish this book before next week.
6. She may not come this weekend.
7. He can't be at home, I've just seen him in town.

L'IMPÉRATIF

EXERCICE N° 15

Traduisez les phrases suivantes en anglais.

1. Don't forget to post your letter.
2. Don't make so much noise!
3. Make your bed before you come downstairs.
4. Go and get my glasses, please.
5. Let's go fishing this evening.

EXERCICE N° 16

Transformez ces ordres en conseils puis traduisez.

1. You shouldn't leave your clothes on the floor. Tu ne devrais pas laisser tes vêtements par terre.

2. You should leave the door open. Vous devriez laisser la porte ouverte.

3. You should follow the instructions carefully. Vous devriez suivre les instructions à la lettre.

4. You shouldn't give your phone number to everyone. Tu ne devrais pas donner ton numéro de téléphone à tout le monde.

COMPRÉHENSION DE TEXTE N° 7

I. Répondez aux questions suivantes en français.

1. Pendant la révolution industrielle les seules préoccupations de l'homme étaient de produire assez d'énergie afin que les usines puissent produire et de fournir des carburants pour tous les moyens de transport.

2. De nos jours on peut voyager très facilement et à un coût peu élevé. On peut aussi acheter toutes sortes de produits frais à n'importe quelle époque de l'année.

3. Les dégâts causés par nos habitudes de consommation sont nombreux. Nous utilisons beaucoup de carburants ce qui contribue au réchauffement de la planète. La production de certains aliments modifie l'écosystème et détruit des forêts. La surconsommation de poissons mène à la disparition de certaines espèces et nous produisons des matériaux comme le plastique qui ne sont pas biodégradables.

4. Afin de sauver notre environnement nous devons prendre le moins possible la voiture, recycler nos déchets et économiser l'eau et l'électricité dans la maison. Nous pouvons aussi consommer des fruits et légumes de saison.

II. Traduisez.

De nos jours vous pouvez voyager n'importe où grâce aux avions, bateaux, trains et voitures et ceci pour pas très cher. Vous pouvez aussi acheter n'importe quel type de fruits, légumes, fleurs et autres produits toute au long de l'année. Cela veut dire qu'un moyen de transport quelconque a été utilisé pour les acheminer vers vos magasins du quartier.

III. Complétez ce texte à l'aide des modaux et de leurs équivalents ci-dessous.

I **mustn't** forget to post this letter to my boss this afternoon as I **have to** go to a meeting next week and he will need it. It's a copy of a new project I'm working on at the moment and fortunately he said that I **don't have to** finish it until the end of the month but he wants to see what I have done up until now. He **may** also want to see some of the plans that go with it. I **must** put them in the post tomorrow. Let's hope he gets them on time. I **can** check by phoning him in a couple of days.

IV. Production libre (10 lignes).

You are a member of a local environmental association. Write an article for the local newspaper telling people how they can contribute to saving the environment.

There are many things that can be done in order to save the environment and make sure that future generations will live on a clean and green planet. Firstly, it is really important to recycle your rubbish. You need to sort out the things that need to be thrown away into different bins; a bin for cardboard and paper, a bin for plastic cartons, bottles and tins and a bin for garden waste. Any glass bottles or jars you have should be taken to the bottle bank and any clothes put in the bin next to it. If you have any used batteries then they shouldn't be thrown away with the rest of the rubbish but also put into special bins that you find in most supermarkets. You can also give any other things you don't want away to charity shops so that someone else can buy them and re-use them. Another way of recycling and being environmentally friendly is buying second hand toys and clothes if they are in good condition. Manufacturing uses up a lot of energy and affects the environment. Don't forget at home to save as much water as you can by only using it when necessary when you wash, clean your teeth, cook and water the garden. You must save electricity by turning off the lights and other electrical appliances when you are not using them.

8. LES QUESTIONS ET LE DISCOURS RAPPORTÉ

LES QUESTIONS

EXERCICE N° 17

Écrivez une question qui aurait pour réponse la partie soulignée de la phrase.

1. How old are you?
2. Where do your parents live?
3. What did they give James for his birthday?
4. What are you doing?
5. Whose watch is it?
6. How long have you been living in Paris for?

EXERCICE N° 18

Traduisez.

1. Where are you going?
2. What did you do last week?
3. Why have they forgotten to come?
4. What would you like for dinner?
5. Who is coming tomorrow?

LE DISCOURS RAPPORTÉ

EXERCICE N° 19

1. Mettez les phrases suivantes au discours rapporté.

1. She said she was hungry.
2. I knew they were talking to us.
3. He asked me if I had gone to the cinema last night.
4. She asked me if I had done my homework.
5. He thought it would be good.
6. She said she could do it.
7. He told me I shouldn't eat too much.

LA PROPOSITION RELATIVE

EXERCICE N° 20

Traduisez.

1. It's the man who bought my car.
2. I don't like people who speak loudly.
3. The people you met in town are my neighbours.
4. Martha, whose father is a doctor, is in the same class as me at school.
5. My father, who is seventy, is in great shape.
6. What I like is the weekend.
7. I know what I want.

■ COMPRÉHENSION DE TEXTE N° 8

I. Répondez aux questions suivantes en français.

1. Un mentor est un ami fidèle, conseiller ou professeur qui donne des conseils ou qui sert d'exemple dans la vie de quelqu'un. Un mentor a d'habitude plus d'expérience que son protégé.
2. Un mentor fait part de ses connaissances à des individus qui ont moins d'expérience que lui.
3. Les gens parlent souvent de ce phénomène car il est important actuellement de rétablir les liens entre les générations.
4. Des étudiants peuvent bénéficier de la mise en place de programmes avec des mentors aussi bien que des nouveaux venus dans les entreprises et des apprentis.
5. Jane dit que le «mentoring» nous aide à réussir notre carrière et nous aide à nous sentir moins seuls.

II. Traduisez

Les écoles proposent souvent des programmes de parrainage aux nouveaux étudiants ou des étudiants qui ont des difficultés. Beaucoup d'entreprises proposent des programmes de parrainage dans lesquels les nouveaux venus sont mis avec des collègues qui ont plus d'expérience afin d'apprendre leur métier.

III. Mettez les verbes entre parenthèses à la forme interrogative au temps qui convient.

1. Are you working from home at the moment?
2. Where does John go on holiday every year?
3. How did they travel to India last year?
4. Has she had a shower yet?
5. Where will they be in ten years' time?

Mettez les phrases suivantes au discours rapporté avec *said* ou *asked*.

1. She said a mentor gave support to their mentee.
2. She asked if there were any advantages to being a mentor.
3. She said people had benefited from being part of a mentoring relationship.
4. She asked if students benefited from these kinds of schemes.
5. She said we were not alone and could trust someone.

IV. Production libre (10 lignes).

Write about the person who is like a mentor for you. It may be your tutor at work or another person you know.

At the moment, I am doing a work placement for a company that produces gardening equipment. My tutor is the accounts manager and I work in the accounts department. When I first started my work placement there I was really scared because I had had no previous experience and didn't really know what to do and was worried that I would not be able to do a good job. My tutor was really understanding when I started and taught me all of the ropes. She taught me everything about all of the customer accounts and how to manage them. She also helped me to answer the phone and was really helpful if I had problems or difficult people to deal with. She is a very clever person and is very good at managing people which can be very hard at times. You have to be diplomatic but firm. I really admire the way she does her job and hope to be the same when I start my career. It is a very big advantage to have a mentor in life, someone that can help you and give you advice. I am sure that my work placement would be a lot more difficult if I did not have someone to guide me.

9. LE FUTUR ET LE CONDITIONNEL

LE FUTUR

EXERCICE N° 21

Traduisez.

1. It will be difficult to find a good job in ten years' time.
2. Cars will not be needed in one hundred years.
3. The sky is dark. I think it is going to rain.
4. What are you doing tonight? I'm going out with my friends.
5. I will come and see you when I'm in London.

LE CONDITIONNEL

EXERCICE N° 22

Traduisez.

1. It would be a shame to not go.
2. If he is here, we will go fishing together.
3. If I were in her shoes, I wouldn't do the same thing.
4. You could go and see the show.

COMPRÉHENSION DE TEXTE N° 9

I. Répondez aux questions suivantes en français.

1. Les scientifiques pensent qu'il n'y aura plus de sources de combustibles fossiles d'ici 100 ans.

2. Nos vies seraient beaucoup plus difficiles. Nous devrions trouver d'autres moyens pour faire rouler nos voitures et pour fournir de l'électricité.

3. L'électricité nous permet de fonctionner au quotidien. Dès qu'on se lève le matin on l'utilise aussi bien à la maison qu'au travail et à l'école avec nos appareils électroménagers et l'informatique.

4. Les autres conséquences sont leur contribution à l'effet de serre avec le réchauffement de la planète et une hausse éventuelle du niveau des mers. Certaines régions pourraient se retrouver sous le niveau de la mer et des espèces de plantes et d'animaux pourraient disparaître.

5. L'homme pourra résoudre ses problèmes avec l'aide de la technologie ou en changeant de planète dans l'avenir.

II. Traduisez

Si nous n'avions pas d'électricité, vous seriez probablement obligés d'attendre le lever du soleil pour vous lever et vous seriez obligé de faire un feu pour chauffer de l'eau pour votre thé ou café. Pas très pratique ! Cependant ça vaut la peine d'y songer car beaucoup de gens vivent encore de cette manière dans le monde.

III. Mettez les verbes entre parenthèses à la forme qui convient.

1. If we didn't use so much paper it would save trees.

2. If I turn off the lights it will save electricity.

3. If man didn't buy useless things there wouldn't be so much waste.

4. If I ride my bike to work there won't be as much pollution.

5. If we didn't eat so much beef it would help reduce the greenhouse effect.

IV. Production libre (10 lignes).

What would you do if you didn't have electricity? Explain how different things would be.

If we didn't have electricity then our lives would be totally different. Where I live in the city, practically everything we do uses electricity. I live on a housing estate which is lit up using street lights. When I get up in the morning I use electricity to make my breakfast and to power my computer. All of the appliances in the kitchen I use run on electricity too. When I get to school we use computers, video projectors or overhead projectors and smart boards. All these things need electricity. A lot of the jobs people do like my Dad who works in a factory would be difficult without electricity to power all the equipment. If we didn't have electricity then people would probably work more on the land or there would only be very small factories that would have to use alternative sources of power. There are many countries in the world that don't have electricity like we do so I can imagine their days aren't the same as ours. I prefer to live this way and would find it difficult otherwise, although I think we should seriously think about not wasting electricity.

ESPAGNOL

1. Autour des chiffres 276
2. Le nom 280
3. Les interrogatifs 285
4. Le comparatif et le superlatif 288
5. Ser et Estar 291
6. Présent simple et présent progressif 295
7. Les temps du passé 299
8. Le subjonctif et la concordance des temps 304
9. Le futur et le conditionnel 310
10. Style direct et indirect 313
11. Obligation personnelle et impersonnelle 316
12. La négation, les quantifieurs, la fréquence 319
13. Exprimer ses goûts, ses opinions 323
14. Quelques particularités de la langue 327
15. Conseils pour l'épreuve orale 338

Sujet corrigé de type de bac pro 341

Tableaux récapitulatifs de conjugaison 344

Corrigés des exercices 355

ESPAGNOL

1 Autour des chiffres

Les chiffres sont partout, ils servent à compter, à donner l'heure mais aussi la date, pour un pourcentage etc. Il est important de les maîtriser pour être à l'aise à l'oral.

1 Les nombres cardinaux

0 cero	10 diez	20 veinte	30 treinta
1 uno	11 once	21 veintiuno	31 treinta y uno
2 dos	12 doce	22 veintidós	32 treinta y dos
3 tres	13 trece	23 veintitrés	33 treinta y tres, etc.*
4 cuatro	14 catorce	24 veinticuatro	40 cuarenta
5 cinco	15 quince	25 veinticinco	50 cincuenta
6 seis	16 dieciséis	26 veintiséis	60 sesenta
7 siete	17 diecisiete	27 veintisiete	70 setenta
8 ocho	18 dieciocho	28 veintiocho	80 ochenta
9 nueve	19 diecinueve	29 veintinueve	90 noventa

100 ciento, cien**	800 ochocientos, -as
101 ciento uno	900 novecientos, -as
102 ciento dos etc.	1 000 mil
200 doscientos, doscientas***	1 001 mil uno etc.
300 trescientos,-as	2 000 dos mil etc.
400 cuatrocientos, -as	100 000 cien mil
500 quinientos, -as	1 000 000 un millón
600 seiscientos, -as	2 000 000 dos millones etc.
700 setecientos, -as	1 000 000 .000 mil millones etc.

- À partir de 30 (*), on emploie **y** entre les dizaines et les unités.
Cincuenta y tres ; noventa y nueve…

- Les numéraux cardinaux (**) sont invariables, excepté : uno, veintiuno, ciento (et les centaines), millón.

- « Uno» et « veintiuno » subissent l'apocope devant un nom masculin, c'est-à-dire qu'ils perdent le **-o** final.
Un chico – *un garçon* ; veintiún minutos – *vingt et une minutes*

« Cien » subit l'apocope devant un nom, mil ou millones.
Cien amigos – *cent amis*; cien millones

Les centaines (***) s'accordent en genre avec le nom qui les suit.
Doscient**as** chic**as**.

Pour lire un nombre décimal, on utilise coma (la virgule).
1,9 : uno **coma** nueve.

2 Les nombres ordinaux

1° primero	6° sexto	11° undécimo
2° segundo	7° séptimo	12° duodécimo
3° tercero	8° octavo	20° vigésimo
4° cuarto	9° noveno	100° centésimo
5° quinto	10° décimo	1 000° milésimo

Les nombres décimaux s'accordent avec le nom et se placent généralement devant.
La primera vez – *la première fois*

Ils suivent le nom s'il s'agit d'un souverain ou d'un chapitre.
Isabel Segunda – *Isabelle II*; el capítulo décimo – *le chapitre X.*

3 Autres emplois des chiffres

Les numéros de téléphone (los números de teléfono) se lisent chiffre à chiffre ou par deux.
02 35 30 22 12 *se lit* : cero, dos, tres, cinco, tres, cero, dos, dos, uno, dos
ou bien cero, dos, treinta y cinco, treinta, veintidós, doce

La date (la fecha). On emploie **de** devant le mois et l'année.
Martes, quince **de** Noviembre **de** 2011
On peut dire : el primero (el uno) de Enero – *le 1er janvier.*
Attention Pour les siècles, on utilise les cardinaux : el siglo XX – *le XXe siècle.*

Los meses del año (*les mois de l'année*) : Enero, Febrero, Marzo, Abril, Mayo, Junio, Julio, Agosto, Septiembre, Octubre, Noviembre, Diciembre.
Los días de la semana (*les jours de la semaine*) : lunes, martes, miércoles, jueves, viernes, sábado, domingo.

L'heure (la hora)
• On accorde le verbe **Ser** avec les heures.
Es la una. Son las dos. – *Il est 1 h. Il est 2 h.*
• À partir de 13 h, on utilise **la una**, etc. On peut préciser **de la mañana**, **de la tarde**, ou **de la noche** (*du matin, de l'après-midi, du soir*).
Son las cuatro de la tarde. – Il est 16 h (*et non pas* Son las dieciséis).
¿Qué hora es? – *Quelle heure est-il ?*
Son las tres y veinticinco. – *Il est 3 h 25.*
Son las doce menos veinte. – *Il est 11 h 40.*
• **y cuarto** (*et quart*), **y media** (*et demie*), **menos cuarto** (*moins le quart*)
Es mediodía = son las doce. – *Il est midi.*
Es medianoche – *Il est minuit.*

Les fractions et les pourcentages

• **Pour les fractions**, on emploie les cardinaux (**uno, dos, tres**) pour le numérateur. Pour le dénominateur, on emploie :

/2 medio	/5 quinto	/8 octavo	/20 vigésimo
/3 tercio	/6 sexto	/9 noveno	/100 centésimo
/4 cuarto	/7 séptimo	/10 décimo	/1.000 milésimo

• Au-delà de /10, on emploie le cardinal suivi de **-avo(s)** :

/11 onceavo	/24 veinticuatroavo
/12 doceavo	1/43 un cuarentaitresavo
/18 dieciochoavo	10/30 diez treintavos

• Dans le langage courant, le dénominateur au féminin est suivi de *parte(s)*.
Una quinta parte – *un cinquième*; la décima parte – *le dixième*.
Tercio devient **tercera parte** : la tercera parte (*un tiers*)
• **Les pourcentages** sont toujours précédés de l'article **el**.
Exemple 20 % : **el** veinte por ciento

Exercice n° 1

Écrire en toutes lettres.

a. 45 – 229 – 672 – 1.500 páginas – 67 – 78.953 – 569 – 1492 – 20 minutos – 100 alumnos.
b. el capítulo 6 – Juan Carlos I – el 3er piso – la 9° puerta.
c. jeudi 10 décembre 2009 – mercredi 5 février 1880 – samedi 1er mars 2011.
d. ¿Qué hora es? 14 h 25 – 13 h 55 – 18 h 15 – 19 h 45 – 00 h – 1 h 10 – 6 h 30
e. ½ millón – ⅓ de la población – ⅘ o sea 80 % – 14/18 – 20/30

Corrigés : voir en fin de partie

Exercice n° 2

Compléter le texte en écrivant les heures en toutes lettres

Cada mañana me levanto a las <u>6 h 30</u>. Primero me ducho, y luego desayuno a las <u>7 h</u>. Me visto y me cepillo los dientes a las <u>7 h 15</u>. Salgo de casa a las <u>7 h 30</u>. Tomo el autobús a las <u>7 h 45</u> y llego al instituto a las <u>7 h 55</u>. Las clases empiezan a las <u>8 h</u>. Termino las clases a las <u>16 h 15</u>, vuelvo a casa y hago mis deberes hasta las <u>18 h</u>. Cenamos a las <u>20 h</u> y me acuesto a las <u>21 h 30</u>.

Corrigés : voir en fin de partie

COMPRÉHENSION DE TEXTE N° 1

Ana es una chica muy organizada de diecinueve años. **Siempre** se levanta a la misma hora durante la semana. Está lista en media hora y luego se va al trabajo a las nueve. Es también una muchacha dinámica, tanto en su trabajo como en su vida privada. En efecto, el sábado y el domingo **suele** levantarse a las ocho y media para **disfrutar** del fin de semana: ir al cine, ver a sus amigas y comer con sus padres. Lo que más le gusta es pasar tiempo con María, su mejora amiga e **ir de compras** juntas, charlar paseando por el parque. A veces se reúnen con amigos del instituto por la tarde el domingo para jugar al baloncesto o al **balonmano.**

LEXIQUE

siempre : *toujours*
suele (verbe soler) : *avoir l'habitude de*
disfrutar : *profiter*
ir de compras : *faire du shopping*
el balonmano : *le hand ball*

Répondre en français aux questions suivantes :

1. Relever deux adjectifs qui définissent le caractère d'Ana.
2. À quelle heure arrive-t-elle au travail ?
3. À quelle heure a-t-elle l'habitude de se lever le week-end ?
4. Que fait-elle de ses week-ends ?
5. Que préfère-t-elle faire ?
6. Que fait-elle parfois le dimanche ? Avec qui ?

Corrigés : voir en fin de partie

2 Le nom

Nous étudierons dans ce chapitre le nom et ce qui l'entoure, ainsi que les accords en genre et en nombre nécessaires à une grammaire de qualité.

1 Les articles

	Articles définis			Articles indéfinis	
	masculin	**féminin**	**neutre**	**masculin**	**féminin**
singulier	**el** (*le*)	**la** (*la*)	**lo**	**un** (*un*)	**una** (*une*)
pluriel	**los** (*les*)	**las** (*les*)		**Ø** (*des*)	

Exemples

En espagnol, on ne traduit pas l'article indéfini pluriel « *des* ». **Unos/-as** signifie « *quelques* ».

El chico, **la** chica – *un garçon, une fille.*
Los chicos, **las** chicas – *les garçons, les filles.*
Un hombre, **una** mujer – *un homme, une femme.*
Ø hombres – *des hommes.*

L'article neutre lo est spécifique à l'espagnol. Il s'utilise notamment pour accompagner :
- un adjectif ou un participe passé.
lo difícil – *ce qui est difficile*; **lo** divertido – *ce qui est drôle.*
- un possessif. Il se traduit par « ce qui me/te... concerne ».
Es **lo** tuyo – *Ce sont tes affaires.*
- ***-que***. Il se traduit par « ce que, ce qui ».
No sé **lo que** piensas. – *Je ne sais pas ce que tu penses.*

Contractions de l'article :
- **a + el = al** (*au*) : Voy al mercado. – *Je vais au marché.*
- **de + el = del** (*du*) : Vuelvo **del** cine. – *Je reviens du cinéma.*

On n'emploie pas l'article défini devant la plupart des noms de régions, de continents et de pays : **Europa** (*l'Europe*), **España** (*l'Espagne*), **Cataluña** (*la Catalogne*).

L'article défini s'utilise pour donner **l'heure** et devant les **jours de la semaine** (cf. Chapitre 1).
Es **la** una. – *Il est 1 h.*
Los miércoles voy a la piscina. – *Le mercredi, je vais à la piscine.*

Les partitifs « du, de la, des » ne se traduisent pas en espagnol.
Como Ø pan. – *Je mange du pain.*
No tiene Ø enemigos. – *Il n'a pas d'ennemis.*

2 Les noms

Le genre

En général, les noms terminés par **-o** sont masculins et ceux terminés par **-a** sont féminins.
El muchach**o** – *le jeune homme*; la sill**a** – *la chaise*.

Exceptions

– el clima, el mapa, el día, el problema, el sistema – *le climat, le jour, le problème, le système.*
– una mano, la foto, la moto, la radio – *une main, la photo, la moto, la radio.*

• La plupart des mots en **-or** sont masculins : el color, el dolor, el calor – *la couleur, la douleur, la chaleur.*

• Les noms géographiques sont masculins : el río – *la rivière*; el mar Mediterráneo – *la mer Méditerranée*; los Pirineos – *les Pyrénées.*

• Les mots en terminés en **-ción, -sión, -tad, -dad** sont féminins : la acción, la decisión, la libertad, la propiedad – *l'action, la décision, la liberté, la propriété.*

Quelques pièges

Certains noms ont deux genres et des sens différents :

el cometa – *la comète*	la cometa – *le cerf-volant*
el policía – *le policier*	la policía – *la police*
el frente – *le front de guerre*	la frente – *le front du visage*
el guía – *le guide (homme)*	la guía – *le guide (livre)*

• Le genre peut être différent en espagnol et en français.
el análisis – *l'analyse*; la leche – *le lait.*
En cas d'hésitation, il faut avoir recours au dictionnaire.

• Les noms en **-o** prennent un **-a** au féminin.
el chic**o** → la chic**a** – *le garçon → la fille.*

• Les noms terminés en **-e**, **-a** ou en **-ista** ont la même forme au masculin et au féminin.
el/la cliente – *le client/la cliente*; el/la turista – *le/la touriste*; un/una hipócrita – *un/une hypocrite.*

Le nombre

• Les noms terminés par une voyelle font leur pluriel en ajoutant **-s** au singulier.
el camino → los caminos – *le chemin → les chemins.*

• Les noms terminés par une consonne font leur pluriel en ajoutant **-es**.
el balcón → los balcones – *le balcon → les balcons.*

• Les noms terminés par **-z** perdent leur -z et prennent **-ces** au pluriel.
el pez → los peces – *le poisson → les poissons.*

• Les noms terminés par -s, s'ils ne sont pas accentués sur la dernière syllabe, ont la même forme au singulier et au pluriel.
el/los martes – *le/les mardi(s)* mais el francés → los franceses – *le Français → les Français.*

3 Les adjectifs et pronoms possessifs

Personne	Adjectifs		Pronoms	
	singulier	pluriel	singulier	pluriel
yo	mi	mis	el mío, la mía	los míos/-as
tú	tu	tus	el tuyo, la tuya	los tuyos/-as
él, ella, ud	su	sus	el suyo, la suya	los suyos/-as
nosotros/-as	nuestro	nuestros/-as	el nuestro, la nuestra	los nuestros/-as
vosotros/-as	vuestro	vuestros/-as	el vuestro, la vuestra	los vuestros/-as
ellos, ellas, uds	su	sus	el suyo, la suya	los suyos/-as

Les adjectifs possessifs (mon, ton, son) se placent devant le nom et s'accordent en nombre.
nuestras amigas – *nos amies*; tu casa – *ta maison.*

Les pronoms possessifs (le mien, le tien, le sien) remplacent le nom et s'accordent en genre et en nombre.
Son las tuyas. – *Ce sont les tiennes.*
Lo mío, lo tuyo, lo suyo... – *Ce qui me/te/le concerne.*

4 Les adjectifs qualificatifs

Ils s'accordent en genre et en nombre avec les noms qu'ils qualifient.

- Les adjectifs en **-o** au masculin font leur féminin en **-a**.
un chico guapo, una chica guapa – *un beau garçon, une belle fille.*
- Les adjectifs en **-e** ont la même forme au masculin et au féminin.
un viento fuerte, una lluvia fuerte – *un vent fort, une forte pluie.*
- On ajoute **-a** aux adjectifs terminés par une consonne.
alemán → alemana – *allemand → allemande.*
- Le pluriel se forme de la même façon que le pluriel des noms (cf. paragraphe 2).

> Les adjectifs composés désignant des couleurs sont invariables : **faldas verde oscuro** – *des jupes vert foncé.*

Ils se placent en général **après le nom**.
Exemple una silla blanca – *une chaise blanche.*

5 Les démonstratifs

	masculin	féminin	neutre
singulier	este	esta	esto
	ese	esa	eso
	aquel	aquella	aquello
pluriel	estos	estas	
	esos	esas	
	aquellos	aquellas	

• Les démonstratifs (ce, cet, cette, celui-ci, etc.) s'emploient comme adjectifs et comme pronoms (sauf **esto**, **eso** et **aquello** qui ne sont que des pronoms). Les pronoms portent un accent écrit sur la voyelle tonique, sauf les neutres qui n'en ont jamais.
¿Qué es esto? – Qu'est-ce que c'est ?
• Dans le temps et dans le lieu, **este** s'emploie pour ce qui est **proche**, **ese** pour désigner ce qui est **intermédiaire** et **aquel** pour désigner ce qui est **éloigné**.
Este año el paro ha aumentado. – *Cette année, le chômage a augmenté.*
Ese año se casó Carolina. – *Cette année là, Carolina s'est mariée.*
Aquel año hubo una revolución. – *Cette année-là, il y eut une révolution.*

Exercice n° 1

Mettre l'article qui convient.
a. *définis* : ... gato – ...paredes – ... chimenea – ... amigos – Vamos ... museo. – Vengo ... cine. – ... voluntad – ... origen – ... educación – ... Andalucía – ...sabor.
b. *indéfinis* : ... regalo – ... fiesta – Bebo ... agua – ... Francia tiene 60 millones de habitantes. – ... paréntesis – ... veces – ... tensión
Corrigés : voir en fin de partie

Exercice n° 2

Donner le féminin des mots suivants.
a. el gato
b. el jefe
c. un director
d. el rey
e. el estudiante
f. un profesor
g. el arquitecto
Corrigés : voir en fin de partie

Exercice n° 3

Donner le masculin des mots suivants.
a. la guitarrista
b. una cantante
c. la hija
d. una médica
e. la cliente
f. la turista
g. una alumna
Corrigés : voir en fin de partie

Exercice n° 4

Mettre les noms au pluriel.
a. el café
b. la ministra
c. el derecho
d. el reloj
e. el sábado
f. el inglés
g. la crisis
h. la vez
Corrigés : voir en fin de partie

COMPRÉHENSION DE TEXTE N° 2

Un **'hermano'** de oro y piedras preciosas para el coche más barato del mundo

Tres años después de lanzar el coche más **barato** del mundo, el Nano, el grupo indio Tata ha presentado uno de los más caros: un prototipo de ese modelo revestido de oro y piedras preciosas y valorado en 4,5 millones de dólares.

'Queremos rendir homenaje a los 5.000 años de historia que las **joyas** tienen en la India, y para diseñar el coche hemos usado 14 técnicas de joyería', dijo hoy a Efe el **portavoz** de la compañía de joyas Goldplus, Gaurav Khanna, perteneciente al grupo Tata.

Para este modelo, concebido como una estrategia de promoción de Goldplus, la compañía ha utilizado 80 kilogramos de oro de 22 kilates, quince kilos de **plata,** y piedras preciosas -como diamantes, perlas, rubíes o esmeraldas- y semipreciosas.

El Nano, un utilitario que fue presentado por Tata en su día como el 'coche más barato del mundo', tiene actualmente un precio de 2.900 dólares, pero sus ventas están siendo bajas -1.202 unidades en agosto- **debido a**, dicen sus críticos, fallos en la seguridad. (...)

El coche, presentado este lunes por la noche en la ciudad de Bombay (oeste) con la presencia entre otros del presidente del grupo, Ratan Tata, será mostrado durante seis meses en los distintos establecimientos de Goldplus. (...)

20/09/2011 http://actualidad.orange.es/insolito

LEXIQUE

el hermano : *le frère*
barato : *bon marché*
las joyas : *les bijoux*
el portavoz : *le porte-parole*
la plata : *l'argent*
debido a : *dû à*

Répondre en français aux questions suivantes.

1. Quelle est la particularité du modèle de voiture présenté à Bombay ?
   Préciser sa composition.
2. À combien est estimé ce modèle ?
3. Comment s'appelle le président du groupe Tata ?
4. Combien coûte l'utilitaire Nano ?
5. Que peut-on dire de ses ventes ? Pourquoi ?
6. À partir de quand et pour combien de temps sera présenté ce modèle unique ?

Corrigés : voir en fin de partie

3 Les interrogatifs

Les interrogatifs servent à poser des questions. La double ponctuation facilite la mise de ton dans une phrase.

1 Particularité de la ponctuation

- En espagnol, une phrase interrogative commence par un point d'interrogation.
¿Qué hora es? – *Quelle heure est-il ?*

- On peut trouver le point d'interrogation en milieu de phrase, là où commence réellement la question.
Y tú, ¿cómo te llamas? – *Et toi, comment t'appelles-tu ?*

- Il en va de même pour les exclamatifs.
¡Qué bonito! – *Comme c'est joli !*

Les interrogatifs et les exclamatifs portent toujours un accent écrit.

2 Les interrogatifs

Interrogatif	Traduction	Exemple
¿Qué?	*Quoi, que*	¿Qué hora es y qué quieres? *Quelle heure est-il et que veux-tu ?*
¿De qué?	*De quoi, de quel ?*	¿De qué libro está sacado? *De quel livre est-ce tiré?*
¿Cuándo?	*Quand ?*	¿Cuándo vienes a casa? *Quand viens-tu chez moi ?*
¿Por qué?	*Pourquoi ?*	¿Por qué estás triste? *Pourquoi es-tu triste ?*
¿Cómo?	*Comment ?*	¿Cómo os llamáis? *Comment vous appelez-vous ?*
¿Dónde?	*Où*	¿Dónde están mis cuadernos? *Où sont mes cahiers ?*
¿De dónde?	*D'où*	¿De dónde son? *D'où sont-ils ?*
¿Adónde?	*Où* + déplacement	¿A dónde te vas de vacaciones? *Où pars-tu en vacances ?*
¿Cuántos/-as?	*Combien*	¿Cuántas hermanas tienes? *Combien as-tu de sœurs ?*
¿Cuál (es)?	*Quel(s), quelle(s)*	¿Cuál es su nombre ? *Quel est son nom ?*

Exercice n° 1

Compléter les phrases avec l'interrogatif qui convient.

a. ¿... es tu número de teléfono?

b. ¿... está mi cuaderno?

c. ¿... representa el dibujo?

d. ¿... te llamas?

e. ¿... vuelves a casa?

f. ¿... os vais de vacaciones? –A Roma.

g. ¿... personas participan en el congreso?

h. ¿... vienes? –De España.

i. ¿... no me dices la verdad? –No puedo.

Corrigés : voir en fin de partie

Ne pas confondre **¿Por qué?** (*pourquoi*) et **porque** (*parce que*).

Exercice n° 2

Formuler des questions à partir des phrases suivantes.

a. Voy a Madrid el mes que viene. (2 questions)

b. Me levanto pronto para ir al trabajo.

c. Vamos a clase en autobús. (2 questions)

d. Me quedan 200 euros.

e. Mi número es el 06.20.20.12.15.

f. Estoy comiendo con mis padres. (2 questions)

Corrigés : voir en fin de partie

COMPRÉHENSION DE TEXTE N° 3

El paro juvenil en España se mantendrá por encima del 40 % al menos durante 2011

La tasa de paro juvenil en España, que ha sido dentro de la OCDE la que más ha crecido en porcentaje desde el comienzo de la crisis, se mantendrá por encima del 40 % al menos durante 2011, según las proyecciones presentadas hoy.

La Organización para la Cooperación y el Desarrollo Económico (OCDE) indica en un documento de trabajo que el paro juvenil podría llegar este año a un 20,5 % de media en sus treinta países miembros y en torno al 24% para la Unión Europea (UE), con un máximo en España, donde podría producirse una inflexión en la evolución alcista a finales del ejercicio.

(...)

Los autores del informe destacan que esta situación es particularmente negativa para los jóvenes que carecen de conocimientos de base y que, si no logran encontrar o conservar un primer empleo, corren el riesgo de que su carrera profesional quede comprometida a largo plazo por el paro.

Para hacer frente a esta realidad, apuestan en primer lugar por garantizar ayudas a las rentas de los parados jóvenes que les facilite continuar buscando un puesto de trabajo, ya que dos tercios de ellos no tienen derecho al subsidio de desempleo.

A cambio de una garantía de ingresos, los jóvenes se comprometerían a buscar activamente trabajo y se les ofrecerían dispositivos para aportarles experiencia profesional o programas de formación.

En esa línea, consideran una solución «prometedora» un «contrato de aprendizaje para los jóvenes poco cualificados» porque así se cumplirían dos objetivos: ellos podrían entrar en el mercado laboral y las empresas verían recortados sus gastos de mano de obra a cambio de comprometerse a darles formación.

La cuestión de base que los gobiernos deberían abordar es que ningún joven entre en la vida activa sin una cualificación valorada y ello implicaría animar a que los menores de 20 años continúen en el sistema educativo.

www.lavanguardia.com

LEXIQUE

el paro : *le chômage*
carecer : *manquer*
a largo plazo : *à long terme*
una ayuda : *une aide*
el mercado laboral : *le marché du travail*
la mano de obra : *la main d'œuvre*
animar : *motiver*

Répondre en français aux questions suivantes.

1. À combien s'élève le pourcentage de jeunes chômeurs en Espagne en 2011 ? Et en Europe ?
2. Sur quoi compte-t-on pour faire face à cela ? Cela concerne-t-il tous les jeunes ?
3. À qui est destiné le contrat d'apprentissage ?
4. Quels sont ses avantages ?

Corrigés : voir en fin de partie

4 Le comparatif et le superlatif

Le comparatif et le superlatif servent à comparer des choses et des personnes à d'autres.

1 Le comparatif

Le comparatif de supériorité (plus... que) se traduit en espagnol par **más... que**.
Mi padre es más alto que mi madre. – *Mon père est plus grand que ma mère.*
Attention Pour traduire « que moi, que toi, que lui... », on utilise le pronom sujet (**yo**, **tú**, **él**...)
Pablo es más formal que tú. – *Pablo est plus sérieux que toi.*

Les comparatifs irréguliers
mejor – *mieux, meilleur*
peor – *pire*
mayor – *plus grand*
menor – *plus petit*
Alfonso es mejor alumno que yo.
Alphonse est meilleur élève que moi.

Le comparatif d'infériorité (moins... que) se traduit en espagnol par **menos... que**.
El tren es menos caro que el avión. – *Le train est moins cher que l'avion.*

Le comparatif d'égalité (autant... que, aussi... que) se traduit en espagnol par **tan... como**.
Esta falda es tan bonita como cómoda. – *Cette jupe est aussi jolie que confortable.*

VOCABULAIRE

Cuanto más... más – *plus... plus*
cuanto menos... menos – *moins... moins*
cuanto más... menos – *plus... moins*
cuanto menos... más – *moins... plus*
Cuanto más lo pienso, menos convencido estoy. – *Plus j'y pense, moins je suis convaincu.*
Cada vez más, cada día más, más y más – *de plus en plus*
Cada vez menos, cada día menos, menos y menos – *de moins en moins*
Tengo cada vez menos tiempo. – *J'ai de moins en moins de temps.*

2 Le superlatif

Le superlatif absolu (très) se traduit de deux façons en espagnol :
- on ajoute **muy** devant l'adjectif;
- si l'adjectif est terminé par une consonne, on lui ajoute le suffixe **-ísimo, -ísima**. Si l'adjectif est terminé par une voyelle, celle-ci disparaît pour laisser place au suffixe.

Exemple

La moto es muy rápida ou la moto es rapidísima – *La moto est très rapide.*
El ejercicio es muy difícil ou el ejercicio es dificilísimo – *L'exercice est très difficile.*

Le superlatif relatif

• **Le superlatif de supériorité** (le plus, la plus) se traduit en espagnol par **el más, la más**.
Es el más lento de todos. – *C'est le plus lent de tous.*
• **Le superlatif d'infériorité** (le moins, la moins) se traduit en espagnol par **el menos, la menos**.
Son los menos desarrollados. – *Ce sont les moins développés.*

Remarque

Mejor, peor, mayor et **menor** précédés de l'article défini deviennent des superlatifs.
Carlos es el mejor amigo de Ana. – *Charles est le meilleur ami d'Ana.*

Attention
On ne répète pas l'article, contrairement au français : El caracol es el animal Ø más lento. – *L'escargot est l'animal le plus lent.*

Exercice n° 1

Traduire les phrases suivantes.

a. El avión es más rápido que el tren.
b. Sylvère es cada día más puntual.
c. Las empresas son más y más delocalizadas.
d. Cuánto menos me hablas, mejor me siento.
e. Este tema es interesantísimo.
f. La Sagrada Familia es la iglesia más bonita que nunca he visto.
g. Es muy importante para mí hacer una práctica en esta tienda.
h. Es de mayor importancia.
i. Hay cada vez menos clientes en este almacen.

Exercice n° 2

Transformer les phrases en utilisant un autre superlatif relatif.

a. un chico muy listo
b. un parque muy quieto
c. un problema muy difícil
d. una mirada muy suave
e. una historia muy buena
f. una mujer muy pobre
g. una persona agradablísima
h. un asunto facilísimo
i. un perro fielísimo
j. un hombre malísimo
k. una empresa poderosísima
l. una convicción fuertísima

Corrigés : voir en fin de partie

COMPRÉHENSION DE TEXTE N° 4

Don Alonso Quijano [...] tenía casi cincuenta años. Era fuerte pero **flaco**, de pocas carnes y cara delgada, gran madrugador y amigo de la caza. Como vivía [...] sin trabajar, tenía mucho tiempo libre, y lo empleaba en leer **libros de caballerías**. [...]

Leía tanto y dormía tan poco, que se le secó el cerebro y se volvió loco. Cuando perdió la razón por completo, discurrió el mayor disparate que jamás se le haya ocurrido a nadie : convertirse en caballero andante e irse por el mundo para hacer frente a los más difíciles **peligros** y así lograr la fama eterna. Para **llevar a cabo** su plan, necesitaba, en primer lugar, una armas [...]. Fue luego a ver a su caballo [...], y, después de mucho pensarlo, decidió llamarlo Rocinante.

Miguel de Cervantes, *Don Quijote de la Mancha*, adaptación de 2005.

LEXIQUE

flaco : *maigre*
un libro de caballería : *un livre de chevalerie*
un peligro : *un danger*
llevar a cabo : *mener à bien*

Répondre en français aux questions suivantes.

1. Que savons-nous du personnage principal ? Comment vit-il ?
2. Pourquoi est-il devenu fou ? Qu'a-t-il décidé de faire par la suite ?
3. De quoi eut-il besoin pour mener à bien son projet ?

Corrigés : voir en fin de partie

5 Ser et Estar

En espagnol, il existe deux verbes « être » : le verbe « ser » et le verbe « estar ». Le choix entre les deux est facilité si l'on tient compte de la nature et de la fonction des mots qui les suivent.

1 Emplois de « ser »

On utilise **ser** s'il est suivi d'un nom, d'un pronom, d'un infinitif, d'un numéral, d'un adverbe de quantité, d'un adjectif (pour une définition ou une caractéristique) et pour la voix passive.

Exemples

Paco es mi hermano. – *Paco est mon frère.*
Creo que es él. – *Je crois que c'est lui.*
Querer es poder. – *Vouloir c'est pouvoir.*
Es la una. – *Il est 1 h.*
Es mucho trabajo. – *C'est beaucoup de travail.*
Carla es susceptible. – *Carla est susceptible.*
El ratón es comido por el gato. – *La souris est mangée par le chat.*

On l'emploie aussi pour :
- **la nationalité, l'origine** : Somos españoles, somos de España. – *Nous sommes espagnols, nous sommes d'Espagne.*
- **les qualités physiques et morales** : Soy alta. Ana es sociable. – *Je suis grande. Anna est sociable.*
- **la profession, l'état civil** : Carolina es abogada y soltera. – *Caroline est avocate et célibataire.*
- **la matière** : La silla es de madera. – *La chaise est en bois.*
- **l'appartenance à un groupe** : Sois católicos. – *Vous êtes catholiques.*
- **donner l'heure** : Son las tres y media. – *Il est 3 h 30.*
- **le prix** : ¿Cuánto cuesta ? Son quince euros. – *Combien ça coûte ? C'est 15 euros.*
- **traduire « c'est », « ce sont »** : Son mis padres. – *Ce sont mes parents.*

Exceptions Está bien/mal/claro. – *C'est bien/mal/clair.*

> **Attention**
> Pour traduire « c'est moi, c'est toi... », on doit conjuguer le verbe :
> **Soy yo, eres tú, es él...**

2 Emplois de « estar »

Le verbe **estar** s'emploie pour :
- **le présent progressif** : Estoy comiendo una manzana. – *Je mange une pomme.*
- **situer quelque chose ou quelqu'un** : Laura está en casa. – *Laura est chez elle.*
- **la situation** : Estamos de vacaciones. – *Nous sommes en vacances.*
- **l'état de santé, l'état d'esprit** : Pablo está malo. Está de mal humor. – *Pablo est malade. Il est de mauvaise humeur.*
- **l'attitude** : Están sentados. – *Ils sont assis.*
- **des expressions** telles que : estar seguro de que – *être sûr que*; estar a punto de – *être sur le point de*; estar por – *être tenté de*; estar para – *être sur le point de.*

Exemples

Están seguros de que vuelve mañana. – *Ils sont sûrs qu'elle rentre demain.*

Está a punto de aceptar. – *Elle est sur le point d'accepter.*

Estamos por visitar este monumento. – *Nous sommes tentés de visiter ce musée.*

Estoy para salir. – *Je suis sur le point de sortir.*

3 « Ser » ou « estar » ?

Certains adjectifs changent de sens selon qu'ils sont employés avec **ser** ou avec **estar** :

Adjectifs	Avec ser	Avec estar
vivo	*vif*	*vivant*
bueno	*bon*	*en bonne santé*
malo	*méchant*	*malade*
listo	*intelligent*	*prêt*
negro	*noir*	*en colère*
rico	*riche*	*succulent*
violento	*violent*	*mal à l'aise*

Exercice n° 1

Choisir entre ser et estar et conjuguer à la bonne personne.

a. Nosotros ... en el cine.

b. Tú no ... rica.

c. Mis tíos ... muy altos.

d. Este hombre ... moreno.

e. ¿Dónde ... mis llaves?

f. Mi casa ... pequeña.

g. Vosotros ... de Madrid.

h. Ellas ... argentinas.

i. Yo ... cansado.

j. José ... jugando con su hermana.

k. Tú ... para dormir.

Corrigés : voir en fin de partie

Exercice n° 2

Traduire les phrases suivantes.

a. Anna est sur le point de rentrer chez elle. Es-tu sûre qu'elle est prête ?

b. Pablo est un homme simple et gai, mais depuis deux jours il est triste.

c. Il est appelé par ses frères.

d. Vous êtes très en colère et c'est normal car ils sont injustes.

e. C'est clair qu'il est en train de dormir mais il est en vacances.

f. Où êtes-vous ? Nous sommes assises dans un café, nous prenons un verre (**tomar algo**).

g. C'est toi le coupable.

h. Marine est étudiante, elle est allemande.

i. Je suis tenté de refuser ta proposition.

COMPRÉHENSION DE TEXTE N° 5

Tiene 90 Años y 50 Hijos con su Mujer, su Cuñada y su Suegra.

Un agricultor **jubilado** de 90 años, Luiz Costa de Oliveira, ha tenido 33 hijos, fruto de su unión con su mujer, la hermana de ésta y la madre de ambas en el estado brasileño septentrional de Rio Grande do Norte, informó el Diario de Natal, capital del estado.

Además, Oliveira, natural del municipio de Campo Grande, había tenido 17 **vástagos** con su primera mujer. Tras la muerte de esta, Oliveira se unió a Maria Francisca da Silva, que ahora tiene 65 años, quien le ayudó en la **crianza** de los menores y con la que tuvo otros 17 hijos.

La hermana de Maria Francisca y cuñada del campesino, Ozelita, solía frecuentar la vivienda conyugal para colaborar en las tareas domésticas y comenzó a mantener relaciones íntimas también con Oliveira, fruto de las cuales nacieron otros 15 niños.

A la peculiar situación se sumó la madre de ambas mujeres, Francisca Maria, de 89 años en la actualidad, con quien Oliveira tiene otro descendiente. «Lo que mejor hizo Dios en el mundo fue la mujer», declaró el anciano que, además de los 50 hijos - aunque no todos lograron sobrevivir -, tiene 100 nietos y 30 bisnietos. Oliveira dio a entender que puede tener más descendientes «por ahí» de los que no tiene conocimiento, porque siempre le gustó la compañía femenina.

http://actulidad.orange.es/insolito

LEXIQUE

jubilado : *retraité*
un vástago : *un descendant*
criar : *élever des enfants*

Répondre en français aux questions suivantes.

1. Où vit Oliveira ?
2. Avec qui Oliveira a-t-il eu tous ces enfants ?
3. Quel était le rôle de Maria Francisca da Silva dans la maison ? Et celui de sa sœur ?
4. Combien Oliveira a-t-il de petits enfants ?
5. Comment justifie-t-il tant de naissances ?

Corrigés : voir en fin de partie

COMPRÉHENSION DE TEXTE N° 6

Dicen que los **sueños** son cosa de niños. [...] Pues yo digo que prefiero ser un niño, porque el soñar no tiene límites, ni impedimientos, ni **trabas.** [...] Creo en la gente que sueña, [...] en la gente capaz de mover el mundo con los ojos cerrados, aunque sólo sea por un instante. [...] Estas canciones van por la gente a la que no le **asusta** soñar... Y que no tiene miedo a intentar convertir sus sueños en realidad. Porque, que lo **consigan** o no, lo que vale es haberlo intentado.

Pau Donés

LEXIQUE

un sueño : *un rêve*
una traba : *une entrave*
asustar : *faire peur*
conseguir : *essayer*

Répondre en français aux questions suivantes.

1. Que pense le poète des rêves ?

2. Que dit-il des gens qui rêvent ?

3. Qu'est, selon lui le plus important lorsqu'on tente de changer ses rêves en réalité ?

Corrigés : voir en fin de partie

6 Présent simple et présent progressif

En espagnol il existe deux présents de l'indicatif. Le présent simple permet de parler de vérités générales au présent, tandis que le présent progressif (= *être en train de*) situe une action en cours de déroulement.

1 Le présent simple

Formation des verbes réguliers

En espagnol, les verbes sont classés en trois groupes : les verbes en **-ar**, **-er** et **-ir.**
Pour former le présent, on retire cette terminaison et on ajoute :
– pour les verbes en **-ar** : **-o, -as, -a, -amos, -áis, -an** ;
– pour les verbes en **-er** : **-o, -es, -e, -emos, -éis, -en** ;
– pour les verbes en **-ir** : **-o, -es, -e, -imos, -ís, -en**.

Cantar (*chanter*)	Aprender (*apprendre*)	Vivir (*vivre*)
cant**o**	aprend**o**	viv**o**
cant**as**	aprend**es**	viv**es**
cant**a**	aprend**e**	viv**e**
cant**amos**	aprend**emos**	viv**imos**
cant**áis**	aprend**éis**	viv**ís**
cant**an**	aprend**en**	viv**en**

Remarque

En espagnol, les pronoms personnels sujets (**yo, tú, él, ella, usted, nosotros/-as, vosotros/-as, ellos, ellas, ustedes**) sont facultatifs. Ils servent à insister.
Tenemos agua. – *Nous avons de l'eau.*
Nosotros tenemos agua. – *Nous, nous avons de l'eau.*

La première personne du singulier est toujours terminée en **-o**.
Il y a un accent écrit à la deuxième personne du pluriel : **sabéis, andáis.**

Verbes irréguliers

• **Les verbes irréguliers à la première personne du singulier :**
– Première personne en **-go ou -igo** :

caer (*tomber*) → **caigo**	decir (*dire*) → **digo**	hacer (*faire*) → **hago**
poner (*mettre*) → **pongo**	salir (*sortir*) → **salgo**	tener (*avoir*) → **tengo**
valer (*valoir*) → **valgo**	venir (*venir*) → **vengo**	

– Première personne en **-zco** :
Cette règle concerne la plupart des verbes terminés en **-cer, -cir** (sauf **hacer**) :
conducir (*conduire*) → conduzco merecer (*mériter*) → merezco
– Autres irréguliers à la première personne :

dar (*donner*) → **doy**	estar (*être*) → **estoy**	saber (*savoir*) → **sé**	ver (*voir*) → **veo**

> Le verbe **estar** est accentué à toutes les personnes sauf à la première du singulier et du pluriel : **estoy, estás, está, estamos, estáis, están.**

Les verbes à diphtongue

Une diphtongue est le fait que le « **e** » ou le « **o** » du radical se transforme en deux voyelles lors de la conjugaison (aux trois présents).
Il existe deux diphtongues : **o → ue** et **e → ie.**
On effectue la diphtongue à toutes les personnes sauf à la 1re et à la 2e personnes du pluriel.

Volver (*revenir*)	**Sentir (*sentir*)**
vuelvo	siento
vuelves	sientes
vuelve	siente
volvemos	sentimos
volvéis	sentís
vuelven	sienten

Exception Le verbe jugar (*jouer*) diphtongue en -ue : juego, juegas, juega...

Quelques verbes à diphtongue

acertar (*réussir*)
cerrar (*fermer*)
costar (*coûter*)
despertarse (*se réveiller*)
forzar (*forcer*)
mentir (*mentir*)
mostrar (*montrer*)
perder (*perdre*)
recordar (*(se) rappeler*)
soler (*avoir l'habitude de*)
volar (*voler*)
acordarse (*se souvenir*)
comenzar (*commencer*)
defender (*défendre*)
dormir (*dormir*)
gobernar (*gouverner*)
morder (*mordre*)
mover (*bouger*)
poder (*pouvoir*)
resolver (*résoudre*)
soñar (*rêver*)
venir (*venir*)
atender a (*s'occuper de*)
confesar (*avouer*)
demostrar (*démontrer*)
empezar (*commencer*)
jugar (*jouer*)
morir (*mourir*)
pensar (*penser*)
probar (*prouver*)
sentarse (*s'assoir*)
tener (*avoir*)
volver (*revenir*)

• **Les verbes à alternance**

L'alternance est le fait que le « **e** » du radical se transforme en « **i** » lors des la conjugaison des trois présents : **e → i.**
Elle s'effectue aux mêmes personnes que la diphtongue : pedir (*demander*) : pido, pides, pide, pedimos, pedís, piden.

Quelques verbes à alternance

decir (*dire*)
concebir (*concevoir*)
gemir (*gémir*)
perseguir (*poursuivre*)
pedir (*demander*)
despedir (*dire au revoir*)
investir (*investir*)
repetir (*répéter*)
competir (*concourir, rivaliser*)
expedir (*expédier*)
medir (*mesurer*)
vestir (*porter un vêtement*)

Autres irrégularités

Haber (*auxiliaire avoir*) → **he, has, ha, hemos, habéis, han.**
Ir (*aller*) → **voy, vas, va, vamos, vais, van.**
Ser (*être*) → **soy, eres, es, somos, sois, son.**

2 Le présent progressif (« estar » + gérondif)

Il sert à parler d'une action en cours de déroulement.

Formation

Le présent progressif est composé du verbe **estar** conjugué à la bonne personne + du gérondif.
Le gérondif se forme en retirant la terminaison du verbe et en ajoutant :
- pour les verbes en **-ar** : **-ando** ;
- pour les verbes en **-er** et **-ir** : **-iendo**.

Exemple

Estoy haciendo (hacer) mis deberes. – *Je fais mes devoirs.*
Estamos cocinando (cocinar). – *Nous cuisinons.*

Les gérondifs irréguliers

atraer (*attirer*) → atra**y**endo
caer (*tomber*) → ca**y**endo
decir (*dire*) → d**i**ciendo
dormir (*dormir*) → d**u**rmiendo
Ir (*aller*) → **y**endo
mentir (*mentir*) → m**i**ntiendo
morir (*mourir*) → m**u**riendo
oír (*entendre*) → o**y**endo
pedir (*demander*) → p**i**diendo
reír (*rire*) → **r**iendo,
sentir (*sentir*) → s**i**ntiendo,
sonreír (*sourire*) → sonr**ie**ndo
traer (*apporter*) → tra**y**endo
venir (*venir*) → v**i**niendo

L'enclise

C'est le fait d'« accrocher » le pronom à la fin du verbe. L'enclise s'effectue à l'infinitif, à l'impératif et au gérondif.

Exemple

levantar**se** – ***se** lever* → levánta**te** – *lève-**toi***
estoy levantándo**me** – *je **me** lève*
estás levantándo**te** – *tu **te** lèves*
está levantándo**se** – *il **se** lève*
estamos levantádo**nos** – *nous **nous** levons*
estáis levantándo**os** – *vous **vous** levez*
están levantándo**se** – *ils **se** lèvent*

Pour les autres temps, le pronom se place devant le verbe, comme en français : ***Me** levantaba.*
– Je **me** levais.

Les mots du présent : hoy; ahora; por el momento – *aujourd'hui*; *maintenant*; *pour le moment.*

Exercice n° 1

Compléter les phrases avec le présent progressif.

a. El hombre (subir) ... al autobús.
b. Tú no (leer) ... el periódico.
c. Nosotras (dormir) ... la siesta.
d. Ellas (pasear) ... por el parque.
e. Vosotros (llamar) ... por teléfono.
f. Yo no (decir) ... la verdad.
g. Ella (ir) ... a la piscina.
h. La mujer (comer) ... un bocadillo.
i. ¿Qué (hacer) ... los personajes?
j. Ellos (cruzar) ... la calle.

Corrigés : voir en fin de partie

ESPAGNOL

Exercice n° 2

Transformer les phrases au présent progressif. (Exemple : Aprendo → Estoy aprendiendo.)

a. Conversamos.
b. Ana duerme.
c. Mi abuelo vuelve a casa.
d. Vosotros reís.
e. Carmen no dice la verdad.
f. Paco y Carlos hablan.
g. Salgo de casa, son las seis.
h. No piensas en tu examen.
i. Carolina se ducha.
j. Nos vamos al cine.
k. Te acuestas.

Corrigés : voir en fin de partie

COMPRÉHENSION DE TEXTE N° 7

Deporte y educación

Siempre he sido muy **aficionado** al deporte, como participante y como espectador. Me gusta el deporte puro y también el deporte espectáculo. Detesto, sin embargo, el contradeporte, que lamentablemente está teniendo cada vez más presencia en nuestro país, y muy especialmente en el fútbol. Luchar con todas las fuerzas, dentro de las reglas del fair play, para ganar es uno de los grandes atractivos del deporte. Reconocer la victoria del contrario y felicitarlo es parte de ese fair play intrínseco al verdadero deporte. La protesta generalizada, el juego sucio, la **falta** de reconocimiento de la victoria del contrario y, peor aún, **ausentarse** a la hora de la entrega del trofeo son parte de ese contra-deporte que detesto y que todos, empezando por los responsables de los clubes y de los equipos, deberíamos idetestar.

El deporte siempre ha sido un elemento importante para la educación de los jóvenes, no solo por el valor del ejercicio físico, sino también porque enseña a **competir** noblemente. El fútbol como deporte de masas y por su amplísima cobertura a través de los **medios de comunicación** puede contribuir a este efecto educativo de nuestra juventud.

El espectáculo que hemos visto recientemente no solo no contribuye a la educación de nuestros jóvenes, sino que propicia la creación de enfrentamientos y tensiones excesivos y la deformación de los valores de nuestra sociedad. (...)

Esperemos que los responsables de los clubes y, si es necesario, las autoridades deportivas, tomen las **medidas** necesarias para frenar esta peligrosa espiral, cuyo negativo impacto excede al terreno deportivo.

www.elpais.com, ANTONIO ÁLVAREZ-COUCEIRO 03/09/2011

LEXIQUE

aficionado a : *passionné par*
la falta : *le manque*
ausentarse : *s'absenter*
competir : *se battre, combattre*
los medios de comunicación : *les médias*
una medida : *une mesure*

Répondre en français aux questions suivantes.

1. Qu'aime l'auteur dans le sport ? Que déteste-t-il ? Justifier la réponse à l'aide d'exemples tirés du texte.

2. Expliquer en quoi le sport est un élément important dans l'éducation des jeunes.

3. Quelles sont les conséquences d'attitudes négatives dans le sport pour la société ?

4. Qui l'auteur tient-il pour responsable ?

Corrigés : voir en fin de partie

7 Les temps du passé

Les temps du passé sont utilisés pour relater des faits passés, plus ou moins anciens. Ainsi, on utilisera le passé composé pour un passé ayant une incidence dans le présent, le passé simple pour une action révolue et l'imparfait pour marquer une habitude ou pour faire une description dans le passé.

1 Le passé composé

Emploi et formation des verbes réguliers

Le passé composé est peu utilisé en espagnol ; on lui préfère souvent le passé simple, sauf si l'action est située dans une période de temps qui dure encore dans le présent. Il se forme avec l'**auxiliaire « haber » au présent + le participe passé**. Le participe passé se forme en retirant la terminaison et en ajoutant :
- pour les verbes en **-ar** : **-ado** ; cantado – *chanté* ;
- pour les verbes en **-er et -ir** : **-ido** ; comido – *mangé*.

> Au passé composé, le participe passé est invariable.

Cantar (*chanter*)	Aprender (*apprendre*)	Vivir (*vivre*)
He cant**ado**	**He** aprend**ido**	**He** viv**ido**
Has cant**ado**	**Has** aprend**ido**	**Has** viv**ido**
Ha cant**ado**	**Ha** aprend**ido**	**Ha** viv**ido**
Hemos cant**ado**	**Hemos** aprend**ido**	**Hemos** viv**ido**
Habéis cant**ado**	**Habéis** aprend**ido**	**Habéis** viv**ido**
Han cant**ado**	**Han** aprend**ido**	**Han** viv**ido**

Les participes passé irréguliers

abrir (*ouvrir*) : abierto
imprimir (*imprimer*) : impreso
morir (*mourir*) : muerto
pudrir (*pourrir*) : podrido
ver (*voir*) : visto
cubrir (*couvrir*) : cubierto
freír (*frire*) : frito
poner (*mettre*) : puesto
romper (*casser*) : roto
decir (*dire*) : dicho
hacer (*faire*) : hecho
proveer (*pourvoir*) : provisto
satisfacer (*satisfaire*) : satisfecho

2 L'imparfait

Emploi et formation des verbes réguliers

L'imparfait de l'indicatif sert à décrire ou à parler d'une habitude dans le passé (comme en français). Il se forme en retirant la terminaison et en ajoutant :
- pour les verbes en **-ar** : **-aba, -abas, -aba, -ábamos, -abais, -aban** ;
- pour les verbes en **-er et -ir** : **-ía, -ías, -ía, -íamos, -íais, -ían**.

> Les verbes en **-ar** portent toujours un accent écrit sur le **-á** de la première personne du pluriel, les verbes en **-er** et **-ir** sur le **-í** de la terminaison.

Cantar (*chanter*)	Aprender (*apprendre*)	Vivir (*vivre*)
Cant**aba**	Aprend**ía**	Viv**ía**
Cant**abas**	Aprend**ías**	Viv**ías**
Cant**aba**	Aprend**ía**	Viv**ía**
Cant**ábamos**	Aprend**íamos**	Viv**íamos**
Cant**abais**	Aprend**íais**	Viv**íais**
Cant**aban**	Aprend**ían**	Viv**ían**

Les verbes irréguliers

Ser (*être*) : era, eras, era, éramos, erais, eran.
Ver (*voir*) : veía, veías, veía, veíamos, veíais, veían.
Ir (*aller*) : iba, ibas, iba, íbamos, ibais, iban.

3 Le passé simple

La première personne du pluriel des verbes en -ar et -ir est la même qu'au présent de l'indicatif.

Emploi et formation des verbes réguliers

Le passé simple sert à exprimer une action terminée dans le passé. Il est très utilisé en espagnol.
Il se forme en retirant la terminaison de l'infinitif et en ajoutant
– pour les verbes en **-ar** : **-é, -aste, -ó, -amos, -ásteis, -aron**;
– pour les verbes en **-er et -ir**: **-í, -iste, -ió, -imos, -isteis, -ieron**.

Cantar (*chanter*)	Aprender (*apprendre*)	Vivir (*vivre*)
Cant**é**	Aprend**í**	Viv**í**
Cant**aste**	Aprend**iste**	Viv**iste**
Cant**ó**	Aprend**ió**	Viv**ió**
Cant**amos**	Aprend**imos**	Viv**imos**
Cant**ásteis**	Aprend**isteis**	Viv**isteis**
Cant**aron**	Aprend**ieron**	Viv**ieron**

Les verbes irréguliers

• Certains verbes ont une **triple irrégularité** :
– une modification du radical : **andar** (marcher) → **anduve** ;
– des terminaisons spécifiques qui sont les mêmes pour tous : **-e**, **-iste**, **-o**, **-imos**, **-isteis**, **-ieron** ;
– ils ne portent pas d'accent écrit.

andar (*marcher*) → anduve
decir (*dire*) → dije
hacer (*faire*) → hice
querer (*vouloir*) → quise
traer (*apporter*) → traje
caber (*tenir dans*) → cupe
estar (*être*) → estuve
poder (*pouvoir*) → pude
saber (*savoir*) → supe
venir (*venir*) → vine
conducir (*conduire*) → conduje
haber (*auxiliaire avoir*) → hube
poner (*mettre*) → puse
tener (*avoir*) → tuve

• Les verbes **dar** (*donner*), **ir** (*aller*) et **ser** (*être*) sont très irréguliers (voir les tableaux de conjugaison).
• Les verbes terminés en **-eír** perdent le **-i** de la terminaison à la troisième personne du singulier et du pluriel : **sonreír → sonri + ió = sonrió** (*il sourit*), **sonrieron** (*ils sourirent*).
• Les verbes terminés en **-aer, -eer, -oer, -oír** et **-uir** changent le **-i** de leur terminaison en **-y** à la troisième personne du singulier et du pluriel : **leer** (*lire*) → **leyó, leyeron**.

4 Les mots du passé

Pour le passé composé, si la période de temps dans laquelle se situe l'action n'est pas encore terminée : hoy (*aujourd'hui*), ahora (*maintenant*), este año (*cette année*), todavía (*toujours*), siempre (*toujours*)...

Pour l'imparfait : antes (*avant*), antaño (*autrefois*), cada semana (*chaque semaine*)...

Pour le passé simple si l'action est terminée et n'a pas de lien avec le présent : ayer (*hier*), anoche (*cette nuit*), aquel año (*cette année-là*), una vez (*une fois*), en la edad media (*au Moyen Âge*)...

Exercice n° 1

Conjuguer les verbes entre parenthèses au passé composé.

a. Esta mañana, Paola (salir) el perro.
b. Pablo nunca (venir) aquí.
c. Yo no te (escribir) durante las vacaciones.
d. Elena y Carla (leer) esta novela.
e. Vosotros (ponerse) camisas blancas para la boda.
f. Nosotros no (hablar) con tu amigo.
g. ¿Tú (hacer) tus deberes para mañana ?
h. Vosotros no (volver) todavía.
i. Yo (comprar) un pastel.

Corrigés : voir en fin de partie

Exercice n° 2

Conjuguer les verbes entre parenthèses à l'imparfait.

a. *Je chantais* (cantar)
b. *Tu allais* (ir)
c. *Il parlait* (hablar)
d. *Vous ne saviez pas* (saber)
e. *Elle buvait* (beber)
f. *Vous ne regardiez pas* (mirar)
g. *J'écoutais* (escuchar)
h. *Ils apprenaient* (aprender)
i. *Il arrivait* (llegar)
j. *Nous prenions* (coger)
k. *Elles ne disaient pas* (decir)
l. *Tu sortais* (salir)
m. *Vous mettiez* (poner)
n. *Il n'avait pas* (tener)

Corrigés : voir en fin de partie

Exercice n° 3

Conjuguer les verbes entre parenthèses au passé simple.

a. Ayer yo te (mandar) un mensaje pero no me (contestar).
b. Sabrina (volver) la semana pasada.
c. Ellos (salir) por la noche en la ciudad.
d. Tú no (saber) la verdad.
e. Yo (levantarse) muy temprano pasado mañana porque me (despertar) los pájaros.
f. Miguel (leer) el artículo en voz alta y la clase le (aplaudir).
g. Nosotras (ir) a Barcelona el mes pasado y (ver) el Parque Guell.
h. Yo (ser) elegido presidente de la asociación.
i. Ellas (tener) que pedir perdón a su madre porque le (mentir).
j. Vosotros (querer) volver temprano.

Exercice n° 4

Conjuguer les verbes entre parenthèses à l'imparfait ou au passé simple.

a. En un país lejano (nacer) una princesa.
b. (Ser) hermosa y siempre estaba sonriendo.
c. Cuando la (bautizar), acudieron hadas buenas.
d. Pero una muy mala (predecir): 'Se pinchará con un huso y morirá'.
e. Afortunadamente, llegó otra hada muy buena y (poder) suavizar el maleficio.
f. La princesita, que no se daba cuenta de nada, (seguir) sonriendo.
g. (Pasar) el tiempo. Nadie podía entrar en el castillo que vigilaban los criados.
h. Un día, la princesa entró en el desván y (encontrar) una rueca en un rincón.
i. No (conocer) el maleficio: cogió el huso, se pinchó la mano.
j. Al instante, se (quedar) dormida.
k. (Transcurrir) muchos años. Un día, un príncipe quiso visitarla.
l. Cuando la (ver), la besó en la frente y ¡oh milagro! la princesa volvió a la vida.

Exercice n° 5

Même exercice.

a. (Querer - yo) hablarte ayer por la tarde pero no (descolgar - tú) el teléfono.
b. (Comprar - nosotros) un gato ayer.
c. Antes me (contar - tú) historias.
d. El año pasado (irse - yo) de vacaciones a España.
e. Nuestros vecinos nos (pedir) que hiciéramos menos ruido.
f. Gracias a ella (saber - nosotros) el secreto.
g. (Soñar - yo) contigo cuando me despertaste.
h. Siempre (recibir - vosotros) malas notas a la escuela.
i. (Empezar - ellos) a estudiar holandés desde hace 2 semanas.
j. Antes (tocar - tú) el violín ¿verdad?
k. Cuando le (yo - llamar), me (decir) la verdad.
l. Yo (pensar) a menudo en ella pero (enterarse - yo) de que me (haber olvidado).
m. Pablo (estar jugando) cuando su madre le (llamar).

Corrigés : voir en fin de partie

COMPRÉHENSION DE TEXTE N° 8

Antes, yo solía ir a la piscina cada miércoles con mis padres. Ellos siempre venían **conmigo**, pero no **se quedaban** mucho tiempo porque tenían que ir al trabajo después, en el cual se quedaban hasta las diez de la noche. Mi hermana Milagros iba a recogerme cuando yo había terminado. Volvíamos a casa para comer y luego yo podía ir a jugar con mis amigos. A mi hermana no le gustaban mis amigos (siempre me decía: « Juan, no tienen buena reputación tus amigos, dicen que **molestan** las clases »), pero me dejaba salir, porque cuando era ella joven, siempre discutía con nuestros padres para salir. Cuando estaba **de vuelta** en casa, veía un rato la televisión. A veces andaba por el jardín y hablaba con los **pájaros** que nunca me contestaban.

LEXIQUE

conmigo : *avec moi*
quedarse : *rester*
molestar : *déranger*
de vuelta : *de retour*
un pájaro : *un oiseau*

Répondre en français aux questions suivantes.
1. Comment s'appelle le narrateur ?
2. Où se rendait-il le mercredi ?
3. Pourquoi ses parents ne venaient-ils pas le chercher ?
4. Comment s'appelle la sœur du narrateur ?
5. Pourquoi n'aimait-elle pas les amis du narrateur ?
6. Que faisait le narrateur en rentrant chez lui ?
Corrigés : voir en fin de partie

8 Le subjonctif et la concordance des temps

L'espagnol emploie le subjonctif, temps de l'hypothèse, dans des cas où le français ne l'emploie pas, comme pour le futur dans une subordonnée relative de temps, pour exprimer la possibilité, ou encore après les verbes d'ordre, de défense etc...

1 Le subjonctif présent

Formation des verbes réguliers

Le subjonctif présent se forme en « inversant » les terminaisons du présent de l'indicatif. Ainsi, on retire la terminaison de l'infinitif et on ajoute :
- pour les verbes en **-ar** : **-e, -es, -e, -emos, -éis, -en** ;
- pour les verbes en **-er** et **-ir** : **-a, -as, -a, -amos, -áis, -an**.

Cantar (*chanter*)	Aprender (*apprendre*)	Vivir (*vivre*)
cant**e**	aprend**a**	viv**a**
cant**es**	aprend**as**	viv**as**
cant**e**	aprend**a**	viv**a**
cant**emos**	aprend**amos**	viv**amos**
cant**éis**	aprend**áis**	viv**áis**
cant**en**	aprend**an**	viv**an**

Les verbes irréguliers

• Les verbes irréguliers se forment à partir de la 1re personne du singulier du présent de l'indicatif et gardent cette irrégularité à toutes les personnes.
Tener (*avoir*) : **tengo** (*prés. ind.*) → *que tenga, tengas, tenga, tengamos, tengáis, tengan.*
• **Exceptions :**
Haber (*aux. avoir*) : que haya, hayas, haya, hayamos, hayáis, hayan
Ser (*être*) : que sea, seas, sea, seamos, seáis, sean
Ir (*aller*) : que vaya, vayas, vaya, vayamos, vayáis, vayan
Saber (*savoir*) : que sepa, sepas, sepa, sepamos, sepáis, sepan
Dar (*donner*) : que dé, des, dé, demos, deis, den
Estar (*être*) : que esté, estés, esté, estemos, estéis, estén

Les emplois

• Pour exprimer **le souhait, le désir**.
Espero que te vaya bien, ¡qué te vaya bien! – *J'espère que ça ira pour toi, que tout se passe bien pour toi.*
• Avec des verbes indiquant **la crainte, le désir et la volonté** tels que querer que (*vouloir que*), temer que (*craindre que*), desear que (*désirer que*).
Temo que no vuelva el gato. – J'ai peur que le chat ne revienne pas.

• Avec des verbes indiquant **une demande, un ordre** tels que aconsejar (*conseiller*), decir (*dire*), pedir (*demander*), recomendar (*recommander*), rogar (*prier*).
Te pido que vengas. – *Je te demande de venir.*
• Avec des verbes indiquant **une défense** (impératif français)
No te vayas. – *Ne t'en vas pas.*
• Avec des verbes indiquant **la nécessité** tels que es necesario que, es preciso que (*il est nécessaire que*).
Es preciso que llegues temprano. – *C'est important que tu arrives tôt.*
• Dans une **subordonnée de temps** introduite par cuando (*quand*), mientras (*pendant que*), luego que, en cuanto, así como, tan pronto como (*dès que, aussitôt que*), conforme, según (*au fur et à mesure que*).
Llámame en cuanto llegues. – *Appelle-moi dès que tu arrives.*
• Dans une **subordonnée de manière** introduite par *como*.
Haz como quieras. – *Fais comme tu voudras.*
• Dans une **subordonnée de but** introduite par para que (*pour que*).
Te llamo para que vengas. – *Je t'appelle pour que tu viennes.*
• Pour exprimer **une hypothèse, une éventualité** :
– avec acaso, tal vez, quizás (*peut-être*) : Tal vez llueva mañana. – *Peut-être pleuvra-t-il demain.*
– avec aunque (*même si*) : Saldré aunque sea tarde. – *Je sortirai même s'il est tard.*
– por más que, por mucho que (*avoir beau*) : No te creeré por más/por mucho que digas. – *Tu auras beau dire, je ne te croirai pas.*
– avec ojalá (*pourvu que*) : Ojalá no haga frío. – *Pourvu qu'il ne fasse pas froid.*

Attention
À l'inverse du français :
– aunque + indicatif = ***bien que***
– aunque + subjonctif = ***même si***

2 Le subjonctif imparfait

Formation des verbes réguliers
Il faut commencer par maîtriser le **passé simple**. En effet, pour former l'imparfait du subjonctif, on prend la troisième personne du pluriel du passé simple, on retire la terminaison **-ron** et on ajoute :
– 1re forme : **-ra, -ras, -ra, -ramos, -rais, -ran** ;
– 2e forme : **-se, -ses, -se, -semos, -seis, -sen**.

Cantar (*chanter*)	Aprender (*apprendre*)	Vivir (*vivre*)
canta**ra**/ canta**se**	aprendie**ra**/ aprendie**se**	vivie**ra**/ vivie**se**
canta**ras**/ canta**ses**	aprendie**ras**/ aprendie**ses**	vivie**ras**/ vivie**ses**
canta**ra**/ canta**se**	aprendie**ra**/ aprendie**se**	vivie**ra**/ vivie**se**
cantá**ramos**/ cantá**semos**	aprendié**ramos**/ aprendié**semos**	vivié**ramos**/ vivié**semos**
canta**rais**/ canta**seis**	aprendie**rais**/ aprendie**seis**	vivie**rais**/ vivie**seis**
canta**ran**/ canta**sen**	aprendie**ran**/ aprendie**sen**	vivie**ran**/ vivie**sen**

Les irréguliers
Les irrégularités du passé simple se retrouvent donc toutes au subjonctif imparfait (voir les tableaux de conjugaison).
Exemple **andar** (*marcher*) → **anduvieron** (*passé simple*) → **anduviera** *ou* **anduviese** etc.

Au subjonctif imparfait, la première personne du pluriel porte un accent sur la première syllabe de la terminaison.

ESPAGNOL

Les emplois

Très peu utilisé en français, le subjonctif imparfait s'utilise couramment en espagnol pour permettre la concordance des temps. La concordance des temps est le fait de répliquer un temps dans une proposition subordonnée en fonction du temps de la proposition principale.

Temps de la proposition principale	Temps de la proposition subordonnée
Indicatif présent Passé composé Futur simple et antérieur Impératif	Subjonctif présent
Temps du passé Imparfait Plus-que-parfait Prétérit Passé antérieur Conditionnel passé et antérieur	Subjonctif imparfait

Quelques exemples de ces concordances :
- au présent : Su abuelo está gritando para que pongan la mesa. – *Son grand-père crie pour que l'on mette la table.*
- au passé : Su abuelo estaba gritando para que pusieran la mesa. – *Son grand-père criait pour que l'on mette la table.*

• Lorsque le verbe est introduit par **como si, igual que si, lo mismo que si,** le temps d'usage est l'imparfait du subjonctif ou le plus-que-parfait.
Me habla como si fuera su hijo. – Il me parle comme si j'étais son fils.

Exercice n° 1

Conjuguer les verbes au subjonctif présent.

a. Quiero que Laura (comprender) esta lección porque es determinante.
b. La madre desea que sus hijos (comer) más y mejor.
c. Todos queremos que el mundo (vivir) en paz.
d. Dudas de que tus amigos te (visitar) este verano.
e. Deseamos que tú y tu colega (contestar) a esta pregunta.
f. Tú esperas que yo te (escribir) y lo mismo hago yo.
g. Yo espero que tú me (escribir) y lo mismo haces tú.
h. Ana no tolera que su hermana (cantar) en casa.
i. El profesor no acepta que nosotros (pintar) sobre las paredes.
j. ¡Ojalá tu amigo (tomar) todos sus medicamentos.
k. Pedimos paz en este mundo antes de que (pasar) algo grave.
l. Me alegro de que mis amigos (descubrir) este sitio.
m. Me encanta que vosotros (ganar) este concurso.
n. No me gusta que este chico (hablar) mal de la gente.
o. Espero que tú y yo (bailar) juntos durante la fiesta.
p. Laurent aspira a que todos nosotros (aprender) bien el inglés.
q. ¡Permitidme que os (presentar) a mi sobrino!
r. Este señor no acepta que sus amigos (fumar) en su casa.
s. Ella acepta que sus amigas la (llamar) de vez en cuando.
t. Al profesor no le gusta que vosotros (ensuciar) la clase.

Corrigés : voir en fin de partie

Exercice n° 2

Conjuguer les verbes au présent de l'indicatif ou du subjonctif.

a. Pienso que (ser) una buena idea.
b. No te pido que tú (irse), pero ojalá lo (hacer).
c. Este señor no me (decir) la verdad.
d. Quiero que todos (venir) a la reunión.
e. ¿Tú no (oír) este ruido?
f. Vendré a buscarte si me lo (pedir).
g. Le parece bien que nosotros (estudiar) juntos, pero opina que nosotros (deber) repasar más a menudo.
h. Dímelo en cuanto tú lo (saber).
i. Nos aconseja que (ver) esta película.
j. No me lo (decir), tú (tienes) que callarte.
k. Seré bombero cuando (ser) mayor.
l. Ven aquí para decirme si (gustar) estos pasteles.
m. Mi padre no (querer) que nosotros le (ayudar).

Corrigés : voir en fin de partie

Exercice n° 3

Mettre les verbes au passé simple puis au subjonctif imparfait, à la 1re et à la 3e personne du pluriel.

Exemple :

	Sujet	Passé simple	Subjonctif / imparfait
CANTAR	él, ella, usted	cantó	cantara / cantase
	ellos/-as, ustedes	cantaron	cantaran / cantasen

Ser / contar / ir / hacer / mentir / estar / tener / poder / decir / poner / saber

Corrigés : voir en fin de partie

Exercice n° 4

Traduire les phrases suivantes.

a. Je voulus qu'il mangeât. (**comer**)
b. Il demanda à ce que vous vinssiez. (**vosotros-venir**)
c. Il ne voulut pas que j'entendisse la réponse. (**oír**)
d. Je t'interdis que tu chantasses. (**cantar**)
e. Je n'aurais pas cru que vous sussiez la vérité. (**ustedes-saber**)
f. Tu voulais que nous fassions la cuisine. (**hacer**)
g. Il crût qu'il allât en voyage avec nous. (**ir**).
h. Ils espérèrent qu'ils vécussent (**vivir**) longtemps.
i. Tu voulus que j'aimasse ta famille. (**querer**)
j. Il fallut que tu le dises (**decir**).

Corrigés : voir en fin de partie

Exercice n° 5

Mettre au passé simple ou à l'imparfait et faire la concordance des temps.

a. El doctor insiste para que hagamos este análisis.
b. Dudo que Gerardo consiga aprobar.
c. es probable que el cartero haya pasado ya.
d. Siento mucho que no puedas prestarme esta revista.
e. Quiero terminar esta versión antes de que anochezca.
f. Me extraña mucho que la secretaria no esté aquí todavía.
g. Estamos satisfechos con tal que nos dejen tranquilos.
h. Te espero hasta que sean las dos.
i. Le ruego que reciba mis saludos.
j. Busco un intérprete que sepa traducirme esta carta.
k. Te invitamos a cenar a no ser que estés ocupado.
l. No soporto que vuelvas con tanto retraso.
m. Es demasiado tarde para que vayas al mercado.
n. Me temo que vengan con todos sus hijos.
o. Tú vas a pedirles que traigan su raqueta de tenis.
p. Es normal que te pongas un abrigo con el frío que hace.
q. El Director desea que usted vaya a su despacho.
r. Me parece increíble que andes tan rápidamente.
s. Me gusta que usted se sienta bien en mi casa.

Corrigés : voir en fin de partie

COMPRÉHENSION DE TEXTE N° 9

El cocodrilo 'Cassius' de Australia declarado el más grande del mundo

El cocodrilo australiano 'Cassius', de 5,5 metros de largo y cerca de una tonelada de peso, fue declarado hoy por el libro de los récords Guinness como el ejemplar más grande del planeta que vive en cautiverio.

Bautizado con ese nombre en honor al legendario boxeador Cassius Clay, el gigantesco reptil, que fue capturado en 1984 en el Territorio Norte, vive desde hace 24 años en el parque de cocodrilos Marineland Melanesia, en el norte del estado de Queensland.

'Cassius', de 100 años, mediría un poco más si no hubiera perdido unos 20 centímetros de cola durante una pelea en la época en que vivía en libertad.

Su cuidador, George Craig, dijo a la agencia local AAP que, a pesar de su larga relación laboral con el animal, 'Cassius es un reptil, tiene sangre fría' y por ello nunca se atrevería a nadar cerca de él.

Craig midió con la ayuda de su nieto, Toody Scott, al cocodrilo, una tarea que les llevó varios meses de planificación.

'Drenamos el estanque, logramos sacarlo y que se calmara. Le dimos mucha comida y durante horas nos íbamos acercando poco a poco hasta que pudimos medirlo', relató Craig. El portavoz de los Récord Guinness, Chris Sheedy, dijo que 'Cassius' será uno de los pocos acreedores de esta distinción al que se concederá una doble página en la edición del libro de 2012

Su reinado como el cocodrilo más grande del mundo podría durar poco después de la reciente captura en Filipinas de un cocodrilo que aparentemente mide entre seis y siete metros.

'Pero hasta que no haya sido medido adecuadamente, no podemos aceptarlo', manifestó el portavoz de los Récord Guinness.

15/09/2011 http://actualidad.orange.insolito/

LEXIQUE

una tonelada : *une tonne*
en cautiverio : *en captivité*
una pelea : *une bagarre*
atreverse a : *oser*
un estanque : *un étang*

Répondre en français aux questions suivantes.

1. Combien mesure le crocodile et combien pèse t-il ?
2. Où vit-il depuis ces vingt dernières années ?
3. En l'honneur de qui a-t-il été baptisé Cassius ?
4. Quel âge a-t-il ?
5. Comment s'y sont pris les soigneurs pour le mesurer ?
6. A-t-il de longs jours devant lui dans le Guinness des Records ?

Corrigés : voir en fin de partie

ESPAGNOL

9 Le futur et le conditionnel

Le futur et le conditionnel trouvent leur équivalence en espagnol. De plus, ils peuvent être utilisés pour exprimer la probabilité. Le futur envisage alors des faits présents, et le conditionnel des faits passés.

1 Le futur

Au futur, le verbe porte un accent écrit à toutes les personnes sauf à la première du pluriel.

Formation des verbes réguliers

Le futur se forme en ajoutant à l'infinitif des verbes en **-ar**, **-er** et **-ir** les terminaisons suivantes : **-é, -ás, -á, -emos, -éis, -án**.

Cantar (*chanter*)	Aprender (*apprendre*)	Vivir (*vivre*)
cantar**é**	aprender**é**	vivir**é**
cantar**ás**	aprender**ás**	vivir**ás**
cantar**á**	aprender**á**	vivir**á**
cantar**emos**	aprender**emos**	vivir**emos**
cantar**éis**	aprender**éis**	vivir**éis**
cantar**án**	aprender**án**	vivir**án**

Les irréguliers

caber (*rentrer dans*) → cabré	decir (*dire*) → diré	haber (*aux. avoir*) → habré
hacer (*faire*) → haré	poder (*pouvoir*) → podré	poner (*mettre*) → pondré
querer (*vouloir*) → querré	saber (*savoir*) → sabré	salir (*sortir*) → saldré
tener (*avoir*) → tendré	valer (*valoir*) → valdré	venir (*venir*) → vendré

Cette irrégularité se retrouve dans les composés de ces verbes (proponer - *proposer* → propondré), à l'exception des composés de **decir** (predecir - *prédire* → predeciré).

Expression du doute ou de l'hypothèse d'un fait présent.

Será la una - *Il doit être 1 h.*

Estarán hablando. - *Ils doivent être en train de parler.*

Le futur proche se forme avec le verbe ir + a + infinitif. Voy a trabajar. - *Je vais travailler.* Vamos a dormir. - *Nous allons dormir.* Ir (*aller*) est alors conjugué au présent de l'indicatif.

Attention

Pour exprimer le futur dans une subordonnée relative de temps (cuando - *quand* ; en cuanto - *dès que*), on utilise le subjontif présent.

Me casaré cuando **sea** mayor. - *Je me marierai quand je serai grand.*

Les mots du futur

mañana – *demain*
mañana por la mañana – *demain matin*
la semana que viene – *la semaine prochaine*
dentro de dos días – *dans deux jours*
después – *après*
más tarde – *plus tard*
El año que viene – *l'année prochaine*
algún día – *un jour*

2 Le conditionnel

Formation des verbes réguliers

Le conditionnel se forme en ajoutant à l'infinitif des verbes en **-ar, -er** et **-ir** les terminaisons de l'imparfait des verbes en **-er** et **-ir** : **-ía, -ías, -ía, -íamos, -íais, -ían.**

Au conditionnel, le verbe porte un accent écrit à toutes les personnes.

CANTAR (*chanter*)	APRENDER (*apprendre*)	VIVIR (*vivre*)
cantar**ía**	aprender**ía**	vivir**ía**
cantar**ías**	aprender**ías**	vivir**ías**
cantar**ía**	aprender**ía**	vivir**ía**
cantar**íamos**	aprender**íamos**	vivir**íamos**
cantar**íais**	aprender**íais**	vivir**íais**
cantar**ían**	aprender**ían**	vivir**ían**

Les irréguliers

Ce sont les mêmes qu'au futur, on utilise la même modification du radical.
Hacer (*faire*) → haría
Poner (*mettre*) → pondría, etc.

Expression du doute ou de l'hypothèse d'un fait passé.
Sería la una. – Il devait être 1 h.
Estarían hablando. – Ils devaient être en train de parler.

Exercice n° 1

Conjuguer les verbes au futur.

a. Yo (venir) con mi madre.
b. Ella (ser) ingeniera.
c. Nosotros (poder) venir mañana.
d. Ellos (caerse) en las escaleras.
e. Tú (casarse) pronto.
f. Vosotros (cantar).
g. Carmen (hablar) con mi madre.
h. Yo (ir) de compras.
i. Nosotros (salir) por la noche, sobre las diez y media.
j. Estoy seguro de que (ustedes/ser) muy profesionales.
k. Vosotros (vender) el coche a mi primo.
l. Ella nunca (saber) la verdad.
m. Yo (decir) todo lo que sé del asunto.
n. Ustedes (cantar) en el concierto pasado mañana.
o. Tú (volver) y (tener) razón.
p. Yo (hacer) todos los esfuerzos necesarios.
q. Usted (venir) seguramente con nosotras.
r. Mi hermana (haber vuelto) antes de las nueve.
s. A ti (poner) nervioso las noticias.
t. A ellos (dar igual) sus ideas.

Corrigés : voir en fin de partie

Exercice n° 2

Mettre les phrases de l'exercice 1 au futur proche.

Corrigés : voir en fin de partie

Exercice n° 3

Conjuguer les verbes au conditionnel.

a. Tú (poder) decirme la verdad, no te (juzgar).

b. Nosotros (venir) a Madrid si pudiéramos.

c. Si tuviera dinero, Ana (comprarse) un coche nuevo e (ir) más a menudo al restaurante.

d. Usted nos (hacer) el favor si quisiera.

e. Mis padres (empezar) una vida nueva si nosotros nos fuéramos.

f. Vosotros (sacar) buenas notas si estudiaréis.

g. Si vivieras solo, (tener) que cocinar.

h. Si yo no estuviera tan cansada, (salir) con vosotros.

i. (Valer) la pena trabajar en esta empresa.

j. Si tuviéramos más vacaciones (quedarse) en Italia una semana más.

k. Paulo y Paco (vender) su casa si quisieran.

l. Ustedes (ser) felices cerca del mar.

m. Con una nueva cama nosotros (estar) muy a gusto.

n. Si lo supieras, tú no (volver).

Corrigés : voir en fin de partie

10 Style direct et indirect

Les mots ou les pensées de quelqu'un peuvent être soit rapportés directement et encadrés par des guillemets (style direct), ou indirectement, dans une proposition subordonnée complément d'objet introduite par un verbe comme « decir », « preguntar », « pensar »…

1 Changement de temps

Verbe introduisant le discours direct et indirect	Verbes des propositions subordonnées du discours indirect
Présent, passé, passé composé, futur (1) El tenista **dice**: « **Estoy** listo, **me he preparado** y **ganaré** cuando **quiera**. » (1) *Le tennisman dit : « Je suis prêt, je me suis préparé, et je gagnerai quand je veux. »*	Présent, passé composé ou futur (2) El tenista **dice** que **está listo**, que **se ha preparado** y que **ganará** cuando **quiera**. (2) *Le tennisman dit qu'il est prêt, qu'il s'est préparé, et qu'il gagnera quand il voudra.*
Temps du passé (3) El tenista **dijo**: « **Estoy** listo, **me he preparado** y **ganaré** cuando **quiera**. » (3) *Le tennisman a dit : « Je suis prêt, je me suis préparé, et je gagnerai quand je veux. »*	Imparfait, plus-que-parfait, conditionnel, imparfait du subjonctif (4) El tenista **dijo** que **estaba listo**, que **se había preparado** y que **ganaría** cuando **quisiera**. (4) *Le tennisman a dit qu'il était prêt, qu'il s'était préparé, et qu'il gagnerait quand il voudrait.*

2 Changement de mode

Si les paroles du discours direct sont à l'impératif, la proposition subordonnée correspondante du discours indirect est au subjonctif.

Exemples

Le pide: « **Ven** y **pon** la mesa. » (1) → Le pide que **venga** y que **ponga** la mesa. (2)
Je lui demande : « Viens et mets la table. » → Je lui demande de venir et de mettre la table.
Le dijo: « **Ven** y **pon** la mesa. » (3) → Le dijo que **viniera** y que **pusiera** la mesa. » (4)
Je lui ai demandé : « Viens et mets la table. » → Je lui ai demandé de venir et de mettre la table.

3 Changement de personne

Le changement de personne concerne les verbes, les pronoms personnels, les pronoms et les adjectifs possessifs

Exemples

Juan dice: « **Me** levanto temprano, **me** gusta tener tiempo para ocupar**me** de **mis** gatos. »
Jean dit : « *Je me lève tôt, j'aime avoir du temps pour m'occuper de mes chats.* »
→ Juan dice que **se** levanta temprano, que **le** gusta tener tiempo para ocupar**se** de **sus** gatos. »
Jean dit qu'il se lève tôt, qu'il aime avoir le temps de s'occuper de ses chats.

Exercice n° 1

Mettre les phrases suivantes au style indirect.

Exemple : Simón dice: « estoy en casa ». →Simón dice que está en casa.

a. Laura dice: « Ven al cine con nosotros ».

b. Carmen dice: « Me compraré un vestido nuevo para la boda de mi hermana porque me lo ha pedido ».

c. Pablo y Carlos dicen: « Nos vamos de vacaciones a Inglaterra, esperamos que haga buen tiempo y que no tengamos frío ».

d. José dijo: « Me apetecía comer pero ya no tengo hambre ».

e. Carlota dijo: « He venido para ver a mis abuelos pero no están en casa, esperaré hasta que vuelvan. »

f. Miguel dice: « Me ducho, me visto, y tomo mi coche y llego en cuanto pueda. »

g. Lola y Tomás dicen: « podéis cerrar la ventana cuando os vayáis ».

h. Silviana dijo: « Creía que Ana se había olvidado de mi cumpleaños, ya me imaginé que no vendría ».

Corrigés : voir en fin de partie

Exercice n° 2

Mettre les phrases suivantes au style direct.

a. Me pide mi abuela que cocine porque está cansada.

b. Me pregunta mi amiga cuánto tiempo me quedo en París y si podemos vernos antes de que me vaya.

c. Carlos dijo que no estaba de acuerdo, que si fuera él, cambiarían las cosas.

d. Juan piensa que sus padres no han salido porque están cansados.

e. Silviana y María pensaron que no era buena idea levantarse tan pronto para viajar en coche y que valía la pena dormir hasta las 8h.

f. Carlota me pidió que viniera y que le ayudara para preparar su fiesta porque le apetecería no estar sola.

g. Enrique dice que pasará a verme cuando vuelva.

Corrigés : voir en fin de partie

COMPRÉHENSION DE TEXTE N°10

El ascensor

Ricardo sale de su piso para hacer algunas compras. Como no le gusta hacer deporte, baja en ascensor. **De repente**, entre el segundo y el tercer piso el ascensor se para. Ricardo aprieta el botón de la planta baja, pero el ascensor sigue parado. Se ha estropeado. Ricardo **da golpes** en la puerta. Nadie lo oye. Luego, llama a la portera. La portera tampoco lo oye. Se sienta en el suelo y espera tranquilamente.

Miguel Fernández y Luisa Mendoza llegan al portal con muchas **bolsas** de plástico llenas de comida. Entran y llaman el ascensor, pero no se oye nada.

– No funciona- dice Doña Luisa.

Miguel Fernández da unos golpes en la puerta y grita:

– ¡Ascensor! ¡Ascensor!

Y le dice a su mujer:

– Voy a ver qué pasa.

Ricardo oye que alguien **se acerca.** « ¡Qué bien! », piensa. Se levanta y mira por la puerta.

– ¿Qué hace usted aquí?- le pregunta Fernández.

– ¿Usted qué cree? ¿Que estoy bailando flamenco? Mire, hace media hora que estoy dentro de este ascensor y se ha estropeado.

– Voy a buscar a la portera.

Pero la portera no está.

– No está, Luisa. No está.

– Tranquilo, Miguel. A lo major ha salido un momento…, le dice doña Luisa.

– Esto es un desastre. Nada funciona. ¡Qué país! Venga, subimos a pie.

Luisa Mendoza y Miguel Fernández cogen sus bolsas y suben hasta su piso.

Ricardo oye el **ruido** de una puerta que se abre y que se cierra.

Miguel Fernández se ha olvidado de Ricardo Solá.

Lourdes Miguel/ Neus Sans, Reunión de vecinos.

LEXIQUE

de repente : *soudain*
dar golpes : *donner des coups*
una bolsa : *un sac*
acercarse : *s'approcher*
un ruido : *un bruit*

Répondre en français aux questions suivantes.

1. Où se retrouve Ricardo ? Pourquoi ?
2. Quelle est sa réaction ?
3. Que se passe t-il ensuite lorsque le couple arrive ?
4. Que fait le couple à la fin du texte ?

Corrigés : voir en fin de partie

ESPAGNOL

11 Obligation personnelle et impersonnelle

L'obligation personnelle est utilisée pour s'obliger soi-même ou obliger quelqu'un à faire quelque chose ; l'obligation impersonnelle sert à exprimer ce qu'il faut faire.

1 L'obligation personnelle

Il existe deux façons de traduire l'obligation personnelle (= *je dois, tu dois...*) en espagnol.

■ **Tener que** (+ infinitif)
Il faut tout d'abord conjuguer le verbe **tener** au temps et à la personne qui conviennent. On y ajoute ensuite un verbe à l'infinitif.
Exemples
Juan tiene que comprar un coche nuevo. – *Jean doit acheter une nouvelle voiture.*
Teníamos que llegar antes de las siete. – *Nous devions arriver avant 7 h.*

■ **Deber (de)** (+ infinitif)
Il faut tout d'abord conjuguer le verbe **deber** (*devoir*) au temps et à la personne qui conviennent. On y ajoute ensuite un verbe à l'infinitif. La préposition **de** est facultative.
Exemples
Mañana deberán escribir a su jefe. – *Demain ils devront écrire à leur chef.*
No deberías pisar el césped. – *Tu ne devrais pas marcher dans l'herbe.*

> On peut aussi utiliser les expressions suivantes :
> **es preciso que** (+ subjonctif),
> **hace falta que** (+ subjonctif),
> **es menester que** (+ subjonctif)
> Es preciso que vengas. – *Il faut que tu viennes.*

2 L'obligation impersonnelle

■ Il existe plusieurs façons de traduire l'obligation impersonnelle (= *il faut*) en espagnol :

Hay que
Hace falta
Es necesario } + infinitif
Es menester
Es preciso

■ Il faut penser à conjuguer les verbes **haber** (**hay**), **hacer** et **ser** au temps qui convient. Le verbe reste cependant toujours à la troisième personne du singulier.
Exemples
Había que pensar en volver algún día. – *Il fallait penser à revenir un jour.*
Hará falta tomar un taxi. – *Il faudra prendre un taxi.*
Para ser médico, hay que estudiar mucho. – *Pour être médecin, il faut beaucoup étudier.*
Era necesario decírselo. – *Il fallait le lui dire.*
Será preciso vender la casa antes de Pascuas. – *Il faudra vendre la maison avant Pâques.*

Exercice n° 1

Réécrire ces phrases en utilisant l'obligation personnelle.

Exemple : Vamos al museo cada miércoles → Tenemos que ir al museo cada miércoles.

a. Saldrán de París a las ocho.

b. Visitan el museo del Prado en Madrid.

c. No utilizaste tu móvil durante la sesión.

d. Enrique se matriculó en la universidad y presentó su D.N.I (documento nacional de identidad).

e. Pondré la mesa antes de que vengas.

f. Vuelven el diez de Octubre.

g. Ayer, abrimos las ventanas al entrar en clase.

h. Te doy la clave del ejercicio.

i. Me quedo en el trabajo hasta las seis y media, luego me iré a recogerte.

Corrigés : voir en fin de partie

Exercice n° 2

Traduire les phrases suivantes en utilisant les tournures proposées.

a. Il fallait arriver plus tôt pour le premier jour. (ser necesario)

b. Il faut penser à ta famille avant de déménager si loin. (haber que)

c. Si tu n'avais pas compris, il fallait demander. (ser preciso)

d. Il faudra prévoir la grève des transports. (hacer falta)

e. Il fallut refaire la chambre du bébé. (hacer falta)

f. Il faudra faire les comptes demain. (ser menester)

Corrigés : voir en fin de partie

COMPRÉHENSION DE TEXTE N° 11

Madrid se suma a la protesta mundial contra los mercados

Unos 200 indignados se han reunido en el centro de Madrid bajo el lema 'Toma la Bolsa', sumándose a la iniciativa Occupy Wall Street (Ocupar Wall Street), una acción promovida por ciudadanos estadounidenses que demanda "una economía al servicio de las personas". Un importante **número** de policías se ha desplegado en la zona de la Bolsa sobre las 12.30, cuando la jornada ha empezado. Los agentes han advertido a los participantes de que no se acerquen al edificio de la **Bolsa**, por lo cual han optado por trasladarse a un parque a unos metros. Dos de los lemas más comunes, pintados en carteles, han sido "Esta crisis no la pagamos" y "¿Porque mandan los mercados si nadie les ha votado?"

Durante el día, y hasta la medianoche, habrá diferentes conferencias y actividades en las que participarán **catedráticos**, profesores y expertos en economía para debatir sobre «aquellos que hundieron la economía». Para los que no tiene la posibilidad de estar, se puede ver en directo por Internet. La jornada ha comenzado con una **charla** sobre el funcionamiento de la Bolsa. El programa por la tarde incluye varios temas: las diferencias entre la "economía real" y la "economía especulativa", los oligopolios y las compañías transnacionales, y otro sobre la crisis energética y el decrecimiento. Los organizadores han informado que la **ponencia** sobre los paraísos fiscales, programada para las cuatro de la tarde, ha sido cancelada.

Sara España/ David R. Nelson, 17/09/2011, www.politica.elpais.com

LEXIQUE

el número : *le nombre*
la Bolsa : *la Bourse*
el catedrático : *le professeur de faculté*
una charla : *une discussion*
la ponencia : *le rapport*

Répondre en français aux questions suivantes :

1. Où se sont réunis les « *indignados* »? Que revendiquent-ils ?

2. Citer deux de leurs slogans et les expliquer.

3. Expliquer le programme prévu pour la journée.

Corrigés : voir en fin de partie

12 La négation, les quantifieurs, la fréquence

La place de la négation est différente en français et en espagnol. Pour une bonne syntaxe, il est important de savoir la placer. Les quantifieurs et les adverbes de fréquence, quant à eux ne sont pas obligatoires mais traduisent une richesse et une qualité de langue.

1 La négation

En espagnol, il y a deux façons d'exprimer la négation :

- **No** (*ne... pas*) se place devant le verbe : **No** lo sé. – *Je ne sais pas.*

- **Nada** (*rien*), **nadie** (*personne*), **ninguno** (*aucun*), **nunca** (*jamais*), et **tampoco** (*non plus*) peuvent être placés :
– derrière le verbe s'il est précédé de **no** : **No** viene **nunca**. – *Il ne vient jamais.*
– devant le verbe, sans autre négation : **Nunca** viene. – *Il ne vient jamais.*

2 Les quantifieurs

- **Mucho** (*beaucoup*), **poco** (*peu*), **bastante** (*assez*) et **demasiado** (*trop*) sont invariables s'ils accompagnent :
– **un verbe** : Te quiero mucho. – *Je t'aime beaucoup.*
Elena lee poco. – *Hélène lit peu.*
– **un adverbe** (pour **poco, bastante** et **demasiado**) : Esta historia es bastante interesante. – *Cette histoire est assez intéressante.*
Has hecho el ejercicio demasiado rápido. – *Tu as fait l'exercice trop rapidement.*
– **certains adverbes** (pour **mucho**) employés seuls ou suivis d'un adjectif : mucho más (*beaucoup plus*), mucho menos (*beaucoup moins*), mucho mejor (*bien meilleur*), mucho peor (*bien pire*), mucho mayor (*bien plus grand*), mucho menor (*bien moindre*) : Ana es mucho más tímida que su hermana. – *Anna est beaucoup plus timide que sa sœur.*
– si **mucho** est suivi d'un autre adverbe, on le remplace par **muy** (*très*) : Hago el ejercicio muy fácilmente. – *Je fais l'exercice très facilement.*
– **un adjectif** (pour **poco**, **bastante** et **demasiado**) : Estamos poco satisfechos. – *Nous sommes peu satisfaits.*
– si **mucho** est suivi d'un adjectif, on le remplacera par **muy** (*très*) : Este sofá es muy cómodo. – *Ce fauteuil est très confortable.*

- **Mucho** et **poco, bastante** et **demasiado** s'accordent en genre et en nombre s'ils accompagnent un nom.
– « *de* » ne se traduit pas ;
Tiene muchos Ø amigos. – *Il a beaucoups d'amis.*
Vino muy pocas Ø veces. – *Il est venu très peu de fois.*
Hay demasiada gente. – *Il y a trop de monde.*

> On emploie **mucho** et **poco** dans des expressions telles que : tener mucha/poca sed (*avoir très soif*), mucha/poca hambre (*très faim*), mucho/poco miedo (*très peur*), mucho/poco cuidado (*très attention*), tener mucho/poco calor (*très chaud*).
> Ils se traduisent ici par « très » ou « très peu ».

- **más, menos + nom** traduisent « *beaucoup plus de, beaucoup moins de* ».
Hago el ejercicio con mucha más facilidad. - *Je fais l'exercice avec beaucoup plus de facilité.*

■ **Algo** et **nada** sont invariables :
- **algo** (*quelque chose*), **nada** (*rien*) : ¿Quieres algo ? - No, gracias, no quiero nada. - *Veux-tu quelque chose ? - Non, merci, je ne veux rien.*
- **algo, nada + adjectif** (*quelque chose de, rien de*) : Es algo complicado. - No, no es nada complicado. - *C'est quelque chose de difficile. - Non, il n'y a rien de difficile.*
- **algo que, nada que + infinitif** (*quelque chose à, rien à*) : No tengo nada que perder. - *Je n'ai rien à perdre.*
- **algo** (*un peu, quelque peu*), **nada** (*en rien, pas du tout*) : Está algo triste. - *Elle est un peu triste.*
No es nada posible. - *Cela n'est pas du tout possible.*

■ Ne pas confondre les adverbes **ninguno** (*aucun, aucune*) et **nadie** (*personne*) : Ninguno de mis amigos está de acuerdo. - *Aucun de mes amis n'est d'accord.*
No viene nadie. - *Personne ne vient.*

■ Les ajectifs **alguno** et **ninguno** (*quelque, aucun*) s'apocopent devant un nom masculin singulier, c'est-à-dire qu'ils perdent leur **-o** final : algún problema, ningún valor - *quelque problème, aucune valeur.*
Ils s'accordent en genre et en nombre : algunas chicas - *quelques filles.*

■ **Todo** peut être sujet, complément direct de personne ou pronom neutre complément direct :
- s'il est sujet, son emploi est le même qu'en français : Todo está listo. - *Tout est prêt.*
Todas están aquí. - *Elles sont toutes ici.*
- s'il est complément direct de personne, il doit être précédé de **a** : Ha dicho a todos que estaba trabajando. - *Il a dit à tous qu'il travaillait.*
- s'il est neutre et complément direct, il doit être précédé de **lo** : Te lo he dicho todo. - *Je t'ai tout dit.*

3 Les adverbes de fréquence

■ **A menudo** (*souvent*) : A menudo voy a la piscina. - *Je vais souvent à la piscine.*
À noter les expressions : muy a menudo (*très souvent*), más a menudo (*plus souvent*).

■ **A veces** (*parfois*) : A veces voy à la piscina. - *Je vais parfois à la piscine.*
À noter les expressions : a la vez (*à la fois*), a mi vez (*en échange*), algunas veces (*parfois*), muchas veces (*souvent*), pocas veces (*peu de fois*), cada vez (*à chaque fois*), de vez en cuando (*de temps en temps*), en vez de (*au lieu de*), érase una vez (*il était une fois*), otra vez (*une autre fois*), por primera vez (*pour la première fois*), una vez más (*encore une fois*), una y otra vez (*à plusieurs reprises*).

■ **Nunca, jamás** (*jamais*) se construisent comme les autres mots négatifs. **Jamás**, plus rare, exprime une négation plus forte.
Nunca quieres venir conmigo. - *Tu ne veux jamais venir avec moi.*
Jamás volveré. - *Je ne reviendrai jamais.*
À noter les expressions : por siempre jamás (*à tout jamais*), nunca jamás (*jamais de la vie*)

■ **Siempre** (*toujours*) : Siempre va a la piscina los lunes. - *Il va toujours à la piscine le lundi.*
À noter les expressions : para siempre (*pour toujours*), es lo de siempre (*c'est tout le temps la même chose*), como siempre (*comme toujours*), hasta siempre (*adieu*).
Ne pas confondre avec **siempre que + subjonctif** (*si toutefois, pourvu que*).

Exemple
Iré a la piscina, siempre que me lo pidas. - *J'irai à la piscine, si toutefois tu me le demandes.*

Exercice n° 1

Réécrire ces phrases en employant l'autre forme de négation.

a. No visito nunca a mi abuela, y no me importa nada.
b. No estoy nunca de acuerdo con mi jefe pero nunca se lo digo.
c. No tengo ninguna noticia de Carlos pero no pasa nada.
d. Nadie vino a la reunión.
e. No veo nadie en la calle, no hay ningún ruido.
f. No le gusta tampoco ir al cine y entonces nunca van.
g. Tampoco te digo que estoy triste pero nada me gusta esta situación.
h. Ningunos cuadros me encantan.

Corrigés : voir en fin de partie

Exercice n° 2

Traduire les phrases suivantes.

a. Je n'ai pas beaucoup de temps, je ne te l'avais pas encore dit, mais je dois faire quelque chose, et je ne peux rien te dire.
b. Il y a trop de gens dans cette rue, trop de bruit, et beaucoup trop de motos.
c. Je t'aime beaucoup et pour toujours.
d. Je n'ai jamais vu cette publicité, elle est très amusante.
e. As-tu assez de riz ? C'est tout ce qu'il te faut ou tu veux que j'achète quelque chose ?
f. A chaque fois que tu chantes, c'est toujours la même chose.
g. Au lieu de dormir, nous devrions faire un peu de sport.
h. Ils n'ont rien a déclarer, ils n'ont rien fait.
i. Pour la première fois, je me sens stressée.
j. J'ai très soif car il fait très chaud.
k. Son café est bien meilleur.
l. Je te l'ai déjà dit à plusieurs reprises mais tu ne m'écoutes jamais.

Corrigés : voir en fin de partie

COMPRÉHENSION DE TEXTE N° 12

El 64 % de los menores cuelga fotos privadas en las redes sociales

¿Están protegidos los derechos de los menores en las **redes** sociales? A esta pregunta entre otras intenta responder el estudio "Programación y contenidos de la televisión e Internet" que ha realizado Unicef y que ofrece datos interesantes sobre el uso que hacen los menores de 18 años españoles de las redes sociales.

Según el estudio, realizado a través de **encuestas** a más de 3.000 niños entre 12 y 18 años, y que ha sido realizado en colaboración con la oficina del Defensor del Pueblo, el 64 % de los adolescentes admite haber colgado imágenes privadas - suyas o ajenas - en Internet, sobre todo en las redes sociales.

En el **informe** también se detalla que el 35,5 % de los jóvenes accede a las redes sociales sin ningún control de sus padres. Además, el 42 % de los menores consultados asegura tener amigos a los que sólo conoce a través de las redes sociales y un 14% admite que ha llegado a verse alguna vez con esas personas.

El informe también detalla que el 14 % de los jóvenes ha recibido proposiciones sexuales deshonestas a través de Internet.

El estudio fue presentado este fin de semana por la Defensora del Pueblo, quien mostró su preocupación porque se cree una "generación búnker" compuesta por adolescentes que **se encierran** en su habitación para conectarse a internet durante horas aislándose de su familia.

Publicado por Manuel Moreno el 8 noviembre 2010 www.trecebits.com

LEXIQUE

la red : *la Toile (internet)*
una encuesta : *une enquête*
un informe : *un communiqué*
encerrarse : *s'enfermer*

Répondre en français aux questions suivantes.

1. Quels problèmes sont soulevés dans cet article ? Détailler la réponse en précisant les pourcentages.
2. Qui sont les personnes concernées par cette enquête ?
3. Quelle peut être une des conséquences ?

Corrigés : voir en fin de partie

13 Exprimer ses goûts, ses opinions

Pour bien préparer l'oral, il est important de savoir exprimer ses goûts, dire ses préférences et donner son avis à propos du thème présenté.

1 Exprimer ses goûts avec les verbes de type « gustar »

Formation

- Les verbes de type **gustar** ont une conjugaison particulière. En effet, **ils s'accordent avec le COD** (qui en général se trouve derrière), et non pas avec le sujet. (1) Il existe donc deux formes du verbe : **gusta** (singulier) ou **gustan** (pluriel).
- On ne met **jamais de sujet** devant ces verbes, mais **a mí**, **a ti**, **a él**... Ils sont facultatifs et servent à insister. (2) S'il y a un nom, il sera précédé de **a**.

A Ana le gusta la mermelada. – *Anna aime la confiture.*

- Les verbes de type **gustar** sont toujours **composés** : un pronom complément (**me**, **te**, **le**...) + le verbe. (3)

Exemple : **gustar** (*aimer*)

(a mí)(1) me gusta(n) (2)	(*moi*) *j'aime*
(a ti) te(3) gusta(n)	(*toi*) *tu aimes*
(a él, a ella, a usted) le gusta(n)	(*lui, elle, vous*) *il, elle aime / vous aimez*
(a nosotros/-as) les gusta(n)	(*nous*) *nous aimons*
(a vosotros) les gusta(n)	(*vous*) *vous aimez*
(a ellos/-as, a ustedes) les gusta(n)	(*ils, elles, vous*) *ils, elles aiment / vous aimez*

– Si le COD est au pluriel on accorde **gustar**.
Me gusta**n** los viajes. – *J'aime les voyages.*
– Devant un infinitif, **gustar** reste au singulier.
Nos gusta correr. – *Nous aimons courir.*

Ne pas confondre **gustar** (*bien aimer*) et **querer** (*aimer d'amour*).

Autres verbes de type gustar

	avec **dar**	*avec* **poner**
encantar – *adorer*	dar asco – *dégoûter*	poner triste – *rendre triste*
aburrir – *ennuyer*	dar ganas – *faire envie*	
parecer – *sembler, paraître*	dar lástima – *faire de la peine*	poner contento – *rendre content*
molestar – *déranger*	dar pena – *faire de la peine*	
apetecer – *faire envie*	dar miedo – *faire peur*	poner nervioso – *rendre nerveux*
alegrar – *rendre joyeux*	dar vergüenza – *faire honte*	
importar – *importer*	dar igual – *être égal*	poner enfermo – *rendre malade*
entristecer – *attrister*		
doler – *faire mal*		
horrorizar – *horrifier*		
caer bien/mal – *bien/mal s'entendre*		

Exemples

Me encantan tus cuadros. - *J'adore tes tableaux.*
Me duelen los pies. - *J'ai mal aux pieds.*
Esta noticia me entristece. - *Cette nouvelle m'attriste.*
Las espinacas os dan asco. - *Les épinards vous dégoûtent.*
Su manera de actuar me pone nerviosa. - *Sa façon d'agir me rend nerveuse.*
Sobre gustos no hay nada escrito. - *Des goûts et des couleurs il ne faut pas en discuter.*

2 Donner son opinion

Creo que - *je crois que*
Opino que - *je pense que*
Pienso que - *je pense que*
Tengo la impresión de que - *j'ai l'impression que*
Me parece que - *il me semble que*
Estoy convencido/-a de que - *je suis convaincu(e) que*
Quiero decir que - *je veux dire que*

} + indicatif

No creo que - *je ne crois pas que*
No opino que - *je ne pense pas que*
No pienso que - *je ne pense pas que*
No tengo la impresión de que - *je n'ai pas l'impression que*
No me parece que - *il ne me semble pas que*
No estoy convencido/-a de que - *je ne suis pas convaincu(e) que*
Me parece raro/extraño que - *cela me semble étrange que*

} + subjonctif

Para mí - *pour moi*
Según yo - *selon moi*
Personalmente - *personnellement*
En mi opinion - *à mon avis*
En cuanto a mí - *quant à moi*
Desde mi punto de vista - *selon mon point de vue*
Me pregunto si - *je me demande si*

Me choca la actitud de - *je suis choqué(e) par l'attitude de*
No me acaba de convencer - *je ne suis pas vraiment convaincu(e) par*
Me cuesta creer que - *j'ai du mal à croire que*
Parece mentira que - *c'est incroyable que*
Lo que me llama la atención - *ce qui me frappe*
Me ha conmivido mucho - *j'ai été très ému(e), touché(e) par*
Me ha interesado mucho - *j'ai été très intéressé(e) par*
Sé muy bien que - *je sais très bien que*
No cabe duda de que - *cela ne fait aucun doute que*

(No) estoy de acuerdo con - *je (ne) suis (pas) d'accord avec*
Estoy a favor de - *je suis pour*
No lo veo de esta forma. - *je ne vois pas les choses de cette façon.*
(No) comparto el punto de vista de - *je (ne) partage pas l'avis de*

Exercice n° 1

Traduire les phrases suivantes.

a. J'aime les fleurs.
b. Tu aimes ta maison.
c. Il aime les cadeaux.
d. Nous aimons la mer.
e. Vous (**vosotros**) aimez le sud.
f. Vous (**usted**) aimez dormir.
g. Vous (**ustedes**) aimez chasser.
h. Ils aiment les surprises.
i. J'adore ta jupe.
j. Tu adores mon tee-shirt.
l. Nous adorons nous promener.
m. Vous (**vosotros**) adorez les maisons blanches.
n. Vous (**usted**) adorez Pâques.
o. Vous (**ustedes**) adorez ces légumes.
p. Elles adorent les exercices.
q. Les vacances me rendent joyeux.
r. Tes blagues me rendent joyeuse.
s. Son chien me rend joyeux.
t. Chanter le rend joyeux.

Corrigés : voir en fin de partie

Exercice n° 2

Même exercice

a. Avant, j'avais peur de l'avion.
b. La viande dégoûtera toujours Anna et Carlos.
c. Le bruit dérangea les élèves.
d. Nous avions mal au ventre.
e. J'aime bien cette fille.
f. Vous aviez honte de votre comportement. (**usted**)
g. Cette révélation me rendit très triste.
h. Demain, cette histoire me paraîtra stupide.
i. Les fantômes l'horrifient.
j. Ces churros me font envie.
k. Ton avis ne nous importe pas.
l. Les cours ennuient les élèves.
m. Ce mariage rend heureuse toute ma famille.
n. Attendre me rendit nerveuse.

Corrigés : voir en fin de partie

COMPRÉHENSION DE TEXTE N° 13

Arte culinario de Madrid

Definir la cocina madrileña auténtica no es tarea fácil, pues Madrid es la capital Europea que más ha **absorbido** las cocinas regionales de su país. La explicación de este fenómeno se remonta a la época de Felipe II, cuando éste la convirtió en capital de España. Por aquel entonces, los emigrantes que llegaron masivamente de las más diversas comarcas españolas trajeron consigo sus costumbres gastronómicas.

Sin embargo hoy recetas comúnmente aceptadas como típicamente madrileñas son: El Cocido Madrileño, o potaje de **garbanzos**, así como otros guisos de legumbres, los Callos a la Madrileña, elaborados con tripa de vaca, la Sopa de Ajo, la Tortilla de Patatas o tortilla española y deliciosas recetas de cordero o ternera. Todo ello, haciendo buen uso de verduras y frescas hortalizas, entre las que destacan los **espárragos** de Aranjuez, de extraordinaria calidad y delicioso sabor.

Sin embargo, y aunque resulte paradójico considerando su situación geográfica, en su gastronomía abundan los **pescados** que se encuentran aquí en cantidad y calidad excepcional. No es coincidencia ya que la ciudad **alberga** el segundo mercado central de pescado del mundo, tras el de Tokio. Entre sus recetas más tradicionales destacan el besugo al horno y el **bacalao**.

Sin embargo no se quede sin probar la fantástica variedad de pescados y mariscos preparados con recetas de toda la geografía española y de la cocina internacional que aquí podrá encontrar.

http://html.rincondelvago.com/arte-culinario-en-espana.html

LEXIQUE

absorber : *absorber*
el garbanzo : *le pois-chiche*
el espárrago : *l'asperge*
el pescado : *le poisson*
albergar : *héberger*
el bacalao : *la morue*

Répondre en français aux questions suivantes.

1. Quelles sont les influences de la cuisine madrilène ? De quand datent-elles ?
2. Citer les plats typiques de Madrid.
3. Que peut-on dire du poisson dans la gastronomie madrilène ?

Corrigés : voir en fin de partie

14 Quelques particularités de la langue

Voici une liste non exhaustive des particularités de la langue espagnole et de ses équivalences en français.

1 Verbes

Constructions prépositionnelles

Certains verbes ont une construction prépositionnelle qui diffère du français. Les plus courants sont les suivants :

acercarse a	*s'approcher de*	divertirse en	*s'amuser à*
alegrarse con (de, por)	*se réjouir de*	dudar en	*douter de*
aproximarse a	*s'approcher de*	empeñarse en	*s'obstiner à*
atreverse a	*oser*	fiarse de	*se fier à*
bastar con	*suffire de*	interesarse por	*s'intéresser à*
colgar de	*pendre, suspendre à*	optar por	*opter pour*
compensar con	*compenser par*	participar en	*participer à*
concluir con	*terminer par*	pensar en	*penser à*
confiar en	*faire confiance à*	preocuparse por	*se préoccuper pour*
conformarse con	*se contenter de*	probar a	*essayer de*
consentir en	*consentir à*	reparar en	*remarquer*
consistir en	*consister à*	resignarse con (a)	*se résigner à*
contar con	*compter sur*	saber a	*avoir le goût de*
contentarse con	*se contenter de*	seguir con	*continuer*
convertirse en	*devenir*	soñar con	*rêver de*
cuidar de	*faire attention à*	sospechar de	*soupçonner*
cumplir con	*satisfaire à*	tardar en	*tarder à*
desconfiar de	*se méfier de*	traducir al	*traduire en*
disfrazarse de	*se déguiser en*	vacilar en	*hésiter à*

Constructions sans prépositions

Les verbes suivants se construisent sans préposition :

avanzar	*avancer de*	adelgazar	*maigrir de*
atrasar	*retarder de*	engordar	*grossir de*
acercar	*approcher*	envejecer	*vieillir de*
distar	*être éloigné de*	decidir	*décider de*

Il en est de même pour les tournures impersonnelles comme **ser posible/imposible** (*être possible/impossible*), **ser fácil/difícil** (*être facile/difficile*), **ser necesario** (*être nécessaire, falloir*), etc.

Traduction de l'habitude

L'habitude se traduit par le verbe **soler** (*avoir l'habitude de*) Il est toujours suivi d'un infinitif.
Solemos ir al cine el sábado. – *Nous avons l'habitude d'aller au cinéma le samedi.*
Solían ir a casa de su abuela. – *Ils avaient l'habitude d'aller chez leur grand-mère.*

Refaire quelque chose

Pour traduire une action que l'on renouvelle, il existe deux tournures :
- **volver a + infinitif** : Volvemos a comprar un coche. – *Nous rachetons une voiture.*
- verbe + **de nuevo** ou **otra vez** : Compramos de nuevo/otra vez un coche.

Le préfixe **re-** ne sert en espagnol que pour certains verbes comme **rehacer** (*refaire*), **reponer** (*remettre*) ou **revivir** (*revivre*)

Traduction de deux actions simultanées

On utilise la tournure **al + infinitif.**
Al volver a casa, me di cuenta que había olvidado mi cartera. – *En rentrant chez moi, je me suis rendu compte que j'avais oublié mon cartable.*

Traduction de « *venir de* »

On utilise la tournure **acabar de** + infinitif : José acaba de llegar. – *José vient d'arriver.*

L'enclise est le fait d'« accrocher » à un verbe les pronoms COD et COI. Elle s'effectue à l'infinitif, à l'impératif et au gérondif.

Exemples

dí**melo** – *dis-le-moi*
estoy diciendó**telo** – *je te le dis*
quiero decír**telo** – *je veux te le dire*

2 Les pronoms

Sujet	COD (personne)	COD (objet)	COI
yo	me	—	me
tú	te	—	te
él	lo le	lo	le
ella	la le	la	le
usted	lo la le	—	le
nosotros	nos	—	nos
vosotros	os	—	os
ellos	los les	los	les
ellas	las les	las	les
ustedes	los las les	—	les

Lorsque deux pronoms se suivent, on met toujours en premier le COI puis le COD :
me lo da – *il me le donne* ; dámelo – *donne le moi.*

Lorsque **le** ou **les** est suivi de **la** ou de **lo** il se change en **se**.
Doy un caramelo a Pedro. – *Je donne un bonbon à Pierre.*
Le doy un caramelo. – *Je lui donne un bonbon.*

Lo doy a Pedro – *Je le donne à Pierre.*
Se lo doy – *Je le lui donne.*

À l'impératif, le verbe perd son **-s** final à la première personne du pluriel, et son -**d** final à la deuxième personne du pluriel : **levantemos + nos** → **levantémonos, levantad + os** → levantaos.
Seul le verbe **irse** (*s'en aller*) garde son **-d** : idos – *allez-vous-en.*

3 Les faux amis

Voici un tableau répertoriant les faux-amis les plus courants :

abonar → *payer*	*abonner* → suscribir
apelar → *faire appel (juridique)*	*appeler* → llamar
arribar → *accoster*	*arriver* → llegar
asomar → *apparaître*	*assommer* → matar a golpes
atender → *s'occuper*	*attendre* → esperar
avalar → *se porter garant*	*avaler* → tragar
un balance → *un bilan*	*une balance* → una balanza
una carta → *une lettre*	*une carta* → una tarjeta
colar → *filtrer*	*coller* → pegar
la concurrencia → *l'affluence*	*la concurrence* → la competencia
contestar → *répondre*	*contester* → ponse en duda
criar → *élever*	*crier* → gritar
una cuestión → *un problème*	*une question* → una pregunta
un curso → *une année scolaire*	*un cours* → una clase
una chanza → *une plaisanterie*	*la chance* → a suerte
un disgusto → *une contrariété*	*un dégoût* → un asco
divisar → *apercevoir*	*diviser* → dividir
entender → *comprendre*	*entendre* → oír
excusar → *éviter*	*excuser* → disculpar
exprimir → *presser (fruit)*	*exprimer* → expresar
fracasar → *échouer*	*fracasser* → estrellar
una habitación → *une chambre*	*une habitation*→ una casa
largo/-a → *long, longue*	*large* → ancho/-a
una mancha → *une tache*	*une manche* → una manga
marcharse → *s'en aller*	*marcher* → andar
prevenir → *préparer*	*prévenir* → avisar
quitar → *enlever*	*quitter* → abandonar
reparar → *remarquer*	*réparer* → arreglar
una tabla → *une planche*	*une table* → una mesa
un timbre → *une sonnette*	*un timbre* → un sello

ESPAGNOL

4 Le vouvoiement

Pour vouvoyer **une** personne, on utilise **usted + la troisième personne du singulier**.

Pour vouvoyer **plusieurs** personnes, on utilise **ustedes + la troisième personne du pluriel.** Ce sujet est, comme les autres, facultatif, mais permet parfois d'ôter l'ambigüité dans la phrase.

(A mi jefe/*à mon chef*) Usted está de acuerdo conmigo. – *Vous êtes d'accord avec moi.*
(Al director y al professor/*au directeur et au professeur*) Ustedes me ayudaron mucho. – *Vous m'avez beaucoup aidé.*

Les pronoms sont aussi à la troisième personne du singulier ou du pluriel.
¿Dónde está **su** chaqueta, no **se** acuerda? – Où est votre veste, vous ne vous en souvenez pas ?
Attention Vosotros/-as sert à tutoyer plusieurs personnes (tu + tu + tu).

5 Les prépositions *a*, *en*, *con*, *de*, *por* et *para*

La préposition « a » est employée :
- après les verbes qui indiquent un **mouvement** « vers » : ir (*aller*), subir (*monter*), bajar (*descendre*), mudar (*déménager*) etc. ;

Exemple
Voy **a** Madrid. – *Je vais à Madrid.*
Subimos **al** tren. – *Nous sommes montés dans le train.*
- devant un **COD de personne**. Cette personne peut être représentée par un nom propre ou un nom commun représentant une personne déterminée ;

Exemple
Ayer encontré **a** José. – *Hier, j'ai rencontré José.*
Estoy llamando **a** mi abuela. – *J'appelle ma grand-mère.*
Cet emploi s'étend aux animaux de compagnie : Sal al perro. – *Sors le chien.*
- devant un COD (non déterminé) de certains verbes qui ne s'utilisent pratiquement que pour des personnes, comme avisar (*prévenir*), ayudar (*aider*), convencer (*convaincre*) etc. ;
Mañana, ayudaré **a** mi madre. – *Demain, j'aiderai ma mère.*
- devant certains verbes (voir le tableau des verbes à construction prépositionnelle) ;
- pour exprimer **la régularité** ;
Te vas de compras dos veces **a** la semana. – *Tu fais les courses deux fois par semaine.*
- pour exprimer **la manière**, le moyen ;
Venimos **a** pie. – *Nous sommes venus à pied.*
- pour exprimer **une perception des sens** ;
Este vino sabe **a** corcho. – *Ce vin sent le bouchon.*
- dans des expressions telles que **a principios de** (*au début de*), **a mediados de** (*au milieu de*), **al día siguiente** (*le lendemain*), **a fines de** (*à la fin de*), etc.

La préposition « en » est employée :
- avec des verbes tels que **entrar** (*entrer*), **sentarse** (*s'asseoir*), **estar** (*être*), **quedarse** (*rester*) permettant la **localisation** ;
Estoy **en** mi habitación. – *Je suis dans ma chambre.*
- devant les **compléments de temps**, par exemple : **en aquella época** (*à cette époque*), **en verano** (*l'été*), **en la edad media** (*au Moyen Âge*)
- pour exprimer le **moyen de transport** ;
Voy al instituo **en** coche. – *Je vais au lycée en voiture.*
- devant certains verbes (voir le tableau des verbes à construction prépositionnelle).

La préposition « con » est employée :
- pour exprimer le **moyen, l'accompagnement** ;
Voy al cine **con** Ana. – *Je vais au cinéma avec Anna.*
Escribimos **con** pluma. – *Nous écrivons au stylo-plume.*
- devant un **complément de manière** ;
Mi tío anda **con** dificultad. – *Mon oncle marche avec difficulté.*
- devant les compléments qui marquent **l'attitude, la manière d'être** ;
Entró **con** el sombrero en la mano. – *Elle entra le chapeau à la main.*
- dans des expressions telles que **conmigo**, **contigo**... (*avec moi, avec toi...*) ;
- devant certains verbes (voir le tableau des verbes à construction prépositionnelle).

La préposition « de » est employée :
- pour traduire le *de* français ;

Exemples

Vienes **del** trabajo. – *Tu viens du travail.*
Es la hermana **de** Carlos. – *C'est la sœur de Charles.*
un litro **de** leche – *un litre de lait*
Están muertas **de** miedo. – *Elles sont mortes de peur.*
- pour la **date** : Jueves, 19 de Septiembre – *jeudi 19 septembre* ;
- pour exprimer la **manière** : Estoy de pie. – *Je suis debout* ;
- pour exprimer la **condition** ;
De saberlo, no hubiera venido. – Si j'avais su, je ne serais pas venu.
- pour exprimer la **finalité**, avec des adjectifs tels que : **fácil**, **difícil**, **agradable**, **largo**, etc. ;
Es fácil de decir. – *C'est facile à dire.*
- pour la **matière**, **la caractérisation** ;
una silla de madera – *une chaise en bois*
una máquina de escribir – *une machine à écrire*
- dans des expressions telles que **de día** (*le jour*), **de momento** (*pour le moment*), **de repente** (*soudain*), **de golpe** (*tout à coup*) ;
- devant certains verbes (voir le tableau des verbes à construction prépositionnelle).

À noter :
ir **de** viaje : *partir en voyage*
estar **de** vacaciones : *être en vacances*
estar **de** camarero : *être serveur, emploi temporaire*

La préposition « por » est employée :
- devant les **compléments de lieu**, pour traduire « *passer par, à travers, dans, sur* » ;

Exemples

Vuelve **por** su casa. – *Il repasse par chez lui.*
Paseamos **por** el centro. – *Nous nous sommes promenés dans le centre.*
Pasaron **por** el puente. – *Ils sont passés par le pont.*
- devant un **complément de temps**, pour traduire « *pour, vers* » ;
Vuelvo **por** Navidad. – *Je reviens pour Noël.*
Te vas **por** dos semanas. – *Tu pars pour deux semaines.*
- devant un **complément de moyen**, pour traduire « *par* » ;
Llego **por** la entrada principal. – *J'arrive par l'entrée principale.*
- pour exprimer la **cause** : « *pour, à cause de, parce que* » ;
Le felicitaron **por** su tenacidad. – *Ils le félicitèrent pour sa ténacité.*
- devant un **complément d'agent** à la voix passive pour traduire « *par* » ;
El presidente es elegido **por** el pueblo. *Le président est élu par le peuple.*
- pour traduire « *pour, en échange de, contre* » ;
No te lo daría **por** todo el oro del mundo. – *Je ne te le donnerais pas pour tout l'or du monde.*
- avec un infinitif pour traduire « *pour, afin de* » ;
No te le dije **por** no asustarte. – *Je ne te l'ai pas dit pour ne pas t'inquiéter.*
- après certains verbes comme **afanarse** (*s'efforcer*), **inquietarse** (*s'inquiéter*), **luchar** (*lutter*), **interesarse** (*s'intéresser*) exprimant la **passion, l'effort, la volonté** ;
Luchó **por** sus derechos. – *Il lutta pour ses droits.*

- dans des expressions telles que **por ahora** (*pour l'instant*), **por la mañana/tarde/noche** (*le matin/après-midi/soir*), **por primera vez** (*pour la première fois*) etc. ;
- devant certains verbes (voir le tableau des verbes à construction prépositionnelle).

La préposition « para » est employée :
- pour exprimer **un but, une finalité, une destination** ;

Exemples

Preparo la cena para ti. – *Je prépare le diner pour toi.*
Se sentó para escucharle. – *Il s'assit pour l'écouter.*
- pour exprimer une **durée** ou une **date dans le futur** ;

Vuelvo para una semana para Navidad. – *Je reviens pour une semaine pour Noël.*
- pour indiquer la direction que l'on prend ;

Vamos para el instituto. – *On va au lycée.*
- pour exprimer **la comparaison, le point de vue** (« *pour* ») ;

Para mí es posible. – *Pour moi, c'est possible.*
- dans des expressions telles que **para arriba** (*en haut*), **para abajo** (*en bas*), **para con** (envers).

6 Les diminutifs et les augmentatifs

Les diminutifs ont un sens de diminution ou une valeur affective.
- pour les mots terminés par **-o** ou **-a** et ceux terminés par une consonne autre que **-n** ou **-r**, on ajoute **-ito/-a** ;

Exemples

la abuela → la abuelita – *la petite grand-mère*
un reloj → un relojito – *une petite montre*
- pour les mots terminés par **-e**, **-n** et **-r**, on ajoute **-cito/-a** ;

un coche → un cochecito – *une petite voiture*
un balcón → un balconcito – *un petit balcon*
una mujer → una mujercita – *une petite femme*
- on peut trouver aussi les suffixes **-illo/-a** et **-zuelo/-a** ;

una canción → una cancioncilla – *une petite chanson*
una puerta → una portezuela – *une petite porte.*

Les augmentatifs ont un sens d'augmentation ou une valeur péjorative.
- les plus courants sont **-ón et -ona** (avec parfois une valeur péjorative) ;

un hombre → un hombrón – *un grand gaillard*
- les suffixes **-azo/-a, -acho/-a, -achón, -achona, -ote/-a** sont souvent péjoratifs, avec une nuance de grandeur excessive ou de vulgarité ;

rico → ricachón – *richard*
- les suffixes **-azo** et **-ada** indiquent souvent un coup donné.

codo → un codazo – *un coup de coude*

7 Traduction de « depuis »

Pour traduire « *depuis* » pour situer **dans un lieu**, on utilise **desde**.
Desde mi ventana, veo la iglesia. – *Depuis ma fenêtre, je vois l'église.*

Pour traduire « depuis » pour situer **dans le temps**, on utilise :
- **desde** pour un événement daté : Está aquí desde ayer. – *Il est ici depuis hier.*

- **desde hace**, si l'événement est considéré dans sa durée (**desde hacía** dans un contexte au passé) ;
Trabajo desde dos meses. - *Je travaille depuis deux mois.*
Trabajaba desde hacía dos años en esa empresa. - *Elle travaillait depuis deux ans dans cette entreprise.*

8 Traduction de « on »

En espagnol, il existe plusieurs façons de traduire « *on* ».

Si « *on* » = *nous*, on le traduit par la première personne du pluriel.
Cet après-midi, on va au cinéma. - Esta tarde, **vamos** al cine.

Si « *on* » est un « on » général dans lequel **la personne qui parle s'inclut,** il se traduit par **se** + troisième personne du singulier.
En Espagne on mange bien. - En España **se** come bien.

Avec un verbe pronominal, pour une généralité, on utilise **uno** + troisième personne du singulier.
En Espagne, on se couche plus tard. - En España, uno se acuesta más tarde.

Si « *on* » est un « on » **général** dans lequel **la personne qui parle n'est pas incluse,** il se traduit par la troisième personne du pluriel.
On frappe à la porte. - Llaman a la puerta.

9 Traduction de « dont »

Si « *dont* » est complément d'un nom sujet ou COD, il se traduit par **cuyo/-a/-os/-as**. Il s'accorde en genre et en nombre avec le nom qui le suit. L'article est omis en espagnol.
Exemple
Te hablo del hombre cuya Ø barba es blanca. - *Je te parle de l'homme dont la barbe est blanche.*

Si « *dont* » est complément d'un adjectif ou d'un verbe, il se traduit par **del que**, **de la que**, **de los que**, **de las que** pour les personnes et les choses, et par **de quien**, **de quienes** exclusivement pour les personnes.
Es el problema del que no tengo la clave. - *C'est le problème dont je n'ai pas la solution.*
Es el amigo de quien te hablo. - *C'est l'ami dont je te parle.*

10 Traduction de « encore »

Il se traduit par **todavía** ou **aún** ;
Todavía no ha llegado/No ha llegado aún. - *Il n'est pas encore arrivé.*

Pour traduire « *encore un(e), deux...* », on utilise **uno(a), dos... más** ;
Dáme uno más. - *Donne-m'en encore un.*

Pour traduire « *pas encore* » en réponse à une question, on utilise **todavía no** ou **aún no**. ¿Has terminado ? - Todavía/aún no. - *Tu as terminé ? - Pas encore.*

ESPAGNOL

11 Traduction de « c'est... que, c'est... qui »

« *C'est... que* »

– si la tournure reprend un COD ou un COI, « *que* » se traduit par le verbe **ser... el que, la que, los que, las que, lo que** (neutre) ;
Es de nuestra amistad de la que se trata. – *C'est de notre amitié qu'il s'agit.*
– si la tournure reprend un complément de temps, « *que* » se traduit par **cuando** ;
Es ahora cuando te casas. – *C'est maintenant que tu te maries.*
– si la tournure reprend un complément de lieu, « *que* » se traduit par **donde** (sans mouvement), **adonde, de donde, por donde** (avec mouvement) ;
Aquí es donde me casé. – *C'est ici que je me suis marié.*
Allí es adonde voy. – *C'est là-bas que je vais.*
Allí es de donde soy. – *C'est de là-bas que je viens.*
Es aquí por donde entro. – *C'est par ici que j'entre.*
– si la tournure reprend un complément de manière, « *que* » se traduit par **como** ;
Es así como me gusta el café. – *C'est comme cela que j'aime le café.*
– si la tournure reprend un complément de cause, « *que* » se traduit par **por lo que**. Por eso es por lo que te pedimos que nos acompañes. – *C'est pour cela que l'on te demande de nous accompagner.*

« *C'est... qui* »

– si la tournure fait référence à une personne, « *qui* » se traduit par **quien(es)** ;
Es Juan quien me ayuda. – *C'est Jean qui m'aide.*
– si la tournure fait référence à une chose, « *qui* » se traduit par **el que, la que, los que, las que, lo que** (neutre).
Es esta publicidad la que me choca. – *C'est cette publicité qui me choque.*

> **Lorsqu'on traduit « c'est que, c'est qui », le verbe se conjugue au présent, au passé et au futur, contrairement au français.**
> **Fue Cristobal Colón quien descubrió América. – *C'est C. Colomb qui a découvert l'Amérique.***
> **Será allá adonde mudaré. – *C'est là-bas que je déménagerai.***

12 Traduction de « il y a »

« Il y a » se traduit avec la forme impersonnelle de l'auxiliaire **haber** (*avoir*) : **hay** (*il y a*), **había** (*il y avait*), **hubo** (*il y eut*), **habrá** (*il y aura*), **hubiera** (*il y aurait*)...
Hay muchos coches. – *Il y beaucoup de voitures.*

On ne peut pas utiliser l'auxiliaire **haber** si le mot qui suit est un article. Dans ce cas, on utilise le verbe **estar** (*être*) à tous les temps : Está el mar cerca de mi casa. – *Il y a la mer près de chez moi.*

Pour exprimer une durée, on utilise la forme impersonnelle du verbe **hacer** (*faire*) à tous les temps : Me llamó hace cuatro días. – *Il m'a appelé il y a quatre jours.*

13 Traduction de « mais »

Dans une phrase affirmative, on traduit « *mais* » par **pero** : Piensa en ella, pero no lo dice. – *Il pense à elle, mais il ne le dit pas.*

Dans une phrase négative, on traduit « *mais* » par **sino** : No es inglesa sino americana. – *Elle n'est pas anglaise mais américaine.*

Exercice n° 1

Traduire les phrases suivantes en utilisant le pronom sujet correspondant.
- *à deux ami(e)s* : **a.** Vous lui écrivez une lettre **b.** Vous lisez un bon livre.
- *à une, puis deux vieilles dames* : **c.** Êtes-vous de la péninsule? **d.** Parlez-vous anglais?
- *à ses parents* : **e.** Vous mangez au restaurant ? **f.** Je peux venir avec vous ?
- *à ses patrons* : **g.** Je vous donnerai ces documents demain. **h.** Pouvez-vous signer ?

Corrigés : voir en fin de partie

Exercice n° 2

Compléter les phrases avec la préposition qui convient (a, en, con, de, por, para, Ø) et justifier son emploi..

a. Cada año para Halloween nos disfrazamos ... fantasma.

b. Este verano, nos vamos ... viaje ... Sevilla ... avión.

c. Avanzó... tres metros y luego ditió... cinco metros.

d. Solemos ... soñar ... lo que hacemos ... día.

e. Es muy complicado ... explicar pero puedes contar ... Ana porque se interesa ... la enseñanza.

f. Se empeña ... pedirme ... caramelos, pero ... mí me parece importante ... que no coma demasiado.

g. Carlos entró ... la aula, optó ... una silla ... madera y se quedó ... un ricón ... escuchar la conferencia.

h. Concluyeron ... una visita de la empresa y decidieron ... improvisar una degustación.

i. Cuando pienso ... mi futuro, me imagino que viajo ... el mundo entero, que participo ... acciones benévolas, que cuido ... mi familia y de mis amigos, que vivo ... el campo, y que al final me conformo ... muy pocas ... cosas.

j. Llegó ... las zapatillas ... la oficina.

k. El cincuenta ... ciento ... la población está satisfecha ... su presidente.

Corrigés : voir en fin de partie

Exercice n° 3

Compléter avec « por » ou « para » et justifier leur emploi.

a. Me gusta pasear ... el mundo.
b. No es necesario forzarte ... hacer algo.
c. ... lo que veo ya no eres mi amiga. ¿no me hablas?.
d. ... supuesto que soy tu amiga!
e. Nos veremos... diciembre.
f. Los mudos hablan... señas.
g. Iban al campo ... pasear.
h. Este regalo no es ... tí.
i. Te lo digo... que lo sepas.
j. Firma ... su padre en la escuela ¡Esto no se hace!
k. Carlos tomó el tren ... Barcelona.
l. Se compran un coche... diez mil euros.
m. LLegaré tarde... los atascos.

Corrigés : voir en fin de partie

Exercice n° 4

Donner le diminutif ou l'augmentatif des noms suivants.

a. *diminutifs* : un parque/ un balón/ el padre/ una crisis/ un hombre/ una vela/ un vaso

b. *augmentatifs* : una casa/ simple/ una mujer/ un gato/ un perro/ un soltero/ un piso

Corrigés : voir en fin de partie

Exercice n° 5

Compléter les phrases suivantes en utilisant desde, desde hace ou desde hacía.

a. Te conozco ... quince años.

b. ... mucho tiempo que no te había visto.

c. Están casados ... un mes.

d. Oía siempre la música de mis vecinos ... mi piso, y esto... tres años.

e. Veo a Pablo ... la aula de clase.

f. Ha vuelto ... ayer, y no nos habíamos hablado ... veinte años.

g. Estudia ... Septiembre.

Corrigés : voir en fin de partie

Exercice n° 6

Traduire les phrases suivantes en choisissant la traduction de « *on* » qui convient.

a. En France, on mange très bien et on boit du bon vin.

b. On m'a appelé ce matin pour m'offrir un voyage.

c. On ne peut pas se coucher tard et se lever tôt.

d. Demain on a cours à 8 h 30.

e. On est bien accueillis dans cet hôtel.

f. On se regarde et on se sourit.

g. On m'a dit que tu étais en Argentine.

h. On arrivera pour 10 h.

Corrigés : voir en fin de partie

Exercice n° 7

Traduire les phrases suivantes.

a. Ils ont l'habitude de jouer au tennis deux fois par semaine.

b. Tu retournes chez tes parents demain matin.

c. Nous venons de nous lever, mais nous pourrons arriver chez toi avec Carlos à 14 h si tu nous attends un peu.

d. Il y a beaucoup de bruit dans ce cinéma, on ne peut pas regarder le film.

e. C'est toi qui as dit à José que je ne savais rien.

f. Il y avait longtemps que je n'avais pas revu cette fille.

g. C'est de cet homme dont Carlos avait l'habitude de me parler, cet homme dont je ne connais pas le prénom.

i. Vous (**ustedes**) n'êtes pas encore allés la chercher, elle vous attend à la gare depuis dix minutes, il est possible qu'elle soit en colère.

j. En sortant du magasin, elles se sont rendu compte qu'elles avaient oublié d'acheter des pommes.

Corrigés : voir en fin de partie

COMPRÉHENSION DE TEXTE N° 14

Entrevista con Shakira

MTV: ¿Cómo te sientes con la recepción que estás teniendo en el mercado norteamericano?
Shakira: Bastante sorprendida, bastante emocionada y también con mucha curiosidad por saber qué va a pasar con mi vida (risas)... Con mi vida artística, pero **hasta ahora** la respuesta ha sido fantástica, así que sigo bastante optimista. (...)
MTV: Con todo esto de la promoción, la **grabación** y el estar viajando, ¿qué papel desempeña tu familia?
S. : Mi familia son mis pilares, mi soporte, mis mejores amigos y para mí es muy importante viajar con ellos a todos lados, y saber que después de un día pesado, de mucho trabajo, de entrevistas, de agotamiento, puedo llegar al cuarto de mi hotel y no encontrar un cuarto frío y vacío, si no poder darles un beso y saber que están ahí, y luego irme a dormir tranquila. Creo que todo sería muy distinto si no estuviesen conmigo.
MTV: ¿Cuentanos cuáles son tus **planes** para el resto del año?
S. : Tengo planeado hacer unas cuantas presentaciones más en la televisión norteamericana; estaré, seguramente, cantando en Saturday Night Live, que digamos es uno de los shows sueño de cualquier artista que pretende aceptar un mínimo de aceptación en el mercado ánglo. Estaré también en Jay Leno. Estaré visitando algunas ciudades de Estados Unidos y bueno, inmediatamente después de esto me dirijo a México, Brasil, Argentina... Espero que me den El Año Nuevo y la Navidad libre para poder **disfrutarla** con mi familia, con los míos (risas). (...)

Shakiramedia.com

LEXIQUE

hasta ahora : *jusqu'à présent*
la grabación : *l'enregistrement*
un plan : *un plan, un projet*
disfrutar : *profiter*

Répondre en français aux questions suivantes :
1. Quelle est le sentiment de Shakira sur l'accueil qui lui est fait aux États-Unis ?
2. Que représente sa famille et ses amis à ses yeux ?
3. Quels sont ses projets pour cette année ?
Corrigés : voir en fin de partie

15 Conseils pour l'épreuve orale

Voici quelques petits conseils pour bien vous préparer à l'épreuve orale d'espagnol, ainsi que des mots de liaison servant à enrichir la syntaxe de vos phrases.

1 Quelques conseils

Pendant l'année scolaire

• On ne vous apprendra rien en vous disant que **le travail doit être régulier** tout au long de l'année scolaire, tout comme l'apprentissage du vocabulaire. La maîtrise de la conjugaison et des principaux points de grammaire est tout autant nécessaire.
• **Participez à l'oral**, entraînez-vous à la lecture à voix haute afin de trouver votre propre rythme d'élocution, d'améliorer votre prononciation et votre accentuation. Pour vous familiariser avec l'accent, rien de tel que de regarder des films ou des séries en espagnol.
• **Préparez soigneusement vos thèmes**, en faisant des fiches sur le vocabulaire et sur les points de grammaire que vous souhaitez utiliser. Pensez aux questions éventuelles que l'examinateur pourrait vous poser lors de la seconde partie de l'épreuve, notez-les et préparez vos réponses en soignant la qualité de la langue (une bonne syntaxe, une langue riche qui utilise des mots de liaison...).
• **Entraînez-vous** à présenter votre thème dans les conditions d'examen et dans le temps imparti.
• Pour la compréhension de texte, il est primordial de bien lire le texte, à votre rythme. Entraînez-vous pendant l'année à **vous poser les bonnes questions** : qui parle ? Quand se déroule l'action ? Qui sont les personnages ? Que font-ils ? Pourquoi ? Pensez à regarder la source du document qui peut vous apporter des informations supplémentaires. Concentrez-vous sur les temps verbaux et le style utilisés.
• **Approfondissez votre culture générale**, ce sera très apprécié.

Lors de vos révisions

Maîtrisez bien vos thèmes ; cela sera facilité si vous avez préparé des fiches, des questions, etc.

Le jour J, les erreurs à éviter

• **Les fautes « bêtes »** telles que les oublis d'accords, les inventions de mots...
• **Une attitude détachée**, un manque d'implication. Impliquez-vous dans ce que vous faîtes, vous avez *a priori* choisi un sujet qui vous plaît alors tentez de communiquer votre intérêt. Vous êtes ici pour vous vendre ! En entrant dans la salle, pensez à saluer... avec le sourire !
• **Un ton monocorde**, un thème appris par cœur. L'examinateur appréciera au contraire votre spontanéité, votre aisance, un regard franc, une voix claire et une bonne élocution.

2 Mots de liaison et expressions

Voici un tableau de mots de liaison ou expressions (à connaître par cœur) pour enrichir votre vocabulaire.

a causa de + nom	*à cause de*	puesto que + indicatif	*puisque*
dado que + indicatif	*étant donné que*	ya que + indicatif	
por + nom ou infinitif	*pour, à cause de*	a pesar de + nom	*malgré*
porque	*parce que*	a pesar de que	*bien que*
según	*selon*	aunque + indicatif	
con el fin de que + subjonctif	*dans le but de*	aunque + subjonctif	*même si*
para que + subjonctif	*pour que*	a pesar de	*malgré, en dépit de*
entonces	*alors, donc*	mas, pero	*mais*
a no ser que + subjonctif	*à condition que*	con todo	*toutefois, pourtant*
más bien	*plutôt*	sin embargo	*cependant*
de lo contrario	*au contraire*	no obstante	
en cambio	*en revanche*	tampoco	*non plus*
de hecho	*en fait*	por lo menos	*au moins*
en lugar de	*au lieu de*	dicho sea de paso	*soit dit en passant*
el caso es que	*c'est-à-dire que*	se da el caso que	*toujours est-il que*
es decir que		cabe pensar	*il y a lieu de penser*
por lo tanto	*par conséquent*	sea lo que sea	*quoi qu'il en soit*
a propósito de	*a propos de*	al fin y al cabo	*en fin de compte*
con relación a	*à ce sujet*	en resumidas cuentas	
dar a entender	*laisser entendre*	en conclusión	*en conclusion, pour terminer*
de hoy en adelante	*désormais*	para concluír	
por lo visto	*à ce qu'il paraît*	para terminar	

COMPRÉHENSION DE TEXTE N° 15

Los juegos para minusválidos

Pese a que los Juegos Olímpicos son un espectáculo fascinante, como deporte es un **acontecimiento** inhumano, cuando no infame, porque constituye una **mezcla** de patriotismo, músculos, dinero, récords, publicidad, gloria y pastillas. [...]

Pero este suceso deportivo deja de ser infame e inhumano para convertirse en patético cuando se trata de una prueba olímpica donde participan jóvenes inválidos. Cualquier puede tener una **desgracia**. La gente que ha sufrido un accidente y ha quedado físicamente disminuida debe recibir de la sociedad ayuda y solidaridad necesarias para que recupere la moral y la autoestima. Pero parece demasiada crueldad montar unos juegos en los que unos atletas

impedidos, cuya férrea voluntad les ha llevado a superar barreras increíbles, son puestos como ejemplo a otros accidentados para animarlos a ser también héroes. [...] Después de ser exaltado a la gloria un **manco** que ha conseguido nadar a braza, estilo mariposa, el mensaje subliminal será que todos los mancos pueden, con esfuerzo, repetir la hazaña. Ese **requerimiento** moral es la forma más refinada de tortura, sobre todo si después los demás inválidos se encuentran con las **aceras** de la ciudad llenas de obstáculos, con los ascensores inaccesibles, con las escaleras sin rampas en medio de una sociedad hostil, sin las ventajas que un Estado moderno debe **proporcionarles**. Creo que es inmoral montar unos juegos sobre la desgracia física. Como espectáculo es terrible, como ejemplo es desmesurado.

Manuel Vincent, *Nadie muere la víspera*, 2004 Alfaguera.

LEXIQUE

pese a que : *bien que*
un acontecimiento : *un événement*
una mezcla : *un mélange*
la desgracia : *le malheur*
el impedido : *l'infirme*
un manco : *un manchot*
proporcionar : *fournir*
la acera : *le trottoir*
el requrimiento : *l'assignation, la demande*

Répondre en français aux questions suivantes.

1. Que reproche l'auteur aux Jeux Olympiques ?
2. Pourquoi les Jeux Olympiques pour handicapés peuvent-ils être cruels ?
3. Selon l'auteur, comment se comporte la société avec les handicapés ?

Corrigés : voir en fin de partie

SUJET DE TYPE BAC

DOCUMENTO 1 Proyecto de Anuncio de Sandía (Alex Llambías), 2010

"Percepción"

LEXIQUE

un cartel: *une affiche*
la prevención: *la prévention*
(ser) en blanco y negro: *en noir et blanc*
una pareja: *un couple*
la cara: *le visage*
besarse: *s'embrasser*
el corazón: *le coeur*
al revés: à l'envers
los dientes: *les dents*
la calavera: *la tête de mort*
la lápida sepulcral: *la pierre tombale*
el lema/el eslogan: *le slogan*
el título: *le titre*
un examen médico preventivo/una detección: *un test de dépistage*
la clínica de medicina preventiva: *le centre de dépistage*

DOCUMENTO 2 El sida en el nuevo milenio

El **Síndrome** de **I**nmuno**D**eficiencia **A**dquirida o **SIDA**, realmente podría parecer el invento de una mente superdotada y enferma que, con la idea de acabar con el ser humano, diseñó un enemigo perfecto: microscópico, silencioso, contagioso, incurable, mortal. Pero el sida no es otra cosa que la enfermedad que se desarrolla como consecuencia de la infección con el Virus de Inmunodeficiencia Humana, el VIH. Ciertamente, sus características han hecho que el combate en su contra sea especialmente difícil, desde el punto de vista científico, y terrible desde el punto de vista emocional.

A diferencia de otras enfermedades, como el cáncer, que causan también millones de muertes al año, el sida se puede transmitir a través de las relaciones sexuales sin protección y de la madre a su bebé durante la gestación, el parto o la lactancia; en otras palabras, a los seres más cercanos y queridos. La infección por el VIH es silenciosa y puede permanecer en el cuerpo mucho tiempo sin que se note su presencia, de manera que un individuo infectado puede transmitir el virus a otras personas sin tener idea de lo que está pasando. De ahí la importancia de que quienes tienen una vida sexual activa tomen las precauciones necesarias, particularmente el uso del condón. El VIH, además, puede mutar muy rápidamente, es decir, que se modifique alguno de sus genes, por lo que hasta ahora no ha sido posible desarrollar una vacuna.

Actualmente ya existen varias medicinas que si se toman juntas, frenan el desarrollo de la enfermedad, sin embargo, éstas siguen siendo muy costosas, por lo que la mayoría de las personas infectadas en países en vías de desarrollo, donde se localiza el 95% de los

ESPAGNOL

enfermos de sida, no tiene acceso a ellas. En 20 años el sida se ha convertido, básicamente, en una enfermedad (otra más) de la pobreza. Es necesario añadir otra característica: cientos de miles de pacientes de sida son víctimas de discriminación y abusos de sus derechos humanos más elementales tanto por parte del sistema de salud, como de familiares y amigos. [...]

Por Martha Duhne Backhauss. www.comoves.unam.mx/articulos/sida.html

LEXIQUE

una enfermedad: *une maladie*
costoso/-a: *coûteux/-se*
una vacuna: *un vaccin*
el condón: el preservativo
transmitirse: *se transmettre*
por vía sexual: *par voie sexuelle*
por vía sanguínea: *par voie sanguine*
de madre a hijo: *de la mère à l'enfant*
el riesgo: *le risque*
contaminar a : *contaminer*

Questions:

Documento 1 (contestar en español) :

1. Presentar el cartel y describirlo.
2. ¿Cuál es el mensaje? ¿A quién se dirige? ¿Te gusta o no?

Documento 2 (répondre en français) :

1. Définir ce qu'est le SIDA et énumérer ses moyens de transmission.
2. Existe-t-il des soins ? Quels sont les problèmes rencontrés ?

CORRIGÉS

Documento 1:

El documento es un cartel realizado por Alex Llambías, cuyo seudónimo es Sandía, encontrado en su página web y fechado en dos mil ocho. Es un proyecto de publicidad para la prevención contra el SIDA. El SIDA es una enfermedad que se transmite por vía sexual, sanguínea o de la madre a su hijo y que todavía no tiene remedio.

El título del cartel es «Percepción» porque se puede entender de dos maneras según lo miras, como figura o como fondo. El cartel es en blanco y negro. En cada lado podemos ver dos caras simétricas que se besan y su cuerpo. Entre ellas hay un corazón al revés. Con el mismo color, el lema empieza diciendo «cuida tu pareja». Pero al mirar con más atención se destaca en el centro, en blanco, una calavera, cuyos ojos son las caras de la pareja y cuya nariz es el corazón. Más abajo se ven lápidas que al final representan los dientes de la calavera. La calavera es el símbolo de la muerte. Y en blanco también se puede leer el final del lema que dice « el sida mata». Se puede decir que la muerte, la calavera, se interpone entre los perfiles, es decir la pareja, si uno de los dos no cuida al otro.

Para cuidar a su pareja, hay que ser fiel y sincero. Al conocerse, es importante hacer una detección y protegerse con preservativos.

Document 2 :

Le SIDA est le « syndrome d'immuno-déficience acquise ». C'est une maladie qui se développe suite à l'assimilation du virus appelé VIH. Il se transmet par voie sexuelle ou sanguine, ainsi que de la mère à l'enfant, pendant la grossesse ou l'allaitement. Le problème est qu'il peut rester discret dans le corps durant de nombreuses années sans se manifester.

Le virus ayant une capacité à muter rapidement, il n'existe pas de vaccins pour le moment. Des traitements existent cependant qui permettent de freiner la maladie mais le problème est qu'ils coutent très cher. Ces 20 dernières années, le sida s'est développé dans les pays les plus pauvres dans lesquels les gens n'ont pas accès aux traitements. Un autre problème rencontré avec cette maladie est celui de la discrimination, venant aussi bien du système de santé que de la famille ou des amis.

La conjugaison régulière

1er groupe : CANTAR (chanter)				
	Indicatif		Subjonctif	
	Présent	**Passé composé**	**Présent**	**Passé**
yo	canto	he cantado	cante	Haya cantado
tú	cantas	has cantado	cantes	Hayas cantado
él, ella, usted	canta	ha cantado	cante	Haya cantado
nosotros/-as	cantamos	hemos cantado	cantemos	Hayamos cantado
vosotros/-as	cantáis	habéis cantado	cantéis	Hayáis cantado
ellos/-as, ustedes	cantan	han cantado	canten	Hayan cantado
	Imparfait	**Plus-que-parfait**	**Imparfait**	**Plus-que-parfait**
yo	cantaba	había cantado	cantara	hubiera cantado
tú	cantabas	habías cantado	cantaras	hubieras cantado
él, ella, usted	cantaba	había cantado	cantara	hubiera cantado
nosotros/-as	cantábamos	habíamos cantado	cantáramos	Hubiéramos cantado
vosotros/-as	cantabais	habíais cantado	cantarais	hubierais cantado
ellos/-as, ustedes	cantaban	habían cantado	cantaran	hubieran cantado
	Passé simple	**Passé antérieur**	**ou bien**	**ou bien**
yo	canté	hube cantado	cantase	hubiese cantado
tú	cantaste	hubiste cantado	cantases	hubieses cantado
él, ella, usted	cantó	hubo cantado	cantase	hubiese cantado
nosotros/-as	cantamos	hubimos cantado	cantásemos	hubiésemos cantado
vosotros/-as	cantasteis	hubisteis cantado	cantaseis	hubieseis cantado
ellos/-as, ustedes	cantaron	hubieron cantado	cantasen	hubiesen cantado
	Futur simple	**Futur antérieur**	**Futur simple**	**Futur antérieur**
yo	cantaré	Habré cantado	cantare	hubiere cantado
tú	cantarás	Habrás cantado	cantares	hubieres cantado
él, ella, usted	cantará	Habrá cantado	cantare	hubiere cantado
nosotros/-as	cantaremos	Habremos cantado	cantáremos	hubiéremos cantado
vosotros/-as	cantaréis	Habréis cantado	cantareis	hubiereis cantado
ellos/-as, ustedes	cantarán	Habrán cantado	cantaren	hubieren cantado

1er groupe : CANTAR (chanter)				
	Indicatif		**Subjonctif**	
	Conditionnel présent	**Conditionnel passé**		
yo	cantaría	habría cantado		
tú	cantarías	habrías cantado		
él, ella, usted	cantaría	habría cantado		
nosotros/-as	cantaríamos	habríamos cantado		
vosotros/-as	cantaríais	habríais cantado		
ellos/-as, ustedes	cantarían	habrían cantado		
	Impératif	**Infinitif**	**Gérondif**	**Participe passé**
tú	canta	Cantar	Cantando, habiendo cantado	cantado
usted	cante	Haber cantado		
nosotros/-as	cantemos			
vosotros/-as	cantad			
ustedes	canten			

2e groupe VENDER (vendre)				
	Indicatif		**Subjonctif**	
	Présent	**Passé composé**	**Présent**	**Passé**
yo	vendo	he vendido	venda	haya vendido
tú	vendes	has vendido	vendas	hayas vendido
él, ella, usted	vende	ha vendido	venda	haya vendido
nosotros/-as	vendemos	hemos vendido	vendamos	hayamos vendido
vosotros/-as	vendéis	habéis vendido	vendáis	hayáis vendido
ellos/-as, ustedes	venden	han vendido	vendan	hayan vendido
	Imparfait	**Plus-que-parfait**	**Imparfait**	**Plus-que-parfait**
yo	vendía	habiá vendido	vendiera	hubiera vendido
tú	vendías	habiás vendido	vendieras	hubieras vendido
él, ella, usted	vendía	habiá vendido	vendiera	hubiera vendido
nosotros/-as	vendíamos	habiámos vendido	vendiéramos	hubiéramos vendido
vosotros/-as	vendíais	habiáis vendido	vendierais	hubierais vendido
ellos/-as, ustedes	vendían	habián vendido	vendieran	hubieran vendido

2e groupe VENDER (vendre)				
	Indicatif		**Subjonctif**	
	Passé simple	**Passé antérieur**	**ou bien**	**ou bien**
yo	vendí	hube vendido	vendiese	hubiese vendido
tú	vendiste	hubiste vendido	vendieses	hubieses vendido
él, ella, usted	vendió	hubo vendido	vendiese	hubiese vendido
nosotros/-as	vendimos	hubimos vendido	vendiésemos	hubiésemos vendido
vosotros/-as	vendisteis	hubisteis vendido	vendieseis	hubieseis vendido
ellos/-as, ustedes	vendieron	hubieron vendido	vendiesen	hubiesen vendido
	Futur simple	**Futur antérieur**	**Futur simple**	**Futur antérieur**
yo	venderé	habré vendido	vendere	Hubiere vendido
tú	venderás	habrás vendido	venderes	hubieres vendido
él, ella, usted	venderá	habrá vendido	vendere	hubiere vendido
nosotros/-as	venderemos	habremos vendido	vendéremos	hubiéremos vendido
vosotros/-as	venderéis	habréis vendido	vendereis	hubiereis vendido
ellos/-as, ustedes	venderán	habrán vendido	venderen	hubieren vendido
	Conditionnel présent	**Conditionnel passé**		
yo	vendería	habría vendido		
tú	venderías	habrías vendido		
él, ella, usted	vendería	habría vendido		
nosotros/-as	venderíamos	habríamos vendido		
vosotros/-as	venderíais	habríais vendido		
ellos/-as, ustedes	venderían	habrían vendido		
	Impératif	**Infinitif**	**Gérondif**	**Participe passé**
tú	vende	vender	vendiendo	vendido
usted	venda	haber vendido	habiendo vendido	
nosotros/-as	vendamos			
vosotros/-as	vended			
ustedes	vendan			

3e groupe VIVIR (vivre)				
	Indicatif		**Subjonctif**	
	Présent	**Passé composé**	**Présent**	**Passé**
yo	vivo	he vivido	viva	haya vivido
tú	vives	has vivido	vivas	hayas vivido
él, ella, usted	vive	ha vivido	viva	haya vivido
nosotros/-as	vivimos	hemos vivido	vivamos	hayamos vivido
vosotros/-as	vivís	habéis vivido	viváis	hayáis vivido
ellos/-as, ustedes	viven	han vivido	vivan	hayan vivido
	Imparfait	**Plus-que-parfait**	**Imparfait**	**Plus-que-parfait**
yo	vivía	habiá vivido	viviera	hubiera vivido
tú	vivías	habiás vivido	vivieras	hubieras vivido
él, ella, usted	vivía	habiá vivido	viviera	hubiera vivido
nosotros/-as	vivíamos	habiámos vivido	viviéramos	hubiéramos vivido
vosotros/-as	vivíais	habiáis vivido	vivierais	hubierais vivido
ellos/-as, ustedes	vivían	habián vivido	vivieran	hubieran vivido
	Passé simple	**Passé antérieur**	**ou bien**	**ou bien**
yo	viví	hube vivido	viviese	hubiese vivido
tú	viviste	hubiste vivido	vivieses	hubieses vivido
él, ella, usted	vivió	hubo vivido	viviese	hubiese vivido
nosotros/-as	vivimos	hubimos vivido	viviésemos	hubiésemos vivido
vosotros/-as	vivisteis	hubisteis vivido	vivieseis	hubieseis vivido
ellos/-as, ustedes	vivieron	hubieron vivido	viviesen	hubiesen vivido
	Futur simple	**Futur antérieur**	**Futur simple**	**Futur antérieur**
yo	viviré	habré vivido	viviere	hubiere vivido
tú	vivirás	habrás vivido	vivieres	hubieres vivido
él, ella, usted	vivirá	habrá vivido	viviere	hubiere vivido
nosotros/-as	viviremos	habremos vivido	viviéremos	hubiéremos vivido
vosotros/-as	viviréis	habréis vivido	viviereis	hubiereis vivido
ellos/-as, ustedes	vivirán	habrán vivido	vivieren	hubieren vivido

3ᵉ groupe VIVIR (vivre)				
	Indicatif		Subjonctif	
	Conditionnel présent	**Conditionnel passé**		
yo	viviría	habría vivido		
tú	vivirías	habrías vivido		
él, ella, usted	viviría	habría vivido		
nosotros/-as	viviríamos	habríamos vivido		
vosotros/-as	viviríais	habríais vivido		
ellos/-as, ustedes	vivirían	habrían vivido		

3ᵉ groupe VIVIR (vivre)				
	Impératif	Infinitif	Gérondif	Participe passé
tú	vive	vivir	viviendo, habiendo vivido	vivido
usted	viva	haber vivido		
nosotros/-as	vivamos			
vosotros/-as	vivid			
ustedes	vivan			

Conjugaison irrégulière

	Indicatif					Subjonctif		Impératif	Tournures non personnelles
	Présent	Passé simple	Futur	Conditionnel présent	Imparfait	Présent	Imparfait		
CAER (tomber)	**caigo**	caí				**caiga**	cayera / cayese		Gérondif : cayendo
	caes	caiste				**caigas**	cayeras / cayeses	cae	
	cae	cayó				**caiga**	cayera / cayese	**caiga**	
	caemos	caímos				**caigamos**	cayéramos / cayésemos	**caigamos**	
	caéis	caisteis				**caigáis**	cayerais / cayeseis	caed	
	caen	cayeron				**caigan**	cayeran / cayesen	**caigan**	

	Indicatif					Subjonctif		Impératif	Tournures non personnelles
	Présent	Passé simple	Futur	Conditionnel présent	Imparfait	Présent	Imparfait		
DAR **(donner)**	**doy** das da damos **dais** dan	**di** **diste** **dio** **dimos** **disteis** **dieron**				**dé** des **dé** demos **deis** den	**diera / diese** **dieras / dieses** **diera / diese** **diéramos / diésemos** **dierais / dieseis** **dieran / diesen**	da **dé** demos dad den	
DECIR **(dire)**	**digo** dices dice decimos decís dicen	**dije** **dijiste** **dijo** **dijimos** **dijisteis** **dijeron**	**diré** **dirás** **dirá** **diremos** **diréis** **dirán**	**diría** **dirías** **diría** **diríamos** **diríais** **dirían**		**diga** **digas** **diga** **digamos** **digáis** **digan**	**dijera / dijese** **dijeras / dijeses** **dijera / dijese** **dijéramos / dijésemos** **dijerais / dijeseis** **dijeran / dijesen**	**di** **diga** **digamos** decid **digan**	Gérondif: diciendo Participe: **dicho**
ESTAR **(être)**	**estoy** estás está estamos estáis están	**estuve** **estuviste** **estuvo** **estuvimos** **estuvisteis** **estuvieron**				esté estés esté estemos estéis estén	**estuviera / estuviese** **estuvieras / estuvieses** **estuviera / estuviese** **estuviéramos / estuviésemos** **estuvierais / estuvieseis** **estuvieran / estuviesen**	está esté estemos estad estén	
HABER **(aux. avoir)**	**he** **has** **ha** **hemos** habéis **han**	**hube** **hubiste** **hubo** **hubimos** **hubisteis** **hubieron**	**habré** **habrás** **habrá** **habremos** **habréis** **habrán**	**habría** **habrías** **habría** **habríamos** **habríais** **habrían**		**haya** **hayas** **haya** **hayamos** **hayáis** **hayan**	**hubiera/ hubiese** **hubieras / hubieses** **hubiera / hubiese** **hubiéramos / hubiésemos** **hubierais / hubieseis** **hubieran / hubiesen**	**he** **haya** **hayamos** habed **hayan**	

	Indicatif					Subjonctif		Impératif	Tournures non personnelles
	Présent	**Passé simple**	**Futur**	**Conditionnel présent**	**Imparfait**	**Présent**	**Imparfait**		
HACER (faire)	**hago** haces hace hacemos hacéis hacen	**hice** **hiciste** **hizo** **hicimos** **hicisteis** **hicieron**	**haré** **harás** **hará** **haremos** **haréis** **harán**	**haría** **harías** **haría** **haríamos** **haríais** **harían**		**haga** **hagas** **haga** **hagamos** **hagáis** **hagan**	**hiciera / hiciese** **hicieras / hicieses** **hiciera / hiciese** **hiciéramos / hiciésemos** **hicierais / hicieseis** **hicieran / hiciesen**	**haz** **haga** **hagamos** haced **hagan**	Participe: **hecho**
IR (aller)	**voy** **vas** **va** **vamos** **vais** **van**	**fui** **fuiste** **fue** **fuimos** **fuisteis** **fueron**			**iba** **ibas** **iba** íbamos **ibais** **iban**	**vaya** **vayas** **vaya** **vayamos** **vayáis** **vayan**	**fuera / fuese** **fueras / fueses** **fuera / fuese** **fuéramos / fuésemos** **fuerais / fueseis** **fueran / fuesen**	**ve** **vaya** **vayamos** id **vayan**	Gérondif : yendo
PODER (faire)	puedo puedes puede podemos podéis pueden	**pude** **pudiste** **pudo** **pudimos** **pudisteis** **pudieron**	**podré** **podrás** **podrá** **podremos** **podréis** **podrán**	**podría** **podrías** **podría** **podríamos** **podríais** **podrían**		pueda puedas pueda podamos podáis puedan	**pudiera / pudiese** **pudieras / pudieses** **pudiera / pudiese** **pudiéramos / pudiésemos** **pudierais / pudieseis** **pudieran / pudiesen**	puede pueda podamos poded puedan	Gérondif : pudiendo
PONER (pouvoir)	**pongo** pones pone ponemos ponéis ponen	**puse** **pusiste** **puso** **pusimos** **pusisteis** **pusieron**	**pondré** **pondrás** **pondrá** **pondremos** **pondréis** **pondrán**	**pondría** **pondrías** **pondría** **pondríamos** **pondríais** **pondrían**		**ponga** **pongas** **ponga** **pongamos** **pongáis** **pongan**	**pusiera / pusiese** **pusieras / pusieses** **pusiera / pusiese** **pusiéramos / pusiésemos** **pusierais / pusieseis** **pusieran / pusiesen**	**pon** **ponga** **pongamos** poned **pongan**	Participe: **puesto**

	Indicatif					Subjonctif		Impératif	Tournures non personnelles
	Présent	Passé simple	Futur	Conditionnel présent	Imparfait	Présent	Imparfait		
QUERER (vouloir)	quiero quieres quiere queremos queréis quieren	quise quisiste quiso quisimos quisisteis quisieron	querré querrás querrá querremos querréis querrán	querría querrías querría querríamos querríais querrían		quiera quieras quiera queramos queráis quieran	quisiera / quisiese quisieras / quisieses quisiera / quisiese quisiéramos / quisiésemos quisierais / quisieseis quisieran / quisiesen	quiere quiera queramos quered quieran	
SABER (savoir)	sé sabes sabe sabemos sabéis saben	supe supiste supo supimos supisteis supieron	sabré sabrás sabrá sabremos sabréis sabrán	sabría sabrías sabría sabríamos sabríais sabrían		sepa sepas sepa sepamos sepáis sepan	supiera / supiese supieras / supieses supiera / supiese supiéramos / supiésemos supierais / supieseis supieran / supiesen	sabe sepa sepamos sabed sepan	
SALIR (sortir)	salgo sales sale salimos salís salen		saldré saldrás saldrá saldremos saldréis saldrán	saldría saldrías saldría saldríamos saldríais saldrían		salga salgas salga salgamos salgáis salgan		sal salga salgamos salid salgan	
SER (être)	soy eres es somos sois son	fui fuiste fue fuimos fuisteis fueron			era eras era éramos erais eran	sea seas sea seamos seáis sean	fuera / fuese fueras / fueses fuera / fuese fuéramos / fuésemos fuerais / fueseis fueran / fuesen	sé sea seamos sed sean	

	Indicatif					Subjonctif		Impératif	Tournures non personnelles
	Présent	Passé simple	Futur	Conditionnel présent	Imparfait	Présent	Imparfait		
TENER (avoir)	**tengo** tienes tiene tenemos tenéis tienen	**tuve** **tuviste** **tuvo** **tuvimos** **tuvisteis** **tuvieron**	**tendré** **tendrás** **tendrá** **tendremos** **tendréis** **tendrán**	**tendría** **tendrías** **tendría** **tendríamos** **tendríais** **tendrían**		**tenga** **tengas** **tenga** **tengamos** **tengáis** **tengan**	**tuviera / tuviese** **tuvieras / tuvieses** **tuviera / tuviese** **tuviéramos / tuvieseis** **tuvierais / tuvieseis** **tuvieran / tuviesen**	**ten** **tenga** **tengamos** tened **tengan**	
VENIR (venir)	**vengo** vienes viene venimos venís vienen	**vine** **viniste** **vino** **venimos** **vinisteis** **vinieron**	**vendré** **vendrás** **vendrá** **vendremos** **vendréis** **vendrán**	**vendría** **vendrías** **vendría** **vendríamos** **vendríais** **vendrían**		**venga** **vengas** **venga** **vengamos** **vengáis** **vengan**	**viniera / viniese** **vinieras / vinieses** **viniera / viniese** **viniéramos /** **viniésemos** **vinierais / vinieseis** **vinieran / viniesen**	**ven** **venga** **vengamos** venid **vengan**	Gérondif : viniendo
VER (voir)	**veo** ves ve vemos **veis** ven				**veía** **veías** **veía** **veíamos** **veíais** **veían**	**vea** **veas** **vea** **veamos** **veáis** **vean**		ve **vea** **veamos** ved **vean**	Participe : **visto**

Verbes pronominaux, à diphtongue et à alternance

	Indicatif présent	Impératif	Subjonctif présent	Indicatif imparfait	Indicatif passé simple
Verbes pronominaux LEVANTARSE (se lever)	**me** levanto **te** levantas **se** levanta **nos** levantamos **os** levantáis **se** levantan	 levánta**te** levánte**se** levantémo**nos** levante**os** levánten**se**	**me** levante **te** levantes **se** levante **nos** levantemos **os** levantéis **se** levanten	**me** levantaba **te** levantabas **se** levantaba **nos** levantábamos **os** levantábais **se** levantaban	**me** levanté **te** levantaste **se** levantó **nos** levantamos **os** levantásteis **se** levantaron
Diphtongue o▸ue PODER (pouvoir)	**pue**do **pue**des **pue**de podemos podéis **pue**den	 **pue**de **pue**da podamos poded **pue**dan	**pue**da **pue**das **pue**da podamos podáis **pue**dan	Pas de diphtongue ni d'alternance	
Diphtongue e▸ie SENTIR (sentir)	**sie**nto **sie**ntes **sie**nte sentimos sentís **sie**nten	 **sie**nte **sie**nta sentamos sentíd **sie**ntan	**sie**nta **sie**ntas **sie**nta sentamos sentáis **sie**ntan		
Alternance e▸i PEDIR (demander)	**pi**do **pi**des **pi**de pedimos pedís **pi**den	 **pi**de **pi**da **pi**damos pedid **pi**dan	**pi**da **pi**das **pi**da **pi**damos **pi**dáis **pi**dan		

Verbes	Subjonctif imparfait	Indicatif futur simple	Indicatif conditionnel présent	Gérondif
pronominaux LEVANTARSE (se lever)	**me** levantara **te** levantaras **se** levantara **nos** levantáramos **os** levantarais **se** levantaran	**me** levantaré **te** levantarás **se** levantará **nos** levantaremos **os** levantaréis **se** levantarán	**me** levantaría **te** levantarías **se** levantaría **nos** levantaríamos **os** levantaríais **se** levantarían	levantándo**me** levantándo**te** levantándo**se** levantándo**nos** levantándo**os** levantándo**se**
Diphtongue o►ue PODER (pouvoir)	pas de diphtongue ni d'alternance			p**u**diendo
Diphtongue e►ie SENTIR (sentir)				s**i**ntiendo
Alternance e►i PEDIR (demander)				p**i**diendo

1 LE NOMBRE

EXERCICE 1

a. cuarenta y cinco - doscientos veintinueve - seiscientos setenta y dos - mil quinientas páginas - sesenta y siete - setenta y ocho mil novecientos cincuenta y tres - mil cuatrocientos noventa y dos - veinte minutos - cien alumnos

b. el capítulo sexto - Juan Carlos primero - el tercer piso - la novena puerta

c. Jueves, diez de Diciembre de dos mil nueve - Miércoles, cinco de Febrero de mil ochocientos ochenta - Sábado, primero/uno de Marzo

d. Son las dos y veinticinco de la tarde - son las dos menos cinco de la tarde - son las seis y cuarto de la tarde - son las ocho menos cuarto de la noche - es medianoche/son las doce de la noche - es la una y diez de la mañana - son las seis y media de la mañana

e. medio millón - un tercio/una tercera parte de la población - cuatro quintos o sea el ochenta por ciento - catorce dieciochoavos - veinte treintavos

EXERCICE 2

Seis y media (de la mañana), siete, siete y cuarto, siete y media, ocho menos cuarto, ocho menos cinco, ocho, cuatro y cuarto (de la tarde), seis, ocho (de la noche), nueve y media.

COMPRÉHENSION DE TEXTE N°1 :

1. Les deux adjectifs qui définissent le caractère d'Ana sont « **organizada** » et « **dinámica** ».

2. Elle arrive au travail à 9 h.

3. Elle a l'habitude de se lever à 8 h 30 le week-end.

4. Elle profite de son week-end en allant au cinéma, en voyant ses amies et en allant manger chez ses parents.

5. Elle adore passer du temps avec sa meilleure amie, faire du shopping, discuter et se promener dans le parc.

6. Parfois le dimanche elle retrouve des amis du lycée pour jouer au basket ou au hand-ball.

2 LE NOM

EXERCICE 1

a. el - las - la - los - al - del - la - el - la - Ø - el

b. un - una - Ø - Ø - un - Ø - una

EXERCICE 2

a. la gata **b.** la jefa **c.** una directora **d.** la reina **e.** la estudiante **f.** una profesora **g.** la arquitecta

EXERCICE 3

a. el guitarrista **b.** un cantante **c.** el hijo **d.** un médico **e.** el cliente **f.** el turista **g.** un alumno

EXERCICE 4

a. los cafés **b.** las ministras **c.** los derechos **d.** los relojes **e.** los sábados **f.** los ingleses **g.** las crisis **h.** las veces

COMPRÉHENSION DE TEXTE N°2 :

1. Le modèle nano présenté à Bombay est revêtu de 80 kg d'or, 15 kg d'argent, de pierres précieuses (diamants, perles, rubis, émeraudes) et semi-précieuses.

2. Le modèle est estimé à 4,5 millions de dollars.

3. Le président du groupe s'appelle Ratan Tata.

4. L'utilitaire Nano coûte 2900 dollars.

5. Ses ventes ont baissé (1202 ventes en août 2011), baisse qui serait due aux défaillances de sécurité.

6. Le modèle unique sera présenté fin septembre, un lundi, pendant six mois.

3 LES INTERROGATIFS

EXERCICE 1

a. Cuál **b.** Dónde **c.** Qué **d.** Cómo **e.** Cuándo **f.** A dónde **g.** Cuántas **h.** De dónde **i.** Por qué

EXERCICE 2

a. ¿A dónde vas el mes que viene? ¿Cuándo vas a Madrid? **b.** ¿Por qué te levantas pronto? ¿Adónde vas? **c.** ¿A dónde vais? ¿Cómo vais clase? **d.** ¿Cuántos euros te quedan? **e.** ¿Cuál es tu número de teléfono? **f.** ¿Qué estás haciendo? ¿Con quién estás comiendo?

COMPRÉHENSION DE TEXTE N°3

1. On trouve 40 % de jeunes chômeurs en Espagne et 24 % en Europe.

2. Pour faire face à cela, on compte sur les aides de retour à l'emploi, mais cela ne concerne qu'un tiers des jeunes.

3. Le contrat d'apprentissage est destiné aux jeunes les moins qualifiés.

4. Ses avantages sont doubles : pour les jeunes cela représente la possibilité d'entrer sur le marché du travail en profitant d'une formation, et pour les entreprises, une main d'œuvre à bon marché.

4 COMPARATIFS ET SUPERLATIFS

EXERCICE 1

a. L'avion est plus rapide que le train. **b.** Sylvère est de plus en plus ponctuel. **c.** Les entreprises sont de plus en plus délocalisées. **d.** Moins tu me parles, mieux je me sens. **e.** Ce thème est très intéressant. **f.** La Sagrada Familia est la plus belle église que je n'aie jamais vue. **g.** C'est très important pour moi de faire un stage dans cette boutique. **h.** C'est de la plus grande importance. **i.** Il y a de moins en moins de clients dans ce magasin.

EXERCICE 2

a. listísimo **b.** quietísimo **c.** dificilísimo **d.** suavísima **e.** buenísima **f.** pobrísima **g.** muy agradable **h.** muy fácil **i.** muy fiel **j.** muy malo **k.** muy poderosa **l.** muy fuerte

COMPRÉHENSION DE TEXTE N° 4

1. Le personnage principal s'appelle Alonso Quijano, il est fort mais très maigre, il a le visage fin. Il ne travaille pas et aime la chasse et lire des romans de chevalerie.

2. Il est devenu fou car il a trop lu de livres de chevalerie et la fiction est devenue pour lui une réalité. Il a par la suite décidé de devenir lui-même chevalier.

3. Pour mener à bien son projet, il a besoin d'armes et d'un cheval ; il nommera ce dernier Rocinante.

5 SER ET ESTAR

EXERCICE 1

a. estamos **b.** eres **c.** son **d.** es **e.** están **f.** es **g.** sois **h.** son **i.** estoy **j.** está **k.** estás

EXERCICE 2

a. Ana está a punto de volver a casa. ¿Estás segura de que está lista? **b.** Pablo es un hombre sencillo y alegre, pero desde hace dos días está triste. **c.** Es llamado por sus hermanos. **d.** Estáis negros y es normal porque son injustos. **e.** Está claro que está durmiendo pero está de vacaciones. **f.** ¿Dónde estáis? Estamos sentadas en un café, estamos tomando algo. **g.** Eres tú el culpable. **h.** Marina es estudiante, es alemana. **i.** Estoy por rechazar tu propuesta.

COMPRÉHENSION DE TEXTE N° 5

1. Oliveira vit au Brésil, dans l'état du Río Grande.

2. Oliveira a eu tous ces enfants avec sa première femme, sa femme actuelle, et la sœur et la mère de cette dernière.

3. Maria Francisca da Silva l'a aidé à élever les enfants du premier mariage ainsi que ceux qu'ils ont eu ensemble. Sa sœur aidait aux tâches ménagères.

4. Oliveira a cent petits-enfants et 30 arrières petits-enfants.

5. Il justifie toutes ces naissances par le fait qu'il aime les femmes, qui sont, selon lui, la plus belle chose que Dieu ait créée.

COMPRÉHENSION DE TEXTE N° 6

1. Le poète pense que les rêves sont pour les enfants.

2. Il croit en les gens qui rêvent, car ils ne s'imposent pas de limites et qu'ils sont capables de déplacer des montagnes les yeux fermés.

3. Selon lui, le plus important n'est pas de réussir à réaliser ses rêves, mais d'avoir au moins essayé d'y parvenir.

6 PRÉSENT SIMPLE ET PRÉSENT PROGRESSIF

EXERCICE 1

a. eres **b.** sois **c.** tienes **d.** hablan **e.** tenemos **f.** nos llamamos **g.** es **h.** vivís **i.** estudiáis **j.** comen **k.** cantamos **l.** tenéis

EXERCICE 2

a. está subiendo **b.** estás leyendo. **c.** estamos durmiendo **d.** están paseando **e.** estáis llamando **f.** estoy diciendo **g.** está yendo **h.** está comiendo **i.** están haciendo **j.** están cruzando

EXERCICE 3

a. Estamos conversando. **b.** Ana está durmiendo. **c.** Mi abuelo está volviendo a casa. **d.** Vosotros estáis riendo. **e.** Carmen no está diciendo la verdad. **f.** Paco y Carlos están hablando. **g.** Estoy saliendo de casa, son las seis. **h.** No estás pensando en tu examen. **i.** Carolina está duchándose. **j.** Estamos yéndonos al cine. **k.** Estás acostándote.

COMPRÉHENSION DE TEXTE N° 7

1. Ce que l'auteur aime dans le sport, c'est tout d'abord le spectacle. Ensuite, il aime le message qu'il véhicule à travers un jeu *fair-play*, le fait de se surpasser pour gagner, et le respect de chacun.

2. Le sport est un élément important dans l'éducation des jeunes tout d'abord car il est largement véhiculé par les médias, mais aussi parce qu'il enseigne des valeurs fondamentales telles que le respect, le partage, et la solidarité.

3. Les attitudes négatives, telles que la violence ou l'anti-jeu dans le sport engendrent des tensions, des affrontements et la déformation des valeurs de la société.

4. L'auteur tient pour responsable les entraîneurs et les autorités sportives qui devraient prendre les mesures nécessaires pour redonner une image positive au sport.

7 LES TEMPS DU PASSÉ

EXERCICE 1

a. ha salido. **b.** ha venido **c.** he escrito. **d.** han leído **e.** habéis puesto **f.** hemos hablado **g.** has hecho **h.** habéis vuelto **i.** he comprado

EXERCICE 2

a. cantaba **b.** ibas **c.** hablaba **d.** sabíais **e.** bebía **f.** mirábais **g.** escuchaba **h.** aprendían **i.** llegaba **j.** cogíamos **k.** decían **l.** salías **m.** poníais **n.** tenía

EXERCICE 3

a. mandé - contestaste. **b.** volvió. **c.** salieron. **d.** supiste **e.** me levanté - despertaron **f.** leyó - aplaudió. **g.** fuimos - vimos **h.** fui **i.** tuvieron - mintieron **j.** quisisteis

EXERCICE 4

a. nació **b.** Era **c.** bautizaron **d.** predijo **e.** pudo **f.** seguía **g.** Pasó **h.** encontró. **i.** conocía **j.** se quedó **k.** transcurrieron. **l.** vio

EXERCICE 5

a. Quise - descolgaste **b.** compramos **c.** contabas **d.** me fui **e.** pidieron **f.** supimos **g.** Soñaba **h.** recibíais *ou* recibisteis **i.** empezaron **j.** tocabas **k.** llamé, dijo **l.** pensaba - me enteré -había olvidado **m.** estaba jugando - llamó

COMPRÉHENSION DE TEXTE N° 8

1. Le narrateur s'appelle Juan.

2. Le mercredi, il allait à la piscine avec ses parents.

3. Ses parents ne venaient pas le chercher car ils travaillaient tard.

4. La sœur du narrateur s'appelle Milagros.

5. Elle n'aimait pas les amis de Juan car ils n'avaient pas une bonne réputation et qu'ils perturbaient les cours.

6. En rentrant chez lui, Juan regardait un peu la télévision. Parfois il se promenait dans le jardin et parlait aux oiseaux.

8 LE SUBJONCTIF ET LA CONCORDANCE DES TEMPS

EXERCICE 1

a. comprenda **b.** coman **c.** viva **d.** visiten **e.** contestéis **f.** escriba **g.** escribas **h.** cante **i.** pintemos **j.** tome **k.** pase **l.** descubran **m.** ganéis **n.** hable **o.** bailemos **p.** aprendamos **q.** presente **r.** fumen **s.** llamen **t.** ensuciés.

EXERCICE 2

a. es **b.** te vayas/hagas **c.** dice **d.** vengan **e.** oyes **f.** pides **g.** estudiemos/debemos **h.** sepas **i.** veamos **j.** digas/tienes **k.** sea **l.** te gustan **m.** quiere/ayudemos.

EXERCICE 3

	Sujet	Passé simple	Subjonctif imparfait
ser	él, ella, usted	fue	fuera/fuese
	ellos/-as, ustedes	fueron	fueran/fuesen
contar	él, ella, usted	contó	contara/contase
	ellos/-as, ustedes	contaron	contaran/contasen
ir	él, ella, usted	fue	fuera/fuese
	ellos/-as, ustedes	fueron	fueran/fuesen
hacer	él, ella, usted	hizo	hiciera/hiciese
	ellos/-as, ustedes	hicieron	hicieran/hiciesen
mentir	él, ella, usted	mintió	mintiera/mintiese
	ellos/-as, ustedes	mintieron	mintieran/mintiesen
estar	él, ella, usted	estuvo	estuviera/estuviese
	ellos/-as, ustedes	estuvieron	estuvieran/estuviesen
tener	él, ella, usted	tuvo	tuviera/tuviese
	ellos/-as, ustedes	tuvieron	tuvieran/tuviesen
poder	él, ella, usted	pudo	pudiera/pudiese
	ellos/-as, ustedes	pudieron	pudieran/pudiesen

	Sujet	Passé simple	Subjonctif imparfait
decir	él, ella, usted	dijo	dijera/dijese
	ellos/-as, ustedes	dijeron	dijeran/dijesen
poner	él, ella, usted	puso	pusiera/pusiese
	ellos/-as, ustedes	pusieron	pusieran/pusiesen
saber	él, ella, usted	supo	supiera/supiese
	ellos/-as, ustedes	supieron	supieran/supiesen

EXERCICE 4

a. Quise que comiera/comiese. **b.** Pidió que vinierais/vinieseis. **c.** No quiso que oyera/oyese la respuesta. **d.** Te prohibí que cantaras/cantases. **e.** No hubiera creído que supieran/supiesen la verdad. **f.** Querías que hiciéramos/hiciésemos la cocina. **g.** Creyó que fuera/fuese de viaje con nosotros. **h.** Esperaron que vivieron/viviesen mucho tiempo. **i.** Quisiste que amara/amase a tu familia. **j.** Tuviste que decirlo.

EXERCICE 5

a. El doctor insistió/insistía para que hiciéramos/hiciésemos este análisis. **b.** Dud dudaba que Gerardo consiguiera/consiguiese aprobar. **c.** Fue/era probable que el cartero hubiera/hubiese pasado ya. **d.** Sentí/sentía mucho que no pudieras/pudieses prestarme esta revista. **e.** Quise/quería terminar esta versión antes de que anochezcara/anochezcase. **f.** Me extrañó/me extrañaba mucho que la secretaria no estuviera/estuviese aquí todavía. **g.** Estuvimos/estábamos satisfechos con tal que nos dejaran/dejasen tranquilos. **h.** Te esperé/te esperaba hasta que feran/fuesen las dos. **i.** Le rogó/le rogaba (que) recibiera/recibiese mis saludos. **j.** Busqué/buscaba un intérprete que supiera/supiese traducirme esta carta. **k.** Te invitamos/te invitábamos a cenar a no ser que estuvieras/estuvieses ocupado. **l.** No soporté/no soportaba que volvieras/volvieses con tanto retraso. **m.** Fue/era demasiado tarde para que fueras/fueses al mercado. **n.** Me temé/me temía que vinieran/viniesen con todos sus hijos. **o.** Fuiste/ibas a pedirles que trayeron/trayesen su raqueta de tenis. **p.** Fue/era normal que te pusieras/pusieses un abrigo con el frío que hizo/hacía. **q.** El director deseó/deseaba que usted fuera/fuese a su despacho. **r.** Me pareció/me parecía increíble que andaras/andases tan rápidamente. **s.** Me gustó/me gustaba que usted se sintiera/se sintiese bien en mi casa.

COMPRÉHENSION DE TEXTE N° 9

1. Le crocodile mesure 5,5 mètres de long et pèse presque une tonne.

2. Depuis 24 ans, il vit dans le parc à crocodiles Marineland Melanesia, au nord-est de "Percepción"

3. Il a été baptisé Cassius en l'honneur du boxeur Cassius Clay.

4. le crocodile a cent ans.

5. Le mesurer n'a pas été une chose simple. Il a d'abord fallu drainer l'étang, sortir l'animal et le calmer, puis lui donner beaucoup à manger. Les soigneurs ont passé des heures à s'approcher petit à petit avant de pouvoir le mesurer.

6. On a capturé aux Philippines un crocodile qui mesure entre six et sept mètres, mais Cassius restera dans le Guinness des records jusqu'à ce que ce dernier soit officiellement mesuré.

9 LE FUTUR ET LE CONDITIONNEL

EXERCICE 1

a. vendré **b.** será **c.** podremos **d.** se caerán **e.** te casarás. **f.** cantaréis **g.** hablará **h.** iré **i.** saldremos **j.** serán **k.** venderéis **l.** sabrá **m.** diré **n.** cantarán **o.** volverás/tendrás razón **p.** haré **q.** vendrá **r.** habrá vuelto. Te pondrán. **t.** les darán igual.

EXERCICE 2

a. Yo voy a venir con mi madre. **b.** Ella va a ser ingeniera. **c.** Nosotros vamos a poder venir mañana. **d.** Ellos van a caerse en las escaleras. **e.** Tú vas a casarte pronto. **f.** Vosotros vais a cantar. **g.** Carmen va a hablar con mi madre. **h.** Yo voy a ir de compras. **i.** Nosotros vamos a salir por la noche, sobre las diez y media. **j.** Estoy seguro de que van a ser muy profesionales. **k.** Vosotros vais a vender el coche a mi primo. **l.** Ella nunca va a saber la verdad. **m.** Yo voy a decir todo lo que sé del asunto. **n.** Ustedes van a cantar en el concierto pasado mañana. **o.** Tú vas a volver y vas a tener razón. **p.** Yo voy a hacer todos los esfuerzos necesarios. **q.** Usted va a venir seguramente con nosotras. **r.** Mi hermana va a haber vuelto antes de las nueve. **s.** A ti te van a poner nervioso las noticias. **t.** A ellos les van a dar igual sus ideas.

EXERCICE 3

a. podrías/juzgaría **b.** vendríamos **c.** se compraría/iría **d.** haría **e.** empezarían **f.** sacaríais **g.** tendrías **h.** saldría **i.** Valdría **j.** nos quedaríamos **k.** venderían **l.** serían **m.** estaríamos **n.** volverías

10 STYLE DIRECT ET INDIRECT

EXERCICE 1

a. Laura dice que venga al cine con vosotros. **b.** Carmen dice que se comprará un vestido nuevo para la boda de su hermana porque se lo ha pedido. **c.** Pablo y Carlos dicen que se van de vacaciones a Inglaterra, que esperan que haga buen tiempo y que no tengan frío. **d.** José dijo que le apetecía comer pero que ya no tenía hambre. **e.** Carlota dijo que había venido para ver a sus abuelos pero que no estaban en casa, que esperaría hasta que volvieran. **f.** Miguel dice que se ducha, se viste, y que toma su coche y llega en cuanto pueda. **g.** Lola y Tomás dicen que podemos cerrar la ventana cuando nos vayamos. **h.** Silviana dijo que creía que Ana se había olvidado de su cumpleaños, y que ya se imaginó que no vendría.

EXERCICE 2

a. Mi abuela me dice: « Cocina porque estoy cansada ». **b.** Mi amiga me pregunta: « ¿Cuánto tiempo te quedas en París, podemos vernos antes de que te vayas? » **c.** Carlos dijo: « No estoy de acuerdo, si fuera yo, cambiarían las cosas ». **d.** Juan piensa: « Mis padres no han salido porque están cansados ». **e.** Silviana y María pensaron: « No es buena idea levantarnos tan pronto para viajar en coche, vale la pena dormir hasta las 8 h ». **f.** Carlota me dijo: « Ven y ayúdame para preparar mi fiesta porque me apetecería no estar sola ». **g.** Enrique dice: « pasaré a verte cuando vuelva ».

COMPRÉHENSION DE TEXTE N° 10

1. En sortant de chez lui pour aller faire les courses, Ricardo qui n'aime pas le sport prend l'ascenseur et se retrouve coincé dedans entre le deuxième et le troisième étage.

2. Ricardo commence par appuyer sur le bouton du rez-de-chaussée, mais comme rien ne se passe, il se met à donner des coups dans la porte. Il tente en vain d'appeler la concierge. Il finit par s'asseoir et attend.

3. Lorsque le couple arrive, il s'aperçoit qu'il y a un problème. Lorsque Miguel Fernández s'approche de l'ascenseur, il se rend compte que quelqu'un est coincé dedans et dit à Ricardo qu'il va chercher la concierge.

4. À la fin du texte, le couple monte à pied et oublie Ricardo, qui reste coincé dans l'ascenseur.

12 OBLIGATION PERSONNELLE ET IMPERSONNELLE

EXERCICE 1

a. Tendrán que/deberán (de) salir **b.** Tienen que/deben (de) visitar **c.** No tuviste que/debiste (de) utilizar **d.** Tuvo que/debió (de) matricularse – tuvo que/debió (de) presentar **e.** Tendré que/deberé (de) poner **f.** Tienen que/deben (de) volver **g.** Tuvimos que/debimos (de) abrir **h.** Tengo que /debo (de) darte **i.** Tengo que /debo (de) quedarme – tendré que/deberé ir a recogerte

EXERCICE 2

a. Era necesario llegar más temprano para el primer día. **b.** Hay que pensar en tu familia antes de mudarte tan lejos. **c.** Si Si no habías entendido, era preciso preguntar **d.** Hará falta preveer la huelga de los transportes. **e.** Hizo falta volver a hacer la habitación del bebe. **f.** Será menester hacer las cuentas mañana.

COMPRÉHENSION DE TEXTE N°11

1. Les « *indignados* » se sont réunis sur la Place de la Bourse (*La Bolsa*) et revendiquent une économie de services à la personne.

2. Le premier slogan *« Esta crisis no la pagamos »* signifie qu'ils ne veulent pas subir les conséquences de la crise économique. Le second slogan *« ¿Por qué mandan los mercados si nadie les ha votado ?»* signifie qu'ils ne comprennent pas pourquoi devraient-ils financier des marchés alors que nulle loi n'a été votée.

3. Pendant toute la journée, et jusqu'à minuit se dérouleront des conférences et discussions auxquelles participeront des docteurs d'université, des professeurs et des experts en économie. Il sera possible aussi de suivre l'événement sur internet. Les thèmes abordés seront par exemple les oligopoles, les compagnies internationales, la décroissance. La conférence sur les paradis fiscaux a été annulée.

13 LA NÉGATION, LES QUANTIFIEURS ET LA FRÉQUENCE

EXERCICE 1

a. Nunca visito a mi abuela, y nada me importa. **b.** Nunca estoy de acuerdo con mi jefe pero no se lo digo nunca. **c.** Ninguna noticia tengo de Carlos pero nada pasa. **d.** No vino nadie a la reunión. **e.** Nadie veo en la calle, ningún ruido hay. **f.** Tampoco le gusta el cine y entonces no van nunca. **g.** No te digo tampoco que estoy triste pero no me gusta nada esta situación. **h.** No me encantan ningunos cuadros.

EXERCICE 2

a. No tengo mucho tiempo, no te lo había dicho aún, pero tengo que hacer algo, y no puedo decirte nada. **b.** Hay demasiada gente en esta calle, demasiado ruido, y demasiadas motos. **c.** Te quiero mucho y para siempre. **d.** Nunca he visto esta publicidad, es muy divertida. **e.** ¿Tienes bastante arroz? ¿Es todo lo que necesitas o quieres que compre algo más? **f.** Cada vez que cantas, siempre es la misma cosa. **g.** En vez de dormir, deberíamos hacer un poco de deporte. **h.** No tienen nada que declarar, no han hecho nada. **i.** Por primera vez, me siento estresada. **j.** Tengo mucha sed porque hace mucho calor. **k.** Su café es mucho mejor. **l.** Ya te lo dije varias veces pero nunca escuchas.

COMPRÉHENSION DE TEXTE N° 12

1. Les problèmes soulevés sont ceux engendrés par l'utilisation d'internet par les jeunes. En effet, selon les enquêtes, 64 % des jeunes ont déjà publié des photos privées, notamment dans des réseaux sociaux, 35,5 % admettent avoir accès à internet sans contrôle parental, 42 % affirment avoir des amis qu'ils ne connaissent pas, 14 % précisent qu'ils ont rencontré ces derniers. Enfin, 14 % des jeunes disent avoir reçu des propositions sexuelles par le biais de la Toile.

2. Les personnes concernées par cette enquête sont les mineurs entre 12 et 18 ans.

3. Une des conséquences est l'isolement du jeune, dans sa chambre et face à son écran, et donc la désociabilisation.

14 EXPRIMER SES GOÛTS, SES OPINIONS

EXERCICE 1

a. Me gustan las flores. **b.** Te gusta tu casa. **c.** Le gustan los regalos. **d.** Nos gusta el mar. **e.** Os gusta el sur. **f.** Le gusta dormir. **g.** Les gusta cazar. **h.** Les gustan las sorpresas. **i.** Me encanta tu falda. **j.** Te encanta mi camiseta. **k.** Le encanta jugar a los videojuegos. **l.** Nos encanta pasear.

m. Os encantan las casas blancas. **n.** Le encanta Pascuas. **o.** Les encantan estas verduras. **p.** Les encantan los ejercicios. **q.** Las vacaciones me ponen alegre. **r.** Tus bromas me alegran. **s.** Su perro me alegra. **t.** Cantar le alegra.

EXERCICE 2

a. Antes, me daba miedo el avión. **b.** A Anna y Carlos siempre les dará asco la carne. **c.** A los alumnos les molestó el ruido. **d.** Nos dolía la barriga. **e.** Me cae bien esta chica. **f.** Le daba vergüenza su comportamiento. **g.** esta revelación me puso triste. **h.** Mañana me parecerá estúpida esta historia. **i.** Las fantasmas le horrorizan. **j.** Me apetecen estos churros. **k.** No nos importa tu opinión. **l.** A los alumnos les aburren las clases. **m.** A toda mi familia le pone alegre esta boda. **n.** Me puso nerviosa esperar.

COMPRÉHENSION DE TEXTE N° 13

1. La cuisine madrilène a reçu, lorsqu'elle était la capitale de l'Espagne à l'époque de Philippe II, une influence de toutes les régions d'Espagne.

2. Les plats typiques de Madrid sont le *Cocido* madrilène, ou potage de pois-chiches, les *callos* à la madrilène à base de trippes de vache, la soupe à l'ail, la *tortilla de patata* ou *española* (omelette), et des recettes à base de mouton.

3. Bien qu'étant située dans les terres, Madrid possède une qualité et une variété de poissons, dont la morue.

15 QUELQUES PARTICULARITÉS DE LA LANGUE

EXERCICE 1

a. Le escribéis una carta. **b.** Leéis un buen libro. **c.** *À une vieille dame* : ¿Es (usted) de la península? – *À deux vieilles dames* : ¿Son (ustedes) de la península ? **d.** *À une vieille dame* : ¿Habla inglés ? – *À deux vieilles dames* : ¿Hablan inglés ? **e.** ¿Coméis en el restaurante ? **f.** ¿Puedo venir con vosotros ? **g.** Les daré estos documentos mañana. **h.** ¿Pueden firmar ?

EXERCICE 2

a. Cada año para Halloween nos disfrazamos **de (vb prep.)** fantasma. **b.** Este verano, nos vamos **de (*expression*)** viaje **a (*déplacement*)** Sevilla **en (*transport*)** avión. **c.** Avanzó **Ø** (vb. **sans prep.)** tres metros y luego ditió **Ø** (vb. **sans prep.)** cinco metros. **d.** Solemos **Ø (« *de* » non traduit)** soñar **con (vb prep.)** lo que hacemos **de (*expression*)** día. **e.** Es muy complicado **Ø** (vb. **sans prep.)** explicar pero puedes contar **con (vb prep.)** Ana porque se interesa **por (vb prep.)** la enseñanza. **f.** Se empeña **en (vb prep.)** pedirme **Ø (« *de* » non traduit)** caramelos, pero **para (*expression*)** mí me parece importante **Ø** (vb. **sans prep.)** que no coma demasiado. **g.** Carlos entró **en (entrar en)** la aula, optó **por (vb prep.)** una silla **de (matière)** madera y se quedó **en (vb prep.)** un ricón **para (but)** escuchar la conferencia. **h.** Concluyeron **con (vb prep.)** una visita de la empresa y decidieron **Ø** (vb. **sans prep.)** improvisar una degustación. **i.** Cuando pienso **en (vb prep.)** mi futuro, me imagino que viajo **por (*déplacement, à travers*)** el mundo entero, que participo **en (vb prep.)** acciones benévolas, que cuido **de (vb prep.)** mi familia y de mis amigos, que vivo **en (vivir en)** el campo, y que al final me conformo **con (vb prep.)** muy pocas **Ø (« *de* » non traduit)** cosas. **j.** Llegó **con (*manière, accompagnement*)** las zapatillas **en (llegar en)** la oficina. **k.** El cincuenta **por (*pourcentage*)** ciento **de (« *de* » français)** la población está satisfecha **por (*voix passive*)** su presidente.

EXERCICE 3

a. Me gusta pasear **por (*déplacement, à travers*)** el mundo. **b.** No es necesario forzarte **por (por + infinitif)** hacer algo. **c. Por (*expression*)** lo que veo ya no eres mi amiga. ¿no me hablas? **d.** ¡**Por (*expression*)** supuesto que soy tu amiga! **e.** Nos veremos **por (*date dans le futur*)** diciembre. **f.** Los mudos hablan **por (*manière*)** señas. **g.** Iban al campo **para (*but*)** pasear. **h.** Este regalo no es **para (*destinataire*)** tí. **i.** Te lo digo **para (para que + subjonctif)** que lo sepas. **j.** Firma **por (*à la place de*)** su padre en la escuela ¡Esto no se hace! **k.** Carlos tomó el tren

para (***but, destination***) Barcelona. **l.** Se compran un coche **por** (***contre, en échange de***) diez mil euros. **m.** LLegaré tarde **por** (***cause***) los atascos.

EXERCICE 4

a. un parquecito/un balonito/el padrecito/una crisisita/un hombrecito/una velita/un vasito
b. una casona/simplón/una mujerona/un gatazo/un perrazo/un solterón/un pisazo

EXERCICE 5

a. desde hace **b.** Hacía **c.** desde hace **d.** desde/desde hacía **e.** desde **f.** desde/desde hacía **g.** desde

EXERCICE 6

a. En Francia, se come muy bien y se bebe buen vino (*vérité générale*). **b.** Me llamaron esta mañana para ofrecerme un viaje (*on avec « je » exclu*). **c.** Uno no puede acostarse tarde y levantarse temprano (*verbe pronominal*). **d.** Mañana tenemos clase a las 8 h 30. (*nous*) **e.** Acogen bien en este hotel (*vérité générale*). **f.** Nos miramos y nos sonriamos (*nous*). **g.** Me dijeron que estabas en Argentina (*on avec « je » exclu*). **h.** Llegaremos sobre las 10 (*nous*).

EXERCICE 7

a. Suelen jugar al tenís dos veces a la semana. **b.** Vuelves a casa de tus padres mañana por la mañana. **c.** Acabamos de levantarnos, pero podremos llegar en tu casa con Carlos a las dos de la tarde si nos esperas un poco. **d.** Hay mucho ruido en este cine, no podemos ver la película. **e.** Fuiste tú quien dijo a José que yo no sabía nada. **f.** Hacía mucho tiempo que no había vuelto a ver/visto de nuevo a esta chica. **g.** Era de este hombre del cual Carlos solía hablarme, este hombre cuyo nombre no conozco. **i.** (Ustedes) no se han ido todavía a buscarla, está esperándoles en la estación desde hace diez minutos, es posible que eté negra. **j.** Al salir de la tienda, se dieron cuenta de que habían olvidado comprar manzanas.

COMPRÉHENSION DE TEXTE N° 14

1. L'accueil qu'elle a reçu aux États-Unis l'a plutôt surprise et émue. Cela a été pour elle une expérience très positive, elle en ressort très optimiste.

2. À ses yeux, la famille et les amis ont une place très importante. Ils représentent un pilier sur lequel elle peut se reposer, et un soutien car ils sont à ses côtés lors de ses tournées.

3. Shakira a prévu de passer à la télévision dans des émissions américaines, notamment au Saturday Night Live et chez Jay Leno. Elle pense aussi à visiter certaines villes. Elle partira ensuite pour le Mexique et l'Amérique latine. Elle espère pouvoir passer les fêtes de fin d'année avec ses proches.

16 CONSEILS POUR PRÉPARER L'ORAL

COMPRÉHENSION DE TEXTE N° 15

1. L'auteur reproche aux Jeux Olympiques d'être un événement inhumain mélangeant patriotisme, muscle, argent, records, publicité, gloire et drogues.

2. Les JO peuvent être cruels pour les handicapés car ils sont faces à des gens qui sont capables de prouesses et peuvent quand même se sentir inférieurs dans les gestes les plus simples du quotidien ; ils peuvent peiner pour parvenir à leurs fins. Le problème est qu'ils prennent comme exemples ces athlètes handicapés. L'auteur parle d'ailleurs de « torture morale ».

3. L'auteur pense que la société est hostile envers les handicapés, qu'elle ne leur donne pas les moyens et l'aide nécessaires à leur intégration. Il parle en effet d'« obstacles » dans la ville, d'« ascenseurs inaccessibles », et d'« escaliers sans rampe ». Enfin, il pense que la société devrait aider ces gens à retrouver le moral et l'estime d'eux-mêmes grâce à son aide et à sa solidarité.

SCIENCES PHYSIQUES ET CHIMIQUES

TRONC COMMUN

Les transports (T)

1. T3. Comment protéger un véhicule contre la corrosion ? 366
2. T4. Pourquoi éteindre ses phares quand le moteur est arrêté ? . 369
3. T5. Comment peut-on se déplacer dans un fluide ? 373

Confort dans la maison et l'entreprise (CME)

4. CME4. Comment chauffer ou se chauffer ? 377
5. CME5. Peut-on concilier confort et développement durable ? . . 382

Hygiène et santé (HS)

6. HS4. Comment peut-on adapter sa vision ? 389

Son et lumière (SL)

7. SL1. Comment dévier la lumière ? 395
8. SL2. Comment un son se propage-t-il ? 400
9. SL3. Comment transmettre un son à la vitesse de la lumière ? . 402

MODULES SPÉCIFIQUES

Les transports (T)

10. T6. Qu'est-ce qu'une voiture puissante ? 404
11. T7. Comment avoir une bonne tenue de route ? 407
12. T8. Comment faire varier la vitesse d'un véhicule électrique ? . 409

Confort dans la maison et l'entreprise (CME)

13. CME6. Comment fonctionnent certains dispositifs de chauffage ? . 412
14. CME7. Comment l'énergie électrique est-elle distribuée à l'entreprise ? 418

Hygiène et santé (HS)

15. HS5. Quels sont les principaux constituants du lait ? 424
16. HS6. Quels sont le rôle et les effets d'un détergeant ? 430

Son et lumière (SL)

17. SL5. Pourquoi les objets sont-ils colorés? 434
18. SL6. Comment reproduire un signal sonore ? 438
19. SL7. Comment une image est-elle captée par un système d'imagerie numérique ? 443

Sujet corrigé de type bac pro 445

TRONC COMMUN

1 T3. Comment protéger un véhicule contre la corrosion ?

1 La corrosion est une oxydation

A À savoir

- Une réaction d'oxydoréduction est une réaction dans laquelle intervient un transfert d'électrons.
- Une oxydation est une perte d'électrons.
- L'eau, le dioxygène et le sel favorisent la corrosion.
- Un métal s'oxyde.

Classification électrochimique. (donnée à titre indicatif, ceci n'est pas à apprendre par cœur et doit être donné)

Oxydants de plus en plus forts (↑) — Réducteurs de plus en plus forts (↓)

Oxydant	Réducteur
$S_2O_8^{2-}$	SO_4^{2-}
H_2O_2	H_2O
MnO_4^-	Mn^{2+}
Au^{3+}	Au
PbO_2	Pb^{2+}
Cl_2	Cl^-
O_2	H_2O
Br_2	Br^-
NO_3^-	NO
Hg^{2+}	Hg
Ag^+	Ag
Fe^{3+}	Fe^{2+}
O_2	H_2O_2
I_2	I^-
Cu^{2+}	Cu
SO_4^{2-}	SO_2
H^+	H_2
Pb^{2+}	Pb
Sn^{2+}	Sn
Ni^{2+}	Ni
Fe^{2+}	Fe
Zn^{2+}	Zn
Al^{3+}	Al
Mg^{2+}	Mg
Na^+	Na
Ca^{2+}	Ca
K^+	K
Li^+	Li

B Prévoir la réaction

Pour prévoir la réaction qui peut se produire, on utilise la règle du gamma γ^0.

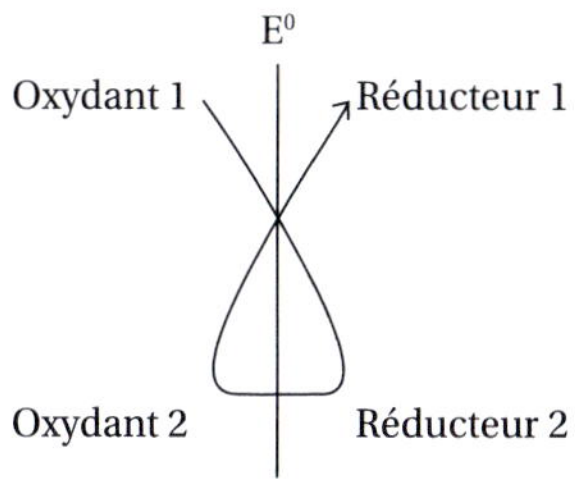

Quand on mélange **Oxydant1** et **Réducteur2** on a une réaction donnant **Oxydant2** et **Réducteur1**.

Par exemple, si on mélange Cu^{2+} et Pb, on obtient une réaction.

Alors que si on mélange Sn et Ni^{2+} on n'en obtient pas.

Réducteur 2 : vérifier que le métal et l'ion qui doivent réagir ensemble sont bien sur la diagonale descendante du gamma

Écrire et équilibrer les demi-équations

EXEMPLES

$Zn^{2+} + 2e^- \rightarrow Zn$

$Fe^{2+} \rightarrow Fe^{3+} + e^-$

Le nombre d'électrons doit correspondre au nombre devant le + en haut à droite de l'ion

Écrire le bilan de la réaction d'oxydoréduction

EXEMPLE

$Cu \rightarrow Cu^{2+} + 2e^-$

$2H^+ + 2e^- \rightarrow H_2$

$2H^+ + Cu \rightarrow Cu^{2+} + H_2$

Quand le nombre d'électrons ne correspond pas, il faut multiplier les demi-équations par un nombre entier de manière à ce que le nombre d'électrons dans la 1re demi-équation soit égal au nombre d'électrons dans la 2de

C Applications

Application 1

Quels sont les oxydants, quels sont les réducteurs ?

$Fe + Cu^{2+} \rightarrow Fe^{2+} + Cu$

$Zn + Cu^{2+} \rightarrow Zn^{2+} + Cu$

$2.H^+ + Pb \rightarrow H_2 + Pb^{2+}$

Application 2

D'après la classification électrochimique, dire si la réaction est possible.

Fe et Cu^{2+}

Pb et Zn^{2+}

Cl_2 et H_2O

Fe^{3+} et Cl^-

Application 3

Écrire et équilibrer la demi-équation de :

- L'oxydation du fer Fe en Fe^{2+}
- La réduction du cuivre Cu^{2+} en Cu
- La réduction de H^+ en H_2
- L'oxydation de Fe^{2+} en Fe^{3+}

Application 4

Écrire l'équation bilan des réactions suivantes

- Cu^{2+} et Fe
- H^+ et Pb

Correction application 1

$Fe + Cu^{2+} \rightarrow Fe^{2+} + Cu$	*oxydants : Cu^{2+} et Fe^{2+} réducteurs : Fe et Cu*
$Zn + Cu^{2+} \rightarrow Zn^{2+} + Cu$	*oxydants : Cu^{2+} et Zn^{2+} réducteurs : Zn et Cu*
$2.H^+ + Pb \rightarrow H_2 + Pb^{2+}$	*oxydants : Pb^{2+} et H^+ réducteurs : Pb et H_2*

Correction application 2

Fe et Cu^{2+}	réaction possible car Cu^{2+} est plus oxydant que Fe^{2+}
Pb et Zn^{2+}	pas de réaction car Pb^{2+} est plus oxydant que Zn^{2+}
Cl_2 et H_2O	réaction possible car Cl_2 est plus oxydant que O_2
Fe^{3+} et Cl^-	pas de réaction car Fe^{3+} est plus oxydant que Cl_2

Correction application 3

$Fe \rightarrow Fe^{2+} + 2e^-$

$Cu^{2+} + 2e^- \rightarrow Cu$

$2H^+ + 2e^- \rightarrow H_2$

$Fe^{2+} \rightarrow Fe^{3+} + e^-$

Correction application 4

$Cu^{2+} + 2e^- \rightarrow Cu$

$Fe \rightarrow Fe^{2+} + 2e^-$

$Cu^{2+} + Fe \rightarrow Cu + Fe^{2+}$

$2H^+ + 2e^- \rightarrow H_2$

$Pb \rightarrow Pb^{2+} + 2e^-$

$2H^+ + Pb \rightarrow Pb^{2+} + H_2$

EXERCICE D'APPLICATION

ÉNONCÉ

De l'eau salée (contenant des ions H^+, Na^+ et Cl^-) s'accumule dans la carrosserie (en fer) d'un véhicule garé en bord de mer.

1. Dire et justifier avec quel ion le fer va réagir.
2. Donner et équilibrer les demi-équations.
3. Donner l'équation bilan de cette réaction.
4. Donner de nom de la réaction subie par le fer.

CORRIGÉ

1. D'après la règle du gamma, Fe ne peut réagir qu'avec H^+.
2. $Fe \rightarrow Fe^{2+} + 2e^-$

   $\mathbf{2H^+ + 2e^- \rightarrow H_2}$

   $\mathbf{Fe + 2H^+ \rightarrow H_2 + Fe^{2+}}$
4. La réaction subie par le fer est une oxydation : la corrosion.

2 T4. Pourquoi éteindre ses phares quand le moteur est arrêté ?

1 Quelle est la différence entre une pile et un accumulateur ?

A À savoir

■ Quand on plonge deux métaux différents dans un électrolyte, il se produit une réaction d'oxydoréduction, le métal le plus réducteur devenant le pôle négatif d'une pile/accumulateur.

■ Une électrolyse est une réaction chimique d'oxydoréduction que l'on force à l'aide d'un courant électrique (car elle ne se fait pas naturellement) : en effet elle correspond au sens inverse de la règle du gamma.

■ Principe d'une pile : on ne peut pas recharger une pile déchargée
Lors de la réaction chimique d'oxydoréduction dans une pile, les réactifs sont consommés, la pile se décharge et une fois déchargée, on ne peut plus la réutiliser.

■ Principe d'un accumulateur : on peut recharger un accumulateur déchargé.
Lors de la réaction chimique d'oxydoréduction dans un accumulateur, les réactifs sont consommés, mais contrairement à une pile, on peut le recharger en régénérant les réactifs par électrolyse.

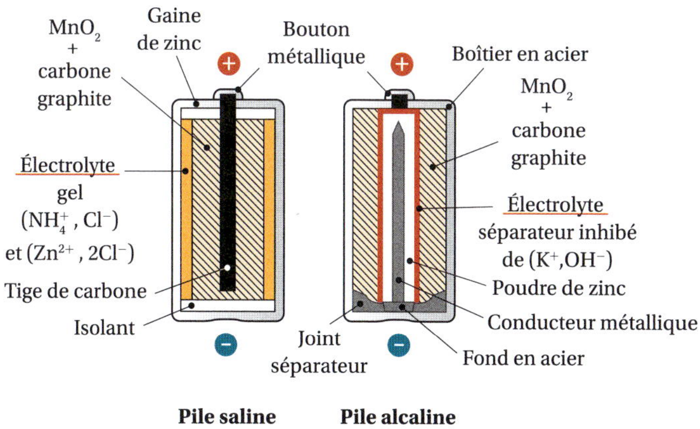

Classiquement, pour réaliser une pile en laboratoire, on place une lame de métal dans un bécher contenant l'ion correspondant, on fait de même pour un autre métal et on relie les béchers à l'aide un pont salin.

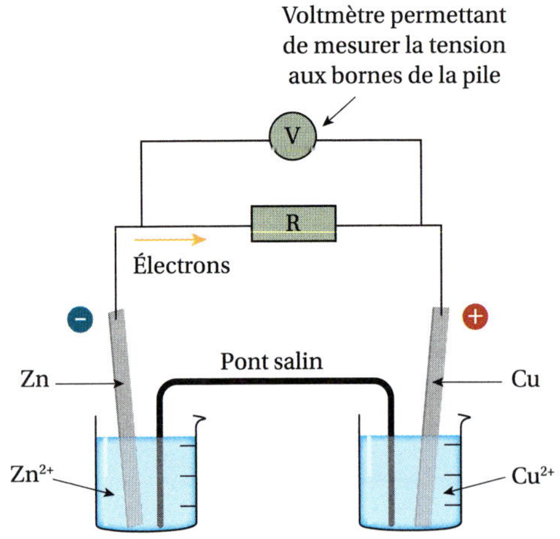

À l'anode, la borne –, le Zn se transforme en Zn^{2+} et disparaît petit à petit au fur et à mesure que la pile se décharge.
Le zinc est oxydé.

À la cathode, la borne +, le Cu^{2+} se transforme en métal Cu et se dépose sur la lame.

$$Zn + Cu^{2+} \rightarrow Zn^{2+} + Cu$$

Le pont salin permet le passage du courant sous forme de mouvement d'ions.

B Applications

Application 1

Dire quel est le type de réaction chimique qui se produit dans une pile ou dans un accumulateur.

Application 2

Dire ce que l'on peut faire avec un accumulateur et qui n'est pas possible avec une pile.

Correction application 1

La réaction chimique qui se produit dans une pile ou dans un accumulateur est une réaction d'oxydoréduction.

Correction application 2

On peut recharger un accumulateur quand il est déchargé, ce qui n'est pas possible avec une pile.

EXERCICE D'APPLICATION

ÉNONCÉ

On réalise une pile à l'aide d'une lame de zinc, de sulfate de zinc (liquide contenant des ions Zn^{2+}), d'une lame de plomb, de nitrate de plomb (liquide contenant des ions Pb^{2+}), de 2 béchers et d'un pont salin

1. Dessiner le schéma de cette pile.

2. À l'aide de la classification électrochimique du chapitre T3, dire sur quelle lame se trouve le pôle négatif de la pile.

3. Placer sur le schéma un voltmètre en indiquant les bornes V et COM pour que la tension mesurée soit positive.

CORRIGÉ

1.

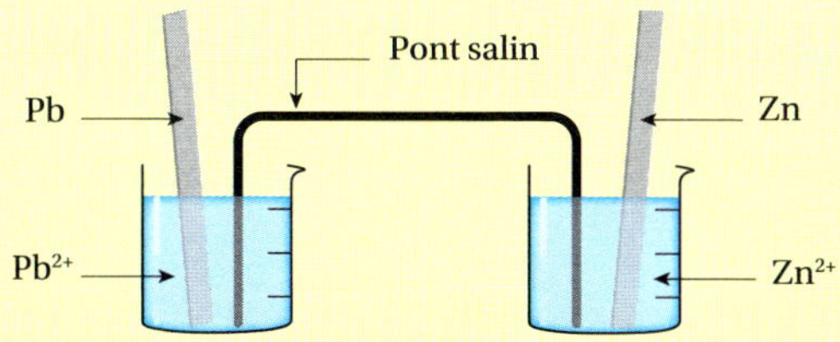

2. Zn est le métal le plus réducteur entre Pb et Zn, donc la lame de zinc est le pôle négatif de la pile. Elle sera donc oxydée.

3.

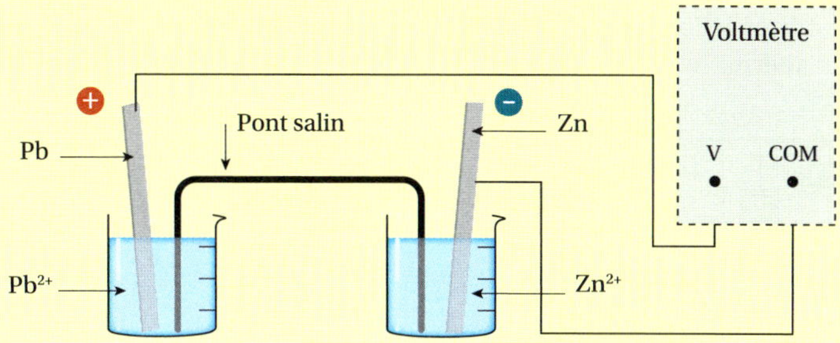

2 Comment recharger un accumulateur ?

A À savoir

- Un accumulateur se recharge à l'aide de courant continu.
- Le générateur qui charge l'accumulateur délivre une tension supérieure à celle-ci.
- Un alternateur fourni un courant alternatif.
- Le redressement permet de passer d'un courant électrique alternatif à un courant continu.

B Savoir faire

Une diode est un composant qui ne laisse passer le courant que dans un seul sens, celui de la flèche de son symbole :

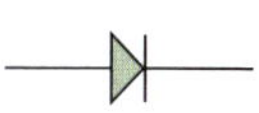

- Redressement

Cela consiste à obtenir une tension qui ne change pas de sens à partir d'une tension alternative.

Signal de départ :

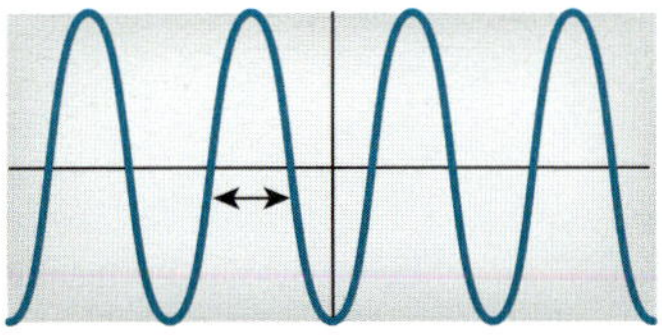

On peut montrer cette propriété de la diode à l'aide du circuit ci-dessus en observant à l'oscilloscope la tension aux bornes de la résistance :

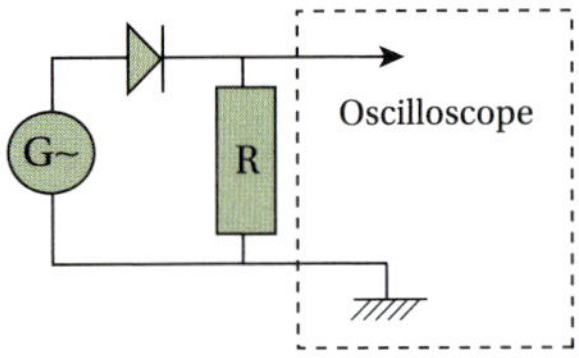

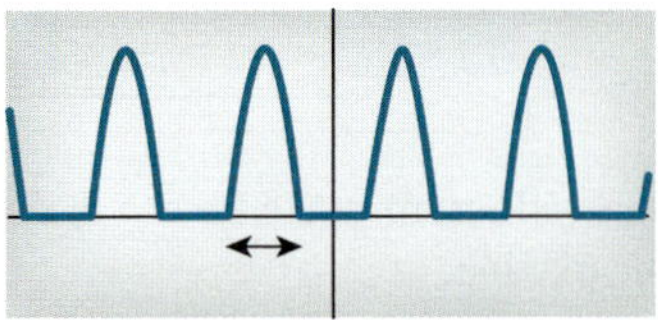

Redressement simple alternance

On peut aussi utiliser 4 diodes pour fabriquer un pont de diodes (pont de Graëtz) afin de redresser une tension alternative :

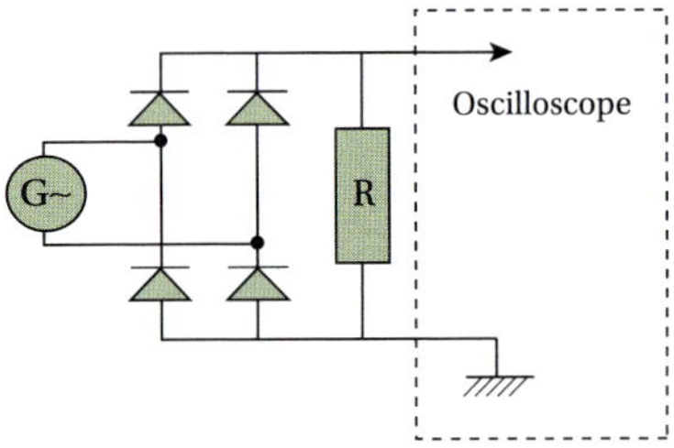

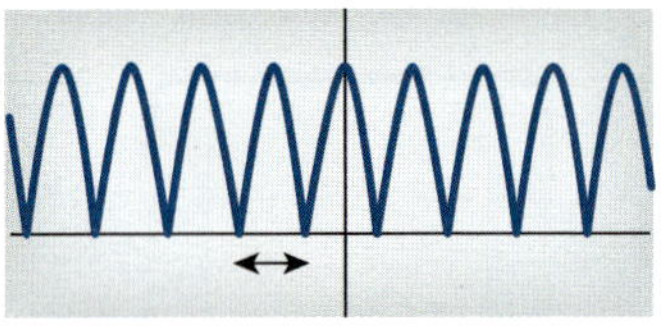

Redressement double alternance

C Applications

Application 3

Dire s'il est possible de recharger une batterie de voiture 12 V avec un transformateur délivrant du 12 V alternatif ? Pourquoi ?

Application 4

Dire s'il est possible de recharger une batterie de camion 24 V avec un chargeur de batterie de voiture 12 V ?

Application 5

Dire si le courant fourni par un alternateur est continu ou alternatif.

Correction application 3

Il n'est pas possible de recharger une batterie de voiture 12 V avec un transformateur délivrant du 12 V alternatif car on ne peut recharger un accumulateur qu'avec du courant continu.

Correction application 4

Il n'est pas possible de recharger une batterie de camion 24 V avec un chargeur de batterie de voiture 12 V car la tension de charge doit être supérieure à la tension délivrée par l'accumulateur.

Correction application 5

Le courant fourni par un alternateur est alternatif.

3 T5. Comment peut-on se déplacer dans un fluide ?

1 Pourquoi un bateau flotte-t-il ?

A À savoir

Différence entre centre de gravité et centre de poussée

Le centre de gravité est le point où s'applique le poids de l'objet flottant.

Le centre de poussée est le centre de gravité du fluide qu'il y aurait à la place de l'objet s'il n'était pas là (le fluide « déplacé »).

Poussée d'Archimède

Tout corps plongé dans un fluide (liquide ou gaz) au repos est soumis à une force verticale vers le haut, appliquée en son centre de poussée, et dont la valeur F_A est égale au poids des fluides déplacés :

$$F_A = \rho.g.V$$

avec F_A *en Newtons (N),* ρ *la masse volumique en kg/m*^{3}*,* g *en N/kg et* V *le volume de fluide déplacé en m*^{3}*.*

Conditions de flottabilité d'un matériau

Un matériau flotte si la valeur de son poids est inférieure ou égale à celle de la force de poussée d'Archimède.

Il coule dans le cas contraire.

Conditions d'équilibre d'un corps flottant

• Soit le centre de gravité est au-dessus du centre de poussée **ET** les deux sont alignés verticalement : équilibre instable car le poids tend à faire basculer le corps dès qu'il n'y a plus alignement vertical (penser à une personne debout sur une planche à voile).

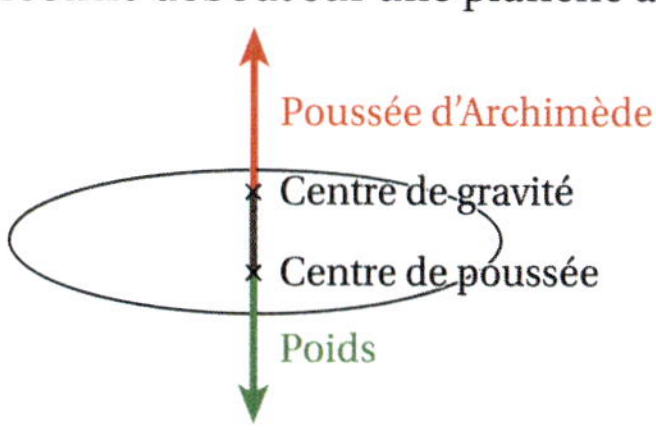

• Soit le centre de poussée est au-dessus du centre de gravité : équilibre stable (penser à un voilier).

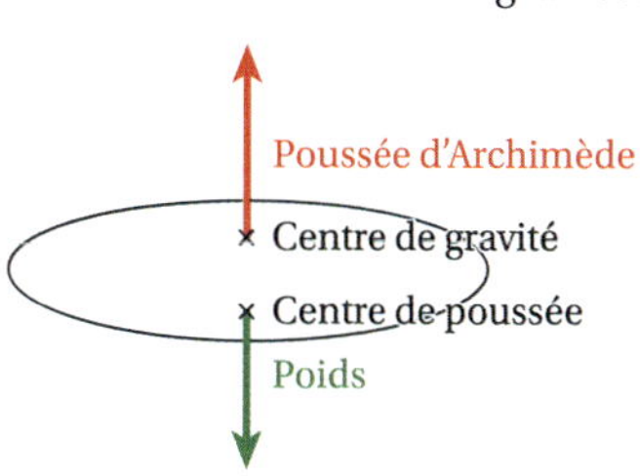

SCIENCES PHYSIQUES ET CHIMIQUES

B Applications

Application 1

Calculer la valeur de la poussée d'Archimède subie par un ballon de volley enfoncé sous l'eau, de 270 grammes et d'un volume de 4 litres.

Prouver qu'il tend à remonter à la surface.

Données : $\rho_{eau} = 1\,000$ kg/m³ $g = 10$ N/kg

Application 2

Expliquer pourquoi un plongeur d'une masse de 85 kg et d'un volume d'environ 85 litres flotte.

Que peut-il faire afin de pouvoir « couler » tout seul ?

Application 3

1. Un voilier pèse 21 tonnes pour un volume de 180 m³ prévu sous le niveau de l'eau. Prouver qu'il flotte.
2. Son centre de poussée se situe environ au milieu de la coque.
Où doit se situer le centre de gravité pour qu'il puisse se pencher sans se renverser ?
3. Expliquer l'utilité de la quille (gros aileron vertical se situant sous la coque) de ce point de vue.

Corrections application 1

Le fluide déplacé est l'eau, pour un volume de 4 L = 4 dm³ = 0,004 m³,

$F_A = \rho.g.V = 1\,000 \times 10 \times 0{,}004 = 40$ N

270 g = 0,270 kg

$P_{ballon} = 0{,}270 \times 10 = 2{,}70$ N

Le ballon remonte car son poids est inférieur à la poussée d'Archimède.

Corrections application 2

Il flotte car la poussée d'Archimède $F_A = \rho.g.V = 1\,000 \times 10 \times 0{,}085 = 850$ N est égale à son poids $P = m.g = 85 \times 10 = 850$ N.

Il peut se lester à l'aide d'une ceinture de plomb par exemple, dont le poids sera supérieur à la poussée d'Archimède afin d'obtenir un poids total supérieur à la poussée d'Archimède totale.

Corrections application 3

4. 21 t = 21 000 kg

$P = m.g = 21\,000 \times 10 = 210\,000$ N

$F_A = \rho.g.V = 1\,000 \times 10 \times 180 = 1\,800\,000 \text{ N} > P$

Donc le voilier flotte car son poids est inférieur à la poussée d'Archimède.

5. Le centre de gravité doit se situer au-dessous du centre de poussée.

6. La quille permet justement d'abaisser le centre de gravité en ajoutant de la masse en bas de la coque.

2 Pourquoi les hublots des sous-marins sont-ils épais ?

A À savoir

■ La pression caractérise l'action d'une force exercée sur une certaine surface.

■ Relation entre pression, surface pressée et force pressante une force $\vec{F}$ exercée perpendiculairement sur une surface S engendre une pression :

$$p = \frac{F}{S}$$

avec p *en Pascal (Pa),* F *en Newtons (N) et* S *la surface pressée en* m^2.

■ Unités de mesure de pression

1 bar = 10^5 Pa = 1 000 hpa

On utilise aussi l'atmosphère 1 atm = 101 325 Pa, et le mm de mercure 1 mmHg = 133,3 Pa.

■ On mesure une pression à l'aide d'un manomètre.

B Savoir faire

■ Distinguer pression atmosphérique, pression relative et pression absolue :
- la pression atmosphérique est la pression de l'air ambiant, elle diminue avec l'altitude ;
- la pression relative est la pression due à la hauteur de liquide ;
- la pression absolue est la somme entre la pression atmosphérique et la pression relative.

Dans un liquide au repos, la différence de pression entre deux points A et B est :

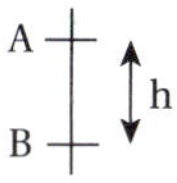

$$P_B - P_A = \rho.g.h$$

avec ρ *en* kg/m^3*,* g *en N/kg,* P_B *et* P_A *en Pa et* h *en m.*

■ La pression atmosphérique est la pression de l'air ambiant sur n'importe quelle surface avec laquelle il est en contact. $P_{atm} \approx 1\,013$ Pa $\approx 10^5$ Pa.

Dans un liquide, la pression absolue dépend de la pression atmosphérique, alors que la pression relative ($P - P_{\text{en haut du liquide}}$) dépend seulement du liquide et pas de la pression atmosphérique.

C Applications

■ **Application 4**

Calculer la pression exercée par le pied d'une personne de 85 kg sur une surface de 200 cm^2 sur la coque d'un sous marin qui flotte.

■ **Application 5**

Calculer la force pressante exercée sur un hublot circulaire de sous marin de diamètre 20 cm et soumis à une pression de 5 bars.

Application 6

1. Calculer la pression exercée sur les hublots d'un sous-marin à proximité du puits de pétrole qui fuit à 1 500 mètres de profondeur depuis l'accident de la plateforme pétrolière dans le golfe du Mexique le 21 avril 2010. On prend ρ_{mer} = 1 000 kg.m^{-3} et g = 10 N/kg.
2. Calculer combien de fois elle est plus grande que la pression atmosphérique.

Corrections application 4

200 cm^2 = 0,0200 m^2

Poids $F = m.g = 85 \times 10 = 850$ N

pression $p = \dfrac{F}{S} = \dfrac{850}{0{,}0200} = 4\ 250$ Pa $= 4{,}3 \times 10^3$ Pa

Corrections application 5

5 bars = 5.10^5 Pa ; 20 cm = 0,20 m ; rayon R = 0,10 m ; 5 × 10^5

$S = \pi.R^2 = \pi.0{,}10^2 \approx 0{,}031$ m^2

$p = \dfrac{F}{S}$ donc $F = p.S = 5.10^5 \times 0{,}031 = 1{,}6 \times 10^4$ N

Corrections application 6

On prend B un point du hublot et A un point de la surface de la mer.

$P_A = P_{atm} = 10^5$

1. $P_B - P_A = \rho.g.h$

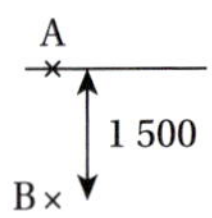

$P_B - 10^5 = 1\ 000 \times 10 \times 1\ 500$

$P_B = 1\ 000 \times 10 \times 1500 + 10^5$

$P_B = 1\ 510\ 000$ Pa

2. $P_B/P_{atm} \approx 1\ 510\ 000/10^5 = 151$

Cette pression est donc 151 fois plus forte que la pression atmosphérique.

3 Comment un avion vole-t-il ?

A À savoir

Effet venturi

Contrairement aux idées reçues, **lorsque la vitesse d'écoulement d'un fluide augmente, sa pression diminue**.

Par exemple, quand dans une tuyauterie, le diamètre diminue, la pression diminue également car la vitesse de l'eau augmente dans la partie plus fine.

En particulier, une aile d'avion est profilée de telle manière que l'air se déplace plus vite au-dessus qu'au-dessous. Ainsi, il se crée une dépression au-dessus de l'aile qui aspire les ailes et donc l'avion, vers le haut.

4 CME4. Comment chauffer ou se chauffer ?

1 Pourquoi le métal semble-t-il plus froid que le bois ?

A À savoir

■ Le métal est un bon conducteur thermique (c'est-à-dire qu'il transmet facilement la chaleur) alors que le bois est plutôt un isolant thermique (c'est-à-dire qu'il transmet difficilement la chaleur).

■ Ce qui donne la sensation de froid ou de chaud, c'est la quantité de chaleur transférée, et pas la différence de température.

■ Pour élever la température d'un objet, il faut apporter de l'énergie.

B Applications

■ **Application 1**

On place une cuillère en bois et une cuillère métallique dans une casserole en ébullition.

Laquelle des deux sera chaude la première ? Pourquoi ?

■ **Application 2**

On place un morceau de métal chauffé à 100 °C dans un bac d'eau à 20 °C.

1. Comment vont évoluer les températures du métal et de l'eau ?

2. Qu'est ce qui a été apporté par le métal pour permettre cette évolution de la température de l'eau ?

■ **Correction application 1**

La cuillère en métal sera chaude la première car le métal conduit mieux la chaleur que le bois.

■ **Correction application 2**

1. La température du métal va diminuer et celle de l'eau va augmenter jusqu'à un état d'équilibre où les deux seront la même température.

2. Le métal a apporté à l'eau de l'énergie sous forme de chaleur, ce qui a permis à l'augmentation de la température de l'eau et la diminution de celle de la cuillère en métal.

2 Comment utiliser l'électricité pour chauffer ou se chauffer ?

A À savoir

■ Les dipôles ohmiques (= résistances) transforment **toute** l'énergie électrique qu'il reçoivent en énergie thermique (= chaleur).

■ La conduction et le rayonnement sont deux modes différents de transfert d'énergie.

■ L'énergie thermique se propage par conduction et par convection.

La puissance dissipée par effet Joule dans un conducteur ohmique : $P = \frac{U^2}{R} = RI^2$

L'énergie dissipée par effet Joule dans un conducteur ohmique : $E = \frac{U^2.t}{R} = R.I^2.t$ car $E = P.t$

Avec P en Watts (W), U en Volts (V), I en Ampères (A) R en Ohms (Ω), E en Joules (J) et t en secondes (s).
On utilise aussi (EDF en particulier) le kW.h (kilowatt heure) pour mesurer l'énergie.
1 kW.h = 3 600 J.
Les formules ne sont pas à apprendre, mais les grandeurs et unités si.

B Applications

■ **Application 3**

Calculer la puissance d'un chauffe MUG pour allume cigare de poids lourd, de résistance 10 Ω et alimenté en 24 V.

■ **Application 4**

Calculer la tension d'alimentation d'une résistance chauffante de 60 Ω, de puissance 20 W. Arrondir à l'unité.

■ **Application 5**

Calculer l'énergie en Joules consommée par un allume-cigare de voiture (alimenté sous une tension de 12V) de résistance 10 Ω pendant 20 secondes.

■ **Correction application 3**

$$P = \frac{U^2}{R} = \frac{24^2}{10} = 57{,}6 \text{ W}$$

La puissance d'un chauffe MUG pour allume-cigare de poids lourd, de résistance 10 Ω et alimenté en 24 V est de 57,6 Watts.

■ **Correction application 4**

$$P = \frac{U^2}{R} \text{ donc } P.R = U^2 \text{ donc } \sqrt{P.R} = U$$

$$U = \sqrt{P.R} = \sqrt{20 \times 60} = 35 \text{ V}$$

La tension d'alimentation d'une résistance chauffante de 60 Ω, de puissance 20 W est d'environ 35 V.

■ **Correction application 5**

$$E = \frac{U^2.t}{R} = 12^2 \times 20/10 = 288\ J$$

L'énergie en Joules consommée par un allume cigare de voiture (alimenté sous une tension de 12 V) de résistance 10 Ω pendant 20 secondes est de 288 Joules.

3 Comment utiliser un gaz ou un liquide inflammable pour chauffer ou se chauffer ?

A À savoir

Les molécules d'hydrocarbures sont constituées d'atomes de carbone et d'hydrogène.

La combustion **complète** d'un hydrocarbure dans le dioxygène (O_2) dégage de l'eau (H_2O) et du dioxyde de carbone (CO_2).

La combustion **incomplète** d'un hydrocarbure dans le dioxygène (O_2) dégage de l'eau (H_2O), du monoxyde de carbone (CO), du carbone (C).

On parle de combustion incomplète quand il n'y a pas suffisamment de dioxygène là où se déroule la combustion.

Le monoxyde de carbone est un gaz (à température ambiante) incolore, inodore et mortel.

La combustion d'un hydrocarbure dégage de l'énergie (thermique).

B Savoir faire

■ **Équilibrer une équation bilan**

Une équation bilan est équilibrée si le nombre d'atomes de chaque élément est le même du côté des réactifs et du côté des produits, pour cela, on ajoute éventuellement un nombre devant chacune des formules des molécules dans l'équation bilan.

→ *Comme un jeu de construction : avec les mêmes pièces qu'au départ, on construit des objets différents.*

EXEMPLE

Équilibrer la réaction de combustion complète du méthane CH_4 dans le dioxygène O_2 :

$$CH_4 + O_2 \rightarrow CO_2 + H_2O$$

Au départ, du côté des réactifs (partie gauche de l'équation bilan), on a 1 atome de carbone, 4 atomes d'hydrogène et 2 atomes d'oxygène.

Du côté des produits (partie droite de l'équation bilan), on a 1 atome de carbone, 2 atomes d'hydrogène et 3 atomes d'oxygène.

Donc l'équation n'est pas équilibrée, car on a 4 atomes d'hydrogène au début et 2 à la fin, et aussi car on a 2 atomes d'oxygène au début et 3 à la fin.

Si on ajoute un 2 devant H_2O, on équilibre le nombre d'atomes d'hydrogène, et en ajoutant ensuite un 2 devant le O_2, on a bien de chaque côté de l'équation 1 atome de carbone, 4 atomes d'hydrogène et 4 atomes d'oxygène :

SCIENCES PHYSIQUES ET CHIMIQUES

Élément	Côté réactifs	Côté produits
H hydrogène	4	$2 \times 2 = 4$
C Carbone O oxygène	1 $2 \times 2 = 4$	1 $2 + 2 \times 1 = 4$

■ L'équation équilibrée est donc :

$$CH_4 + 2O_2 \rightarrow CO_2 + 2H_2O$$

On lit : une molécule de CH_4 réagit avec 2 molécules de O_2 pour donner une molécule de CO_2 et deux molécules de H_2O

> **– Quand il n'y a rien en bas à droite du symbole d'un atome, c'est qu'il y en a un seul(si il y en avait zéro, on n'écrirais pas le symbole de l'atome !).**
> **– Quand on ajoute un nombre devant la formule d'une molécule, on multiplie ce nombre par le nombre d'atomes de chaque élément dans la molécule pour avoir le nombre total pour cette molécule (*cf.* oxygène côté réactifs).**
> **– Pour avoir le nombre total d'atomes de chaque élément pour un côté, on additionne pour chaque élément, le nombre d'atomes dans chaque molécule du côté en question (*cf.* oxygène côté produits).**

C Applications

■ **Application 6**

Équilibre la réaction de combustion complète du propane :

$$C_3H_8 + O_2 \rightarrow CO_2 + H_2O$$

■ **Application 7**

Équilibre la réaction d'une combustion incomplète du butane :

$$C_4H_{10} + O_2 \rightarrow CO + C + H_2O$$

■ **Correction application 6**

$$C_3H_8 + 5O_2 \rightarrow 3CO_2 + 4H_2O$$

■ **Correction application 7**

$$C_4H_{10} + 3O_2 \rightarrow CO + 3C + 5H_2O$$

EXERCICES (TYPE EXAMEN)

ÉNONCÉ

Plaques de cuisson au gaz

1. À quelle famille de molécules appartiennent le méthane, le butane et le propane ?

2. Quelles sont les précautions à prendre lors de leur combustion, si on veut qu'elle soit complète ?

3. Donner les produits de la combustion dans ce cas.

4. Donner et équilibrer l'équation de combustion complète du butane dans ce cas.

5. Quel est le risque pour les personnes si la combustion est incomplète ?

6. Pourquoi peut-on cuire des aliments à l'aide une plaque de cuisson au gaz ?

CORRIGÉ

1. Le méthane, le butane et le propane appartiennent à la famille des hydrocarbures (et plus précisément des alcanes).

2. Lors de leur combustion, si on veut qu'elle soit complète, il faut s'assurer qu'il y a assez de dioxygène.

3. Dans ce cas (combustion complète) les produits de la combustion sont le dioxyde de carbone (CO_2) et l'eau (H_2O).

4. L'équation de combustion complète du butane dans ce cas est :

$$2C_4H_{10} + 13O_2 \rightarrow 8CO_2 + 10H_2O$$

5. Si la combustion est incomplète, le risque pour les personnes est l'intoxication au monoxyde de carbone (gaz incolore, inodore et mortel).

6. On peut cuire des aliments à l'aide d'une plaque de cuisson au gaz car la combustion du gaz dégage de l'énergie sous forme de chaleur.

5 CME5. Peut-on concilier confort et développement durable ?

1 Comment économiser l'énergie ?

A À savoir

■ Les matériaux ont des pouvoirs isolants ou conducteurs de la chaleur différents.

B Savoir faire

■ **Différence entre puissance et énergie**

Contrairement à la puissance, l'énergie dépend du **temps d'utilisation**.

La puissance et l'énergie sont liées par la relation suivante :

$$E = P.t$$

avec E *en Joules (J),* P *en Watts (W) et* t *en secondes (s)*

■ **Calculer le rendement d'un appareil de chauffage**

Le rendement d'un appareil, **toujours inférieur à 1**, permet de mesurer la proportion de l'énergie réellement utilisée pour ce que l'on veut (chauffer) par rapport à toute l'énergie consommée.

Il est donné par la relation suivante :

$$\eta = \frac{E_U}{E_T} = \frac{P_U}{P_T}$$

avec E_U *(en Joules) l'énergie utile, réellement utilisée pour chauffer,* E_T *l'énergie totale consommée (toujours en Joules). « η » est sans unité.*

■ **Calculer la résistance thermique d'un matériau**

La résistance thermique *R* (c'est-à-dire la résistance au passage de la chaleur) d'une paroi dépend de l'épaisseur *e* de la paroi et de la conductivité thermique (la capacité à transmettre la chaleur) λ du matériau :

$$R = \frac{e}{\lambda}$$

avec R *en mètres carrés kelvin par Watt* ($m^2.K/W$), e *en mètres (m) et* λ *en Watts par mètre et par Kelvin* ($W.m^{-1}.K^{-1}$).

■ **Calculer un flux thermique à travers une paroi (la relation étant donnée).**

Le flux thermique Φ représente la chaleur qui traverse la paroi en un certain temps. Cette chaleur se propage par conduction de la face chaude à la face froide.

$$\Phi = \frac{\lambda.S.(\theta_2 - \theta_1)}{e}$$

avec Φ en Watts (W), S l'aire de la surface de la paroi (en m²), θ_1 la température de la face froide (en K), θ_2 la température de la face chaude (en K), e l'épaisseur de la paroi (en m) et λ la conductivité thermique (en $W.m^{-1}.K^{-1}$).

C Applications

Application 1

Calculer l'énergie consommée par un radiateur électrique soufflant de salle de bain de puissance 2 000 W pendant la toilette du matin (15 minutes).

Application 2

Dans une chaudière électrique, l'eau a absorbé une énergie de 26 460 kJ en 30 minutes.
1. Calculer la puissance utile de la chaudière.
2. Calculer le rendement de la chaudière, sachant que la puissance totale de la chaudière est de 21 kW. Arrondir à 10^{-2}.

Application 3

On choisit d'isoler une toiture avec de laine de chanvre d'épaisseur 200 mm et de conductivité thermique $\lambda = 0{,}040\ W.m^{-1}.K^{-1}$ et des panneaux en fibre de bois d'épaisseur 12 mm et de conductivité thermique $\lambda = 0{,}050\ W.m^{-1}.K^{-1}$.
1. Calculer la résistance thermique de la laine de chanvre. Arrondir à 10^{-2} près.
2. Calculer la résistance thermique du panneau de bois. Arrondir à 10^{-2} près.
3. On suppose que la résistance thermique totale est la somme des résistances thermiques de la laine de chanvre et des panneaux. Calculer la résistance thermique totale.
4. Calculer le flux thermique si il fait 19 °C dans la maison et 7 °C dehors, sur une zone entre les poutres large de 75 cm et longue de 4 m (arrondir à 10^{-2} près).

Rappel : $\Phi = \dfrac{\lambda.S.(\theta_2 - \theta_1)}{e} = \dfrac{S.(\theta_2 - \theta_1)}{R}$

Correction application 1

15 minutes = 15×60 s = 900 s.

$E = P.t = 2\,000 \times 900 = 1\,800\,000 = 1{,}8 \times 10^6$ J est l'énergie consommée par le radiateur en 15 minutes.

Correction application 2

1. 26 460 kJ = 26 460 000 = $2{,}64 \times 10^7$ J.

30 min = 30×60 s = 1 800 s.

$E = P.t$ donc $P = \dfrac{E}{t} = 26\,460\,000/1\,800 = 14\,700\ W \approx 15\ kW$ est la puissance utile de la chaudière.

2. 21 kW = 21 000 W.
$\eta = \dfrac{P_U}{P_T} = \dfrac{14700}{21000} = 0{,}70$ est le rendement de cette chaudière à 10^{-2} près.

Correction application 3

1. $e = 200$ mm = 0,200 m.

$R_{laine\_de\_chanvre} = \dfrac{e}{\lambda} = \dfrac{0{,}200}{0{,}040} = 5{,}00\ m^2.K/W$ est la résistance thermique de la laine de chanvre.

2. $e = 12$ mm = 0,012 m.

$R_{panneau} = \dfrac{e}{\lambda} = \dfrac{0{,}012}{0{,}050} = 0{,}24\ m^2.K/W$ est la résistance thermique du panneau de bois.

3. $R_{totale} = R_{laine\_de\_chanvre} + R_{panneau} = 5 + 0{,}24 = 5{,}24\ m^2.K/W$ est la résistance thermique de l'ensemble.

SCIENCES PHYSIQUES ET CHIMIQUES

4. 75 cm = 0,75 m

$\theta_1 = 7\ °C = 7 + 273,15\ K = 280,15\ K$

$\theta_2 = 19\ °C = 19 + 273,15\ K = 292,15\ K$

Calculons d'abord l'aire de la surface de cette paroi :

$$S = 4 \times 0,75 = 3\ m^2$$

$\Phi = \dfrac{S.(\theta_2 - \theta_1)}{R_{totale}} = \dfrac{0,05 \times 3 \times (292,15 - 280,15)}{5,24} \approx 0,34\ W$ est donc le flux thermique de l'intérieur vers l'extérieur.

2 Qu'est-ce qu'une pluie acide ?

A À savoir

■ Le pH est une mesure de l'acidité ou de la basicité d'une solution aqueuse (= contenant principalement de l'eau), comprise entre 0 et 14.

pH = – log[H_3O^+] avec [H_3O^+] la concentration en mol/L en ions H_3O^+.

B Savoir faire

■ On mesure le pH d'une solution à l'aide d'un pHmètre, dont on trempe la sonde dans la solution.

■ Déterminer le caractère acide ou basique d'une solution de pH connu :

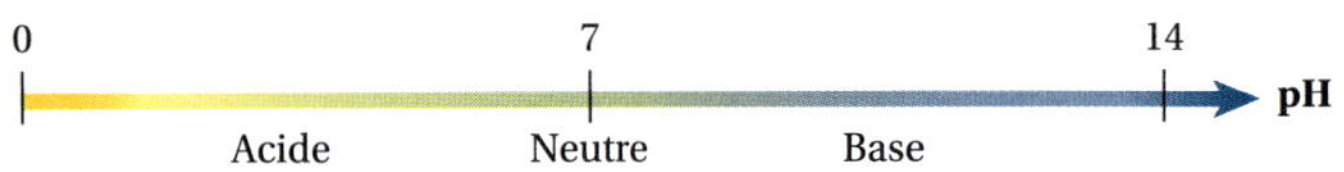

■ Titrage d'une solution par dosage acide base :

L'objectif est de retrouver la concentration d'une solution inconnue à l'aide d'une autre solution de concentration connue.

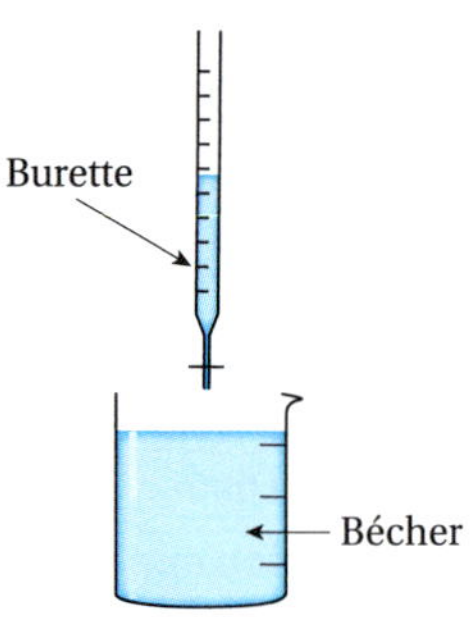

Un volume V_1 de la solution acide de concentration inconnue est placé dans un bécher. On ajoute petit à petit à l'aide d'une burette une solution basique de concentration connue C_2, tout en mesurant le pH régulièrement pour les différents volumes versés.

On observe la courbe du pH obtenue en fonction du volume versé, par exemple :

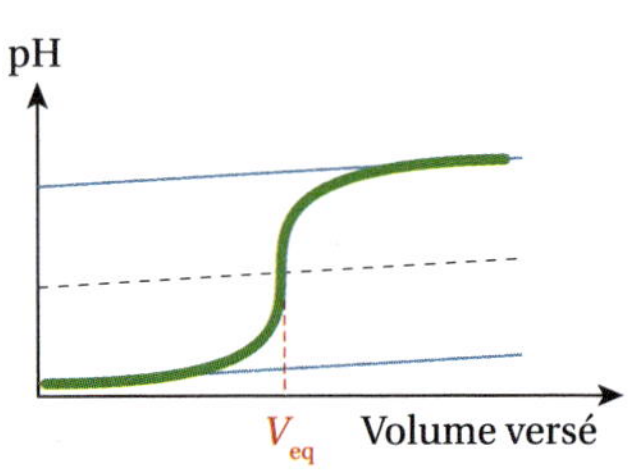

• On trace ensuite les tangentes (en bleu sur le dessin).
• Puis la droite (en pointillés sur le dessin) qui leur est parallèle et à égale distance des deux tangentes.
• Le volume correspondant au point d'intersection avec la courbe est le volume équivalent.
• On peut enfin calculer la concentration inconnue :

on a la relation $C_{\text{inconnue}}.V_1 = C_2.V_{\text{eq}}$ donc $C_{\text{inconnue}} = \dfrac{C_2.V_{\text{eq}}}{V_1}$

avec C_1 *la concentration (en mol/L) de la solution contenue dans la burette et* V_1 *le volume contenu dans le bécher.*

C Applications

Application 4

1. Quel est le pH d'une eau de piscine dont la concentration $[H_3O^+]$ en ions H_3O^+ est de $7{,}9.10^{-9}$ $mol.L^{-1}$? Arrondir à 10^{-1}.
2. Cette eau est-elle acide ou basique ?

Application 5

Lors d'une averse peu de temps après un feu de forêt, on recueille de l'eau de pluie et on mesure son pH, on trouve 4,6.

1. Donner le nom de l'appareil permettant d'effectuer cette mesure.
2. Cette eau de pluie est-elle acide ou basique ?
3. Calculer sa concentration en ions $[H_3O^+]$.

Correction application 4

1. $pH = -\log(7{,}9.10^{-6}) \approx 8{,}1$ est le pH de l'eau de la piscine.
2. On a $8{,}1 > 7$ donc cette eau est basique.

Correction application 5

1. Cet appareil s'appelle un pHmètre.
2. On a $4{,}6 < 7$ donc cette eau est acide.
3. $pH = -\log[H_3O^+]$ donc $[H_3O^+] = 10^{-pH} = 10^{-4{,}6} = 2{,}5.10^{-5}$ mol/L.

La concentration en ions H_3O^+ de l'eau est donc de $2{,}5.10^{-5}$ mol/L.

3 Pourquoi adoucir l'eau ?

A À savoir

■ Une eau « dure » est une eau contenant des ions calcium Ca^{2+} et magnésium Mg^{2+}.

■ Lors d'une réaction chimique, un atome ou une molécule qui **perd** un ou plusieurs électrons devient un ion **positif**. On l'appelle alors **Cation**.

■ Un atome ou une molécule qui **gagne** un ou plusieurs électrons devient un ion **négatif**. On l'appelle alors **Anion**.

■ On mesure la dureté TH de l'eau en degré hydrotimétrique français (°F).

1 °F signifie que l'on a une concentration de 10^{-4} mol/L d'ions Ca^{2+} ou Mg^{2+}.

SCIENCES PHYSIQUES ET CHIMIQUES

On note X^{2+} les ions Ca^{2+} ou Mg^{2+}.

$TH = \frac{[X^{2+}]}{10^{-4}}$ avec $[X^{2+}]$ la concentration en mol/L.

0 °F < TH < 18 °F	Eau « douce »	Corrosive
18 °F < TH < 30 °F	Eau moyennement dure	Dureté idéale
30 °F < TH	Eau très dure	Entartre les endroits où l'eau est chaude, diminue l'efficacité des savons et détergents (et donc entraîne une surconsommation)

B Savoir faire

■ On peut montrer qu'une eau ne contient ni les ions $\mathbf{Ca^{2+}}$ ni $\mathbf{Mg^{2+}}$ si en y ajoutant quelques gouttes d'oxalate d'ammonium, on observe qu'il ne se forme **PAS** un précipité (= solide) blanc.

■ On peut montrer qu'une eau **NE** contient **PAS** des ions $\mathbf{Mg^{2+}}$ si en y ajoutant 1 mL d'hydroxyde de sodium (soude) et 1 mL de jaune de thiazole, on n'observe **PAS** une coloration rouge en haut du tube à essai.

■ Déterminer expérimentalement le degré hydrotimétrique d'une eau :

Pour cela on réalise un dosage (voir 2. Qu'est-ce qu'une pluie acide ?) :

- On met une solution d'EDTA dans la burette et un volume précis V_1 d'eau à analyser dans le bécher auquel on ajoute le même volume de solution tampon pH = 9,2 et plusieurs gouttes de noir ériochrome T. La solution est rose.
- On verse ensuite l'EDTA petit à petit jusqu'à ce que la solution devienne bleue, et on utilise alors ce volume V_{eq} d'EDTA versé pour le calcul (même formule que pour dosage acide base).
- À partir de cette concentration $C_{inconnue}$ en ions Mg^{2+} et Ca^{2+}, on calcule la dureté TH avec la formule suivante :

$$TH = 10\,000.C_{inconnue}$$

C Applications

■ Application 6

1. Un atome de chlore (symbole Cl) qui gagne un électron devient un ion ...., c'est-à-dire un .... de formule ....

2. Un atome d'aluminium (symbole Al) qui perd trois électrons devient un ion ...., c'est-à-dire un .... de formule ....

■ Application 7

Sur le site internet d'une mairie, sur la page information sur l'eau, on trouve l'information suivante : TH = 32 °F

Quelle est la grandeur et l'unité de cette valeur ?

■ Application 8

Suite à une fuite de la machine à laver, le réparateur montre que la panne de la machine est due à un entartrage provoqué par la dureté de l'eau et propose d'installer une résine échangeuse d'ion.

Une résine échangeuse d'ion remplace les ions magnésium et calcium par des ions sodium.

La solution proposée par le réparateur est-elle une bonne idée ? Pourquoi ?

Application 9

Dans une usine, un employé doit vérifier la dureté de l'eau utilisée, en effet une eau dure nécessiterai un traitement préalable afin de ne pas endommager les machines.

Pour cela il effectue un dosage d'un volume V = 100 mL d'eau par une solution d'EDTA de concentration 0,01 mol/L, à un pH de 9,2 et en ajoutant du N.E.T.

Le changement de couleur se fait pour un volume V_{eq} de 37 mL.

1. Calculer la concentration $[X^{2+}]$ en ions Mg^{2+} et Ca^{2+} de l'eau analysée.

Rappel : $[X^{2+}].V = C_{EDTA}.V_{eq}$

2. Calculer la dureté de l'eau correspondant à cette concentration.

3. Sachant que l'eau est considérée comme dure pour TH > 30 °F, dire si l'eau nécessite un traitement avant d'être utilisée.

Correction application 6

1. Un atome de chlore (symbole Cl) qui gagne un électron devient un ion **chargé négativement**, c'est-à-dire un **anion** de formule $\mathbf{Cl^-}$.
2. Un atome d'aluminium (symbole Al) qui perd trois électrons devient un ion **chargé positivement**, c'est-à-dire un **cation** de formule $\mathbf{Al^{3+}}$.

Correction application 7

Cette grandeur est une mesure de la dureté de l'eau. Son unité est le degré hydrotimétrique français.

Correction application 8

Oui : l'entartrage est dû à la dureté de l'eau, c'est-à-dire aux ions magnésium et calcium.

Si, dans l'eau qui alimente la machine, on remplace les ions magnésium et calcium par des ions sodium à l'aide de la résine, il n'y aura plus d'entartrage dans le futur.

On pourrait également utiliser des pastilles anticalcaires.

Correction application 9

1. 100 mL = 0,100 L 37 mL = 0,037 L

$[X^{2+}] \times V = C_{EDTA} \times V_{eq}$ $[X^{2+}] = \dfrac{C_{EDTA}.V_{eq}}{V} = \dfrac{0{,}01.0{,}037}{0{,}100} = 3{,}7.10^{-3}$ mol/L

2. 1 °F signifie que l'on a une concentration de 10^{-4} mol/L d'ions X^{2+}

$[X^{2+}]$ (en mol/L)	TH (en °F)
10^{-4}	1
$3{,}7.10^{-3}$	?

$\text{TH} = \dfrac{0{,}0037}{10^{-4}} = 37$

La dureté de l'eau est 37 °F.

3. On a 37 > 30, donc l'eau nécessite un traitement avant d'être utilisée.

4 Les matières plastiques peuvent-elles être recyclées ?

A À savoir

Les principales familles de matières plastiques :

Les thermodurcissables (non recyclables, mais réutilisables sous forme broyée et mélangés à d'autres matériaux) et les thermoplastiques (recyclables : on peut les refondre et fabriquer de nouveaux objets avec), identifiables à l'aide des pictogrammes du tableau suivant (qui n'est pas à apprendre par cœur) :

Pictogramme	01 PET	02 PEHD	03 PVC	04 PELD	05 PP	06 PSE	07 OTHER
Nom	Polyéthylène Téréphtalate	Polyéthylène haute densité	Polychlorure de vinyle	Polyéthylène basse densité	Polypropylène	Polystyrène expansé	Autres plastiques recyclables
On en trouve dans	Bouteilles d'eau, vêtements	Flacons de détergents, tupperware	Canalisations	Sacs, film alimentaire	Pare-chocs, plastiques habitacle, boites allant au micro-onde	Emballages pour appareils fragiles, barquettes alimentaires	Bouteilles de jus de fruit

B Savoir faire

■ Identifier un plastique recyclable à l'aide d'un pictogramme (voir au-dessus)

■ Identifier expérimentalement différentes matières plastiques à partir d'échantillons et d'un protocole d'identification.

Quelques exemples de tests d'identification :
- Test à la chaleur : un plastique qui ne ramolli pas lorsqu'on le chauffe est un plastique thermodurcissable.
- Test de densité : le polypropylène ou le polyéthylène flottent dans de l'eau contenant quelques gouttes de détergent.
- Test de Belstein : du plastique fondu en petite quantité sur une tige métallique placée dans une flamme donne une flamme verte s'il s'agit de PVC.

C Applications

■ Application 10

On dispose de 3 échantillons de plastique : du PE, du PVC et du polyester (thermodurcissable), d'où le logo a disparu ; on doit les identifier pour les trier.

L'échantillon 1 ne ramolli pas quand on place une tige en verre brûlante dessus alors que les 2 et 3 autres si.

L'échantillon 2 flotte dans de l'eau avec quelques gouttes de détergent mais pas le troisième.

Le troisième donne une flamme verte quand on en brule une petite quantité.

Dire quel échantillon correspond à quel plastique (voir exemples ci-dessus).

■ Correction application 10

L'échantillon 1 ne ramolli pas quand on place une tige en verre brûlante dessus alors que les 2 et 3 autres si. → **C'est le polyester.**

L'échantillon 2 flotte dans de l'eau avec quelques gouttes de détergent mais pas le troisième. → **C'est le PE.**

Le troisième donne une flamme verte quand on en brule une petite quantité.

→ **C'est le PVC.**

6 HS4. Comment peut-on adapter sa vision ?

1 Comment peut-on améliorer sa vision ?

A À savoir

■ L'œil peut être modélisé par :
- une lentille mince convergente (cristallin),
- un diaphragme (pupille),
- un écran adapté (rétine).

■ Les éléments remarquables d'une lentille mince convergente :
• axe optique,
• centre optique O,
• foyer principal objet F,
• foyer principal image F',
• distance focale f,

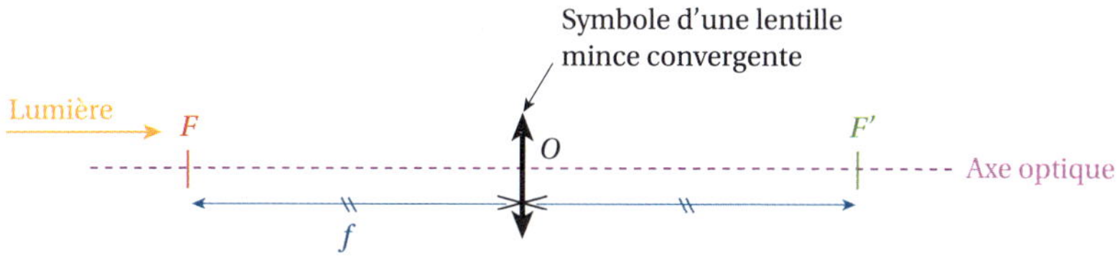

■ Une lentille mince est caractérisée par sa **vergence** $C = \frac{1}{f}$

avec C *en dioptries (δ) et* f *la distance focale en mètres (m) (formule et unités à connaître).*

La vergence d'une lentille convergente est positive.

SCIENCES PHYSIQUES ET CHIMIQUES

■ Différence entre image réelle et image virtuelle

Objet *AB* placé avant le foyer *F*	Objet *AB* placé sur le foyer *F*	Objet *AB* placé après le foyer *F*
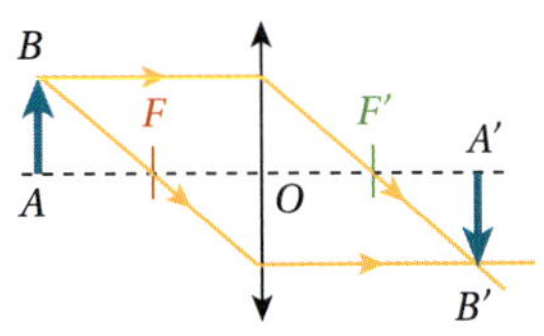	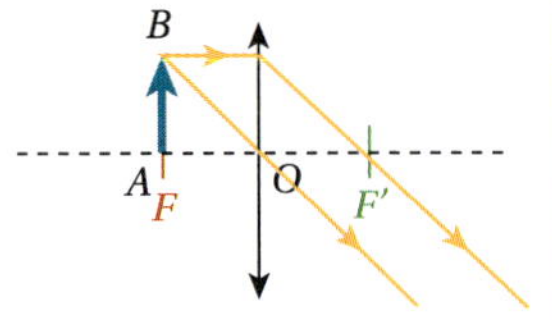	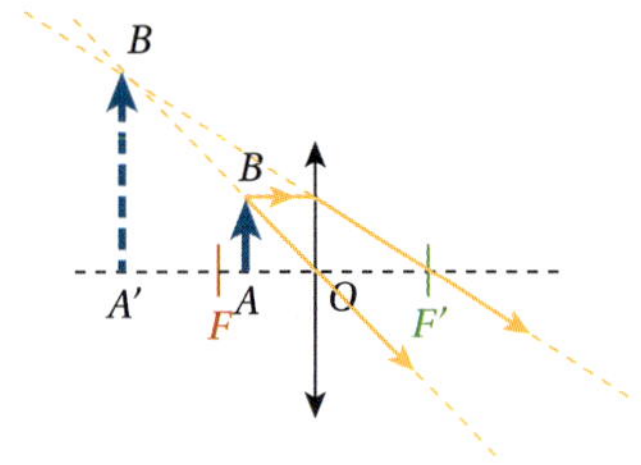
Image réelle A′B′ (on peut la visualiser sur un écran)	Image rejetée à l'infini	**Image virtuelle A′B′** (on ne peut pas la visualiser sur un écran) Principe d'une **loupe**

B Savoir faire

■ Identifier une lentille convergente : **épaisse au centre et mince aux bords.**

■ Déterminer expérimentalement le foyer d'une lentille convergente et sa distance focale.

Pour cela, on peut utiliser plusieurs rayons lumineux que l'on fera arriver parallèlement les uns aux autres, et perpendiculairement à la lentille, le tout en mettant par exemple de la poussière de craie sur le trajet des rayons. À la sortie de la lentille, les **rayons se croiseront au foyer principal image**. La **distance focale se mesure entre la lentille et le foyer** principal image.

> On déplace l'écran depuis la lentille jusqu'à ce que les rayons se focalisent dessus.

Pour une mesure plus précise, on peut utiliser un **banc optique** avec une lentille une source de lumière suffisamment éloignée de la lentille d'un côté, que l'on focalisera sur un écran placé de l'autre côté. La **distance focale se mesurera entre la lentille et l'écran** :

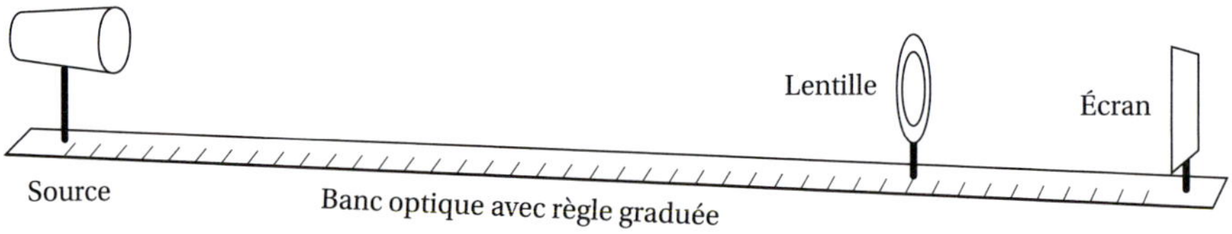

■ Réaliser un montage en étant capable de positionner une lentille convergente par rapport à un objet pour obtenir une image nette à l'écran.

Pour cela, on peut utiliser un **banc optique** :

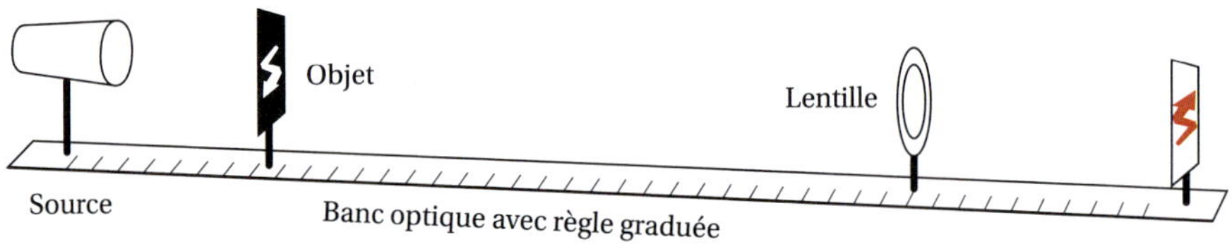

■ Tout d'abord, pour pouvoir avoir une chance de voir une image de l'objet, celui ci ne doit pas être placé à une distance de la lentille inférieure à la distance focale. Il est donc préférable d'**éloigner la lentille de l'objet petit à petit** jusqu'à obtenir une image nette à l'écran. On obtiendra une **image inversée** sur l'écran.

■ Déterminer, à l'aide d'un tracé à l'échelle, la position et la grandeur de l'image réelle d'un objet à travers une lentille convergente :

Propriétés des lentilles :
- un rayon lumineux passant par O n'est pas dévié,
- un rayon parallèle à l'axe optique émerge de la lentille en passant par F',
- un rayon passant par F sort de la lentille parallèlement à l'axe optique.

Méthode : On utilise ces propriétés pour tracer deux rayons différents passant par un point de l'objet, l'image de ce point se trouve là où ces deux rayons se coupent.

Voir tracés pour différence entre image réelle et virtuelle.

■ Appliquer les relations de conjugaison et de grandissement

À l'aide des relations de conjugaison, on peut savoir où se trouve l'image d'un objet dont on connait la position et connaître son grandissement.

Ces relations sont algébriques, c'est-à-dire que les valeurs peuvent être négatives.

Pour des lentilles minces sphériques :

Voir tracés pour différence entre image réelle et virtuelle.

positions : $\dfrac{1}{\overline{OA'}} - \dfrac{1}{\overline{OA}} = \dfrac{1}{\overline{OF}} = \dfrac{1}{f}$ grandissement : $\gamma = \dfrac{\overline{A'B'}}{\overline{AB}} = \dfrac{\overline{OA'}}{\overline{OA}}$

Si $\gamma > 0$ l'image est dans le même sens que l'objet, sinon ($\gamma < 0$), elle est dans l'autre sens.

Les rayons lumineux reçus par l'œil forment une image sur la rétine ; le cristallin, une lentille convergente, peut se déformer pour avoir une distance focale adaptée, ce qui permet de voir net un objet situé à n'importe quelle distance.

C Applications

■ Application 1

1. **Dessiner** une lentille convergente de profil.
2. **Donner** le nom de la grandeur qui caractérise une lentille mince.
3. **Calculer** cette grandeur pour une lentille ayant une distance focale de 20 cm.
4. **Dire** où on doit placer l'objet si on souhaite utiliser cette lentille comme une loupe (par rapport aux points F', F et O).
5. **Dire** si dans ce cas l'image est réelle ou virtuelle.
6. Si on souhaite utiliser cette lentille pour projeter une image sur un écran avec un vidéoprojecteur portable, **dire** où on doit placer le vidéoprojecteur (par rapport aux points F', F et O).
7. **Dire** si dans ce cas l'image est réelle ou virtuelle.

■ Application 2

Une lentille a une vergence de 8,0 dioptries. Calculer sa distance focale.

■ Application 3

1. Une lentille a un grandissement de – 3. Si un objet est placé à 1,5 m de la lentille calculer à quelle distance de la lentille sera placé l'écran permettant de le visualiser.
2. En fonction de cette distance, **calculer** la distance focale de la lentille.
3. **Calculer** ensuite sa vergence.

SCIENCES PHYSIQUES ET CHIMIQUES

Application 4

Terminer le trajet des rayons lumineux.

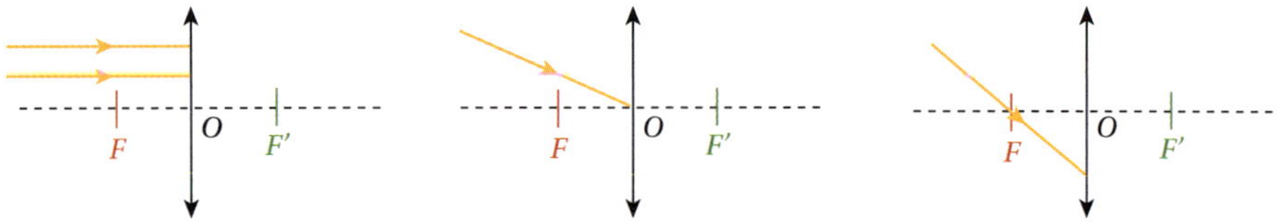

Application 5

Dessiner l'image de l'objet AB

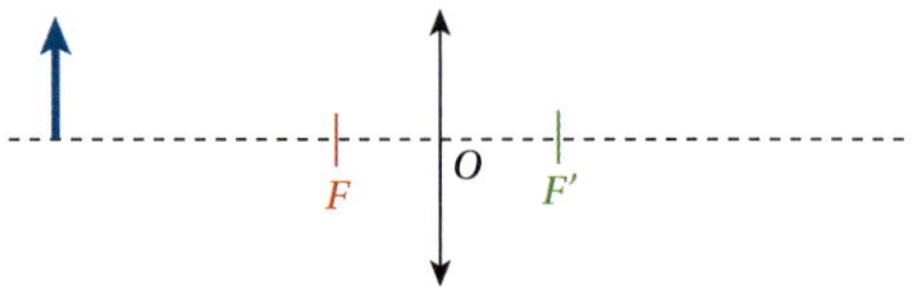

Corrections application 1

1.

2. La vergence C
3. 20 cm = 0,20 m

$C = \frac{1}{f} = \frac{1}{0,20} = 5,0\,\delta$

4. On doit le placer entre F et O.
5. Dans ce cas l'image est virtuelle.
6. Si on souhaite utiliser cette lentille pour projeter une image sur un écran avec un vidéoprojecteur portable, on doit placer le vidéoprojecteur avant le point F (les points O et F' étant après F).

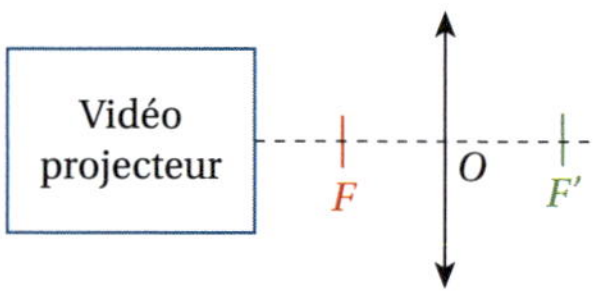

7. Dans ce cas l'image est réelle.

Corrections application 2

$C = \frac{1}{f}$ et donc $f = \frac{1}{C} = \frac{1}{8,0} = 0,125\text{ m}$

Corrections application 3

1. $\gamma = \frac{\overline{OA'}}{\overline{OA}}$ Donc $\overline{OA'} = \overline{OA}.\gamma = (-1,5) \times (-3) = +4,5$ m. L'écran est placé à 4,5 m après la lentille.
2. $\frac{1}{\overline{OA'}} - \frac{1}{\overline{OA}} = \frac{1}{f}$ donc $\frac{1}{f} = \frac{1}{4,5} - \frac{1}{-1,5} = 0,89$

donc $f = \frac{1}{0,89} = 1,13\text{ m}$

3. $C = \frac{1}{f} = 0,89\,\delta$

■ **Corrections application 4**

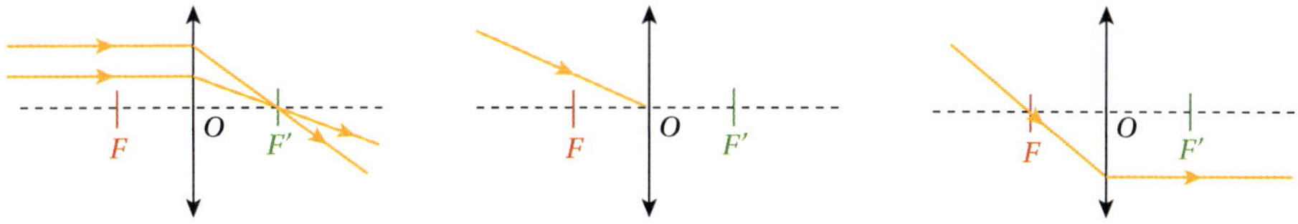

■ **Corrections application 5**

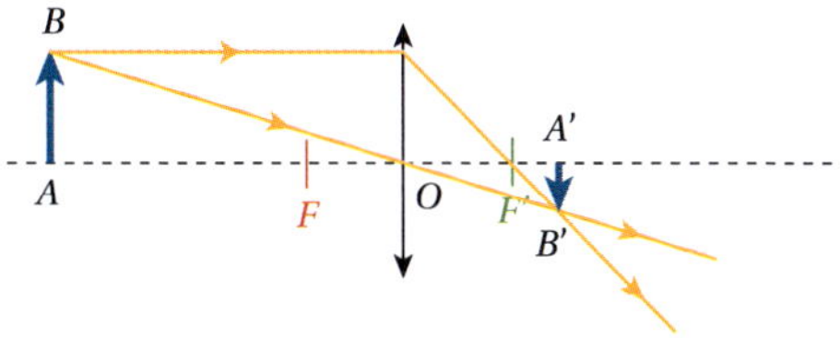

2 Pourquoi faut-il se protéger les yeux des rayons du soleil ?

A À savoir

■ La lumière blanche est la superposition de radiations lumineuses de couleurs différentes.

En effet, on observe que si de la lumière passe à travers de l'eau (ou un prisme en verre), les différentes couleurs se séparent (arc en ciel).

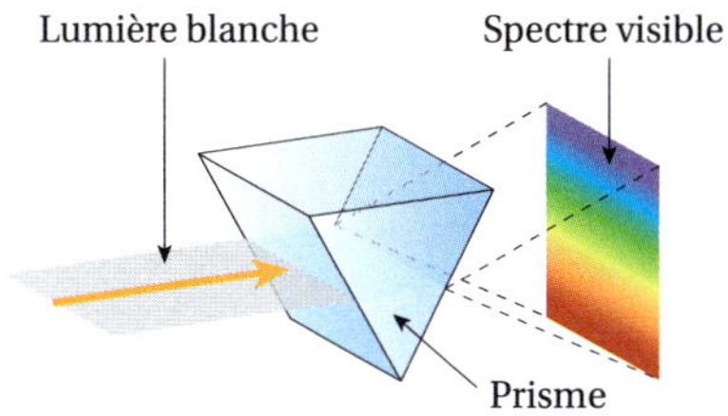

■ Chaque radiation se caractérise par sa longueur d'onde.

■ Il existe différents types de rayonnement : Infra Rouge (IR), visible, Ultra Violet (UV)…

■ Les radiations du domaine UV sont dangereuses pour l'œil.

B Savoir faire

■ Mesurer un éclairement : On mesure l'éclairement à l'aide d'un luxmètre donnant une mesure en lux (lx).

■ Positionner un rayonnement monochromatique sur une échelle fournie :

	UV	Lumière visible violet	bleu	cyan	vert	jaune	orange	rouge	IR
LONGUEUR D'ONDE λ (nm)	400	435	490	520	565	590	625	780	

C Applications

■ **Application 6**

La sensor-bar de la console WII comporte 10 LED dont la longueur d'onde d'émission est de 930 nm. Le rayonnement émis est ensuite capté par la WIImote.

1. **Donner** le type de rayonnement correspondant à cette longueur d'onde.
2. **Expliquer** pourquoi on ne voit pas le rayonnement émis par la sensor-bar.

■ **Corrections application 6**

1. Le type de rayonnement correspondant à cette longueur d'onde est l'infrarouge

2. On ne voit pas le rayonnement émis par la sensor-bar car les infrarouges sont invisibles pour l'œil humain

TRONC COMMUN

7 SL1. Comment dévier la lumière ?

1 Quel est le comportement de la lumière traversant des milieux transparents de natures différentes ?

A À savoir

■ **Un rayon lumineux se propage en ligne droite dans un milieu transparent et homogène.**

■ **Les lois de la réflexion et de la réfraction**

Quand un rayon lumineux passe d'un milieu transparent (d'indice n_1) à un autre milieu transparent (d'indice n_2), il subit *a priori* :

• **Une réflexion dans le premier milieu**

– Le rayon réfléchi est dans le plan d'incidence défini par le rayon incident et la normale à la surface.

– L'angle de réflexion r est **égal** à l'angle d'incidence i_1. $r = i_1$

• **Une réfraction dans le second**

– Le rayon réfracté est aussi dans le plan d'incidence.

– L'angle réfracté i_2 est tel que : $n_1.\sin(i_1) = n_2.\sin(i_2)$

Dessin dans le plan d'incidence

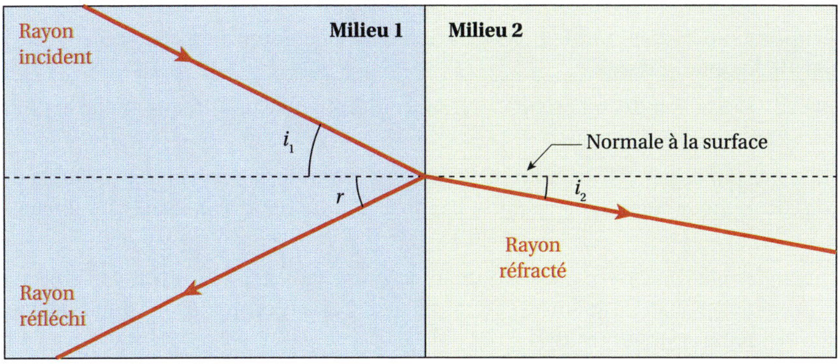

■ **La réfringence d'un milieu est liée à la valeur de son indice de réfraction**

Un milieu est d'autant plus réfringent qu'il rapproche les rayons réfractés de la normale, c'est-à-dire que son indice de réfraction est élevé.

SCIENCES PHYSIQUES ET CHIMIQUES

■ **Conditions d'existence de l'angle limite de réfraction et le phénomène de réflexion totale**

Quand un rayon lumineux passe dans un milieu moins réfringent (d'indice plus petit), si l'angle d'incidence est plus grand qu'une certaine valeur ($i > i_L = \sin^{-1}\frac{n_2}{n_1}$), alors il n'y a pas de réfraction mais seulement réflexion. On parle de **réflexion totale**.

i_L est appelé **angle limite de réfraction**.

B Savoir faire

■ **Vérifier expérimentalement les lois de la réflexion et de la réfraction**

Pour cela, on utilise une source lumineuse unidirectionnelle et un disque gradué, au centre duquel on place un demi-cylindre transparent (en plexiglas par exemple), face arrondie dirigée vers le centre du disque.

On place d'abord la source avec un angle nul par rapport à la normale, puis on fait varier cet angle, et à chaque fois, on note les valeurs des angles réfléchis et réfractés dans un tableau, dont on calculera ensuite les 2 dernières lignes.

Angle d'incidence i_1	0	....
Angle réfléchi r	0	
Angle réfracté i_2	0	
$n_1.\sin(i_1)$	0	
$n_2.\sin(i_2)$	0	

On constate que l'angle de réflexion est sensiblement égal à l'angle d'incidence.

On constate également que l'on trouve des valeurs sensiblement égales dans les 2 dernières lignes de chaque colonne.

■ **Déterminer expérimentalement l'angle limite de réfraction et la réflexion totale**

À l'aide du même dispositif que précédemment, on remarquera que l'angle réfracté augmente plus vite que l'angle incident, et à partir d'une certaine valeur d'angle incident, il n'y a plus de rayon réfracté.

■ **Déterminer expérimentalement la déviation d'un rayon lumineux traversant une lame à faces parallèles et un prisme**

On peut utiliser une feuille, un prisme, une source lumineuse unidirectionnelle et un rapporteur.

On commence par dessiner le contour du prisme sur la feuille, puis on marque le point d'entrée du rayon ainsi que la normale à ce point d'entrée afin de pouvoir mesurer les angles d'incidence.

Pour chaque angle d'incidence, on marquera le point de sortie du rayon de l'autre côté du prisme, et on mesura l'angle de sortie par rapport à la surface, et pour avoir l'angle déviation, on calculera 90 moins la valeur trouvée.

Angle d'incidence i_1	0	....
Angle mesuré a	...	
déviation $d = 90 - a$	...	

Méthode identique pour la lame à faces parallèles.

C Applications

Application 1

Un rayon lumineux émis par un laser passe dans un bloc de glace.

Calculer l'angle du rayon réfracté dans la glace si le rayon arrive avec un angle d'incidence de 23°. Arrondir au dixième. $n_{\text{glace}} = 1{,}3 = n_{\text{eau}}$.

Application 2

On souhaite savoir si une pierre sur une bague est en vrai diamant ou en moissanite, un substitut difficile à détecter. Pour cela on va essayer déterminer la valeur de l'indice de réfraction de la pierre.

L'indice de réfraction du diamant est 2,4 et celui de la moissanite est 2,7.

Pour un angle d'incidence dans l'air de 30°, on trouve une valeur d'angle réfracté de 10,7°.

Dire et **expliquer** si la pierre est en vrai diamant. $n_{\text{air}} = 1$.

Application 3

Donner les conditions de réflexion totale dans une fibre optique.

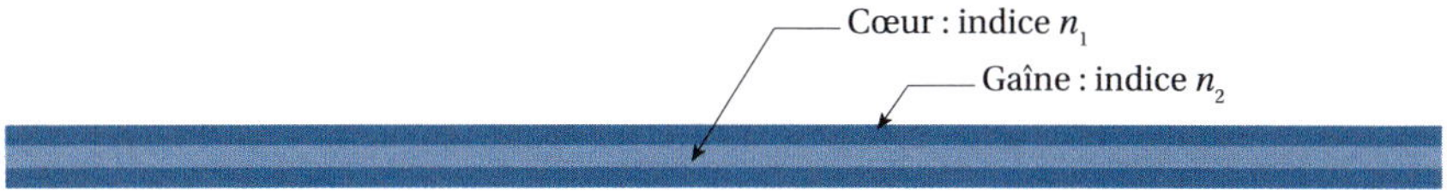

Application 4

Calculer l'angle de réfraction limite dans une fibre optique entre la gaine ($n = 1{,}500$) et le cœur ($n = 1{,}485$). Arrondir à l'unité.

Correction application 1

$n_1.\sin(i_1) = n_2.\sin(i_2)$

Donc $1.\sin(23) = 1{,}3.\sin(i_2)$ donc $\sin(i_2) = \dfrac{\sin(23)}{1{,}3} = 0{,}30$

d'où $i_2 = \sin^{-1}(0{,}30) \simeq 17{,}5$

Correction application 2

On a $n_1.\sin(i_1) = n_2.\sin(i_2)$

$1.\sin(30) = n_2.\sin(10{,}7)$

donc $n_2 = \dfrac{\sin(30)}{\sin(10{,}67)} = 2{,}7$ qui est l'indice de la moissanite.

Cette pierre est donc un faux diamant.

Correction application 3

Il faut que

- n_1 soit supérieur à n_2 : le cœur doit avoir l'indice de réfraction le plus important.
- L'angle d'incidence du rayon envoyé dans la fibre doit être supérieur à $i_L = \sin^{-1}\left(\dfrac{n_2}{n_1}\right)$.

Correction application 4

$$i_L = \sin^{-1}\left(\frac{1{,}485}{1{,}500}\right) = 82°$$

2 Comment une fibre optique guide-t-elle la lumière ?

A À savoir

- Le principe d'une fibre optique est d'utiliser le phénomène de réflexion totale.
- Il existe deux types de fibre optique : celles à saut d'indice et celles à gradient d'indice

B Savoir faire

Étudier expérimentalement les conditions de propagation d'un rayon lumineux dans une fibre optique

On peut par exemple réaliser une fontaine lumineuse à l'aide du montage suivant :

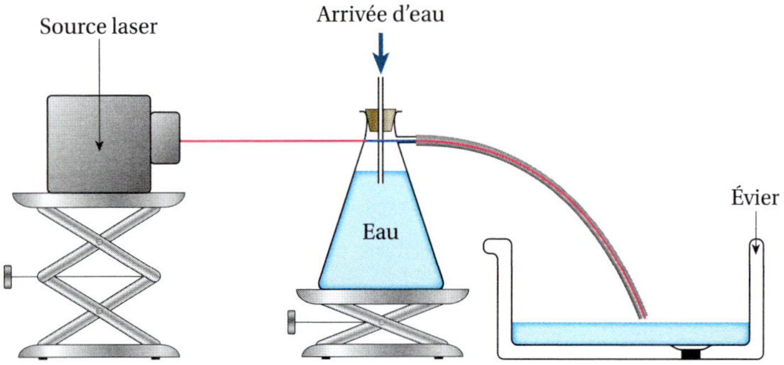

Décrire à l'aide d'un schéma, le parcours d'un rayon lumineux dans une fibre optique

Dans une fibre à saut d'indice :

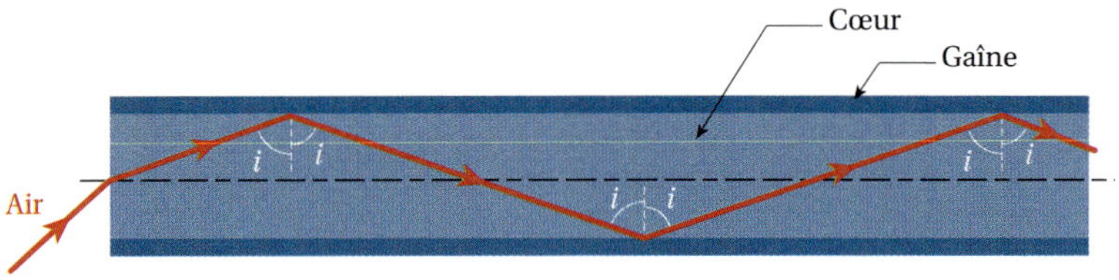

Dans une fibre à gradient d'indice :

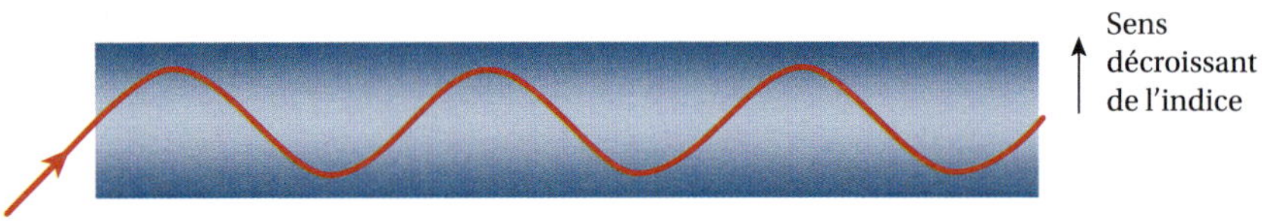

C Applications

Application 5

1. **Expliquer** le principe d'une fibre optique.
2. **Expliquer** la différence entre une fibre à gradient d'indice et une fibre à saut d'indice.
3. **Illustrer** à l'aide de schéma.

Application 6

1. **Dire et expliquer** si un rayon lumineux peut entrer dans une fibre optique sous n'importe quelle incidence.

2. Pour qu'il puisse se propager correctement dans la fibre, l'angle d'arrivée à la surface de la fibre doit être inférieur à $\sin^{-1}\sqrt{n_{coeur^2} - n_{gaine^2}}$.

Calculer cet angle maximal θ_{max}.

3. **Calculer** l'angle de réfraction r correspondant au début de la fibre.
4. **Calculer** l'angle i correspondant par rapport à la normale de la surface de la gaine
5. **Calculer** l'angle limite a pour qu'il y ait réfraction totale au niveau de la gaine
6. **Comparer** cette dernière valeur à θ_{max} et **conclure**.

$$n_{air} = 1{,}0 \qquad n_{coeur} = 1{,}54 \qquad n_{gaine} = 1{,}52$$

Correction application 5

Voir cours.

Correction application 6

1. On peut envoyer le rayon sous n'importe quelle incidence car même si il y a un changement de milieu, le milieu dans lequel on arrive a un indice plus important donc il n'y a pas de risque de réflexion totale lors de l'entrée dans la fibre.

2. $$\theta_{max} = \sin^{-1}\sqrt{n_{coeur^2} - n_{gaine^2}} = \sin^{-1}\sqrt{1{,}54^2 - 1{,}52^2} = 14{,}3°$$

3. $n_1.\sin(i_1) = n_2.\sin(i_2)$ donc $1.\sin(14{,}32) = 1{,}54.\sin(r)$

donc $r = \sin^{-1}\dfrac{\sin(14{,}32)}{1{,}54} = 9{,}24°$

4.

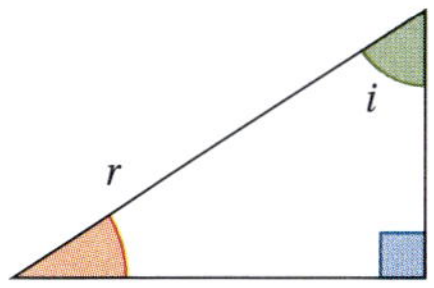

La somme des angles d'un triangle fait 180°
donc $i = 180 - 90 - 9{,}24 = 80{,}76°$

5. $a = \sin^{-1}\dfrac{1{,}52}{1{,}54} = 80{,}76°$

6. Ces deux valeurs sont égales, la formule donnée au 2. permet donc de calculer directement une estimation de l'angle maximal à donner à un rayon pour qu'il pénètre dans la fibre ET qu'il puisse se propager.

8 SL2. Comment un son se propage-t-il ?

1 À savoir

- La propagation d'un son nécessite un milieu matériel.
- La vitesse d'un son dépend du milieu de propagation.
- Relation entre la longueur d'onde d'un son λ (période spatiale), sa vitesse v et sa période temporelle T : $\lambda = v.T$

avec λ la longueur d'onde en mètres (m), v la vitesse en mètres par seconde (v = 340 m/s dans l'air) et T *la période en secondes (s).*

2 Savoir faire

■ Mettre en évidence expérimentalement que la propagation d'un son nécessite un milieu matériel

Pour cela, on peut utiliser un téléphone portable qui diffuse de la musique, une cloche à vide et un sonomètre (et éventuellement un pressiomètre).

On place le téléphone sous la cloche avec le pressiomètre et on fait baisser la pression (on fait le « vide » en enlevant l'air de l'intérieur de la cloche). On constate à l'aide du sonomètre que le volume sonore diminue avec la pression (plus on fait le vide, c'est-à-dire moins il y a de milieu matériel, moins on entend le téléphone).

■ Déterminer expérimentalement la longueur d'onde d'un son en fonction de sa fréquence

Pour cela, on peut utiliser un GBF, un haut-parleur, deux micros, un oscilloscope et une règle. On commence par relier le GBF (réglé autour de 1 000) au haut-parleur. On branche les deux micros sur les entrées de l'oscilloscope. On place ensuite les deux micros côte à côte à la même distance du haut parleur (les signaux doivent se superposer à l'écran de l'oscilloscope).

On éloigne ensuite un des micros de l'autre le long de l'axe formé par l'autre micro et le haut-parleur. Dès que les deux signaux à l'oscilloscope sont à nouveau en phase (et pour la première fois), on mesure la distance entre les micros : c'est la longueur d'onde.

On recommence ensuite pour d'autres fréquences perceptibles par l'oreille.

f (en Hz)	1 000	…	10 000
Distance entre les micros (en m)	…	…	…

■ Mesurer la vitesse de propagation d'un son dans l'air

Même dispositif qu'au-dessus.

Une fois que l'on connaît la longueur d'onde, on peut déterminer la vitesse du son à l'aide de la période temporelle :

Le son a parcouru une distance λ pendant un temps T (période lue au GBF), la vitesse de parcours est donc $v = \frac{\lambda}{T} = \lambda.f.$

■ Utiliser la relation $\lambda = v.T$.

■ Établir expérimentalement la loi de la réflexion d'une onde sonore

On peut pour cela utiliser une plaque de bois ou de métal.

On branche un GBF à un haut-parleur et on branche un micro relié à un oscilloscope entre la plaque et le haut-parleur.

Lors du fonctionnement du haut-parleur, on observe sur l'oscilloscope deux courbes périodiques et déphasées : l'une correspond au son direct du haut-parleur, l'autre correspond au son réfléchi par la plaque.

3 Applications

■ Application 1

Expliquer pourquoi, contrairement à ce que l'on voit dans les films, on ne peut pas entendre un bruit d'explosion dans l'espace.

■ Application 2

Expliquer pourquoi, comme dans les westerns, on entend un train arriver en écoutant les rails avant de l'entendre dans l'air.

■ Application 3

1. **Calculer,** dans l'air, la longueur d'onde d'un son de période temporelle $T = 2,0$ ms.
2. **Calculer**, dans l'air, la période temporelle d'un son de longueur d'onde $\lambda = 17$ cm.

$$v_{air} = 340 \text{ m/s}$$

■ Application 4

Calculer, en cm, la longueur d'onde dans l'air d'un son de fréquence $f = 4\,000$ Hz.

$$v_{air} = 340 \text{ m/s}$$

■ Correction application 1

On ne peut pas entendre un bruit d'explosion dans l'espace car il faut un milieu matériel pour que le son puisse se propager, or dans l'espace, il y a principalement du vide, ce qui signifie pas de milieu matériel.

■ Correction application 2

On entend le train par les rails avant de l'entendre dans l'air car la vitesse d'un son dépend du milieu où il se propage (le son se déplace plus vite dans le métal que dans l'air).

■ Correction application 3

1. $T = 2,0 \text{ ms} = 0,0020 \text{ s} = 2,0 \times 10^{-3} \text{ s}$

$\lambda = v.T = 340 \times 0,002 = 0,68 \text{ m}$

2. $\lambda = 17 \text{ cm} = 0,17 \text{ m}$

$\lambda = v.T$ donc $T = \dfrac{\lambda}{v} = \dfrac{0,17}{340} = 0,0005 \text{ s}$

■ Correction application 4

$f = 4\,000$ Hz donc $T = \dfrac{1}{f} = \dfrac{1}{4\,000} = 0,00025 \text{ s}$

$\lambda = v.T = 340 \times 0,00025 = 0,085 \text{ m} = 8,5 \text{ cm}$ (ou $\lambda = v.T = \dfrac{v}{f} = 8,5 \text{ cm}$)

TRONC COMMUN

9 SL3. Comment transmettre un son à la vitesse de la lumière ?

1 À savoir

- Vitesse du son dans l'air : environ 340 m/s. Vitesse de la lumière dans l'air : environ 3×10^8 m/s.
- La lumière peut permettre de transmettre des informations (fibre optique).
- La transmission du son nécessite un émetteur, un milieu de propagation et un récepteur.

2 Savoir faire

■ Identifier les éléments une chaîne de transmission par fibre optique

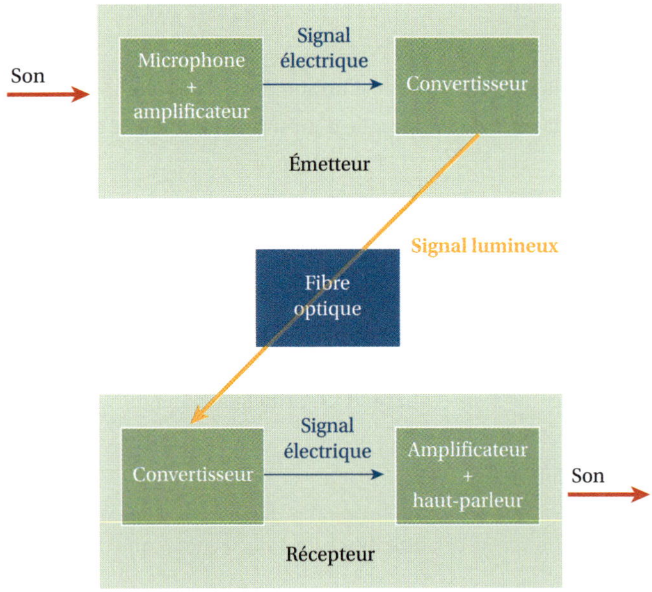

■ Réaliser la transmission d'un signal sonore par fibre optique

À l'aide du dispositif décrit ci-dessus : le convertisseur dans le premier bloc converti un signal analogique électrique en un signal numérique lumineux, qui sera transmis par la fibre optique, et inversement pour le convertisseur dans le bloc du bas.

3 Applications

Application 1

Calculer combien de fois, à la puissance de 10 la plus proche, la vitesse de la lumière est plus grande que celle du son (dans l'air).

Application 2

Compléter la légende sur le schéma suivant :

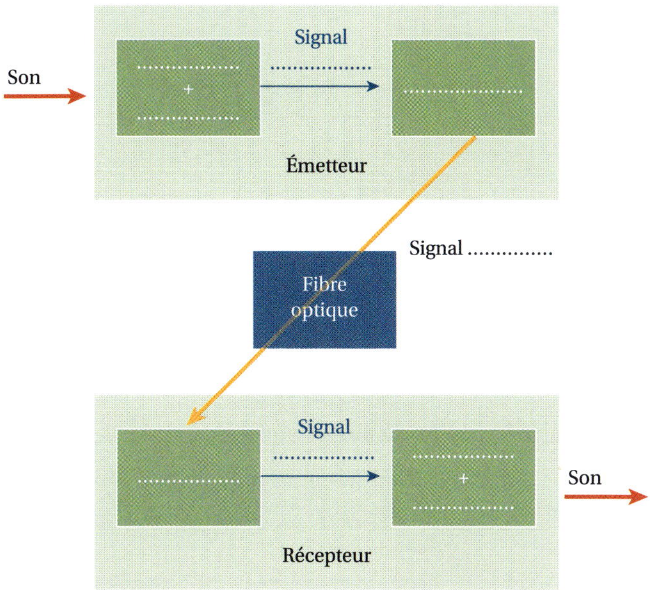

Correction application 1

$\frac{v_{\text{lumière}}}{v_{\text{son}}} = \frac{3.10^8}{340} \approx 882\,353 \approx 10^6 = 1$ million. La vitesse de la lumière est environ 1 million de fois plus grande que celle du son.

Correction application 2

Voir cours

10 T6. Qu'est-ce qu'une voiture puissante ?

1 Qu'est ce qu'un couple moteur ?

A À savoir

Couple de forces

Un couple de force est un ensemble de 2 forces de même intensité, de directions parallèles et de sens opposés (qui tendent à faire tourner un objet autour d'un axe).

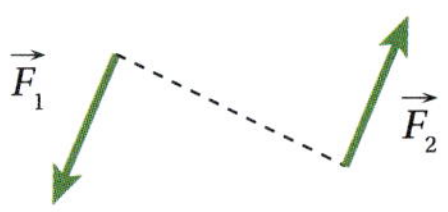

On a $\vec{F_1} = -\vec{F_2}$

Moment d'un couple de forces (on dit aussi couple)

Le moment d'un couple de forces est l'aptitude de ce couple à faire tourner un objet autour d'un point fixe.

B Savoir faire

Calculer le moment d'un couple de forces :

C'est le produit entre la valeur de l'intensité du couple et la distance entre les droites qui portent les forces.

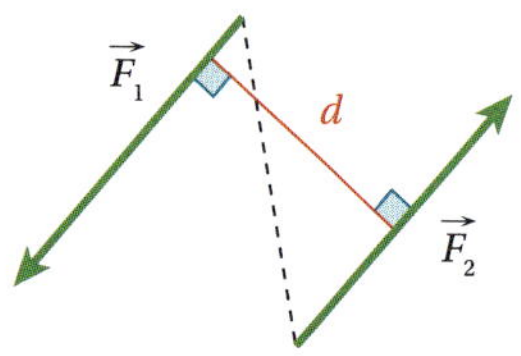

$M_C = F.d = 250 \times 0{,}3 = 75\ N.m$ (avec $F = F_1 = F_2$)

avec M *en Newtons mètres (N.m),* F *en Newtons (N) et* d *en mètres (m).*

C Applications

Application 1

Calculer le moment d'un couple de forces d'intensité 900 N dont les droites d'application sont distantes de 20 cm.

Application 2

Calculer le moment de ce couple de forces d'intensité 250 N.

Les points d'application des 2 forces sont distants de 0,6 m.

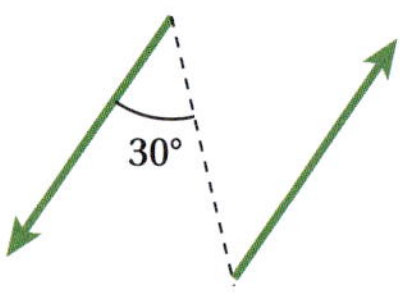

Corrections application 1

$d = 20 \text{ cm} = 0{,}20 \text{ m}$

$M = F.d = 900 \times 0{,}20 = 180 \text{ Nm}$

Corrections application 2

$d = 0{,}6.\sin(30°) = 0{,}3 \text{ m}$

$M = F.d = 250 \times 0{,}30 = 75 \text{ N.m}$

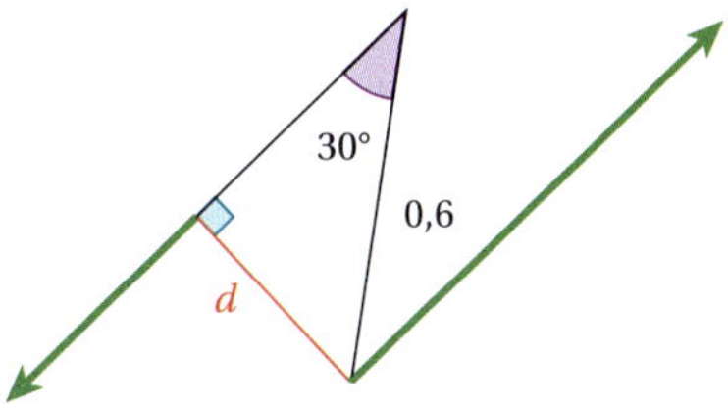

2 Quelle est la puissance d'un moteur ?

A À savoir

- La puissance P se mesure en Watts (W)
- L'énergie cinétique se calcule avec la formule suivante : $E_C = \frac{1}{2}.m.v^2$

avec E_C *en Joules (J),* m *en kilogrammes (kg) et* v *en* ***mètres par secondes (m/s)***

B Savoir faire

- Calcul de la puissance à l'aide d'une courbe couple-vitesse pour un point de fonctionnement : $P = 2.\pi.n.M$

avec n *la vitesse de rotation en tour par seconde et* M *le couple en N.m.*

- Calcul de la puissance P mise en jeu lors d'une variation de vitesse pendant une durée t :

$$P = \frac{\Delta E_C}{\Delta t} \quad \textit{avec P en Watts (W)}$$

C Applications

Application 3

Convertir en Watts la puissance d'une voiture de 140 ch (1 ch = 736 W).

Application 4

Calculer l'énergie cinétique d'une voiture de 1,4 t roulant à une vitesse de 90 km/h.

Application 5

À l'aide du graphique ci-dessous,

1. Donner la puissance maximale du moteur et la vitesse de rotation pour laquelle elle est atteinte.
2. Donner la valeur maximale du couple ainsi que la vitesse de rotation correspondante.
3. Calculer la puissance correspondant à ce couple maximal.

Rappel : $P = 2.\pi.n.M$

4. En fonction des résultats précédents, dire si la puissance maximale du moteur est atteinte pour le couple maximal.

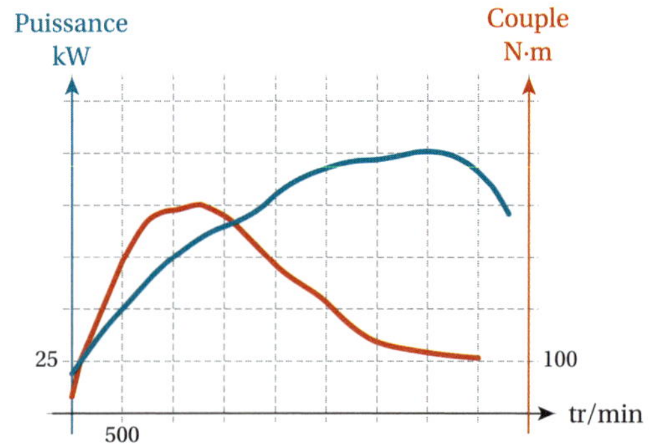

> Pour convertir une vitesse en m/s, il faut diviser la vitesse en km/h par 3,6

Application 6

Calculer la puissance nécessaire pour qu'un 4x4 de 1,8 t puisse passer de 10 à 90 km/h en 15 secondes.

Corrections application 3

$P = 140 \times 736 = 103\,040$ W= 103 kW

Corrections application 4

1,4 t = 1 400 kg = $1{,}4 \times 10^3$ kg

$v = 90$ km/h = 90 000 m/h = 90 000/(60 × 60) m/s = 25 m/s

$E_C = \frac{1}{2} \times 1\,400 \times 25^2 = 437\,500$ J

Corrections application 5

1. $P_{MAX} = 125$ kW à 3 500 tr/min
2. $\text{couple}_{MAX} = 400$ Nm à 1 250 tr/min
3. 1 250 tr/min = 1 250/60 tr/s ≈ 21 tr/s

$P = 2.\pi.n.M = 2.\pi \times 21 \times 400 \approx 52\,779$ W ≈ 53 kW

4. Non, la puissance maximale n'est pas atteinte pour le couple maximal.

Corrections application 6

Il faut convertir les masses en kg et les vitesses en m/s.

1,8 t = 1 800 kg

À 10 km/h = 10 × 1 000/(60 × 60) ≈ 2,78 m/s, $E_C = 12 \times 1\,800 \times 2{,}78^2 \approx 6\,944$ J

À 90 km/h = 90 × 1000/(60 × 60) = 25 m/s, $E_C = 12 \times 1\,800 \times 25^2 = 562\,500$ J

$P = \Delta Ec/\Delta t = (562\,500 - 6\,944)/15 \approx 37\,037$ W

11 T7. Comment avoir une bonne tenue de route ?

1 À quoi servent les amortisseurs ?

A À savoir

■ La période d'une oscillation est la plus petite durée nécessaire à un phénomène pour se reproduire identique à lui même.

■ Relation entre fréquence et période : $f = \frac{1}{T}$.
avec f *fréquence en Hertz (Hz) et* T *période en secondes (s).*

■ Fréquence propre

La fréquence propre d'un système est la fréquence à laquelle il oscille librement sans force extérieure.

■ Amortissement : lorsqu'un système commence à osciller, les différentes pertes (frottements) provoquent une perte d'énergie, ce qui fait que l'amplitude des oscillations diminue.

■ À l'aide d'un pendule oscillant, on vérifie que la période des oscillations dépend très peu de l'amplitude.

B Applications

■ **Application 1**

1. Un véhicule roule sur une bande rugueuse, on mesure une période de 203 ms.
Calculer la fréquence correspondante (arrondir à l'unité).
2. Une roue vibre avec une fréquence de 2 000 Hz, calculer la période correspondante.

■ **Application 2**

1. Après avoir roulé sur une bosse, un bibelot accroché au rétroviseur d'une voiture se met à osciller, dire si l'amplitude des oscillations varie et comment.
2. Donner le nom donné à ce phénomène.
3. Donner la cause de ce phénomène.

■ **Correction application 1**

1. 203 ms = 0,203 s
2. $f = \frac{1}{T} = \frac{1}{0{,}203} \approx 5\,\text{Hz}$

■ **Correction application 2**

1. L'amplitude des oscillations diminue.
2. Amortissement
3. L'amortissement est dû aux frottements.

2 Pneus sous gonflés = danger ! Pourquoi ?

A À savoir

■ Pour l'air contenu dans un pneu, il existe une relation entre la pression, le volume et la température :

$$\frac{P.V}{T} = \text{constante}$$

avec P *la pression en Pascal (Pa),* V *le volume en litres (l) et* T *la température en Kelvins (K)*

Température en Kelvins = température en degrés Celsius + 273,15
ex. : 25 °C = 25 + 273,15 K = 298,15 K

■ Savoir utiliser $P = \frac{F}{S}$ (voir chapitre T5)

Pour un pneu, si sa surface de contact avec le sol augmente c'est qu'il s'écrase et se déforme, ce qui le fragilise et risque de le faire éclater.

B Applications

■ **Application 3**

À froid (18 °C), un pneu d'utilitaire est gonflé à une pression de 3 bars, si on suppose qu'il ne change pas de volume, quelle sera la pression du pneu si sa température est de 25 °C ?

■ **Application 4**

On suppose qu'un pneu de cet utilitaire supporte une masse de 700 kg.

Calculer la surface de contact du pneu avec la route pour les 2 pressions trouvées à l'application précédente (données : $g = 10\ \text{N.kg}^{-1}$).

■ **Correction application 3**

$$\frac{P.V}{T} = \text{constante}$$

18 °C = 18 + 273,15 K = 291,15 K   25 °C = 25 + 273,15 K = 298,15 K

À 18 °C, $\frac{P.V}{T} = \frac{3.10^5.V}{291{,}15} \approx 1030{,}40.V$

À 25 °C, $\frac{P.V}{T} = \frac{p.V}{298{,}15} = 1030{,}40.V$ car $\frac{P.V}{T} = \text{constante}$ donc $\frac{P.V}{298{,}15} = 1\,030{,}40 \times V$

donc $\frac{p}{298{,}15} = 1030{,}40$ d'où $p = 307\,212$ Pa ≈ 3,1 bar

■ **Correction application 4**

$p = \frac{F}{S}$ Donc $p.S = F$ donc $S = \frac{F}{p}$

Or F = Poids = $m.g = 700.10 = 7\,000$ N

donc

Pour $p = 3$ bar = 300 000 Pa, on a $S = \frac{7\,000}{300\,000} \approx 0{,}0233\ \text{m}^2 = 233\ \text{cm}^2$

Pour $p = 307\,212$ Pa, on a $S = \frac{7\,000}{307\,212} \approx 0{,}0228\ \text{m}^2 = 228\ \text{cm}^2$

12 T8. Comment faire varier la vitesse d'un véhicule électrique ?

1 Comment régler la vitesse d'un moteur à courant continu ?

A À savoir

■ Le modèle électrique équivalent simplifié d'un moteur à courant continu est :

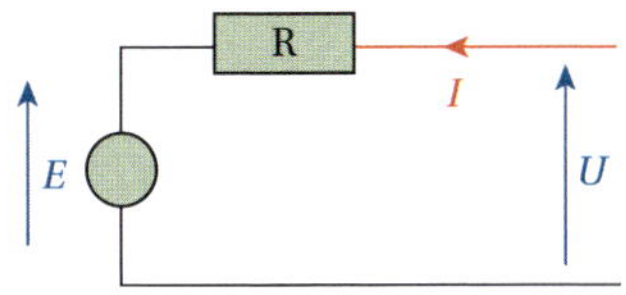

Avec E qui ne dépend que de la fréquence de rotation

■ Les variateurs de vitesse pour les moteurs à courant continu sont des dispositifs permettant de faire varier la tension d'alimentation.

Ainsi en faisant varier la tension d'alimentation, on fait varier la vitesse du moteur, et donc celle d'un véhicule électrique.

B Savoir faire

■ Utiliser la loi des mailles pour écrire la relation $U = E + R.I$

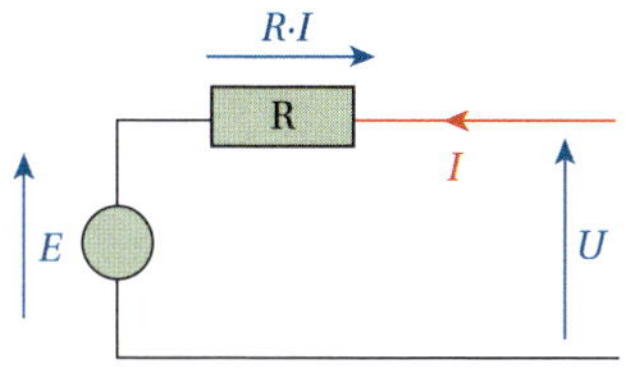

Le courant appelé par un moteur à courant continu dépend du couple résistant.

C Applications

■ **Application 1**

Un courant de 250 mA est appelé par un ventilateur de PC de résistance interne 8 Ω, alimenté avec une tension $U = 12$ V.

1. Calculer la force électromotrice du moteur.

2. Calculer la vitesse de rotation du moteur sachant qu'elle est proportionnelle à la fem et que 1 V correspond à 3,5 tr/s.

3. On trouve le ventilateur trop bruyant. Une solution proposée sur un forum internet est d'ajouter un potentiomètre (résistance réglable à l'aide d'un bouton) en série du ventilateur.

Expliquer pourquoi cela peut résoudre ce problème en faisant diminuer la vitesse du ventilateur (et donc faire qu'il soit moins bruyant).

Correction application 1

1. 250 mA = 0,250 A

$U = E + R.I$ donc $E = U - R.I = 12 - 8 \times 0{,}250 = 10$ V

La fem du moteur est de 10 V.

2.

FEM (V)	*n* (tr/s)
1	3,5
10	?

$n = 3{,}5 \times 10/1 = 35$ tr/s

3. En ajoutant un potentiomètre, on peut augmenter la résistance, donc diminuer E et donc diminuer la vitesse du ventilateur, qui est proportionnelle à E.

2 Comment remplacer un moteur à courant continu par un ensemble moteur asynchrone – convertisseur ?

Les **moteurs asynchrones** (qui portent ce nom car leur vitesse n'est pas forcément proportionnelle à la fréquence des courant qu'ils appellent) sont très présents dans l'électroménager, les machines-outils, trains, etc.

Ils sont composés de deux parties : le **stator** (fixe) composé de bobines dans lesquelles on fait circuler un courant, et le **rotor** (qui tourne), constitué de bobines où apparaît un courant induit par le champ magnétique généré par le stator.

A À savoir

Les variateurs de vitesse pour les moteurs asynchrones sont des dispositifs permettant de faire varier la fréquence de la tension d'alimentation.

La fréquence de rotation du moteur asynchrone dépend essentiellement de la fréquence de la tension d'alimentation, et varie peu avec le couple résistant, d'où l'intérêt du moteur asynchrone par rapport au moteur à courant continu.

B Savoir faire

Mesurer la **fréquence de rotation** d'un moteur asynchrone et vérifier qu'elle **dépend de la fréquence d'alimentation** :

Pour cela, on alimente un moteur asynchrone avec un GBF, et on mesure la fréquence du rotor avec un tachymètre ou un stroboscope.

On fait varier la fréquence du GBF et on observe les variations de fréquence du rotor.

■ Mesurer la **fréquence de rotation** d'un moteur asynchrone et vérifier qu'elle **varie peu avec le couple résistant** :

On peut utiliser pour cela un moteur alimenté en alternatif et couplé à un générateur indicateur de couple. On fait varier le couple à l'aide du générateur en on mesure la fréquence de rotation (avec un tachymètre ou un stroboscope).

Ainsi, en remplaçant un moteur à courant continu par un ensemble moteur asynchrone, on peut également faire varier la vitesse d'un véhicule électrique, mais cette fois en faisant varier la fréquence du courant à l'aide d'un convertisseur.

Avantage : les moteurs asynchrones sont plus fiables et moins chers.

C Applications

■ Application 2

Une voiture électrique possède un moteur asynchrone d'une puissance de 150 kW. Il tourne à une fréquence de 3 000 tr/min quand on l'alimente avec des tensions triphasées de valeur efficace 230 V et de fréquence 120 Hz.

1. Dire ce qu'il faut faire varier (et comment) pour augmenter la vitesse de la voiture.

2. À vitesse constante, la fréquence du moteur est considérée proportionnelle à celle de la tension d'alimentation.

Calculer, à vitesse constante, la fréquence du moteur pour une fréquence d'alimentation de 300 Hz.

3. Dire comment évolue cette fréquence de rotation si le couple résistant augmente.

4. Que faudrait-il faire varier (et comment) pour augmenter la vitesse de la voiture si on utilisait un moteur à courant continu ?

■ Correction application 2

1. Pour augmenter la vitesse de la voiture, vu qu'il s'agit d'un moteur asynchrone, il faut augmenter la fréquence des tensions d'alimentation, ce qui va augmenter la fréquence du moteur et donc la vitesse de la voiture.

2.

n (tr/min)	f (Hz)
3 000	120
?	300

$n = 3\,000 \times 300/120 = 7\,500$ tr/min

À vitesse constante, la fréquence du moteur pour une fréquence d'alimentation de 300 Hz est de 7 500 tr/min

3. Si le couple résistant augmente, cette fréquence de rotation ne variera que peu (c'est une caractéristique du moteur asynchrone).

4. Si on utilisait un moteur à courant continu, il faudrait faire augmenter la tension d'alimentation pour augmenter la vitesse de la voiture.

13 CME6. Comment fonctionnent certains dispositifs de chauffage ?

1 Comment fonctionne une plaque à induction ?

A À savoir

■ On peut **créer un champ magnétique** en faisant circuler du courant électrique continu dans un enroulement de fil électrique (une bobine), la bobine présente alors, comme un aimant, un pôle Nord et un pôle Sud.

■ **Loi de faraday :**

Un courant électrique induit apparaît dans un circuit fermé tant qu'on y fait varier le flux magnétique (en y bougeant un aimant par exemple).

■ **Loi de Lenz :**

Le courant induit est dans un sens tel qu'il s'oppose à la cause qui lui a donné naissance.

• Une casserole placée sur une plaque à induction est chauffée à l'aide du courant induit qui chauffe le métal par effet Joule en agitant ses électrons.

B Savoir faire

■ Identifier les pôles d'un aimant et d'une bobine parcourue par un courant continu :

En plaçant une boussole à une des extrémités de la bobine, le pôle de la bobine est le pôle de nom opposé à celui indiqué par la boussole.

Pour les bobines, une autre méthode consiste à regarder dans quel sens s'enfonce un tire bouchon quand on le fait tourner dans le sens du courant dans la bobine : il rentrera par la face Sud et sortira par la face Nord.

■ Déterminer expérimentalement le sens d'un champ magnétique créé par un courant électrique :

On identifie d'abord les pôles, on en déduit le sens du champ magnétique créé : du pôle Sud vers le pôle Nord.

■ Déterminer le sens d'un courant induit (*cf.* Loi de Lenz) :

Si on rapproche, face Nord en avant, un aimant d'une bobine, le courant induit créé fera apparaître une face Nord sur la face de la bobine où l'aimant rentre (ce qui s'opposera au déplacement de l'aimant).

■ Mettre en évidence les effets du courant induit :

Un courant induit, comme tout courant, provoque un échauffement par effet joule (casserole sur une plaque à induction) ; de plus il a tendance à freiner le mouvement qui lui a donné naissance (volume métallique qui tourne dans un champ magnétique, comme les « ralentisseurs » des poids lourds).

■ Principe de fonctionnement d'une plaque à induction :

Une première bobine alimentée en tension alternative crée un champ magnétique variable, qui est récupéré par une seconde « bobine » (la casserole en acier) où se crée donc un courant.

C Applications

■ **Application 1**

Indiquer les pôles sur les aimants ci-dessous :

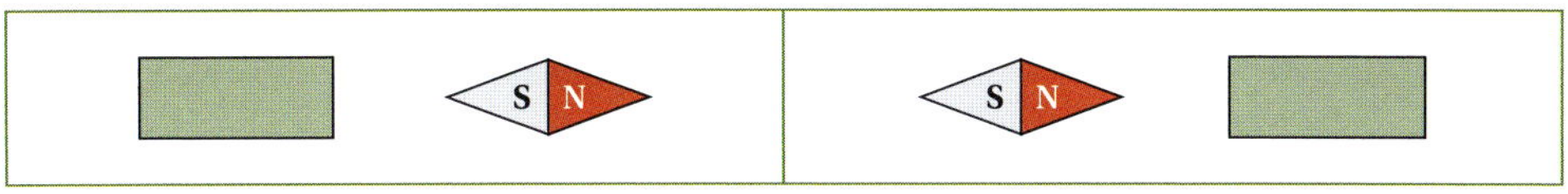

■ **Application 2**

Indiquer les pôles sur les bobines ci-dessous :

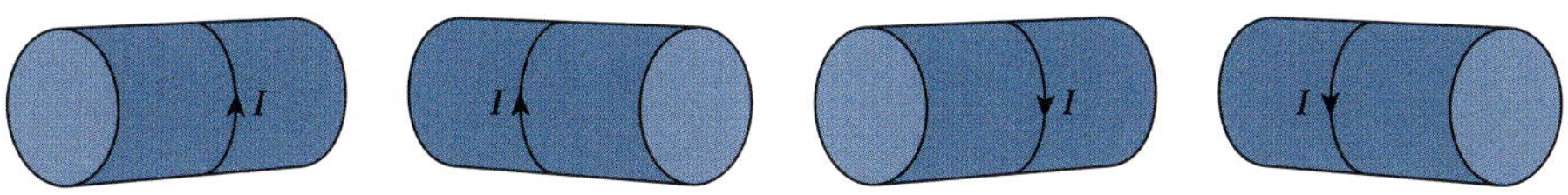

■ **Application 3**

Un électroaimant dans une casse de voitures comporte une très grosse bobine alimentée en courant continu. Expliquer comment identifier le pôle du bas de la bobine avec un aimant.

■ **Application 4**

Dans chacun des cas suivants on approche l'aimant de la bobine. Indiquer les pôles de la bobine, puis le sens du courant induit dans la bobine.

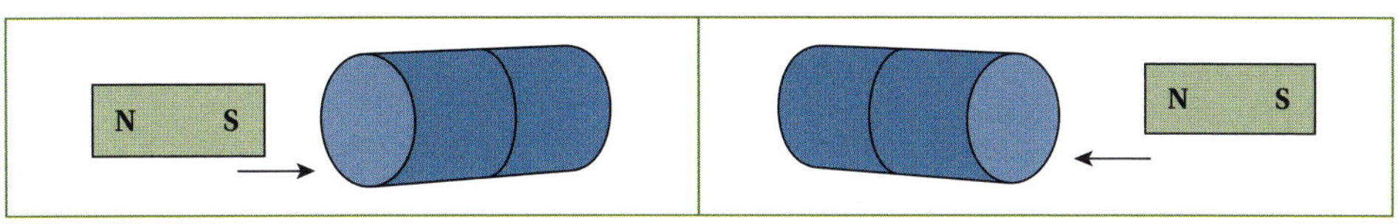

■ **Application 5**

Dans un barrage de lac artificiel, on utilise des aimants pouvant être entrainés en rotation par le mouvement de l'eau dans des turbines.

Ces aimants sont placés à l'intérieur de bobines des fils.

Que se passe-t-il lorsqu'on laisse les turbines entrainer les aimants ?

Donner dans ce cas l'utilité de ce système.

■ **Application 6**

Casserole et plaque à induction

Dans chacun des cas suivants, dire si la sauce placée dans la casserole chauffe et expliquer pourquoi :

Casserole en acier et plaque à induction alimentée en courant alternatif	Casserole en verre et plaque à induction alimentée en courant continu	Casserole en verre et plaque à induction alimentée en courant alternatif	Casserole en acier et plaque à induction alimentée en courant continu

■ **Corrections application 1**

Indiquer les pôles sur les aimants ci dessous :

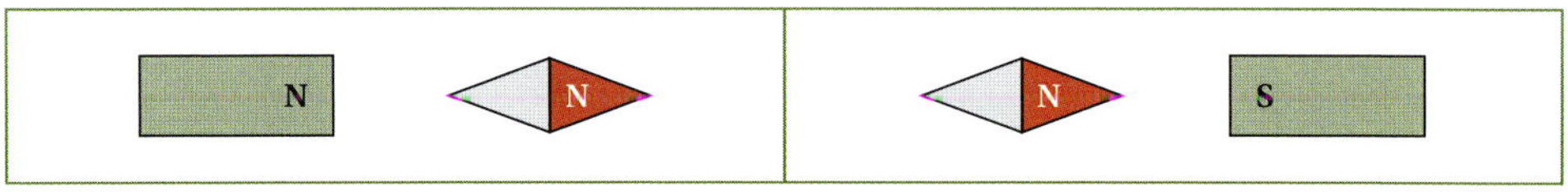

■ **Corrections application 2**

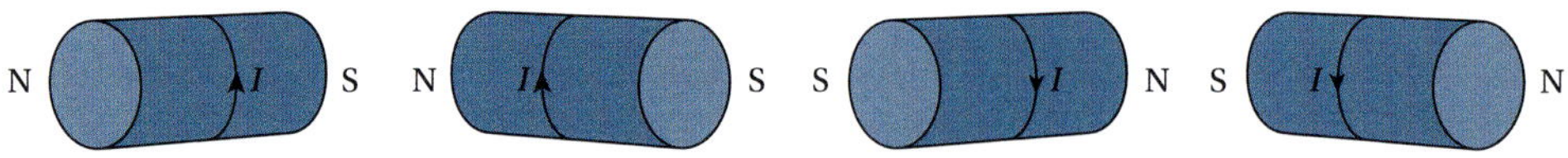

■ **Corrections application 3**

Avec une boussole, le pôle du bas de la bobine est le pôle opposé à celui indiqué par la boussole.

■ **Corrections application 4**

Dans chacun des cas suivants on approche l'aimant de la bobine. Indiquer les pôles de la bobine, puis le sens du courant induit dans la bobine.

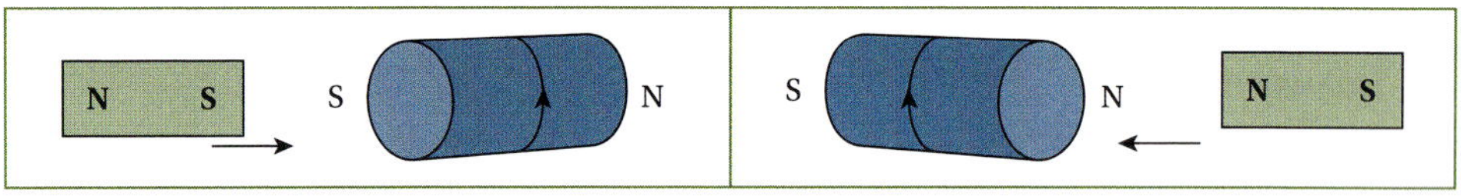

■ **Corrections application 5**

Les aimants, en tournant, font varier le champ magnétique au milieu des bobines, ce qui provoque l'apparition d'un courant induit dans les bobines.

Cela permet donc de créer du courant électrique alternatif.

■ **Corrections application 6**

Oui : le champ magnétique varie et crée un courant induit dans l'acier de la casserole	Non car pas de courant induit dans le verre (isolant) et le courant est continu	Non car pas de courant induit dans le verre (isolant)	Non car pas de variation du champ magnétique donc pas de courant induit dans la casserole

2 Comment faire varier la température d'un gaz sans le chauffer ?

A À savoir

■ La température, la pression et le volume dépendent les uns des autres (voir T7), donc si on fait varier la pression ou le volume d'un gaz, sa température va alors varier.

■ Unités de pression : voir T7.

B Savoir faire

■ Une pression se mesure à l'aide d'un manomètre. L'orientation de la sonde est sans importance.

■ Convertir une pression d'une unité dans une autre : voir T5.

■ Vérifier expérimentalement la loi de Boyle-Mariotte :

On peut par exemple utiliser une grosse seringue fermée et remplie d'air munie d'un pressiomètre, et mesurer la pression en faisant varier le volume, à une température constante ; en calculant le produit pression.volume, on trouve une valeur à peu près constante.

C Applications

■ **Application 7**

Quand on utilise une bombe dépoussiérante pour ordinateurs, elle devient très froide.

Expliquer ce phénomène en sachant que $p.V = k.T$ avec p la pression, V le volume et T la température.

■ **Application 8**

Une bouteille de 1,5 L est refermée sous une pression $p = 1\ 013$ hPa, on abaisse ensuite la pression à 950 hPa, en conservant la même température extérieure (20 °C).

Si la bouteille peut se déformer, quel sera son nouveau volume ? Arrondir au dixième de litre.

■ **Corrections application 7**

$p.V = k.T$

Le volume reste constant (ou presque), et comme la pression diminue dans la bombe $p.V$ diminue, et donc $k.T$ aussi, donc la température diminue aussi (car k est une constante).

■ **Corrections application 8**

$p_1.V_1 = p_2.V_2$ Donc $V_2 = p_1.V_1/p_2 = 1\ 013 \times 1.5/950 = 1{,}6$ L Elle est plus gonflée.

3 Quelles contraintes faut-il prendre en compte dans une installation de chauffage central ?

A À savoir

■ Conservation du débit

Lors d'un écoulement permanent (= les vitesses restent les mêmes aux mêmes endroits) le débit volumique se conserve.

C'est-à-dire que si on envoie un certain nombre de litres par minutes dans les radiateurs, il en revient autant en fin de circuit (sinon c'est qu'il y a un problème de fuite d'eau quelque part).

B Savoir faire

■ Calculer une vitesse moyenne d'écoulement

Dans un objet de section fixe, on laisse couler le fluide. On mesure la différence de hauteur entre le moment du début et la fin, et on divise par le temps que cela a mis.

■ Calculer un débit volumique Q : c'est le volume de fluide qui s'écoule par unité de temps.

$$Q = \frac{V}{t}$$

avec Q *en mètre cube par seconde (m^3/s),* V *en* m^3, t *en secondes (s).*

$$Q = v.S$$

avec Q *en* m^3/s, v *en m/s,* S *en* m^2.

■ Appliquer l'équation de conservation du débit

Entre deux moments 1 et 2, si l'écoulement est permanent, $Q_1 = Q_2$ *et donc* $v_1.S_1 = v_2.S_2$.

Donc, par exemple, si la section d'un tuyau diminue (= le tuyau devient plus petit), la vitesse du fluide va augmenter.

■ Déterminer expérimentalement les pressions et vitesses d'écoulement en différents points d'un fluide en mouvement :

On peut mesurer la pression dans un fluide avec un manomètre, pour la vitesse d'écoulement, on peut utiliser un moulinet à hélice (la vitesse est quasi égale au nombre de tours par seconde multiplié par l'écartement entre les pales de l'hélice) placé en différents endroits.

■ Relation de Bernoulli

Lorsqu'un fluide parfait (= où il n'y a pas de frottements) et incompressible (comme un liquide) est en mouvement, son énergie mécanique se conserve :

$$\frac{1}{2}.v_1^2 + \frac{p_1}{\rho} + g.z_1 = \frac{1}{2}.v_2^2 + \frac{p_2}{\rho} + g.z_2 \text{ entre deux états 1 et 2}$$

- avec v la vitesse d'écoulement en mètres par seconde (m/s),
- p la pression en Pascal (Pa),
- z l'altitude en mètres (m),
- ρ la masse volumique du fluide en kilogramme par mètre cube (kg/m^3),
- g l'accélération de la pesanteur en mètres par seconde carrée m/s^2.

C Applications

■ **Application 9**

Calculer en litres par minute, le débit volumique moyen d'une chaudière pour chauffage central, sachant qu'en 24 heures, elle chauffe un volume d'eau d'environ 25 m^3.

■ **Application 10**

Calculer la vitesse d'écoulement moyenne en sortie d'une chaudière d'eau chaude sanitaire dans un tuyau de diamètre 16 mm et pour un débit de 0,5 litre par seconde.

■ **Application 11**

Circuit de chauffage

L'eau chauffée par une chaudière a une pression de 3 bars et sort à une vitesse de 3 m/s. En haut du bâtiment, la pression est de 2 bars à une vitesse de 4 m/s.

1. Calculer la hauteur du bâtiment à l'aide de l'équation de Bernoulli.
2. En sachant que la pression minimale de l'eau chaude sanitaire est considérée comme suffisante au-dessus de 1 bar, calculer la pression minimale nécessaire en sortie de chaudière pour avoir une pression suffisante en haut.

Corrections application 9

24 h = 24 × 60 min = 1 440 min

26 m³ = 26 × 1 000 dm³ = 26 000 dm³ = 26 000 L

$$Q = \frac{V}{t} = \frac{26\,000}{1\,440} \approx 18\,\text{L/min}$$

Corrections application 10

$d = 16$ mm donc $R = 8$ mm $= 0{,}008$ m

$S = \pi.R^2 = \pi.0.008^2 \approx 2.10^{-4}\ \text{m}^2$

$Q = v.S$ donc $v = \dfrac{Q}{S}$

$Q = 0{,}5$ l/s $= 0{,}5\ \text{dm}^3/\text{s} = 0{,}0005\ \text{m}^3/\text{s}$

donc $v = \dfrac{Q}{S} = \dfrac{0{,}0005}{2.10^{-4}} - 2{,}5$ m/s

Corrections application 11

1. $\dfrac{1}{2}.v_1^2 + \dfrac{p_1}{\rho} + g.z_1 = \dfrac{1}{2}.v_2^2 + \dfrac{p_2}{\rho} + g.z_2$

On a $p_1 = 3$ bars $= 3.10^5$ Pa et $p_2 = 2$ bars $= 2.10^5$ Pa

$$\frac{1}{2}.3^2 + \frac{3.10^5}{1000} + 10.0 = \frac{1}{2}.4^2 + \frac{2.10^5}{1000} + 10.z_2$$

$4{,}5 + 300 = 8 + 200 + 10.z_2$

$304{,}5 = 208 + 10\ z_2$

$304{,}5 - 208 = 10\ z_2$

$96{,}5 = 10\ z_2$

$z_2 = 96{,}5/10 = 9{,}65$ m

2. 1 bar $= 10^5$ Pa

$$\frac{1}{2}.3^2 + \frac{p}{1000} + g.0 = \frac{1}{2}.4^2 + \frac{10^5}{1000} + 10.9{,}65$$

$$4{,}5 + \frac{p}{1000} = 8 + 100 + 96{,}5$$

$$4{,}5 + \frac{p}{1000} = 204{,}5$$

$$\frac{p}{1000} = 204{,}5 - 4{,}5$$

$$\frac{p}{1000} = 200$$

$p = 2.10^5$ Pa $= 2$ bars

14 CME7. Comment l'énergie électrique est-elle distribuée à l'entreprise ?

1 Quel est le rôle d'un transformateur ?

A À savoir

■ **Rôle d'un transformateur : changer la valeur d'une tension** (en conservant un maximum de puissance) afin de l'adapter à une utilisation.

On parle de transformateur abaisseur de tension si il fait baisser la tension ou élévateur de tension si il l'augmente.

■ **Principe** : On crée un champ magnétique avec un courant dans une première bobine (le primaire) ; ce champ magnétique crée un courant induit dans une autre bobine (le secondaire).

Un transformateur peut aussi servir à **isoler deux parties d'un circuit**, par exemple comme protection contre un court circuit.

B Savoir faire

■ En **enroulant deux bobines autour d'un circuit magnétique**, si on alimente l'une des deux avec une **tension alternative**, on peut mettre en évidence le fait qu'un transformateur **modifie la valeur efficace de la tension** (il peut donc l'augmenter ou la diminuer) mais conserve sa forme (sinusoïdale, triangulaire, en créneau...) et sa fréquence.

On peut montrer ainsi que le rapport entre les tensions est égal au rapport du nombre de spires (tours de fils) des bobines.

C Applications

■ **Application 1**

Pour limiter les pertes par effet Joule lors du transport de l'électricité, RTE utilise des transformateurs afin d'élever la tension.

1. Donner le rôle d'un transformateur.

Juste avant d'amener l'électricité chez le client, on modifie la tension de 20 kV à 230 V.

2. Dire si ce transformateur est abaisseur ou élévateur de tension.

■ **Application 2**

Un transformateur fait varier une tension alternative de fréquence 60 Hz de 12 V à 60 V.

Le primaire comporte 72 spires.

1. Donner la fréquence de la tension en sortie du transformateur.
2. Calculer le rapport de transformation m de ce transformateur.
3. Calculer le nombre de spires au secondaire.

On donne : $m = \frac{U_2}{U_1} = \frac{N_2}{N_1}$.

■ Correction application 1

1. Le rôle d'un transformateur est de changer la valeur d'une tension pour l'adapter à l'utilisation.
2. La valeur de la tension diminue, donc c'est un transformateur abaisseur de tension.

■ Correction application 2

1. La fréquence est la même qu'en entrée : 60 Hz.
2. $m = \frac{60}{12} = 5$.
3. $N_2 = m.N_1 = 72 \times 5 = 360$ spires.

2 À quoi correspondent les bornes d'une prise de courant ?

A À savoir

On utilise principalement deux types de prises de courant : monophasé (ce qu'on trouve chez soi) et triphasé (ce que l'on trouve souvent dans les usines, ateliers).

Le conducteur de mise à la terre (vert-jaune) ne sert pas à la transmission de l'énergie ; il est par contre indispensable au fonctionnement du disjoncteur différentiel.

Pour une distribution triphasée équilibrée, les potentiels des trois phases par rapport au neutre sont déphasés de 120°.

B Savoir faire

■ Différencier les trois conducteurs d'une prise monophasée

Une phase (généralement le fil rouge), un neutre (généralement le fil noir), une terre (généralement le fil vert-jaune).

Sur une prise murale, les trous sont la phase et le neutre, alors que ce qui ressort est la terre.

■ Différencier les cinq conducteurs d'une prise triphasée

Idéalement : trois phases (fils généralement en rouge, marron ou noir), un neutre (généralement en bleu) et une terre (généralement en vert-jaune).

On trouve différents types de prises triphasées (selon la marque), dont certaines sans neutre.

■ Visualiser les courbes représentant les diverses tensions d'une distribution triphasée et déterminer leur déphasage

On insère sur la console trois boitiers « voltmètre TRMS », chacun branché le V sur une phase et le COM sur le neutre (pour un branchement étoile), dans le logiciel, on calibre ensuite les trois entrées de la même façon, on change la couleur des courbes afin de mieux les identifier.

Enfin, on mesure le déphasage temporel *d* avec l'outil pointeur, et on en déduit le déphasage φ en utilisant la période *T* du signal :

$$\varphi = 2\pi.\frac{d}{T}$$

■ Différentier les tensions simples des tensions composées

Elles ont la même période *T* (et donc la même fréquence), mais des amplitudes différentes (et donc des valeurs efficaces différentes).

- Les tensions simples sont les tensions **entre une phase et le neutre** (notation : V_1, V_2 et V_3).

Les trois ont la même amplitude $\mathbf{V_{MAX}}$, sont décalées de $\frac{T}{3}$ (donc déphasées de $\frac{2\pi}{3}$).

On note **V** leur valeur efficace commune

- Les tensions composées sont les tensions **entre deux phases** (notation : U_{12}, U_{23} et U_{31}).

Les trois ont la même amplitude $\mathbf{U_{MAX}} = \mathbf{V_{MAX}}.\sqrt{3}$, sont décalées de $\frac{T}{3}$ (donc déphasées de $\frac{2\pi}{3}$).

Leur valeur efficace commune est $\mathbf{U} = \mathbf{V}.\sqrt{3}$.

■ Construire à l'aide de l'EXAO, une tension composée en effectuant la différence de deux tensions simples

On commence par insérer deux boitiers « voltmètre TRMS » sur la console, à l'aide desquels on va visualiser deux tensions simples (par exemple $U_{phase1/neutre}$ et $U_{phase2/neutre}$) que l'on veut soustraire.

À l'aide de la partie « outils » du logiciel, on crée un nouveau signal défini comme la différence des deux signaux mesurés.

C Applications

■ Application 3

Lors du changement d'un interrupteur, on doit le placer afin que ouvert, il « coupe » la phase.

Relier correctement les fils sur le schéma suivant :

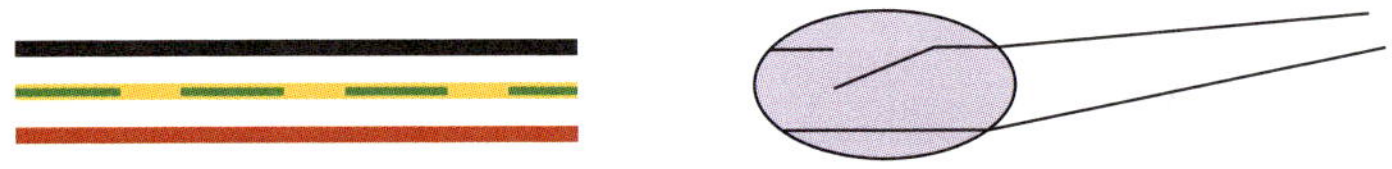

■ Application 4

On doit installer une prise triphasée suivante dans une usine :

1. Identifier chacun des fils afin de pouvoir les relier correctement en suivant la notice du constructeur :

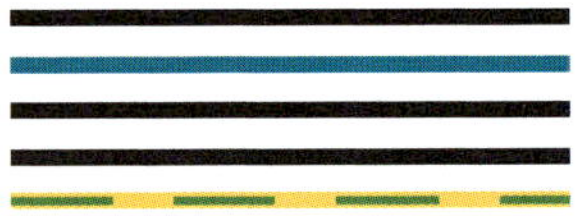

2. En un fonctionnement normal, dire si il y a du courant dans le fil vert/jaune.

3. Si on suppose que l'installation est équilibrée sur les différentes phases, dire quel est le déphasage entre les phases.

■ **Correction application 3**

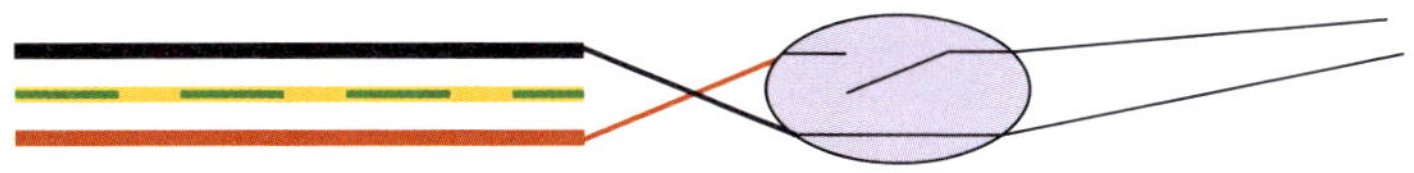

■ **Correction application 4**

1.

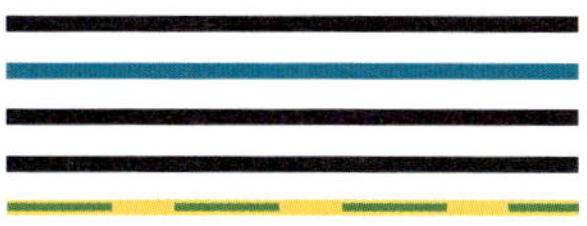

2. Le fil vert/jaune est le fil de terre, donc en un fonctionnement normal (pas de défaut d'isolement, pas de montage mal équilibré et sans neutre) il n'y a pas de courant qui y circule.

3. Si on suppose que l'installation est équilibrée sur les différentes phases, le déphasage entre les phases est de 120° (= $\frac{2.\pi}{3}$ rad).

3 Comment calcule-t-on la puissance consommée par un appareil monophasé ?

A À savoir

La puissance consommée varie au cours du temps et correspond à chaque instant au produit de l'intensité du courant et de la tension.

La puissance moyenne consommée dépend des valeurs efficaces de l'intensité du courant et de la tension mais aussi du déphasage φ entre l'intensité et la tension. $P = U.I.\cos(\varphi)$.

B Savoir faire

■ **Mesurer une puissance avec un wattmètre**

Le wattmètre est à la fois un voltmètre et un ampèremètre, il possède donc quatre bornes, deux pour mesurer la tension (à brancher en dérivation de l'appareil dont on souhaite connaître la puissance) et deux pour mesurer l'intensité (que l'on branche donc en série de l'appareil).

■ **Réaliser, en régime sinusoïdal, avec EXAO, le produit d'une tension aux bornes d'un dipôle et de l'intensité du courant qui le traverse.**

Le but est d'obtenir une courbe donnant la puissance instantanée du dipôle.

Pour cela, on insère dans la console un boitier voltmètre TRMS et un boitier ampèremètre, que l'on branche comme pour le wattmètre.

Puis dans la partie « outils » du logiciel, on crée un nouveau signal défini comme le produit des deux signaux mesurés.

C Applications

Application 5

Sur une prise murale double (230 V) protégée par un disjoncteur 16 A, on branche un radiateur de puissance 2 000 W et un four de puissance 3 000 W.

Ces deux appareils ont un $\cos(\varphi) = 1$.

1. Calculer la puissance totale consommée si ces 2 appareils fonctionnent en même temps.
2. Calculer dans ce cas l'intensité qui sort de la prise (arrondir à l'unité).
3. Expliquer ce qui se passe dans ce cas.

Application 6

On branche sur une prise une perceuse à colonne.

On visualise la tension et l'intensité et on remarque un déphasage entre les signaux.

On mesure les valeurs efficaces suivantes : $U = 230$ V et $I = 18$ A.

1. Expliquer pourquoi on ne peut pas calculer la puissance moyenne uniquement avec les valeurs efficaces de la tension et de l'intensité.
2. On donne un facteur de puissance $\cos(\varphi) = 0{,}7$. Calculer la puissance moyenne de cette perceuse.

Correction application 5

1. $P = 2\,000 + 3\,000 = 5\,000$ W.
2. On a $P = U.I.\cos(\varphi) = U.I$ donc $I = \frac{P}{U} = \frac{5000}{230} \approx 22$ A.
3. Cette intensité appelée est supérieure à celle autorisée par le disjoncteur, donc le disjoncteur saute, donc la tension aux bornes de la prise devient égale à zéro, ce qui arrête les appareils.

Correction application 6

1. On ne peut pas calculer la puissance moyenne uniquement avec les valeurs efficaces de la tension et de l'intensité car la tension et l'intensité sont déphasées, et donc il faut connaître la valeur de $\cos(\varphi)$, qui est donc différent de 1.
2. $P = U.I.\cos(\varphi) = 230 \times 18 \times 0{,}7 = 2\,898$ W.

4 Peut-on prévoir l'intensité appelée par plusieurs appareils électriques fonctionnant simultanément ?

A À savoir

L'intensité du courant appelé par deux récepteurs correspond à la somme de l'intensité des courant appelés par chacun d'eux.

Un récepteur appelle un courant dont le déphasage par rapport à la tension d'alimentation est une caractéristique de ce récepteur.

Le cosinus de ce déphasage est appelé facteur de puissance : cos(φ).

Plus le cos(φ) est élevé et proche de 1, meilleure est l'installation car on limite ainsi la quantité d'énergie consommée.

B Savoir faire

Réaliser, en régime sinusoïdal, avec EXAO, la somme de deux courants sinusoïdaux de même fréquence

On commence par insérer deux boitiers « ampèremètre » sur la console, à l'aide desquels on va visualiser les intensités des deux courants que l'on veut additionner.

À l'aide de la partie « outils » du logiciel, on crée un nouveau signal défini comme la somme des deux signaux mesurés.

C Applications

Application 7

On branche sur une multiprise un chargeur de téléphone portable appelant une intensité de 110 mA ainsi qu'un ordinateur portable appelant une intensité de 1,200 A.

Calculer l'intensité passant dans la prise au mur.

Application 8

Un moteur électrique a un facteur de puissance 0,89 et un radiateur électrique, un facteur de puissance 1.

Si on devait visualiser l'intensité et la tension pour les deux appareils, dire et expliquer pour lequel des deux on ne verrait pas de déphasage.

Application 9

Lors d'une expérience, on constate qu'ajouter un condensateur en parallèle d'un moteur permet de diminuer le déphasage entre l'intensité et la tension.

1. Expliquer ce que fait le facteur de puissance si le déphasage diminue.
2. En déduire l'intérêt de ce rajout de condensateur.

Correction application 7

110 mA = 0,110 A

$I_{totale} = I_{chargeur\_téléphone} + I_{\_chargeur\_ordinateur} = 0{,}110 + 1{,}200 = 1{,}310$ A

Correction application 8

Dans cos(φ), φ est le déphasage.

On ne verrait donc pas de déphasage pour le radiateur électrique, car si cos(φ) = 1 alors φ = 0.

Correction application 9

1. Si le déphasage diminue (se rapproche de zéro), le facteur de puissance cos(φ) se rapproche de 1.

2. En augmentant cos(φ), les condensateurs permettent donc de compenser les déphasages générés par les autres appareils et donc de limiter l'énergie consommée.

15 HS5. Quels sont les principaux constituants du lait ?

1 Comment identifier quelques constituants du lait ?

A À savoir

Dans un composé organique (= issu du vivant), on trouve les groupements fonctionnels suivants :

le groupement alcool **est**	**le groupement** aldéhyde **est**	**le groupement** cétone **est**	**Le groupement** acide carboxylique **est**
—OH	—COH 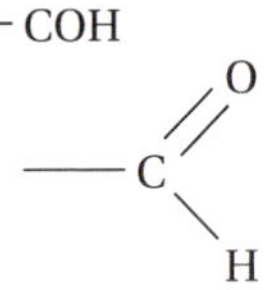	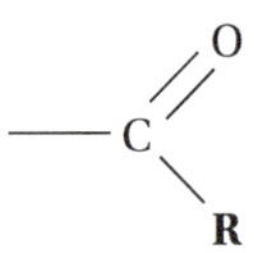	—COOH 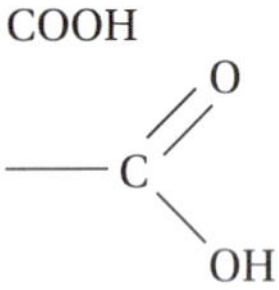

B Savoir faire

■ Identifier expérimentalement les groupes fonctionnels des composés organiques présents dans le lait :

Composé organique	**Lactose : glucose-galactose**	**Riboflavine : vitamine B2**	**Acide lactique**
Contient les groupements	Alcool et Aldéhyde	Cétone	Acide carboxylique

Pour cela on peut utiliser ces divers réactifs :
- La **2,4-DNPH** qui permet de mettre en évidence la présence d'**aldéhyde** et de **cétone** par formation d'un précipité (= solide) rouge orangé.
- la **liqueur de Felhing** qui permet de mettre en évidence la présence d'**aldéhyde** par formation d'un précipité rouge brique.
- Le **bicarbonate de sodium $NaHCO_3$** qui permet de mettre en évidence la présence d'**acide carboxylique** car il provoque un bouillonnement par dégagement de CO_2.
- On peut également mettre en évidence un **acide carboxylique** par un **test de pH** (pHmètre, papier pH) qui révélera son acidité (pH < 7).

■ Traduire le nom d'une molécule en formule brute et/ou semi-développée et réciproquement (pour 5 carbones maximum)

Rappel : Alcanes

Nombres d'atomes de carbone de la chaine	**1**	**2**	**3**	**4**	**5**
Alcane correspondant	CH_4	C_2H_6	C_3H_8	C_4H_{10}	C_5H_{12}
	Méthane	Éthane	Propane	Butane	Pentane
Préfixe:	**Méthan...**	**Éthan...**	**Propan...**	**Butan...**	**Pentan...**

Nomenclature :

On commence toujours par repérer la chaîne carbonée la plus longue (groupement inclus)

Groupement fonctionnel	**Méthode**	**Exemple**
Alcool — OH	On numérote la chaine en commençant du côté où se trouve le groupe —OH On remplace le e final de l'alcane correspondant par la position de —OH et on ajoute **-ol**	$CH_3 - CH_2 - CH - CH_3$ (OH sur le CH) Butan-2-ol
Aldéhyde — COH	On remplace le **e** final de l'alcane correspondant par **al**	$CH_3 - CH_2 - CH - COH$ butanal
Cétone — CO	On numérote la chaine en commençant du côté où se trouve le groupe —CO On remplace le **e** final de l'alcane correspondant par la position de =O et on ajoute -one	$CH_3 - CH_2 - C - CH_3$ (=O sur le C) Butan-2-one
Acide carboxylique — COOH	On écris **acide** puis on remplace le **e** final de l'alcane correspondant par **oïque**	$CH_3 - CH_2 - CH_2 - COOH$ Acide Butanoïque

■ Écrire la formule développée ou semi-développée d'un alcool, d'un dérivé carbonylé (= aldéhyde ou cétone), d'un acide carboxylique, à partir de sa formule brute

Pour cela, il faut identifier le groupe fonctionnel, et se rappeler que :

- Un atome d'hydrogène possède un doublet liant — H
- Un atome de carbone possède 4 doublets liants 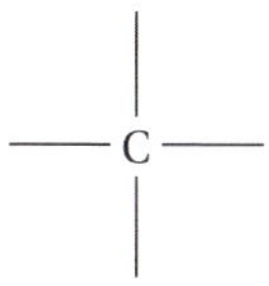
- Un atome d'oxygène possède 2 doublets non liants et deux doublets liants 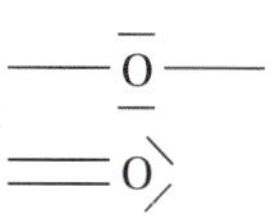

C Applications

Application 1

Nommer les groupements fonctionnels que l'on retrouve dans diverses molécules contenues dans le lait.

Application 2

Donner le nom des composés organiques suivants :

a) 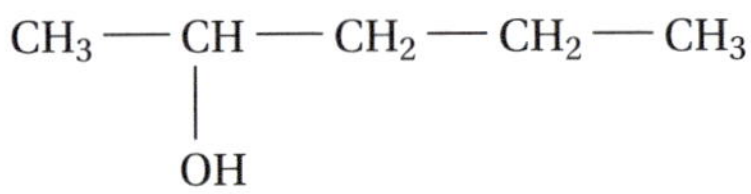

b) 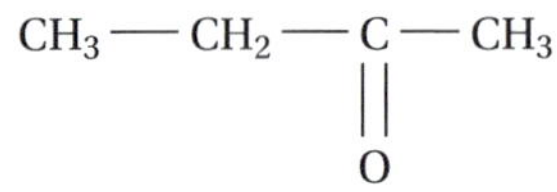

c) $CH_3 - CH_2 - COOH$

d) $CH_3 - COH$

Application 3

Donner la formule semi-développée des composés suivants :

a) acide propanoïque

b) Pentan-2-one

c) Butan-1-ol

d) éthanal

Application 4

Écrire la formule semi-développée des composés suivants :

a) acide méthanoïque de formule brute CO_2H_2

b) propan-2-one (acétone) de formule brute C_3H_6O

c) éthanol (alcool éthylique) de formule brute C_2H_6O

d) Éthanal (composé volatil produit naturellement par des plantes) de formule brute C_2H_4O

Correction application 1

Les groupements fonctionnels que l'on retrouve dans des molécules contenues dans le lait sont : alcool, aldéhyde, cétone et acide carboxylique.

Correction application 2

a) Pentan-2-ol

b) Butan-2-one

c) Acide propanoïque

d) Éthanal

Correction application 3

a) $CH_3 - CH_2 - COOH$

b) 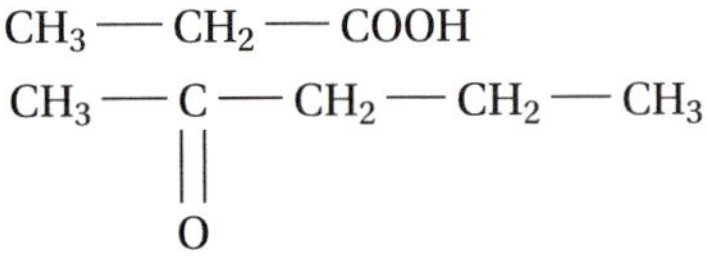

c) $CH_3 - CH_2 - CH_2 - CH_2 - OH$

d) $CH_3 - COH$

Correction application 4

a) $H - COOH$

b) 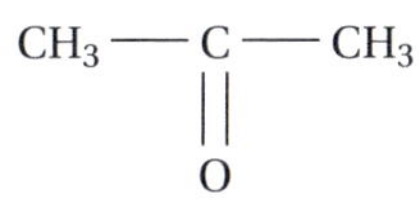

c) $CH_3 - CH_2 - OH$

d) $CH_3 - COH$

2 Comment peut-on aromatiser un laitage, un yaourt ?

A À savoir

Identifier et nommer les symboles de danger figurant sur les emballages de produits

 Nocif (**Xn**)	 Irritant (**Xi**)	 Comburant (**O**)	 Hautement inflammable (**F**)	 Extrêmement inflammable (**F+**)
 Corrosif (**C**)	 Dangereux pour l'environnement (**N**)	 Toxique (**T**)	 Très toxique (**T+**)	 Explosif (**E**)

- Les réactifs d'une réaction d'estérification sont un acide carboxylique et un alcool.

- Les esters entrent dans la composition des goûts et odeurs. Si les odeurs et goûts naturels en comportent souvent un grand nombre, certains esters particuliers rappellent directement quelque chose de précis, ce qui en fait des additifs très utilisés dans l'industrie agroalimentaire en particuliers. Par exemples, le butanoate d'éthyle qui rappelle l'ananas et l'ethanoate d'isoamyle, la banane, sont souvent utilisés comme agents de saveurs dans les yaourts.

B Savoir faire

- **Reconnaître, dans la formule d'une espèce chimique organique, les groupes caractéristiques $-OH$, $-CO_2H$, $-CO_2R$ (voir paragraphe 1.A de ce chapitre)**

■ **Écrire l'équation des réactions d'estérification :**

En mélangeant un acide carboxylique et un alcool on obtient un ester et de l'eau :

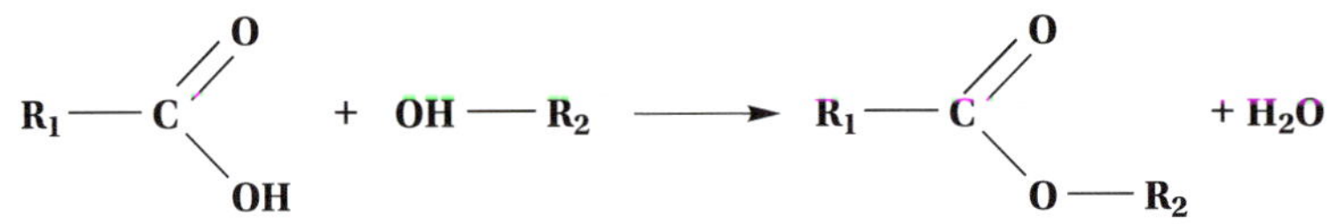

R_1 étant une chaîne carbonée ou un atome d'hydrogène. R_2 étant une chaîne carbonée.

■ **Retrouver, à partir de la formule semi-développée d'un ester, les formules semi-développées de l'acide carboxylique et de l'alcool correspondants :**

Pour cela, on identifie R_1 et R_2 puis on ajoute à R_1 un groupement acide carboxylique et on ajoute à R_2 un groupement alcool.

EXEMPLE

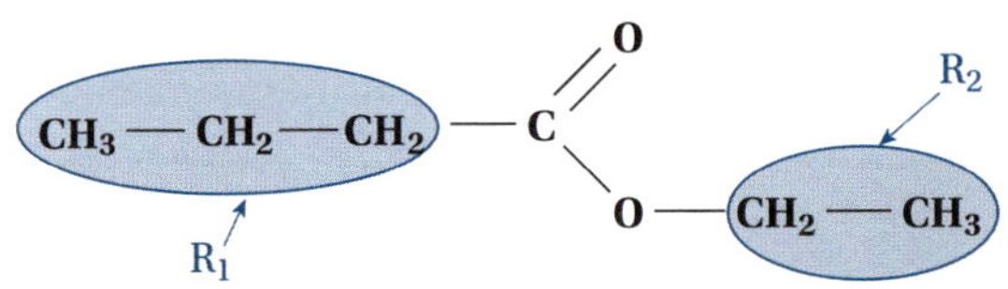

Donc : acide carboxylique : $CH_3 — CH_2 — COOH$

alcool : $CH_3 — CH_2 — OH$

■ **Écrire les formules brutes, semi-développée et développée de ces composants :**

Voir au-dessus

■ **Nommer les esters comportant cinq atomes de carbone au maximum :**

Le nom d'un ester se décompose en trois parties :

1. pour la première on prend le nom de l'alcane correspondant auquel on enlève **e** et on ajoute **-oate**, et correspond à $\mathbf{R_1}$ (qui provient de l'acide carboxylique).

Pour trouver l'alcane correspondant on compte le carbone « central » dans le nombre d'atomes de carbone de la chaîne.

2. d'

3. La deuxième on prend le nom de l'alcane correspondant auquel on enlève **ane** et on ajoute **-yle,** et correspond à $\mathbf{R_2}$ (qui provient de l'alcool).

EXEMPLE

butanoate d'éthyle (arôme d'ananas)

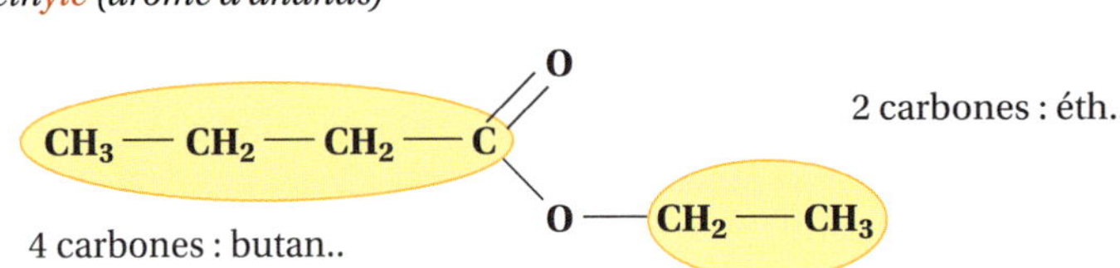

C Applications

■ **Application 5**

Identifier les groupes caractéristiques des molécules de l'application 2.

Application 6

Écrire l'équation d'estérification de l'acide éthanoïque sur le méthanol.

Application 7

À partir de l'ester suivant, **retrouver** l'acide carboxylique et l'alcool correspondants.

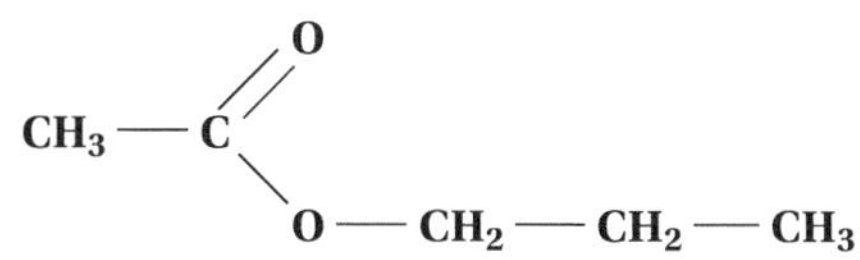

Application 8

Donner la formule développée de l'ester de l'application 7.

Application 9

Nommer l'ester de l'application 7

Correction application 5

a) alcool

b) cétone

c) acide carboxylique

d) aldéhyde

Correction application 6

Correction application 7

acide carboxylique : $CH_3 — COOH$

l'alcool : $CH_3 — CH_2 — CH_2 — OH$

Correction application 8

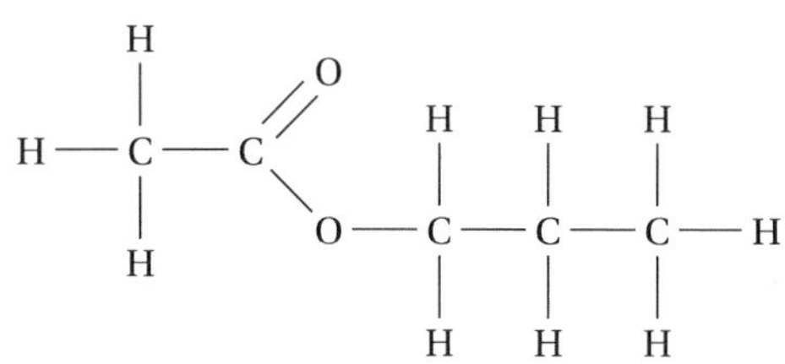

Correction application 9

Éthanoate de propyle

16 HS6. Quels sont le rôle et les effets d'un détergent ?

1 Comment fabrique-t-on un détergent ?

A À savoir

- Identifier et nommer les symboles de danger figurant sur les emballages de produits - voir HS5
- Les réactifs d'une réaction d'estérification sont un acide carboxylique et un alcool.
- Les réactions d'estérification et d'hydrolyse sont inverses l'une de l'autre.

B Savoir faire

- Reconnaître, dans la formule d'une espèce chimique organique, les groupes caractéristiques —OH, —CO_2H, —CO_2R - voir HS5
- Écrire les formules brutes, semi-développée et développée de ces composants - voir HS5
- Nommer les esters comportant cinq atomes de carbone au maximum - voir HS5
- Écrire l'équation d'une réaction d'hydrolyse.

$$\underbrace{R_1 - COO - R_2}_{\text{Ester}} + \underbrace{H_2O}_{\text{Eau}} \longleftrightarrow \underbrace{OH - R_2}_{\text{Alcool}} + \underbrace{R_1 - COOH}_{\text{Acide carboxylique}}$$

- Écrire l'équation de la réaction de saponification des esters gras :

C'est l'équation d'un procédé très ancien (plus de 3 000 ans) pour fabriquer du savon, à partir de corps gras et de cendres. Actuellement, on mélange les corps gras directement avec de la soude.

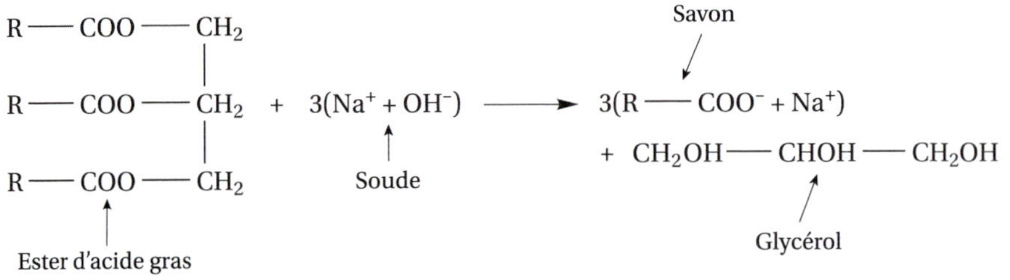

Les esters d'acide gras, aussi appelés triglycérides, sont les principaux constituants des huiles végétales et des graisses.

C Applications

Application 1

Pour fabriquer du savon de Marseille, on utilise de l'huile d'olive, contenant principalement un ester d'acide gras appelé oléine, et de formule :

$$\begin{array}{l} C_{17}H_{33} — COO — CH_2 \\ \qquad\qquad\qquad\qquad\quad | \\ C_{17}H_{33} — COO — CH \\ \qquad\qquad\qquad\qquad\quad | \\ C_{17}H_{33} — COO — CH_2 \end{array}$$

1. Donner le nom de la réaction chimique permettant d'obtenir du savon
2. Donner le nom de ce que l'on doit mélanger avec l'oléine.
3. Écrire l'équation bilan de cette réaction

Correction application 1

1. C'est une réaction de saponification.
2. On doit mélanger de la soude avec l'oléine.
3.

$$\begin{array}{l} C_{17}H_{33} — COO — CH_2 \\ \qquad\qquad\qquad\qquad\quad | \\ C_{17}H_{33} — COO — CH \\ \qquad\qquad\qquad\qquad\quad | \\ C_{17}H_{33} — COO — CH_2 \end{array} + 3(Na^+ + OH^-) \longrightarrow \begin{array}{l} 3(C_{17}H_{33} — COO^- + Na^+) \\ + CH_2OH — CHOH — CH_2OH \end{array}$$

2 Quel est le rôle d'un détergent ?

A À savoir

- Tout liquide possède une tension superficielle.
- Un détergent comporte des composés tensioactifs qui améliorent les propriétés de lavage de l'eau.
- Les agents tensioactifs sont composés d'une partie hydrophile et d'une partie hydrophobe.

B Savoir faire

- Schématiser une molécule tensioactive avec sa partie hydrophobe (qui repousse l'eau) et sa partie hydrophile (qui attire l'eau).

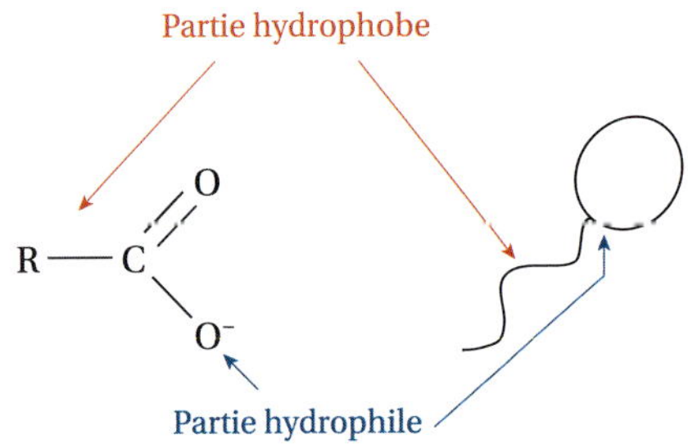

■ Décrire succinctement l'action d'un détergent sur une salissure :

Le principe est que le détergent permet de « relier » ensemble la graisse et l'eau, ce qui n'est habituellement pas possible (comme dans une vinaigrette).

Le détergent fixe sa partie hydrophobe sur la graisse et l'entoure, et comme les parties hydrophiles attirent l'eau, l'ensemble peut se détacher.

3 Quelles précautions faut-il prendre lors de l'usage des détergents ?

A À savoir

■ Identifier et nommer les symboles de danger figurant sur les emballages de produits – voir HS5

B Savoir faire

■ Mettre en œuvre les procédures et consignes de sécurité établies.

Cela consiste à suivre les procédures données en fonction des pictogrammes trouvés sur les emballages (ex. : mettre des gants et éloigner de la portée des enfants).

■ Réaliser expérimentalement une dilution :

Exemple, pour diluer 100 fois, on prélève avec une pipette jaugée munie d'un dispositif d'aspiration un certain volume (par exemple 1 mL), que l'on verse ensuite dans une fiole jaugée (de 100 mL car on a prélevé 1 mL à la pipette). On remplit ensuite le reste de la fiole à l'aide d'eau distillée jusqu'au trait de jauge en faisant attention à ce que le bas du ménisque soit au niveau du trait.

C Applications

■ **Application 2**

On souhaite diluer 10 fois un produit de vaisselle afin d'obtenir du liquide lave glace pour la voiture. On en veut 5 litres (pour remplir le bidon de 5 L vide dont on dispose).

Expliquer rapidement comment obtenir ces 5 litres de lave glace à la bonne concentration.

■ **Correction application 2**

IL faut prélever 1/10 de produit pur, c'est-à-dire $5 \times 1/10$ L = 0,5 L

On verse ce volume dans un bidon de 5 L et ensuite on complète avec de l'eau.

4 Comment peut-on parfumer un détergent ?

A À savoir

■ Identifier et nommer les symboles de danger figurant sur les emballages de produits - voir HS5

■ Les réactifs d'une réaction d'estérification sont un acide carboxylique et un alcool.

■ Les réactions d'estérification et d'hydrolyse sont inverses l'une de l'autre.

On peut parfumer un détergent à l'aide d'un ester, par exemple l'éthanoate de benzyle $H_3C - COO - CH_2 - C_6H_5$ a une odeur de jasmin

B Savoir faire

■ Reconnaître, dans la formule d'une espèce chimique organique, les groupes caractéristiques $-OH$, $-CO_2H$, $-CO_2R$ - voir HS5

■ Écrire l'équation des réactions d'estérification - voir HS5

■ Retrouver, à partir de la formule semi-développée d'un ester, les formules semi-développées de l'acide carboxylique et de l'alcool correspondants - voir HS5

■ Écrire les formules brutes, semi-développée et développée de ces composants - voir HS5

■ Nommer les esters comportant cinq atomes de carbone au maximum - voir HS5

17 SL5. Pourquoi les objets sont-ils colorés ?

1 Comment obtenir les couleurs de l'arc en ciel ?

A À savoir

■ La lumière blanche est composée de rayonnements de différentes longueurs d'onde.

■ Un rayonnement monochromatique (= d'une seule couleur) est caractérisé par sa longueur d'onde.

B Savoir faire

■ Réaliser la décomposition de la lumière blanche par un prisme et sa recomposition :

Pour décomposer la lumière blanche il suffit de placer un prisme après une source lumineuse.

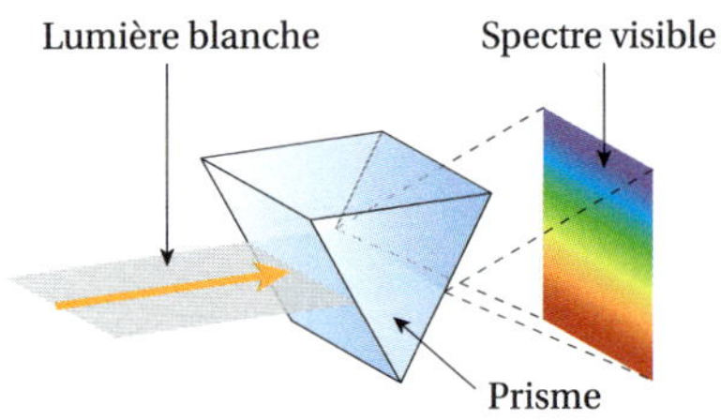

Pour la recomposition, on peut utiliser un disque de Newton en rotation rapide. En tournant, ce disque apparaît blanc gris.

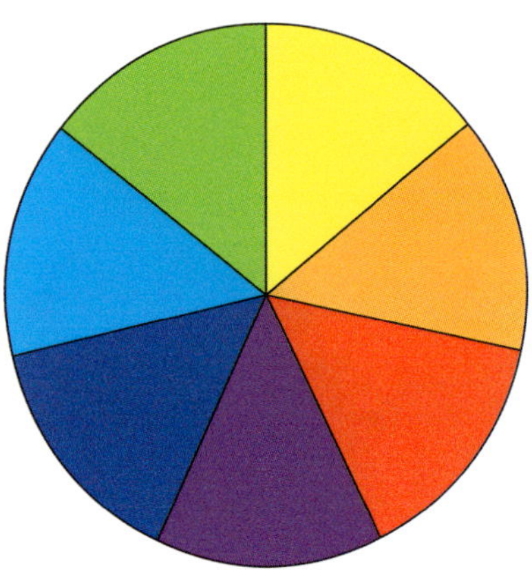

■ Utiliser un spectroscope à réseau :

Un réseau est une plaque transparente comportant un très grand nombre de fentes parallèles. On peut l'utiliser pour décomposer de la lumière blanche.

Pour cela, après la source lumineuse, on place, dans l'ordre, une fente puis le réseau, puis un écran. On observe à l'écran que la lumière blanche a été décomposée (ce principe est utilisé pour fabriquer des lasers de couleur variable).

■ Positionner un rayonnement monochromatique sur une échelle de longueur d'onde fournie - voir HS4

C Applications

■ Application 1

À l'aide du tableau associant les couleurs à la longueur d'onde du chapitre HS4, **donner** la couleur associée à la longueur d'onde 470 nm.

■ Application 2

Expliquer comment on peut montrer que la lumière blanche est composée de rayonnements de différentes couleurs.

■ Correction application 1

La couleur associée à la longueur d'onde 470 nm est le bleu.

■ Correction application 2

On peut montrer que la lumière blanche est composée de rayonnements de différentes couleurs en plaçant un prisme ou une lame à faces parallèles devant une source de lumière blanche.

2 Comment produit-on des images colorées sur un écran ?

A À savoir

■ Trois lumières monochromatiques suffisent pour créer toutes les couleurs.

B Savoir faire

■ Réaliser une synthèse **additive** des couleurs :

On peut faire l'expérience à l'aide de trois spots de lumière blanche sur chacun desquels on fixe un filtre de couleur : par exemple vert pour le premier, rouge pour le second et bleu pour le troisième.

À la superposition des trois, on obtient du blanc.

Le bleu le rouge et le vert sont les couleurs primaires
Le jaune, le cyan et le magenta les couleurs secondaires, qui sont obtenues en superposant deux couleurs primaires.
Ex: bleu + vert → cyan

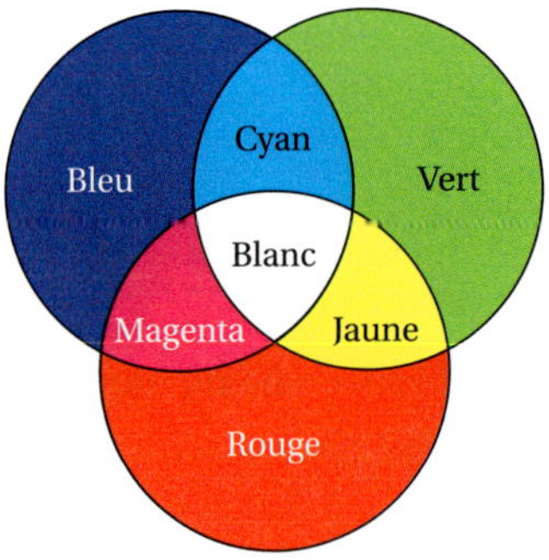

Ce principe est utilisé par les appareils de télévision et les appareils photos numériques.

C Applications

Application 3

Un écran de TV fonctionne bizarrement ; on ne voit à l'écran que du rouge du jaune et du vert. **Expliquer** d'où peut venir le problème.

Correction application 3

Le problème est probablement que la couleur bleue ne fonctionne plus.

3 Comment produit-on des images colorées sur une affiche ?

A À savoir

- La couleur d'une affiche dépend de la composition spectrale de l'éclairage.
- Expliquer à l'aide de l'absorption et de la diffusion de certaines radiations lumineuses, la couleur d'un pigment éclairé en lumière blanche :

Un pigment éclairé absorbe certaines radiations lumineuses et renvoie d'autres (comme un miroir sur lequel on aurait mis des filtres de couleur).

Par exemple, un pigment bleu éclairé en lumière blanche absorbe le rouge et le vert et diffuse le bleu (il se comporte comme un miroir muni d'un filtre bleu).

B Savoir faire

- Réaliser une expérience mettant en évidence l'effet d'un filtre monochrome.

On peut, par exemple, éclairer un objet blanc. On remarque que l'objet prendra la couleur du filtre avec lequel on va l'éclairer.

On peut aussi, par exemple éclairer un objet bleu en rouge ; il apparaîtra noir.

- Réaliser une synthèse soustractive des couleurs :

On peut pour cela éclairer trois filtres (jaune, magenta et cyan) que l'on superpose.

Au niveau de la partie où les trois sont superposés, il n'y aura plus de lumière (du noir) :

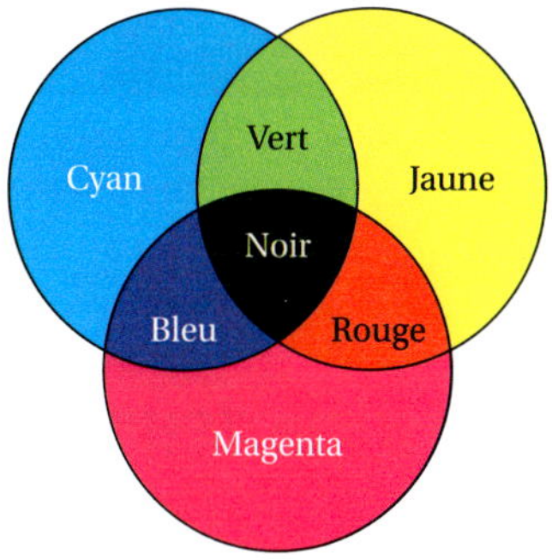

Ce principe est utilisé par la photographie argentique et en imprimerie.

C Applications

Application 4

Donner la couleur d'une voiture bleue sur une photographie éclairée en rouge (à l'intérieur du laboratoire de développement).

Correction application 4

Elle apparaîtra noire.

18 SL6. Comment reproduire un signal sonore ?

1 Comment un haut-parleur fonctionne-t-il ?

A À savoir

■ Caractéristiques et propriétés du champ magnétique créé par un aimant droit, une bobine :

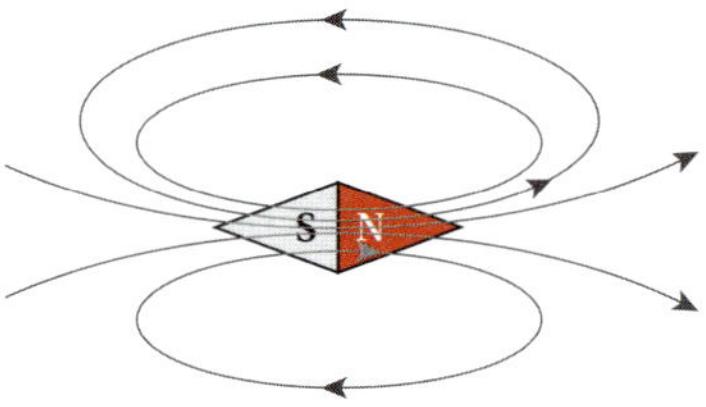

Le champ magnétique s'exprime en Tesla (T).

Il forme des lignes de champ qui sont orientées de façon à ce qu'elles aillent du pôle SUD vers le pôle NORD **à l'intérieur** de l'aimant ou de la bobine.

Le champ magnétique créé par une bobine dépend du sens de circulation du courant dans celle-ci :

Quand on fait s'enfoncer un tire-bouchon dans la bobine en le tournant dans le sens du courant dans la bobine, il s'enfonce de la face sud vers la face nord.

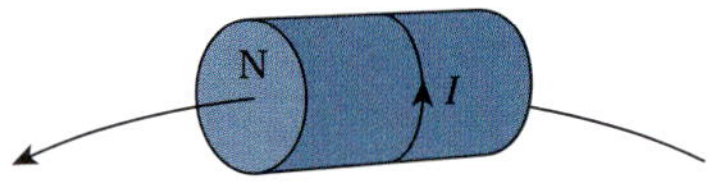

■ Tout conducteur parcouru par un courant et soumis à un champ magnétique extérieur subit une force : la force de Laplace.

■ Principe de fonctionnement d'un haut-parleur

Un haut-parleur est constitué d'un aimant au centre duquel est placée une bobine fixée à la membrane.

Lorsque l'on envoie le signal analogique dans la bobine, cette dernière va produire un champ magnétique.

Ce champ magnétique produit, combiné avec celui de l'aimant, va faire bouger la bobine (force de Laplace), et donc la membrane.

La membrane, en bougeant, va mettre l'air en vibration : un son est produit.

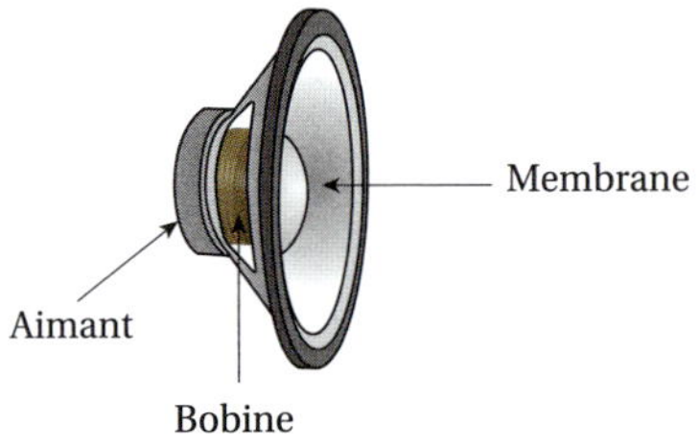

B Savoir faire

■ Vérifier le sens du champ magnétique créé par un courant dans une bobine – voir CME6

■ Vérifier que l'intensité du champ magnétique est proportionnelle à celle du courant

Pour cela, on peut utiliser une bobine, un générateur de tension continue auquel on ajoute en série un dispositif pour faire varier l'intensité (par exemple un potentiomètre), un ampèremètre (pour contrôler l'intensité) et un teslamètre (pour mesurer le champ magnétique) dont on place la sonde au centre de la bobine.

Puis on mesure la valeur du champ magnétique pour chaque intensité.

Intensité I (en A)	0	....
Champ magnétique B (en T)	...	....

Puis on trace B en fonction de I :

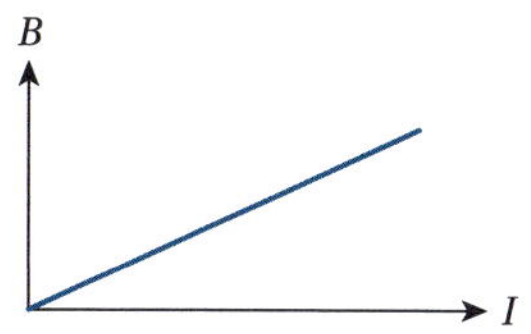

On obtient une droite passant par l'origine.
Le champ magnétique B est donc proportionnel à l'intensité qui parcourt la bobine.

■ Vérifier le sens de déplacement d'un conducteur placé dans un champ magnétique donné et parcouru par un courant

On réalise le montage suivant :

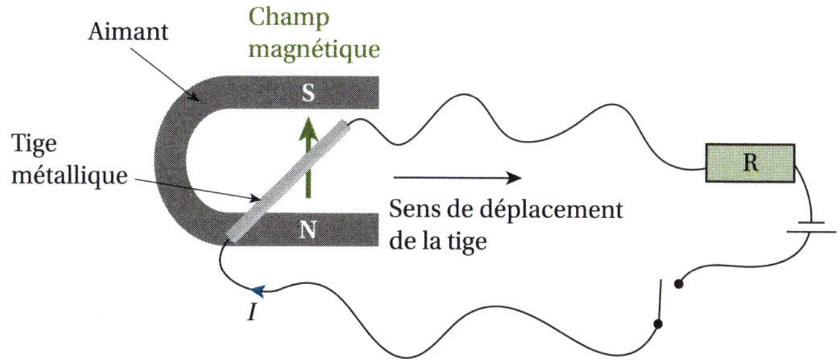

On remarque que lorsque l'on ferme l'interrupteur, la tige se déplace, et que, si on inverse le sens du courant, elle se déplace dans l'autre sens.

Cette force qui fait se déplacer la tige est appelée force de Laplace.

C'est elle qui fait se déplacer la bobine dans le haut-parleur.

Les sens du champ magnétique, de l'intensité et du déplacement de la tige sont liés, et toujours de cette façon :

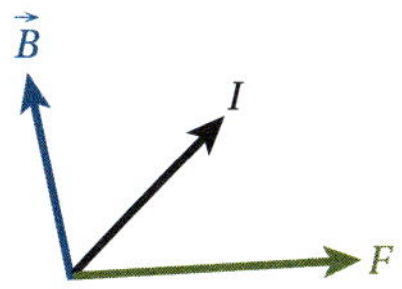

On peut utiliser sa main gauche pour relier les trois :
Le pouce est le champ magnétique $\vec{B}$
L'index le sens de l'intensité I
Le majeur le sens de la force (et donc du déplacement)

■ Décrire par un schéma le principe de fonctionnement d'un haut-parleur à partir des phénomènes physiques mis en jeu entre la grandeur d'entrée et la grandeur de sortie

Dans cette situation, la force de Laplace, et donc la bobine vient vers nous. Si, au contraire, le courant est dans l'autre sens, la bobine « s'enfonce » dans la feuille.
Quand la bobine reçoit un courant alternatif (le signal analogique), elle va donc osciller à la même fréquence que lui, et donc faire vibrer l'air à cette fréquence.

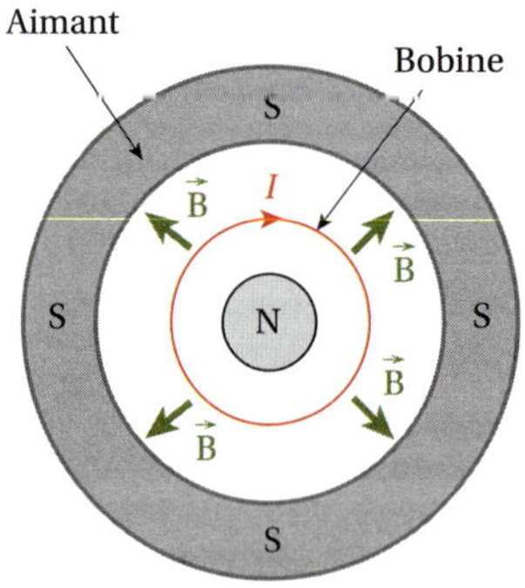

2 Pourquoi associer plusieurs hauts parleurs dans une enceinte acoustique ?

A À savoir

■ Un haut-parleur est caractérisé par sa bande passante (plage de fréquences qu'il transmet avec un niveau d'intensité sonore suffisant).

B Savoir faire

■ Comparer expérimentalement les courbes de réponse de différents hauts parleurs

Pour cela, on peut utiliser un GBF, un sonomètre EXAO et plusieurs hauts parleurs.

Pour chacun d'entre eux, on le relie le GBF puis on fait varier la fréquence et pour chaque valeur de fréquence on relève à l'aide du logiciel EXAO en mode manuel l'intensité sonore.

Le logiciel trace directement la courbe de l'intensité sonore en fonction de la fréquence. On obtient ainsi la courbe de réponse du haut-parleur.

En comparant les courbes obtenues, on peut remarquer que certains hauts parleurs donnent une intensité sonore plus importante pour les fréquences basses (boomer), d'autres pour les fréquences hautes (tweeter) et enfin d'autres les fréquences moyennes (medium)

■ Classer des hauts parleurs en fonction de leur courbe de réponse (tweeter, médium, boomer)

Fréquences donnant une intensité sonore la plus haute	basses	moyennes	hautes
Type de haut parleur	boomer	medium	tweeter
Adapté aux sons	graves	de hauteur moyenne	aigus

C Applications

Application 1

On souhaite acheter un caisson de basses (boomer).

Laquelle de ces courbes de réponse correspond à ce caisson ?

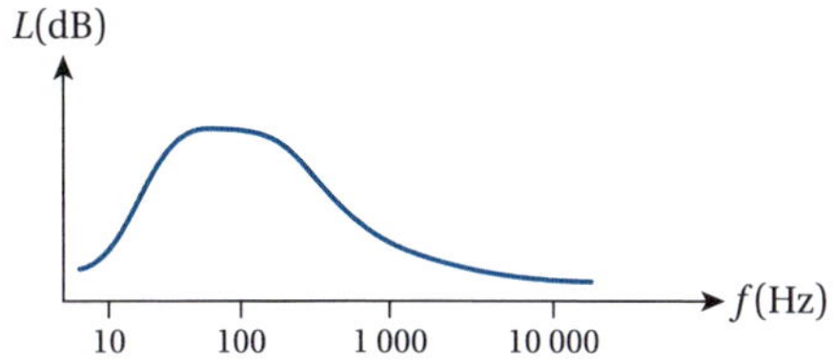

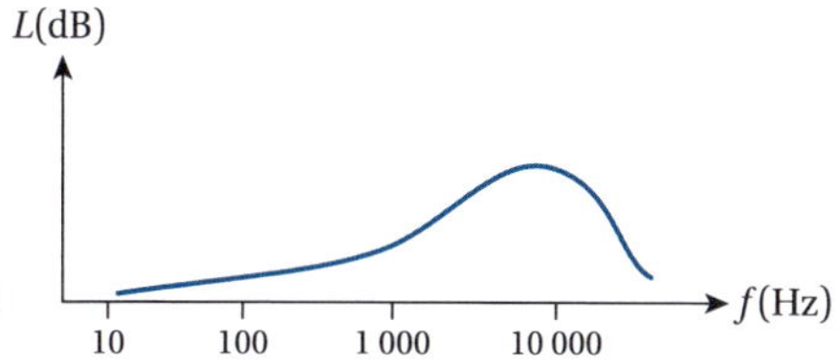

Correction application 1

C'est la première, car on a une intensité acoustique plus importante pour les basses fréquences.

3 Qu'est ce qui caractérise un microphone électrodynamique ?

A À savoir

Grandeurs associées au phénomène d'induction électromagnétique

– Flux magnétique : c'est une mesure de l'intensité et de la répartition dans l'espace d'un champ magnétique.

Pour une bobine plate ayant N spires,

$\phi = N.B.S.\cos(\phi)$

avec B *le champ magnétique en Tesla (T)*

S *la surface de la spire en* m^2

θ *l'angle entre la normale à la surface et le champ magnétique en radian (rad) ou en degré (°)*

– Tension induite : lorsque le flux magnétique **varie** dans un circuit, il apparaît une tension à ses bornes (loi de Faraday).

– Courant induit : Cette tension induite fait apparaître un courant dans un sens tel qu'**il crée un flux magnétique opposé au flux de départ** (loi de Lenz).

Connaître le principe de fonctionnement d'un microphone électrodynamique

C'est celui d'un haut-parleur, mais à l'envers :

Le son fait vibrer une membrane reliée à une bobine.

La bobine est placée dans un champ magnétique (un aimant l'entoure).

Le champ magnétique varie dans la bobine car elle se déplace dans ce champ (la membrane et donc la bobine vibrent à la fréquence du son capté).

Il apparaît donc une tension induite aux bornes de la bobine, ce qui crée un courant induit : c'est le signal analogique qui correspond au son.

SCIENCES PHYSIQUES ET CHIMIQUES

■ **Caractéristiques d'un microphone et grandeurs associées**

- **sensibilité**

C'est la capacité à capter un faible volume sonore (rapport entre la tension qui apparaît aux bornes et la pression acoustique).

Elle s'exprime en millivolt par Pascal mV/Pa

- **directivité**

C'est la capacité à privilégier un son provenant de certaines directions (ex. : de devant, des côtés, de partout).

- **bande passante**

C'est l'intervalle des fréquences (en Hz) qui peuvent être « captées » correctement par le microphone.

B Savoir faire

■ Déterminer le sens du courant induit - voir CME6

■ Produire expérimentalement une tension induite alternative

Pour cela on peut utiliser un diapason et un microphone branché à un oscilloscope.

On place le microphone devant le diapason, puis on fait vibrer le diapason (il produit donc un son).

On observe alors à l'oscilloscope une tension alternative.

On peut si on le souhaite remplacer le diapason par un instrument de musique jouant une note en continu ou un haut-parleur alimenté par un GBF.

■ Déterminer expérimentalement la bande passante d'un microphone

Pour cela on peut utiliser un haut-parleur relié à un GBF, un micro relié à un voltmètre TRMS EXAO.

On fait varier la fréquence (comme pour la courbe de réponse du haut-parleur) en prenant soin de vérifier que la tension délivrée par le GBF entre chaque mesure reste constante et on mesure la tension efficace aux bornes du microphone.

Le logiciel trace la courbe au fur et à mesure.

La bande passante correspond à la bande de fréquences où la tension relevée est supérieure à une certaine valeur.

19 SL7. Comment une image est-elle captée par un système d'imagerie numérique ?

1 À savoir

■ **Principe de l'interaction rayonnement matière (effet photoélectrique)**

Lorsqu'un conducteur ou un semi-conducteur est soumis à un rayonnement électromagnétique, si ce rayonnement transporte suffisamment d'énergie, alors :
- soit des électrons sont éjectés du matériau (on parle alors de photoémission),
- soit des électrons sont mis en déplacement dans le matériau (on parle alors de photoconductivité).

■ **Grandeurs caractéristiques d'un rayonnement lumineux**
- flux : ϕ_L, exprimé en lumen (lm) est une mesure de la puissance lumineuse émise par une source. Il est lié à la perception par l'œil,
- intensité lumineuse : exprimée en candela (cd), est une mesure de l'éclat perçu par l'œil humain d'une source lumineuse,
- efficacité lumineuse : exprimée en lumen par watt (lm/W) est la division du flux lumineux par le flux énergétique. Elle est donc aussi liée à la perception par l'œil :

$k = \frac{\phi_L}{F}$ *avec ϕ_L en lumen (lm) et F le flux énergétique en Watts (W),*

- éclairement : **mesuré avec un luxmètre**, exprimé en lux (lx) est le flux lumineux reçu par unité de surface, Il est donc aussi lié à la perception par l'œil. Il dépend de la distance à laquelle on se trouve de la source.

$E = \frac{\phi_L}{S}$ *avec ϕ_L en lumen (lm) et S la surface en m^2,*

- longueur d'onde : comprise entre 400 et 800 nm.

■ Les variations de ces différentes grandeurs caractéristiques d'un rayonnement lumineux influencent le signal électrique dans un photocomposant.

2 Savoir faire

■ Construire expérimentalement la caractéristique d'un photocomposant (photorésistance, photodiode, phototransistor, photopile) :

- en fonction de l'éclairement

Pour cela, on fait varier l'éclairement, par exemple en modifiant la distance à laquelle on se trouve de la source, et on mesure :
• la tension U aux bornes du composant à l'aide d'un voltmètre,
• l'intensité I du courant qui traverse le composant à l'aide d'un ampèremètre.

***d* (en cm)**	1	....
***U* (en V)**	...	....
***I* (en A)**	...	....

Puis on trace la courbe de l'intensité I du courant en fonction de la tension U à l'aide du tableau précédent :

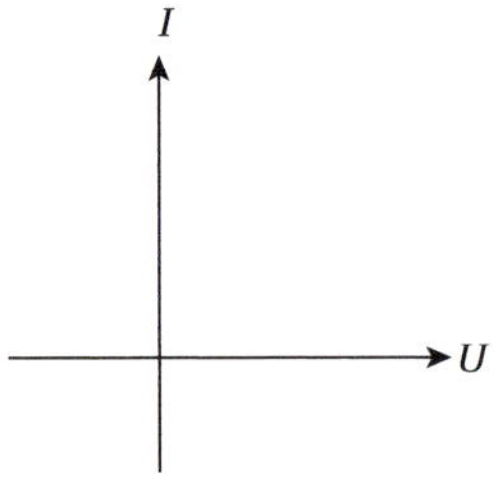

- en fonction de la longueur d'onde :

Même méthode mais cette fois on ne fait pas varier la distance mais la couleur, on peut pour cela utiliser des filtres de différentes couleurs.

SUJET DE TYPE BAC – Degré d'acidité d'un vinaigre

Épreuve de sciences physiques (durée : 45 min – 10 points)

Le vinaigre est une solution aqueuse contenant de l'acide éthanoïque CH3COOH

L'acidité du vinaigre est donnée par son degré d'acidité ; c'est la masse d'acide éthanoïque pur contenue dans 100 g de vinaigre. Elle dépend donc de la concentration de l'acide dans le vinaigre.

PROBLÉMATIQUE :

On a retrouvé un vieux vinaigre dont l'étiquette est en partie effacée.

On souhaite savoir s'il s'agit d'un vinaigre balsamique de degré d'acidité 6° ou d'un vinaigre de vin de degré d'acidité 8°.

1. Le pH du vinaigre est-il :

- inférieur à 7 ?
- égal à 7 ?
- supérieur à 7 ?
- supérieur à 14 ?

2. Dire quelle grandeur qu'il faut d'abord connaître pour pouvoir ensuite déterminer le degré d'acidité, **indiquer** l'unité de cette grandeur.

3. Proposer et décrire une méthode expérimentale permettant de mesurer cette grandeur pour répondre à la problématique.

Appel n° 1 du professeur pour validation de la méthode.

MATÉRIEL :

- 1 burette graduée
- 1 dispositif d'agitation magnétique
- 1 bécher « hydroxyde de sodium » (soude) Csoude = 0,1 mol/L
- 1 bécher « vinaigre » (20 mL environ de vinaigre dilué 10 fois)
- une pipette 10 mL + un dispositif d'aspiration
- 1 bécher « dosage »
- 1 éprouvette graduée
- 1 erlenmeyer « produits usagés »
- 1PC + console ExAO + capteur pH et sonde pHmétrique + logiciel ATELIER SCIENTIFIQUE

4. Ajuster le zéro de la burette d'hydroxyde de sodium (soude).

Appel n° 2 du professeur : effectuer la manipulation suivante devant l'examinateur.

5. Prélever 10 mL de vinaigre dans le bécher vinaigre puis les verser dans le bécher dosage.

6. Mesurer 20 mL d'eau distillée à l'aide de l'éprouvette, puis les verser dans le bécher « dosage ».

7. Placer le dispositif d'agitation.

Appel n° 3 du professeur : effectuer les 2 premières mesures en présence de l'examinateur.

8. Faire couler 1 mL de la burette dans le bécher, attendre la stabilisation de la valeur puis **valider la nouvelle mesure** du pH (voir fiche aide).

9. Pour chaque mL de soude, **suivre le même protocole** jusqu'à avoir vidé la burette (voir fiche aide).

10. Lisser la courbe (voir fiche aide).

11. Déterminer le volume de soude versé à l'équivalence avec la méthode des tangentes (voir fiche aide).

Veq = ...

Appel n° 4 du professeur pour faire vérifier à l'écran le volume trouvé.

12. À l'équivalence, $C_{acide\_éthanoique} \times V_{acide\_éthanoique} = C_{soude} \times V_{equivalence}$

– $V_{acide\_éthanoique}$ le volume de vinaigre prélevé à la pipette ;

– C_{soude} la concentration de la soude (hydroxyde de sodium) de la burette ;

– $V_{equivalence}$ le volume de soude versé à l'équivalence.

Calculer la concentration $C_{acide\_éthanoique}$ du vinaigre en mol/L.

13. Calculer directement le degré d'acidité du vinaigre inconnu (non dilué) avec la formule adaptée suivante :

d° = Cacide_éthanoique * M_{CH_3COOH} on a M_{CH_3COOH} = 82 g/mol

14. Répondre à la problématique.

CORRIGÉ

1. Le pH du vinaigre est inférieur à 7.

2. Il faut d'abord connaître la concentration en acide éthanoïque pour ensuite déterminer le degré d'acidité (concentration massique en g/L ou concentration molaire en mol/L).
Pour cela on peut réaliser un dosage acide base afin de déterminer la concentration molaire en acide éthanoïque.

3. Pour cela il faut :

- mettre un volume précis de vinaigre dans un bécher ;
- mettre de la soude de concentration connue dans une burette ;
- verser petit-à-petit la soude dans le bécher en mesurant à chaque ajout la valeur du pH ;
- tracer la courbe de pH ;
- repérer le volume d'équivalence ;
- calculer la concentration en acide à l'aide de la concentration de la soude, du volume de vinaigre et du volume de soude à l'équivalence.

11. Veq = 14 mL

12. $C_{acide\_éthanoique} \times V_{acide\_éthanoique} = C_{soude} \times V_{equivalence}$

$C_{acide\_éthanoique} \times 0{,}020 = 0{,}1 \times 0{,}014$

$C_{acide\_éthanoique} = 0{,}1 \times 0{,}014 / 0{,}020 \approx 0{,}07$ mol/L

13. $d° = C_{acide\_éthanoique} \times M_{CH_3COOH}$

$d° = 0{,}07 \times 82 \approx 5{,}74$

14. Le degré d'acidité trouvé est de 5,74, ce qui est donc plus proche de 6 (vinaigre basalmique) que de 8 (vinaigre de vin).

Le vinaigre inconnu était donc un vinaigre balsamique.

Grille nationale d'évaluation en sciences physiques et chimiques

Nom et prénom :	Diplôme préparé :	Séquence d'évaluation n° :

1. Liste des capacités, connaissances et attitudes évaluées

Capacités	HS2 Réaliser une manipulation ou une expérience après avoir recensé les risques encourus et les moyens à mettre en œuvre HS2 Déterminer la concentration molaire ou massique d'une espèce chimique présente dans une solution en utilisant les relations n =m/M, c=m/V, c=n/V HS2 Réaliser un dosage acide/base CME5 Titrer une solution par un dosage acide/base
Connaissances	HS2 Connaître et nommer le matériel et la verrerie de laboratoire employés lors de manipulations HS2 Savoir qu'une solution acide a un pH inférieur à 7 et qu'une solution basique a un pH supérieur à 7
Attitudes	Sens de l'observation Rigueur et précision Esprit critique vis-à-vis de l'information disponible Respect des règles élémentaires de sécurité

2. Évaluation

	Compétences	Aptitudes à vérifier	Questions	Appréciation du niveau d'acquisition
Activité expéri-mentale	**S'approprier**	• Rechercher, extraire et organiser l'information utile • Comprendre la problématique du travail à réaliser • Montrer qu'il connaît le vocabulaire, les symboles, les grandeurs, les unités mises en œuvre	Q1 Q2 Q3 Q11 Q12	
	Analyser	• Analyser la situation avant de réaliser une expérience • Formuler une hypothèse • Proposer une modélisation • Choisir un protocole ou le matériel/dispositif expérimental	Q2 Q3	
	Réaliser	• Organiser son poste de travail • Mettre en œuvre un protocole expérimental • Utiliser le matériel choisi ou mis à sa disposition • Manipuler avec assurance dans le respect des règles élémentaires de sécurité	Q5 Q6 Q7 Q8 Q9	
	Valider	• Exploiter et interpréter des observations, des mesures • Vérifier les résultats ou infirmer une information, une hypothèse, une propriété, une loi	Q10 Q11 Q12 Q13	
				/7
	Communiquer	• Rendre compte d'observation et des résultats des travaux réalisés • Présenter, formuler une conclusion, expliquer, représenter, argumenter, commenter	Q14	
				/3
			TOTAL	**/10**

SCIENCES PHYSIQUES ET CHIMIQUES

PSE

PRÉVENTION, SANTÉ, ENVIRONNEMENT

Classse de seconde

Module 1 Santé et équilibre de vie
1. Les rythmes biologiques et le sommeil 450
2. Se bouger pour la santé 452
3. La protection sociale 454

Module 2 Alimentation et santé
4. L'alimentation, un plaisir partagé dans le monde 457
5. Les comportements alimentaires et les maladies nutritionnelles 459
6. Les circuits de distribution dans le secteur alimentaire 461
7. L'étiquetage des produits alimentaires 463

Module 3 Prévention des comportements à risques et des conduites addictives
8. La prise de risque et l'alcoolisation 465
9. Les conduites addictives 467

Module 4 Sexualité et prévention
10. La contraception 469
11. Une sexualité sans risque d'IST 471

Module 5 Environnement écologique et protection du consommateur
12. La gestion d'un compte bancaire 473
13. Un crédit à la consommation 476
14. La protection et la défense du consommateur 478
15. Les assurances 481

Classe de première

Module 6 Gestion des ressources naturelles et développement durable
16. La gestion de l'eau 483
17. La maîtrise de l'énergie 485

Module 7 Prévention des risques
18. Les risques majeurs 488
19. Le bruit 490

Module 8 Prévention des risques dans le secteur professionnel
20. Les risques professionnels dans l'activité de travail 493
21. Le risque mécanique 496
22. Le risque électrique 499
23. Le risque biologique 501
24. Les risques liés à l'ambiance thermique 504
25. Les risques liés à l'ambiance lumineuse 506
26. Les situations d'urgence en cas d'accident 508

Classe de terminale

Module 9 Cadre réglementaire de la prévention dans l'entreprise
27. Le cadre juridique de la prévention 510
28. Les acteurs et les organismes de prévention 512
29. Les accidents du travail et les maladies professionnelles 514
30. Les démarches et le coût des accidents du travail et des maladies professionnelles 516

Module 10 Effets physiopathologiques des risques et prévention
31. Le risque chimique 519
32. Le dos et les manutentions 522
33. Les troubles musculo-squelettiques 524

Module 11 Approche par le travail
34. La démarche ergonomique 526
35. La charge mentale 527

Module 12 Approche par l'accident
36. L'analyse d'un accident du travail 530

Sujet corrigé de type bac pro 533

1 Les rythmes biologiques et le sommeil

1 Les rythmes biologiques

Appelés **biorythmes**, les **rythmes biologiques** (horaires des repas, sommeil...) sont des variations de fonctionnement de l'organisme humain qui se reproduisent dans le temps et règlent notre vie. Le rythme veille/sommeil s'appelle le **rythme circadien**.

2 La désynchronisation

Le travail de nuit, le décalage horaire, le bruit, les couchers tardifs **désynchronisent** nos rythmes biologiques.

Cette désynchronisation a pour conséquences des **troubles du sommeil** (difficultés d'endormissement, réveils fréquents), des **troubles neuropsychiques** (irritabilité, agressivité, impression d'inefficacité, surmenage, asthénie, tendance dépressive, troubles sexuels). Elle peut également **affecter la vie familiale et sociale** et avoir une répercussion sur le **travail** (accident, diminution des performances).

3 Les cycles du sommeil

Le sommeil se décompose en **plusieurs cycles**. Leur nombre varie selon la durée de la nuit mais on constate en général 4 à 5 cycles de 1 h 30 à 2 heures pour une nuit complète. En début de cycle, les quatre premiers stades correspondent à un sommeil de plus en plus **profond** qui permet de :
- récupérer physiquement,
- fabriquer l'hormone de croissance,
- réparer les tissus,
- fabriquer les anticorps.

En fin de cycle, c'est le **sommeil paradoxal**, moment des rêves et d'une intense activité cérébrale, qui permet :
- une récupération nerveuse,
- la mémorisation.

Le déroulement d'un cycle de sommeil

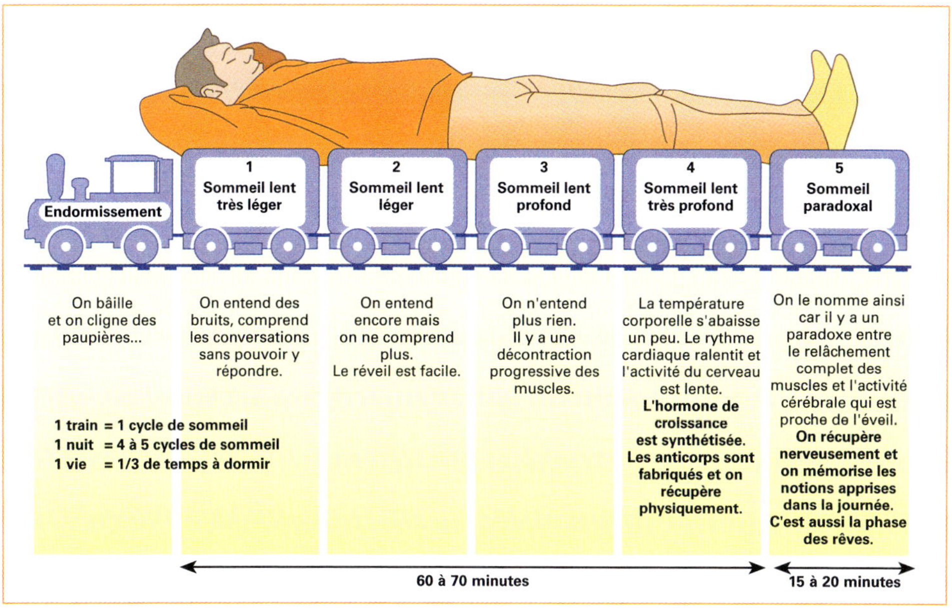

4 La prévention

La **prévention** consiste à respecter son rythme biologique. Ainsi, il est conseillé de :
- se coucher à des heures régulières,
- éviter les excitants et les activités sportives avant le sommeil,
- dormir dans une chambre au calme et modérément chauffée,
- se relaxer.

Dans le cadre du travail posté, il faut :
- éviter de travailler plus de trois nuits d'affilée,
- respecter au moins deux jours complets de repos après la dernière nuit, et au moins 11 heures de repos entre deux périodes de travail.

2 Se bouger pour la santé

1 Le comportement sédentaire

Il correspond aux occupations pour lesquelles la dépense énergétique est très faible (position assise, couchée; travail sur ordinateur...). **L'inactivité** est un facteur de risques cardio-vasculaires et favorise la survenue de l'obésité.

2 Le travail musculaire

Il s'exerce dans le maintien des postures et les mouvements liés à la vie de relation. La contraction musculaire correspond au glissement des filaments d'**actine** et de **myosine** sous l'action d'une excitation nerveuse.

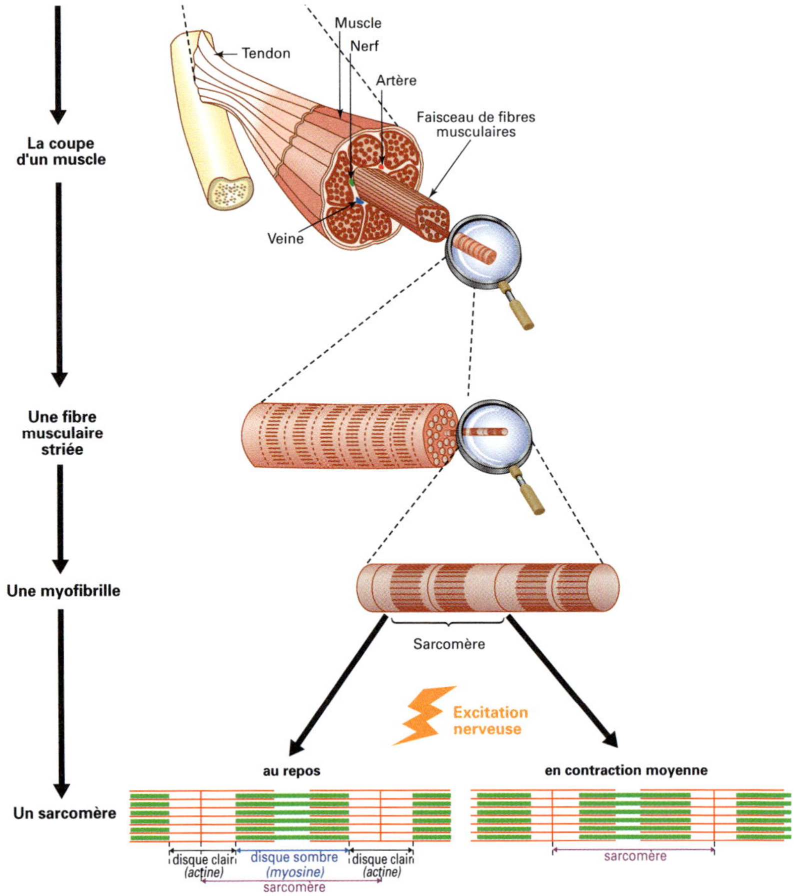

3 Les bienfaits de l'exercice physique

Ils sont de trois types :
- **physiologiques :** développement de la force musculaire, la capacité respiratoire, la coordination, l'équilibre, l'appétit ; et amélioration du sommeil.
- **psychologiques :** détente, bien-être…
- **esthétiques**.

4 Les dérives sportives

Le surentraînement se manifeste par un excès de fatigue (effort impossible, insomnies, dépression…) et des blessures plus fréquentes.

Le dopage est la pratique qui consiste à absorber des substances ou utiliser des actes médicaux pour augmenter artificiellement ses capacités physiques et/ou mentales.

5 Des conseils pour gérer son activité physique

- Atteindre l'objectif de 30 minutes de marche rapide par jour ou son équivalent.
- Pratiquer une activité sportive adaptée à son âge, sa santé, ses goûts…
- Avoir une alimentation équilibrée, riche en glucides selon les efforts à fournir.

Des résolutions pour se bouger

« Mon lycée est trop loin de mon domicile pour m'y rendre à pied ou à vélo. Le matin, pas le temps de flâner, je prends le tramway jusque devant mon lycée, mais le soir j'ai pris l'habitude de descendre un arrêt plus tôt, cela me fait 15 minutes d'activité gagnées et en plus j'arrive détendu à la maison.
Le midi, la pause n'est pas très longue mais en m'organisant bien et en choisissant les horaires du self, il me reste suffisamment de temps pour faire 15 minutes de volley-ball avec les copains. En plus, je saisis toutes les occasions pour augmenter mon activité : je boycotte les ascenseurs et les escalators, je me déplace d'un pas rapide. »

3 La protection sociale

1 Le concept de santé

Il est lié à l'**absence de maladie** mais surtout à un **bien-être physique**, **mental** et **social** de l'individu.

2 La Sécurité sociale

La protection sociale est assurée en France par la **Sécurité sociale**. Elle est fondée sur le **principe de la solidarité** entre les hommes : chaque salarié et son employeur versent une cotisation qui est répartie entre les personnes frappées par les risques tels que, accidents du travail, maladies...

La Sécurité sociale est le pivot de la protection sociale. Elle contribue à offrir à tous les Français une égalité d'accès aux soins quel que soit leur niveau de revenu. Des organismes de couverture complémentaire peuvent s'y ajouter si on souscrit une assurance supplémentaire ou une mutuelle.

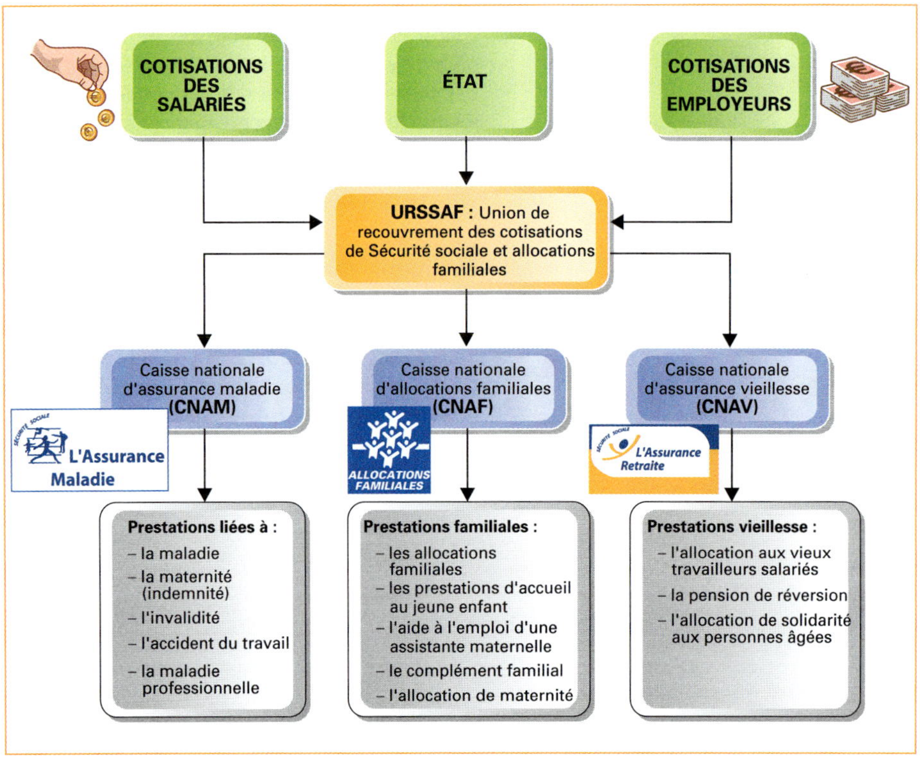

3 Le parcours de soins coordonnés

Tous les bénéficiaires d'une couverture maladie sont invités, à partir de 16 ans, à choisir un médecin traitant qui leur permet de s'inscrire dans un **parcours de soins coordonnés**. Le but de ce parcours est de rationaliser les différentes interventions des professionnels de santé pour un même assuré. Le respect de ce dispositif conditionne la **prise en charge normale des dépenses** de santé par la Sécurité sociale.

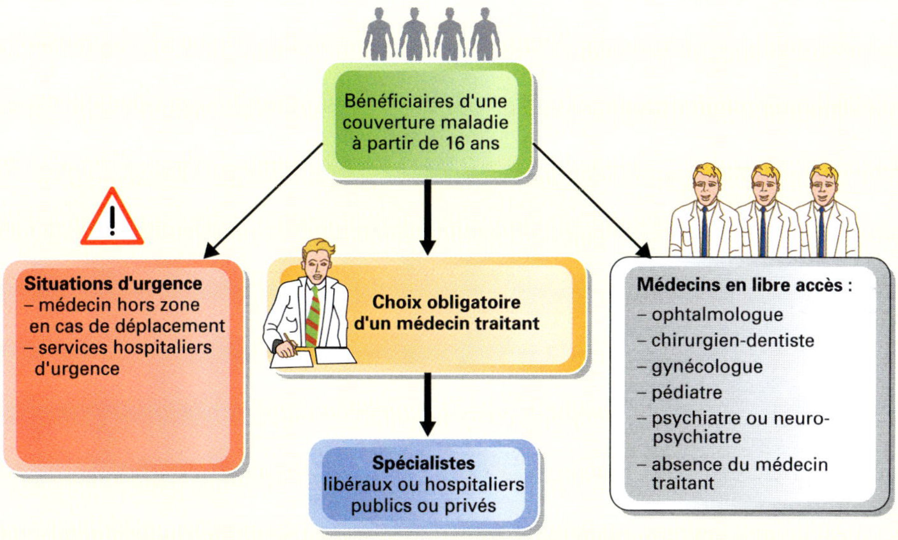

Toute personne qui n'a pas déclaré de médecin traitant ou qui ne respecte pas le parcours de soins coordonnés doit assumer une majoration de sa participation aux frais d'assurance maladie. Les organismes complémentaires de santé ne prennent pas en charge ces surcoûts.

Source : http://vosdroits.service-public.fr

La carte vitale avec photo est la clé d'accès au **dossier médical personnel**.

4 La Couverture maladie universelle (CMU)

La **CMU** de base est proposée aux personnes qui ne répondent pas aux critères d'ouverture des droits à la Sécurité sociale et qui résident légalement de façon stable et régulière en France. Une **couverture complémentaire santé** est allouée aux personnes dont les revenus sont les plus faibles et aux bénéficiaires du Revenu de solidarité active (RSA).

5 Le remboursement des soins

La Caisse primaire d'assurance maladie **rembourse** 70 % du montant des soins lors d'une visite chez un médecin généraliste ou spécialiste dans le cas d'un parcours de soins coordonnés. Dans le cas contraire, la prise en charge n'est que de 30 %. La participation forfaitaire d'un euro et la franchise médicale (somme déduite des remboursements effectués par la Caisse d'assurance maladie sur les médicaments, les actes paramédicaux et les transports sanitaires) restent à la charge de l'assuré.

Dans le cadre du **tiers payant**, le ticket modérateur peut être pris en charge par une assurance complémentaire ou une mutuelle.

Exemples de remboursement

Cas n°1

	Médecin consulté	Tarif de convention	Base du remboursement	Taux du remboursement	Montant remboursé* (tarif SS 2011)
Parcours de soins coordonnés	Généraliste secteur 1	23 euros	23 euros	70 %	16,10 euros

Cas n° 2

	Médecin consulté	Tarif de convention	Base du remboursement	Taux du remboursement	Montant remboursé* (tarif SS 2011)
Hors parcours de soins coordonnés	Généraliste secteur 1	23 euros	23 euros	30 %	6,90 euros

* Le montant remboursé tient compte de la participation forfaitaire de 1 euro retenu sur chaque consultation ou acte réalisé par un médecin (sauf pour les personnes de moins de 18 ans, les bénéficiaires de la CMU complémentaire ou aides médicales de l'État, et les femmes enceintes à partir de six mois de grossesse).

PRÉVENTION, SANTÉ, ENVIRONNEMENT

4 L'alimentation, un plaisir partagé dans le monde

1 Les habitudes alimentaires

Elles se sont modifiées avec le développement de l'agriculture, de l'industrie, des moyens de transport et de conservation. Elles sont liées à la **culture du pays** : religion, produits locaux, tradition, gastronomie... ; au **contexte de vie** : célibataire ou vie en famille, activité professionnelle (temps disponible, éloignement du domicile...), appartenance à un groupe, budget...

2 Le plaisir alimentaire

C'est l'attirance qu'exerce sur nous un aliment. Il met en jeu les **fonctions sensorielles** (gustatives, visuelles, olfactives, auditives) qui varient d'un individu à un autre. Elles sont innées, mais aussi liées à l'apprentissage et aux choix alimentaires et culturels. Le **contexte dans lequel est pris le repas** (lieu, convives, motif, événements...) est aussi capital. Les papilles gustatives de la langue permettent de distinguer plusieurs saveurs : le sucré, le salé, l'acide, l'amer.

3 Les besoins énergétiques

Ils dépendent de l'âge, du sexe, de l'activité physique, du climat et de l'état physiologique. Ils sont évalués en **kilojoules** et doivent être couverts par un apport d'aliments répartis équitablement au cours des trois ou quatre repas de la journée.

Adolescents de 13 à 15 ans	Adolescents de 16 à 19 ans	Activité faible	0°C	Activité moyenne	Activité très intense	Grossesse	1 heure de football
12 100 kJ/jour (garçon) 10 400 kJ/jour (fille)	12 800 kJ/jour (garçon) 9 700 kJ/jour (fille)	8 800 kJ/jour (homme) 7 500 kJ/jour (femme)	12,6 kJ/heure	13 000 kJ/jour (homme) 8 400 kJ/jour (femme)	14 600 kJ/jour (homme) 10 900 kJ/jour (femme)	8 300 à 9 000 kJ/jour	2 200 kJ/heure

Ces besoins doivent être couverts par les apports des aliments répartis au cours des différents repas de la journée, dans les proportions suivantes : 25 % au petit-déjeuner, 30 % au déjeuner, 15 % au goûter et 30 % au dîner.

4 Une alimentation équilibrée

Elle doit apporter l'ensemble des constituants alimentaires nécessaires au bon fonctionnement de l'organisme. Les **six groupes d'aliments** doivent figurer au cours des trois ou quatre repas de la journée, en privilégiant les fruits, les légumes et les produits laitiers, et en évitant notamment les excès, de sucre, de graisse et de sel.

source : *www.mangerbouger.fr*

5 Les comportements alimentaires et les maladies nutritionnelles

1 Les nouvelles formes de restauration

Les **repas rapides** font désormais partie de la culture des jeunes et des moins jeunes du fait du manque de temps, de la mobilité professionnelle et de l'évolution des structures familiales. Les plats servis ou à emporter sont souvent des hamburgers, des sandwichs et des frites.

2 Les nouveaux produits

Les **alicaments** sont des aliments enrichis en nutriments (Oméga 3, vitamines...) ou naturels, qui prétendent avoir des vertus pour la santé. Les industriels doivent faire scientifiquement la preuve de leurs vertus thérapeutiques.

3 Des comportements alimentaires à risques

Des habitudes peuvent être néfastes pour la santé. Ainsi, dans les pays industrialisés, les excès de sucres, de graisses, de sel sont la cause de maladies cardio-vasculaires, d'hypertension, de diabète, d'obésité...

Le poids idéal n'existe pas, mais il existe un poids dit « de forme » qui ne présente pas de danger pour la santé. Il est classique d'ajuster le poids à la taille en calculant l'indice de masse corporelle (IMC).

L'indice de masse corporelle

Il permet d'évaluer le risque de maladies liées à un excès ou à une insuffisance de poids. Le résultat permet de connaître le nombre de kilos à perdre ou à gagner pour une santé optimale. Il s'agit toutefois d'un outil incomplet puisqu'il ne tient pas compte de la masse musculaire, de l'ossature et de la répartition des graisses.

$$\text{IMC} = \frac{\text{POIDS (en kg)}}{\text{TAILLE}^2 \text{ (en m)}}$$

La mesure du tour de taille permet d'évaluer le risque spécifique d'être atteint d'une maladie cardiovasculaire ou de diabète.

Source : Passeportsante.net

Classification	Indice de masse corporelle (kg/m²)	Risque de maladies
Maigreur extrême	Moins de 16	Élevé
Maigreur	Moins de 18,5	Accru
Poids normal	18,5 à 24,9	Faible
Embonpoint	25,0 à 29,9	Accru
Obésité, classe 1	30,0 à 34,9	Élevé
Obésité, classe 2	35,0 à 39,9	Très élevé
Obésité, classe 3 (obésité morbide)	40 ou plus	Extrêmement élevé

4 Des désordres alimentaires

La **boulimie** est une pulsion irrésistible de manger. L'**anorexie** est une grève de l'appétit motivée par l'obsession d'être toujours plus mince. Ce sont des troubles du comportement alimentaire d'ordre psychologique.

5 L'alimentation et le développement durable

Le développement durable

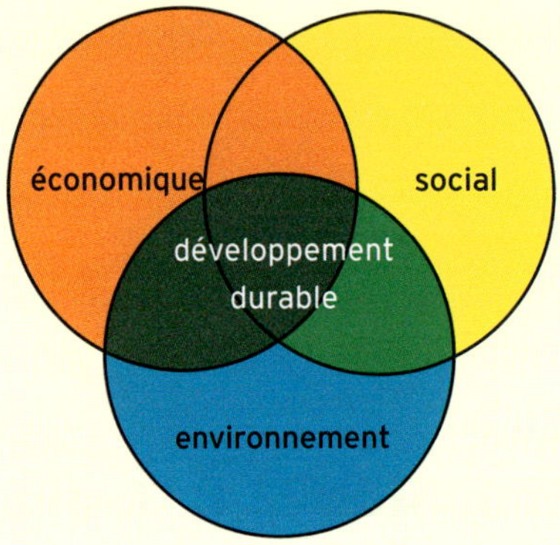

Les trois piliers du développement durable

C'est un développement qui répond aux besoins des générations du présent sans compromettre la capacité des générations futures à répondre aux leurs.

- Le **développement** est un processus conduisant à l'amélioration du bien-être des humains. L'activité économique et le bien-être matériel demeurent essentiels mais la santé, l'éducation, la préservation de l'environnement, l'intégrité culturelle par exemple le sont tout autant.
- L'adjectif **durable** insiste sur la notion de temps et souligne que l'amélioration du bien-être doit être pour tous sur le long terme.

Source : Commission mondiale sur l'environnement et le développement.

Des règles simples permettent de contribuer au développement durable en matière d'alimentation :
- acheter les fruits et légumes de la saison,
- limiter les emballages,
- choisir des produits bruts et biologiques,
- modérer la consommation de viande…

6 Les circuits de distribution dans le secteur alimentaire

1 Les circuits de distribution

Ce sont des canaux qui permettent aux fabricants et aux producteurs de vendre leur production. Le circuit du producteur au consommateur est rarement direct. La présence d'**intermédiaires** (centrales d'achat, grossistes, détaillants...) est souvent nécessaire, mais plus ils sont nombreux, plus le prix payé par le consommateur est élevé. On distingue le **canal direct** (aucun intermédiaire), le **canal court** (un seul intermédiaire), le **canal long** (nombre d'intermédiaires égal ou supérieur à deux).

Le **coût du produit** intègre les frais de stockage, transport, livraison et la marge bénéficiaire de chaque intermédiaire.

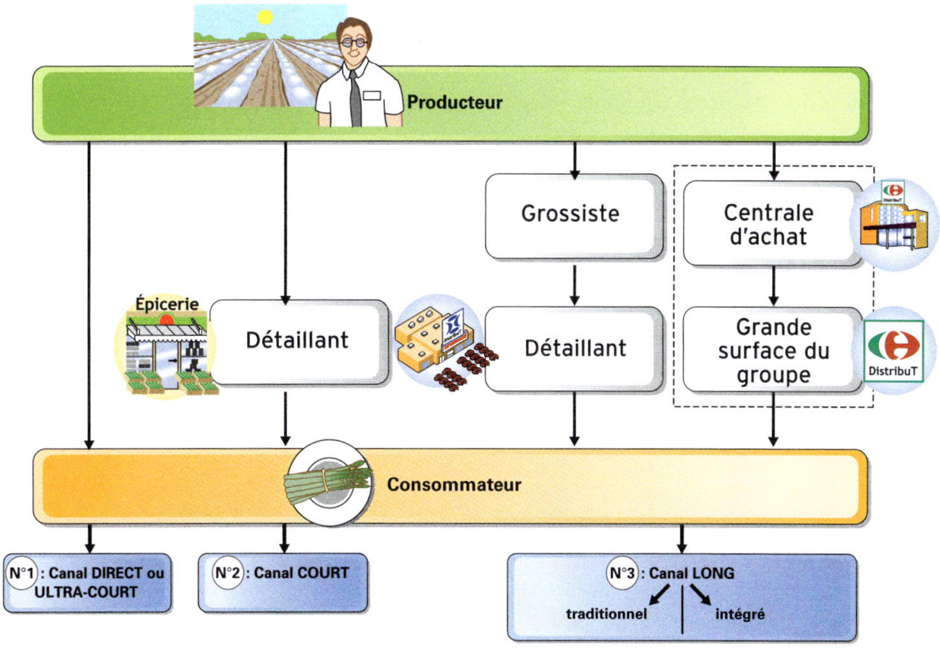

2 Le commerce équitable

C'est un partenariat commercial basé sur le **dialogue**, la **transparence** et le **respect**, qui vise plus d'équité dans le commerce international. Il contribue au développement durable en proposant de meilleures conditions aux producteurs du Sud, un respect de leurs droits et de l'environnement.

A Les produits issus du commerce équitable

La **mise en place du commerce équitable** doit respecter quatre aspects principaux :
- le travail avec des petits producteurs associés en coopératives (1 hectare d'exploitation en moyenne) ;
- une prime de commerce équitable équivalente à 30 à 50 % du prix mondial, versée en plus du prix d'achat, et devant servir à des projets de santé, d'éducation, d'environnement, etc. ;
- le développement des relations commerciales de long terme, permettant aux producteurs d'investir pour le futur ;
- la réduction des intermédiaires pour court-circuiter, par exemple, les centrales des distributeurs, responsables du prix dérisoire de certaines matières premières.

Les produits du commerce équitable peuvent être identifiés par des logos.

B Les organisations du commerce équitable

La plate-forme pour le commerce équitable (PFCE) est le seul organisme national de représentation des acteurs du commerce équitable. Sa mission essentielle est de promouvoir et de consolider le commerce équitable en France.

Fairtrade Labelling Organizations est une association internationale dont le rôle est d'établir les règles du commerce équitable, d'inspecter et de certifier les producteurs et les importateurs.

7 L'étiquetage des produits alimentaires

1 Le décodage d'une étiquette de produit alimentaire

L'étiquetage d'un produit alimentaire est indispensable. C'est la première source d'information du consommateur.

Certaines mentions sont facultatives (marque, valeur nutritionnelle...) ; d'autres sont obligatoires :
❶ la dénomination de vente : le nom du produit ;
❷ la liste des ingrédients par ordre décroissant de quantité avec les additifs ;
❸ la quantité nette de produit ;
❹ le nom ou la raison sociale du fabricant ;
❺ l'estampille sanitaire sur les produits d'origine animale ;
❻ la date limite de consommation (DLC) pour les produits périssables et les semi-conserves signalée par la mention « à consommer avant le ... », la date limite d'utilisation optimale (DLUO) pour les produits non périssables signalée par la mention « à consommer de préférence avant le ... » ;
❼ le numéro du lot de fabrication ;
❽ la date de fabrication ;
❾ les conditions particulières de stockage.

2 Les signes de qualité

L'**Institut national des appellations d'origine** (INAO) est chargé de la gestion de l'ensemble des signes d'identification de la qualité et de l'origine. Les produits ayant des **signes officiels de qualité et d'origine** font l'objet de contrôles renforcés par rapport aux produits standard. Ils ont été élaborés pour protéger et valoriser certaines catégories de produits.

3 La traçabilité

La **traçabilité** est la capacité à suivre le cheminement d'une denrée alimentaire, depuis la production jusqu'à la distribution.

Les exploitants du secteur alimentaire doivent mettre en place des systèmes et des procédures permettant la traçabilité des denrées alimentaires, afin de pouvoir procéder à des retraits ciblés et rapides en cas de crise.

4 Les organismes de contrôle

Ils sont présents à tous les maillons de la chaîne de production pour vérifier la conformité aux normes et assurer des contrôles.

Plusieurs organismes sont habilités :
- la**Direction générale de l'alimentation** (DGAL) ;
- la **Direction générale de la santé** (DGS) ;
- la **direction départementale de la protection des populations** (DDPP) ;
- l'**Agence nationale de sécurité sanitaire de l'alimentation, de l'environnement et du travail** (Anses).

8 La prise de risque et l'alcoolisation

1 La prise de risque

C'est le fait de s'exposer à un danger dans l'espoir de gagner du temps, de rechercher des sensations, de vivre de nouvelles expériences. L'**alcoolisation** en est une, liée au contexte familial, à la situation scolaire, l'influence des autres, la disponibilité du produit...

2 Le taux d'alcoolémie

L'alcoolémie est le taux d'alcool présent dans l'organisme. Il s'exprime en grammes d'alcool par litre de sang. Le taux légal en France est de 0,50 g/L. L'alcoolémie s'établit par la combinaison de trois paramètres : la quantité d'alcool absorbée, le poids de la personne et le coefficient de diffusion qui correspond au pourcentage de la masse liquide contenue dans l'organisme de chaque individu. L'alcool est éliminé à une vitesse constante de 0,10 à 0,15 g/L de sang par heure.

L'éthylotest (ou alcootest) est vendu en pharmacie, grandes surfaces et stations-services, permet d'apprécier la présence d'alcool dans le sang. Il est obligatoire dans tout véhicule depuis juillet 2012. Pour une mesure plus précise, il est fait appel à l'éthylomètre (mg/L d'air expiré) ou à une prise de sang (g/L de sang). L'application d'une des deux formules suivantes permet également de calculer ce taux :

Taux d'alcoolémie (g/L) =

$$\frac{\text{volume de boisson alcoolisée consommée (mL)} \times \text{\% d'alcool contenu dans la boisson} \times 0{,}8}{\text{Poids (kg)} \times 0{,}7 \text{ (homme) ou } 0{,}6 \text{ (femme)} \times 100}$$

ou formule de Widmark :

$$\text{Taux (A)} = \frac{\text{Alcool pur ingéré (g)}}{\text{Poids corporel (kg)} \times k}$$

A : Alcoolémie
k : coefficient de diffusion
(0,7 pour l'homme ; 0,6 pour la femme)

5 % — 45 % — 12 % — 45 %

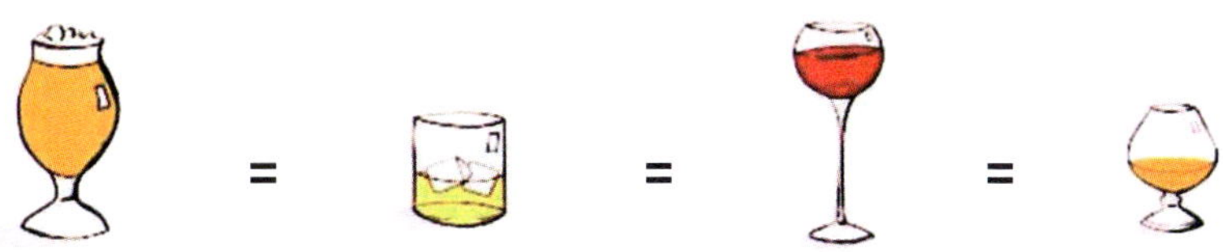

1 demi de bière (25 cl) = 1 verre de whisky ou apéritif anisé (3 cl) = 1 verre de vin (12,5 cl) = 1 dose de liqueur (3 cl)

Il y a autant d'alcool pur dans chaque verre, tels qu'ils sont dosés dans les cafés, soit environ 10 g d'alcool pur.

Il y a **infraction** dès lors que le taux d'alcoolémie atteint **0,5 g/L**, et **délit** au-dessus de **0,8 g/L**, (risque d'amende, de retrait de permis, d'immobilisation du véhicule, ou de prison).

3 Les effets de l'alcoolisation

L'alcool passe **directement dans le sang**. Par conséquent, les principaux organes vitaux sont touchés et risquent, en cas de consommation abusive et répétée, de développer des maladies touchant le cœur (troubles cardiovasculaires), l'estomac et l'appareil digestif (ulcères, cancers), le foie (cirrhose) et le cerveau (perte de mémoire, insomnies, délires...).

4 La prévention du risque alcool

Elle suppose :

– une **réflexion** sur sa consommation d'alcool (circonstances, effets...) ;

– un **comportement responsable** (mesure du taux d'alcoolémie avant de prendre le volant, conducteur désigné lors d'une soirée...).

9 Les conduites addictives

1 Le phénomène d'addiction

La notion de conduites addictives comprend les addictions aux **substances psycho-actives**, mais également les addictions **comportementales**.

L'addiction se caractérise par la **dépendance**, c'est-à-dire l'impossibilité répétée de contrôler un comportement et la poursuite de ce comportement en dépit de la connaissance des conséquences négatives.

2 Les substances psycho-actives

A Définition

C'est une substance naturelle ou synthétique qui agit sur le psychisme, modifie le comportement et procure des sensations que recherche l'individu jusqu'à un état d'accoutumance et de dépendance. Parmi ces substances, on peut citer des substances licites consommées librement, telles que l'alcool ou le tabac, ou illicites dont l'usage est interdit et sanctionné, telles que le cannabis, l'ecstasy...

B Les effets

Sur le **cerveau**, les substances psycho-actives agissent sur le **circuit de la récompense** en augmentant la production de **dopamine** qui circule entre les neurones au niveau des synapses. Cette impression de bien-être entraîne progressivement l'individu à consommer toujours plus et conduit à la **dépendance**.

Exemple du cannabis
Sur l'**organisme**, le cannabis augmente la fréquence et le débit cardiaque, modifie la perception de l'espace et du temps, perturbe les capacités de réaction et de concentration... Comme il est presque exclusivement fumé avec le tabac, de nombreux effets à longs termes sont identiques : bronchite chronique, cancers des voies respiratoires...

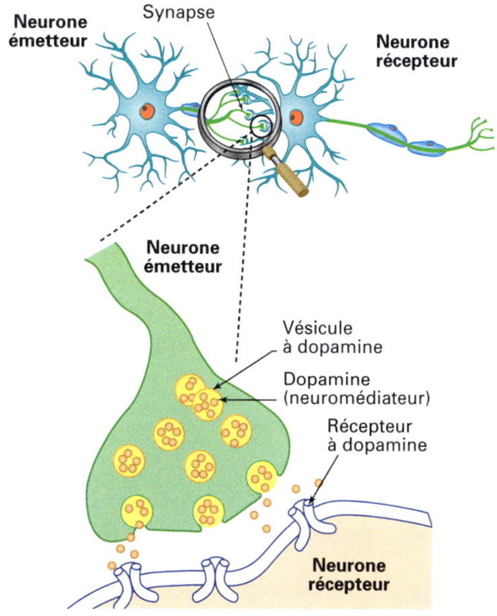

PSE

3 D'autres conséquences des conduites addictives

Accident de la route

Isolement

Difficultés financières

Dette de sommeil

Accident du travail

4 Les mesures de prévention

Des lois et des mesures ont été prises afin de dissuader et d'aider les jeunes ayant des conduites addictives :
- hausse des **taxes** sur les produits du tabac, interdiction de fumer dans les lieux publics... ;
- utilisation du **test salivaire** pour dépister la consommation de drogues chez les conducteurs ;
- **sanctions** (amendes, prisons...) pour tout fraudeur ;
- mise en place de **services** et de **consultations d'addictologie** dans les hôpitaux ou les centres de soins, de consultations gratuites assurées par des professionnels...

10 La contraception

1 La contraception

A Définition

C'est l'ensemble des moyens qui permettent d'avoir des relations sexuelles sans risque de grossesse. Pour les mineures et les non-assurées sociales, en France, la contraception est **libre et délivrée de manière anonyme et gratuite** dans les centres de planification et d'éducation familiale.

B Les différents moyens de contraception

Les moyens de contraception

Actions chimiques	**Pilule**  **Implant**  **Patch**  **Stérilet à la progestérone** 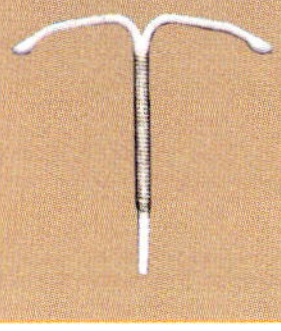	• Bloquer l'ovulation • Empêcher l'épaississement de la muqueuse de l'utérus (endomètre) • Rendre la glaire cervicale imperméable aux spermatozoïdes

Les moyens de contraception

Actions mécaniques	**Préservatif** 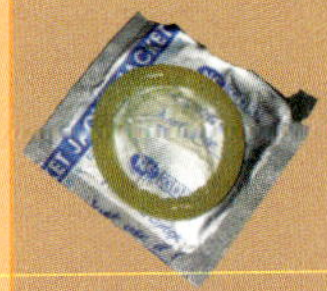	• Empêcher le sperme d'aller dans le vagin
	Stérilet au cuivre 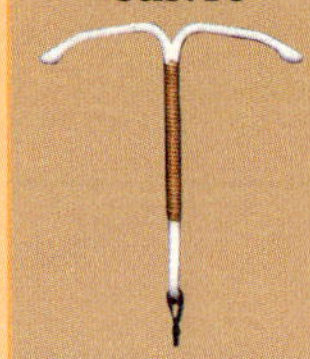	• Empêcher l'œuf fécondé de s'implanter en provoquant une réaction inflammatoire de l'endomètre • Empêcher la migration des spermatozoïdes dans les trompes

2 La contraception d'urgence ou « pilule du lendemain »

Elle est à prendre de manière **exceptionnelle**, le plus rapidement possible et, au plus tard, dans les 72 heures après un rapport sexuel non protégé. Elle est délivrée sans ordonnance dans les pharmacies, par l'infirmière du collège ou lycée ou dans les centres de planification et d'éducation familiale. Elle est gratuite pour les mineures.

3 L'IVG n'est pas un moyen de contraception

L'**interruption volontaire de grossesse** est accessible à toute femme en situation de détresse du fait de sa grossesse. Le délai légal durant lequel une femme peut demander une interruption de sa maternité est limité à la fin de la 12e semaine de grossesse.

11 Une sexualité sans risque d'IST

1 Les principales IST

Les infections sexuellement transmissibles (IST) se transmettent essentiellement lors de rapports sexuels.

A Les IST d'origine bactérienne

Maladie et micro-organisme responsables	Symptômes		Complications possibles
	Femme	Homme	
BLENNORRAGIE ou **GONOCOCCIE** (chaude pisse) *le gonocoque*	– en général aucun symptôme	– écoulement purulent à l'extrémité de la verge – brûlures en urinant – parfois aucun symptôme	– risque de stérilité chez l'homme et la femme
CHLAMYDIOSE *le chlamydia*	– douleurs abdominales, – fièvre, pertes banales – dans 3/4 des cas, aucun symptôme	– brûlures en urinant	– risque d'infection de l'épididyme chez l'homme et des trompes chez la femme d'où risque de stérilité
SYPHILIS ou **VÉROLE** *le tréponème pâle*	– **syphilis primaire** : chancre ou plaie indolore sur le sexe, gonflement des ganglions lymphatiques En l'absence de traitement évolution vers – **syphilis secondaire** (2 mois plus tard) : éruption de boutons sur tout le corps (roséole)		– **syphilis tertiaire** (plusieurs années plus tard) : problèmes neurologiques, cardio-vasculaires...

B Les IST d'origine virale

Maladie et micro-organisme responsables	Symptômes		Complications possibles
	Femme	Homme	
CONDYLOMES *le papillomavirus*	– petites verrues appelées « crêtes de coq » parfois invisibles à l'œil nu		– récidives fréquentes chez l'homme et la femme – cancer du col de l'utérus

Maladie et micro-organisme responsables	Symptômes		Complications possibles
	Femme	Homme	
HÉPATITE B *le virus de l'hépatite B*	– « jaunisse » (la peau, les yeux et les urines deviennent jaune foncé), grande fatigue, fièvre – souvent aucun symptôme		– à long terme, cirrhose (destruction des cellules du foie), cancer du foie
HERPÈS GÉNITAL *le virus de l'herpès*	– petits boutons douloureux en forme de bulles sur les organes génitaux		– récidives
SIDA (Syndrome d'immunodéficience humaine) *le virus d'immunodéficience*	• **Le stade séropositif VIH** **La primo-infection** (entre 10 et 40 jours après la contamination) ; parfois des signes pseudo-grippaux : fièvre, courbatures, mal de gorge, gonflement des ganglions, éruptions cutanées… **L'infection chronique** (à partir de 30 jours après la contamination), silencieuse ou latente pendant plusieurs années • **Le stade SIDA :** apparition de maladies graves suite àla diminution des défenses immunitaires		– maladies « opportunistes » graves (pneumonies, tuberculose…) et des manifestations neurologiques – mort

2 La conduite à tenir en cas d'IST

En cas de prise de risque, il faut consulter un médecin au plus vite ; suivre le traitement prescrit jusqu'au bout ; prévenir son ou ses partenaires ; se protéger en cas de relation sexuelle.

En cas de risque d'infection au VIH : se rendre aux urgences moins de 48 heures après la prise de risque ; faire un test de dépistage entre 10 et 15 jours après la prise de risque. Les résultats n'étant pas fiables à 100 %, en cas de résultats négatifs, il faut faire un second test trois mois après la prise de risque.

3 Les traitements

La plupart des IST se soigne avec un **traitement précoce et adapté**. Une IST mal soignée peut être source de complications : stérilité, cancer du col de l'utérus.

4 La prévention

Elle passe par l'information, l'usage correct du préservatif, la limitation du nombre de partenaires et la vaccination pour l'hépatite B et les condylomes.

12 La gestion d'un compte bancaire

1 Le relevé de compte

C'est un document écrit qui récapitule :
- les entrées d'argent ou **crédits** ;
- les sorties d'argent ou **débits** ;
- la différence entre les crédits et les débits correspondant au **solde** du compte à une date donnée.

Le relevé de compte permet de bien tenir à jour ses comptes afin d'éviter de payer des agios (intérêts débiteurs). Il constitue aussi la trace légale de toutes les opérations qui y sont enregistrées, à conserver **10 ans**.

2 Les moyens de paiement

Ils permettent d'approvisionner un compte ou de régler des dépenses.

Moyens de paiement	Intérêts	Limites ou inconvénients
Les billets de banque ou les pièces de monnaie (espèces) 	- Plus simple à utiliser - Plus largement accepté (cours légal) - Obtention en général gratuite - Achats courants de faible montant - Libération immédiate des obligations de paiement - Pratique pour les petits budgets pour garder le contrôle de ses dépenses	- Conservation risquée - Pas de recours en cas de perte ou de fraude - Limités à des petites sommes
Le chèque 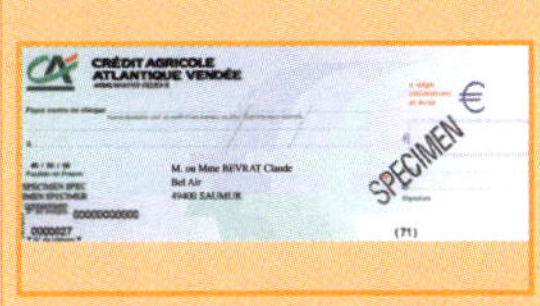	- Obtention en général gratuite - Gratuité d'utilisation - Très large acceptation par les commerçants - Évite de devoir circuler avec beaucoup d'espèces	- Bien tenir à jour les paiements effectués - Gravité des conséquences en cas de perte - Utilisation difficile en cas de paiement à l'étranger - Interdiction bancaire si le compte est sans provision (interdiction d'émettre des chèques)

PSE

Moyens de paiement	Intérêts	Limites ou inconvénients
Le titre interbancaire de paiement (TIP) 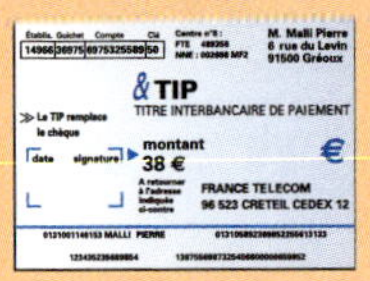 **L'autorisation de prélèvement sécurisé ou virement permanent**	- Facile à mettre en place - Permet de rester maître des règlements en ayant la possibilité de mettre fin à l'autorisation de prélèvement - Évite les retards de paiement et les oublis de paiement - Mise en place gratuite - Pas de frais sur les paiements	- Diminution de la vigilance sur la dépense correspondante - Oubli dans la gestion du budget - Difficultés des démarches à effectuer en cas d'erreurs dans le montant du prélèvement
La carte de crédit 	- Code confidentiel - Retrait de l'argent aux distributeurs - Règlement des achats chez les commerçants. Elle peut être selon l'option choisie à la banque à débit immédiat ou différé, à utilisation nationale ou internationale	- Cotisation annuelle plus ou moins élevée en fonction des services offerts
La carte privative 	- Avantages dans le magasin concerné (réductions, caisses prioritaires...) - Réserve d'argent	- Payante - Liée au magasin qui la propose - Taux de crédit élevé (crédit renouvelable)
La Carte Virtuelle Dynamique ou e-carte (CVD)	- Carte délivrée par la banque, dont le numéro n'est valable que pour une seule transaction et pour un seul montant	
Le porte-monnaie électronique (Monéo) 	- Supprime les inconvénients des espèces	- Pas d'édition de ticket

3 L'épargne

C'est la partie du revenu qui n'est **pas consommée** et qui peut être placée sur un compte donnant droit à des intérêts. Un compte épargne permet de disposer d'une somme d'argent en cas d'imprévus ou de financer des projets personnels.

Il existe différents produits en fonction des besoins.

Nom de l'épargne	Montant des dépôts		Taux d'intérêt*	Conditions d'ouverture	Disponibilité de l'épargne
	Minimum en euros	Maximum en euros			
Livret A	1,5	15 300	2,25 %	Toute personne mineure ou majeure peut en ouvrir un	Argent disponible à tout moment
Livret jeune	15,24	1 600	Variable (2,5 % à 3,75 %)	Tous les jeunes de 12 à 25 ans	Argent disponible à tout moment
Plan épargne logement (PEL)	225 puis 45/mois	61 200	2,5 % (hors prime d'État)	Toute personne, mineure ou majeure peut en ouvrir un	Argent placé pour 4 ans minimum pour le droit au prêt et à la prime
Livret de développement durable (LDD)	15,24	6 000	2,25 %	Toute personne majeure	Argent disponible à tout moment
Livret épargne populaire (LEP)	30	7 700	2,75 %	Toute personne majeure qui ne paie pas plus de 769 euros d'impôt sur le revenu (montant revisé chaque année)	Argent disponible à tout moment

* taux au 1er octobre 2011

PSE

13 Un crédit à la consommation

1 Le crédit à la consommation

Il comprend :
- les **prêts affectés** : souvent proposés par des vendeurs, ils sont destinés à l'achat d'un bien spécifique ;
- les **prêts non affectés** à un bien particulier : prêts personnels, crédits renouvelables, crédit-bail ou location avec option d'achat.

Le consommateur doit être attentif aux conditions stipulées dans le contrat.

2 Les étapes d'un crédit

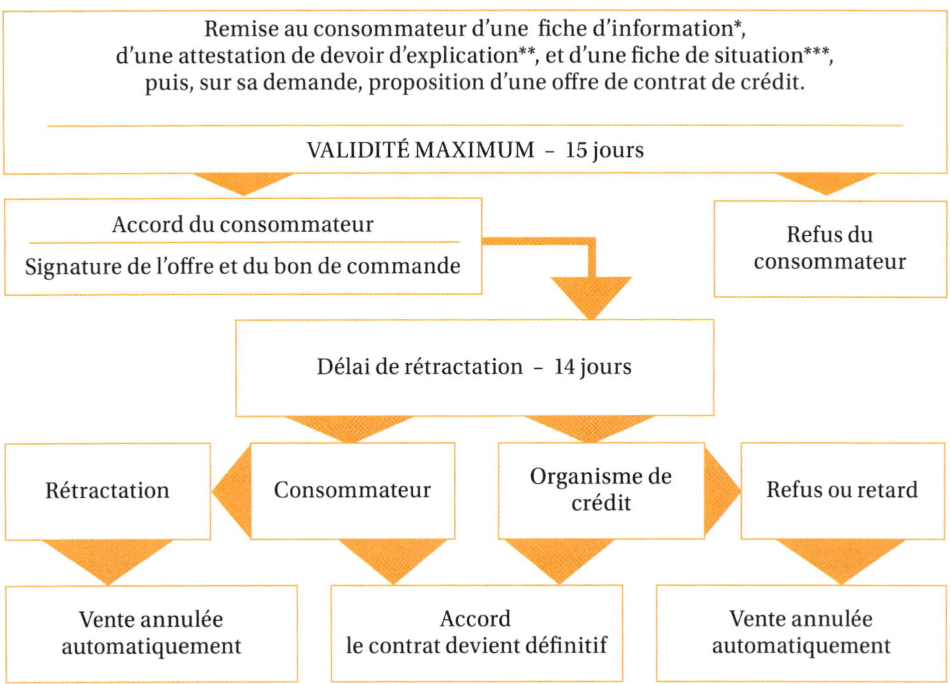

* préciser toutes les informations permettant à l'emprunteur de comparer toutes les offres de crédit.

** justifier de l'adéquation entre les besoins de l'emprunteur, sa situation financière et le crédit qu'on lui propose.

*** reprendre l'ensemble des données relatives aux ressources et charges de l'emprunteur qui doivent être en adéquation avec les documents justificatifs : au minimum identité, domicile et revenus.

3 L’endettement

L’entreprise correspond à la situation d’un emprunteur qui a une ou plusieurs dettes à rembourser régulièrement. Le **surendettement** correspond à la situation d’un emprunteur qui ne peut plus rembourser ses dettes aux échéances convenues.
Une **commission de surendettement** saisie par le débiteur peut proposer un plan de redressement et, à l’extrême, un plan de rétablissement personnel.

4 Un budget

C’est la **prévision** des recettes et des dépenses qui permet de planifier des projets et éviter un surendettement.
Les dépenses sont regroupées par poste.

Les charges fixes (obligatoires et incompressibles)	Les dépenses courantes (obligatoires mais partiellement compressibles)	Les dépenses d’équipement et de renouvellement (suppression momentanée)
Impôts - Sur le revenu - Locaux - Redevance audiovisuelle **Assurance** - Responsabilité civile - Multirisques habitation - Mutuelle **Logement** - Loyer - Remboursement d’emprunts - Charges (eau, gaz, électricité) - Chauffage - Téléphone **Frais de garde et d’éducation** **Crédit à la consommation** **Véhicule** - Assurance	**Alimentation. Boisson** **Entretien** - Maison - Vêtements, chaussures **Hygiène** **Santé** **Transports en commun** **Argent de poche. Loisirs** - Presse, son, vidéo - Tabac, cigarettes - Restaurant, spectacles **Véhicule** - Carburant - Entretien	**Équipement vestimentaire** - Vêtements - Chaussures **Équipement de la maison** - Mobilier - Linge de maison - Électroménager **Bricolage, jardinage** **Sport-Culture** **Cadeaux** **Étrennes** **Vacances** **Véhicule** - Réparations - Amortissement

Un budget doit être équilibré ou, mieux, excédentaire.

Budget excédentaire

Budget équilibré

Budget déficitaire

14 La protection et la défense du consommateur

1 Les droits du consommateur

L'ensemble des lois concernant la consommation est regroupé dans le **Code de la consommation**. Le consommateur a droit à la protection de sa santé, de sa sécurité, de ses intérêts économiques, à la réparation des dommages, à l'information et à la représentation.

2 Les structures d'information et de protection

Des organismes publics et des associations ont été créés pour informer le consommateur et le défendre en cas de litige :
- la **Direction départementale de la protection des populations** (DDPP) qui protège le consommateur ;
- l'**Institut national de consommation** (INC) ;

Les missions de l'Institut national des consommateurs (INC)

Institut national de la consommation
Établissement public national à caractère industriel et commercial au service de tous les consommateurs et de leurs associations.
Il n'assure pas la défense des consommateurs.

❶ Centre d'études techniques, juridiques, économiques et de formation des entreprises, associations, magistrats.

❷ Centre d'information et de documentation
- édite des revues :
  - *60 millions de consommateurs*
  - *INC Hebdo*
- produit et diffuse des émissions télévisées (*Consomag*) et une émission sur France Inter (*Service public*)
- dispose de services de documentation (*Pédagothèque*)
- dispose de sites sur Internet (ex : www.60millions-mag.com)
- dispose d'un service d'assistance téléphonique pour les abonnés « 60 REPOND » et d'un numéro Audiotel : 0 890 707 592
- dispose d'une adresse : 80 rue Lecourbe, 75015 Paris.

❸ Centre d'essai sur des produits ou des services

– la **Commission nationale de l'informatique et des libertés** (CNIL) qui a pour mission essentielle de protéger la vie privée ;
– les **associations de consommateurs** qui représentent les intérêts économiques et sociaux des consommateurs.

3 Les actions pour faire valoir ses droits

Le consommateur peut :

– **régler son litige à l'amiable**

ACHAT AUPRÈS D'UN COMMERCANT

❶ Réclamer directement auprès du commerçant la reconnaissance de ses droits.

ACHAT EN LIGNE

❶ Contacter le professionnel par téléphone ou mèl pour le mettre en demeure d'honorer son contrat et établir un compromis.

EN L'ABSENCE D'ACCORD

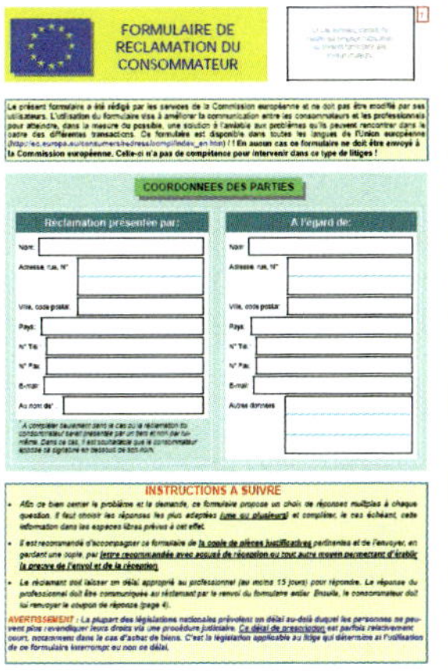

❷ Remplir un formulaire de réclamation du consommateur et l'envoyer au professionnel concerné. Obtention sur le site : http://ec.europa.eu/consumers/redress/compl/index_fr.htm

Envoi en recommandé

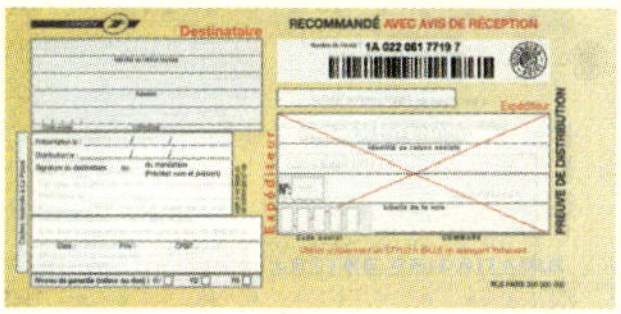

EN L'ABSENCE D'ACCORD

❸ Faire intervenir un médiateur pour négocier avec le professionnel sans que le tribunal soit saisi :
- le conciliateur de justice (s'adresser à la mairie ou au tribunal d'instance) ;
- les services de la DDPP.

❸ Faire intervenir un médiateur :
- le médiateur du net (www.mediateurdunet.fr) qui couvre les litiges intervenus lors de l'achat en ligne ;
- l'association de consommateurs dont l'association e-litige qui défend les consommateurs sur Internet.

– **en l'absence d'accord, mener une action en justice et assigner au civil**

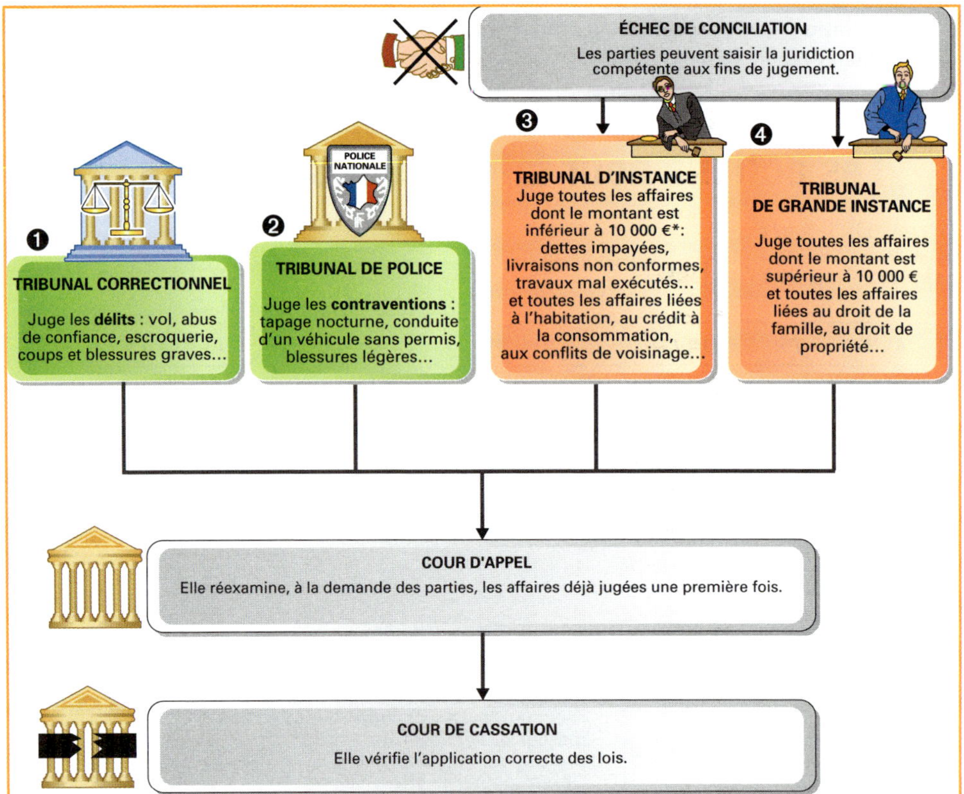

* Pour un litige inférieur à 4 000 €, il est possible d'utiliser des procédures judiciaires simplifiées : **la déclaration au greffe** ou **la saisine du juge** de proximité. Les formulaires sont disponibles auprès du greffe du tribunal d'instance du domicile.

Action pénale pour obtenir une condamnation

Action civile pour obtenir une réparation

15 Les assurances

1 Le type de responsabilité

La **responsabilité civile** permet de réparer les dommages occasionnés à une tierce personne ou à ses biens.

La **responsabilité pénale** concerne la répression lors d'une infraction à la loi, qu'il y ait dommage ou non.

2 Le principe de l'assurance

L'assurance est une organisation qui fait appel à la **solidarité**. Chaque assuré verse une cotisation à un assureur, lequel prend en charge les risques assurés.

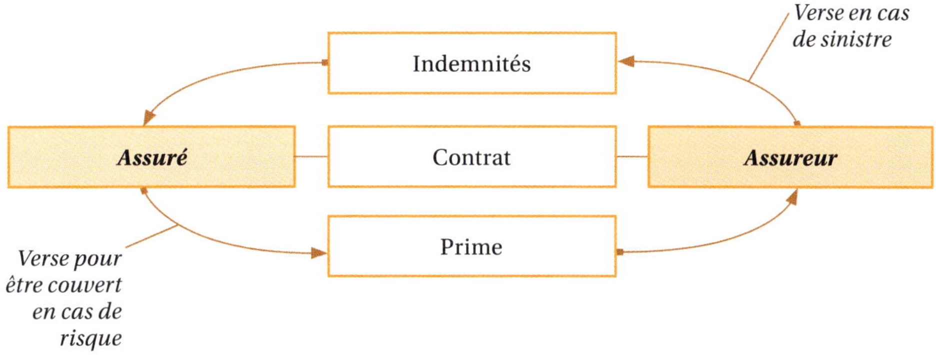

3 Les obligations des différentes parties

L'assuré doit répondre avec honnêteté et précision aux questionnaires remis par l'assureur, payer à l'échéance les primes d'assurance et déclarer tout sinistre en respectant les délais.

L'assureur doit remettre à l'assuré une fiche d'information indiquant clairement le prix et les garanties, remettre un exemplaire du contrat souscrit et payer les indemnités en cas de sinistre.

4 Les différentes garanties

Assurance pour un véhicule		
Caractère	**Intitulé**	**Garanties**
Obligatoire	responsabilité civile	Permet la prise en charge des dommages causés aux tiers par l'assuré
Facultatif	dommages-collision	Couvre les dégâts dans la mesure où il y a collision avec un piéton, un animal ou un autre véhicule identifié, sauf exclusions (ex. : conduite sous l'emprise d'alcool)
	incendie-vol	Permet de recevoir une indemnité égale à la valeur du véhicule. Pour le vol, des conditions particulières sont prévues au contrat
	assistance	Permet d'être dépanné ou remorqué en cas de panne ou d'accident
	catastrophes naturelles	Garantie applicable après la parution d'un arrêté au Journal officiel (ex. : tempête, inondations...)
	tous risques ou « dommages tous accidents »	Couvre tous les dommages quel que soit le type d'accident, même si le conducteur est responsable, sauf exclusions prévues au contrat (ex. : conduite sous l'emprise de l'alcool...)

5 L'indemnisation

Pour être indemnisé suite à un sinistre, il faut rédiger une déclaration. Dans le cadre d'un accident automobile, il s'agit d'un **constat amiable** qui permet d'expliquer les circonstances de l'accident. Cette déclaration doit parvenir à la la société d'assurance par **lettre recommandée** dans les 5 jours ouvrés (2 jours pour un vol).

L'assureur **indemnise** la ou les victimes en fonction des clauses spécifiées dans le contrat. Il est donc capital de **bien lire son contrat d'assurance** avant de le signer afin de prendre connaissance des conditions d'application (restrictions, exclusions, montant de la franchise...).

16 La gestion de l'eau

1 Les ressources en eau dans le monde

L'eau présente sur la planète correspond à 97,5 % d'eau salée et 2,5 % d'eau douce.

La répartition des ressources en eau dans le monde

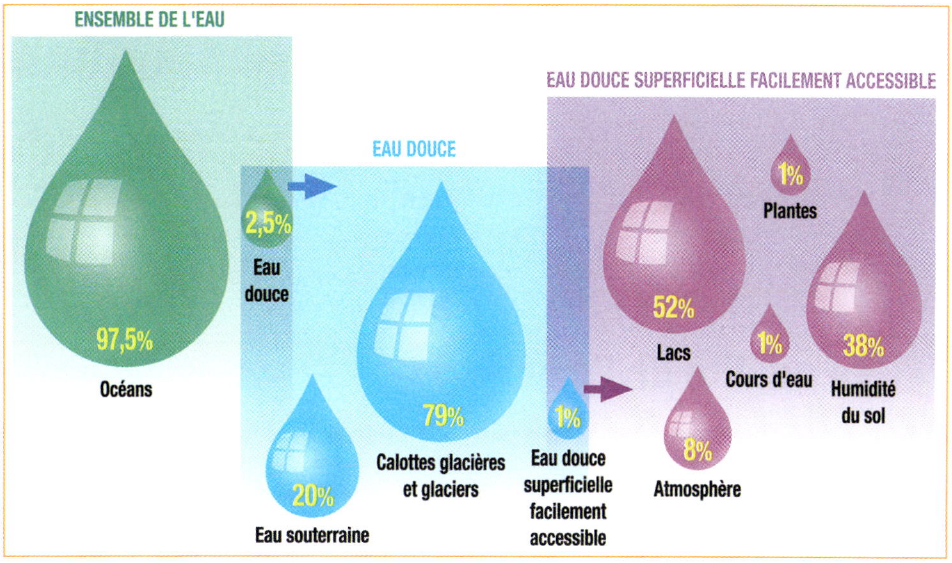

L'eau est **inégalement répartie** : neuf pays détiennent 60 % des ressources naturelles renouvelables d'eau douce dans le monde (Russie, États-Unis, Brésil...) et aujourd'hui, un tiers de l'humanité vit dans une situation de **stress hydrique** avec moins de 1 700 m^3 d'eau douce par habitant et par an.

En France, aucun risque de pénurie globale en eau n'est à redouter à l'heure actuelle.

La répartition des ressources en eau dans le monde

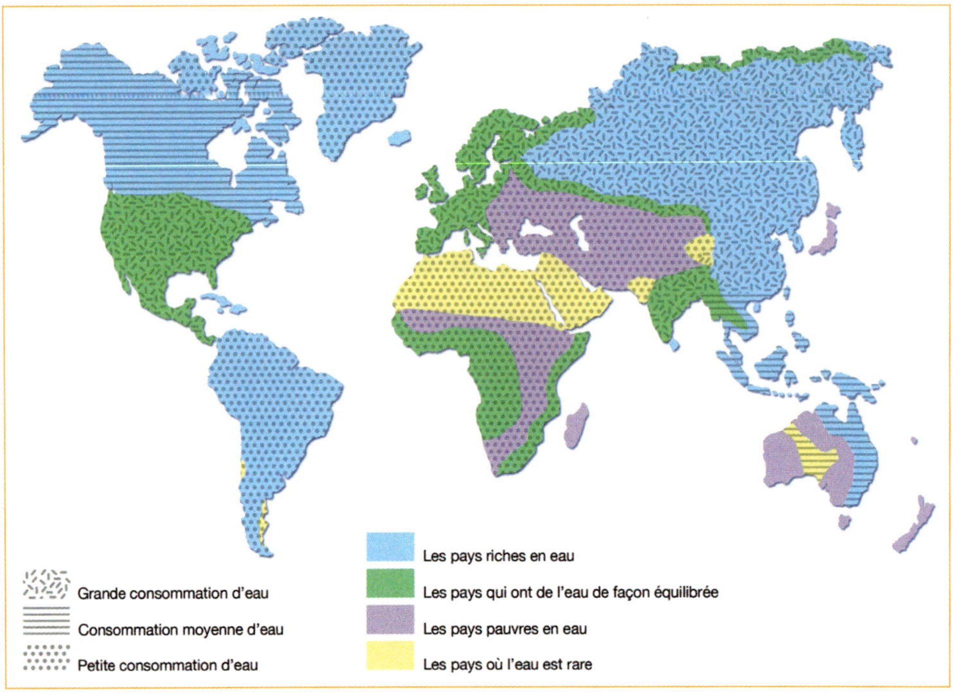

2 La qualité de l'eau

L'eau **potable** est une eau qui ne doit **pas nuire à la santé de l'homme** à plus ou moins long terme. Pour cela, elle subit de nombreux traitements depuis son captage jusqu'à son rejet dans le milieu naturel. Les critères de potabilité doivent être conformes aux normes microbiologiques, organoleptiques, physico-chimiques... Certaines activités humaines nuisent à la qualité de l'eau par **la pollution** qu'elles génèrent.

3 La consommation en eau

La consommation d'eau douce est majoritairement à usage agricole dans les pays en voie de développement (Afrique) et à usage domestique dans des pays industrialisés.

4 Les mesures pour économiser l'eau

Des **mesures individuelles** pour le citoyen : préférer la douche au bain, ne pas laisser couler l'eau inutilement, opter pour des appareils économes, utiliser des régulateurs de débit, des chasses d'eau à double flux...

Des **mesures collectives** qui visent à réduire les pollutions industrielles : demande d'autorisation pour les industries présentant un grand risque de pollution, autosurveillance de leurs rejets, instauration d'un périmètre de protection autour des captages d'eau potable, principe du pollueur-payeur, intervention de la police de l'eau...

17 La maîtrise de l'énergie

1 Les différentes énergies

On distingue :

- les **énergies non renouvelables** qui disparaissent quand on les utilise. Elles sont constituées de substances qui mettent des millions d'années à se reconstituer (**pétrole, charbon, gaz, uranium**).
- les **énergies renouvelables** qui sont presque inépuisables (**soleil, eau, vent, chaleur de la terre, bois, biomasse**).

Les différentes sources d'énergie

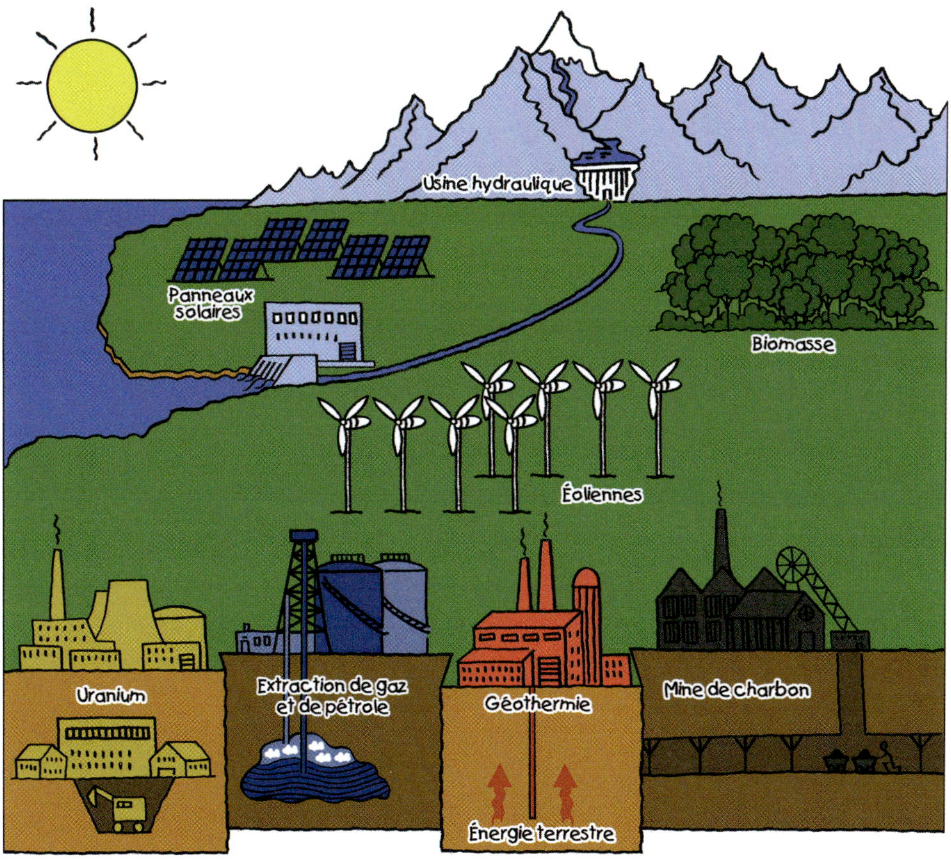

2 La répartition et la consommation des ressources en énergies non renouvelables

Les énergies fossiles sont réparties de façon très **inégale** dans le monde. La consommation mondiale par habitant est deux fois et demie moins élevée qu'en France.

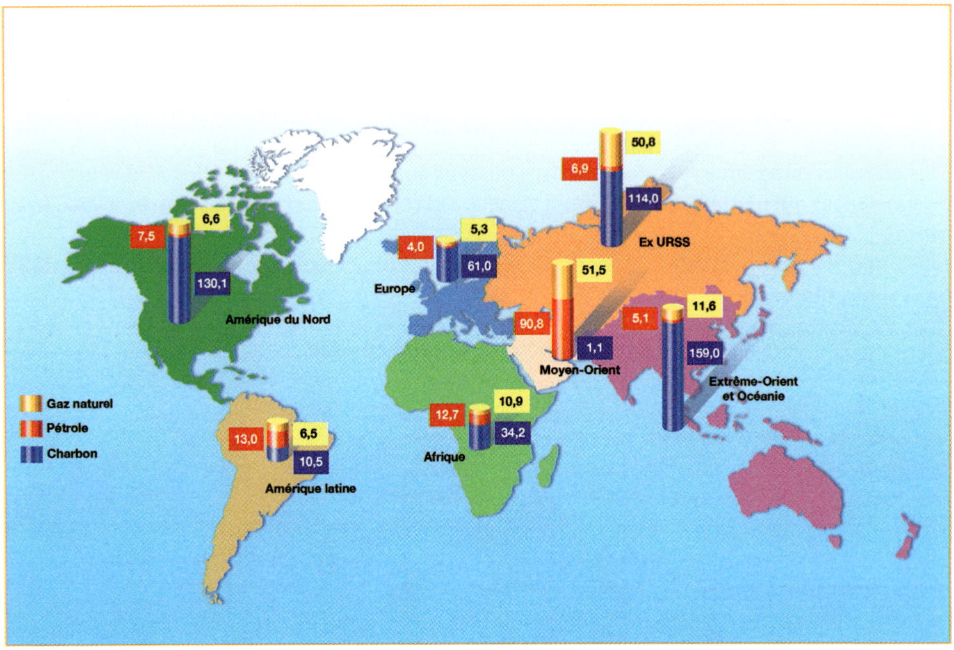

Les chiffres sont exprimés en Mtep (mégatonne équivalent pétrole).

3 Les conséquences de la consommation d'énergies non renouvelables

La consommation d'énergies non renouvelables contribue fortement à la **production de dioxyde de carbone** (CO_2) responsable de l'augmentation de l'effet de serre.
(cf. document page ci-contre)

■ L'effet de serre est un phénomène naturel accentué par la pollution.

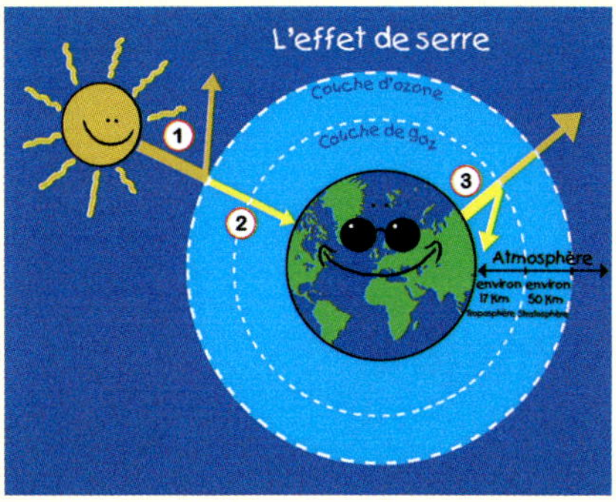

① Une partie du rayonnement solaire est arrêtée par la couche d'ozone.

② L'autre partie des rayons est absorbée par la Terre et l'atmosphère. Grâce à cette énergie, la Terre se réchauffe.

③ La Terre émet à son tour de la chaleur sous forme de rayons infrarouges. Une partie de ces rayons est bloquée par la couche de gaz. Ce phénomène est naturel. Il permet de maintenir une température moyenne de 15 °C sur Terre. Sans l'effet de serre, elle serait de −18 °C.

③' L'accroissement de la concentration de gaz à effet de serre (CO_2) retient dans l'atmosphère davantage de rayonnements infrarouges. Cela entraîne un réchauffement de la planète.

■ Les conséquences de l'effet de serre sur la planète

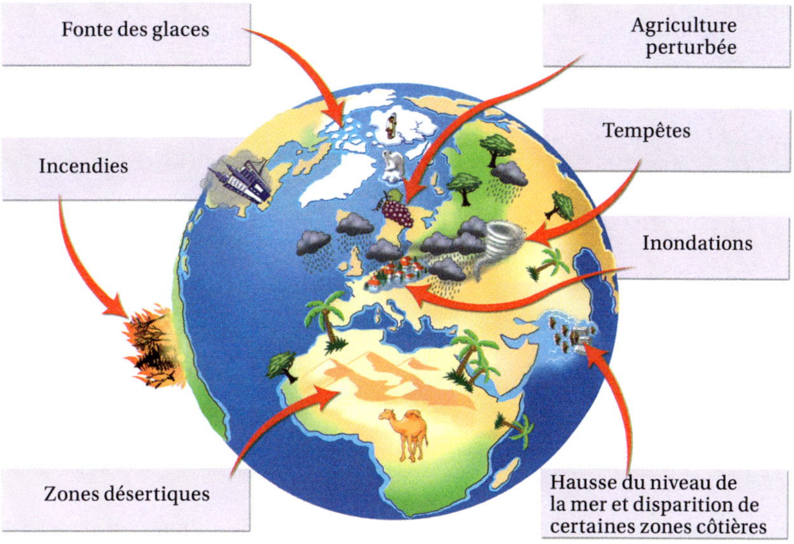

4 Les mesures de prévention

Pour diminuer la consommation d'électricité, chaque citoyen doit **adopter des gestes simples** comme utiliser des ampoules à économie d'énergie, réduire son chauffage en cas d'absence, dégivrer régulièrement son réfrigérateur, ne pas laisser ses appareils en veille…
L'État met en place différentes mesures telles que le bonus écologique pour les véhicules neufs…

18 Les risques majeurs

1 La définition d'un risque majeur

C'est la possibilité d'un événement d'origine naturelle ou d'origine anthropique (provoquée par l'action de l'homme), dont les effets peuvent mettre en jeu un grand nombre de personnes, occasionner des dommages importants et dépasser les capacités de réaction de la société. Il est caractérisé par sa **faible fréquence** et son **énorme gravité**.

2 Les composantes du risque majeur

- L'**aléa** : la cause capable d'engendrer une catastrophe.
- L'**enjeu** : les personnes et les biens concernés.
- Le **risque** est la combinaison de l'aléa et des enjeux, c'est-à-dire l'éventualité de la réalisation de la catastrophe.

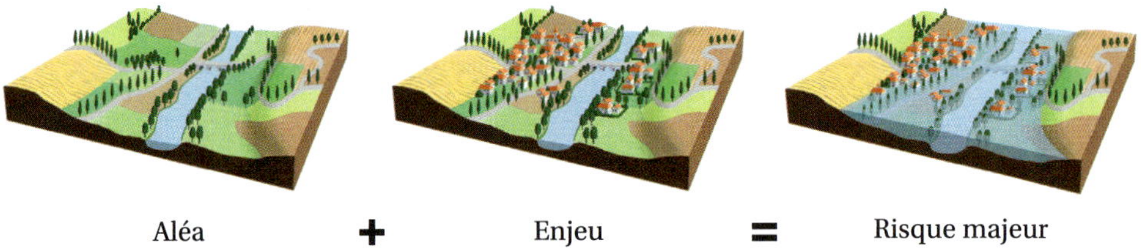

3 Les familles de risques

- Les risques **technologiques** (d'origine nucléaire, industrielle, ou liés au transport de matières dangereuses, à la rupture de barrage).
- Les risques **naturels** (inondations, séismes, éruptions volcaniques, avalanches, mouvements de terrain, feux de forêt, cyclones et tempêtes).
- Les risques de la **vie quotidienne**.
- Les risques **professionnels**.
- Les risques liés aux **conflits**.

4 La prévention et la conduite à tenir

Depuis 1982, la préfecture prend des mesures pour faire face aux risques éventuels des entreprises classées **Seveso** :
- réduire le danger à la source ;
- limiter l'urbanisation aux alentours ;
- organiser les moyens de secours ;
- informer les citoyens sur les bons réflexes à adopter.

L'ALERTE AUX POPULATIONS

<table>
<tr><td rowspan="2">Sirène d'alerte</td><td colspan="2">Début de l'alerte sonore
Sirène à son modulé</td><td colspan="2">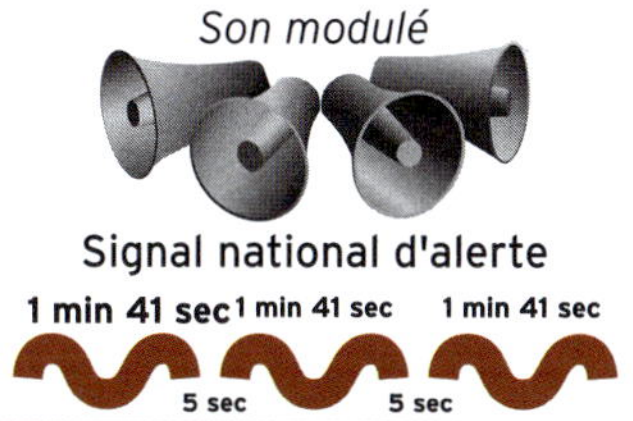
</td></tr>
<tr><td colspan="2">Fin d'alerte
Sirène à son continu</td><td colspan="2">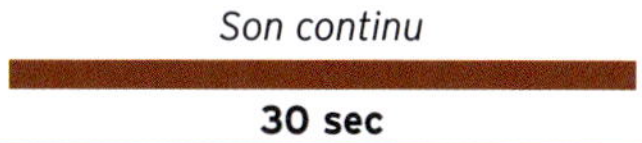
</td></tr>
<tr><td rowspan="4">Consignes à respecter</td><td colspan="2">FAIRE</td><td colspan="2">NE PAS FAIRE</td></tr>
<tr><td>Mettez-vous à l'abri dans le bâtiment le plus proche.</td><td></td><td>N'allez pas chercher les enfants à l'école. Ils seront mis en sécurité par les enseignants.</td><td></td></tr>
<tr><td>Fermez tout. Fermez les ouvertures, calfeutrez les aérations, arrêtez les ventilations, ne restez pas à côté des vitres.</td><td></td><td>Ne téléphonez pas. Le réseau téléphonique doit rester libre pour les services de secours.</td><td></td></tr>
<tr><td>Écoutez la radio. France Bleu, France Inter ou France Info pour être informé sur la nature du risque, les consignes spécifiques et l'évolution de la situation.</td><td></td><td>Ne fumez pas. Évitez toute flamme ou étincelle.</td><td>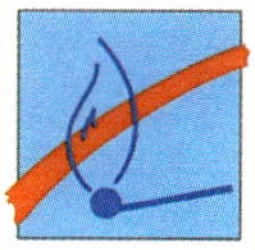</td></tr>
</table>

19 Le bruit

1 Les caractéristiques physiques du bruit

Les deux paramètres qui caractérisent le bruit sont la **fréquence**, qui se mesure en Hertz (Hz), et l'**intensité**, qui se mesure en décibels. Pour prendre en compte le niveau réellement perçu par l'oreille, on utilise un décibel physiologique, appelé décibel A [dB(A)].

L'échelle des bruits

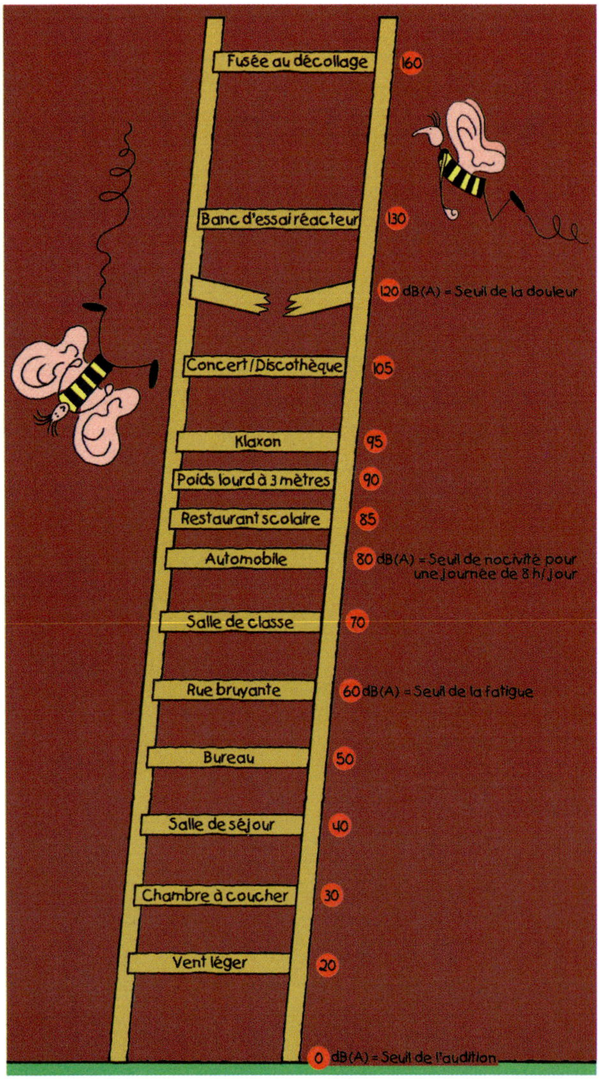

2 L'appareil auditif

Il transforme une vibration sonore en signal électrique au niveau des cellules auditives situées dans la cochlée. Ce signal est ensuite conduit au cerveau par le nerf auditif, pour être interprété.

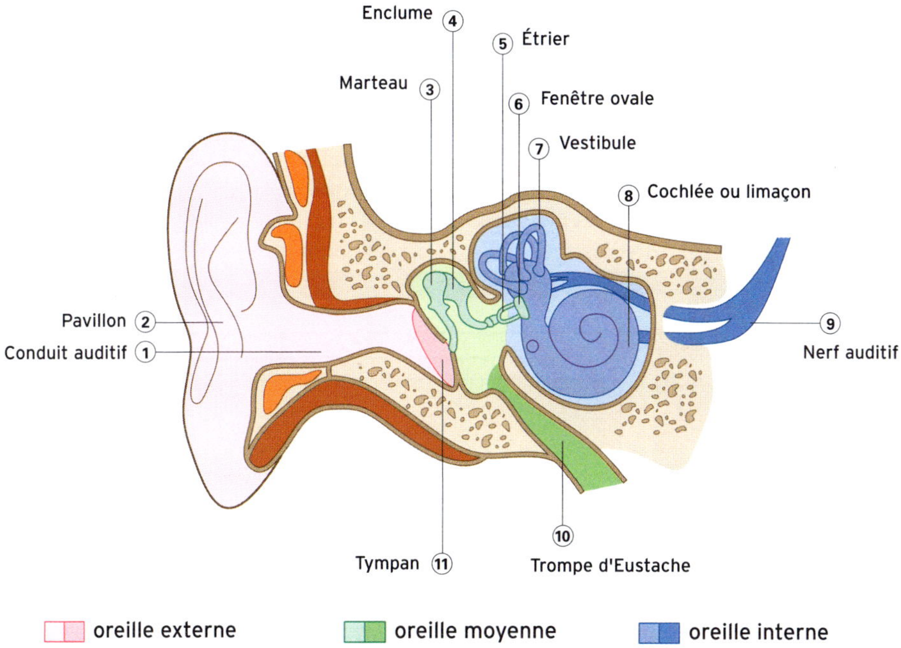

3 Les effets du bruit

En fonction de l'intensité et de la durée d'exposition, le bruit a des **effets sur l'appareil auditif** : une fatigue qui peut se traduire par des acouphènes, une hyperacousie, une baisse de l'acuité auditive pouvant aller jusqu'à une surdité.

L'oreille n'est pas la seule cible du bruit : le système nerveux, l'appareil cardiovasculaire, l'appareil digestif et la vue peuvent aussi être perturbés. Le bruit provoque également d'autres atteintes sur l'organisme :
- atteintes physiologiques (troubles cardiaques, digestifs, du sommeil…) ;
- atteintes psychologiques (fatigue, nervosité…) ;
- baisse de la concentration entraînant des répercussions sur le travail.

4 Les mesures de prévention

Pour prévenir les risques liés à l'écoute de la musique amplifiée, il convient d'agir :

- sur **l'environnement :** réglementer les lieux de musique amplifiée, le niveau sonore maximum émis par les baladeurs, etc. ;
- sur **les comportements :** limiter la durée d'écoute, régler le volume sonore à moitié du volume maximum pour les utilisateurs de baladeurs... Lors des concerts et en discothèques, s'éloigner des enceintes, faire des pauses, porter des bouchons d'oreilles ;
- sur **l'émission, la propagation et la réception du bruit** :

20 Les risques professionnels dans l'activité de travail

Le décret n° 2001-1016 du 5 novembre 2001 rend obligatoire la création d'un document relatif à l'évaluation des risques pour la santé et la sécurité des travailleurs. Il s'agit du **Document unique** qui doit être mis à jour au moins chaque année.

1 De l'identification du danger à l'apparition du dommage

- **Danger :** cause capable de provoquer une lésion ou une atteinte à la santé.
- **Situation dangereuse** : toute situation dans laquelle une personne est exposée à un ou plusieurs dangers.
- **Événement dangereux** : événement susceptible de causer un dommage pour la santé.
- **Risque** : combinaison de la gravité et de la probabilité d'apparition d'une lésion ou d'une atteinte à la santé pouvant survenir dans une situation dangereuse.
- **Dommage** : lésion et/ou atteinte à la santé.

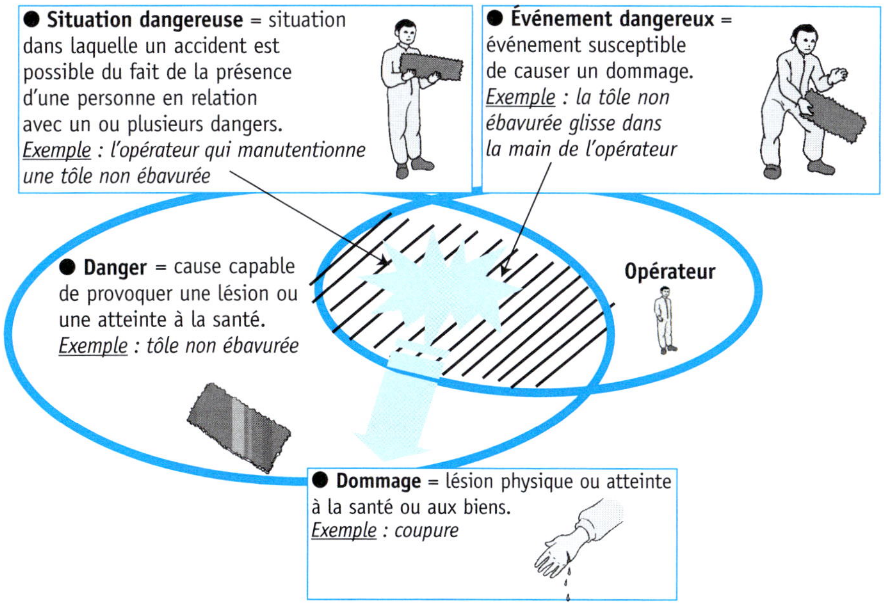

PSE

2 L'estimation du risque

L'estimation du risque prend en compte deux critères :
- la **gravité du dommage** ;
- la **probabilité d'apparition du dommage**.

L'estimation du risque

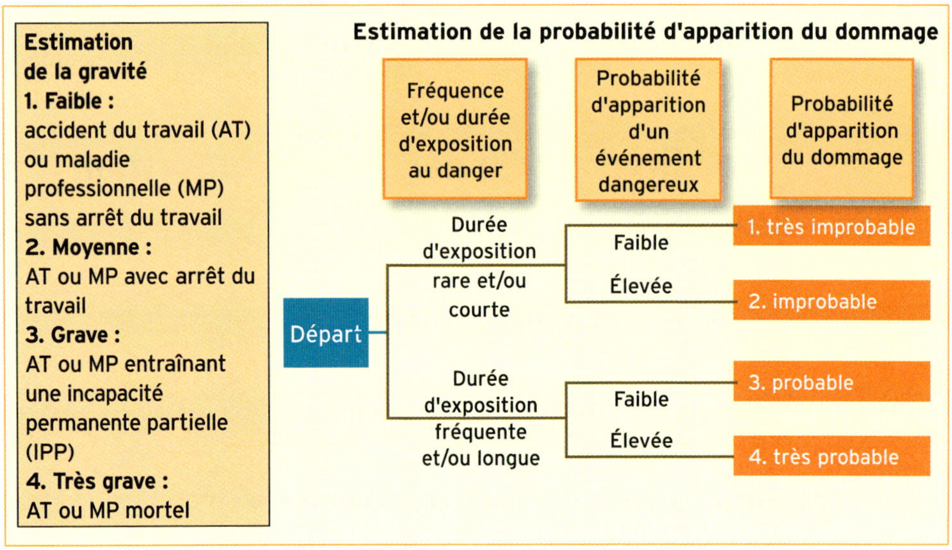

3 L'évaluation du risque

Cette étape consiste à mettre en relation le niveau de gravité et le niveau de probabilité d'apparition du dommage. Ensuite, c'est l'entreprise qui détermine la zone où la réduction du risque est nécessaire.

L'évaluation du risque

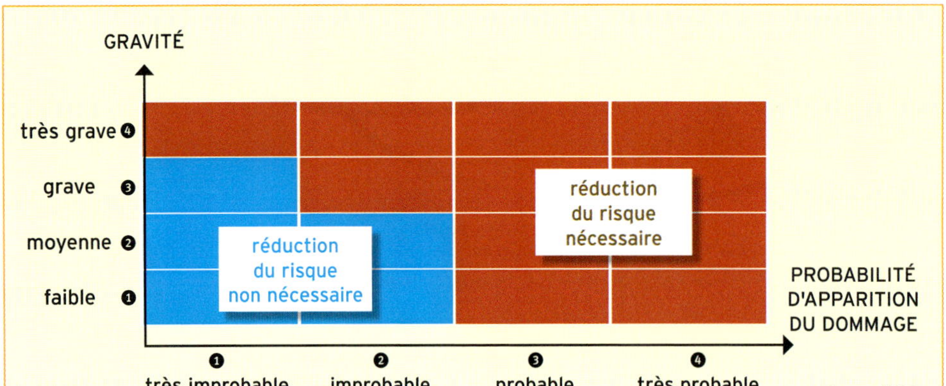

Source : INRS.

4 Le choix des mesures de prévention

Après avoir listé les mesures de prévention existantes, il est possible de les classer selon trois niveaux de prévention, du plus efficace vers le moins efficace :
- **niveau ① = prévention intrinsèque** : il correspond à la suppression ou la réduction du danger (exemples : automatisation d'un système, remplacement d'un produit dangereux par un produit moins dangereux...).
- **niveau ② = protection collective et individuelle** : il correspond aux moyens de protection collective (exemples : ventilation, carter de protection...) et aux moyens de protection individuelle (exemples : bouchons d'oreilles, lunettes de meulage...).
- **niveau ③ = information et formation de l'opérateur** : il correspond à la formation (exemples : formation à la prévention des risques liés à l'activité physique, formation aux gestes de premiers secours...) et l'information (exemples : affiches sur les méfaits du bruit, plan d'évacuation en cas d'incendie...).

Exemple emprunté à la vie quotidienne

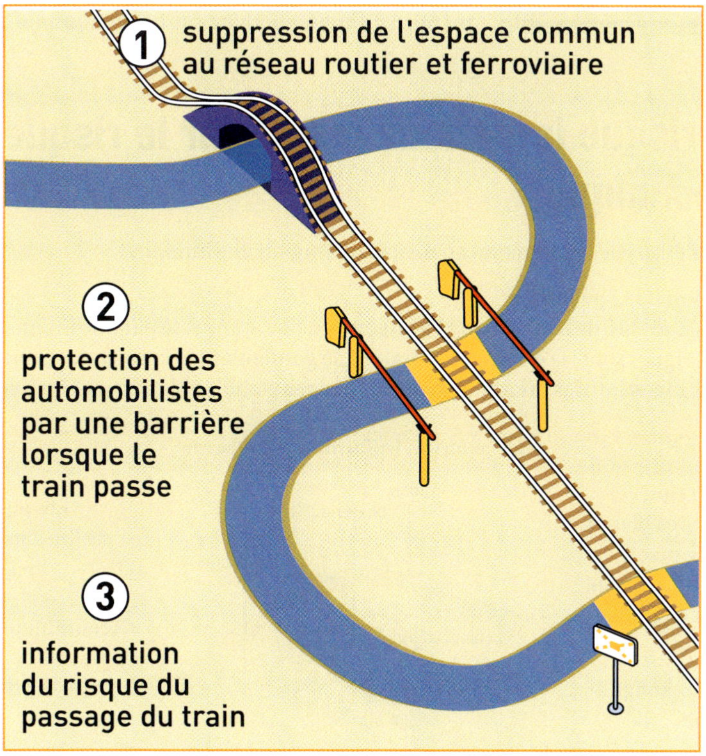

Chaque entreprise choisira ses mesures de prévention en fonction de critères spécifiques : contraintes pour l'opérateur, déplacement du risque, urgence, efficacité, coût, portée de la mesure...

21 Le risque mécanique

1 Le risque mécanique

L'action mécanique d'éléments de machines, d'outils, de fluides représente un **risque mécanique** capable d'engendrer des pincements, écrasements, cisaillements, projections... Ces accidents sont à l'origine de blessures telles que les plaies, les amputations, les sections de tendons... **Tous les secteurs d'activité professionnelle sont touchés**, au même titre que les activités de la vie courante et des loisirs.

2 Le risque infectieux induit par le risque mécanique

Il met en jeu deux types de réaction au niveau de l'organisme humain :

Une réaction non spécifique

Elle est **indépendante de la nature de l'antigène**. Elle se manifeste par une inflammation localisée dont les signes sont : la **douleur**, la **chaleur**, le **gonflement** et la **rougeur**. Généralement, la phagocytose (digestion des micro-organismes par des globules blancs) met fin à ces signes.

<table>
<tr><th colspan="3">La réaction inflammatoire locale</th></tr>
<tr><th>L'action des globules blancs face aux micro-organismes</th><td rowspan="3">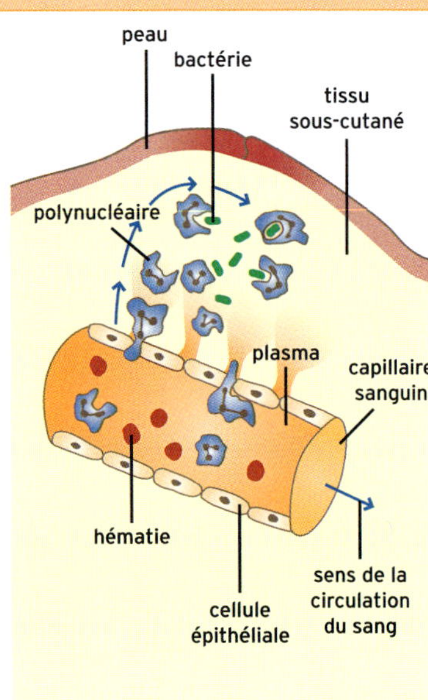
</td><th>Les signes de l'inflammation locale</th></tr>
<tr><td>Les globules blancs traversent la paroi des vaisseaux sanguins : la diapédèse.</td><td rowspan="2">• Accumulation de plasma :
Gonflement

• Irritation des terminaisons nerveuses :
Douleur

• Afflux de sang vers la région infectée :
Rougeur
Chaleur</td></tr>
<tr><td>Les globules blancs englobent et digèrent les micro-organismes : la phagocytose.</td></tr>
</table>

Une réaction spécifique

Elle est **dépendante de la nature de l'antigène**. En cas d'agression par des cellules étrangères, ce sont les **lymphocytes T** qui interviennent. Ils se différencient en lymphocytes T mémoire et en lymphocytes T tueurs qui détruisent les cellules étrangères. En cas d'agression par des bactéries ou des virus, les lymphocytes B interviennent. Ils se différencient en lymphocytes B mémoire et en plasmocytes qui fabriquent des **anticorps** spécifiques pour neutraliser l'antigène.

Les moyens de défense spécifique

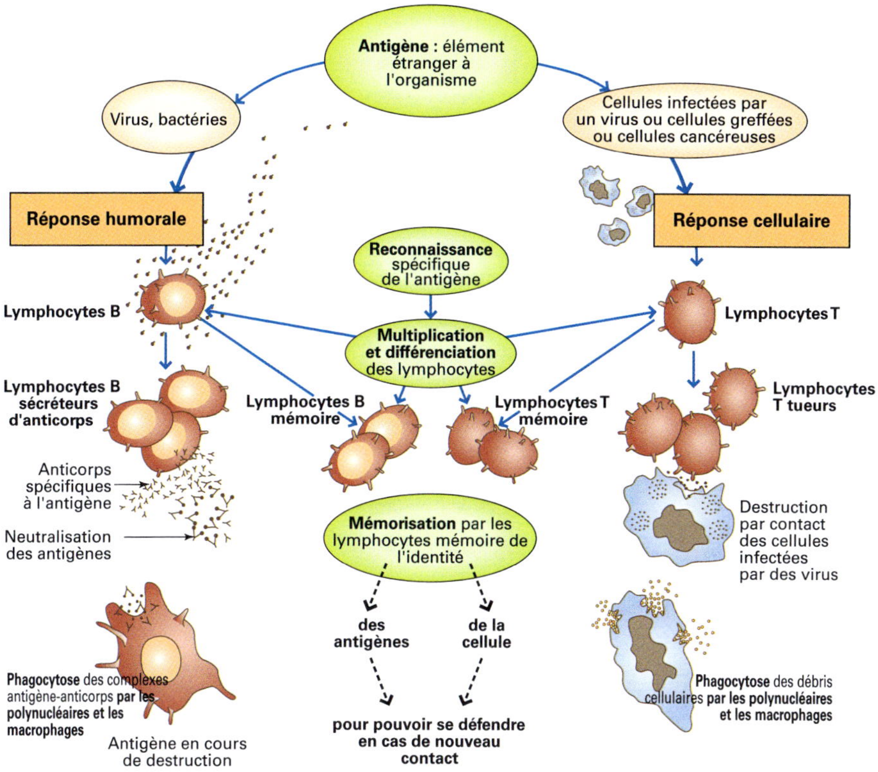

3 Les mesures de lutte contre le risque mécanique

- **Supprimer le danger** (ébavurer les pièces, automatiser la prise de pièces…).
- **Interposer une barrière entre le danger et l'opérateur** (carter de protection, cellule optique, manipulateur, pinces de préhension…).
- **Réduire la gravité du dommage** (port de gants).

4 Les mesures de lutte contre le risque infectieux

- **Désinfecter** toute plaie.
- **Vérifier** la vaccination contre le tétanos.

22 Le risque électrique

1 Les formes d'électrisation

■ L'électrisation est la réaction du corps humain lorsqu'il est soumis au passage du courant électrique. On parle d'électrocution lorsque l'électrisation entraîne la mort.

■ Les principales formes d'électrisation sont :

① Le **contact direct**, c'est-à-dire un contact de personne avec une partie active (toute partie conductrice destinée à être sous tension en service normal) d'un circuit électrique.

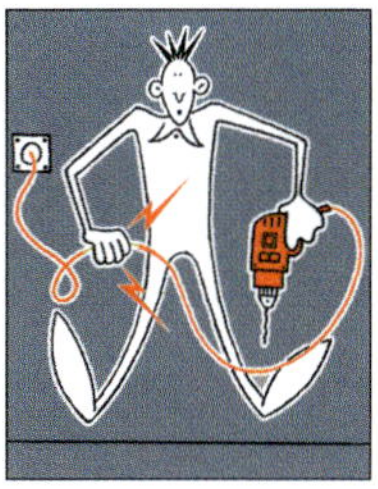

② Le **contact indirect**, c'est-à-dire un contact de personne avec une masse métallique (partie conductrice d'un matériel électrique susceptible d'être touchée par une personne) mise accidentellement sous tension à la suite d'un défaut d'isolement.

③ L'**amorçage d'arc électrique** se produisant sans contact physique à côté d'un conducteur sous haute tension (décharge lumineuse) ou d'étincelle. L'arc électrique peut être provoqué par un court-circuit.

④ Le **foudroiement.**

2 Les paramètres intervenant comme facteurs de gravité

La gravité d'une électrisation dépend de plusieurs facteurs : la nature du courant, l'intensité, la durée de passage, la tension, le trajet corporel du courant, la résistance corporelle. Cette résistance du corps humain varie avec la surface de contact, la présence d'humidité, l'épaisseur de la peau…

3 Les effets du courant électrique sur l'organisme

Le courant électrique emprunte dans le corps le chemin le plus court et provoque des effets physiologiques souvent graves tels que : brûlures internes et externes, tétanisation des muscles (blocage des muscles respiratoires), fibrillation ventriculaire (arrêt cardiaque).

0,1 à 5 mA

Picotements

10 mA

Secousse

10 mA et plus ...

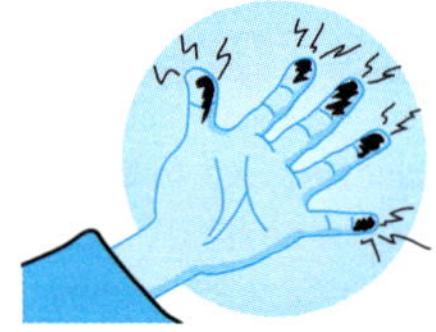

Brûlures au point de contact

10 à 20 mA

Contractures

À partir de 25 mA

Asphyxie

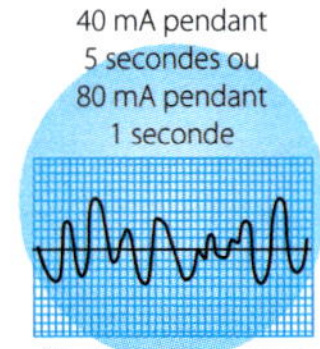

électrocardiogramme

Fibrillation cardiaque

50 mA et plus

Mort

4 Les mesures de prévention

Il existe une réglementation.

À LA CHARGE DU CONSTRUCTEUR

Prévention intrinsèque (prévue au moment de la conception de l'appareil)

- Transformateur de sécurité (source de tension inoffensive)
- Fusible
- Appareil de classe II (double isolation)
- Matériel normalisé
- …

À LA CHARGE DES UTILISATEURS

Protection collective

- Interposition d'obstacle
- Éloignement (lignes aériennes)
- Isolation du matériel
- …

Protection individuelle

- Tapis isolant
- Lunettes anti UV
- Gants
- Casques
- Outillage isolé
- Vêtements secs et ininflammables
- Chaussures isolantes
- …

Formation et information de l'opérateur

- Formation à la prévention du risque électrique
- Habilitation électrique (norme 18-510 entrée en application au 21/01/2012)
- Fiche de sécurité
- Respect des normes d'installations électriques

PRÉVENTION, SANTÉ, ENVIRONNEMENT

23 Le risque biologique

1 Les agents biologiques

Ce sont des micro-organismes, y compris ceux génétiquement modifiés, les cultures cellulaires et les endoparasites humains.

Les bactéries (bacilles ou coques)

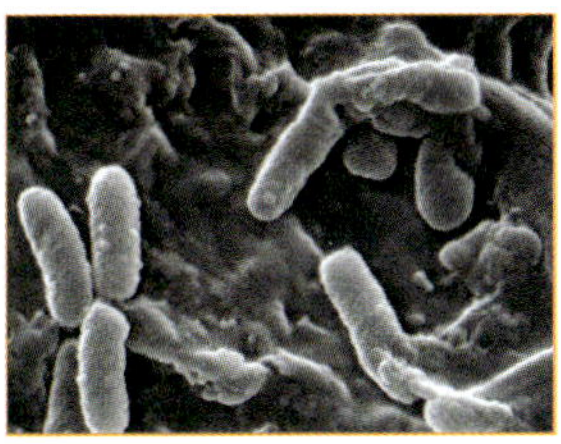

Les champignons microscopiques (levures ou moisissures)

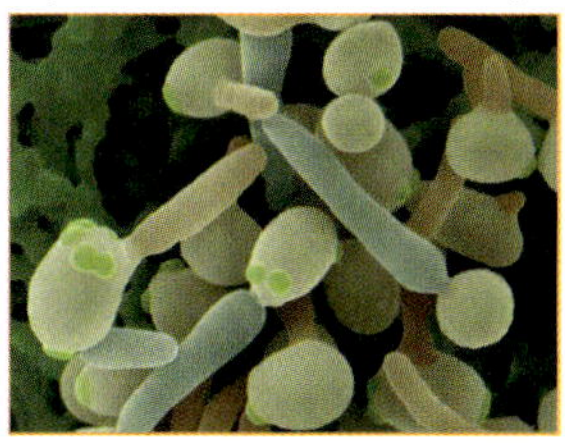

Les endoparasites

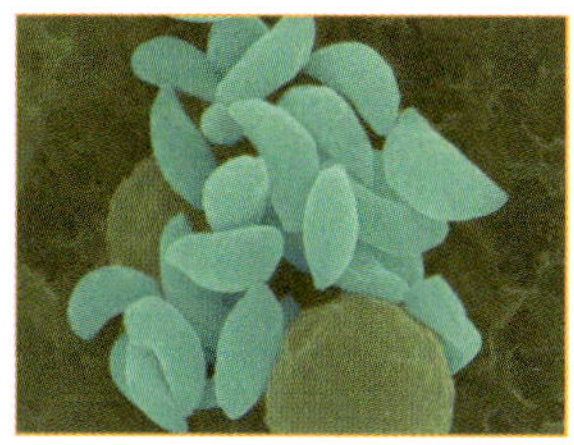

Les virus

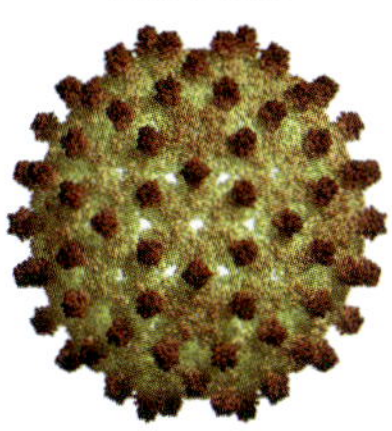

Les prions

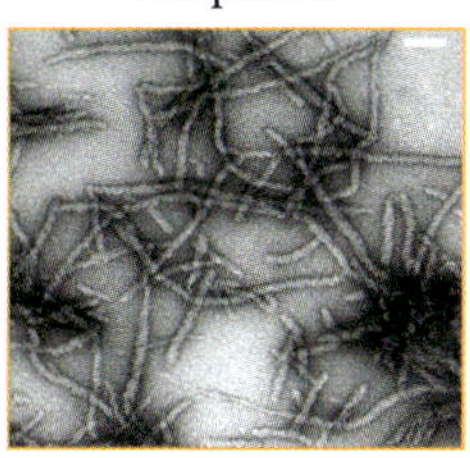

Ils se transmettent par voie **directe** ou **indirecte**. L'exposition à ces agents peut provoquer des risques **infectieux**, **toxiniques**, **cancérogènes** et **immuno-allergiques**.

2 Les voies de la pénétration

Les agents biologiques peuvent pénétrer dans l'organisme humain par voie :

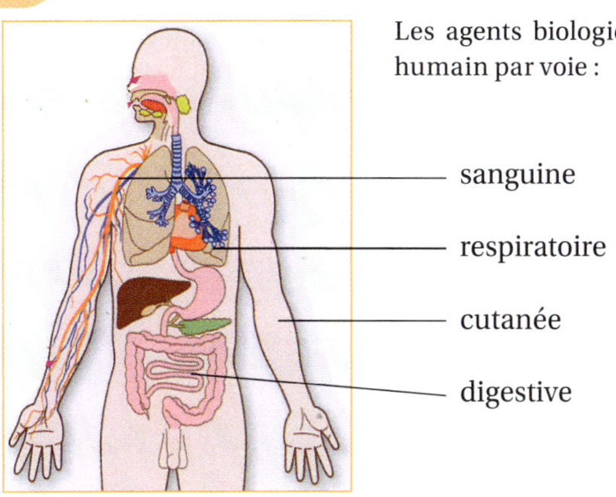

3 L'allergie

L'allergie est un dysfonctionnement du système immunitaire face à un allergène. Elle comporte une **phase de sensibilisation** et une **phase de déclenchement** aboutissant aux symptômes observés (rhinite, asthme...).

	Étapes
Phase A. Une première rencontre indolore : c'est la **phase de sensibilisation**. 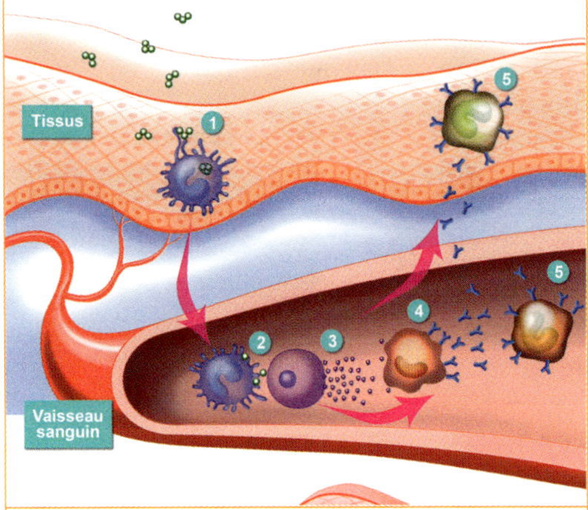	1 Les allergènes pénètrent dans l'organisme et sont capturés par les macrophages qui les absorbent et les digèrent. 2 Les macrophages présentent les antigènes aux lymphocytes T. 3 Les lymphocytes T libèrent des protéines appelées les interleukines qui activent les lymphocytes B. 4 Les lymphocytes B fabriquent des anticorps ou immunoglobulines E (IgE). 5 Les IgE se fixent à la surface des cellules mastocytes ou basophiles.
Phase B. Un second contact avec l'allergène : c'est la **phase de déclenchement**. 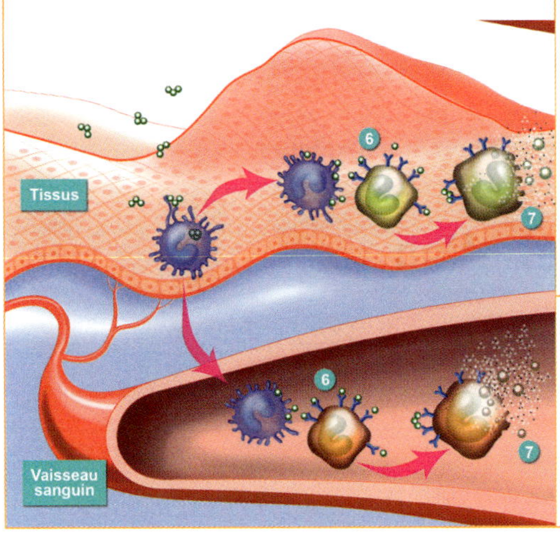	6 Les allergènes sont captés par les IgE fixés à la surface des cellules mastocytes ou basophiles. 7 Les IgE stimulent les cellules qui libèrent l'histamine à l'origine des manifestations allergiques : - éternuements, - larmoiements, - crises d'asthme...

4 Le dispositif réglementaire

Il repose sur :
- la **déclaration d'utilisation** d'agents pathogènes ;
- la **classification des agents** en quatre groupes selon l'importance du risque d'exposition professionnelle ;
- la **vaccination**.

5 Les mesures de prévention

Mesures collectives : isolement des malades contagieux, utilisation d'un matériel spécifique (lavabo à commande non manuelle...), abattage des animaux atteints, mise en place d'une ventilation adaptée...

Mesures individuelles : respect des règles d'hygiène (lavage des mains, port d'une tenue professionnelle...), stérilisation du matériel contaminé, vaccinations, surveillance médicale régulière...

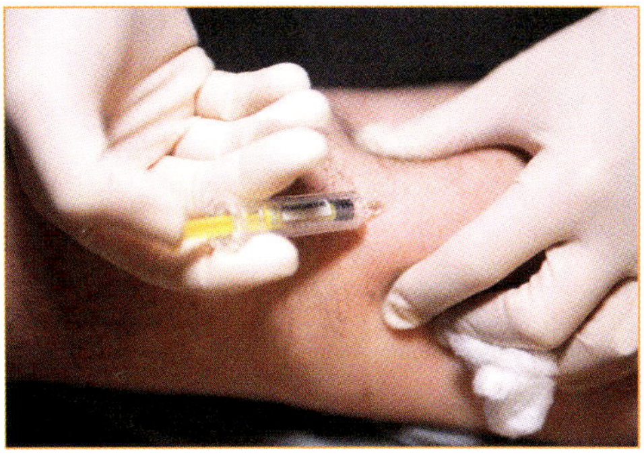

24 Les risques liés à l'ambiance thermique

1 Les paramètres physiques de l'ambiance thermique

L'ambiance thermique de travail est définie par quatre paramètres : la **température**, l'**humidité**, la **vitesse de l'air** et le **rayonnement** qui déterminent le confort thermique.

2 La thermorégulation

La température corporelle résulte d'un équilibre entre la chaleur produite (thermogénèse) et la chaleur perdue (thermolyse). Pour permettre à l'homme de maintenir sa température interne à 37°C, des récepteurs cutanés envoient des informations aux récepteurs centraux situés dans l'hypothalamus. Celui-ci coordonne ces actions par voie nerveuse pour augmenter les pertes thermiques (vasodilatation, transpiration) ou les diminuer (vasoconstriction, frissons).

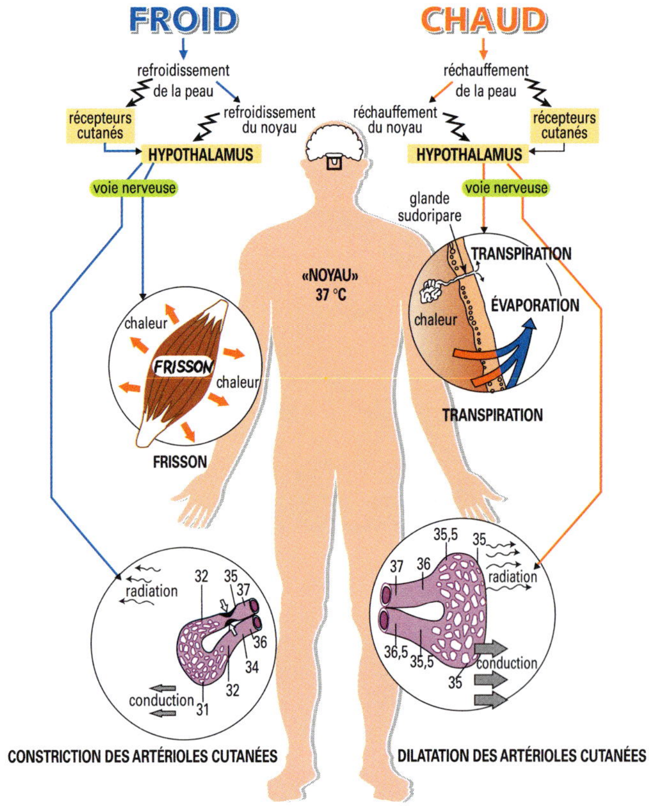

3 Les effets sur l'organisme des ambiances thermiques trop chaudes ou trop froides

■ **Sur l'organisme** : l'exposition au froid est susceptible d'entraîner des engelures, des gelures, de l'hypothermie, des troubles respiratoires, articulaires, digestifs... L'exposition à la chaleur entraîne, elle aussi, des troubles tels que des brûlures, de l'hyperthermie, des coups de chaleur, des troubles digestifs...

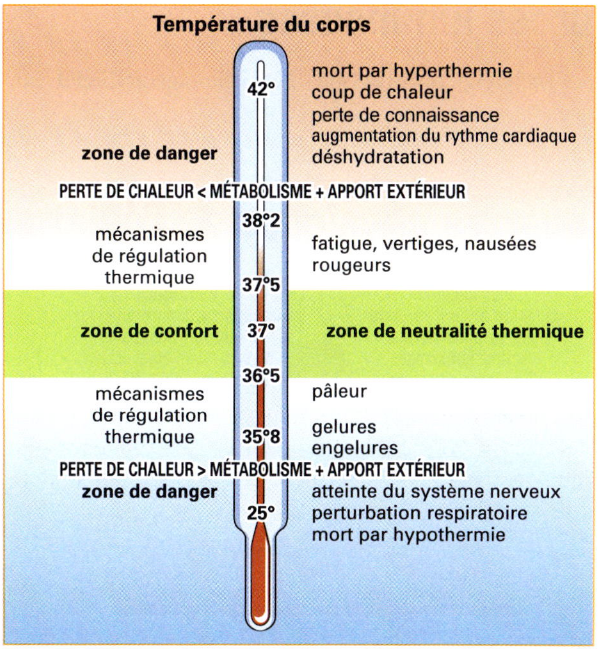

■ **Sur le travail** : une fatigue physique, une baisse de l'agilité et de la vigilance, une diminution de la productivité sont observés.

4 Les mesures de prévention

Les mesures peuvent être classées selon les niveaux de prévention :
- **prévention intrinsèque** : changement de procédé, aménagement des lieux de travail (des locaux existants, conception des locaux neufs...), modification de l'activité des opérateurs (automatisation des opérations, alternance des périodes d'exposition et de repos...) ;
- **protection collective** : chauffage localisé, ventilation canalisée, écrans, isolation thermique, modification de l'implantation des postes... ;
- **protection individuelle** : vêtements appropriés... ;
- **information et formation des opérateurs** : préconiser une hygiène alimentaire adaptée, justifier la nécessité de porter des tenues adéquates...

25 Les risques liés à l'ambiance lumineuse

1 Les sources lumineuses

Les deux sources sont l'éclairage **naturel** (soleil) et l'éclairage **artificiel** (lampes à incandescence et luminescence).

2 Les grandeurs physiques de l'éclairage

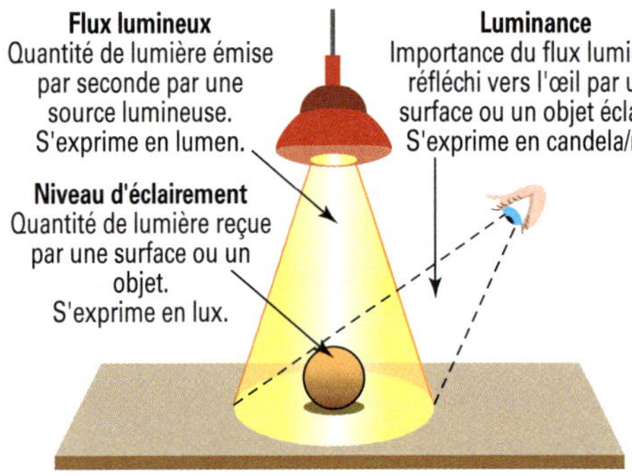

3 La vision

■ Les rayons lumineux traversent les milieux transparents de l'œil pour former une image renversée sur la rétine. Le nerf optique transmet les informations reçues au cerveau qui redresse et décode l'image.

Représentation schématique du trajet de l'image perçue	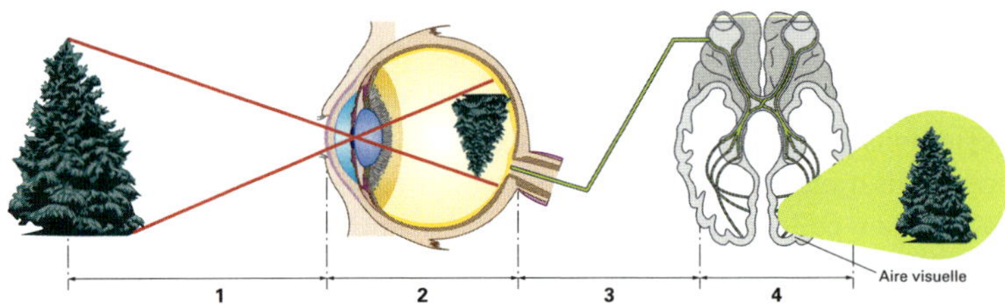			
Étapes	Émission de lumière par l'objet regardé	Formation de l'image vue à l'envers sur la rétine	Transmission de l'influx nerveux sensitif par le nerf optique	Image redressée et décodée par le cerveau

■ Des tests peuvent révéler certaines **anomalies de la vision** :

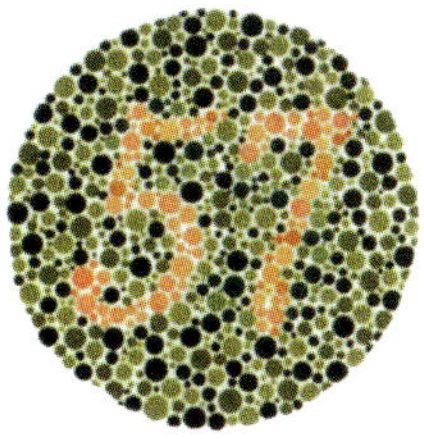

Le daltonisme

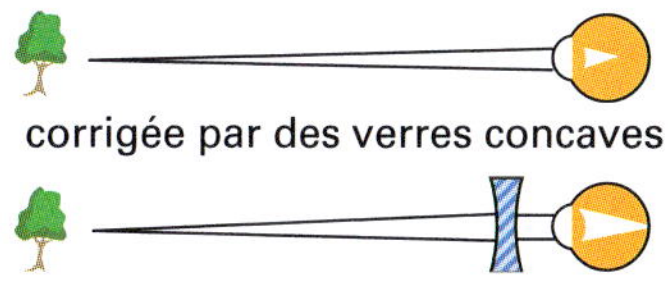

La myopie

L'astigmatie

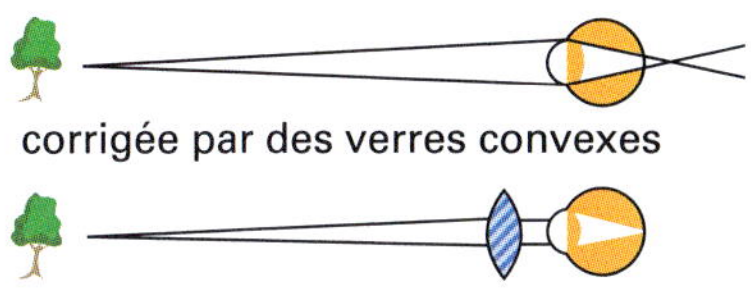

L'hypermétropie

La myopie

4 Les effets d'un éclairage non adapté

Un éclairage non adapté peut engendrer une **fatigue visuelle** et des **affections** telles qu'une rougeur, des picotements oculaires, voire une baisse de l'acuité visuelle. Des maux de tête, des problèmes vertébraux peuvent également apparaître, ainsi que des accidents du travail et une diminution de la production.

5 Les mesures de prévention

■ Le Code du travail indique des **niveaux d'éclairement minimum** (E) à respecter, d'autres organismes préconisent des valeurs recommandées. Ces valeurs varient en fonction des tâches à effectuer : certaines tâches ne nécessitent pas de perception de détails (E < 300 lux), alors que d'autres impliquent la perception de détails (E = 500 à 1 000 lux).

■ L'opérateur doit faire **contrôler régulièrement sa vision**, porter des verres correcteurs si besoin et, en fonction des risques professionnels, mettre des lunettes ou un écran de sécurité.

■ L'amélioration d'une situation de travail doit respecter les quatre principaux critères de confort visuel :

Bon rendu des couleurs (IRC > 80)

Absence d'éblouissement

Absence ou limitation des contrastes

Niveau d'éclairement suffisant

26 Les situations d'urgence en cas d'accident

1 Le plan d'intervention SST (Sauveteur Secouriste de Travail)

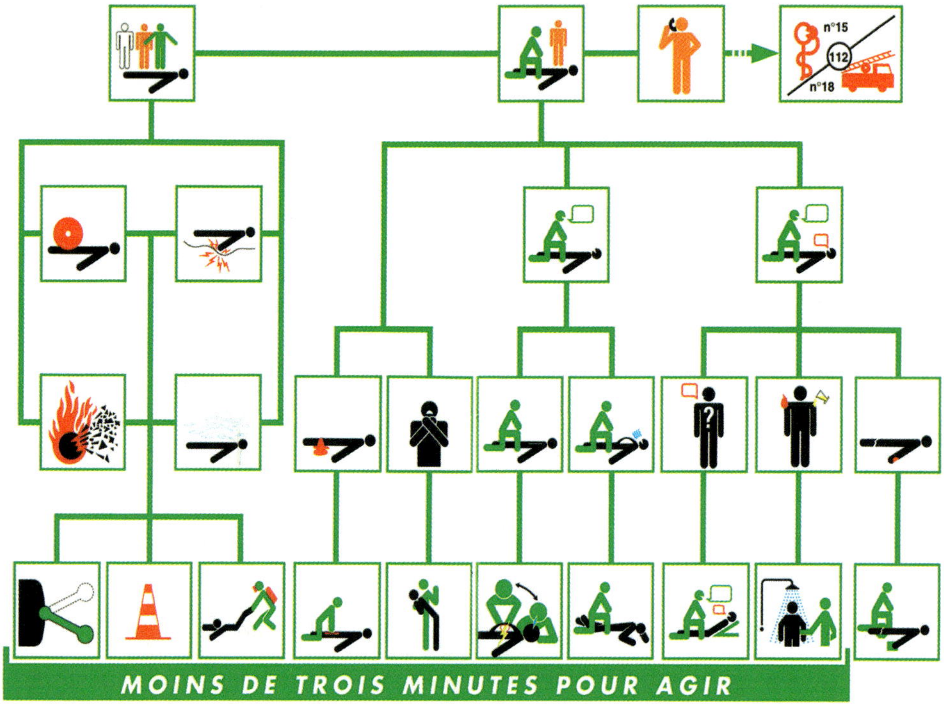

2 Le schéma général de l'action de secours (01.01.2012)

- **Existe-t-il un danger ?** — OUI → Éviter le suraccident
- non ↓
- **Observer la victime** → Alerter les secours adaptés - - → Avant ou après le geste de secours selon les détresses
- **S'étouffe-t-elle ?** — OUI → Désobstruer les voies respiratoires en effectuant 1 à 5 tapes dans le dos. Si échec, poursuivre par 1 à 5 compressions abdominales...
- non ↓
- **Saigne-t-elle abondamment ?** — OUI → Arrêter le saignement par une compression manuelle sur l'endroit qui saigne
- non ↓
- **Répond-elle ?** — OUI → Éviter l'aggravation →
  - Allonger la victime
  - Renseigner le médecin du Centre 15 lors d'un malaise
  - Refroidir une brûlure
  - Nettoyer une plaie simple
  - Conseiller fermement aux blessés de ne faire aucun mouvement lors d'un traumatisme du dos, de la nuque, de la tête ou d'un membre
- non ↓
- **Respire-t-elle ?** *(après libération des voies aériennes)* — OUI → Permettre à la victime de continuer à respirer en la plaçant sur le côté en position latérale de sécurité
- non → Assurer la circulation et la respiration artificielles en pratiquant la réanimation cardiopulmonaire (30/2 ; 30/2...) et en suivant les indications fournies par le défibrillateur

3 Les secours professionnels en France

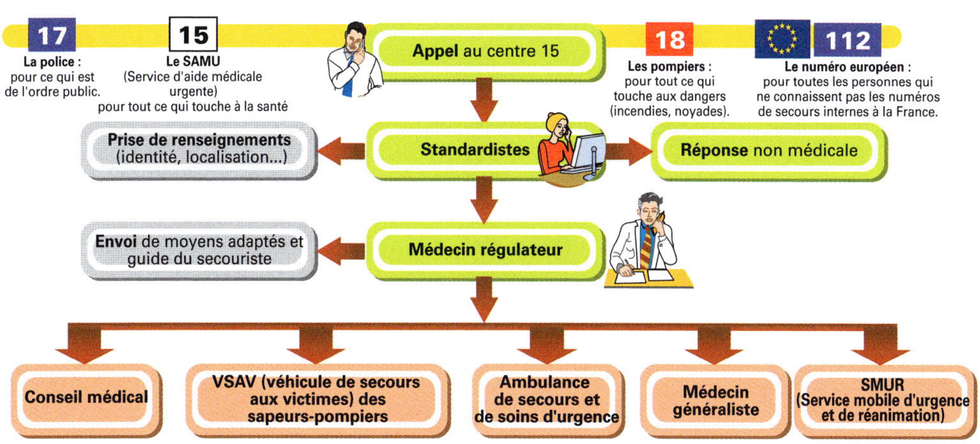

27 Le cadre juridique de la prévention

1 Les obligations de l'employeur et des salariés

Tout chef d'établissement est responsable de la sécurité et de la santé de ses salariés. Il doit mettre à disposition du personnel des matériels en conformité et doit vérifier que les salariés respectent bien les règles de sécurité. Il est tenu de former en matière de prévention tous les nouveaux embauchés, intérimaires, stagiaires et ceux qui changent de poste de travail. En cas de manquement à cette obligation, lors d'un accident ou d'une maladie professionnelle, sa responsabilité peut être engagée au titre de la **faute inexcusable**. Un salarié peut utiliser son **droit de retrait** lors de l'exposition à un danger grave et imminent.

2 Les neuf principes généraux de prévention

1. Éviter les risques

2. Évaluer les risques

3. Combattre les risques à la source

4. Adapter le travail à l'homme

5. Tenir compte de l'évolution de la technique

6. Remplacer ce qui est dangereux par ce qui ne l'est pas ou ce qui l'est moins

7. Planifier la prévention

8. Prendre des mesures de prévention collective

9. Donner des instructions aux travailleurs

3 Le document unique

L'employeur, seul responsable, a l'obligation de procéder à l'évaluation des risques de son entreprise et de la transcrire dans un document appelé « **document unique** » (décret n° 2001-1016 du 5 novembre 2001). Le but est de préconiser des mesures de prévention. Cette réglementation est applicable depuis le 8 novembre 2002. En cas de non-respect, l'entreprise est passible d'amendes.

Un exemple de Document unique

Grille d'analyse des risques

DATE :

UNITÉ DE TRAVAIL :

NOMBRE DE SALARIÉS :

Danger (cause)	Situation dangereuse (opérateur + cause)	Événement déclencheur	Dommage (lésion, atteinte à la santé)	Estimation du risque		Évaluation du risque	Mesures de prévention existantes	Mesures de prévention à proposer
				gravité 1 à 4	probab. 1 à 4	priorités 1 à 3		
sol glissant	déplacement des opérateurs	glissade	contusion entorse	2	4	2	chaussures anti-dérapantes	carrelage anti-dérapant, prise de plats en dehors de la cuisine, nettoyage fréquent
dénivellation 6 m	nettoyage des vitres	déséquilibre	décès	4	2	2	non	balcons, cannes, harnais de sécurité

ESTIMATION DE LA GRAVITÉ

1 - faible : Accident du Travail (AT) ou Maladie Professionnelle (MP) sans arrêt de travail
2 - moyen : AT ou MP avec arrêt de travail
3 - grave : AT ou MP entraînant une Incapacité Permanente Partielle (IPP)
4 - très grave : AT ou MP mortel

ESTIMATION DE LA PROBABILITÉ

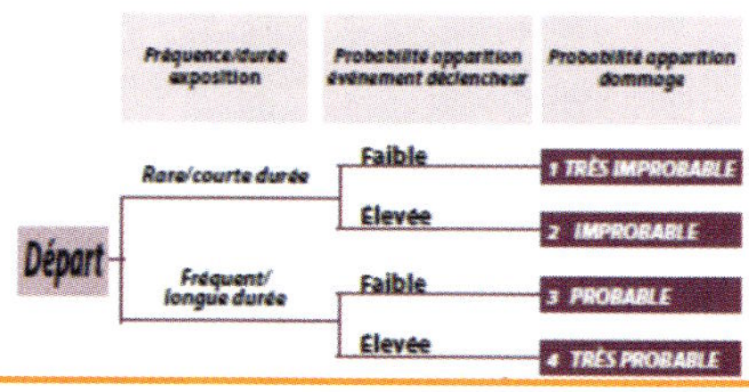

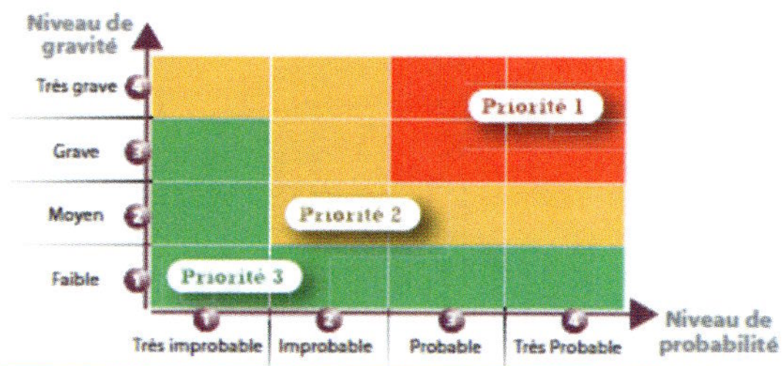

28 Les acteurs et les organismes de prévention

1 Les acteurs internes à l'entreprise

■ **Les délégués du personnel (DP)** sont élus dans les entreprises d'au moins 11 salariés pour quatre ans par les salariés ; ils sont chargés de présenter à l'employeur les réclamations individuelles et collectives des salariés et de saisir l'inspecteur en cas de plaintes.

■ **Le Comité d'hygiène, de sécurité et des conditions de travail (CHSCT)** est obligatoire dès lors qu'il y a 50 salariés dans l'entreprise. Il est composé du chef d'entreprise ou de son représentant et de membres du personnel désignés par les membres du comité d'entreprise et les DP pour une durée de deux ans. Ils ont une voix délibérative. Les autres membres, médecin ou inspecteur du travail, ont une voix consultative. Le CHSCT a pour missions d'analyser les accidents du travail, de proposer des aménagements de postes de travail, de donner son avis sur le règlement intérieur...

Le CHSCT se réunit au moins tous les trimestres, à l'initiative du chef d'établissement, après un accident grave ou lorsque deux de ses membres en font la demande.

■ **Le chargé de prévention ou animateur en santé et sécurité du travail** met en œuvre la politique de prévention définie par le chef d'entreprise. Il assure le relais et la circulation de l'information entre l'encadrement, les salariés, le CHSCT et le médecin du travail.

■ **Le sauveteur secouriste du travail** est un membre du personnel formé pour porter secours en cas d'accident.

2 Les acteurs et organismes externes à l'entreprise

■ **La Caisse nationale d'assurance maladie des travailleurs salariés (CNAMTS)** définit les mesures et les moyens à mettre en œuvre pour promouvoir la prévention des risques professionnels dans les entreprises qui relèvent du régime général de la Sécurité sociale.

■ **L'Institut national de recherche et de sécurité (INRS)** apporte une aide technique : études et recherches, formation en matière de prévention, assistance technique et documentaire, information aux entreprises.

■ **L'Agence nationale pour l'amélioration des conditions de travail (ANACT)** contribue au développement de recherches en matière d'amélioration des conditions de travail. Elle rassemble et diffuse l'information dans ce domaine, et aide les entreprises en matière d'évaluation et de prévention des risques professionnels.

■ **L'inspecteur du travail** contrôle l'application de la législation du travail, conseille les employeurs et les salariés et concilie les parties en cas de conflits collectifs.

■ **Le médecin du travail** a pour missions de suivre l'état de santé (2/3 de son temps) des salariés et d'évaluer les risques de l'entreprise dans le cadre de son activité en milieu de travail (1/3 de son temps). Son rôle est préventif uniquement.

■ Il existe également dans certains secteurs des **organisations professionnelles** qui ont pour rôle d'inciter les professionnels à mettre en œuvre des politiques de prévention des risques et à améliorer les conditions de travail.

29 Les accidents du travail et les maladies professionnelles

1 Les statistiques

Les statistiques des accidents du travail et des maladies professionnelles constituent un indicateur des conséquences de l'exposition aux risques professionnels. En 2010, pour 1 000 salariés, 36 ont été victimes d'un accident du travail ; la première cause étant la manutention manuelle. Les secteurs d'activité les plus touchés par les maladies professionnelles sont l'alimentation et la métallurgie. Les maladies professionnelles les plus fréquentes sont les affections péri-articulaires (78,66 % des maladies professionnelles).

2 Les critères de reconnaissance d'un accident du travail et d'une maladie professionnelle

L'accident de travail

- **« proprement dit »**
- Le salarié doit être déclaré à la Sécurité sociale.
- L'action doit être soudaine et violente et entraîner une blessure.
- L'accident doit être survenu par le fait ou à l'occasion du travail.
- L'accident doit être survenu sur le temps et le lieu de travail.
- **du trajet**
- Le salarié doit être déclaré à la Sécurité sociale.
- L'accident doit être survenu sur le trajet aller-retour entre l'entreprise et le lieu d'habitation ou le lieu où il se rend pour prendre ses repas sans détour, sauf pour les nécessités de la vie courante (boulangerie, crèche...).

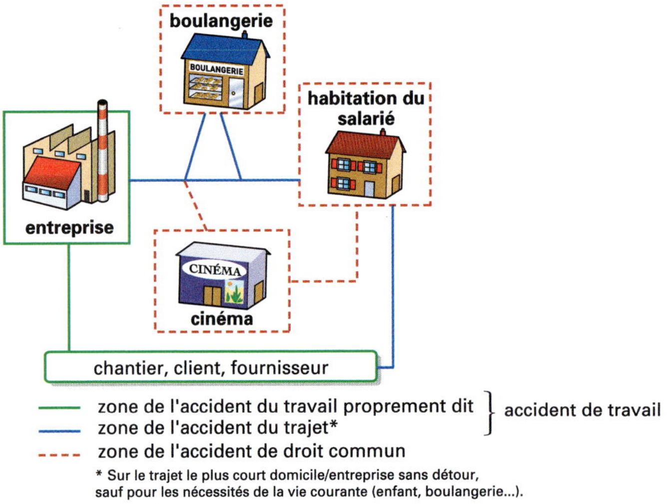

La maladie professionnelle

- La personne est salariée ou a été salariée.
- Les symptômes ou la maladie sont identifiés dans un des 98 tableaux de la Sécurité sociale.
- La maladie est due à la réalisation de travaux professionnels listés dans le tableau.
- Le délai de prise en charge et le temps d'exposition sont respectés.

Un exemple de tableau d'une maladie professionnelle

Cancer broncho-pulmonaire provoqué par l'inhalation de poussière d'amiante

Date de création : Décret du 22 mai 1996 *Dernière mise à jour : Décret du 14 avril 2000*

Désignation de la maladie	Délai de prise en charge	Liste limitative des travaux suceptibles de provoquer cette maladie
Cancer broncho-pulmonaire primitif.	40 ans (sous réserve d'une durée d'exposition de 10 ans)	Travaux directement associés à la production des matériaux contenant contenant de l'amiante. Travaux nécessitant l'utilisation d'amiante en vrac. Travaux d'isolation utilisant des matériaux contenant de l'amiante. Travaux de retrait d'amiante. Travaux de pose et de dépose de matériaux isolants à base d'amiante. Travaux d'usinage, de découpe et de ponçage des matériaux contenant de l'amiante. Fabrication de matériels de friction contenant de l'amiante. Travaux d'entretien ou de maintenance effectués sur des équipements contenants des matériaux à base d'amiante.

3 La prévention

Les moyens de prévention peuvent être la formation sur les risques professionnels, le respect de la réglementation, l'évaluation des risques professionnels, le port des équipements de protection individuelle, l'analyse des accidents du travail...

30 Les démarches et le coût des accidents du travail et des maladies professionnelles

1 Les démarches à effectuer

■ Dans le cas d'un **accident du travail**

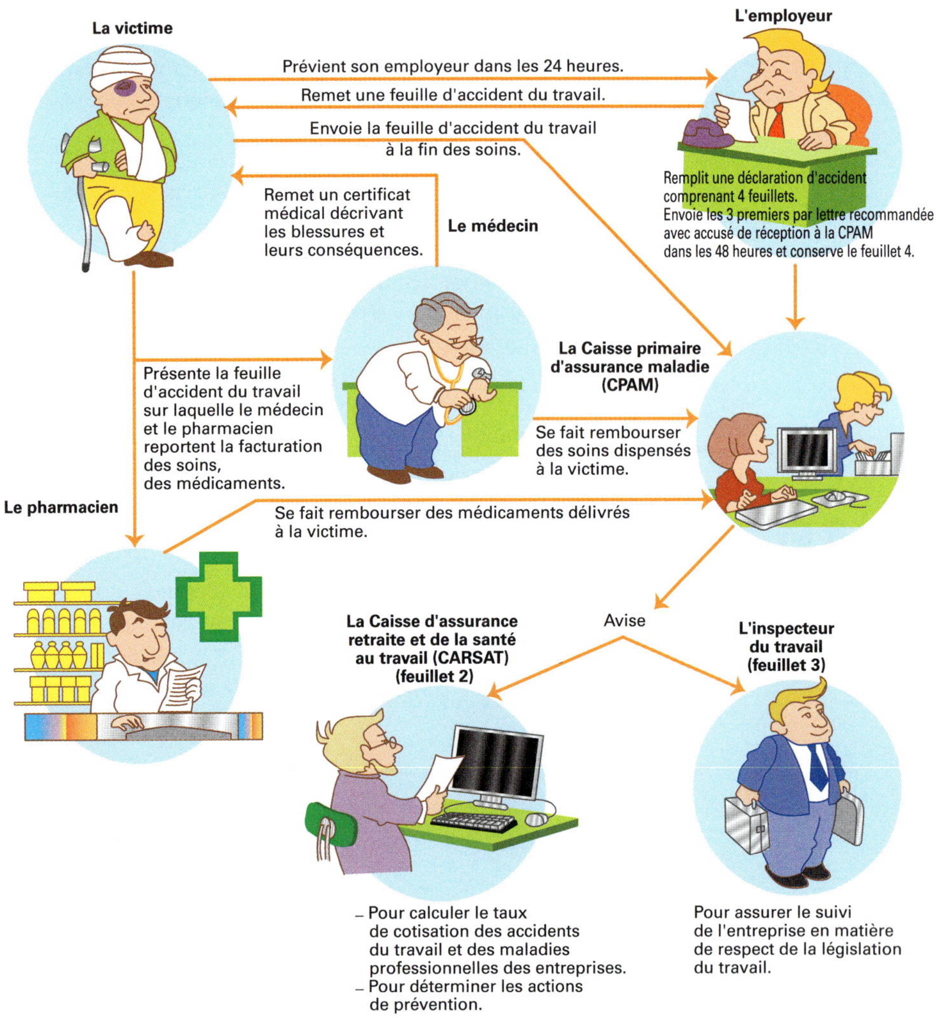

■ Dans le cas d'une **maladie professionnelle** : c'est le salarié qui adresse une déclaration à la CPAM dans les 15 jours qui suivent la constatation de la maladie par un médecin ou la cessation d'activité.

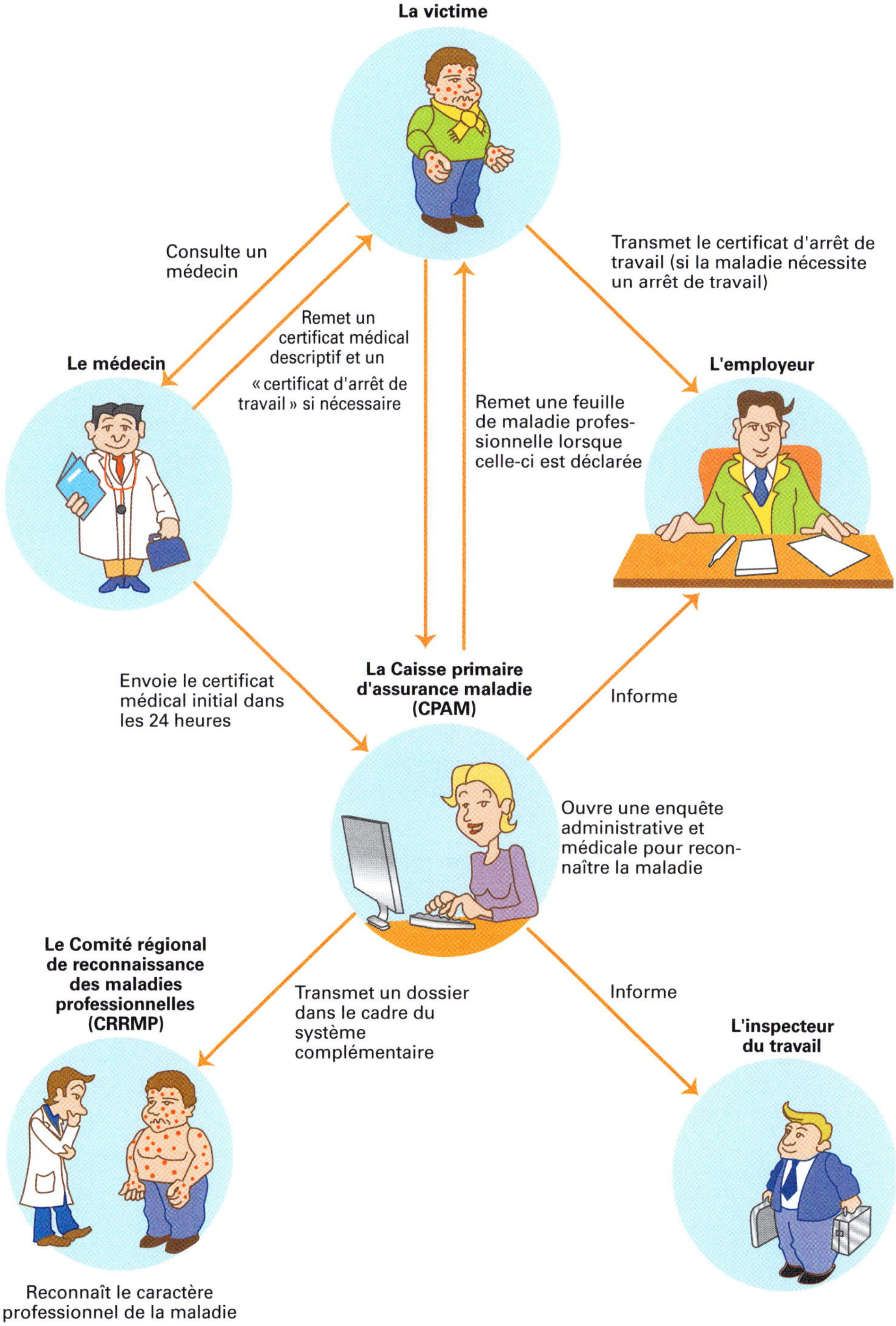

2 Le coût financier pour l'entreprise

■ Le **coût financier direct** : augmentation du taux de cotisation en fonction de l'effectif de l'entreprise.

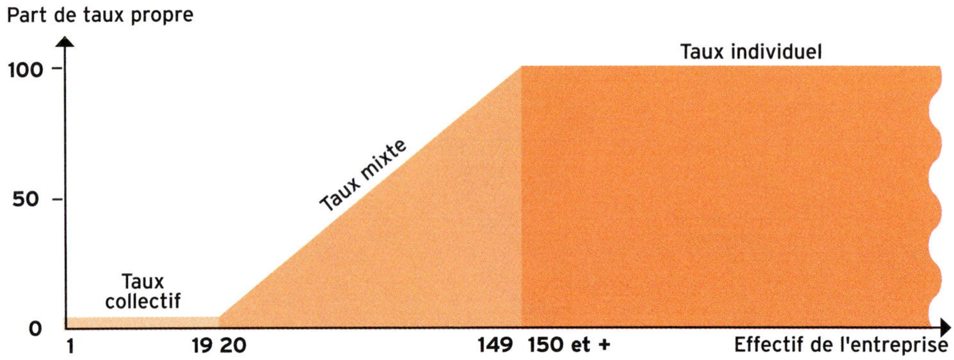

■ Le **coût financier indirect** : remplacement du salarié en arrêt de travail, réparations matérielles éventuelles, coût administratif, mécontentement du client...

3 Les prestations perçues par la victime

Elles sont de deux types :

- les **prestations en nature** : elles correspondent à toutes les dépenses occasionnées (médicaments, rééducation, frais d'hospitalisation...) qui sont prises en charge à 100 % par la Caisse primaire d'assurance maladie ;
- les **prestations en espèces** : elles correspondent, d'une part, aux indemnités journalières versées en cas d'incapacité temporaire pour compenser la perte de salaire, d'autre part, à une rente ou un capital en cas d'incapacité permanente.

Exemple :

Calcul du montant des indemnités journalières pour un opérateur victime d'un accident du travail qui perçoit un salaire journalier de 55,20 euros, et en arrêt de travail pendant 30 jours.

	Pourcentage des indemnités versées par la CPAM	**Montant des indemnités perçues par l'opérateur**
Les 28 premiers jours	**60 % du salaire journalier**	$\frac{55{,}20 \times 60}{100} = 33{,}12$ euros $\frac{33{,}12 \times 28}{100} = 927{,}36$ euros
À partir du 29e jour	**80 % du salaire journalier**	$\frac{55{,}20 \times 80}{100} = 44{,}16$ euros 44,16 x 2 = 88,32 euros
Montant total des indemnités		927,36 + 88,32 = 1 015,68 euros

31 Le risque chimique

1 L'identification du risque chimique au travail

Les produits chimiques peuvent être classés en deux catégories :
- les **substances**, qui sont des éléments chimiques, et leurs composés tels qu'ils sont à l'état naturel ou tels qu'ils sont produits industriellement ;
- les **mélanges** qui sont des solutions composées d'au moins deux substances.

Ils se présentent sous différentes formes : solides, liquides ou gazeuses.

2 Les documents relatifs à un produit chimique

Pour identifier les dangers et mettre en place des mesures de prévention, l'entreprise dispose de l'**étiquette**, de la **fiche de données de sécurité**, et de la **fiche toxicologique**.

Un nouveau système de classification et d'étiquetage des produits chimiques, le Système général harmonisé (SGH), a été élaboré au niveau international. En Europe, le règlement "CLP" ("Classification, Labelling and Packaging"), prend en compte les recommandations du SGH. Il établit de nouvelles règles de classification, d'étiquetage et d'emballage des produits chimiques. Depuis 2009, de nouvelles étiquettes apparaissent progressivement. En juin 2015, les étiquettes actuelles devront avoir complètement disparu.

3 Les effets des produits chimiques

Les produits chimiques peuvent avoir des effets sur :
- **l'individu par voies cutanée, respiratoire, digestive :** intoxication aiguë ou chronique, allergie, brûlure, cancers, pertes de mémoire, troubles digestifs... ;
- **l'environnement :** incendie, explosion, écotoxicité sur la flore, la faune, par pollution de l'eau, de l'air et de la terre.

4 La prévention

Les moyens de prévention sont :
- la maîtrise du risque (choisir un produit chimique moins dangereux...) ;
- la protection collective (limiter les contacts entre les produits et l'utilisateur...) ;
- les mesures d'organisation du travail (réduire l'exposition aux produits...) ;
- les équipements de protection individuelle (masque respiratoire, gants...) ;
- la formation et l'information de l'utilisateur (étiquette, signalisation des risques...).

Des exemples d'étiquettes

BONCOLOR
1 bis, rue de la source, 92930 PORLY – Tél. : 01 98 76 54 32

ACÉTONE

DANGER

Liquide et vapeur très inflammables.

Provoque une sévère irritation des yeux.

Peut provoquer somnolence ou vertiges.

Tenir hors de la portée des enfants.

Tenir à l'écart de la chaleur / des étincelles / des flammes nues / des surfaces chaudes. Ne pas fumer.

En cas de contact avec les yeux : rincer avec précautions à l'eau pendant plusieurs minutes. Enlever les lentilles de contact si la victime en porte et si elles peuvent être facilement enlevées. Continuer à rincer. Stocker dans un endroit bien ventilé. Maintenir le récipient fermé de manière étanche.

L'exposition répétée peut provoquer dessèchement ou gerçure de la peau.

N° CE 200-622-2

PREPAREX

DANGER

Contient de l'acide formique et du formaldéhyde

Provoque des brûlures de la peau et des lésions oculaires graves.
Peut provoque une allergie cutanée.
Susceptible de provoquer le cancer.

Ne pas manipuler avant d'avoir lu et compris toutes les précautions de sécurité.
Utiliser l'équipement de protection individuelle requis.
En cas d'exposition pouvée ou suspectée : consulter un médecin.
En cas de contact avec les yeux : rincer avec précaution à l'eau plusieurs minutes. Enlever les lentilles de contact si la victime en porte et si elles peuvent être facilement enlevées.
Continuer à rincer.

BONCOLOR
1 bis, rue de la source, 92930 PORLY –
Tél. : 01 98 76 54 32

32 Le dos et les manutentions

1 La colonne vertébrale et les disques intervertébraux

■ La colonne vertébrale est formée d'un empilement de **33 vertèbres :** cervicales, thoraciques, lombaires, sacrées et coccygiennes qui dessinent des courbures naturelles.

■ Les mouvements de la colonne vertébrale sont possibles grâce aux apophyses articulaires et aux **disques intervertébraux** qui amortissent et répartissent les pressions. Les vertèbres les plus sollicitées par ces pressions sont les **vertèbres lombaires.**

Le disque intervertébral

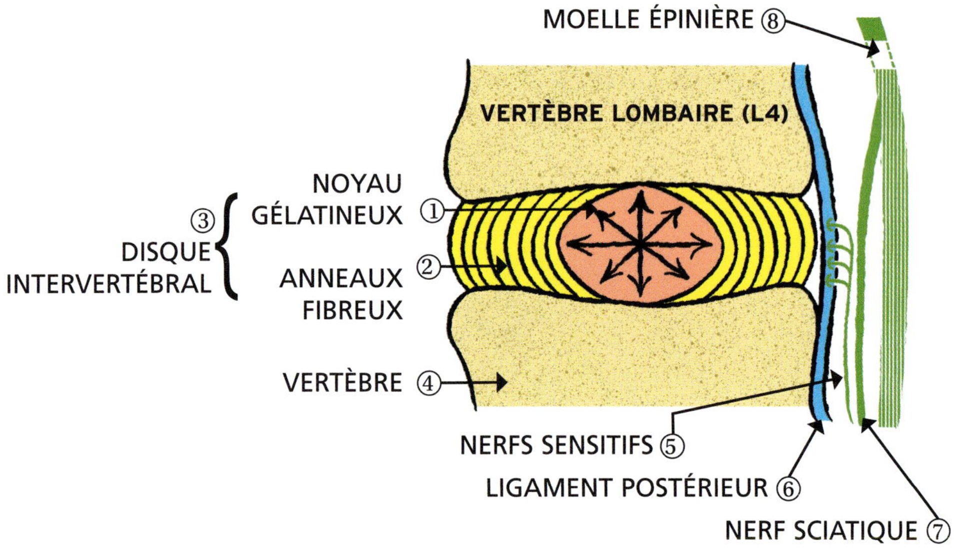

Lors des mouvements de flexion, le noyau est chassé vers l'arrière par le pincement des vertèbres. À court, moyen ou long terme, la répétition de ces mouvements conduira à une **détérioration des disques intervertébraux.** En effet, les lamelles des anneaux fibreux risquent de se distendre ou de se craqueler et provoquer des accidents discaux :

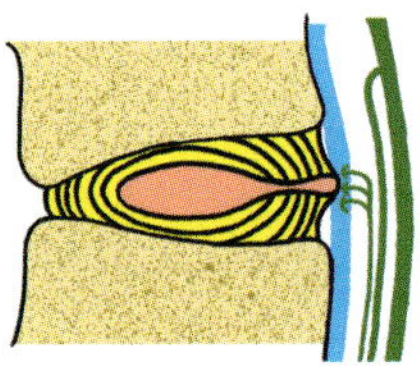

Lumbago

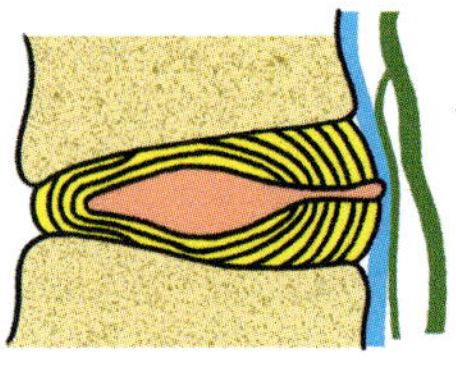

Sciatique

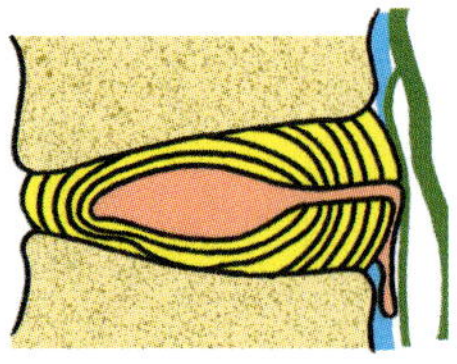

Hernie discale

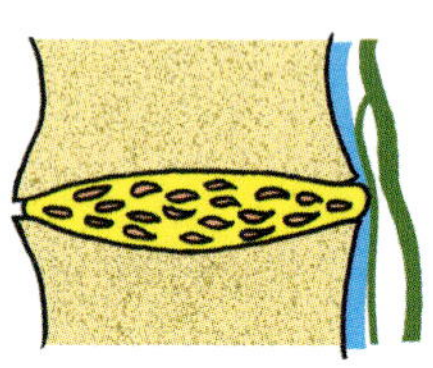

Tassement discal

D'autres facteurs tels que le vieillissement naturel, les déformations de la colonne vertébrale et le port de charges lourdes aggravent ces risques.

2 La prévention

■ La prévention consiste à **limiter les manutentions manuelles :**
- en aménageant le poste de travail ;
- en proposant des aides à la manutention (pinces, poignées, ventouses...).

■ Dans certains cas, la manutention manuelle est incontournable. Il convient alors :
- de respecter les cinq principes de sécurité physique et les trois principes d'économie d'effort ;
- d'utiliser les équipements de protection individuelle (exemples : gants, chaussures de sécurité...).

Posture	Les cinq principes de sécurité physique	Justification
	Se rapprocher le plus possible de la charge.	Afin de superposer les centres de gravité.
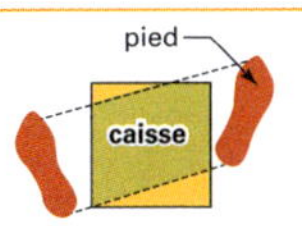	Écarter les pieds de la largeur du bassin et les décaler.	Afin d'assurer l'équilibre.
	Fléchir les jambes.	Afin de travailler avec la force des des muscles des cuisses (les plus puissants).
	Positionner les mains.	Afin d'assurer les prises.
	Fixer la colonne vertébrale et relever la tête.	Afin de conserver les courbures naturelles de la colonne vertébrale.
Posture	**Les trois principes d'économie d'effort**	
	- Garder les bras tendus. - Utiliser l'élan. - Utiliser l'appui de la cuisse.	

33 Les troubles musculo-squelettiques

Les troubles musculo-squelettiques (TMS) sont des **atteintes des tissus mous** que sont les muscles, les nerfs, les tendons et les ligaments autour des articulations.

1 Les TMS

Ils concernent toutes les **articulations des membres supérieurs et inférieurs**. Ils constituent les pathologies professionnelles les plus répandues dans les pays industrialisés. Ils sont répertoriés dans le tableau n° 57 des maladies professionnelles reconnues.

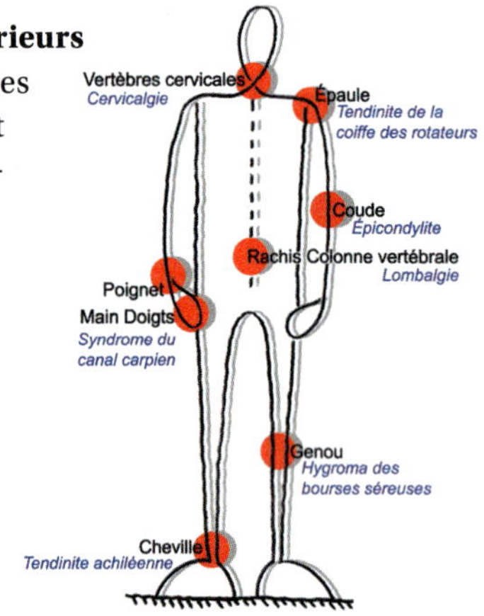

2 Les premiers signes

Des fourmillements qui réveillent, la douleur, la perte de force sont les premiers symptômes qui doivent amener à consulter.

3 Les principales causes

- Elles sont liées notamment aux postures contraignantes, gestes répétitifs, cadences, port de charges lourdes...

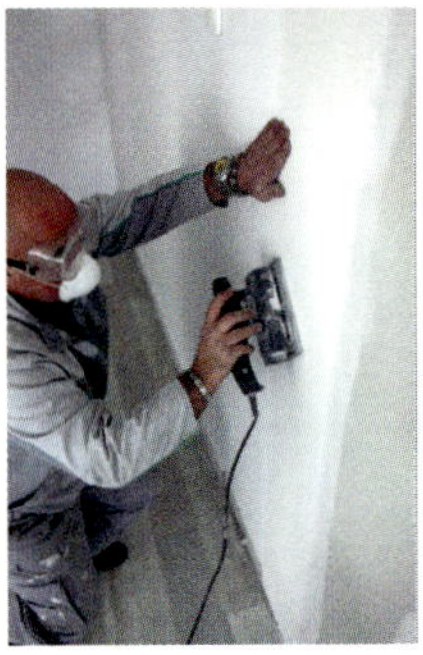

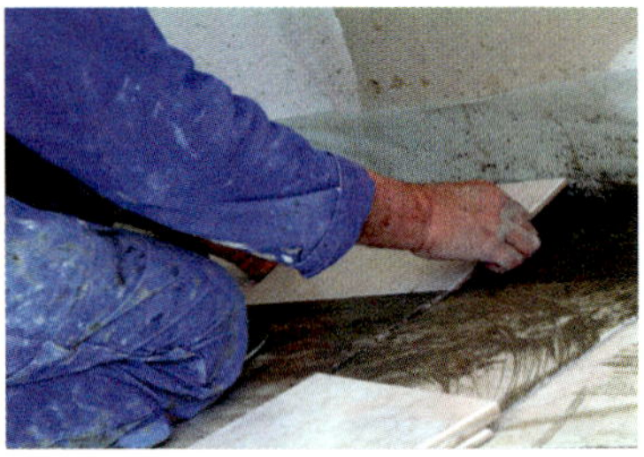

■ D'autres facteurs comme le stress, la température, les vibrations, l'état de santé, peuvent majorer le risque d'apparition des TMS.

4 D'autres pathologies des articulations

L'**entorse** : étirement des ligaments d'une articulation avec possibilité de déchirure de l'un d'eux.
La **luxation** : étirement d'une articulation avec déboîtement des os.
L'**arthrose** : usure des cartilages articulaires et prolifération du tissu osseux sous-jacent.
L'**arthrite** : inflammation de l'articulation avec destruction progressive du cartilage articulaire.

5 La prévention

Les efforts de prévention doivent porter sur :
- le renforcement du collectif au travail pour diminuer le stress ;
- l'autonomie (ou marge de manœuvre) laissée aux salariés pour donner du sens à leur travail ;
- l'organisation du travail ;
- la diminution des gestes répétitifs et des efforts (pressions, rotations au-delà des angles de confort) ;
- le choix d'équipements adaptés aux opérateurs ;
- la formation au poste, aux gestes de compensation...

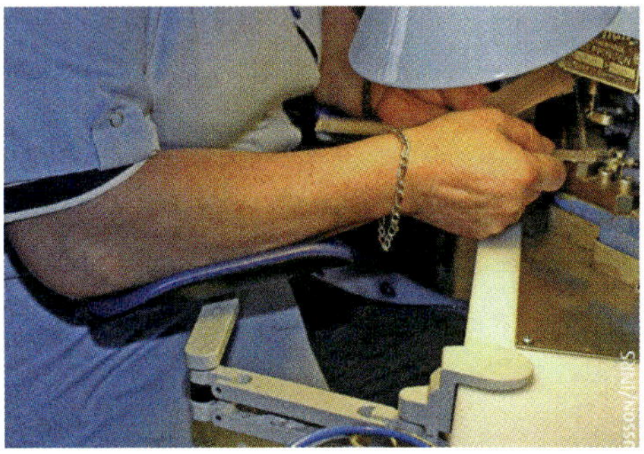

Un repose avant-bras

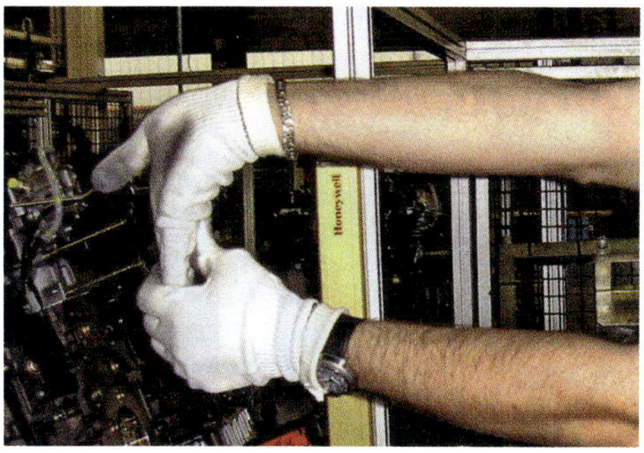

Une gymnastique de compensation

34 La démarche ergonomique

Selon la Société d'ergonomie de langue française (SELF), **l'ergonomie est centrée sur l'activité de travail de l'opérateur,** elle a pour objet une meilleure adaptation des moyens, des milieux de travail et de vie afin d'assurer :
- la santé, le bien-être, la sécurité et le développement des personnes ;
- la qualité, la fiabilité et l'efficacité de leur activité.

Les **étapes de la démarche** sont :

1. **Repérer** un problème dans une situation de travail
2. **Décrire** la situation de travail choisie = Renseigner le schéma de compréhension
3. **Analyser** la situation de travail = Établir les liens de causalité entre les composantes du schéma de compréhension
4. **Formuler** une ou plusieurs hypothèses = Poser un diagnostic hypothétique
5. **Valider** une ou plusieurs hypothèses* = Réaliser des observations systématiques
6. **Proposer** des pistes d'amélioration de la situation de travail

* Pour un niveau Bac pro : proposer seulement des outils de validation.

Le schéma de compréhension de la situation de travail (outil d'analyse)

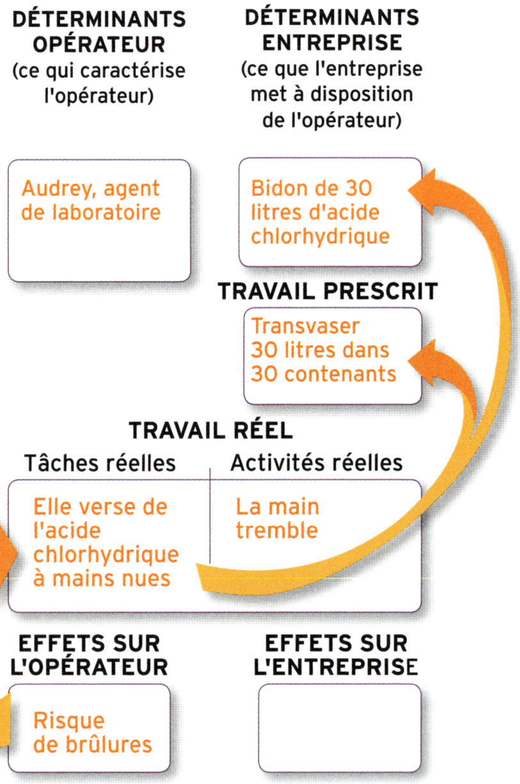

La démarche **ergonomique** permet de comprendre la situation de travail de l'opérateur afin de proposer des améliorations conduisant à des effets positifs pour lui-même et l'entreprise.

35 La charge mentale

1 La charge mentale

Elle correspond à tous les efforts intellectuels et psychiques pour traiter les informations de la vie professionnelle et personnelle.

Exemples : efforts de concentration, de compréhension, d'adaptation, de mémorisation...

La charge mentale est un état de mobilisation globale de l'opérateur humain résultant de l'accomplissement d'une tâche mettant en jeu le traitement d'informations. Elle symbolise le coût de ce type de travail pour l'opérateur.

2 Un état de stress

Il survient lorsqu'il y a déséquilibre entre les ressources de l'individu et les contraintes. La réponse de l'organisme se manifeste en trois phases :

<table>
<tr><th>Différentes phases</th><th>Caractéristiques</th></tr>
<tr><td>Alarme</td><td>La libération d'hormones, comme l'adrénaline, provoque des réactions physiques qui ont pour but de préparer l'organisme à réagir.
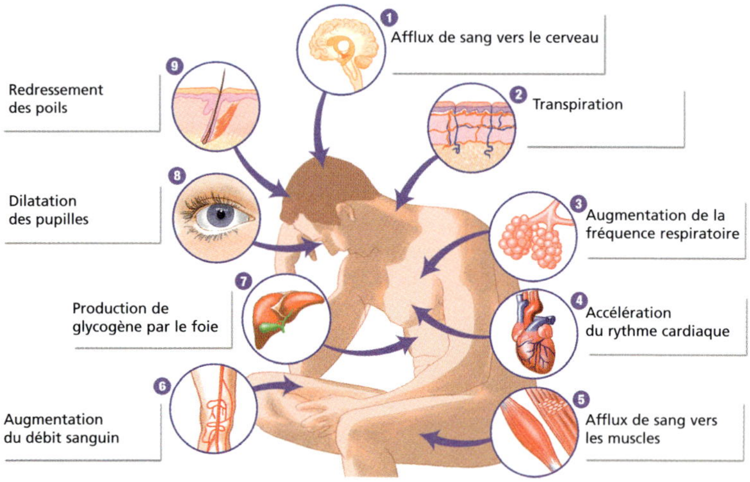
</td></tr>
<tr><td>Résistance</td><td>Si la situation stressante se prolonge, l'organisme tente de résister le plus longtemps possible. De nouvelles hormones, les glucocorticoïdes dont le cortisol, sont libérées par les glandes cortico-surrénales pour maintenir l'énergie nécessaire aux dépenses occasionnées par la réponse au stress (énergie pour le cœur, les muscles et le cerveau).</td></tr>
<tr><td>Épuisement</td><td>Lorsque la situation stressante dure trop longtemps ou s'intensifie, l'organisme ne peut plus faire face, c'est l'état de stress chronique.
Les hormones corticoïdes augmentent, finissent par dérégler l'organisme qui est en permanence activé et s'épuise. Des troubles graves apparaissent alors.</td></tr>
</table>

3 Les conséquences du stress sur la santé

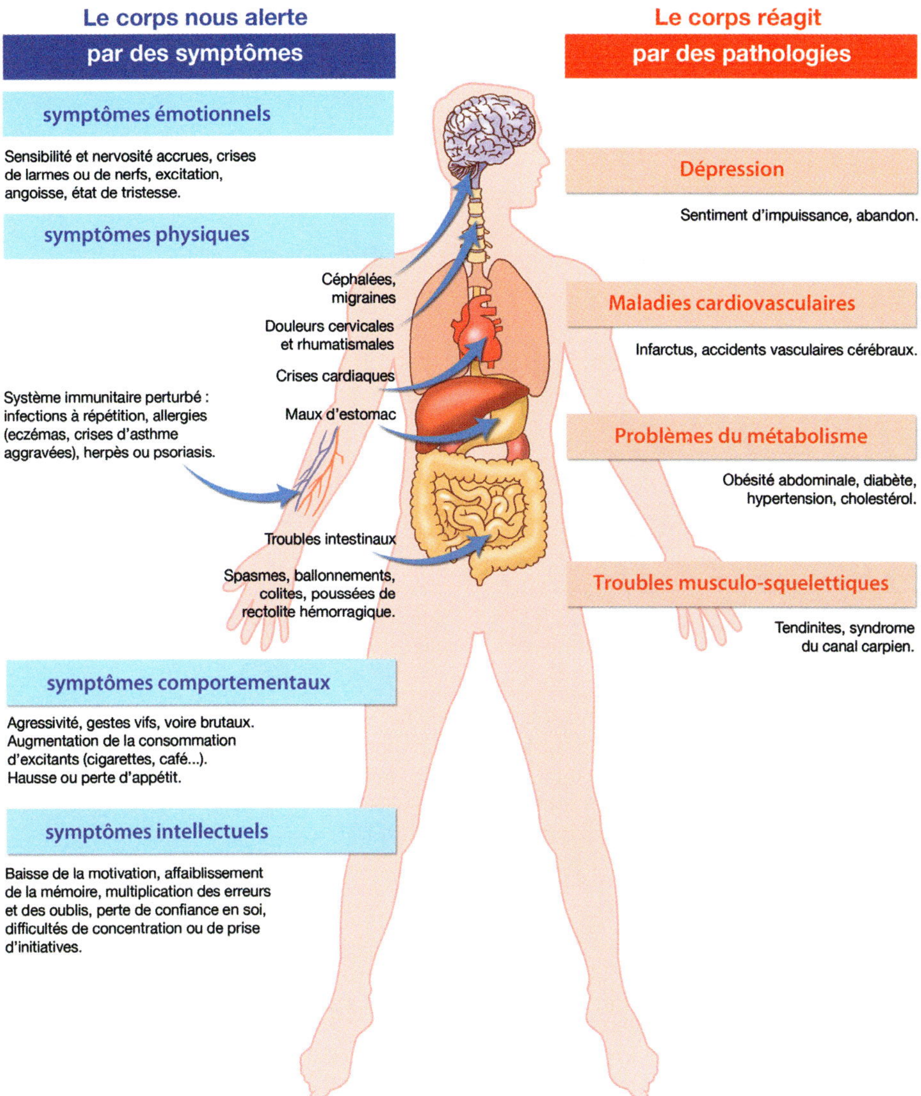

4 La démarche de prévention

■ **Au niveau collectif :** une amélioration de la communication interne, la participation des salariés aux changements apportés au travail, le maintien de marges de manœuvre pour organiser son travail, les groupes de projet...

■ **Au niveau individuel :** des règles d'hygiène de vie telles que la relaxation, la pratique d'une activité sportive, un sommeil suffisant...

36 L'analyse d'un accident du travail

1 La compréhension de la genèse d'un accident

Une charge lourde se décroche du roulant. Il y a trois conéquences possibles :

- **Décès**

- **Blessure au pied (premiers soins)**

- **Dégâts matériels**

En prévention, la conséquence la plus dramatique sera envisagée.

2 L'analyse d'un accident

L'analyse d'un accident du travail facilite la mise en évidence qu'un accident admet généralement plusieurs causes. Cette détermination de la pluricausalité permet de proposer un maximum de mesures curatives et préventives. L'analyse est réalisée en équipe et se déroule en **trois étapes**.

Étape 1 : recueillir les faits

C'est le **recueil des faits** qui semblent avoir concouru à l'accident, sans censure ni interprétation.

Étape 2 : construire l'arbre des causes

L'arbre des causes est une représentation graphique des faits listés. Il se construit de la droite vers la gauche, à partir du fait ultime. Le but est de rechercher pas à pas l'organisation logique des faits qui ont concouru à l'incident ou à l'accident à analyser.

➞ Se poser systématiquement trois questions :
- Qu'a-t-il fallu pour que ce fait se produise ?
- Est-ce nécessaire ?
- Est-ce suffisant ?

➞ Ordonner les faits ainsi trouvés selon trois liaisons possibles.

ENCHAÎNEMENT : un fait et un seul antécédent.
(Y) a été nécessaire et suffisant pour que (X) se produise.

C'est parce que Martin glisse qu'il tombe.

CONJONCTION : un fait et plusieurs antécédents.
Chacun des faits (Y_1),(Y_2) et (Y_3) a été nécessaire pour que (X) se produise, mais aucun des trois ne se suffisait seul : il a fallu l'action conjuguée des trois.

C'est parce qu'il y a présence de comburant, de combustible et d'une source de chaleur que le feu se déclenche.

DISJONCTION : plusieurs faits et un seul antécédent.
(Y) a été nécessaire et suffisant pour que x_1 et x_2 se produisent.

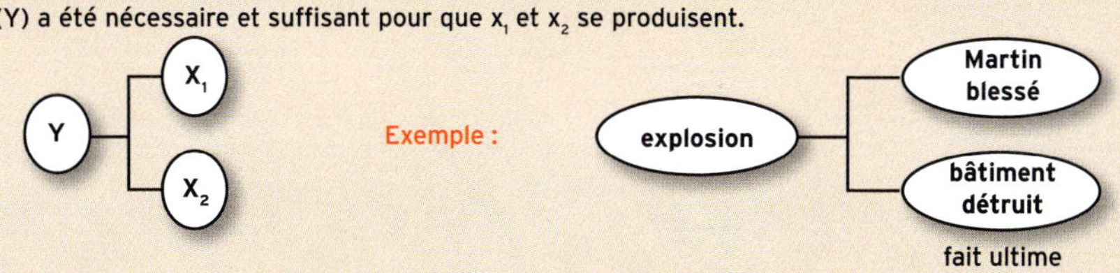

C'est parce qu'il y a une explosion que Martin est blessé et que le bâtiment est détruit.

PSE

Étape 3 : proposer des mesures de prévention

Les différents acteurs de la prévention se réunissent pour :
- proposer un maximum de **mesures de prévention** pour chaque fait de l'arbre des causes construit ;
- classer ces mesures **par ordre d'efficacité** (exemple : selon les trois niveaux de prévention) ;
- choisir des mesures **selon les critères de choix** définis par l'entreprise.

SUJET DE TYPE BAC

Je teste mes connaissances de seconde pro

DOCUMENT Le boom des IST en France

Les professionnels de la santé s'inquiètent : les infections sexuellement transmissibles (IST) sont en nette augmentation en France. La tendance est d'autant plus inquiétante que l'augmentation de ces infections sexuellement transmissibles (IST) est provoquée par des comportements sexuels à risques. Les chiffres publiés par l'Institut de veille sanitaire (InVS) qui s'appuie sur deux réseaux spécialisés dans la surveillance de ces infections (RENAGO et RésIST) sont particulièrement alarmants. Entre 2008 et 2009, les blennorragies ont bondi de 52 % en France. Tandis que la progression est légèrement moins importante en Île-de-France (+ 38 %) avec une relative stabilité chez les femmes, dans les autres régions, l'augmentation du nombre de cas (+ 54 %) est en revanche nettement visible chez les deux sexes : + 51 % chez les hommes et + 75 % chez les femmes. Les infections à gonocoques sont dues à la bactérie *Neisseria gonorrhoeae*. Elles touchent essentiellement des sujets jeunes, en grande majorité des hommes, chez qui elles provoquent des urétrites se traduisant par des brûlures en urinant. Les hétérosexuels semblent de plus en plus concernés, comme pour d'autres IST telles que la syphilis due au Tréponème pâle.»

1. Cocher le problème posé correspondant à la situation décrite dans le texte ci-dessus.

☐ Comment choisir son partenaire ?

☐ Comment se protéger du risque d'infections sexuellement transmissibles ?

☐ Comment choisir une méthode contraceptive?

2. À partir de la situation, **compléter** le tableau.

IST concernées			
Microorganismes responsables		*Neisseria gonorrhoeae*	Tréponème pâle
Symptôme de la maladie			
Nom des organismes de surveillance			
Progression des IST	**Ile de France**		
	Autres régions		

3. Pour les deux maladies citées dans la situation d'introduction :

3-1 Indiquer la voie de transmission chez l'homme.

3-2 Cocher l'origine des deux maladies citées.

☐ bactérienne ☐ virale

4. Citer une autre voie de transmission.

5. Citer deux autres IST.

PSE

6. Relier chaque IST aux types de complications possibles.

Syphilis •

Blennorragie •

• Cancer du foie
• Stérilité
• Cancer du col de l'utérus
• Problèmes cardio-vasculaires et neurologiques

7. Citer une structure d'aide et de soutien qui peut informer sur les IST.

8. Renseigner le tableau.

Le contraceptif	Le mode d'action	Un avantage	Un inconvénient
La pilule			
Le préservatif masculin			

9. Définir la contraception d'urgence.

10. Indiquer ce qui différencie la contraception de l'interruption volontaire de la grossesse.

11. Indiquer la conduite à tenir en cas de prise de risque suite à un rapport non protégé.

– ....

– ....

– ....

12. Cocher les mesures permettant de diminuer la transmission des IST, puis **entourer** celles spécifiques aux IST citées dans la situation initiale.

☐ Multiplier les partenaires
☐ Utiliser un préservatif masculin
☐ Prendre la pilule
☐ Traiter les IST sans attendre
☐ Ne pas prévenir les partenaires
☐ Utiliser un patch
☐ Se faire vacciner contre l'hépatite B
☐ Se faire vacciner contre les condylomes

SUJET DE TYPE BAC

Je teste mes connaissances de première pro

DOCUMENT **Situation**

Amélie, élève de baccalauréat professionnel Accompagnement soins et services à la personne, est en période de formation en milieu professionnel dans une crèche. Le change des enfants fait partie des tâches qui lui sont confiées. En période d'épidémie de gastro-entérite, la puéricultrice rappelle à Amélie l'importance des mesures d'hygiène.

1. À partir de la situation, **renseigner** le schéma de principe d'apparition d'un dommage.

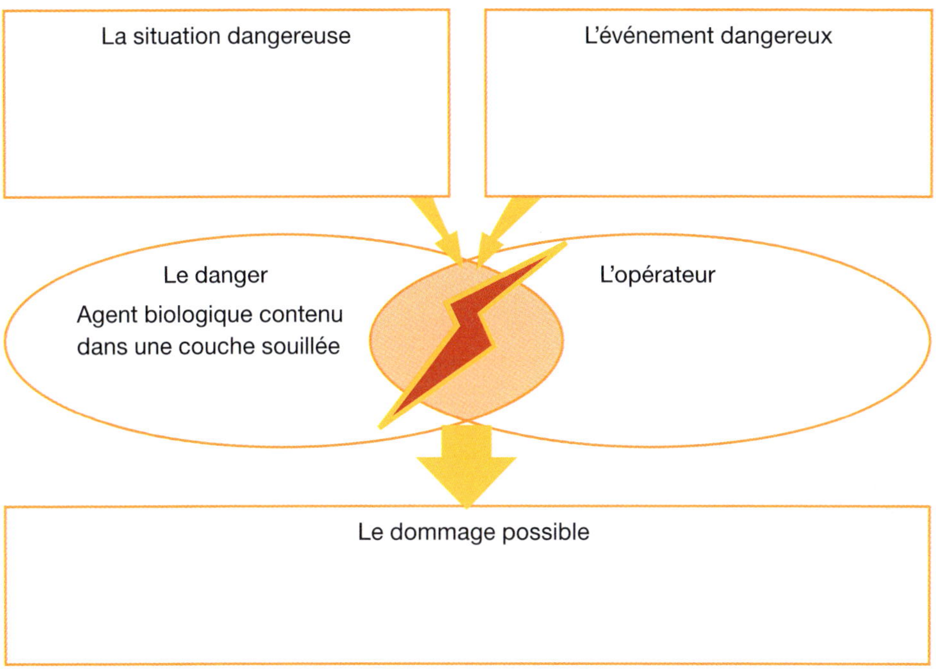

2. Renseigner le tableau à partir des éléments de la situation et des outils de la page 494.

Estimation du risque	**Estimation de la gravité**	Niveau de gravité n° . . . .
	Estimation de la probabilité d'apparition du dommage	Niveau de probabilité du dommage n° . . . . . .
Evaluation du risque		. . . .

3. Proposer deux mesures de prévention et les justifier.

. . . .

. . . .

. . . .

. . . .

SUJET DE TYPE BAC

Je teste mes connaissances de terminale pro

DOCUMENT Situation

La victime, Romain, est manutentionnaire intérimaire, chargé d'approvisionner les postes en housses de protection pour les palettes de sacs de ciment. Il ne peut pas emprunter l'allée de circulation des piétons car celle-ci est encombrée par diverses pièces et outillage. Obligé d'utiliser l'allée de circulation des engins automoteurs, il n'a pas entendu le signal sonore du chariot élévateur qui transporte des palettes. Il faut dire que le relevé de bruit effectué par le laboratoire de mesures physiques de la CARSAT a relevé 100dB(A) dans cet atelier. Lors de la manœuvre en marche arrière, le chariot roule sur le pied de Romain et lui provoque une entorse de la cheville droite et une fracture ouverte du gros orteil.

1. Surligner dans la situation, les faits qui ont concouru à l'accident.

2. Construire l'arbre des causes correspondant (c'est la logique des liaisons qui sera appréciée pour la correction).

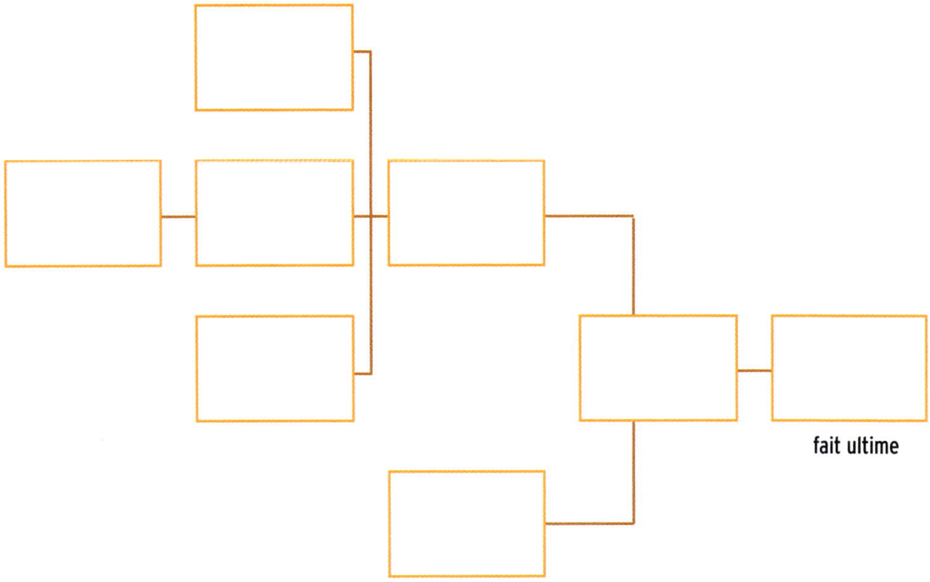

3. Proposer trois mesures de prévention pour éviter la reproduction de l'accident.

– ....

– ....

– ....

CORRIGÉS

Je teste mes connaissances de seconde pro

1. ☒ Comment se protéger du risque d'infections sexuellement transmissibles ?

2.

IST concernées		Blennorragies	Syphilis
Microorganismes responsables		*Neisseria gonorrhoeae*	Tréponème pâle
Symptôme de la maladie		Brûlures en urinant	
Nom des organismes de surveillance		– Institut de veille sanitaire (InVS) – Réseaux RENAGO – Réseaux RésIST	
Progression des IST	**Ile de France**	+ 38 %	
	Autres régions	+ 54 %	

3. **3-1.** La voie sexuelle
3-2. ☒ bactérienne ☐ virale

4. La voie sanguine ou la voie foeto-maternelle

5.
- Le SIDA
- L'Herpès génital

6.

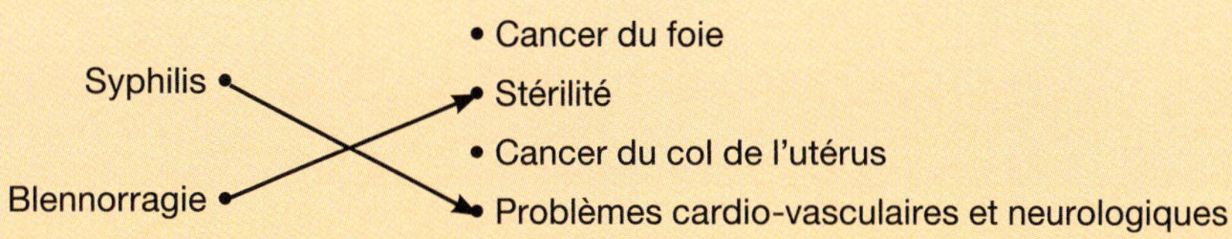

7. Centre de dépistage anonyme et gratuit (CDAG)
ou Centre de planification ou d'éducation familiale (CPEF)

8.

Le contraceptif	Le mode d'action	Un avantage	Un inconvénient
La pilule	Bloquer l'ovulation Empêcher l'épaississement de la muqueuse de l'utérus Rendre la glaire cervicale imperméable aux spermatozoïdes	Fiable	Risque d'oubli
Le préservatif masculin	Empêcher le sperme d'aller dans le vagin	Protège du risque d'IST	Risque de déchirement

PSE

9. La contraception d'urgence correspond à la prise exceptionnelle dans les 72h qui suivent un rapport non protégé de la pilule d'urgence ou pilule du lendemain.

10. L'IVG met fin à une grossesse alors que la contraception permet d'éviter une grossesse.

11. - Consulter un médecin au plus vite ;

- Suivre le traitement prescrit jusqu'au bout ;

- Prévenir son ou ses partenaires.

12. ☒ Utiliser un préservatif masculin

☒ Traiter les IST sans attendre

☒ Se faire vacciner contre l'hépatite B

☒ Se faire vacciner contre les condylomes

Je teste mes connaissances de première pro

1.

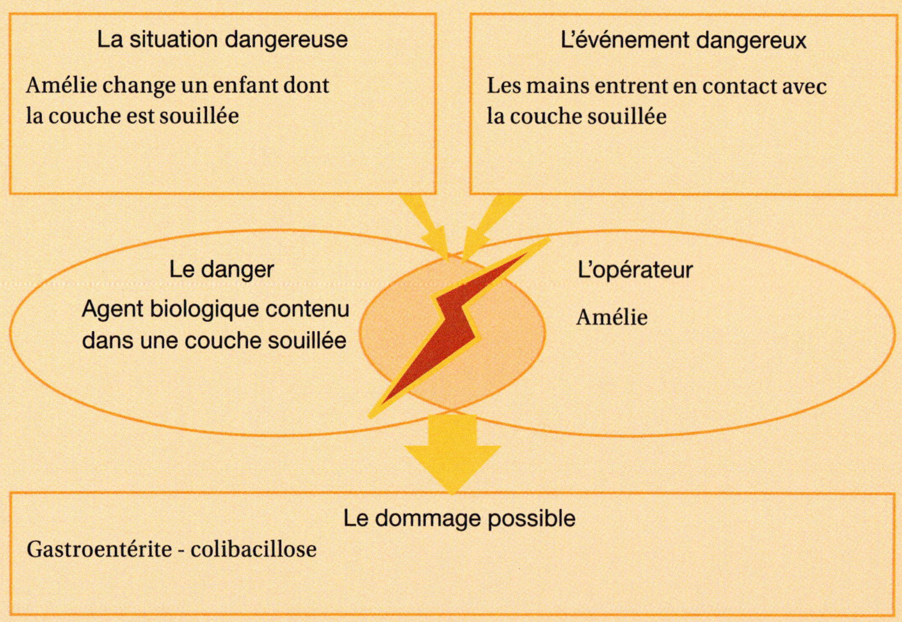

2.

Estimation du risque	**Estimation de la gravité**	Niveau de gravité n° 2
	Estimation de la probabilité d'apparition du dommage	Niveau de probabilité du dommage n° 4
Evaluation du risque		Réduction du risque nécessaire

3.

- Se laver les mains avant et après chaque change afin d'éviter la contamination manuportée,

- Nettoyer et désinfecter le plan de travail et le matelas de change avant et après chaque change afin d'éviter la contamination microbienne des autres usagers.

Je teste mes connaissances de terminale pro

1. Situation

La victime, Romain, est manutentionnaire intérimaire, chargé d'approvisionner les postes en housses de protection pour les palettes de sacs de ciment. Il ne peut pas emprunter l'allée de circulation des piétons car celle-ci est encombrée par diverses pièces et outillage. Obligé d'utiliser l'allée de circulation des engins automoteurs, il n'a pas entendu le signal sonore du chariot élévateur qui transporte des palettes. Il faut dire que le relevé de bruit effectué par le laboratoire de mesures physiques de la CARSAT a relevé 100dB(A) dans cet atelier. Lors de la manœuvre en marche arrière, le chariot roule sur le pied de Romain et lui provoque une entorse de la cheville droite et une fracture ouverte du gros orteil.

2.

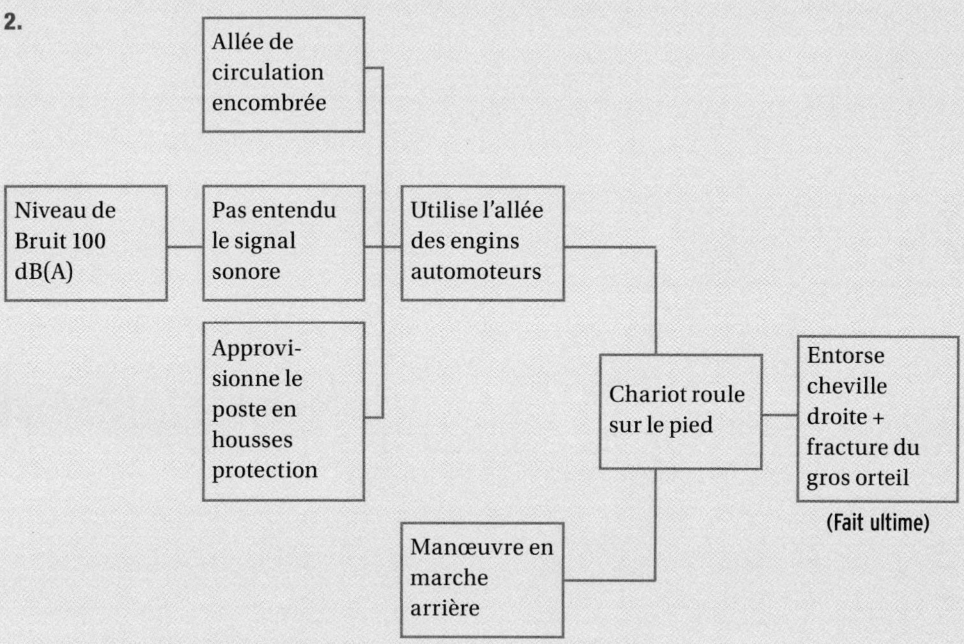

3. – Maintenir les allées de circulation des piétons dégagées,

– Signaliser les allées circulation des piétons (marquage au sol, panneau signalisation),

– Coupler le signal sonore par un signal lumineux,

– Interdire aux piétons d'utiliser les allées de circulation des engins automoteurs.

Crédits photographiques

Pages

p. 16 h	ph© Digital images, The Museum of Modern Art, New York/Scala Florence, Adagp Paris, 2010
p. 16 b	ph© Photothèque R. Magritte - Adagp, Paris 2010
p. 20	ph © Heritage images / Leemage
p. 72	ph© Photo Josse / Leemage
p. 143	ph© Amnesty international Belgique francophone.

Mise en page : Ici & Ailleurs / STDI

Editions Foucher 11, rue Paul Bert, 92247 Malakoff Cedex

Juin 2012 - 01 - AF-MB/SM

Imprimé en Italie par Legatoria Giovanni Olivotto L.E.G.O. S.P.A. - Lavis